ILBERTZ

Personalvertretungsrecht des Bundes und der Länder

Schriftenreihe des DBB

Band 110

Ilbertz

Personalvertretungsrecht des Bundes und der Länder

– mit Wahlordnung –

Praktisches Handbuch mit Erläuterungen,
Rechtsprechungsübersicht,
Begriffsbestimmungen und Mustern

17., überarbeitete Auflage 2015

Bibliografische Information der Deutschen Nationalbibliothek

Die Deutsche Nationalbibliothek verzeichnet diese Publikation in der Deutschen Nationalbibliografie; detaillierte bibliografische Daten sind im Internet über http://dnb.de abrufbar.

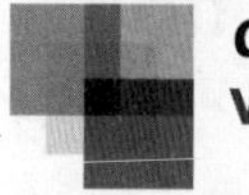

dbb
verlag

dbb verlag gmbh
Friedrichstr. 165, 10117 Berlin
ISBN: 978-3-87863-194-1

Vorwort

Eine große Vielzahl verwaltungs- und arbeitsgerichtlicher Entscheidungen sowie eine breite Diskussion in der Literatur haben eine grundlegende Überarbeitung des inzwischen seit vielen Jahrzehnten bewährten Handbuchs „Personalvertretungsrecht des Bundes und der Länder" ebenso erforderlich gemacht wie die Tatsache, dass die 16. Auflage bereits nach knapp zwei Jahren vergriffen war. Darüber hinaus hat sich die öffentliche Verwaltung durch unzählige organisatorische und strukturelle Maßnahmen in einem Maße verändert, das nicht ohne Folgen für das Personalvertretungsrecht geblieben ist.

Auch mit dem nun schon in 17. Auflage angebotenen Handbuch soll vor allem die Praxis angesprochen werden – neben den Personalratsmitgliedern auch die Personalsachbearbeiter, Dienststellenleiter, Richter etc. Dabei wird auf rechtstheoretische Erörterungen verzichtet und auf praxisbezogene Fragen Antwort gegeben.

Neben der Darstellung des Personalvertretungsrechts und der Bezugnahme auf die neueste Rechtsprechung werden auf die Praxis zugeschnittene Muster (u. a. zur Geschäftsordnung und zur Freistellung, zum Mitbestimmungsverfahren und zum Initiativrecht, zu Dienstvereinbarungen und Anträgen an Verwaltungsgerichte einschließlich eines Antrags auf Erlass einer einstweiligen Verfügung) angeboten, die neben einer grafischen Darstellung der wichtigsten Teile des Personalvertretungsrechts das Verständnis fördern und Alltagsprobleme schneller lösen helfen sollen.

Dem Gesetzestext zum Bundespersonalvertretungsgesetz sind bei der Kommentierung der einzelnen Bestimmungen die entsprechenden Vorschriften aller Landespersonalvertretungsgesetze (einschließlich der Abweichungen vom Bundesrecht) angeschlossen, so dass eine Nutzung des Handbuchs auch in allen Bundesländern gewährleistet ist. Die zitierte Rechtsprechung gilt, soweit nichts Gegenteiliges angemerkt ist, im Übrigen sowohl für das Bundespersonalvertretungsgesetz als auch für alle Landespersonalvertretungsgesetze.

Berlin, im April 2015

Inhaltsübersicht

Wahlordnung zum Bundespersonalvertretungsgesetz (BPersVGWO)

Erster Teil
Wahl des Personalrats

Erster Abschnitt
Gemeinsame Vorschriften über Vorbereitung und Durchführung der Wahl

Zweiter Abschnitt
Besondere Vorschriften für die Wahl mehrerer Personalratsmitglieder oder Gruppenvertreter

Erster Unterabschnitt
Wahlverfahren bei Vorliegen mehrerer Wahlvorschläge (Verhältniswahl)

Sechster Teil
Besondere Verwaltungszweige

Siebter Teil
Schlussvorschriften

Abkürzungsverzeichnis

aA	anderer Ansicht
aaO	am angegebenen Ort
Abs.	Absatz
AGG	Allgemeines Gleichbehandlungsgesetz
AiB	Arbeit im Betrieb (Zeitschrift)
Anm.	Anmerkung
AP	Arbeitsrechtliche Praxis (Nachschlagewerk des Bundesarbeitsgerichts)
ArbG	Arbeitsgericht
ArbGG	Arbeitsgerichtsgesetz
ArbZVO	Arbeitszeitverordnung
ArbplSchG	Arbeitsplatzschutzgesetz
Art.	Artikel
ASiG	Arbeitssicherheitsgesetz
AÜG	Arbeitnehmerüberlastungsgesetz
AuR	Arbeit und Recht (Zeitschrift)
AZVO	Arbeitszeitverordnung
BAG	Bundesarbeitsgericht
BAGE	Entscheidungssammlung des Bundesarbeitsgerichts
BB	Betriebsberater (Zeitschrift)
BBank	Bundesbankgesetz
BBesG	Bundesbesoldungsgesetz
BBG	Bundesbeamtengesetz
BBiG	Berufsbildungsgestz
BDG	Bundesdisziplinargesetz
BDH	Bundesdisziplinarhof
BDSG	Bundesdatenschutzgesetz
BeamtVG	Beamtenversorgungsgesetz
BEEG	Gesetz zum Elterngeld und zur Elternzeit
BetrVG	Betriebsverfassungsgesetz
BFDG	Bundesfreiwilligendienstgesetz
BGB	Bürgerliches Gesetzbuch
BGBl.	Bundesgesetzblatt
BGH	Bundesgerichtshof
BGHZ	Entscheidungen des Bundesgerichtshofs in Zivilsachen
BGleiG	Bundesgleichstellungsgesetz
BHO	Bundeshaushaltsordnung
BLV	Bundeslaufbahnverordnung
BND	Bundesnachrichtendienst
BPersVG	Bundespersonalvertretungsgesetz
BPR	Bezirkspersonalrat
BRKG	Bundesreisekostengesetz
BVerfG	Bundesverfassungsgericht
BVerfGE	Entscheidungssammlung des Bundesverfassungsgerichts
BVerwG	Bundesverwaltungsgericht
BVerwGE	Entscheidungssammlung des Bundesverwaltungsgerichts
BwKoopG	Kooperationsgesetz der Bundeswehr
DB	Der Betrieb (Zeitschrift)
DÖV	Die öffentliche Verwaltung (Zeitschrift)
DRiG	Deutsches Richtergesetz
GG	Grundgesetz für die Bundesrepublik Deutschland
GPR	Gesamtpersonalrat
GVBl	Gesetz- und Verordnungsblatt

HPR	Hauptpersonalrat
i.d.F.	in der Fassung
i.S.	im Sinne
juris	Juristisches Informationssystem für die Bundesrepublik Deutschland
KSchG	Kündigungsschutzgesetz
LAG	Landesarbeitsgericht
MuSchEltZV	Verordnung über den Mutterschutz für Beamtinnen des Bundes und die Elternzeit für Beamtinnen und Beamte des Bundes
NJW	Neue Juristische Wochenschrift (Zeitschrift)
n.v.	nicht veröffentlicht
NVwZ	Neue Zeitschrift für Verwaltungsrecht
NZA	Neue Zeitschrift für Arbeits- und Sozialrecht
öPR	örtlicher Personalrat
OVG	Oberverwaltungsgericht
PersR	Der Personalrat (Zeitschrift)
PersV	Die Personalvertretung (Zeitschrift)
PflegeZG	Gesetz über die Pflegezeit
PostPersRG	Postpersonalrechtsgesetz
PR	Personalrat
RDG	Rechtsdienstleistungsgesetz
SBG	Soldatenbeteiligungsgesetz
SchwG	Schwerbehindertengesetz
SG	Soldatengesetz
SGB	Sozialgesetzbuch
StGB	Strafgesetzbuch
StVollzG	Strafvollzugsgesetz
SVG	Soldatenversorgungsgesetz
TGV	Trennungsgeldverordnung
TVG	Tarifvertragsgesetz
TV-L	Tarifvertrag für den öffentlichen Dienst der Länder
TVöD	Tarifvertrag für den öffentlichen Dienst
TzBfG	Teilzeit- und Befristungsgesetz
VG	Verwaltungsgericht
VGH	Verwaltungsgerichtshof
VwGO	Verwaltungsgerichtsordnung
WO	Wahlordnung
ZBR	Zeitschrift für Beamtenrecht
ZBVR	Zeitschrift für Betriebsverfassungsrecht
ZfPR	Zeitschrift für Personalvertretungsrecht
ZfPR *online*	Rechtsprechungsdienst der Zeitschrift für Personalvertretungsrecht (Online-Produkt)
ZTR	Zeitschrift für Tarifrecht

Räumlicher/persönlicher Geltungsbereich des Bundespersonalvertretungsgesetzes

Räumlicher Geltungsbereich

1. a) Verwaltungen des Bundes (z.B. oberste Bundesbehörden, d.h. Ministerien und nachgeordnete Bereiche)

b) bundesunmittelbare Körperschaften, Anstalten und Stiftungen des öffentlichen Rechts (z.B. Bundesagentur für Arbeit)

c) Gerichte des Bundes (z.B. Bundesgerichtshof)

Keine Anwendung des Gesetzes im Bereich der

a) Kirchen (§ 112)

b) öffentlich-rechtlichen Religionsgemeinschaften (z.B. religiöse Ordensgemeinschaften, Waisenhäuser, § 112)

c) in privater Rechtsform betriebenen Unternehmen der öffentlichen Hand (z.B. Versorgungsbetriebe AG).

2. In Dienststellen mit in der Regel mindestens fünf Wahlberechtigten, von denen drei wählbar sind (§ 12 Abs. 1).

Zuteilung sog. Kleindienststellen mit weniger als fünf wahlberechtigten Beschäftigten zu einer benachbarten Dienststelle im Einvernehmen zwischen übergeordneter Dienststelle und zuständiger Stufenvertretung (§ 12 Abs. 2).

Persönlicher Geltungsbereich

1. Gesetz findet Anwendung auf Beschäftigte im öffentlichen Dienst (§ 4)

a) Beamte, d.h., wer zum Bund oder zu einer bundesunmittelbaren Körperschaft, Anstalt oder Stiftung des öffentlichen Rechts im öffentlich-rechtlichen Dienst- und Treueverhältnis steht und eine Urkunde mit den Worten „unter Berufung in das Beamtenverhältnis" erhalten hat.

b) Arbeitnehmer, d.h., Beschäftigte, die nach dem für die Dienststelle maßgebenden Tarifvertrag oder nach der Dienstordnung Arbeitnehmer sind oder die als übertarifliche Arbeitnehmer beschäftigt werden bzw. sich in einer beruflichen Ausbildung befinden; sie werden aufgrund eines privatrechtlichen Arbeitsvertrags, nicht nach dem TVöD, beschäftigt.

c) Richter, die an eine der in § 1 genannten Verwaltungen oder zur Wahrnehmung nichtrichterlicher Tätigkeiten an ein Gericht des Bundes abgeordnet sind.

Beschäftigte sind auch der Dienststellenleiter und sein ständiger Vertreter.

2. Nicht zum Kreis der Beschäftigten im Sinne des Gesetzes zählen

a) Mitglieder der Regierung

b) Richter, soweit sie nicht zu dem oben unter 1. c) erwähnten Personenkreis gehören

c) Soldaten (s. aber § 5 Anm. 3b)

d) Personen, deren Beschäftigung überwiegend durch Beweggründe karitativer oder religiöser Art bestimmt ist (z.B. Krankenpfleger religiöser Orden); vgl. § 4 Abs. 5 Nr. 1

e) Personen, die überwiegend zu ihrer Heilung, Wiedereingewöhnung, sittlichen Besserung oder Erziehung beschäftigt werden (vgl. § 4 Abs. 5 Nr. 2).

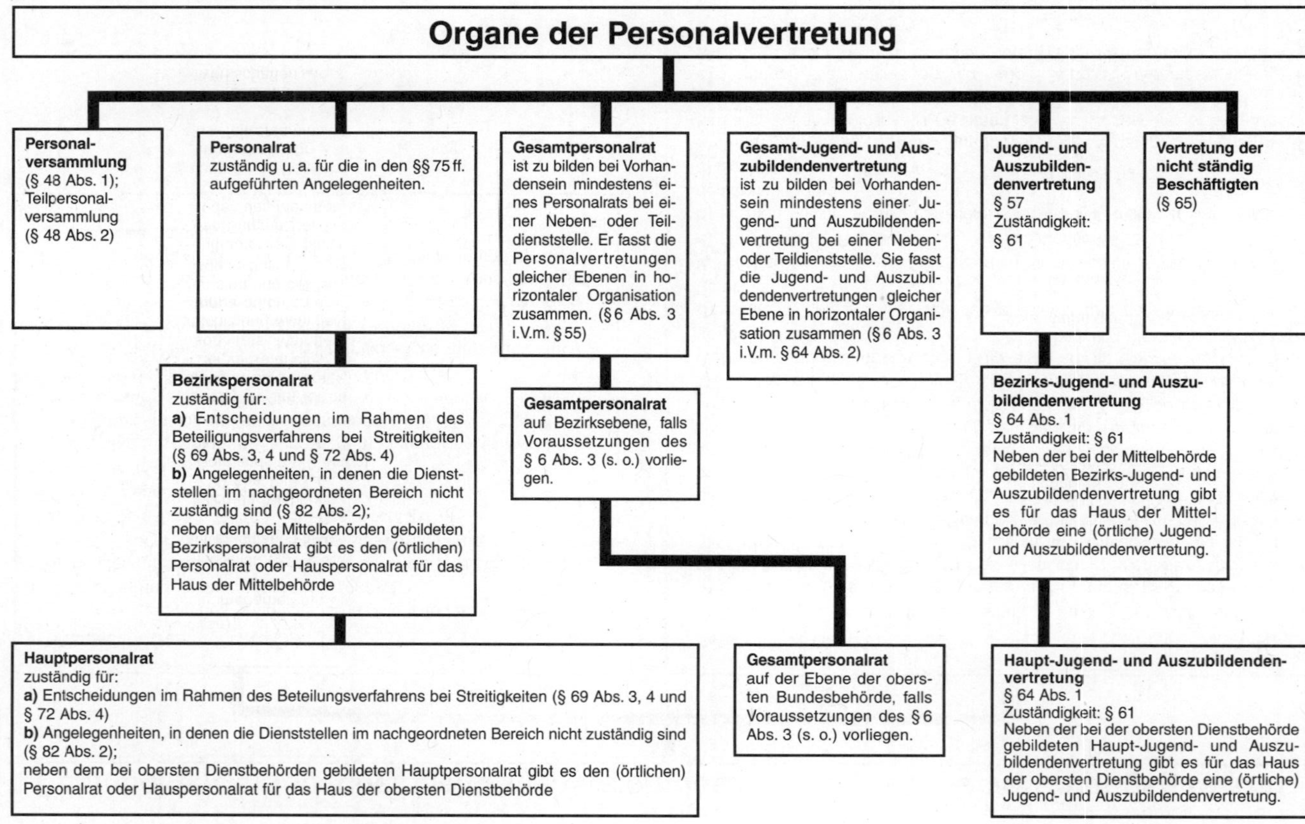
Organe der Personalvertretung
Personalversammlung (§ 48 Abs. 1); Teilpersonalversammlung (§ 48 Abs. 2)
Personalrat zuständig u. a. für die in den §§ 75 ff. aufgeführten Angelegenheiten.
Gesamtpersonalrat ist zu bilden bei Vorhandensein mindestens eines Personalrats bei einer Neben- oder Teildienststelle. Er fasst die Personalvertretungen gleicher Ebenen in horizontaler Organisation zusammen. (§ 6 Abs. 3 i.V.m. § 55)
Gesamt-Jugend- und Auszubildendenvertretung ist zu bilden bei Vorhandensein mindestens einer Jugend- und Auszubildendenvertretung bei einer Neben- oder Teildienststelle. Sie fasst die Jugend- und Auszubildendenvertretungen gleicher Ebene in horizontaler Organisation zusammen (§ 6 Abs. 3 i.V.m. § 64 Abs. 2)
Jugend- und Auszubildendenvertretung § 57 Zuständigkeit: § 61
Vertretung der nicht ständig Beschäftigten (§ 65)
Bezirkspersonalrat zuständig für:
a) Entscheidungen im Rahmen des Beteiligungsverfahrens bei Streitigkeiten (§ 69 Abs. 3, 4 und § 72 Abs. 4)
b) Angelegenheiten, in denen die Dienststellen im nachgeordneten Bereich nicht zuständig sind (§ 82 Abs. 2);
neben dem bei Mittelbehörden gebildeten Bezirkspersonalrat gibt es den (örtlichen) Personalrat oder Hauspersonalrat für das Haus der Mittelbehörde
Gesamtpersonalrat auf Bezirksebene, falls Voraussetzungen des § 6 Abs. 3 (s. o.) vorliegen.
Bezirks-Jugend- und Auszubildendenvertretung § 64 Abs. 1 Zuständigkeit: § 61 Neben der bei der Mittelbehörde gebildeten Bezirks-Jugend- und Auszubildendenvertretung gibt es für das Haus der Mittelbehörde eine (örtliche) Jugend- und Auszubildendenvertretung.
Hauptpersonalrat zuständig für:
a) Entscheidungen im Rahmen des Beteilungsverfahrens bei Streitigkeiten (§ 69 Abs. 3, 4 und § 72 Abs. 4)
b) Angelegenheiten, in denen die Dienststellen im nachgeordneten Bereich nicht zuständig sind (§ 82 Abs. 2);
neben dem bei obersten Dienstbehörden gebildeten Hauptpersonalrat gibt es den (örtlichen) Personalrat oder Hauspersonalrat für das Haus der obersten Dienstbehörde
Gesamtpersonalrat auf der Ebene der obersten Bundesbehörde, falls Voraussetzungen des § 6 Abs. 3 (s. o.) vorliegen.
Haupt-Jugend- und Auszubildendenvertretung § 64 Abs. 1 Zuständigkeit: § 61 Neben der bei der obersten Dienstbehörde gebildeten Haupt-Jugend- und Auszubildendenvertretung gibt es für das Haus der obersten Dienstbehörde eine (örtliche) Jugend- und Auszubildendenvertretung.

Weitere Organe der Personalverfassung

Gewerkschaften
(Aufgaben und Befugnisse)

a) Vertrauensvolle Zusammenarbeit mit Dienststelle und Personalrat (§ 2 Abs. 1)

b) Zugang zu den Dienststellen (§ 2 Abs. 2)

c) Einbringung von Wahlvorschlägen für die Personalratswahl (§ 19 Abs. 8)

d) Antragsrecht hinsichtlich der Wahl und der Bestellung eines Wahlvorstands (§ 20 Abs. 2, §§ 22, 23); Teilnahme an Sitzungen des Wahlvorstands (§ 20 Abs. 3)

e) Wahlanfechtung (§ 25)

f) Antragsrecht auf Ausschluss eines Mitglieds aus dem PR oder auf Auflösung des Personalrats (§ 28 Abs. 1)

g) Recht auf Einschaltung zwecks Verständigung, wenn zwischen der Mehrheit der Vertreter einer Gruppe und der Gesamtheit des Personalrats Meinungsverschiedenheiten über die Beeinträchtigung wichtiger Interessen der Beschäftigten einer Gruppe durch einen Beschluss des Personalrats entstanden sind und der Beschluss auf die Dauer einer Woche ausgesetzt ist (§ 39 Abs. 1)

h) Teilnahme von Beauftragten an Sitzungen des Personalrats mit beratender Stimme auf Beschluss eines Viertels des Plenums oder der Mehrheit einer Gruppe (§ 36)

i) Antrag auf Einberufung einer Personalversammlung, wenn im letzten Kalenderhalbjahr keine Personalversammlung und keine Teilversammlung durchgeführt worden sind (§ 49 Abs. 3)

j) beratende Teilnahme von Beauftragten der in der Dienststelle vertretenen Gewerkschaften an den Personalversammlungen (§ 52)

Arbeitgebervereinigung
(Aufgaben und Befugnisse)

a) Unterstützung der Zusammenarbeit von Dienststelle und Personalrat (§ 2 Abs. 1)

b) Teilnahme an Personalversammlungen (§ 52 Abs. 1)

Schwerbehindertenvertretung
(§ 93 ff. SGB IV)

Dienststellenleiter
(Aufgaben und Befugnisse)

a) Vertrauensvolle Zusammenarbeit mit dem Personalrat (§ 2 Abs. 1)

b) Einberufung einer Personalversammlung zur Bildung eines Wahlvorstands (§ 20 Abs. 2, §§ 21, 23)

c) Teilnahme an den auf sein Verlangen anberaumten Sitzungen des Personalrats und an denjenigen, zu denen er eingeladen ist (§ 34 Abs. 4)

d) Bereitstellung der für die Arbeit des Personalrats erforderlichen Räume, des Geschäftsbedarfs und des Büropersonals (§ 44 Abs. 2)

e) Bereitstellung von Plätzen für Bekanntmachungen und Anschläge des Personalrats (§ 44 Abs. 3)

f) gemeinsame monatliche Besprechung mit dem Personalrat (§ 66)

g) Überwachung der Einhaltung des Gleichbehandlungsgebotes (§ 67 Abs. 1)

h) rechtzeitige und umfassende Unterrichtung des Personalrats; Vorlage der erforderlichen Unterlagen (§ 68 Abs. 2)

i) schriftliche Niederlegung, Unterzeichnung und Bekanntmachung von Dienstvereinbarungen, die mit dem Personalrat getroffen worden sind (§ 73 Abs. 1)

j) Durchführung der gemeinsam mit dem Personalrat gefassten Beschlüsse (§ 74 Abs. 1)

k) Beteiligung des Personalrats in den Fällen der §§ 75 ff.

l) Vorlage der Unterlagen über gewährte Unterstützungen und entsprechende soziale Zuwendungen (§ 75 Abs. 21 Satz 2)

m) Anhörung des Personalrats vor der Weiterleitung von Personalanforderungen zum Haushaltsvoranschlag (§ 78 Abs. 3)

n) Anhörung des Personalrats bei Neu-, Um- und Erweiterungsbauten von Diensträumen (§ 78 Abs. 4)

o) Anhörung des PR vor grundlegenden Änderungen von Arbeitsverfahren und Arbeitsabläufen (§ 78 Abs. 5)

p) Hinzuziehung eines Personalratsmitglieds bei Prüfungen von Beschäftigten (§ 80)

q) Hinzuziehung des Personalrats bei Unfalluntersuchungen (§ 81 Abs. 2)

Rechtsstellung der Beschäftigten im Gefüge des Personalvertretungsrechts

Rechte gegenüber dem Personalrat

1. Anregungs- und Beschwerderecht gegenüber dem Personalrat mit dem Ziel des Einwirkens auf den Dienststellenleiter (§ 68 Abs. 1 Nr. 3)

2. Anspruch auf Gegenäußerung gegenüber Beschwerden oder Behauptungen tatsächlicher Art (§ 69 Abs. 2 Satz 6)

Rechte gegenüber Dienststellenleiter

1. Anspruch auf Zuleitung dienstlicher Beurteilungen an den Personalrat (§ 69 Abs. 2 Satz 3)

2. Anspruch auf Gegenäußerung im Fall von Beschwerden oder Behauptungen tatsächlicher Art (§ 69 Abs. 2 Satz 6)

3. Anspruch auf Beteiligung des Personalrats bei Anträgen auf Gewährung von Unterstützungen etc. (§ 75 Abs. 2 Nr. 1 Satz 2)

4. Anspruch auf Beteiligung des Personalrats bei Geltendmachung von Ersatzansprüchen (§ 76 Abs. 2 Nr. 9 Satz 2)

5. Anspruch auf Beteiligung des Personalrats im Fall der Einleitung des förmlichen Disziplinarverfahrens (§ 78 Abs. 2 Satz 2)

6. Geltendmachung bestimmter Rechte im Fall der ordentlichen Kündigung (u.a.Zuleitung einer Abschrift/ Stellungnahme des Personalrats, § 79 Abs. 2)

Zusammenarbeit zwischen den Personalverfassungsorganen

Vertrauensvolle Zusammenarbeit (§ 2 Abs. 1)

1. Dienststelle und Personalrat haben unter Beachtung der Gesetze und Tarifverträge vertrauensvoll und im Zusammenwirken mit den in der Dienststelle vertretenen Gewerkschaften und Arbeitgebervereinigungen zum Wohle der Beschäftigten und zur Erfüllung der der Dienststelle obliegenden Aufgaben zusammenzuarbeiten.

2. Zusammenarbeit bedingt gegenseitige Offenheit und Überlassung der benötigten und vorhandenen Informationen.

3. Ziel:
Förderung des Wohls der Beschäftigten und Erfüllung der der Dienststelle obliegenden Aufgaben.

4. Einschaltung der in der Dienststelle vertretenen Gewerkschaften und Arbeitgebervereinigungen zum Zweck der Beratung und Verständigung.

Friedenspflicht (§ 66, § 67)

1. Unterlassung friedensstörender Maßnahmen, insbesondere von Maßnahmen des Arbeitskampfs (§ 66 Abs. 2).

2. Neutralitätspflicht des Personalrats bei Arbeitskämpfen.

3. Unterlassen jeder parteipolitischen Betätigung in der Dienststelle (§ 67 Abs. 1 Satz 3).

Zusammenarbeit zwischen Personalrat und Gewerkschaften (§§ 36, 39 Abs. 1)

1. Vermittlung durch Gewerkschaften im Streitfall zwischen einer Gruppe und dem Personalrat (§ 39 Abs. 1 Satz 2).

2. Beratung der Personalvertretungen durch die Gewerkschaften (§ 36).

Zusammenarbeit zwischen Dienststelle und Personalrat (§§ 66, 67)

1. Monatsgespräch (§ 66 Abs. 1).

2. Einschaltung außenstehender Stellen erst nach vergeblichem Einigungsversuch (§ 66 Abs. 3).

3. Gemeinsames Wachen über die Einhaltung gleicher Regeln in der Behandlung der Beschäftigten (§ 67 Abs. 1).

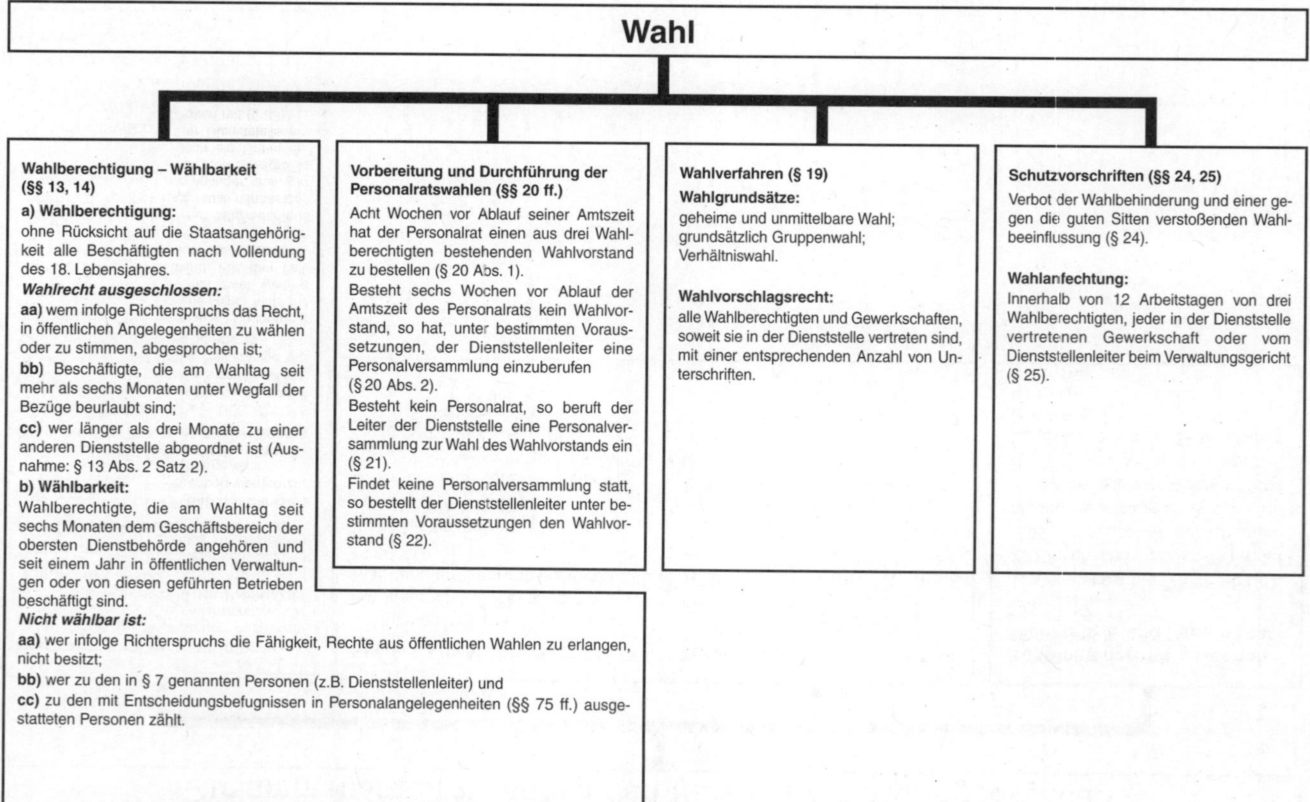
Wahl
Wahlberechtigung – Wählbarkeit (§§ 13, 14)
a) Wahlberechtigung:
ohne Rücksicht auf die Staatsangehörigkeit alle Beschäftigten nach Vollendung des 18. Lebensjahres.
Wahlrecht ausgeschlossen:
aa) wem infolge Richterspruchs das Recht, in öffentlichen Angelegenheiten zu wählen oder zu stimmen, abgesprochen ist;
bb) Beschäftigte, die am Wahltag seit mehr als sechs Monaten unter Wegfall der Bezüge beurlaubt sind;
cc) wer länger als drei Monate zu einer anderen Dienststelle abgeordnet ist (Ausnahme: § 13 Abs. 2 Satz 2).
b) Wählbarkeit:
Wahlberechtigte, die am Wahltag seit sechs Monaten dem Geschäftsbereich der obersten Dienstbehörde angehören und seit einem Jahr in öffentlichen Verwaltungen oder von diesen geführten Betrieben beschäftigt sind.
Nicht wählbar ist:
aa) wer infolge Richterspruchs die Fähigkeit, Rechte aus öffentlichen Wahlen zu erlangen, nicht besitzt;
bb) wer zu den in § 7 genannten Personen (z.B. Dienststellenleiter) und
cc) zu den mit Entscheidungsbefugnissen in Personalangelegenheiten (§§ 75 ff.) ausgestatteten Personen zählt.
Vorbereitung und Durchführung der Personalratswahlen (§§ 20 ff.)
Acht Wochen vor Ablauf seiner Amtszeit hat der Personalrat einen aus drei Wahlberechtigten bestehenden Wahlvorstand zu bestellen (§ 20 Abs. 1).
Besteht sechs Wochen vor Ablauf der Amtszeit des Personalrats kein Wahlvorstand, so hat, unter bestimmten Voraussetzungen, der Dienststellenleiter eine Personalversammlung einzuberufen (§ 20 Abs. 2).
Besteht kein Personalrat, so beruft der Leiter der Dienststelle eine Personalversammlung zur Wahl des Wahlvorstands ein (§ 21).
Findet keine Personalversammlung statt, so bestellt der Dienststellenleiter unter bestimmten Voraussetzungen den Wahlvorstand (§ 22).
Wahlverfahren (§ 19)
Wahlgrundsätze:
geheime und unmittelbare Wahl; grundsätzlich Gruppenwahl; Verhältniswahl.
Wahlvorschlagsrecht:
alle Wahlberechtigten und Gewerkschaften, soweit sie in der Dienststelle vertreten sind, mit einer entsprechenden Anzahl von Unterschriften.
Schutzvorschriften (§§ 24, 25)
Verbot der Wahlbehinderung und einer gegen die guten Sitten verstoßenden Wahlbeeinflussung (§ 24).
Wahlanfechtung:
Innerhalb von 12 Arbeitstagen von drei Wahlberechtigten, jeder in der Dienststelle vertretenen Gewerkschaft oder vom Dienststellenleiter beim Verwaltungsgericht (§ 25).

Geschäftsführung

Bildung des Vorstands

1. Binnen sechs Arbeitstagen nach dem (letzten) Wahltag hat der Wahlvorstand zur konstituierenden Sitzung des Personalrats einzuladen (§ 34 Abs. 1).

2. Leitung der konstituierenden Sitzung durch den Wahlvorstand bis zur Bestellung eines Wahlleiters (§ 34 Abs. 1).

3. Nach Festellung der Beschlussfähigkeit im Plenum wie in den Gruppen werden zunächst die Gruppensprecher gewählt (§ 32 Abs. 1), die von den Vertretern jeder Gruppe in getrennten Wahlgängen bestimmt werden.

4. Nach Wahl der Gruppensprecher wählt das Plenum aus diesem Kreis den Vorsitzenden. Gleichzeitig wird die Reihenfolge der Stellvertreter bestimmt (§ 32 Abs. 2).

5. Besteht der Personalrat aus 11 oder mehr Mitgliedern, so wählt er aus seiner Mitte mit einfacher Stimmenmehrheit zwei weitere Mitglieder in den Vorstand. Für den Fall, dass Personalratsmitglieder aus verschiedenen Wahlvorschlagslisten gewählt worden sind, im Vorstand aber nur Mitglieder aus einer Liste vertreten sind, muss mindestens eines der Ergänzungsmitglieder aus der Liste gewählt werden, die die zweitgrößte Anzahl, mindestens jedoch ein Drittel der von den Angehörigen der Dienststelle abgegebenen Stimmen erhalten hat (§ 33).

Aufgaben des Vorsitzenden bzw. der Stellvertreter (§§ 34 - 36)

a) Einberufung der Sitzungen (§ 34 Abs. 2 Satz 1);

b) Festsetzung der Tagesordnung und Leitung der Verhandlung (§ 34 Abs. 2 Satz 2);

c) Einladung

der Mitglieder der Personalvertretung (§ 34 Abs. 2 Satz 3);

der Jugend- und Auszubildendenvertretung und des Vertrauensmannes der Schwerbehinderten (§ 40 Abs. 1);

der Vertretung der nichtständig Beschäftigten (§ 40 Abs. 2);

des Dienststellenleiters (§ 34 Abs. 4);

der Beauftragten der Gewerkschaften (§ 36);

d) Unterzeichnung der Niederschrift (§ 41 Abs. 1 Satz 2);

e) Leitung der Personalversammlung (§ 48 Abs. 1 Satz 2);

f) Unterzeichnung der Dienstvereinbarungen (§ 73);

g) laufende Geschäftsführung, d. h. insbesondere Vertretung des Personalrats im Rahmen der von diesem gefassten Beschlüsse;

h) weitere Aufgaben, die ihm die Geschäftsordnung zuweisen kann (§ 42).

Achtung:

Ist von einem Beschluss nur eine Gruppe betroffen, so ist das betreffende Vorstandsmitglied bei der Vertretung des Personalrats für den Fall hinzuziehen, dass der Vorsitzende nicht selbst der betroffenen Gruppe angehört (§ 32 Abs. 3).

Beschlussfassung (§§ 37 - 39)

a) Beschlussfähigkeit:

Anwesenheit mindestens der Hälfte der PR-Mitglieder (§ 37);

b) Beschlussfassung mit einfacher Stimmenmehrheit (§ 37 Abs. 1);

c) gemeinsame Angelegenheiten werden gemeinsam beraten und beschlossen (§ 38 Abs. 1);

d) ist nur eine Gruppe betroffen, so entscheidet nach vorheriger gemeinsamer Beratung die Gruppe allein (§ 38 Abs. 2);

e) Vetorecht einer Gruppe oder der Jugend- und Auszubildendenvertretung, soweit ein Beschluss des Personalrats als erhebliche Beeinträchtigung der jeweiligen Interessen angesehen wird (Folge: Aussetzung auf Dauer von sechs Arbeitstagen; danach erneute, endgültige Beschlussfassung, § 39).

Sonstige Bestimmungen (§§ 41 ff.)

a) Anfertigung einer Niederschrift (§ 41);

b) Einrichtung von Sprechstunden während der Arbeitszeit (§ 43);

c) durch Tätigkeit des Personalrats entstehende Kosten trägt Dienststelle (§ 44 Abs. 1);

d) dem Personalrat ist der für die Geschäftsführung notwendige Geschäftsbedarf zur Verfügung zu stellen (§ 44 Abs. 2);

e) nach einem bestimmten Zahlenkatalog, ausgerichtet an der Zahl der Beschäftigten, sind Mitglieder des Personalrats von der dienstlichen Tätigkeit freizustellen (§ 46 Abs. 4);

f) Personalratsmitglieder sind zur Teilnahme an Schulungs- und Bildungsveranstaltungen freizustellen (§ 46 Abs. 6 und 7).

Freistellung (§ 46)

1. Voraussetzungen

Grundsatz: „wenn und soweit es nach Umfang und Art der Dienststelle zur ordnungsgemäßen Durchführung ihrer Aufgaben erforderlich ist“ (Abs. 3 Satz 1).

2. Umfang

300 – 600 Beschäftigte	1 Mitglied
601 – 1 000 Beschäftigte	2 Mitglieder
1 001 – 2 000 Beschäftigte	3 Mitglieder

etc.

(gilt nur für örtliche Personalvertretungen, nicht für Stufenvertretungen).

3. Reihenfolge

Vorsitzender
1. Stellvertreter
2. Stellvertreter
Mitglieder des erweiterten Vorstands
Plenumsmitglieder unter Beachtung der Gruppenstärke.

4. Verfahren

Beschlüsse des Personalrats
Entscheidung der Dienststelle, die sich am Zahlenkatalog auszurichten hat (Abs. 4).

5. Schutz der Freigestellten

Freistellung darf nicht zur Beeinträchtigung des beruflichen Werdegangs führen (Abs. 3 Satz 6); deshalb: sog. fiktive Laufbahnnachzeichnung.

Schulungs- und Bildungsveranstaltungen

1. Freistellung unter Fortzahlung der Bezüge zur Teilnahme an Schulungs- und Bildungsveranstaltungen, soweit diese Kenntnisse vermitteln, die für die Tätigkeit in der Personalvertretung erforderlich sind (Abs. 6).

a) Kenntnisse müssen für Personalratsarbeit notwendig sein, d.h. Mitglieder müssen mit dem Personalvertretungsgesetz sowie mit neuen, ihre Amtsführung eng berührenden Vorschriften (Gesetze, Verordnungen, Dienstvereinbarungen, Tarifverträge etc.) vertraut gemacht werden; Vorschriften müssen in Bezug zur Personalratstätigkeit stehen, für den Geschäftsbereich einer Verwaltung praktische Bedeutung haben oder in naher Zukunft erlangen können. Vorschriften müssen zeitlich aktuell sein. Behandlung von Grundsatzfragen sind zulässig, die sich bei der Anwendung schon länger geltender Vorschriften neu stellen bzw. sich aus der fortlaufenden Rechtsprechung oder einer Diskussion in der Literatur neu ergeben haben.

b) Freistellung für eine angemessene Dauer; Wiederholung ist geboten, wenn Entwicklung der Rechtsprechung zu einem neuen Gesetz mit noch nicht erprobten Bestimmungen zur Korrektur von Lehrmeinungen über wesentliche Fragen Anlass gibt.

c) Auswahl für Teilnahme trifft Personalvertretung.

d) „Unter Fortzahlung der Bezüge“ umschließt auch die Verpflichtung der Dienststelle zur Übernahme der aus Anlass der Schulung entstandenen sonstigen Kosten (Verpflegungs-, Honorarkosten).

2. Freistellung zur Teilnahme an Schulungs- und Bildungsveranstaltungen, „die von der Bundeszentrale für politische Bildung als geeignet anerkannt sind“ (Abs. 7).

a) Veranstaltungen müssen Bezug zur Personalratsarbeit haben; vermittelte Kenntnisse müssen für Personalratsarbeit geeignet sein.

b) Individualanspruch jedes einzelnen Personalratsmitglieds.

c) Dauer: innerhalb einer regelmäßigen Amtszeit drei Wochen.

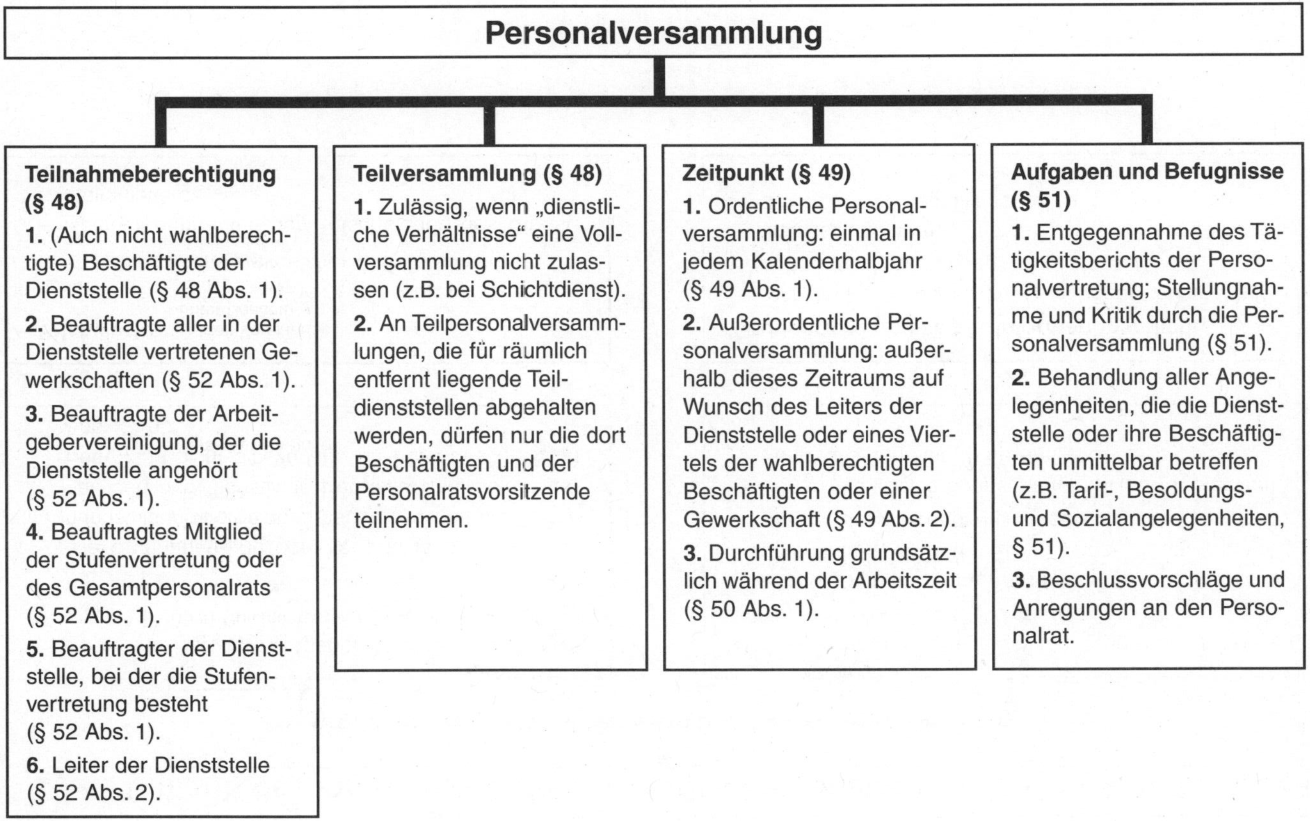

Personalversammlung

Teilnahmeberechtigung (§ 48)

1. (Auch nicht wahlberechtigte) Beschäftigte der Dienststelle (§ 48 Abs. 1).

2. Beauftragte aller in der Dienststelle vertretenen Gewerkschaften (§ 52 Abs. 1).

3. Beauftragte der Arbeitgebervereinigung, der die Dienststelle angehört (§ 52 Abs. 1).

4. Beauftragtes Mitglied der Stufenvertretung oder des Gesamtpersonalrats (§ 52 Abs. 1).

5. Beauftragter der Dienststelle, bei der die Stufenvertretung besteht (§ 52 Abs. 1).

6. Leiter der Dienststelle (§ 52 Abs. 2).

Teilversammlung (§ 48)

1. Zulässig, wenn „dienstliche Verhältnisse“ eine Vollversammlung nicht zulassen (z.B. bei Schichtdienst).

2. An Teilpersonalversammlungen, die für räumlich entfernt liegende Teildienststellen abgehalten werden, dürfen nur die dort Beschäftigten und der Personalratsvorsitzende teilnehmen.

Zeitpunkt (§ 49)

1. Ordentliche Personalversammlung: einmal in jedem Kalenderhalbjahr (§ 49 Abs. 1).

2. Außerordentliche Personalversammlung: außerhalb dieses Zeitraums auf Wunsch des Leiters der Dienststelle oder eines Viertels der wahlberechtigten Beschäftigten oder einer Gewerkschaft (§ 49 Abs. 2).

3. Durchführung grundsätzlich während der Arbeitszeit (§ 50 Abs. 1).

Aufgaben und Befugnisse (§ 51)

1. Entgegennahme des Tätigkeitsberichts der Personalvertretung; Stellungnahme und Kritik durch die Personalversammlung (§ 51).

2. Behandlung aller Angelegenheiten, die die Dienststelle oder ihre Beschäftigten unmittelbar betreffen (z.B. Tarif-, Besoldungs- und Sozialangelegenheiten, § 51).

3. Beschlussvorschläge und Anregungen an den Personalrat.

Umfang des Informationsanspruchs des Personalrats nach § 68 Abs. 1

Bei auf eine Person bezogenen Maßnahmen bezüglich solcher Informationen, die ausschließlich auf die Person zugeschnitten sind:

- alle Unterlagen, die der Dienststelle bei ihrer Meinungsbildung vorgelegen haben (Ausnahme: Personalakten und dienstliche Beurteilungen, sofern der Betroffene nicht die Vorlage an PR wünscht, § 68 Abs. 2 Satz 4).

Bei Maßnahmen, die Auswirkungen auf „Mitkonkurrenten“ haben, bezüglich deren Person:

- Daten (Dienstalter etc.) über die nicht berücksichtigten Mitbewerber um Einstellungs-, Höhergruppierungs-, Beförderungsdienstposten;
- Vorlage von Bewerbungsunterlagen (soweit sie nicht Personalakten sind, § 68 Abs. 2 Satz 4).

Stichworte

- „geistige Waffengleichheit“; gleicher Informationsstand von Dienststellenleiter und Personalrat;
- Nachvollziehbarkeit der Entscheidung des Dienststellenleiters.

Grunderfordernisse der Informationspflicht:

- rechtzeitig: Zeitpunkt, zu dem beabsichtigte Maßnahme noch gestaltungsfähig ist;
- umfassend: Informationsmaterial in gleicher Vollständigkeit, wie es dem Dienststellenleiter selbst vorliegt.

Beteiligungsrechte der Personalvertretung (I)

Bestellung des Wahlvorstands (§ 20);
Einsichtnahme in Unterlagen (§ 68 Abs. 2);
Einsichtnahme in Unterlagen über gewährte Unterstützungen (§ 75 Abs. 2 S. 2);
Einsatz für die Wahrung der Vereinigungsfreiheit (§ 67 Abs. 3).

Allgemeine Aufgaben:

Monatsgespräch, nach Landesgesetzen teilw. Halbjahresgespräch
§ 66 Abs. 1

Abschluss von Dienstvereinbarungen
§ 73

Teilnahme an Prüfungen
§ 80

Bekämpfung von Unfall-/Gesundheitsgefahren
§ 81

Anhörung
§§ 78, 79

– vor Weiterleitung von Personalanforderungen zum Haushaltsvoranschlag
§ 78 Abs. 3

– vor Neu-, Um-, Erweiterungsbauten von Diensträumen
§ 78 Abs. 4

– vor grundlegenden Änderungen von Arbeitsverfahren und Arbeitsabläufen
§ 78 Abs. 5

– vor fristlosen Entlassungen etc.
§ 79 Abs. 3

Beteiligungsrechte der Personalvertretung (II)

Mitbestimmung
§§ 75, 76

Personelle Angelegenheiten der Arbeitnehmer (§ 75 Abs. 1)
z.B.
- Einstellung
- Höhergruppierung
- Versetzung

Personelle Angelegenheiten der Beamten
(§ 76 Abs. 1)
z.B.
- Einstellung
- Beförderung
- Abordnung

Soziale Angelegenheiten aller Beschäftigten
(§ 75 Abs. 2, 3)
z.B.
- Zuweisung von Wohnungen
- zeitliche Lage des Urlaubs
- Fragen der Lohngestaltung

Sonstige Mitbestimmungsangelegenheiten
(§ 76 Abs. 2)
- allgemeine Fragen der Fortbildung
- Einführung grundlegend neuer Arbeitsmethoden

Mitwirkung
§§ 78, 79

- Vorbereitung von Verwaltungsanordnungen
- Auflösung von Dienststellenteilen
- Erhebung der Disziplinarklage
- Entlassung von Beamten auf Probe
- vorzeitige Versetzung in den Ruhestand
- ordentliche Kündigung durch Arbeitgeber

Initiativrecht
§ 68 Abs. 1, § 70

Allgemeines, verfahrensmäßig nicht ausgebautes Initiativrecht (§ 68 Abs. 1)
Bei Ablehnung können nächsthöhrere Dienststellen nicht eingeschaltet werden
z.B.
- Maßnahmen, die Dienststelle oder Beschäftigten dienen
- Maßnahmen zur beruflichen Förderung Schwerbehinderter

Verfahrensmäßig ausgebautes Initiativrecht
(§ 70)

a) Anrufung nächsthöherer Dienststellen ohne Einschaltung der Einigungsstelle (§ 70 Abs. 2)
   z.B.
   - Auswahl von Teilnehmern an Fortbildungsveranstaltungen
   - Beurteilungsrichtlinien für Arbeitnehmer

b) Anrufung nächsthöherer Dienststellen und Einschaltung der Einigungsstelle (§ 70 Abs. 1)
   z.B.
   - Gestaltung der Arbeitsplätze
   - Einführung und Anwendung techn. Einrichtungen

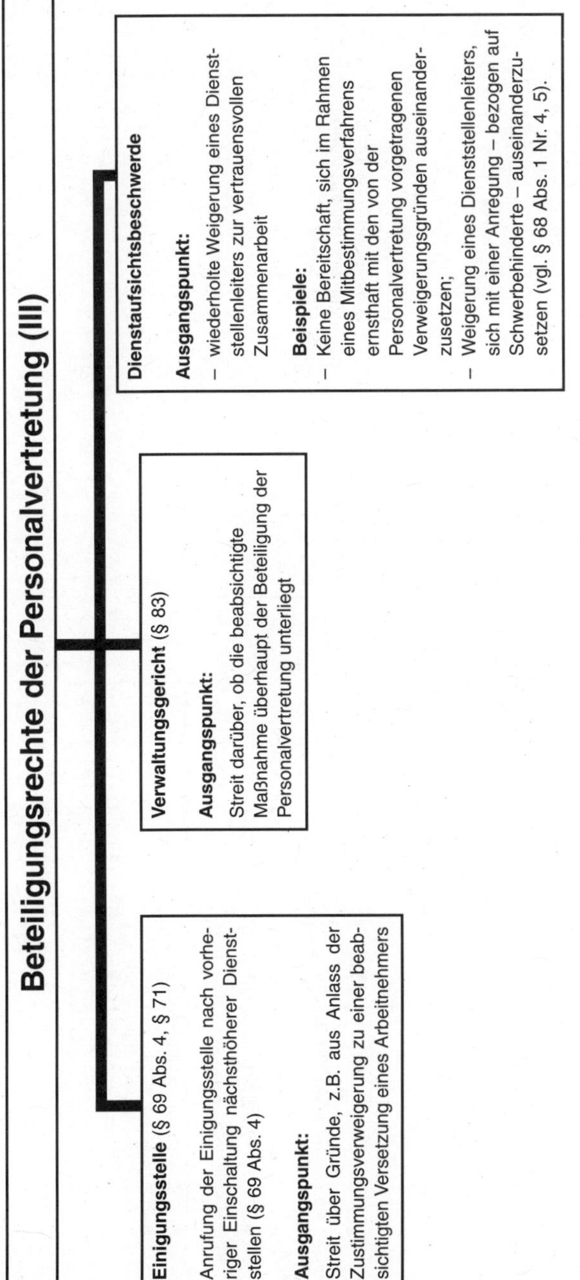
Beteiligungsrechte der Personalvertretung (III)
Einigungsstelle (§ 69 Abs. 4, § 71)
Anrufung der Einigungsstelle nach vorheriger Einschaltung nächsthöherer Dienststellen (§ 69 Abs. 4)
Ausgangspunkt:
Streit über Gründe, z.B. aus Anlass der Zustimmungsverweigerung zu einer beabsichtigten Versetzung eines Arbeitnehmers
Verwaltungsgericht (§ 83)
Ausgangspunkt:
Streit darüber, ob die beabsichtigte Maßnahme überhaupt der Beteiligung der Personalvertretung unterliegt
Dienstaufsichtsbeschwerde
Ausgangspunkt:
– wiederholte Weigerung eines Dienststellenleiters zur vertrauensvollen Zusammenarbeit
Beispiele:
– Keine Bereitschaft, sich im Rahmen eines Mitbestimmungsverfahrens ernsthaft mit den von der Personalvertretung vorgetragenen Verweigerungsgründen auseinanderzusetzen;
– Weigerung eines Dienststellenleiters, sich mit einer Anregung – bezogen auf Schwerbehinderte – auseinanderzusetzen (vgl. § 68 Abs. 1 Nr. 4, 5).

Verletzung des Mitbestimmungsrechts

Sowohl im Fall einer gesetzwidrigen Nichtbeteiligung als auch im Fall der Nichtbeachtung der Zustimmungsverweigerung der Personalvertretung ist eine dennoch getroffene mitbestimmungspflichtige Maßnahme grundsätzlich unwirksam.

Beamte

In personellen Angelegenheiten der Beamten sind die entsprechenden Maßnahmen (z.B. Einstellung, Beförderung) grundsätzlich wirksam; ein Fehlen der Zustimmung der Personalvertretung führt zur **Anfechtung**.

Eine trotz fehlender Zustimmung der Personalvertretung durchgeführte mitbestimmungspflichtige Maßnahme führt dazu, dass diese rückgängig gemacht werden und der ursprüngliche Zustand wieder hergestellt werden muss, falls dies noch rechtlich möglich ist (vgl. im Einzelnen § 69).

Arbeitnehmer

Maßnahmen nichtig, z.B.

- Höhergruppierung
- Rückgruppierung
- ordentliche Kündigung.

Keine Heilung durch nachträgliches Einleiten des Beteiligungsverfahrens; Zustimmung zu der beabsichtigten Maßnahme muss vielmehr erneut beantragt werden (vgl. im Einzelnen § 69).

Einigungsstelle (§ 71)

Zuständigkeit

Bei Einigkeit über Mitbestimmungsrecht der Personalvertretung, aber Streit über Recht der Personalvertretung, Zustimmung, so wie geschehen, zu verweigern.

Anrufung kommt dann in Betracht, wenn Stufenverfahren ergebnislos war.

Wenn es keinen hierarchischen Aufbau und somit keine Stufenvertretung gibt und Einigung möglich ist, geht die Sache direkt an die Einigungsstelle.

Bei Bestreiten des Beteiligungsrechts:
Zuständigkeit des Verwaltungsgerichts

Zusammensetzung

1. drei Beisitzer, die von der obersten Dienstbehörde bestellt werden;

2. drei Beisitzer, die von der „zuständigen" Personalvertretung (Hauptpersonalrat) bestellt werden;

3. unabhängiger Vorsitzender, auf dessen Person sich beide Seiten einigen müssen.

Verfahren

1. Verhandlung ist nicht öffentlich.

2. Den Beteiligten ist Gelegenheit zur mündlichen Äußerung zu geben (§ 71 Abs. 2).

3. Beschlussfähigkeit nur bei Anwesenheit sämtlicher Mitglieder.

4. Beschlüsse ergehen mit einfacher Mehrheit.

5. Entscheidung:
Dem Antrag wird völlig entsprochen, er wird völlig abgewiesen, oder ihm wird teilweise entsprochen.

6. Beachtung der Haushaltsgesetze sowie der Grundsätze einer sparsamen Verwendung öffentlicher Mittel.

7. Schriftliche Absetzung des Beschlusses und Zustellung.

8. Rechtswirksamkeit der Beschlüsse mit Verkündung.

9. Wirkung des Beschlusses:
Beschluss bindet die Beteiligten (oberste Dienstbehörde und Hauptpersonalrat); Ausnahme: Beschluss hat nur empfehlende Wirkung in Personalangelegenheiten der Beamten und bei Berufsförderungsmaßnahmen im Bereich der Bundespolizei sowie bei Beschäftigten der Rundfunkanstalten des Bundes (vgl. aber § 71 Anm. 2 e).

Achtung: Nach der Rspr. („planwidrige Lücke", BVerwG v. 24.4.2002, ZfPR 2002, 235): entspr. Anwendung der Vorschriften über eingeschränkte Mitbestimmung (nur Empfehlung der Einigungsstelle) auf alle Beleidigungsfälle, die das demokratische Prinzip der Letztentscheidung der Verwaltung berühren (vgl. im Einzelnen § 69 Anm. 2 f und g)

Antragsbefugnis im Rahmen personalvertretungsrechtlicher gerichtlicher Verfahren (§ 83)

Antragsteller (bzw. Beteiligter)
- wem ausdrücklich vom Gesetz Antragsrecht eingeräumt ist;
- wer durch eine Maßnahme unmittelbar in personalvertretungsrechtlicher Stellung betroffen wird.

Dienststellenleiter vor allem bei
- Wahlanfechtung (§ 25);
- Ausschlussverfahren (§ 28);
- Feststellung der Wählbarkeit eines Personalratsmitglieds (§ 29 Abs. 1 Nr. 7).

Gewerkschaften (einschl. der örtl. und Untergliederungen)
- Zugangsrecht zur Dienststelle (§ 2);
- Teilnahme an Sitzungen des Wahlvorstands (§ 20);
- Wahlanfechtung (§ 25);
- Ausschlussverfahren (§ 28);
- Teilnahme an Sitzungen des Personalrats (§ 36);
- Teilnahme an Personalversammlungen (§ 52);

Abschließende Aufzählung; darüber hinaus kein Antragsrecht.

Personalvertretung
- in allen Beschlussverfahren aus Streitigkeiten über Wahl, Amtszeit, Geschäftsführung;
- in allen Beschlussverfahren, die sich gegen einzelne ihrer Mitglieder richten.

Einzelne Mitglieder des Personalrats
- in allen Beschlussverfahren, die ihre personalvertretungsrechtliche Stellung betreffen (z.B. in Ausschlussverfahren nach § 28 oder in den Fällen der §§ 9, 47);
- in allen Beschlussverfahren, die sie selbst durchführen (z.B. Anfechtung von Bestimmungen der Geschäftsordnung).

Gemeinschaft von
- drei Wahlberechtigten bei Anfechtung der Wahl des Personalrats (§ 25);
- einem Viertel der Wahlberechtigten bei einem Ausschlussantrag (§ 28) und bei einem Antrag auf Einberufung der Personalversammlung (§ 49 Abs. 1).

Einzelne Beschäftigte, die nicht Mitglieder des Personalrats sind:,
- Feststellung des aktiven und passiven Wahlrechts (§§ 13, 14);
- im Rahmen der §§ 25, 28, 49 Abs. 2.

Streitigkeiten im Rahmen der Personalverfassung

Verwaltungsgerichte zuständig bei

a) Feststellung darüber, ob ein Arbeitsverhältnis nach Beendigung des Berufsausbildungsverhältnisses begründet worden ist bzw. Auflösung eines entsprechenden Arbeitsverhältnisses (§ 9);
b) Wahlanfechtung (§ 25);
c) Ausschluss eines einzelnen Personalratsmitglieds oder Auflösung des Personalrats (§ 28);
d) Ersetzung der Zustimmung des Personalrats im Fall der außerordentlichen Kündigung von Mitgliedern des Personalrats (§ 47 Abs. 1);
e) Wahlberechtigung und Wählbarkeit (§§ 13, 14);
f) Wahl- und Amtszeit des Personalrats und der in den §§ 57, 65 genannten Vertreter sowie Zusammensetzung des Personalrats und der Jugend- und Auszubildendenvertretungen (vgl. u.a.§ 27);
g) Zuständigkeit, Geschäftsführung und Rechtsstellung der Personalvertretungen und der in den §§ 57, 65 genannten Vertreter;
h) Bestehen oder Nichtbestehen von Dienstvereinbarungen (§ 73).

Verfahren

Die Vorschriften des Arbeitsgerichtsgesetzes über das Beschlussverfahren gelten entsprechend (vgl. §§ 80 bis 86 ArbGG).

Instanzenzug/ Besetzung

Zusammensetzung der Kamern und Senate:
Bei den Verwaltungsgerichten des ersten und zweiten Rechtszuges werden Fachkammern (Fachsenate) gebildet (§ 84 Abs. 1). Die Fachkammer besteht aus einem Vorsitzenden und ehrenamtlichen Richtern; letztere müssen Beschäftigte des öffentlichen Dienstes des Bundes sein (§ 84 Abs. 2). Die Fachkammer wird in der Besetzung mit einem Vorsitzenden und insgesamt vier Beisitzern tätig (§ 84 Abs. 3). Gleiches gilt für die Besetzung der Fachsenate.

Rechtsmittel

Gegen Beschluss des Verwaltungsgerichts ist Beschwerde beim OVG oder VGH, gegen deren Entscheidungen Rechtsbeschwerde beim BVerwG einzulegen.
Voraussetzung der Rechtsbeschwerde: Zulassung durch das Beschwerdegericht wegen grundsätzlicher Bedeutung oder ohne Zulassung, wenn Entscheidung des Beschwerdegerichts von Entscheidung des BVerwG abweicht und auf dieser Abweichung beruht (Divergenzbeschwerde).

Zulässigkeit einer einstweiligen Verfügung

Wenn durch Veränderung des bestehenden Zustands eine Rechtsverwirklichung vereitelt oder wesentlich erschwert werden könnte;
§ 85 ArbGG i.V. mit § 940 ZPO (vgl § 83 Anm. 2i).

Personalvertretungsgesetze der Länder

a) Baden-Württemberg

Personalvertretungsgesetz für das Land Baden-Württemberg in der Fassung vom 1.10.1975 (GBl. S. 693), zul. geänd. durch Art. 12 Gesetz vom 3.12.2013, (GBl. S. 329), ber. 11.2.2014 (GBl. S. 76).

b) Bayern

Bayerisches Personalvertretungsgesetz vom 29.4.1974 (GVBl. S. 157, Ber. S. 272), zul. geänd. durch § 1 Gesetz vom 22.7.2014 (GVBl. S. 286).

c) Berlin

Berliner Personalvertretungsgesetz vom 26.7.1974 (GVBl. S. 1669), in der Fassung der Bekanntm. vom 14.7.1994 (GVBl. S. 337), zul. geänd. durch Art. I 7. ÄndG vom 5.11.2012 (GVBl. S. 354).

d) Brandenburg

Personalvertretungsgesetz für das Land Brandenburg vom 15.9.1993 (GVBl. I S. 358), zul. geänd. durch Gesetz vom 11.2.2014 (GVBl. I Nr. 9).

e) Bremen

Bremisches Personalvertretungsgesetz vom 5.3.1974 (GBl. S. 131), zul. geänd. durch Gesetz vom 19.12.2014 (GBl. S. 777).

f) Hamburg

Hamburgisches Personalvertretungsgesetz in der Fassung der Bekanntm. vom 8.7.2014 (GVBl. S. 299).

g) Hessen

Hessisches Personalvertretungsgesetz vom 24.3.1988 (GVBl. I S. 103), zul. geänd. durch Art. 7 Gesetz vom 27.5.2013 (GVBl. I S. 218; ber. S. 508).

h) Mecklenburg-Vorpommern

Personalvertretungsgesetz für das Land Mecklenburg-Vorpommern vom 24.2.1993 (GVBl. S. 125); ber. in GVOBl. S. 176, 300 und GVOBl. 1994, S. 858, zul. geänd. durch Art. 4 Gesetz vom 16.12.2010 (GVOBl. 2005 S. 730, 758).

i) Niedersachsen

Personalvertretungsgesetz für das Land Niedersachsen in der Fassung vom 8. 8. 1985 (GVBl. S. 262), zul. geänd. durch Art. 3 Gesetz vom 30.6.2011 (GVBl. S. 210).

j) Nordrhein-Westfalen

Personalvertretungsgesetz für das Land Nordrhein-Westfalen vom 3.12.1974 (GVBl. S. 1514), zul. geänd. durch Gesetz vom 16.9.2014 (GV.NW S. 547).

k) Rheinland-Pfalz

Personalvertretungsgesetz für das Land Rheinland-Pfalz vom 8.12.1992 (GVBl. S. 333), zul. geänd. durch Gesetz vom 4.2.2015 (GVBl. S. 2).

l) Saarland

Personalvertretungsgesetz für das Saarland vom 9.5.1973 (Amtsbl. S. 289), in der Fassung der Bekanntm. vom 21.3.1989 (Amtsbl. S. 413), zul. geänd. durch Gesetz vom 12.11.2014 (Amtsbl. S. 428).

m) Sachsen

Sächsisches Personalvertretungsgesetz vom 21.1.1993 (SächsGVBl. S. 29), zul. geänd. durch Art. 10 Gesetz vom 18.12.2013 (GVBl. S. 970).

n) Sachsen-Anhalt

Landespersonalvertretungsgesetz Sachsen-Anhalt vom 10.2.1993 (GVBl. S. 56), zul. geänd. durch Art. 3 Gesetz vom 13.11.2014 (GVBl. LSA S. 446).

o) Schleswig-Holstein

Gesetz über die Mitbestimmung der Personalräte (Mitbestimmungsgesetz Schleswig-Holstein – MBG Schl.-H.) vom 11.12.1990 (GVOBl. S. 577), zul. geänd. durch Gesetz vom 12.11.2014 (GVBl. S. 328).

p) Thüringen

Thüringer Personalvertretungsgesetz vom 29.7.1993 (GVBl. S. 399) in der Fassung der Bekanntm. vom 8.8.2014 (GVBl. S. 529, 543).

Grundzüge des Personalvertretungsrechts
(am Beispiel des Bundespersonalvertretungsgesetzes)

A. Allgemeine Vorschriften

I. Vertrauensvolle Zusammenarbeit

Das Zusammenwirken von Dienststellenleitern und Personalvertretungen ist nicht auf Konflikt, sondern auf eine **vertrauensvolle Zusammenarbeit** angelegt. Die vertrauensvolle Zusammenarbeit ist das **Leitmotiv des Gesetzes**, das die Art und Weise der Zusammenarbeit auf der **Basis gleichberechtigter Partnerschaft** regelt. Der Grundsatz der vertrauensvollen Zusammenarbeit ist **unmittelbar geltendes Recht**. Dieser Grundsatz gibt sowohl dem Dienststellenleiter als auch der Personalvertretung ein allgemeines Verhaltensgebot auf, **einvernehmliche Lösungen von Streitfragen** anzustreben und den jeweiligen gesetzlichen Aufgabenbereich zu respektieren.

Der Gesetzgeber macht aber nicht nur mit dem Grundsatz der vertrauensvollen Zusammenarbeit (§ 2 BPersVG), sondern auch mit § 66 Abs. 1 BPersVG deutlich, dass beide Parteien (Dienststellenleiter und Personalvertretung) Konflikte vermeiden und gemeinsame Lösungen bzw. sachgerechte Kompromisse anstreben sollen; beide nämlich sollen **„über strittige Fragen mit dem ernsten Willen zur Einigung ... verhandeln und Vorschläge für die Beilegung von Meinungsverschiedenheiten ... machen“.**

Auch die Beteiligungsverfahren der Mitbestimmung und der Mitwirkung, der Anhörung und der Beratung sind auf **Verständigung** angelegt. Dienststellenleiter und Personalvertretung sollen Problemfälle gemeinsam erörtern, und schließlich sollen sie in regelmäßigen Gesprächen (**Monatsgespräche**, § 66 BPersVG) alle Vorgänge, die die **Beschäftigten wesentlich berühren**, diskutieren.

In der Praxis werden diese Vorgaben des Gesetzgebers weitgehend beachtet; denn in der Mehrzahl der personalvertretungsrechtlich relevanten Angelegenheiten erfolgen **einvernehmliche Lösungen**. Streitige Verhandlungen sind nicht die Regel.

II. Beschäftigte im Sinne des Personalvertretungsrechts

Dem Schutz der Personalvertretungsgesetze unterliegen alle Beschäftigten, d.h. alle Personen, die in eine Dienststelle **eingegliedert** sind und die zum Dienststellenleiter in einem arbeits- bzw. beamtenrechtlichen Rechtsverhältnis stehen, durch das auf der einen Seite ein **Weisungsrecht des Dienststellenleiters** und auf der anderen Seite **Schutzpflichten gegenüber den Beschäftigten** begründet werden. Nicht von Belang ist, ob die Beschäftigung auf Dauer angelegt ist, ob sie in vollem Umfang ausgeübt wird (Teilzeitbeschäftigte) oder ob sie nur kurzzeitig erfolgt (Leiharbeitnehmer).

III. Gruppenprinzip

Wegen der unterschiedlichen dienst- bzw. arbeitsrechtlichen Stellung der Beschäftigten unterscheidet auch das Personalvertretungsrecht nach Beamten und Arbeitnehmern. Die Rechtsverhältnisse der in einem öffentlich-rechtlichen Dienstverhältnis stehenden Beamten heben sich von den Rechtsverhältnissen der in einem zivilrechtlichen Arbeitsverhältnis stehenden Arbeitnehmer ab. Die zum Teil gegensätzlichen Interessen der jeweiligen Gruppe sollen sachverständig durch von ihnen gewählte Vertreter wahrgenommen werden. Die Wahrnehmung der eigenen Belange erfolgt durch **Vertreter des eigenen Vertrauens**. Das Personalvertretungsrecht wird daher **vom Gruppenprinzip „beherrscht“**.

Die **Einteilung in Gruppen** ist vom Gesetzgeber abschließend für folgende Fälle festgelegt worden:

- für die zahlenmäßige Vertretung in der Personalvertretung
- für die Wahl
- für das Wahlvorschlagsrecht
- für die Vertretung im Wahlvorstand
- für die Bildung des Vorstands
- für die Beratung durch Gewerkschaften
- für die Beschlussfassung
- für die Aussetzung eines Beschlusses wegen erheblicher Beeinträchtigung wichtiger Interessen der Beschäftigten einer Gruppe
- für die Beteiligung in Personalangelegenheiten.

IV. Vertretung der Dienststelle gegenüber der Personalvertretung

Partner der Personalvertretung ist der jeweilige **Dienststellenleiter**. Er soll grundsätzlich alle Verhandlungen mit der Personalvertretung führen. Nur im Fall der tatsächlichen, dienstlich (oder urlaubsmäßig) bedingten **Verhinderung** soll sich ein Dienststellenleiter **durch seinen ständigen Vertreter** vertreten lassen können. In größeren Behörden (oberste und obere Behörden sowie Mittelbehörden) gelten erweiterte Vertretungsregelungen.

Sinn der Vertretungsregelung ist, dass der Personalvertretung der für die jeweilige Dienststelle Verantwortliche Gesprächs- und Verhandlungspartner gegenübertreten soll. Daher müssen die Vertreter des Dienststellenleiters bei Verhandlungen mit der Personalvertretung entsprechende **Entscheidungsbefugnisse** besitzen.

V. Benachteilungs-/Begünstigungsverbot

Mit diesem Verbot soll die Tätigkeit der Personalvertretung insgesamt gesichert, vor allem aber ihre Unabhängigkeit gewährleistet werden. Alle Personen, die Aufgaben oder Befugnisse nach dem Personalvertretungsgesetz wahrnehmen, sollen vor Benachteiligungen jeglicher Art geschützt werden. Daher ist jede **Form der Beeinträchtigung** der Wahrnehmung personalvertretungsrechtlicher Aufgaben (Erschwerung, Störung, Verhinderung) als Behinderung anzusehen. Als **Benachteiligung** gilt jede objektive Zurücksetzung oder Schlechterstellung. Umgekehrt aber ist auch jede **Begünstigung** verboten, d.h. jede sachlich nicht gerechtfertigte Bevorzugung gegenüber vergleichbaren Beschäftigten.

VI. Schutz der Auszubildenden

Die Personalvertretungsgesetze wollen Auszubildende der Schwierigkeit entheben, bei einer Ablehnung ihrer Übernahme nach erfolgreicher Beendigung des Berufsausbildungsverhältnisses nachweisen zu müssen, dass diese Entscheidung ihrer personalvertretungsrechtlichen Tätigkeit wegen erfolgt ist. Auf Verlangen eines Auszubildenden, der Mitglied einer Personalvertretung oder einer Jugend- und Auszubildendenvertretung ist, gilt ein **Arbeitsverhältnis** zu dem bisherigen Arbeitgeber **auf unbestimmte Zeit** als begründet. Liegen Tatsachen vor, aufgrund derer dem (öffentlichen) Arbeitgeber unter Berücksichtigung aller Umstände die **Weiterbeschäftigung nicht zugemutet** werden kann, dann kann dieser beim Verwaltungsgericht die Feststellung beantragen, dass ein Arbeitsverhältnis nicht begründet wird oder dass ein bereits begründetes Arbeitsverhältnis aufzulösen ist.

VII. Schweigepflicht

Einer vertrauensvollen Zusammenarbeit und dem Gebot des Zusammenwirkens mit den in der Dienststelle vertretenen Gewerkschaften und Arbeitgebervereinigungen zum Wohle der Beschäftigten und zur Erfüllung der der Dienststelle obliegenden Aufgaben als zentralem Anliegen des Gesetzgebers kann nur dann Rechnung getragen werden, wenn **zwischen allen Beteiligten ein Vertrauensverhältnis besteht**. Jeder der Beteiligten muss vom anderen erwarten können, dass er seine Aufgaben in Kenntnis der damit verbundenen Verantwortung wahrnimmt und über alles das, was ihm im Rahmen seiner Tätigkeit bekannt geworden ist, grundsätzlich **Stillschweigen bewahrt**. Daher haben alle, die Aufgaben oder Befugnisse nach den Personalvertretungsgesetzen wahrnehmen oder wahrgenommen haben, über solche Angelegenheiten und Tatsachen Stillschweigen zu bewahren, die entweder für die öffentliche Verwaltung oder aber für einzelne von Bedeutung und **nicht zur Kenntnisnahme Dritter** bestimmt sind. Jedermann bekannte Tatsachen unterliegen dagegen nicht der Schweigepflicht.

Die Bedeutung der Schweigepflicht wird im Übrigen durch den **Grundsatz der Nichtöffentlichkeit** von Personalratssitzungen und von Personalversammlungen unterstrichen. Auf diese Weise wird die Absicht des Gesetzgebers verdeutlicht, im Zusammenhang mit Personalratssitzungen und Personalversammlungen bekannt gewordene Tatsachen und Angelegenheiten nicht Dritten zugänglich zu machen.

B. Wahl und Zusammensetzung der Personalvertretung

I. Wahlberechtigung/Wählbarkeit

Die Beschäftigten i.S. dieses Gesetzes (vgl. A II) sind berechtigt, sich **an den Wahlen zu den Personalvertretungen** ihrer Dienststellen zu **beteiligen**.

Das Recht, **für die Personalratswahlen zu kandidieren**, steht allen Wahlberechtigten zu, die seit sechs Monaten dem Geschäftsbereich ihrer obersten Dienstbehörde angehören und seit einem Jahr in öffentlichen Verwaltungen oder von diesen geführten Betrieben beschäftigt sind.

II. Größe der Personalvertretung

Die Zahl der Mitglieder einer Personalvertretung ist abhängig von der **Kopfzahl der Beschäftigten**, weil das Aufgabenvolumen einer Personalvertretung in einem angemessenen Verhältnis zur Zahl der Beschäftigten stehen soll. Auszugehen ist vom regelmäßigen Personalbestand.

Jede **Gruppe** muss **entsprechend ihrer Stärke** im Personalrat **vertreten sein**.

III. Wahlgrundsätze

Die Personalvertretung wird in **geheimer und unmittelbarer Wahl** gewählt. Grundsätzlich sind die Wahlen **nach Gruppen getrennt** durchzuführen.

Die Wahl erfolgt nach den **Grundsätzen der Verhältniswahl**, um sicherzustellen, dass die auf eine Minderheit entfallenden Stimmen nicht verlorengehen, sondern angemessen im Verhältnis zur Gesamtstimmenzahl berücksichtigt werden. **Mehrheitswahl** (Personenwahl) findet dann statt, wenn nur ein Wahlvorschlag eingereicht wird bzw. wenn der Personalrat nur aus einer Person oder wenn eine Gruppe nur aus einem Vertreter im Personalrat besteht. **Gemeinschaftswahl** findet ausnahmsweise dann statt, wenn die wahlberechtigten Angehörigen jeder Gruppe vor der Neuwahl in getrennten geheimen Abstimmungen eine solche Wahl beschließen. **Vorschlagsberechtigt** zur Wahl des Personalrats sind die **wahlberechtigten Beschäftigten** und die **in der Dienststelle vertretenen Gewerkschaften**.

IV. Vorbereitung der Wahl

Die Personalvertretung bestellt spätestens acht Wochen vor Ablauf der Amtszeit **drei Wahlberechtigte als Wahlvorstand** und einen von ihnen als Vorsitzenden.

Die Wahl darf **nicht behindert oder in einer gegen die guten Sitten verstoßenen Weise beeinflusst werden**. Das bedeutet: jedes Handeln oder Unterlassen, das auf eine Erschwerung oder Behinderung der Wahl bzw. auf die Herbeiführung eines bestimmten Wahlergebnisses (z.B. durch Irreführung der Wähler) gerichtet ist, ist untersagt.

Die **Kosten der Wahl** (u.a. für Materialien wie Wahlurnen, Wählerlisten, Stimmzettel, Schreibmaterial des Wahlvorstands) trägt die Dienststelle – übrigens auch die Kosten einer Wahlanfechtung durch mindestens drei Wahlberechtigte, jede in der Dienststelle vertretene Gewerkschaft oder den Leiter der Dienststelle, selbst dann, wenn die Anfechtung erfolglos bleibt.

C. Wahlanfechtung

Die unter B IV genannten Personen sind berechtigt, eine Personalratswahl binnen einer **Frist von zwölf Arbeitstagen**, vom Tag der Bekanntgabe des Wahlergebnisses an gerechnet, beim Verwaltungsgericht **anzufechten**. Voraussetzung ist, dass gegen wesentliche Vorschriften über das Wahlrecht (Zulassung einer nicht wahlberechtigten Person), gegen die Wählbarkeit (Zulassung einer nicht wählbaren Person) oder das Wahlverfahren (Zulassung eines mangelhaften Wahlvorschlags) verstoßen worden ist. Weitere Voraussetzung ist, dass eine Berichtigung nicht erfolgt ist und dass durch den Verstoß das Wahlergebnis geändert oder beeinflusst werden konnte. Ausreichend ist, dass nach der allgemeinen Lebenserfahrung eine konkrete und nicht ganz fernliegende Möglichkeit oder Wahrscheinlichkeit dafür gegeben ist, dass der beanstandete Verstoß auf das Wahlergebnis von Einfluss ist oder sein kann.

D. Amtszeit der Personalvertretung

I. Beginn und Dauer

Die **regelmäßige Amtszeit** beträgt **vier Jahre**. Sie beginnt im Allgemeinen an dem Tag, der mit dem letzten Tag der Stimmabgabe identisch ist, es sei denn, es befindet sich zu diesem Zeitpunkt noch eine Personalvertretung im Amt. In diesem Fall beginnt die Amtszeit der neu gewählten Personalvertretung mit dem **Tag nach Ablauf der Amtszeit** des bis dahin amtierenden Personalrats.

Die **Amtszeit der Personalvertretung** endet mit Ablauf von vier Jahren, gerechnet vom Tag der Wahl an, spätestens am 31. 05. des Jahres, in dem die regelmäßigen Personalratswahlen stattfinden.

II. Neuwahlen vor dem Ende der Amtszeit

Wenn verschiedene, im Gesetz abschließend aufgezählte Tatbestände vorliegen, dann **endet die grundsätzlich vierjährige Amtszeit vorzeitig**. Solche Tatbestände sind u.a.:

– die Personalvertretung tritt mit der Mehrheit ihrer Mitglieder zurück,

- die Personalvertretung wird durch gerichtliche Entscheidung wegen grober Vernachlässigung der gesetzlichen Befugnisse oder wegen grober Verletzung der gesetzlichen Pflichten **durch gerichtliche Entscheidung aufgelöst**.

III. Ausschluss aus der Personalvertretung

Im Fall einer groben Vernachlässigung gesetzlicher Befugnisse oder im Fall einer groben Verletzung gesetzlicher Pflichten kann auf Antrag eines Viertels der Wahlberechtigten oder einer in der Dienststelle vertretenen Gewerkschaft ein Verwaltungsgericht den **Ausschluss eines Mitglieds** aus der Personalvertretung beschließen. Auch der Leiter der Dienststelle kann bei grober Verletzung der gesetzlichen Pflichten einen Ausschlussantrag stellen.

Ein grober Pflichtverstoß ist beispielsweise in der Verletzung der Schweigepflicht oder in der Nichteinladung bestimmter Mitglieder der Personalvertretung zur Sitzung durch den Vorsitzenden zu sehen. Ausreichend ist ein einmaliger grober Verstoß. Das Vorgehen des Mitglieds der Personalvertretung muss objektiv schwerwiegend und subjektiv schuldhaft sein, ein mangelndes Pflichtbewusstsein erkennen lassen oder auf die Tätigkeit der Personalvertretung von nicht unbedeutendem Einfluss sein. Entscheidend ist auf den **konkreten Einzelfall** abzustellen und darauf, wie ein bestimmtes Verhalten **aus der Sicht eines objektiv urteilenden, verständigen Beobachters** gewertet wird. Jede Art von Fahrlässigkeit genügt; das Verschulden ist nicht auf Vorsatz und grobe Fahrlässigkeit beschränkt.

IV. Erlöschen/Ruhen der Mitgliedschaft

Unter bestimmten Voraussetzungen **erlöscht die Mitgliedschaft** im Personalrat, so u.a.

- mit Ablauf der Amtszeit,
- mit Niederlegung des Amtes,
- mit Beendigung des Dienstverhältnisses,
- mit Ausscheiden aus der Dienststelle.

Ein **Ruhen der Mitgliedschaft** eines Beamten in der Personalvertretung erfolgt, solange ihm die Führung der Dienstgeschäfte verboten oder er wegen eines gegen ihn schwebenden Disziplinarverfahrens **vorläufig des Dienstes enthoben** ist.

V. Ersatzmitgliedschaft

Während der gesamten Amtszeit soll eine möglichst vollständige personelle Besetzung der Personalvertretung entsprechend der durchgeführten Wahl sichergestellt werden. Deshalb treten Ersatzmitglieder endgültig in die Personalvertretung dann ein, wenn ordentliche Mitglieder ausscheiden (z.B. durch Rücktritt). Im Fall einer **zeitweiligen Verhinderung** treten Ersatzmitglieder zur Vertretung ein, um dadurch die Funktionsfähigkeit der Personalvertretung sicherzustellen.

E. Geschäftsführung der Personalvertretung

I. Konstituierende Sitzung

In möglichst enger Nähe zum letzten Wahltag – nämlich spätestens sechs Arbeitstage danach – hat der Wahlvorstand die gewählten Personalratsmitglieder zur **konstituierenden Sitzung**, in der der Vorstand zu wählen ist, einzuladen und innerhalb dieser Frist die Sitzung so lange zu leiten, bis aus der Mitte der Personalvertretung ein **Wahlleiter** gewählt worden ist.

Ist dem Wahlvorstand bekannt, dass an der konstituierenden Sitzung nicht alle gewählten Personalratsmitglieder teilnehmen können, dann hat er die entsprechenden **Ersatzmitglieder** zu laden. Dagegen besteht wegen der Beschränkung der konstituierenden Sitzung auf die Vorstandswahlen keine Verpflichtung zur Einladung der Schwerbehindertenvertretung oder der Jugend- und Auszubildendenvertretung. Diese Interessenvertretungen nämlich sollen „an allen Sitzungen des Personalrats beratend teilnehmen" (§ 40 Abs. 1 BPersVG); bei der Wahl des Vorstands der Personalvertretung aber ist eine **Beratung** durch die Schwerbehindertenvertretung bzw. die Jugend- und Auszubildendenvertretung **nicht geboten**.

Soldaten (in zivilen Dienststellen der Bundeswehr) bilden innerhalb der Personalvertretung eine weitere Gruppe; sie wählen daher in der konstituierenden Sitzung ebenso wie die Gruppe der Beamten und der Arbeitnehmer einen Vertreter für den Vorstand.

II. Zusammensetzung und Wahl des Vorstands

Dem Vorstand der Personalvertretung muss **je ein Mitglied der im Personalrat vertretenen Gruppen** angehören. Deshalb wählt zunächst jede Gruppe das auf sie entfallende Vorstandsmitglied (**„Gruppensprecher"**). Die Gruppensprecher sind die **geborenen Vorstandsmitglieder**, so dass die von den Gruppen gewählten Vorstandsmitglieder keiner Bestätigung durch das Personalratsplenum bedürfen.

Während in einer Personalvertretung mit weniger als elf Mitgliedern der Vorstand aus **zwei Mitgliedern** (im Fall der Beteiligung von Soldaten aus drei Mitgliedern) besteht, ist für den Fall ein **dreiköpfiger Vorstand** zu wählen, dass die Personalvertretung aus elf oder mehr Mitgliedern besteht. In diesem Fall sind zwei **Ergänzungsmitglieder** aus der Mitte des Plenums zu wählen. Dabei ist die zweitstärkste Liste insoweit zu beachten, als aus dieser Liste dann ein Mitglied zu entnehmen ist, wenn sie die zweitgrößte Anzahl, mindestens jedoch ein Drittel aller von den Angehörigen der Dienststelle abgegebenen Stimmen erhalten hat, aber im „engeren" Vorstand nicht vertreten ist.

Eine erweitere Vorstandsbildung kommt auch dann in Betracht, wenn die Grenze von elf Mitgliedern erst durch das Hinzutreten der **Gruppe der Soldaten** erreicht wird.

Die Wahl des **Vorsitzenden und seines Stellvertreters** hat in folgender Weise zu geschehen: Nach der Wahl der Gruppensprecher wählt das Plenum aus diesem Kreis den **Vorsitzenden**. Nach der Wahl des Vorsitzenden bedarf es keiner Wahl des Stellvertreters mehr, da dieser als Kandidat für den Vorstand als stellvertretender Vorsitzender feststeht, sobald sein Mitkandidat zum Vorsitzenden gewählt worden ist. Bei der Wahl des Vorsitzenden und des Stellvertreters darf nur dann auf die sog. Ergänzungsmitglieder bzw. auf Plenumsmitglieder zurückgegriffen werden, wenn eine Gruppe auf eine Vertretung im Vorstand verzichtet oder wenn es ihr nicht gelingt, einen Gruppensprecher zu wählen.

Die Wahl erfolgt mit **einfacher Mehrheit**; im Fall einer **Pattsituation** hat das **Los** (Münzwurf) zu entscheiden.

III. Funktion des Vorstands

Der Vorstand führt die **laufenden Geschäfte**, d.h. er hat alle Angelegenheiten wahrzunehmen, die die technische, organisatorische und büromäßige Arbeit zur Vorbereitung und Durchführung der von der Personalvertretung zu fassenden oder bereits gefassten Beschlüsse betrifft. Es muss sich also um regelmäßig wiederkehrende, nicht aber um solche Angelegenheiten handeln, über die die Personalvertretung durch Beschluss entscheidet (z.B. Beteiligungsangelegenheiten).

In solchen Angelegenheiten, die lediglich die Angehörigen einer Gruppe betreffen, wird der Personalrat durch den Vorsitzenden **gemeinsam mit dem Vorstandsmitglied der betroffenen Gruppe** vertreten, es sei denn, dass der Vorsitzende selbst dieser Gruppe angehört.

IV. Aufgaben des Vorsitzenden

Der Vorsitzende einer Personalvertretung ist **Erster unter Gleichen**. Er hat in erster Linie die Aufgabe, die von der Personalvertretung gefassten Beschlüsse umzusetzen. Er ist also der „Außenminister" der Personalvertretung, gleichzeitig aber auch „Innenminister" insoweit, als er

- die Personalratssitzungen einzuberufen und zeitlich festzulegen,
- die Tagesordnung festzusetzen und die Verhandlung zu leiten,
- die Mitglieder (Ersatzmitglieder), die Jugend- und Auszubildendenvertretung, die Schwerbehindertenvertretung und die Vertretung der nichtständig Beschäftigten sowie evtl. den Dienststellenleiter und die Beauftragten der Gewerkschaften einzuladen,
- die Niederschrift zu unterzeichnen,
- die Personalversammlung zu leiten und
- weitere Aufgaben zu übernehmen hat, soweit sie ihm von der Geschäftsordnung übertragen werden (z.B. Beschaffung von Unterlagen).

Die **Geschäftsordnung** kann nur die formellen Verfahrensvorschriften des Gesetzes ergänzen, nicht aber Regelungen materiellen Inhalts treffen. Deshalb können die vom Gesetz als Plenumsangelegenheiten bestimmten Angelegenheiten (z.B. Maßnahmen der Mitbestimmung oder der Mitwirkung) nicht auf den Vorsitzenden oder den Vorstand übertragen werden.

V. Aufgaben des Stellvertreters

Im Fall der Verhinderung des Vorsitzenden hat dessen Stellvertreter die Aufgaben des Vorsitzenden wahrzunehmen.

VI. Einberufung/Tagesordnung der Sitzungen

Der **Vorsitzende** hat die **Sitzungen der Personalvertretung** einzuberufen, und zwar immer dann, wenn er dies aufgrund pflichtgemäßen Ermessens für erforderlich hält.

Mit der Einladung hat der Vorsitzende die **Tagesordnung zu übersenden**. Gleichzeitig hat er die **Schwerbehindertenvertretung** einzuladen – ebenso wie die **Mitglieder der Jugend- und Auszubildendenvertretung** sowie die **Vertretung der nichtständig Beschäftigten**, soweit sie ein Recht auf Teilnahme an der Sitzung haben.

Weitere Sitzungen hat der Vorsitzende dann einzuberufen, wenn dies von einem Viertel der Mitglieder der Personalvertretung, der Mehrheit der Vertreter einer Gruppe, des Leiters der Dienststelle, in Angelegenheiten, die besonders schwerbehinderte Beschäftigte betreffen, der Schwerbehindertenvertretung oder in Angelegenheiten, die die jugendlichen Beschäftigten und Auszubildenden betreffen, der Mehrheit der Mitglieder der Jugend- und Auszubildendenvertretung beantragt wird. Auch der Leiter der Dienststelle kann die Einberufung einer Personalratssitzung verlangen.

VII. Beschlussfassung

Beschlüsse können nur in einer Personalratssitzung gefasst werden, an der – dem Grundsatz der **Nichtöffentlichkeit** folgend – nur Personalratsmitglieder bzw. solche Personen teilnehmen, denen das Gesetz dieses Recht ausdrücklich zugesteht (Dienststellenleiter, Gewerkschaftsbeauftragte, Beauftragte von Arbeitgeberverbänden, evtl. interne bzw. externe Sachverständige/Auskunftspersonen, Schwerbehindertenvertreter, Jugend- und Auszubildendenvertreter, Vertreter der nichtständig Beschäftigten).

Eine **Beschlussfähigkeit** ist nur dann gegeben, wenn **mindestens die Hälfte** der Mitglieder einer Personalvertretung anwesend ist. Die Beschlüsse werden **mit einfacher**

Stimmenmehrheit der anwesenden Mitglieder gefasst. Bei Stimmengleichheit ist ein Antrag abgelehnt; Stimmenthaltung gilt als Ablehnung.

In **gemeinsamen Angelegenheiten der Gruppen** berät und beschließt die Personalvertretung gemeinsam. Wenn aber eine Angelegenheit lediglich die **Angehörigen einer Gruppe** betrifft, dann sind nach einer gemeinsamen Beratung im Plenum **nur die Vertreter der betroffenen Gruppe zur Beschlussfassung berufen. Gemeinsame Angelegenheiten** (z.B. Fragen der Arbeitszeit, Unfallverhütungsmaßnahmen, Technikeinführung) sind solche, die die Beschäftigten einer Dienststelle insgesamt bzw. mehrere Beschäftigte verschiedener Gruppen gleichzeitig betreffen. Demgegenüber sind **Gruppenangelegenheiten** solche, die überwiegend nur eine bestimmte Gruppe betreffen und die unmittelbar in die Interessen der Beschäftigten eingreifen, die einer bestimmten Gruppe angehören (z.B. Beförderung, Höhergruppierung).

VIII. Aussetzung und Aufhebung von Beschlüssen

Dem Gruppenprinzip folgend legt das Gesetz fest, dass ein **Beschluss** auf die Dauer von sechs Arbeitstagen vom Zeitpunkt der Beschlussfassung an dann **auszusetzen** ist, wenn die **Mehrheit der Vertreter einer Gruppe** oder der Jugend- und Auszubildendenvertretung einen Beschluss der Personalvertretung als eine **erhebliche Beeinträchtigung wichtiger Interessen** der durch sie vertretenen Beschäftigten ansieht. Antragsberechtigt ist auch die Schwerbehindertenvertretung. Innerhalb einer Frist von sechs Arbeitstagen ist eine Verständigung zu versuchen, nach Fristablauf ist über die Angelegenheit **neu zu beschließen**.

IX. Verhandlungsniederschrift/Geschäftsordnung/Sprechstunden

Über jede Sitzung ist eine **Niederschrift** anzufertigen. Diese Niederschrift dient als Urkunde, die Auskunft über die Beschlussfassungen der Personalvertretung geben soll. Mit der Niederschrift sollen Meinungsverschiedenheiten geklärt werden, die im Anschluss an Verhandlungen der Personalvertretung entstehen können. Auch über sonstige Verhandlungen der Personalvertretung sind Niederschriften anzufertigen.

Der Personalvertretung steht es frei, sich eine **Geschäftsordnung** mit der Mehrheit der Stimmen ihrer Mitglieder zu geben. Diese Geschäftsordnung darf aber nur Richtlinien für den internen Geschäftsbetrieb (z.B. Anfertigung der Niederschrift über eine Personalratssitzung) festlegen.

In **Sprechstunden** (während der Arbeitszeit) soll den Beschäftigten Gelegenheit gegeben werden, ihre individuellen, das Dienst-/Arbeitsverhältnis betreffenden Probleme der Personalvertretung darzustellen und Zweifelsfragen evtl. gemeinsam mit ihr zu klären. Dagegen sind Fragen und Informationen von kollektiver Bedeutung (z.B. Fragen zu Sozialplänen) in einer Personalversammlung zu stellen.

X. Kosten und Sachaufwand der Personalvertretung

Der Gesetzgeber will die **ungestörte Amtsausübung** der Personalvertretung und ihrer Mitglieder sicherstellen. Dies soll u.a. durch die Übernahme der notwendigen Kosten und des Sachaufwands durch die Dienststelle geschehen. Die Kosten müssen **im unmittelbaren Zusammenhang mit der Wahrnehmung von Personalratsaufgaben** (z.B. Durchführung eines verwaltungsgerichtlichen Beschlussverfahrens mit Unterstützung eines Rechtsanwalts) stehen, die das Gesetz entweder dem Personalratsplenum oder aber einem einzelnen Mitglied (z.B. Reise eines Mitglieds einer Stufenvertretung zu der am Sitz der Mittelbehörde stattfindenden Sitzung des Bezirkspersonalrats) überträgt.

Dem Kostenerstattungsanspruch muss ein **Beschluss der Personalvertretung** vorausgehen. Die Personalvertretung ist generell nicht verpflichtet, vor einer kostenwirksamen Entscheidung die **Zustimmung des Dienststellenleiters** einzuholen. Selbstverständlich aber hat sie den **Grundsatz der sparsamen Haushaltsführung** bei ihrer Entscheidung zu berücksichtigen. Dem Dienststellenleiter steht ein **Prüfungsrecht** im Hinblick auf den Kostenerstattungsanspruch insoweit zu, als es darum geht, ob die von der Personalvertretung verursachten Kosten aufgrund einer ihr gesetzlich übertragenen Aufgabenerfüllung entstanden sind. Immer kommt es auf den Einzelfall, insbesondere darauf an, ob auch ein „verständiger Dritter" so wie die Personalvertretung gehandelt, also einen kostenwirksamen Beschluss gefasst hätte.

Grundsätzlich sind u.a. folgende Kosten zu erstatten bzw. ist folgender Sachaufwand zu leisten:

- Reisen von Personalratsmitgliedern
- Beratungskosten eines Rechtsanwalts
- Durchführung eines verwaltungsgerichtlichen Beschlussverfahrens, es sei denn, die Anrufung des Verwaltungsgerichts erfolgte rechtsmissbräuchlich (nämlich bei Mutwilligkeit oder trotz offensichtlicher Aussichtslosigkeit)
- Kommentare zum Personalvertretungsgesetz bzw. zu den grundlegenden Gesetzen und Verordnungen, deren Beachtung die Personalvertretung zu überwachen hat
- Bezug einer Fachzeitschrift
- Hinzuziehung von Sachverständigen, soweit die Personalvertretung alle internen Möglichkeiten zur Informationsbeschaffung und zur Sachaufklärung ergebnislos genutzt hat
- Telefaxgerät
- Mobilfunktelefon mit Anrufbeantworter
- Personalcomputer (Laptop/Notebook)
- Nutzung des E-Mail-Systems
- Internet-/Intranetanschluss.

Nochmals sei betont, dass die Kostenerstattungspflicht des Dienststellenleiters jeweils vom **Einzelfall** und davon abhängig ist, ob notwendige Personalratsaufgaben erfüllt werden oder erfüllt worden sind.

F. Rechtsstellung der Personalratsmitglieder (Freistellung/Schutz vor außerordentlichen Kündigungen)

I. Freistellung

Mitglieder einer Personalvertretung haben einen **gesetzlichen Anspruch auf Dienstbefreiung** zur Ausübung ihrer Personalratsaufgaben. Es bedarf keiner ausdrücklichen Dienstbefreiung durch den Dienststellenleiter (z.B. zur Teilnahme an Personalratssitzungen). Allerdings ist es erforderlich, dass das betreffende Personalratsmitglied sich in der Regel bei seinem unmittelbaren Dienstvorgesetzten mit dem Hinweis auf die Wahrnehmung von Personalratsaufgaben und der Angabe einer ungefähren Zeitdauer der Abwesenheit abmeldet, es sei denn, dass es sich um regelmäßig wiederkehrende Tätigkeiten handelt. Für die Personalratsarbeit aufgewendete Mehrarbeitszeiten sind durch entsprechende **Dienstbefreiung** auszugleichen.

Wenn die entsprechenden Voraussetzungen nach den sog. Freistellungskatalogen, die entsprechend der Anzahl der Beschäftigten eine angemessene Zahl von Freistellungen vorsehen, gegeben sind, dann sind Personalratsmitglieder entweder **ganz oder teilweise** von ihrer **beruflichen Tätigkeit freizustellen**. Ihnen sind die **Bezüge weiter-**

zuzahlen. Hierzu gehören auch Zulagen, soweit sie Entgeltcharakter (z.B. Gefahren- und Erschwerniszulagen, Mehr- und Nachtarbeitszuschläge) haben und nicht lediglich eine Abgeltung von Mehraufwendungen (z.B. besondere Aufwandsentschädigungen) darstellen.

Die Festlegung der **Reihenfolge** bei mehreren Freistellungen erfolgt nach der folgenden gesetzlichen Vorgabe:

- Vorstandsmitglieder (zunächst der Vorsitzende, dann dessen Stellvertreter)
- die zugewählten Ergänzungsmitglieder
- Mitglieder des Plenums.

Bei letzteren gilt, dass diejenigen Personen (bei Personenwahl) bzw. Mitglieder derjenigen Wahlvorschlagslisten (Verhältniswahl) freizustellen sind, die das beste Wahlergebnis erzielt haben. Dadurch wird dem Wählerwillen Rechnung getragen.

Die Freistellung darf nicht zur **Benachteiligung des beruflichen Werdegangs** führen. Dies bedeutet, dass einem freigestellten Personalratsmitglied eine solche berufliche Bewertung beizumessen ist, wie sie ihm ohne Freistellung zugekommen wäre. Dabei ist es sachgerecht, die letzte planmäßige Beurteilung fortzuschreiben. Sowohl für Beamte wie für Arbeitnehmer hat eine **fiktive Nachzeichnung des beruflichen Werdegangs** zu erfolgen. Es ist daher davon auszugehen, dass das freigestellte Personalratsmitglied ohne eine Freistellung auch weiterhin gleiche Leistungen erbracht hätte. Freigestellte Personalratsmitglieder sind mit solchen Beschäftigten zu vergleichen, die im Zeitpunkt der Amtsübernahme des betroffenen Personalratsmitglieds unter Berücksichtigung der Qualifikation entweder dieselbe oder aber eine gleichwertige Tätigkeit verrichtet haben.

II. Teilnahme an Schulungs- und Bildungsveranstaltungen

Diese Veranstaltungen sind solche, die den Personalratsmitgliedern entweder **notwendige oder nützliche Kenntnisse** für die Ausübung ihrer Tätigkeit vermitteln.

Mitglieder einer Personalvertretung sind auf Kosten der Dienststelle zur Teilnahme an Schulungs- und Bildungsveranstaltungen freizustellen, falls dies für die **Tätigkeit in der Personalvertretung erforderlich** ist. Die vermittelten Kenntnisse müssen sich vom Standpunkt eines objektiven Dritten aus **für die Personalratsarbeit als notwendig** erweisen. Infolgedessen müssen die Veranstaltungen inhaltlich darauf gerichtet sein, den Personalratsmitgliedern die Kenntnisse zu vermitteln, die sie zu einer **sachgerechten Amtsausübung** benötigen (u.a. Grundzüge des Personalvertretungsrechts, neue Rechtsprechung zum Personalvertretungsrecht). Im Interesse einer sachgerechten Wahrnehmung von Personalratsaufgaben durch jedes einzelne Personalratsmitglied ist es erforderlich, dass die Personalratsmitglieder u.a. auch eine Kenntnisvermittlung zum Arbeits- und Beamtenrecht, zum Kündigungsschutz- und Arbeitsschutzrecht erhalten; denn sie haben während ihrer Amtszeit über die Einhaltung der zahlreichen in § 67 angesprochenen Gesetze und Verordnungen zu wachen oder aber, insbesondere als Mitglieder von Stufenvertretungen, beispielsweise über die der Mitbestimmung unterliegenden Fragen der Ein- und Höhergruppierung, der Beförderung und Versetzung und im Wege der Mitwirkung bzw. Anhörung über Fragen der Kündigung und des Unfallschutzes zu entscheiden.

Neben diesen Schulungsmaßnahmen (**Grundschulung**), für die die Dienststelle die Kosten zu übernehmen hat, müssen auch Kenntnisse zu Spezialthemen vermittelt werden, die – bezogen auf die einzelne Dienststelle – aktuell sind und für die das einzelne Personalratsmitglied verantwortlich ist (**Spezialschulung**). Solche Themen sind u.a.: Arbeitsorganisation, Personalplanung, Personalbedarfsermittlung, Rationalisierungsschutz.

Für die Personalratsarbeit lediglich **geeignete Schulungen**, die nützliche Kenntnisse vermitteln, besteht ebenfalls ein Teilnahmeanspruch, soweit diese Schulungen einen Bezug zur Personalratsarbeit haben und von der Bundeszentrale für politische Bildung als geeignet anerkannt sind. Zur Übernahme von Kosten ist die Dienststelle nicht verpflichtet, wohl aber zur Erteilung von Dienstbefreiung.

III. Schutz der Personalratsmitglieder vor außerordentlichen Kündigungen

Der Gesetzgeber will Personalvertretungen vor einem Eingriff in die Zusammensetzung des Gremiums durch den Dienststellenleiter grundsätzlich schützen. Eine **ordentliche Kündigung** von Personalratsmitgliedern ist **ausgeschlossen**. Eine **außerordentliche Kündigung** bedarf der Zustimmung der Personalvertretung. Die **Zustimmung** kann auf Antrag des Dienststellenleiters durch das Verwaltungsgericht dann **ersetzt werden**, wenn die außerordentliche Kündigung **unter Berücksichtigung aller Umstände gerechtfertigt ist**, und die Personalvertretung die Zustimmung verweigert oder nicht innerhalb von drei Arbeitstagen erteilt.

Darüber hinaus sollen Mitglieder der Personalvertretungen vor dienstlichen Maßnahmen bewahrt werden, die sie entweder dauernd oder vorübergehend an einer unabhängigen Ausübung ihres Mandats hindern könnten. Insoweit dürfen sie gegen ihren Willen nur **versetzt oder abgeordnet** werden, wenn dies **aus wichtigen dienstlichen Gründen unvermeidbar** ist. Versetzungen oder Abordnungen von Personalratsmitgliedern bedürfen der Zustimmung des Personalrats; eine Ersetzung dieser Zustimmung durch das Verwaltungsgericht ist nicht möglich.

G. Personalversammlung

I. Sinn und Zweck

Die Personalversammlung ist das **Ausspracheforum der Beschäftigten**, dem bestimmte, gesetzlich festgelegte Zuständigkeiten obliegen. Die Versammlung soll eine Chance zur Kommunikation bieten und der Personalvertretung die Möglichkeit geben, über ihre Arbeit zu berichten (**Tätigkeitsbericht**).

II. Teilnahmerecht

An einer Personalversammlung können **alle Beschäftigten** der Dienststelle, der Dienststellenleiter, Beauftragte der in der Dienststelle vertretenen Gewerkschaften und der Arbeitgebervereinigung, der die Dienststelle angehört, ein beauftragtes Mitglied der (nächst höheren) Stufenvertretung, ein beauftragtes Mitglied des Gesamtpersonalrats und ein Beauftragter der Behörde der Mittelstufe, bei der die Stufenvertretung errichtet ist, **teilnehmen**.

III. Zuständigkeit

In der Personalversammlung können alle Angelegenheiten behandelt werden, die einen vertretungsrechtlichen Bezug zur Dienststelle haben, insbesondere Tarif-, Besoldungs- und Sozialangelegenheiten, Fragen der Frauenförderung und der Vereinbarkeit von Familie und Beruf. Angelegenheiten, die einen **vertretungsrechtlichen Bezug zur Dienststelle** haben, sind vor allen Dingen solche, die in den Beteiligungskatalogen der §§ 75 bis 81 BPersVG aufgeführt sind, darüber hinaus solche Angelegenheiten, die die allgemeinen Rechte der Personalvertretung nach den §§ 66 bis 68 BPersVG betreffen. Dies können u.a. folgende Angelegenheiten sein:

- Durchführung von Tarifverträgen und Dienstvereinbarungen
- Arbeits- und Unfallschutz
- Arbeitszeitfragen
- Fragen der Beförderungs- und Aufstiegspraxis
- Dienstpostenvergabe
- Aus- und Fortbildung.

H. Stufenvertretungen/Gesamtpersonalrat

I. Mehrstufige Verwaltungen

In Verwaltungen, in deren Bereich mehrere Dienststellen im Verhältnis der Über- und Unterordnung zueinander stehen (oberste Dienstbehörde, Mittelbehörde) sind neben den sog. **Hauspersonalräten** (bzw. örtlichen Personalräten) sog. **Stufenvertretungen** zu bilden (Hauptpersonalrat, Bezirkspersonalrat).

Die **Stufenvertretungen** sind zum einen **zuständig** in den Angelegenheiten, in denen der Leiter der obersten Dienstbehörde bzw. der Mittelbehörde eine Entscheidung trifft, die über das jeweilige Haus hinaus für den Gesamtbereich Geltung hat. Zum anderen sind sie im Rahmen eines Mitbestimmungsverfahrens dann einzuschalten, wenn es zwischen den zunächst Beteiligten (Dienststellenleiter und Personalrat) in einer beteiligungspflichtigen Angelegenheit keine Einigung gibt.

II. Gesamtpersonalrat

Einem **Gesamtpersonalrat** obliegt es, die Aufgaben und Zuständigkeiten der bei den Nebenstellen, Teildienststellen und bei der Hauptdienststelle gebildeten Personalvertretungen zu koordinieren. Ein Gesamtpersonalrat ist dann zu bilden, wenn die Mehrheit der Beschäftigten einer Nebenstelle oder einer Teildienststelle bei räumlich weiter Entfernung von der Hauptdienststelle (ca. 15 km) eine **personalvertretungsrechtliche Verselbständigung** beschließt. Trifft der Leiter einer Hauptdienststelle eine Entscheidung für den Bereich der Nebenstelle oder Teildienststelle, für die der jeweilige dortige Leiter keine Zuständigkeit besitzt, dann ist der Gesamtpersonalrat einzuschalten.

I. Jugend- und Auszubildendenvertretung/Jugend- und Auszubildendenversammlung

I. Jugend- und Auszubildendenvertretung

Dies ist diejenige Interessenvertretung, die die Belange der jugendlichen Beschäftigten, also derjenigen zu vertreten hat, die das 18. Lebensjahr noch nicht vollendet sowie der Auszubildenden, die das 25. Lebensjahr noch nicht vollendet haben.

Ihre Aufgabe besteht darin, der Personalvertretung die **besonderen Belange** der genannten Beschäftigten zu verdeutlichen und sie zu veranlassen, diese Interessen bei ihrer Meinungsbildung zu berücksichtigen.

Die Jugend- und Auszubildendenvertretung ist **kein von der Personalvertretung unabhängiges Mitbestimmungsorgan**. Sie hat keine eigenen durchsetzbaren Mitbestimmungsrechte; die ihr zugewiesenen **Aufgaben** sind vorwiegend **überwachender oder beratender Art**.

II. Jugend- und Auszubildendenversammlung

Die **einmal jährlich** einzuberufende Versammlung ist die Zusammenkunft der vorgenannten Personen u.a. zur Entgegennahme eines Tätigkeitsberichts der Jugend- und Auszubildendenvertretung.

J. Vertretung der nichtständig Beschäftigten

Hierbei handelt es sich um solche Beschäftigten, die für einen Zeitraum von sechs Monaten bei einer bestimmten Dienststelle voraussichtlich tätig sind und durch eine **Vertretung der nichtständig Beschäftigten** repräsentiert werden. Gegenüber der Personalvertretung hat diese Vertretung lediglich **beratende Funktionen**.

K. Monatsgespräch/Friedenspflicht/Allgemeine Grundsätze

I. Monatsgespräch

Das Monatsgespräch (bzw. je nach Landesrecht auch Vierteljahres-/Halbjahresgespräch) hat den Sinn, einen **fortlaufenden Meinungsaustausch** zwischen Dienststellenleiter und Personalvertretung zu gewährleisten. Gegenstand des Monatsgesprächs sind nicht nur die Angelegenheiten, die in die ausdrückliche Zuständigkeit der Personalvertretung fallen, sondern „alle Vorgänge, die die **Beschäftigten wesentlich berühren**" (§ 66 Abs. 1 Satz 2 BPersVG). Der **Teilnehmerkreis** ist gesetzlich abschließend geregelt: der Leiter der Dienststelle und die gesamte Personalvertretung. Die Hinzuziehung von Sachbearbeitern und Referenten ist zulässig, soweit sich Dienststellenleiter und Personalvertretung auf deren Hinzuziehung im Interesse einer Klärung von Sachfragen einigen.

II. Friedenspflicht

Dienststellenleiter und Personalvertretung haben alles zu unterlassen, was **ein gedeihliches Miteinander** innerhalb der Dienststelle gefährden könnte. Auch dies macht – wie bereits eingangs erwähnt – besonders deutlich, wie sehr dem Gesetzgeber an einer vertrauensvollen Zusammenarbeit gelegen ist. Arbeits- und **friedensstörende Handlungen** sind zu unterlassen; das sind solche, die den Ablauf des Dienstbetriebs in seiner Gesamtheit beeinträchtigen können, gleich, ob sie auf dem Gebiet des Rechts, der menschlichen Beziehungen, dem parteipolitischen oder dem organisationspolitischen Bereich liegen, z.B. Druckschriften mit polemischen, sachwidrigen Angriffen auf den Dienststellenleiter.

III. Allgemeine Grundsätze

Eine ganz wesentliche Aufgabe von Dienststellenleiter und Personalvertretung ist es, für die **Gleichbehandlung aller Beschäftigten** einzutreten und sich darum zu bemühen, dass jede willkürliche Schlechter-/Besserstellung einzelner gegenüber vergleichbaren anderen Beschäftigten vermieden wird.

L. Allgemeine Aufgaben

Die allgemeinen Aufgaben betreffen Angelegenheiten, die nach den §§ 66 bis 68 BPersVG der Zuständigkeit der Personalvertretung zugewiesen sind, ohne schon selbst solche Angelegenheiten zu sein, die zu den Mitbestimmungs- und Mitwirkungsangelegenheiten gehören.

Im Einzelnen geht es u.a. darum,

- dass die Personalvertretung von ihrem **allgemeinen Initiativrecht** Gebrauch macht und von sich aus Anregungen gegenüber der Dienststelle zu bestimmten Handlungen gibt, soweit diese der Dienststelle und ihren Beschäftigten dienen;

- dass die Personalvertretung **darüber wacht**, dass alle zugunsten der Beschäftigten geltenden Gesetze, Verordnungen, Tarifverträge, Dienstvereinbarungen und Verwaltungsanordnungen auch **tatsächlich durchgeführt** werden; diese Aufgabe weist der Personalvertretung nicht die Stellung einer **Aufsichtsinstanz oder eines Kontrollorgans der Dienststelle** zu; sie ist kein den Fach- und Rechtsaufsichtsinstanzen nebengeordnetes Organ, dem die allgemeine Überwachung der Aufgabenerfüllung und des inneren Betriebs der Dienststelle obliegt;
- dass die Personalvertretung jederzeit bereit ist, **Anregungen und Beschwerden von Beschäftigten** entgegenzunehmen und dann **auf eine Erledigung hinzuwirken**, wenn diese berechtigt erscheinen;
- dass die Personalvertretung sich für die **Eingliederung und berufliche Entwicklung Schwerbehinderter** und sonstiger schutzbedürftiger, insbesondere älterer Personen und für Maßnahmen zur beruflichen Förderung Schwerbehinderter einsetzt;
- dass die Personalvertretung für die Durchführung der **tatsächlichen Gleichberechtigung** von Frauen und Männern eintritt;
- dass die Personalvertretung die **Eingliederung ausländischer Beschäftigter fördert** und
- dass die Personalvertretung eng mit der Jugend- und Auszubildendenvertretung zur **Förderung der Belange der jugendlichen Beschäftigten und Auszubildenden** zusammenarbeitet.

M. Informationsanspruch

I. „Geistige Waffengleichheit"

Eine Personalvertretung ist nur dann zu einer sachgerechten Zusammenarbeit mit dem Dienststellenleiter in der Lage, wenn sie sich auf **demselben Informationsstand** wie dieser befindet. Nur dann können Argumente ausgetauscht werden und nur dann können diese Argumente evtl. auch die andere Seite überzeugen und auf deren weitere Meinungsbildung wirksam Einfluss nehmen. Eine Personalvertretung ist daher von der Dienststellenleitung **umfassend zu informieren**; andernfalls nämlich müsste sie sich mit allgemeinen Hinweisen begnügen, falls sie anderer Auffassung ist. In einem solchen Fall käme es nicht zu der vom Gesetzgeber ausdrücklich gewünschten Verhandlung über strittige Fragen **„mit dem ernsten Willen zur Einigung"**.

II. Rechtzeitige Unterrichtung

Eine rechtzeitige Unterrichtung setzt voraus, dass die Personalvertretung **auf die** von der Dienststelle beabsichtigte **Maßnahme noch einwirken kann**. Es darf also noch keine Vorentscheidung getroffen worden sein, die bereits vollendete Tatsachen geschaffen hat.

III. Erforderlichkeit der Vorlage von Unterlagen

Ein Dienststellenleiter muss der Personalvertretung die **notwendigen rechtlichen und tatsächlichen Grundlagen vermitteln**, die sie zu einer sachgerechten, d.h. ihrem allgemeinen Vertretungsauftrag gerecht werdenden Entscheidung befähigt. Infolgedessen kann eine Personalvertretung die Vorlage aller Unterlagen verlangen, die sie in die Lage versetzt, ihre Aufgaben nach dem Gesetz wahrzunehmen.

N. Mitbestimmungsverfahren

Vorbemerkung: Das Bundesverfassungsgericht hat am 24.5.1995 (ZfPR 1995, 185) entschieden, dass der **Mitbestimmung im öffentlichen Dienst Grenzen gesetzt werden müssen**, weil im Hinblick auf die ordnungsgemäße Aufgabenerfüllung durch die öffentliche Verwaltung und im Hinblick auf die demokratische Legitimationskette **Maßnahmen, die schwerpunktmäßig die Erledigung von Amtsaufgaben betreffen**, nicht der Stelle entzogen werden dürfen, die für eine ordnungsgemäße Aufgabenerledigung dem Parlament verantwortlich ist. Deshalb darf in diesen Fällen der **Entscheidung der Einigungsstelle kein Letztentscheidungsrecht** zukommen. Vielmehr muss die Entscheidung der Einigungsstelle als **Empfehlung** gelten.

Das Bundesverwaltungsgericht hat deshalb **alle personellen Angelegenheiten** sowohl der Beamten als auch der Arbeitnehmer als Angelegenheiten eingestuft, bei denen die Einigungsstelle nur eine Empfehlung aussprechen kann (BVerwG v. 24.2.2002 – 6 P 3.01, ZfPR 2003, 235; BVerwG v. 24.4.2002 – 6 P 4.01, ZfPR 2003, 294 für die Fälle der personellen Angelegenheiten von Arbeitnehmern bzw. für den Fall der Geltendmachung von Ersatzansprüchen gegen einen Beschäftigten). Das Gericht hat diese Grundtendenz seiner Rechtsprechung in späteren Entscheidungen (vgl. u.a. BVerwG v. 13.10.2009, ZfPR 2010, 34) stets wiederholt.

Das Bundesverwaltungsgericht hat in diesem Zusammenhang von einer **planwidrigen Lücke** gesprochen und argumentiert, dass – hätte der Gesetzgeber zum Zeitpunkt der Verabschiedung des jeweiligen Personalvertretungsgesetzes bereits die o.g. Entscheidung des Bundesverfassungsgerichts gekannt – alle Maßnehmen, die schwerpunktmäßig die Erledigung von Amtsaufgaben betreffen, der eingeschränkten Mitbestimmung unterstellt worden wären. Deshalb ist künftig bei jedem einzelnen Mitbestimmungsfall, sollte es zur Entscheidung der Einigungsstelle kommen, zu prüfen, ob die beabsichtigte, der Mitbestimmung unterliegende Maßnahme eine solche ist, die schwerpunktmäßig Amtsaufgaben betrifft.

I. Verfahren bei Nichteinigung

Wenn ein Dienststellenleiter eine der **Mitbestimmung unterliegende Maßnahme beabsichtigt**, dann kann er sie nur mit Zustimmung der Personalvertretung durchführen. Verweigert die Personalvertretung die beantragte Zustimmung, so können sowohl der Dienststellenleiter als auch die Personalvertretung selbst die Angelegenheit binnen sechs Arbeitstagen **auf dem Dienstweg den übergeordneten Dienststellen, bei denen Stufenvertretungen bestehen, vorlegen**. Ergibt sich bei einem dreistufigen Verwaltungsaufbau nach Einschaltung des Bezirkspersonalrats und Vorlage an die oberste Dienstbehörde keine Einigung mit dem dort bestehenden Hauptpersonalrat, dann kann die **Einigungsstelle zur Entscheidung** angerufen werden. Ob ihr in den Fällen der §§ 75 ff. ein Letztentscheidungsrecht zusteht, ist anhand der vom Bundesverfassungsgericht und vom Bundesverwaltungsgericht aufgestellten Kriterien zu prüfen.

II. Vorläufige Regelungen

In dringenden Fällen kann die Verwaltung eine **vorläufige Maßnahme** dann treffen, wenn die **Angelegenheit unaufschiebbar** ist. Bloße Eilbedürftigkeit ist nicht ausreichend. Hinzukommen muss vielmehr, dass die dringende Erfüllung von Pflichten und Aufgaben der Dienststelle im öffentlichen Interesse andernfalls gefährdet wäre.

O. Initiativrecht der Personalvertretung

Der Personalvertretung steht das Recht zu, von sich aus Maßnahmen, die der Mitbestimmung unterliegen, durch konkrete Vorschläge zu veranlassen. In den Fällen des

§ 70 Abs. 1 BPersVG kann bei Nichteinigung die **Einigungsstelle** angerufen werden. Dagegen entscheidet die **oberste Dienstbehörde endgültig** in den Fällen des § 70 Abs. 2 BPersVG. Nach der Rechtsprechung des Bundesverwaltungsgerichts (BVerwG v. 24.10.2001, ZfPR 2002, 101) kann eine Personalvertretung beim Dienststellenleiter auch **personelle Maßnahmen zugunsten einzelner, namentlich benannter Beschäftigter beantragen**. Eine Kollision mit der unter N zitierten Rechtsprechung des Bundesverfassungsgerichts ist darin deshalb nicht zu sehen, weil in personellen Angelegenheiten dem Dienststellenleiter bei entsprechenden Initiativen der Personalvertretung stets ein Letztentscheidungsrecht gemäß § 70 Abs. 2 BPersVG zusteht.

P. Einigungsstelle

Hierbei handelt es sich um diejenige Einrichtung, in die die oberste Dienstbehörde und (in aller Regel) der Hauptpersonalrat **jeweils drei Mitglieder** entsenden und bei der sich beide Personalverfassungsorgane auf die **Person eines Vorsitzenden einigen**.

Die Einigungsstelle kann immer dann angerufen werden, wenn das **personalvertretungsrechtliche Stufenverfahren (mangels Einigung) ergebnislos** verlaufen ist. Damit wird deutlich, dass die Einigungsstelle nicht in den Fällen zu entscheiden hat, in denen zwischen Dienststellenleiter und Personalvertretung Streit darüber besteht, ob eine bestimmte Maßnahme überhaupt der Mitbestimmung unterliegt (zur Entscheidung dieser Streitfrage sind die Verwaltungsgerichte anzurufen). Vielmehr entscheidet die Einigungsstelle darüber, ob die Personalvertretung die vom Dienststellenleiter beantragte Zustimmung zu einer der Mitbestimmung unterliegenden Maßnahme zu Recht verweigert hat.

Q. Mitwirkungsverfahren

Eine Reihe von Angelegenheiten unterliegen dem Mitwirkungsrecht der Personalvertretung. In den entsprechenden Angelegenheiten hat der Dienststellenleiter die beabsichtigte Maßnahme vor ihrer Durchführung mit der Personalvertretung **„mit dem Ziel einer Verständigung rechtzeitig und eingehend“** (§ 72 Abs. 1 BPersVG) **zu erörtern**. Dies bedeutet, dass die Personalvertretung nicht nur umfassend zu informieren ist, sondern auch, dass ihr genügend Zeit zur Beschlussfassung verbleiben muss, damit die Personalvertretung noch gestaltend auf die Maßnahme einwirken kann.

Wenn eine Personalvertretung im Anschluss an die Erörterung mit dem Dienststellenleiter der beabsichtigten Maßnahme nicht zustimmen möchte, so muss sie diesem die entsprechenden Gründe **innerhalb einer Frist von zehn Arbeitstagen** schriftlich mitteilen.

Der Dienststellenleiter ist verpflichtet, sich mit den Einwendungen der Personalvertretung inhaltlich auseinanderzusetzen und ihr seine Entscheidung **unter Angabe der Gründe** schriftlich mitzuteilen. Ist die Personalvertretung mit dieser Entscheidung nicht einverstanden, so kann sie die Angelegenheit, soweit der Dienststelle weitere Dienststellen übergeordnet sind, in das Stufenverfahren geben. Die **oberste Dienstbehörde entscheidet endgültig**. Ein **Verfahren vor einer Einigungsstelle** kommt in **Mitwirkungsangelegenheiten nicht in Betracht**.

R. Dienstvereinbarungen

Hierbei handelt es sich um Vereinbarungen zwischen Dienststellenleiter und Personalvertretung, die **generelle Regelungen** für bestimmte, gesetzlich ausdrücklich genannte Maßnahmen (§ 75 Abs. 3 Nr. 1 bis 17, Abs. 5, § 76 Abs. 2 BPersVG) festlegen.

Dienstvereinbarungen sollen Dienststellenleitern und Personalvertretungen die Möglichkeit geben, in dem jeweiligen Sachzusammenhang zu überlegen, ob der **Abschluss einer generellen Vereinbarung** im Verhältnis zu einer Aneinanderreihung einzelner Regelungen mit jeweiliger Beteiligung der Personalvertretung zweckmäßiger ist.

S. Mitbestimmungsangelegenheiten

I. Personelle Angelegenheiten

Der Personalvertretung steht in den im Gesetz ausdrücklich und abschließend aufgeführten personellen Angelegenheiten ein Mitbestimmungsrecht zu. Dies sind u.a.:

- Personalangelegenheiten der Arbeitnehmer (u.a. Einstellung, Eingruppierung, Versetzung, Abordnung);
- personelle Angelegenheiten der Beamten (u.a. Einstellung, Beförderung, Versetzung, Abordnung, Umsetzung).

II. Soziale Angelegenheiten

Dies sind solche Angelegenheiten, die Beamte und Arbeitnehmer gleichermaßen betreffen und u.a. folgendes regeln:

- Gewährung von Unterstützungen, Vorschüssen und Darlehen
- Zuweisung und Kündigung von Wohnungen, über die die Dienststelle verfügt und
- Zuweisung von Dienst- und Pachtland.

III. Soziale/organisatorische Angelegenheiten

Das sind solche Angelegenheiten, die wiederum Beamte und Arbeitnehmer gleichermaßen betreffen und die u.a. folgendes regeln:

- Beginn und Ende der täglichen Arbeitszeit
- Auswahl der Teilnehmer an Fortbildungsveranstaltungen
- Regelung der Ordnung in der Dienststelle und des Verhaltens der Beschäftigten
- Gestaltung der Arbeitsplätze
- Einführung und Anwendung technischer Einrichtungen, die geeignet sind, das Verhalten oder die Leistung der Beschäftigten zu überwachen
- Maßnahmen zur Hebung der Arbeitsleistung und Erleichterung des Arbeitsablaufs
- Einführung grundlegend neuer Arbeitsmethoden.

T. Mitwirkungsangelegenheiten

Hierbei handelt es sich um Angelegenheiten, die folgendes regeln:

- Vorbereitung von Verwaltungsanordnungen
- Auflösung, Einschränkung etc. von Dienststellenteilen
- Erhebung der Disziplinarklage gegen einen Beamten
- Entlassung von Beamten auf Probe oder auf Widerruf, wenn sie die Entlassung nicht selbst beantragt haben
- vorzeitige Versetzung in den Ruhestand
- ordentliche Kündigung durch den öffentlichen Arbeitgeber.

U. Sonstige Beteiligungsfälle

In den Fällen, in denen ein Dienststellenleiter verpflichtet ist, die **Personalvertretung anzuhören**, ist die betreffende Absicht, eine konkrete Maßnahme durchzuführen, rechtzeitig mitzuteilen. Der Personalvertretung ist Gelegenheit zu geben, sich anhand vorgelegter Unterlagen zu dieser Absicht mündlich oder schriftlich zu äußern. Bei **Ablehnung der beabsichtigen Maßnahme** durch die Personalvertretung ist der Dienststellenleiter nicht gehindert, seine Absicht auszuführen.

Der Anhörung unterliegen folgende Maßnahmen:

- Weiterleitung von Personalanforderungen zum Haushaltsvoranschlag
- Neu-, Um- und Erweiterungsbauten von Diensträumen
- grundlegende Änderungen von Arbeitsverfahren und Arbeitsabläufen
- fristlose Entlassungen, außerordentliche Kündigungen, Beendigung des Arbeitsverhältnisses eines Arbeiternehmers während der Probezeit.

V. Gerichtliche Entscheidungen

Streitfragen nach den Personalvertretungsgesetzen sind von den **Verwaltungsgerichten**, nicht von den Arbeitsgerichten zu entscheiden. Das Gesetz führt im Einzelnen die Angelegenheiten auf, die verwaltungsgerichtlich zu entscheiden sind. Der Bereich, der die Verwaltungsgerichte am meisten beschäftigt, ist der Bereich **„Zuständigkeit, Geschäftsführung und Rechtsstellung** der Personalvertretungen und der in §§ 57 und 65 BPersVG genannten Vertreter".

Bundespersonalvertretungsgesetz

vom 15. März 1974 (BGBl. I S. 693),

zuletzt geändert durch Art. 3 Abs. 2 des Gesetzes vom 3.7.2013 (BGBl. I S. 1978)

Erster Teil
Personalvertretungen im Bundesdienst

Erstes Kapitel
Allgemeine Vorschriften

§ 1 (Geltungsbereich des Gesetzes)

In den Verwaltungen des Bundes und der bundesunmittelbaren Körperschaften, Anstalten und Stiftungen des öffentlichen Rechts sowie in den Gerichten des Bundes werden Personalvertretungen gebildet. Zu den Verwaltungen im Sinne dieses Gesetzes gehören auch die Betriebsverwaltungen.

Entsprechende landesgesetzliche Regelungen:

Baden-Württemberg: § 1; Bayern: Art. 1; Berlin: § 1; Brandenburg: § 1; Bremen: § 1; Hamburg: § 1; Hessen: § 1; Mecklenburg-Vorpommern: § 1; Niedersachsen: § 1; Nordrhein-Westfalen: § 1; Rheinland-Pfalz: § 1; Saarland: § 1; Sachsen: § 1; Sachsen-Anhalt: § 1; Schleswig-Holstein: § 1; Thüringen: § 1.

1. Begriffsbestimmungen

a) Verwaltungen des Bundes sind die organisatorischen Einheiten der Exekutive. Der Aufbau der Verwaltung ist meist dreistufig (oberste Bundesbehörde, z.B. Ministerium; Mittelbehörde, z.B. Wehrbereichsverwaltungen; untere Behörden, z.B. örtliche Verwaltungsstellen). Zu den Verwaltungen des Bundes gehören auch die Gerichte des Bundes (z.B. Bundesverwaltungsgericht) sowie die Betriebsverwaltungen (Betriebe, deren Rechtsträger der Bund oder eine bundesunmittelbare juristische Person des öffentlichen Rechts ist).

b) Körperschaften, Anstalten und Stiftungen des öffentlichen Rechts.

aa) **Körperschaften** des öffentlichen Rechts sind rechtsfähige Verbände, die staatliche Aufgaben mit staatlichen Mitteln unter Aufsicht wahrzunehmen haben (z.B. Bundesagentur für Arbeit; auf die Bezeichnung kommt es nicht an, sondern ausschließlich auf die Rechts- und Organisationsform);

bb) **Anstalten** sind zu eigener Rechtsperson erhobene Organisationen, die einem besonderen öffentlichen Zweck dienen (z.B. Deutsche Bundesbank);

cc) **Stiftungen** des öffentlichen Rechts sind mit eigener Rechtspersönlichkeit ausgestattete Vermögensmassen, die verselbständigt worden und einem bestimmten Zweck dauernd gewidmet sind (z.B. Stiftung Preußischer Kulturbesitz).

dd) **Personalvertretungen** ist der vom Gesetzgeber gewählte Begriff für Personalrat (örtlicher -, Bezirks- und Hauptpersonalrat).

2. Erläuterungen

a) Der Gesetzgeber hat mit dem BPersVG lediglich den äußeren Rahmen dafür schaffen können, dass Personalvertretungen gewählt werden. Einen Zwang übt er nicht aus.

Er geht davon aus, dass auch die Leiter der Dienststellen von sich aus alles tun werden, **um die Bildung von Personalvertretungen zu fördern**.

b) Die Personalvertretung ist eine **Interessenvertretung**, der die Aufgabe obliegt, als Repräsentantin der Beschäftigten die Beteiligung an der Regelung des Dienstes und der Dienst- und Arbeitsverhältnisse im Rahmen ihrer gesetzlichen Aufgabenstellung sicherzustellen. Auf der Grundlage interner Willensbildung entscheidet die Personalvertretung selbständig und alleinverantwortlich, d.h. ohne den Weisungen oder der Rechtsaufsicht des Dienststellenleiters zu unterliegen. Als Interessenvertretung hat die Personalvertretung auch **Kontrollfunktionen** gegenüber dem Dienstherrn (vgl. § 68 Abs. 1 Nr. 2 „... darüber zu wachen, dass die zugunsten der Beschäftigten geltenden Gesetze ... durchgeführt werden"); sie ist aber **kein** den Fach- und Rechtsaufsichtsinstanzen nebengeordnetes **Kontrollorgan**, dem die allgemeine Überwachung im Hinblick auf die Aufgabenerfüllung und den inneren Betrieb der Dienststelle obliegt.

c) Da die **Personalvertretung keine eigene Rechtspersönlichkeit** besitzt, haftet sie für vermögensschädigende Handlungen nicht als Institution. Eine Haftung kommt allenfalls für diejenigen in Frage, die diese Handlungen begangen haben (vgl. aber § 44 Anm. 3 w).

d) Eine Personalvertretung ist nicht zu einer **Rechtsberatung** von Beschäftigten befugt. Vielmehr erlaubt ihr das Gesetz über außergerichtliche Rechtsdienstleistungen (RDG v. 12.12.2007, BGBl. I S. 2840; vgl. auch evtl. spätere Änd.) lediglich die Erörterung der die Beschäftigten berührenden Rechtsfragen, soweit ein Zusammenhang mit den Aufgaben der Personalvertretung besteht.

3. Fälle aus der Rechtsprechung

a) Einem Personalratsmitglied obliegen keine besonderen, über die allgemeinen dienstlichen Pflichten hinausgehenden Pflichten. **Verfehlungen** können daher nur nach den allgemeinen disziplinarrechtlichen Bestimmungen geahndet werden (BDH v. 5.7.1961, ZBR 1961, 393; vgl. § 61 BBG, s. auch § 28 BPersVG). Ausschließlich nach dienstrechtlichen Bestimmungen ist daher z.B. dann zu verfahren, wenn einem Personalratsmitglied ein Dienstschlüssel zur sicheren Aufbewahrung übergeben worden, aber verloren gegangen ist. Das Personalratsmitglied nämlich ist in gleicher Weise wie jeder andere Beschäftigte zu einem sorgfältigen Umgang mit den der Verwaltung gehörenden Sachmitteln verpflichtet. Für eine über die materielle Personalratstätigkeit hinausgehende **Haftungsfreistellung von Personalratsmitgliedern** besteht kein Anlass (HessVGH v. 3.8.2009, PersV 2009, 478; vgl. aber § 44 Anm. 3 w).

b) Die Personalvertretung und einzelne ihrer Mitglieder sind berechtigt, **Mitarbeiter an deren jeweiligem Arbeitsplatz** im Interesse eines geordneten Dienstablaufs nach vorheriger Unterrichtung des Dienststellenleiters bzw. seines Vertreters **aufzusuchen** (vgl. für das BertrVG: BAG v. 29.6.2011, BB 2011, 1780). Allerdings muss der Dienstvorgesetzte, wenn er widerspricht, dass die Personalvertretung Beschäftigte an ihrem Arbeitsplatz aufsucht, triftige Gründe geltend machen, etwa dass andernfalls eine nicht unerhebliche Störung der Ordnung und des Arbeitsablaufs oder eine Beeinträchtigung anderer wichtiger Belange der Dienststelle zu besorgen oder dass der Besuch offensichtlich rechtsmissbräuchlich wäre. Faktisch steht damit dem Dienstvorgesetzten in diesen Fällen ein Widerspruchsrecht zu, das er jedoch nur bei Vorliegen triftiger Gründe geltend machen kann (BVerwG v. 9.3.1990, ZfPR 1990, 75). Allerdings ist ein einzelnes Personalratsmitglied, falls der Dienstvorgesetzte unter Beachtung des Grundsatzes der vertrauensvollen Zusammenarbeit aufgrund der konkreten dienstlichen Situation und des genannten Zeitaufwands an der Erforderlichkeit der Personalratstätigkeit zweifelt, verpflichtet, stichwortige Angaben zu machen, die zumindest eine **Plausibilitätskontrolle** möglich machen (vgl. für das BetrVG: BAG v. 15.3.1995, DB 1995, 1514; BAG v. 13.5.1997, ZBVR 1997, 33; vgl. auch OVG Lüneburg v. 1.4.1998, ZfPR 1999, 158).

c) Wenn eine Personalvertretung **einzelne Beschäftigte zu einem Besprechungstermin** in das Personalratsbüro einladen will, so muss sie sich grundsätzlich zuvor mit dem Dienststellenleiter abstimmen. Dieser kann auch zu Beginn einer Amtszeit der Personalvertretung generell sein Einverständnis damit erklären, dass er ohne vorherige Rücksprache mit den genannten Einladungen einverstanden ist, wenn die jeweilige Mitteilung der Einladung ihm ermöglicht, ggf. Einwände vorzubringen, um die Verschiebung der Besprechung zu erreichen (BVerwG v. 12. 12. 2005, PersV 2006, 146).

d) Trotz der Tatsache, dass Personalvertretungen nicht rechtsfähig und auch nicht Träger vermögensrechtlicher Ansprüche und Verpflichtungen sind, können sie ein personalvertretungsrechtliches Beschlussverfahren vor den Verwaltungsgerichten betreiben. Insoweit steht ihnen eine **beschränkte Teilrechtsfähigkeit** zu. Daher können sie auch mit Rechtsanwälten Verträge zur Durchführung von Beratungen und gerichtlichen Verfahren abschließen. Sie können aber nicht Kostenschuldner sein (OVG Rheinland-Pfalz v. 9.7.1996, PersR 1996, 444).

e) Personalvertretungen sind **unabhängig und in ihrer Rechtsstellung gleichrangig** mit dem Diensstellenleiter, so dass sich weder eine Vor- noch eine Nachzensur von Veröffentlichungen der Interessenvertretung durch den Dienststellenleiter mit dieser Rechtstellung verträgt (BVerwG v. 27.10.2009, PersV 2010, 208).

f) Das **Betriebsverfassungsgesetz** findet **keine Anwendung auf Beamte**. Eine Ausnahme bilden lediglich die spezialgesetzlichen Bestimmungen im Gesetz zum Personalrecht der Beschäftigten der früheren Deutschen Bundespost (Postpersonalrechtsgesetz, PostPersRG) und im Gesetz über die Gründung einer Deutsche Bahn Aktiengesellschaft (Deutsche Bahn Gründungsgesetz, DBGrG). Beamte sind keine Arbeitnehmer i.S. des § 5 BetrVG. Das Beamtenverhältnis ist weder seinem Inhalt noch seinem Zustandekommen nach ein Arbeitsverhältnis. Es besteht für Beamte daher auch kein Wahlrecht zu einer entsprechenden Interessenvertretung in einem Betrieb eines privaten Rechtsträgers oder in einem von einem öffentlichen und einem privaten Rechtsträger gemeinsam geführten Betrieb (BAG v. 28.3.2001, BAGE 97, 226 = ZBVR 2001, 216).

4. Streitigkeiten

Die Verwaltungsgerichte entscheiden nach § 83 Abs. 1 Nr. 2.

§ 2 (Gewerkschaften, Personalvertretung und Dienststelle)

(1) Dienststelle und Personalvertretung arbeiten unter Beachtung der Gesetze und Tarifverträge vertrauensvoll und im Zusammenwirken mit den in der Dienststelle vertretenen Gewerkschaften und Arbeitgebervereinigungen zum Wohle der Beschäftigten und zur Erfüllung der der Dienststelle obliegenden Aufgaben zusammen.

(2) Zur Wahrnehmung der in diesem Gesetz genannten Aufgaben und Befugnisse der in der Dienststelle vertretenen Gewerkschaften ist deren Beauftragten nach Unterrichtung des Dienststellenleiters oder seines Vertreters Zugang zu der Dienststelle zu gewähren, soweit dem nicht unumgängliche Notwendigkeiten des Dienstablaufs, zwingende Sicherheitsvorschriften oder der Schutz von Dienstgeheimnissen entgegenstehen.

(3) Die Aufgaben der Gewerkschaften und der Vereinigungen der Arbeitgeber, insbesondere die Wahrnehmung der Interessen ihrer Mitglieder, werden durch dieses Gesetz nicht berührt.

Entsprechende landesgesetzliche Regelungen:

Baden-Württemberg: § 2; Bayern: Art. 2; Berlin: § 2; Brandenburg: §§ 2, 3; Bremen: § 2; Hamburg: §§ 2, 76; Hessen: § 60; Mecklenburg-Vorpommern: § 2 Abs. 1; Niedersachsen: §§ 2, 3; Nordrhein-Westfalen: §§ 2, 3; Rheinland-Pfalz: § 2; Saarland: § 2; Sachsen: §§ 2, 3; Sachsen-Anhalt: § 2; Schleswig-Holstein: § 1 Abs. 2, 3, 5; Thüringen: § 2.

1. Begriffsbestimmungen

a) Vertrauensvolle Zusammenarbeit: Leitmotiv des Gesetzes, das die Art und Weise der Zusammenarbeit zwischen dem Leiter einer Dienststelle und der Personalvertretung auf der Basis gleichberechtigter Partnerschaft regelt. Der Grundsatz der vertrauensvollen Zusammenarbeit ist unmittelbar geltendes Recht. Es gibt sowohl dem Dienststellenleiter als auch der Personalvertretung ein allgemeines Verhaltensgebot auf, einvernehmliche Lösungen von Streitfragen anzustreben und den jeweiligen gesetzlichen Aufgabenbereich zu respektieren.

b) Gewerkschaften: Selbständige Vereinigungen von Beschäftigten mit dem Zweck, die dienstlichen, wirtschaftlichen und sozialen Interessen der Mitglieder gegenüber den jeweiligen Dienstherrn zu fördern und zu regeln. Für die Gewerkschaften im Bereich des öffentlichen Rechts ist die Streikbereitschaft nicht Voraussetzung. Vielmehr wird ausschließlich die Bereitschaft gefordert, mit Hilfe eines angemessenen Druckes Forderungen durchzusetzen. Die Gewerkschaften müssen frei gebildet, gegnerfrei, unabhängig und auf überbetrieblicher Grundlage organisiert sein.

c) Auch **Unterorganisationen** (Orts-, Kreis-, Bezirksorganisationen) sind Gewerkschaften i.S. des BPersVG, falls sie legitimiert sind, im Rahmen ihres Zuständigkeitsbereichs auf die Gestaltung der dienstrechtlichen Verhältnisse Einfluss zu nehmen (BVerwG v. 9.9.1957, ZBR 1957, 371; BVerwG v. 27.11.1981, PersV 1983, 408; vgl. auch BVerwG v. 25.7.2006, PersV 2007, 112 = Leits. ZfPR 2007, 19). In jedem Fall besitzt eine **Beamtenorganisation** die geforderte Durchsetzungskraft dann, wenn sie einer gewerkschaftlichen Spitzenorganisation angehört (BVerwG v. 25.7.2006, aaO).

d) Arbeitgebervereinigungen: Freiwillige Zusammenschlüsse einzelner Arbeitgeber auf überbetrieblicher Grundlage.

2. Erläuterungen

a) Ziel des Gesetzes ist eine möglichst umfassende Beteiligung der Interessenvertretung der Beschäftigten an den sie betreffenden Angelegenheiten. Dieses Ziel soll durch ein ständiges, vertrauensvolles Zusammenwirken zwischen Dienststelle und Personalvertretung erreicht werden.

b) Die Personalvertretung ist in allen ihrer Beteiligung zugewiesenen Aufgaben, für die der Dienststellenleiter Entscheidungsbefugnis besitzt, zuständig. Die **Zuständigkeit der Personalvertretung** ist also abhängig von der Zuständigkeit des Dienststellenleiters. Wenn daher Beschäftigte einer Dienststelle z.B. nicht der Beförderungskompetenz des Dienststellenleiters unterliegen, weil die Mittelbehörde zuständig ist, dann besteht auch keine Zuständigkeit der „örtlichen" Personalvertretung.

c) Bei auftretenden sachlichen Interessengegensätzen zwischen Dienststelle und Personalvertretung sind die dienstlichen Notwendigkeiten und das Wohl der Beschäftigten gegeneinander abzuwägen. Beide Partner, Dienststelle wie Personalvertretung, müssen **„mit dem ernsten Willen zur Einigung"** (§ 66 Abs. 1 Satz 2) nach einem für beide Teile tragbaren Kompromiss suchen; denn die Zusammenarbeit zwischen Personalvertretung und Dienststelle dient gleichermaßen dem Wohl der Beschäftigten wie der Erfüllung der dienstlichen Aufgaben. Das Gesetz ist auf **Kooperation und Kommunikation** ausgelegt.

d) Im Rahmen der vertrauensvollen Zusammenarbeit muss der Dienststellenleiter auf **sachlich berechtigte Anregungen der Personalvertretung** eingehen. Sachliche Kritik darf nicht verhindert werden, weil zur Voraussetzung des Vertrauens Offenheit und ausreichende Information gehören. In keinem Fall ist die Personalvertretung verpflichtet, insbesondere deshalb auf die Ausschöpfung von Verfahrensmöglichkeiten im Rahmen des Beteiligungsverfahrens zu verzichten, um eine Verzögerung der Verwaltungsentscheidung zu vermeiden.

e) **„In der Dienststelle" vertreten** ist eine Gewerkschaft schon dann, wenn sie einen Beschäftigten der Dienststelle zu ihren Mitgliedern zählt. Wird dies bezweifelt, so kann die Gewerkschaft nicht ohne Zustimmung des betroffenen Beschäftigten dessen Mitgliedschaft bekanntgeben. Vielmehr muss eine entsprechende Einwilligung vorliegen.

f) Den Gewerkschaften obliegen im Rahmen der Personalverfassung **beratende Funktionen**. Aus diesem Grunde wird Beauftragten der in der Dienststelle vertretenen Gewerkschaften nach Abs. 2 ein Zugangsrecht eingeräumt. Dieses Zugangsrecht sichert die Voraussetzungen, die erforderlich sind, um eine Beratung z.B. in einer ordentlichen Personalratssitzung zu ermöglichen. Aufgaben und Befugnisse der Gewerkschaften ergeben sich abschließend und unmittelbar aus folgenden Bestimmungen: § 2 Abs. 1 und 2; § 19 Abs. 4; § 20 Abs. 2; §§ 22, 23; § 25; § 28 Abs. 1; § 36; § 39 Abs. 1; § 49 Abs. 3; § 52.

g) Das **Zutrittsrecht** kann einer Gewerkschaft nur in Ausnahmefällen unter sehr engen Voraussetzungen verweigert werden (u.a. dann, wenn zwingende Sicherheitsvorschriften entgegenstehen; wenn der Schutz von Dienstgeheimnissen nicht gewährleistet ist; wenn unumgängliche Notwendigkeiten des Betriebsablaufs keine Störung durch Gewerkschaftsbeauftragte erlauben; vgl. auch § 1 Anm. 3c).

3. Fälle aus der Rechtsprechung

a) Der Grundsatz der vertrauensvollen Zusammenarbeit regelt die **Art und Weise des Umgangs** zwischen Dienststelle und Personalvertretung. Er kann aber fehlende Rechte (z.B. nicht vorhandenes Mitbestimmungsrecht) nicht ersetzen (BVerwG v. 6.12.1978, BVerwGE 57, 151 = PersV 1979, 504). Das Gesetz enthält insoweit ein allgemeines Verhaltensgebot für Dienststellenleiter und Personalvertretungen. Sie sollen einvernehmliche Lösungen von Streitfragen anstreben und gegenseitig ihren gesetzlichen Aufgabenbereich respektieren (BVerwG v. 23.5.1986, PersV 1987, 196). Dienststellenleiter und Personalvertretung sollen zu einem förderlichen Arbeits- und Betriebsklima ebenso wie zu **gegenseitiger Offenheit bereit sein** (BVerwG v. 29.8.1990, ZfPR 1990, 175). Sie sollen in Konfliktfällen nach einem für beide Teile tragbaren Ausgleich suchen (BVerwG v. 9.12.1992, ZfPR 1993, 188; vgl. im Übrigen auch BVerwG v. 11.1.2006, ZfPR 2006, 66).

b) Eine **Beamtenorganisation** besitzt die erforderliche Durchsetzungskraft dann, wenn sie einer gewerkschaftlichen Spitzenorganisation angehört (BVerwG v. 25.7.2006, PersV 2007, 112 = Leits. ZfPR 2007, 19; vgl. auch BVerfG v. 31.7.2007, Leits. ZfPR 2008, 18).

c) Die Aufgaben und Befugnisse der **Gewerkschaften** sind im Gesetz abschließend aufgeführt. Diese Befugnisse können nicht im Wege der Analogie über den gesetzlich abgesteckten Rahmen hinaus erweitert werden (OVG Lüneburg v. 8.9.2010, PersV 2011, 133). Allgemeine Kontrollrechte gegenüber den Personalvertretungen stehen ihnen nicht zu (BVerwG v. 16.12.2010, PersV 2011, 136); denn sie sind keine Kontrollorgane der Personalvertretung (BVerwG v. 13.7.2011, PersV 2011, 433). Daher können sie auch nicht gerichtlich feststellen lassen, ob ein Personalratsvorsitzender seine Pflichten verletzt hat (OVG Münster v. 31.5.1988, PersV 1990, 33).

d) Zu den in der Dienststelle vertretenen Gewerkschaften gehören nicht die **Spitzenorganisationen**, da sie satzungsgemäß keine natürlichen Personen, sondern lediglich Mitgliedsverbände zu Mitgliedern haben. Infolgedessen ist eine Spitzenorganisation in der Dienststelle nicht unmittelbar vertreten (BVerwG v. 11.2.1981, ZBR 1982, 57; wichtig z.B. bei der Wahlanfechtung; vgl. im Übrigen § 118 BBG).

e) **Gewerkschaften im personalvertretungsrechtlichen Sinne** müssen **über eine hinreichende Durchsetzungskraft** jedenfalls in personalvertretungsrechtlichen Zusammenhängen verfügen. Bei mitgliederschwachen Verbänden ist dies zu verneinen, wenn diese nicht wenigstens über Personalratsmandate in einer nennenswerten Zahl von Dienststellen verfügen. Werden nach einem Landespersonalvertretungsgesetz auch **Berufsverbänden** – ebenso wie Gewerkschaften – personalvertretungsrechtliche Aufgaben und Befugnisse zugestanden, dann muss der Berufsverband nicht selbst die Anforderungen an den personalvertretungsrechtlichen Gewerkschaftsbegriff erfüllen (BVerwG v. 25.7.2006, PersV 2007, 112 = Leits. ZfPR 2007, 19). Die erforderliche Durchsetzungsfähigkeit kann auch eine kleine Organisation dann besitzen, wenn sie über spezialisierte Mitglieder in Schlüsselstellungen verfügt und wenn diese Mitarbeiter bei Arbeitskämpfen vom Arbeitgeber kurzfristig nur schwer oder überhaupt nicht zu ersetzen sind (BAG v. 14.12.2004, PersV 2005, 348).

f) Die Personalvertretung einer Dienststelle ist auch dann zu beteiligen, wenn der Leiter dieser Dienststelle von seiner vorgesetzten Behörde angewiesen wird, eine bestimmte, der Mitbestimmung unterliegende Maßnahme durchzuführen. Dies ergibt sich aus dem das Personalvertretungsrecht beherrschenden Grundsatz der Partnerschaft. **Unabhängig** nämlich **von der internen organisatorischen Zuständigkeit** ist im konkreten Fall festzustellen, ob der Leiter der Dienststelle, „der der Personalvertretung als Partner zugeordnet ist, eine der Beteiligung der Personalräte unterliegende Maßnahme zu treffen beabsichtigt“ und ob ihm noch ein eigener Entscheidungsspielraum verbleibt (BVerwG v. 10.3.1992, ZfPR 1992, 107).

g) Die Personalvertretung steht dem Dienststellenleiter als **gleichberechtigter Partner** gegenüber (OVG Rheinland-Pfalz v. 26.1.1982, PersV 1983, 27).

h) Es widerspricht dem Grundsatz der vertrauensvollen Zusammenarbeit, wenn eine Personalvertretung ein **Flugblatt** herausgibt, mit dem sie den Dienststellenleiter angreift und ihn versteckt zum Rücktritt auffordert (BVerwG v. 27.11.1981, PersV 1983, 408).

i) Personalvertretungen haben keinen Anspruch darauf, in **Verhandlungen „ihrer“ Dienststelle mit anderen Organen** (z.B. staatlichen Hochbauämtern) eingeschaltet zu werden, um ihre Vorstellungen in die anzustellenden Überlegungen einbringen zu können. Beteiligungs- und Einwirkungsrechte nämlich stehen der Personalvertretung ausschließlich gegenüber dem „eigenen“ Dienststellenleiter zu (VGH Baden-Württemberg v. 3.9.1991, Leits. PersR 1993, 48).

j) Dem Grundsatz der vertrauensvollen Zusammenarbeit widerspricht es, wenn **ein Personalratsmitglied ohne vorherige Unterrichtung des Dienstvorgesetzten** seinen Arbeitsplatz zur Ausübung von Personalratstätigkeiten verlässt. Der Grundsatz der vertrauensvollen Zusammenarbeit gebietet es, den Dienstvorgesetzten zu informieren, der nur ausnahmsweise widersprechen darf, nämlich nur, wenn er triftige Gründe geltend machen kann, etwa dass andernfalls eine nicht unerhebliche Störung der Ordnung des Arbeitsablaufs oder eine Beeinträchtigung anderer wichtiger Belange der Dienststelle zu befürchten wäre (BVerwG v. 9.3.1990, ZfPR 1990, 75). Grundsätzlich kann ein Dienstvorgesetzter einem Personalratsmitglied die Teilnahme an einer Personalratssitzung nicht unter Hinweis darauf untersagen, dass er ihn gerade zu dieser Zeit mit einer neuen technischen Anlage vertraut machen wolle. In gegenseitiger vertrauensvoller Zusammenarbeit hat eine Abwägung zwischen den Interessen des Personalratsmitglieds an der Teilnahme an der kurzfristig anberaumten Personalratssitzung und des Dienstvorgesetzten an der Einweisung in eine neue technische Anlage stattzufinden. Wenn das Personalratsmitglied nach eingehender Diskussion und nach Abwägung der unterschiedlichen Interessenlage an der Personalratssitzung teilnimmt und wenn ihm der Dienstvorgesetzte daraufhin eine **Abmahnung** erteilt, dann ist diese unwirksam und muss aus der Personalakte entfernt werden (vgl. für das BetrVG: BAG v. 11.6.1997, Leits. ZBVR 1998, 73; vgl. im Übrigen § 1 Anm. 3d).

k) Zweifelt der Dienststellenleiter unter Beachtung des Grundsatzes der vertrauensvollen Zusammenarbeit aufgrund der konkreten dienstlichen Situation und des vom Personalratsmitglied genannten Zeitaufwands an der Erforderlichkeit der Personalratstätigkeit, sollte das Personalratsmitglied dem Dienststellenleiter **stichwortartige**

Angaben übermitteln, die diesem zumindest eine Plausibilitätskontrolle ermöglichen. Hat ein Dienststellenleiter ganz erhebliche Zweifel an der Erforderlichkeit von Art und Umfang der Personalratstätigkeit bei Verlassen des Arbeitsplatzes durch ein Personalratsmitglied, dann hat dieses Personalratsmitglied substantiiert darzulegen, welche Personalratsaufgaben es wahrnehmen möchte bzw. wahrgenommen hat (vgl. für das BetrVG: BAG v. 15.3.1995, ZBVR 1995, 13).

l) Eine **Unterschriftenaktion des Personalrats**, bei der die Beschäftigten ohne Einvernehmen mit dem Dienststellenleiter von einem Mitglied des Personalrats am Arbeitsplatz aufgesucht werden, damit diese durch die Unterschrift den Personalrat in einer Angelegenheit in seiner Gegenposition zum Dienststellenleiter unterstützen, widerspricht dem Grundsatz der vertrauensvollen Zusammenarbeit (VGH Baden-Württemberg v. 8.9.1992, PersV 1995, 121).

m) Eine Gewerkschaft kann aus der Pflicht zur vertrauensvollen Zusammenarbeit keinen Anspruch ableiten, dass ihr **Namen und Adressen der Beschäftigten einer Dienststelle** mitgeteilt werden, um diese zu einer zum Zwecke der Durchführung einer Personalratswahl einzuberufenden Personalversammlung einzuladen. Der Dienststellenleiter ist jedoch berechtigt und verpflichtet, die Einladungen durch entsprechende Nutzung seiner Datenbestände selbst zu versenden (vgl. für das BetrVG: LAG Hamburg v. 16.6.1992, RDV 1994, 190).

n) In einem personalvertretungsrechtlichen Beschlussverfahren kann nicht die isolierte Feststellung eines Verstoßes gegen den Grundsatz der vertrauensvollen Zusammenarbeit oder die Feststellung einer abstrakten, aus diesem Grundsatz abgeleiteten **Verhaltensanforderung** begehrt werden (BVerwG v. 12.11.2002, ZfPR 2003, 44).

4. Streitigkeiten

a) Zuständigkeit der Verwaltungsgerichte: Bei Streitigkeiten über den Umfang der Befugnisse der Gewerkschaften (§ 83 Abs. 1 Nr. 3).

b) Zuständigkeit der ordentlichen Gerichte im Fall der Abwehr gewerkschaftlicher Einwirkungen (z.B. bei Propagandabehauptungen im Wahlkampf).

c) Bei **Verweigerung des Zugangsrechts** kann im Rahmen des Beschlussverfahrens eine einstweilige Verfügung nach § 85 Abs. 2 ArbGG beantragt werden.

d) Bei einer **Verletzung des Gebots zur vertrauensvollen Zusammenarbeit** zwischen Personalvertretung und Dienststellenleiter entscheiden ebenfalls die Verwaltungsgerichte. Eine Verletzung dieser tragenden Grundregel des Personalvertretungsrechts kann auf der Seite der Personalvertretung zu einem Auflösungs-/Ausschlussverfahren (§ 28), auf der Seite des Dienststellenleiters zu einem Disziplinarverfahren führen (HessVGH v. 30.3.1988, Leits. ZfPR 1989, 78).

§ 3 (Zwingende Natur der gesetzlichen Vorschriften)

Durch Tarifvertrag kann das Personalvertretungsrecht nicht abweichend von diesem Gesetz geregelt werden.

Entsprechende landesgesetzliche Regelungen:

Baden-Württemberg: § 3; Bayern: Art. 3; Berlin: § 2 Abs. 4; Brandenburg: § 97; Bremen: –; Hamburg: § 3; Hessen: § 113 Abs. 1; Mecklenburg-Vorpommern: § 66 Abs. 5, § 89; Niedersachsen: § 82; Nordrhein-Westfalen: § 4; Rheinland-Pfalz: § 3; Saarland: §§ 3, 79; Sachsen: § 84 Abs. 6; Sachsen-Anhalt: § 3; Schleswig-Holstein § 90; Thüringen: § 3.

1. Begriffsbestimmungen

Tarifverträge sind zivilrechtliche Verträge, Rechtsnormen, die den Inhalt, den Abschluss und die Beendigung von Arbeitsverhältnissen sowie allgemeine dienstrechtliche Fragen ordnen können. Vertragspartner sind Gewerkschaften und Arbeitgebervereinigungen.

2. Erläuterungen

Das BPersVG kann weder über Dienstvereinbarungen noch über Tarifverträge geändert werden. Der Sinn dieser Bestimmung liegt darin, dass **einheitliche Regeln für alle Bereiche der öffentlichen Verwaltung** mit gleichen Rechten und Pflichten für die Personalverfassungsorgane und die Beschäftigten bestehen sollen.

3. Fälle aus der Rechtsprechung

Da das Personalvertretungsrecht durch Tarifvertrag nicht erweitert werden kann, ist eine tarifliche Bestimmung unwirksam, die regelt, dass eine Personalvertretung die Zustimmung zu einer Einstellung **über die gesetzlichen Zustimmungsverweigerungsgründe** (§ 77 Abs. 2) **hinaus** auch aus wichtigem Grund und mit der Begründung verweigern kann, für den Arbeitsplatz sei bereits ein geeigneter Beschäftigter in der Dienststelle vorhanden (BAG v. 15.7.1986, DB 1987, 283).

4. Streitigkeiten

–

§ 4 (Beschäftigte)

(1) Beschäftigte im öffentlichen Dienst im Sinne dieses Gesetzes sind die Beamten und Arbeitnehmer einschließlich der zu ihrer Berufsausbildung Beschäftigten sowie Richter, die an eine der in § 1 genannten Verwaltungen oder zur Wahrnehmung einer nichtrichterlichen Tätigkeit an ein Gericht des Bundes abgeordnet sind.

(2) Wer Beamter ist, bestimmen die Beamtengesetze.

(3) Arbeitnehmer im Sinne dieses Gesetzes sind Beschäftigte, die nach dem für die Dienststelle maßgebenden Tarifvertrag oder nach der Dienstordnung Arbeitnehmer sind oder die als übertarifliche Arbeitnehmer beschäftigt werden. Als Arbeitnehmer gelten auch Beschäftigte, die sich in einer beruflichen Ausbildung befinden.

(4) (weggefallen)

(5) Als Beschäftigte im Sinne dieses Gesetzes gelten nicht

1. Personen, deren Beschäftigung überwiegend durch Beweggründe karitativer oder religiöser Art bestimmt ist;

2. Personen, die überwiegend zu ihrer Heilung, Wiedereingewöhnung, sittlichen Besserung oder Erziehung beschäftigt werden.

Entsprechende landesgesetzliche Regelungen:

Baden-Württemberg: § 4; Bayern: Art. 4; Berlin: § 3 Abs. 3; Brandenburg: § 4 Abs. 4; Bremen: § 3; Hamburg: § 4 Abs. 4; Hessen: § 3 Abs. 3; Mecklenburg-Vorpommern: § 3 Abs. 2; Niedersachsen: § 4 Abs. 3; Nordrhein-Westfalen: § 5 Abs. 4; Rheinland-Pfalz: § 4 Abs. 5; Saarland: § 4; Sachsen: § 4 Abs. 5; Sachsen-Anhalt: § 4 Abs. 4; Schleswig-Holstein: § 3; Thüringen: § 4 Abs. 5.

1. Begriffsbestimmungen

a) **Beschäftigte** sind alle Angehörigen der Dienststelle, die unselbständig tätig sind, also dem Weisungsrecht eines Dienststellenleiters unterliegen. Einige Landespersonalvertretungsgesetze verwenden andere Oberbegriffe: „Dienstkräfte" (§ 3 Abs. 1 LPersVG Berlin); „Angehörige des öffentlichen Dienstes" (§ 4 LPersVG Saarland); „Mitarbeiter" (§ 4 LPersVG Schleswig-Holstein).

b) **Beamte:** Alle Personen, die zum Bund oder zu einer bundesunmittelbaren Körperschaft, Anstalt oder Stiftung des öffentlichen Rechts in einem öffentlich-rechtlichen Dienst- und Treueverhältnis stehen. Dem Betreffenden muss eine Urkunde überreicht worden sein, in der die Worte „unter Berufung in das Beamtenverhältnis" aufgeführt sind und gleichzeitig ein Hinweis auf die Art des Beamtenverhältnisses gegeben wird („auf Lebenszeit", „auf Probe", „auf Widerruf", „auf Zeit").

c) Durch den am 1.10.2005 in Kraft getretenen Tarifvertrag für den öffentlichen Dienst (TVöD) vom 13.9.2005 ist die bisherige Unterscheidung zwischen Angestellten und Arbeitern aufgegeben worden. Das Gesetz zur Reorganisation der Bundesanstalt für Post und Telekommunikation Deutsche Bundespost und zur Änderung anderer Gesetze vom 14.9.2005 (BGBl. I S. 2746) hat mit Art. 8 die Vorschrift des § 4 BPersVG geändert. Danach sind **Arbeitnehmer** diejenigen Beschäftigten, „die nach dem für die Dienststelle maßgeblichen Tarifvertrag oder nach der Dienstordnung Arbeitnehmer sind oder die als übertarifliche Arbeitnehmer beschäftigt werden. Als Arbeitnehmer gelten auch Beschäftigte, die sich in einer beruflichen Ausbildung befinden".

d) Zum Kreis der Beschäftigten gehören nicht die **Teilnehmer an Arbeitsgelegenheiten** (sog. „Ein-Euro-Jobs"). Eine entsprechende Beschäftigung begründet kein Arbeitsverhältnis (§ 16 Abs. 3 Satz 2 SGB II). Zwischen der Bundesagentur für Arbeit und dem Betreffenden wird ein Sozialrechtsverhältnis begründet.

e) Dagegen gehören **Leiharbeitnehmer** zum Kreis der Beschäftigten dann, wenn sie in die Dienststelle eingegliedert werden, d.h. wenn der öffentliche Arbeitgeber die entsprechenden Personen der Fremdfirma (Verleiherfirma) zur Erfüllung öffentlicher Aufgaben einsetzt, ihnen gegenüber weisungsberechtigt ist und den Arbeitseinsatz nach Ort und Zeit bestimmen kann und wenn ihm Schutzpflichten in gleichem Umfang wie gegenüber dem eigenen Personal obliegen und die Beschäftigten der Fremdfirma gemeinsam mit den bereits in der öffentlichen Verwaltung Beschäftigten Aufgaben wahrzunehmen haben, die dem öffentlichen Arbeitgeber obliegen.

f) Ohne Einfluss auf die Beschäftigteneigenschaft sind Krankheit, Erholungsurlaub, Urlaub unter Fortzahlung der Bezüge sowie Dienstbefreiung, Arbeitsbefreiung und Freistellung von dienstlicher Tätigkeit, Einberufung zum Grundwehrdienst oder zu einer Wehrübung bzw. Abwesenheit auf Grund der Teilnahme an einer freiwilligen Wehrübung bzw. an Eignungsübungen. Auch die Ableistung des Zivildienstes lässt die Beschäftigteneigenschaft ebenso unberührt wie **Erziehungsurlaub** oder das sog. Sabbatjahr (vgl. Anm. 3b).

g) Zum Kreis der Beschäftigten gehören auch der **Dienststellenleiter** und seine ständigen Vertreter.

h) **Richter:** Personen, die in einem eigenen öffentlich-rechtlichen Dienstverhältnis stehen und die an eine der in § 1 genannten Verwaltungen oder zur Wahrnehmung einer nichtrichterlichen Tätigkeit an ein Gericht des Bundes abgeordnet sind, zählen zum Kreis der Beschäftigten. Diejenigen Richter, die richterliche Funktionen wahrnehmen, sind keine Beschäftigten i.S. von § 4.

i) Nicht zu den Beschäftigten zählen Personen, deren Beschäftigung überwiegend durch **Beweggründe karitativer oder religiöser Art** bestimmt ist, die also vorwiegend aus diesen Gründen eine Tätigkeit aufgenommen haben. Gemeint sind in erster Linie Mönche, Krankenpfleger und Krankenschwestern religiöser Orden. Der karitative oder religiöse Zweck muss im Vordergrund stehen (BVerwG v. 23.8.1993, ZfPR 1994, 16).

j) **Personen, die überwiegend zu ihrer Heilung, Wiedereingewöhnung, sittlichen Besserung oder Erziehung beschäftigt werden**, sind solche, die als geistig und seelisch Kranke in Krankenanstalten untergebracht sind bzw. Patienten von Einrichtungen für Suchtgefährdete und Suchtkranke. Im Bereich des Bundes sind dies in aller Regel Beschäftigte in Rehabilitationseinrichtungen der bundesunmittelbaren

Versicherungsträger. Die Beschäftigung dient überwiegend als Mittel zur Behebung physischer oder sonstiger, in der Person des Beschäftigten liegender Mängel (BVerwG v. 26.1.2000, ZfPR 2000, 197).

2. Erläuterungen

a) Für die Beantwortung der Frage, ob jemand **„Beschäftigter"** ist, kommt es nicht auf die Dauer der täglichen Arbeitszeit an, so dass auch z.B. Putzhilfen als Beschäftigte anzusehen sind. Gleiches gilt für Teilzeitbeschäftigte. Wenn jemand allerdings täglich nur während kurzer Zeiten oder an manchen Tagen überhaupt nicht tätig ist (z.B. Gelegenheitsarbeiter), so gilt er nicht als Beschäftigter i.S. von § 4.

b) Beschäftigte sind auch die zu ihrer **Berufsausbildung** beschäftigten Personen, also solche, die sich in einer Vorbereitung auf einen bestimmten Beruf befinden (z.B. Beamte im Vorbereitungsdienst). Auszubildende, Volontäre, Praktikanten etc. sind zu den Arbeitnehmern zu zählen.

c) Ruhestandsbeamte, die aufgrund eines Privatdienstvertrages beschäftigt sind, zählen regelmäßig zur Arbeitnehmergruppe.

3. Fälle aus der Rechtsprechung

a) Auch der **Dienststellenleiter** und sein ständiger Vertreter zählen zu den Beschäftigten (VGH Kassel v. 26.4.1978, PersV 1980, 507). Soweit aber ein Dienststellenleiter in der Funktion des Repräsentanten des Dienstherrn beteiligungspflichtige Maßnahmen einleitet, gehört er nicht zum Kreis derjenigen Beschäftigten, deren Belange der Personalrat seiner Dienststelle zu vertreten hat (BVerwG v. 14.3.1986, PersV 1986, 469).

b) Beschäftigte sind generell alle Personen, die „eine regelmäßige und dauernde, nicht bloß vorübergehende und auch nicht geringfügige Arbeit in der Dienststelle verrichten" (BVerwG v. 8.12.1967, BVerwGE 28, 282 = PersV 1968, 114) und aufgrund eines Beamtenverhältnisses oder eines Arbeitsvertrags in eine Dienststelle eingegliedert sind, um dort an der Erfüllung öffentlicher Aufgaben mitzuwirken (BVerwG v. 15.5.2002, ZfPR 2002, 260). Auch **Teilzeitbeschäftigte** gehören zum Kreis der Beschäftigten, da auch sie eine nicht nur vorübergehende und auch nicht geringfügige Arbeit erledigen (BVerwG v. 25.9.1995, BVerwGE 99, 230 = PersV 1996, 270 = ZfPR 1996, 51). Zum Kreis der Beschäftigten zählen: Auf Probe Beschäftigte, im Rahmen der Arbeitsförderung nach dem Sozialgesetzbuch Beschäftigte, Leiharbeitnehmer (BVerwG v. 20.5.1992, BVerwGE 90, 194 = ZfPR 1992, 171). Nicht von einer Beschäftigung gesprochen werden kann dann, wenn eine **Tätigkeit** auf längstens zwei Monate befristet und daher nur **von geringfügiger und vorübergehender Natur** ist (BVerwG v. 25.9.1995, aaO.).

c) Zum Kreis der Beschäftigten gehören auch solche, die unter Wegfall der Bezüge längere Zeit **beurlaubt** sind (BVerwG v. 15.11.2006, ZfPR 2007, 36), die sich in **Elternteilzeit** befinden (§§ 15 ff. BEEG) oder das **Sabbatjahr** in Anspruch nehmen, die **Grundwehrdienst** leisten, zu einer **Wehrübung** nach § 44b SGB II einberufen oder einem **Job-Center** zugewiesen sind. Ebenso zählen zum Kreis der Beschäftigten auch **Auszubildende**, wenn sie teilweise in einem **privaten Unternehmen** ausgebildet werden sowie solche Personen, die sich in der **Freistellungsphase der Altersteilzeit** nach dem Blockmodell befinden (BVerwG v. 15.5.2002, ZfPR 2002, 260). Auch **Abrufkräfte** (§ 12 TzBfG; BVerwG v. 3.2.1993, PersR 1993, 260) sowie im **Jobsharing** (§ 13 TzBfG) tätige Personen sowie solche, die im Rahmen einer Arbeitsbeschaffungsmaßnahme (§ 260 Abs. 1 Nr. SGB III) tätig werden und **erwerbsfähige Hilfspersonen** (§ 16 d SGB II; vgl. BVerwG v. 26.1.2000, ZfPR 2000, 197) sowie **Werkstudenten** (BAG v. 11.11.2008 – 1 ABR 68/07 – AP Nr. 127 zu § 99 BetrVG), zählen ebenso zum Kreis der Beschäftigten wie **Telearbeiter**. Auch **Leiharbeitnehmer** gehören zum Kreis der Beschäftigten (BVerwG v. 8.1.2003, ZfPR 2003, 259).

d) Die ausgeübte Tätigkeit muss zu einer echten **Eingliederung** in die Dienststelle mit allen damit verbundenen personellen und sozialen Bindungen führen, die erst den personalvertretungsrechtlichen Schutz rechtfertigen. Der Dienststellenleiter muss von dem Betreffenden nicht nur die Erfüllung einer einzelnen konkreten Aufgabe oder mehrerer solcher voneinander unabhängiger Aufgaben verlangen können. Er muss darüber hinaus befugt sein, entweder auf vertraglicher Grundlage oder aber nur tatsächlich in die Zeitgestaltung und in die Freiheit der betreffenden Person einzugreifen und eigenständig darüber zu entscheiden, wie er deren Arbeitskraft verwertet (BVerwG v. 15.5.2002, ZfPR 2002, 260); die Dienststellenleitung muss **weisungsbefugt** sein (BVerwG v. 14.12.2009, PersV 2010, 220 = Leits. ZfPR 2010, 70). Alle diese Voraussetzungen sind nicht gegeben, wenn eine Tätigkeit bloß vorübergehend und geringfügig sein soll (**Aushilfstätigkeit**). Dies gilt z.B. für Ferienbeschäftigungen für Studenten und Schüler bzw. für kurzfristige Urlaubs-, Krankheits- oder Mutterschaftsvertretungen sowie bei Gelegenheitsarbeiten von nicht mehr als zwei Monaten Dauer (BVerwG v. 26.1.2000, ZfPR 2000, 197).

e) Zum Kreis der Beschäftigten zählen auch die zu ihrer **Berufsausbildung Beschäftigten**. Hierbei handelt es sich um solche Personen, deren Berufsausbildung ihrem Gegenstand nach darauf gerichtet ist, sie auf einen Beruf vorzubereiten, in dem sie an der Erfüllung von Aufgaben des öffentlichen Dienstes mitwirken (BVerwG v. 20.3.1996, ZfPR 1996, 148). Auszubildende, die den **Ausbildungsvertrag** nicht mit dem Träger der Dienststelle, sondern **mit einem privaten Arbeitgeber** abgeschlossen haben, werden daher nicht Beschäftigte der öffentlichen Verwaltung, wenn sie nur im Auftrag des privaten Arbeitgebers in einer Dienststelle ausgebildet werden; denn sie treten nicht in ein entsprechendes Ausbildungsverhältnis zum Träger der Dienststelle und sind lediglich Empfänger einer Ausbildungsleistung. Sie nehmen keine Aufgaben der Dienststelle wahr (BVerwG v. 18.3.1982, PersV 1983, 69). Auszubildende, die im Rahmen eines Förderprogramms eine „überbetriebliche" oder „außerbetriebliche" Ausbildung für einen Beruf erhalten, der sie nicht zur Erfüllung von Aufgaben des öffentlichen Dienstes befähigt, zählen nicht zu den Beschäftigten im Sinne des Personalvertretungsrechts (Gem. Senat der Obersten Gerichtshöfe des Bundes v. 12.3.1987, PersV 1987, 461). Maßgebend ist auch, ob die Dienststelle den Betreffenden aufgenommen hat, um ihn in einem entsprechend eingerichteten Ausbildungsgang in eigener rechtlicher und tatsächlicher Verantwortung zu einer auf ihre eigenen Bedürfnisse zugeschnittenen beruflichen Qualifikation zu führen (BVerwG v. 3.7.1984, ZBR 1984, 382; vgl. auch Anm. 3b).

f) Nicht zum Kreis der Beschäftigten i.S. von § 4 zählen **Soldaten**; sie stehen in einem öffentlich-rechtlichen Dienstverhältnis eigener Art. Gleiches gilt für Soldaten in den (zivilen) Dienststellen der Bundeswehr (BVerwG v. 18.5.1994 – 6 P 6.92, PersV 1995, 72; BVerwG v. 18.5.1994 – 6 P 3.93, PersR 1994, 463). Letztere aber werden über § 49 Abs. 1 SGB in den persönlichen Geltungsbereich des BPersVG einbezogen.

g) Arbeitnehmer, die im Zuge eines **Personalgestellungsvertrages** i.S. von § 4 Abs. 3 TVöD einem privatrechtlichen Unternehmen zur Verfügung gestellt werden, verlieren ihre Stellung als Beschäftigte nicht. Sie unterliegen weiterhin dem Schutz der Personalvertretung der Stammdienststelle in den Fällen, in denen der Leiter dieser Dienststelle sie betreffende Maßnahmen (im „Grundverhältnis") durchführt (OVG Münster v. 23.3.2010, PersR 2010, 358).

4. Streitigkeiten

Wird jemandem die Eigenschaft als Beschäftigter bestritten (z.B. durch den Wahlvorstand), so kann der Betreffende einen entsprechenden **Feststellungsantrag** gemäß § 83 Abs. 1 Nr. 1 stellen.

§ 5 (Gruppenbildung)

Die Beamten und Arbeitnehmer bilden je eine Gruppe. Die in § 4 Abs. 1 bezeichneten Richter treten zur Gruppe der Beamten.

Entsprechende landesgesetzliche Regelungen:

Baden-Württemberg: § 5; Bayern: Art. 5; Berlin: § 3 Abs. 2; Brandenburg: § 5 Abs. 3; Bremen: § 3 Abs. 2; Hamburg: § 5; Hessen: § 3 Abs. 2; Mecklenburg-Vorpommern: § 7; Niedersachsen: § 5; Nordrhein-Westfalen: § 6; Rheinland-Pfalz: § 4 Abs. 2; Saarland: §§ 5, 107; Sachsen: § 5; Sachsen-Anhalt: § 5; Schleswig-Holstein: § 7; Thüringen: § 5.

1. Begriffsbestimmungen

Die **Einteilung in Gruppen** richtet sich nach der jeweiligen dienstrechtlichen Stellung des Beschäftigten (Beamte und Arbeitnehmer).

2. Erläuterungen

a) Die **Rechtsverhältnisse der einzelnen Gruppen** untereinander sind aufgrund des öffentlichen Dienstrechts sehr verschieden. Der Gesetzgeber geht davon aus, dass die unterschiedlichen Gruppeninteressen sachverständig nur von solchen Personen wahrgenommen werden können, die selbst der jeweiligen Gruppe angehören.

b) Die **Gruppeneinteilung** ist maßgebend für die zahlenmäßige Vertretung im Personalrat (§§ 17, 18), die in der Regel nach Gruppen getrennte Wahl (§ 19 Abs. 2), die Vertretung im Wahlvorstand (§ 20 Abs. 1), die Neuwahl in einer Gruppe (§ 27 Abs. 4), die Bildung des Vorstands (§ 32), die Beschlussfassung (§ 38) und die Aussetzung eines Beschlusses wegen erheblicher Beeinträchtigung wichtiger Interessen der Beschäftigten einer Gruppe (§ 39) sowie auch für die Beteiligung vorwiegend in Personalangelegenheiten (§§ 75, 76).

c) Das **Gruppenprinzip will sicherstellen**, dass spezifische Gruppeninteressen im Rahmen der Personalvertretung nicht durch andere Gruppen majorisiert, sondern durchgesetzt werden können. Entscheidungen, die die spezifischen Interessen einer Gruppe betreffen, können daher vom Plenum der Personalvertretung nicht gegen den Willen der Mehrheit der Gruppe getroffen werden (vgl. u.a. § 38). Der Gruppenschutz greift stets dann, wenn es sich um spezifische Gruppenangelegenheiten handelt, die Interessen einer Gruppe also unmitttelbar betroffen sind, während die Interessen der übrigen im Personalrat vertretenen Gruppen allenfalls mittelbar berührt sind (BVerwG v. 19.12.1994, AuR 1995, 227).

3. Fälle aus der Rechtsprechung

a) Das Personalvertretungsrecht wird **vom Gruppenprinzip „beherrscht"**. Die Rechtsprechung des BVerwG betont durchgängig die Sinnhaftigkeit des Gruppenprinzips damit, dass es dies als ein Prinzip charakterisiert, das demokratischen Strukturen auch im Rahmen des Dienst- und Tarifrechts Wirksamkeit verleihen soll (vgl. u.a. BVerwG v. 8.5.1992, PersV 1992, 439 = ZfPR 1993, 155).

b) Die **Soldaten** bilden eine eigene Gruppe. Dies ergibt sich aus dem Soldatengesetz (SG) und dem darin enthaltenen Hinweis auf die entsprechende Anwendung des § 38 BPersVG. Danach wird in gemeinsamen Angelegenheiten der Beamten, Arbeitnehmer und Soldaten von der Personalvertretung gemeinsam beraten und beschlossen (BVerwG v. 10.5.1982, BVerwGE 65, 297 = PersV 1983, 155).

4. Streitigkeiten

Über Meinungsverschiedenheiten im Zusammenhang mit der Gruppeneinteilung entscheiden die Verwaltungsgerichte nach § 83 Abs. 1 Nr. 1.

§ 6 (Dienststellen)

(1) Dienststellen im Sinne dieses Gesetzes sind die einzelnen Behörden, Verwaltungsstellen und Betriebe der in § 1 genannten Verwaltungen sowie die Gerichte.

(2) Die einer Behörde der Mittelstufe unmittelbar nachgeordnete Behörde bildet mit den ihr nachgeordneten Stellen eine Dienststelle; dies gilt nicht, soweit auch die weiter nachgeordneten Stellen im Verwaltungsaufbau nach Aufgabenbereich und Organisation selbständig sind. Behörden der Mittelstufe im Sinne dieses Gesetzes sind die der obersten Dienstbehörde unmittelbar nachgeordneten Behörden, denen andere Dienststellen nachgeordnet sind.

(3) Nebenstellen und Teile einer Dienststelle, die räumlich weit von dieser entfernt liegen, gelten als selbständige Dienststellen, wenn die Mehrheit ihrer wahlberechtigten Beschäftigten dies in geheimer Abstimmung beschließt. Der Beschluss ist für die folgende Wahl und die Amtszeit der aus ihr hervorgehenden Personalvertretung wirksam.

(4) Bei gemeinsamen Dienststellen des Bundes und anderer Körperschaften gelten nur die im Bundesdienst Beschäftigten als zur Dienststelle gehörig.

Entsprechende landesgesetzliche Regelungen:

Baden-Württemberg: § 9; Bayern: Art. 6; Berlin: §§ 5, 6; Brandenburg: § 6; Bremen: § 7; Hamburg: § 6; Hessen: § 7; Mecklenburg-Vorpommern: § 8; Niedersachsen: §§ 6, 7; Nordrhein-Westfalen: § 1 Abs. 2, 3; Rheinland-Pfalz: § 5; Saarland: § 6; Sachsen: § 6; Sachsen-Anhalt: § 6; Schleswig-Holstein: § 8; Thüringen: § 6.

1. Begriffsbestimmungen

a) Dienststellen: Oberbegriff für die einzelnen Behörden, Betriebe und Gerichte, für alle Stellen also, die mit organisatorischer Selbständigkeit nach außen hin Verwaltungstätigkeit ausüben.

b) Behörden: Organisatorische Einheiten der in § 1 bezeichneten Verwaltungen (z.B. Bundesämter).

c) Verwaltungsstellen: Bei öffentlich-rechtlichen Körperschaften bestehende eigenständige Einheiten, denen aber keine Behördenqualität zukommt.

d) Betriebe: Bestandteile einer Verwaltung, die unter einheitlicher Leitung bestimmte Aufgaben vorwiegend der öffentlichen Versorgung wahrnehmen.

e) Gerichte: Alle nach den einschlägigen Gerichtsverfassungen gebildeten organisatorischen Einheiten der rechtsprechenden Gewalt.

f) Oberste Dienstbehörde: Oberste Behörden, denen Behörden nachgeordnet sind (z.B. Bundesministerium der Finanzen).

g) Behörden der Mittelstufe: Alle der obersten Dienstbehörde unmittelbar nachgeordneten Behörden, soweit ihnen andere Dienststellen nachgeordnet sind. Die den Behörden der Mittelstufe nachgeordneten Behörden sind die unteren Einheiten des grundsätzlich dreigliedrigen Behördenaufbaus.

h) Nebenstellen: Räumlich von der Dienststelle getrennte, u.U. organisatorisch weitgehend verselbständigte Stellen, denen aber gegenüber der Hauptdienststelle lediglich eine Hilfsfunktion zukommt (z.B. Zweigstellen, Außenstellen).

i) Teile von Dienststellen: Organisatorisch unselbständige, in der Regel auf Teilaufgaben beschränkte, von der Hauptdienststelle räumlich abgesonderte Teile.

j) Räumlich weite Entfernung: Ausschlaggebend ist nicht nur die geographisch weite Entfernung, sondern die jeweilige Verkehrsverbindung zur Hauptdienststelle.

2. Erläuterungen

a) Grundsätzlich geht das Gesetz davon aus, dass der Begriff der **Dienststelle** sich nach dem Verwaltungsaufbau, nicht aber nach der jeweiligen räumlichen Entfernung richtet. Bei Teilen von Dienststellen oder Nebenstellen aber, die weit von der Hauptdienststelle entfernt liegen, ist eine wirksame Betreuung der Beschäftigten durch die bei der Hauptdienststelle bestehende Personalvertretung nicht immer gewährleistet. Daher wird ausnahmsweise eine „personalvertretungsrechtliche Verselbständigung" dieser Teildienststellen und Nebenstellen unter bestimmten Voraussetzungen zugelassen. Hierbei ändert sich allerdings nicht die Zuständigkeit der jeweiligen Dienststellenleiter. Die Beschäftigten dieser Teildienststellen müssen einen entsprechenden Beschluss zur Verselbständigung fassen.

b) Erforderlich ist ein **Mehrheitsbeschluss** der wahlberechtigten Beschäftigten bei den Nebenstellen oder den Teildienststellen. Der Beschluss ist nur für die Dauer einer Wahlperiode gültig (vgl. Formulierung „... der Beschluss ist für die folgende Wahl . . . wirksam"). Die Wirkung setzt also erst mit der auf diesen Beschluss folgenden Wahl der Personalvertretung bei der Hauptdienststelle ein.

c) Der **Beschluss zur Verselbständigung führt zur Bildung eines Gesamtpersonalrats** (§ 55). Die Zuständigkeit der einzelnen Personalvertretungen ist auf die Angelegenheiten beschränkt, in denen die Leiter der Nebenstelle oder der Dienststellenteile bzw. der Hauptdienststelle für ihren eigenen (Haus-)Bereich entscheidungsberechtigt sind (vgl. Anm. 3e).

3. Fälle aus der Rechtsprechung

a) Dienststellen im Sinne des Gesetzes sind organisatorische Einheiten, die einen **selbständigen Aufgabenbereich** haben und die innerhalb einer Verwaltungsorganisation verselbständigt sind. Unerheblich ist, ob sie hoheitliche Aufgaben wahrnehmen (Behörden), sonstige Verwaltungsaufgaben (Verwaltungsstellen) oder ob ihnen im Rahmen der öffentlichen Versorgung die Befriedigung von Bedürfnissen der Allgemeinheit mit betrieblichen Arbeitsmitteln (Betriebe) übertragen ist. Den jeweiligen Leitern muss bei den für eine Beteiligung einer Personalvertretung in Betracht kommenden personellen, sozialen, organisatorischen und sonstigen innerdienstlichen Angelegenheiten ein **eigener Entscheidungs- und Handlungsspielraum** zustehen, damit er der Personalvertretung als verantwortlicher Partner gegenübertreten und mit dieser eigenständig Gespräche und Verhandlungen führen kann (BVerwG v. 29.3.2001, ZfPR 2001, 167; BVerwG v. 26.11.2008, BVerwGE 132, 276; BVerwG v. 4.2.2010, PersR 2010, 260 = Leits. ZfPR 2010, 70).

b) Für eine Verselbstständigung nach Abs. 3 ist nicht erforderlich, dass der Leiter des Dienststellenteils über ein **Minimum personalvertretungsrechtlicher Befugnisse** verfügt (BVerwG v. 3.7.2013, PersV 2013, 464).

c) Gemäß § 44 h Abs. 1 Satz 1 SGB II wird in den gemeinsamen Einrichtungen (**Jobcenter**) eine Personalvertretung gebildet. Damit hat der Gesetzgeber dem Jobcenter Dienststelleneigenschaft zugewiesen (BVerwG v. 20.11.2012, PersR 2013, 88; vgl. auch § 7 Anm. 3a).

d) Bei der Lösung der Frage, ob eine Dienststelle räumlich weit von der Hauptdienststelle entfernt ist, kommt es nicht nur auf die geographische Entfernung, sondern auch auf die **Verkehrsverbindungen**, jedenfalls entscheidend darauf an, ob sich die zuständige Personalvertretung mit den Angelegenheiten der Beschäftigten bei den Nebenstellen in ausreichender Weise befassen kann (BVerwG v. 26.11.2008, BVerwGE 132, 276 = ZfPR 2009, 38). Das ist im Allgemeinen bei Haupt- und Nebenstelle innerhalb eines Stadtgebietes der Fall. Wegezeiten bis zur Höchstdauer von einer Stunde, die innerhalb eines Ortes im Allgemeinen bei normalen Verkehrsverhältnissen in Betracht kommen, sind sowohl den Personalratsmitgliedern als auch den Beschäftigten zumutbar (BVerwG v. 14.7.1987, BVerwGE 78, 34 = PersV 1989, 257). Eine allgemeine Vermutung spricht dafür, dass eine Entfernung zwischen zwei Dienststellen immer dann räumlich weit ist, wenn diese sich jeweils in verschiedenen, mehr als 20 km voneinander entfernten Gebäuden befinden (BVerwG v. 29.5.1991, ZfPR 1991, 132).

e) Eine gesonderte (personalvertretungsrechtliche) Verselbständigung eines Dienststellenteils und einer Nebenstelle, die beide weit entfernt von der (Haupt-)Dienststelle sind, wird nicht dadurch ausgeschlossen, dass beide **innerhalb desselben Stadtgebiets** liegen (OVG Lüneburg v. 1. 4. 1998, PersR 1998, 428).

f) Dem **Verselbständigungsbeschluss** kommt nur im Rahmen des Personalvertretungsrechts rechtliche Bedeutung zu. Insoweit wird die verselbständigte Dienststelle wie eine Dienststelle mit ursprünglicher Selbständigkeit angesehen (BVerwG v. 17.7.2010, PersV 2011, 34 = ZfPR 2011, 15).

g) Eine Personalratswahl ist **nichtig**, wenn einer solchen Wahl in einer Nebenstelle kein entsprechender Mehrheitsbeschluss der wahlberechtigten Beschäftigten vorausgeht (BAG v. 11.7.1991, PersV 1992, 259).

h) Der Verselbständigungsbeschluss bleibt bei **Rücktritt des Personalrats einer verselbständigten Nebenstelle** für die Dauer der konkreten Amtszeit des Hauptstellenpersonalrats bestehen, so dass in der Nebenstelle für die restliche Zeit ein neuer „Ne- benstellenpersonalrat" gewählt werden kann (BVerwG v. 26.1.2000, ZfPR 2000, 202).

i) Wenn bei einer **Änderung der Dienststellenorganisation** eine Dienststelle zusammen mit anderen Dienststellen in einer neu gegründeten Dienststelle aufgeht, dann führt das zum „Untergang" der Dienststelle einschließlich der ihr zugeordneten Personalvertretung (BVerwG v. 18.1.1990, ZfPR 1990, 113). Ob eine Dienststelle ihre Selbständigkeit verliert, hängt ausschließlich davon ab, ob sie ihren selbständigen Aufgabenbereich verliert und nicht länger innerhalb der Verwaltungsorganisation verselbständigt ist, also die Identität der Dienststelle verloren geht (BVerwG v. 25.6.2003, Leits. ZfPR 2004, 83).

j) Bei ortsbezogenen Entscheidungen (z.B. Erlass einer Parkordnung) ist der Außenstellenpersonalrat zu beteiligen. Wenn dagegen die Entscheidung in der Hauptdienststelle getroffen wird, dann ist der **Gesamtpersonalrat** zur Beteiligung berufen. Dem Personalrat der Außenstelle ist Gelegenheit zur Stellungnahme zu geben (BVerwG v. 26.11.2008, ZfPR 2009, 38).

k) Im Falle einer **Privatisierung** endet das Amt des Personalrats mit der Überführung in eine privatrechtliche Trägerschaft, da die Dienststelle aufgelöst wird (BAG v. 27.11.2011, PersV 2011, 381).

4. Streitigkeiten

Im allgemeinen werden Streitigkeiten darüber, ob der Charakter einer Dienststelle als Neben- oder Teildienststelle gegeben ist, im Rahmen der Wahl praktisch. Die Verwaltungsgerichte sind daher nach § 83 Abs. 1 Nr. 2 zuständig.

5. Abweichende Regelungen des Landesrechts

In den Personalvertretungsgesetzen der Stadtstaaten werden die Dienststellen im Einzelnen aufgezählt (Berlin und Hamburg). Die Regelung in Bremen entspricht weitgehend der des BPersVG.

§ 7 (Vertretung der Dienststelle)

Für die Dienststelle handelt ihr Leiter. Er kann sich bei Verhinderung durch seinen ständigen Vertreter vertreten lassen. Bei obersten Dienstbehörden kann er auch den Leiter der Abteilung für Personal- und Verwaltungsangelegenheiten, bei Bundesoberbehörden ohne nachgeordnete Dienststellen und bei Behörden der Mittelstufe auch den jeweils entsprechenden Abteilungsleiter zu seinem Vertreter bestimmen. Das Gleiche gilt für sonstige Beauftragte, sofern der Personalrat sich mit dieser Beauftragung einverstanden erklärt.

Entsprechende landesgesetzliche Regelungen:

Baden-Württemberg: –; Bayern: Art. 7; Berlin: § 9; Brandenburg: § 7; Bremen: § 8; Hamburg: § 8; Hessen: § 8; Mecklenburg-Vorpommern: § 8 Abs. 4; Niedersachsen: § 8; Nordrhein-Westfalen: § 8; Rheinland-Pfalz: § 5 Abs. 5 bis 7; Saarland: § 7; Sachsen: § 7; Sachsen-Anhalt: § 7; Schleswig-Holstein: § 8 Abs. 5; Thüringen: § 7.

1. Begriffsbestimmungen

a) **Dienststellenleiter:** Verantwortlich leitender Beschäftigter einer Dienststelle und Repräsentant des Dienstherrn; in dieser Eigenschaft ist er Partner der Personalvertretung. Dienststellenleiter ist derjenige, der in organisatorischen, personellen und sozialen Angelegenheiten einen eigenen Entscheidungs- und Handlungsspielraum besitzt.

b) **Ständiger Vertreter:** Die Vertretung des Dienststellenleiters richtet sich nach der Behördenorganisation. Sie regelt durch Geschäftsordnung oder ähnliche generelle Anweisungen die ständige unmittelbare oder evtl. weitere Vertretung des Dienststellenleiters. Die erweiterte Vertretungsregelung durch sonstige Beauftragte (Satz 4) gilt nur für die Behörden, die in Satz 3 erwähnt sind. Dies ergibt sich aus der unmittelbaren Anbindung der erweiterten Vertretungsregelung an Satz 3 sowie aus der Formulierung „das Gleiche“.

c) **Verhinderung:** Diese ist nur dann gegeben, wenn der Dienststellenleiter dringende, unaufschiebbare Dienstgeschäfte wahrzunehmen hat bzw. in Urlaub oder krank ist.

2. Erläuterungen

a) Bei **juristischen Personen** des öffentlichen Rechts mit einem mehrköpfigen Vorstand ist grundsätzlich der gesamte Vorstand Leiter der Dienststelle. Es ist aber zweckmäßig, in diesen Fällen ein bestimmtes Mitglied als Repräsentanten gegenüber der Personalvertretung zu bezeichnen, der verbindliche Erklärungen abgeben kann. Allerdings sind jeweils die organisatorischen Vorschriften und die entsprechende Satzung für die Beantwortung der Frage, wer Dienststellenleiter ist, maßgebend. Nach § 88 Nr. 2 Satz 1 Halbs. 2 handelt für die Agenturen für Arbeit und für die Regionaldirektionen der Bundesagentur für Arbeit die Geschäftsführung; sie ist Dienststellenleiter im personalvertretungsrechtlichen Sinne. Vorstand oder Geschäftsführung können sich durch eines oder mehrere der jeweiligen Mitglieder vertreten lassen (§ 88 Nr. 2 Satz 2).

b) Der Dienststellenleiter hat **persönlich Verhandlungen mit der Personalvertretung** zu führen. Hierzu gehört auch die Unterrichtung der Personalvertretung über beabsichtigte Maßnahmen.

c) Alleiniger Partner der Personalvertretung im kommunalen Bereich ist stets der **Leiter der Gemeindeverwaltung** (BVerwG v. 14.1.1983, PersV 1984, 30).

3. Fälle aus der Rechtsprechung

a) Dienststellenleiter ist derjenige, der die **Verantwortung** für die Beaufsichtigung und Regelung des gesamten Dienstbetriebs hat und für die Entscheidung und Umsetzung von solchen Maßnahmen zuständig ist, die der Beteiligung der Personalvertretung unterliegen (BVerwG v. 13.8.1986, ZBR 1987, 54). In den **Jobcentern** (gemeinsame Einrichtungen der Arbeitsagenturen und der Kommunen) vertreten eigene Personalvertretungen die Rechte der zugewiesenen Beschäftigten der Arbeitsagenturen und der Kommunen (§ 44 h SGB II). Der Geschäftsführer ist Dienststellenleiter im personalvertretungsrechtlichen Sinne ((BVerwG v. 20.11.2012, PersR 2013, 88; vgl. auch § 6 Anm. 3 c).

b) Die **Vertretung des Dienststellenleiters** kann nur derjenige übernehmen, der nach dem Organisationsplan mit dessen ständiger Vertretung beauftragt ist und der in der Regel die Befugnis hat, „in Vertretung“ zu zeichnen (BVerwG v. 26.8.1987, ZfPR 1989, 13).

c) Die Bestellung eines **besonderen Vertreters** nur für die Angelegenheiten der Personalvertretung ist unzulässig (BVerwG v. 26. 8. 1987, aaO).

d) Die Vertretung des Dienststellenleiters umfasst **alle personalvertretungsrechtlich bedeutsamen Erklärungen** und bezieht alle Aufgaben ein, die der Dienststelle nach dem Gesetz obliegen. Zu diesen Aufgaben gehört auch die Unterrichtungs- und Vorlagepflicht im Rahmen der Beteiligungsverfahren (BVerwG v. 6.4.1989, PersR 1989, 203).

e) Das Einverständnis einer Personalvertretung mit der **Beauftragung eines Beschäftigten i.S. von § 7 Satz 3** bedarf eines Beschlusses nach § 37. Die entsprechende Einverständniserklärung ist vom Personalratsvorsitzenden gegenüber dem Dienststellenleiter ausdrücklich zu erklären. Eine Schriftform ist nicht notwendig (BVerwG v. 6.9.2005, ZfPR 2006, 36).

4. Streitigkeiten

Meinungsverschiedenheiten über die Zulässigkeit einer Vertretung entscheiden die Verwaltungsgerichte nach § 83 Abs. 1 Nr. 3. Allerdings kann das Verwaltungsgericht nicht entscheiden, ob der Dienststellenleiter aufgrund der bestehenden Behördenorganisation und der gesetzlichen Vorschriften für eine bestimmte Maßnahme zuständig ist; denn hierbei handelt es sich nicht um eine personalvertretungsrechtliche Frage (BVerwG v. 26. 1. 1968, BVerwGE 29.74).

§ 8 (Benachteiligungs-/Begünstigungsverbot)

Personen, die Aufgaben oder Befugnisse nach diesem Gesetz wahrnehmen, dürfen darin nicht behindert und wegen ihrer Tätigkeit nicht benachteiligt oder begünstigt werden; dies gilt auch für ihre berufliche Entwicklung.

Entsprechende landesgesetzliche Regelungen:

Baden-Württemberg: –; Bayern: Art. 8; Berlin: –; Brandenburg: § 8; Bremen: § 56 Abs. 1; Hamburg:– ; Hessen: § 64 Abs. 1; Mecklenburg-Vorpommern: –; Niedersachsen: § 41 Abs. 1; Nordrhein-Westfalen: § 7 Abs. 1; Rheinland-Pfalz: §§ 6, 39 Abs. 1 Satz 3; Saarland: § 8; Sachsen: § 8; Sachsen-Anhalt: § 8; Schleswig-Holstein: –; Thüringen: § 8; gemäß § 107 Abs. 1 gilt § 8 in allen Ländern entsprechend.

1. Begriffsbestimmungen

a) **Behinderung:** Jede Form einer Beeinträchtigung der Aufgabenwahrnehmung, die von der Erschwerung und Störung bis zum Eingriff in die Arbeit gehen kann.

b) **Benachteiligung:** Jede im Vergleich zu Dritten erfolgende objektive Zurücksetzung oder Schlechterstellung einer Person, die Aufgaben oder Befugnisse nach dem Gesetz wahrnimmt.

c) **Begünstigung:** Jede sachlich nicht gerechtfertigte Bevorzugung oder Besserstellung von Personalratsmitgliedern gegenüber vergleichbaren Beschäftigten.

2. Erläuterungen

a) Mit dem **Benachteiligungs-/Begünstigungsverbot** will der Gesetzgeber die Personalratstätigkeit sichern und ihre Unabhängigkeit garantieren. Für Ersatzmitglieder gilt die Vorschrift ebenfalls.

b) Jede **unmittelbare Behinderung** der Personalratsarbeit ist untersagt. Hierzu zählt u.a. das Fernhalten eines Personalratsmitglieds von einer Sitzung wegen eines nicht dringenden dienstlichen Auftrags, eine unbegründete Verweigerung der Übernahme von Kosten nach § 44, Vorenthalten der benötigten Unterlagen.

c) Eine **Behinderung setzt kein schuldhaftes Verhalten voraus**; vielmehr ist entscheidend, ob durch tatsächliche Maßnahmen oder durch Unterlassungen die Personalratsarbeit aus sachfremden Erwägungen erschwert wird.

d) Auch eine **Benachteiligung** setzt keine entsprechende Absicht voraus.

3. Fälle aus der Rechtsprechung

a) Als Behinderung ist jede Art der Beeinträchtigung bei der Wahrnehmung personalvertretungsrechtlicher Aufgaben in Form einer Erschwerung, Störung oder Verhinderung anzusehen (BVerwG v. 28.9.2010, ZfPR 2011, 79). Eine **Behinderung** der Personalratsarbeit liegt dann vor, wenn ein Dienststellenleiter deren Mitteilungen „vorzensiert" (BVerwG v. 27.10.2009, PersV 2010, 187 = ZfPR *online* 1/2010, S. 3). Dagegen kann von einer Benachteiligung dann nicht die Rede sein, wenn das Tragen einer Uniform auch während der Personalratstätigkeit angeordnet wird; denn eine solche Anordnung verstößt nicht gegen die gesetzlichen Vorschriften über die Rechtstellung einer Personalvertretung (BVerwG v. 28.9.2010, ZfPR 2011, 79).

b) Verboten ist jede Schlechterstellung einer Person, die Aufgaben oder Befugnisse nach den Personalvertretungsgesetzen wahrnimmt, gegenüber vergleichbaren Beschäftigten (BVerwG v. 1.2.2010, PersV 2010, 226). Eine Benachteiligung setzt **keine Benachteiligungsabsicht** voraus. Sie ist vielmehr immer dann verboten, wenn sie in einem ursächlichen Zusammenhang mit der Wahrnehmung personalvertretungsrechtlicher Aufgaben und Befugnisse steht und wenn sie nicht aus sachlichen Gründen erfolgt. Dabei genügt das objektive Vorliegen einer Benachteiligung wegen der Amtstätigkeit (BVerwG v. 1.2.2010, aaO).

c) Die **Versetzung eines Personalratsmitglieds**, die ein Dienstherr im Rahmen seines Weisungsrechts auch anderen vergleichbaren Arbeitnehmern gegenüber verfügt, stellt objektiv **keine Benachteiligung eines Amtsträgers** dar (BAG v. 9.6.1982, DB 1983, 211). Deshalb ist auch die Anordnung, während der Arbeitszeit Uniform zu tragen, dann keine Benachteiligung, wenn diese Anordnung auf einer rechtlichen Grundlage beruht (BVerwG v. 28.9.2010, PersV 2011, 306 = ZfPR 2011, 79).

d) Eine Benachteiligung liegt dann nicht vor, wenn ein dem Personalrat angehörender Arbeitnehmer nicht hinreichend prüft, ob ausnahmsweise einer Teilnahme an einer Personalratssitzung die **dringende Erledigung von arbeitsvertraglichen Aufgaben** vorzugehen hat und der Arbeitgeber ihn daraufhin abmahnt (vgl. für das BetrVG: BAG v. 11.6.1997, ZTR 1997, 524). Auch gegenüber Beamten, die Personalratsmitglieder sind, sind **dienstrechtliche Sanktionen** zulässig, falls in der entsprechenden Handlung zugleich eine Dienstpflichtverletzung und ein Verstoß nach § 28 zu sehen sind (BDH v. 21.2.1958, BDHE 4, 69).

e) Die sachlich begründete **Abwehr von Forderungen**, die nicht der ordnungsgemäßen Aufgabenerfüllung der Personalvertretung dienen, oder die Ablehnung eines Antrags der Personalvertretung, der sich zwar im Rahmen ihrer Aufgabenbefugnisse hält, aber ersichtlich unbegründet ist, ist keine Behinderung i.S. von § 8 (BVerwG v. 7.10.1964, BVerwGE 19, 279).

f) Von einer **Behinderung** ist dann auszugehen, wenn ein Dienststellenleiter die Nachricht einer Personalvertretung an die Beschäftigten – z.B. über ein dienststelleninternes E-Mail-System – nicht weiterleitet. Ein Dienststellenleiter darf nicht in dieser Weise zur Selbsthilfe greifen und eine **Vorzensur** vornehmen. Vielmehr muss er in einem solchen Fall das zuständige Verwaltungsgericht (evtl. mit dem Antrag auf Erlass einer einstweiligen Verfügung) anrufen, sofern er der Auffassung ist, dass ein strafbares Verhalten vorliegt (BVerwG v. 27.10.2009, PersV 2010, 187 = Leits. ZfPR 2010, 40; vgl. auch Anm. 3b). Ein Sonderfall einer Behinderung liegt dann vor, wenn einem Mitglied einer Personalvertretung durch Versetzung oder Abordnung die Ausübung seines Amtes unmöglich gemacht wird (OVG Bautzen v. 27.4.2010, PersV 2011, 24).

g) Ein Dienststellenleiter ist nicht berechtigt, „alle dienstlichen **Ferngespräche des Personalrats** einschließlich der des Vorsitzenden nach dem Datum, der Uhrzeit, dem Ort und der Telefonnummer des angewählten Gesprächsteilnehmers automatisch" zu erfassen und auszudrucken (so aber: BVerwG v. 16.6.1989, PersV 1989, 486; BVerwG v. 28.7.1989, PersV 1989, 488 = ZfPR 1989, 166 m. Anm. Ilbertz). Erst dann, wenn einem Dienststellenleiter die von der Personalvertretung verursachten Telefonkosten als unangemessen hoch erscheinen, kann er für eine beschränkte Zeit die automatische Erfassung und den Ausdruck von Datum und Uhrzeit des Gesprächs anfordern. Dagegen ist es nicht erforderlich, dass ihm Ort und Telefonnummer des angewählten Gesprächsteilnehmers bekanntgegeben werden.

h) Der Hinweis eines Dienststellenleiters gegenüber den Beschäftigten in einer Personalversammlung auf zu hohe Personalratskosten, durch die andere, für die Beschäftigten günstige Maßnahmen (Fortbildungsmaßnahmen) unterbleiben müssten, stellt ebenfalls eine **Behinderung der Personalratsarbeit** dar (vgl. für das BetrVG: BAG v. 12.1.1997, BB 1998, 1006).

i) Eine nicht gerechtfertigte Bevorzugung eines Personalratsmitglieds wäre dann gegeben, wenn die **Zahlung einer Stellenzulage** bei den obersten Bundesbehörden an ein freigestelltes Mitglied des Hauptpersonalrats, das im nachgeordneten Bereich verbleibt, erfolgen würde (BVerwG v. 28.1.1988, ZBR 1988, 220). In dem Unterlassen der Weiterzahlung einer **tätigkeitsunabhängigen Zulage** an ein freigestelltes Personalratsmitglied liegt dagegen eine Behinderung (BAG v. 16.11.2011, PersV 2012, 256).

j) In einem gerichtlichen Verfahren kann ein Betroffener unmittelbar den Dienststellenleiter auf die Vergütung einer höheren Vergütungsgruppe in Anspruch nehmen, wobei er nachweisen muss, dass er **ohne seine Freistellung** mit solchen Aufgaben betraut worden wäre, die eine **Eingruppierung in die höhere Vergütungsgruppe** rechtfertigen; dabei ist ein Verschulden des Dienststellenleiters nicht Voraussetzung (BAG v. 27.6.2001, ZfPR 2002, 44).

k) Eine Benachteiligungsabsicht wird ebensowenig wie ein Verschulden vorausgesetzt. Wohl aber muss eine **kausale Verknüpfung** zwischen der Schlechterstellung und der Personalratsfunktion bestehen (BAG v. 16.11.2011, aaO).

l) Ein Personalratsmitglied darf auch in seiner **beruflichen Entwicklung** nicht beeinträchtigt werden. Ihm ist daher eine berufliche Entwicklung zu ermöglichen, wie er sie ohne die Amtstätigkeit genommen hätte. Einem freigestellten Personalratsmitglied dürfen daher keinerlei finanziellen Nachteile erwachsen. Ihnen dürfen keine leistungsbezogenen Bezahlungselemente (**Leistungsprämien**) vorenthalten werden (BVerwG v. 30.1.2013, PersV 2013, 298 = Leits. ZfPR 2013, 80).

4. Streitigkeiten

a) Sowohl der Personalvertretung als Institution wie dem einzelnen Personalratsmitglied steht im Fall der Behinderung oder Benachteiligung ein Antragsrecht i.S. von § 83 Abs. 2 Nr. 3 zu. Daneben ist der Weg zum Verwaltungs- bzw. Arbeitsgericht in den Fällen gegeben, in denen der Kläger eine **Verletzung seines persönlichen Dienst- bzw. Arbeitsverhältnisses** behauptet (vgl. auch BAG v. 27.6.2001, ZfPR 2002, 44).

b) Die Fachgerichte für Personalvertretungssachen sind nicht befugt, über einen Antrag zu entscheiden, der auf die Feststellung gerichtet ist, dass ein Personalratsmitglied durch eine gegen ihn ausgesprochene Missbilligung wegen Äußerungen auf einer Personalversammlung im Sinne von § 8 BPersVG und den entsprechenden landesgesetzlichen Regelungen benachteiligt worden ist. Die Rechte und Pflichten aus dem jeweiligen Dienst- oder Arbeitsverhältnis gelten im Übrigen auch für Personalratsmitglieder. **Verletzungen von Personalratspflichten** können daher zugleich einen Verstoß gegen die Pflichten aus dem Dienst- und Arbeitsverhältnis darstellen (OVG Berlin v. 23.9.1994, PersR 1995, 340; vgl. Anm. 3d).

§ 9 (Schutz der Auszubildenden)

(1) Beabsichtigt der Arbeitgeber, einen in einem Berufsausbildungsverhältnis nach dem Berufsbildungsgesetz, dem Krankenpflegegesetz oder dem Hebammengesetz stehenden Beschäftigten (Auszubildenden), der Mitglied einer Personalvertretung oder einer Jugend- und Auszubildendenvertretung ist, nach erfolgreicher Beendigung des Berufsausbildungsverhältnisses nicht in ein Arbeitsverhältnis auf unbestimmte Zeit zu übernehmen, so hat er dies drei Monate vor Beendigung des Berufsausbildungsverhältnisses dem Auszubildenden schriftlich mitzuteilen.

(2) Verlangt ein in Absatz 1 genannter Auszubildender innerhalb der letzten drei Monate vor Beendigung des Berufsausbildungsverhältnisses schriftlich vom Arbeitgeber seine Weiterbeschäftigung, so gilt zwischen dem Auszubildenden und dem Arbeitgeber im Anschluss an das erfolgreiche Berufsausbildungsverhältnis ein Arbeitsverhältnis auf unbestimmte Zeit als begründet.

(3) Die Absätze 1 und 2 gelten auch, wenn das Berufsausbildungsverhältnis vor Ablauf eines Jahres nach Beendigung der Amtszeit der Personalvertretung oder der Jugend- und Auszubildendenvertretung erfolgreich endet.

(4) Der Arbeitgeber kann spätestens bis zum Ablauf von zwei Wochen nach Beendigung des Berufsausbildungsverhältnisses beim Verwaltungsgericht beantragen,

1. **festzustellen, dass ein Arbeitsverhältnis nach den Absätzen 2 oder 3 nicht begründet wird oder**
2. **das bereits nach den Absätzen 2 oder 3 begründete Arbeitsverhältnis aufzulösen, wenn Tatsachen vorliegen, aufgrund derer dem Arbeitgeber unter Berücksichtigung aller Umstände die Weiterbeschäftigung nicht zugemutet werden kann. In dem Verfahren vor dem Verwaltungsgericht ist die Personalvertretung, bei einem Mitglied der Jugend- und Auszubildendenvertretung auch diese beteiligt.**

(5) Die Absätze 2 bis 4 sind unabhängig davon anzuwenden, ob der Arbeitgeber seiner Mitteilungspflicht nach Absatz 1 nachgekommen ist.

Entsprechende landesgesetzliche Regelungen:

Bayern: Art. 9; Berlin: § 10; Hessen: § 65; Niedersachsen: § 58; Nordrhein-Westfalen: § 7; Rheinland-Pfalz: § 8; Sachsen: § 9; Sachsen-Anhalt: § 9; Thüringen: § 9; übrige Länder: gemäß § 107 Satz 2 gilt § 9 in allen Ländern entsprechend.

1. Begriffsbestimmungen

Beschäftigte befinden sich dann in einer **Berufsausbildung**, wenn sie in einem Berufsausbildungsverhältnis nach dem Berufsbildungsgesetz stehen. Berufsausbildung ist die Ausbildung für eine qualifizierte Tätigkeit in einem anerkannten Ausbildungsberuf. Auch eine **Umschulung** in einem anerkannten Ausbildungsberuf gehört zur Berufsausbildung.

2. Erläuterungen

a) Die **Vorschrift soll verhindern**, dass ein (früheres) Mitglied einer Jugend- und Auszubildendenvertretung oder Personalvertretung wegen seiner Tätigkeit in der Vertretung nicht weiterbeschäftigt wird. Die Unabhängigkeit des Amtes soll geschützt werden (BVerwG v. 1.10.2013, ZfPR 2014, 2). Die Vorschrift stellt zugleich eine Konkretisierung und Verstärkung des allgemeinen Benachteiligungsverbots (§ 8) dar (BVerwG v. 1.11.2005, BVerwGE 124, 292 = Leits. ZfPR 2006, 46).

b) Das Ausbildungsverhältnis ist auf die Dauer der Ausbildungszeit befristet. Dem Arbeitgeber steht es daher grundsätzlich frei, ob er mit dem Auszubildenden, der Mitglied eines Vertretungsorgans ist, nach Abschluss der Berufsausbildung einen **Arbeits-**

vertrag abschließt oder nicht. Falls der Arbeitgeber einen Arbeitsvertrag nicht abschließen möchte, könnte er in die Zusammensetzung der Personalvertretung oder der Jugend- und Auszubildendenvertretung eingreifen. Eine unabhängige Amtsführung „ohne Furcht vor nachteiligen Folgen gerade auch im Hinblick auf den Stand ihres Arbeitsverhältnisses und ihrer beruflichen Entwicklung" könnte von den Jugendlichen nicht ausgeführt werden (vgl. Begr. des Entw. eines Gesetzes zum Schutz in Ausbildung befindlicher Mitglieder von Betriebsverfassungsorganen, BT-Drucks. 7/1170).

c) Die **Mitteilung des Auszubildenden**, auch nach Ablauf des Ausbildungsverhält- nisses weiter bei dem betreffenden Arbeitgeber tätig sein zu wollen, begründet ein Arbeitsverhältnis auf unbestimmte Zeit auch dann, wenn der Arbeitgeber nicht einverstanden ist. Der öffentliche Arbeitgeber hat sodann mit dem Betroffenen ein Arbeitsverhältnis zumindest auf der Grundlage seiner bisherigen Tätigkeit abzuschließen und ihn dabei so einzusetzen, dass er seiner Ausbildung entsprechend verwendet werden kann. Der Antrag des Auszubildenden muss innerhalb der Dreimonatsfrist gestellt werden. Ein vor Beginn der Frist gestellter Antrag ist unwirksam (BVerwG v. 9.10.1996 – 6 P 20.94, BVerwGE 102, 100 = ZfPR 1997, 44).

d) Wenn der Arbeitgeber nach Beendigung des erfolgreich abgeschlossenen Ausbildungsverhältnisses keine Fortsetzung wünscht, so hat er spätestens bis zum Ablauf von zwei Wochen nach Beendigung des Ausbildungsverhältnisses das Verwaltungsgericht anzurufen. Das **Verwaltungsgericht** hat zu prüfen, ob unter Berücksichtigung aller Umstände des Einzelfalls eine **Fortsetzung des Arbeitsverhältnisses unzumutbar** erscheint. Hierbei ist das Anliegen des Gesetzgebers nach erweitertem Schutz des Auszubildenden besonders zu beachten.

3. Fälle aus der Rechtsprechung

a) Das Weiterbeschäftigungsverlangen hat **schriftlich i.S.v. § 126 Abs. 1 BGB** zu erfolgen (BVerwG v. 18.8.2010, ZfPR *online* 1/2012, S. 2). Grundsätzlich hat ein öffentlicher Arbeitgeber einem Mitglied der Jugend- und Auszubildendenvertretung einen **ausbildungsadäquaten Dauerarbeitsplatz** zur Verfügung zu stellen, es sei denn, dass die Beteiligten ein befristetes Arbeitsverhältnis vereinbaren (BVerwG v. 15.3.2008, BVerwGE 133, 42 = PersV 2009, 182). Voraussetzung ist, dass tatsächlich ein Arbeitsplatz im Bereich der Ausbildungsdienststelle vorhanden ist. Der Weiterbeschäftigungsanspruch, der schriftlich erklärt werden muss (BVerwG v. 18.8.2010, PersV 2011, 114), besteht nur in Bezug auf diejenige Dienststelle, in der der Jugendvertreter seine Berufsausbildung erhalten hat; denn der Schutzbereich der Vorschrift bezieht sich grundsätzlich nur auf diejenige Dienststelle, bei der die personalvertretungsrechtliche Funktion ausgeübt wird (BVerwG v. 1.11.2005, PersV 2006, 150). Für die Frage, ob ein ausbildungsadäquater Dauerarbeitsplatz für Mitglieder der **Jugend- und Auszubildendenstufenvertretung** zur Verfügung steht, kommt es auf alle Dienststellen im Geschäftsbereich der übergeordneten Dienststelle an (BVerwG v. 19.1.2009, ZfPR 2009, 66; BVerwG v. 12.10.2009, PersV 2010, 235 = Leits. ZfPR 2010, 8). Für den Anspruch auf Weiterbeschäftigung eines Mitglieds der Jugendvertretung einer Stadtverwaltung kommt es auf die freien, ausbildungsadäquaten Dauerarbeitsplätze **im Bereich der gesamten unmittelbaren Stadtverwaltung** an, nicht nur auf die Stellen des einzelnen Amtes, bei dem die Ausbildung stattgefunden hat (HessVGH v. 25.6.2009, PersV 2009, 395).

b) Verzichtet ein Mitglied einer Jugend - und Auszubildendenvertretung auf ein dauerhaftes Beschäftigungsverhältnis und ist zum **Abschluss eines befristeten Arbeitsvertrages** bereit, dann ist darin kein Verstoß gegen die Vorschrift des § 9 zu sehen (VGH München v. 17.10.2011, ZfPR *online* 1/2012, S. 2).

c) Einem Arbeitgeber kann eine Weiterbeschäftigung unzumutbar sein, wenn er einen Dauerarbeitsplatz nicht zur Verfügung stellen kann. Bei der Frage der **Zumutbarkeit der Weiterbeschäftigung** ist auf die Erfordernisse abzustellen, die für eine

Einstellung in den öffentlichen Dienst maßgebend sind. Eine Weiterbeschäftigung ist daher dann unzumutbar, wenn ihr gesetzliche, tarifliche oder sonstige Einstellungshindernisse entgegenstehen. Ein Arbeitgeber ist daher nicht verpflichtet, durch organisatorische Maßnahmen neue Arbeitsplätze zu schaffen, um die Weiterbeschäftigung eines Auszubildenden zu gewährleisten (BVerwG v. 17.5.2000, ZfPR 2000, 232). Die Zumutbarkeit der Weiterbeschäftigung eines Jugendvertreters beurteilt sich nach den **Verhältnissen zum Zeitpunkt der Beendigung des Berufsausbildungsverhältnisses**. Nach diesem Zeitpunkt freiwerdende Arbeitsplätze sind nicht zu berücksichtigen (BVerwG v. 29.3.2006, PersR 2006, 308) Ein öffentlicher Arbeitgeber ist **im Zeitraum vor der Wahl eines Auszubildenden** zum Mitglied der Jugend- und Auszubildendenvertretung nicht gehalten, zu dessen Gunsten einen ausbildungsadäquaten Arbeitsplatz freizuhalten. (BVerwG v. 20.11.2007, ZfPR 2008, 145).

d) Der öffentliche Arbeitgeber verfügt nicht über einen **Dauerarbeitsplatz** für einen Jugendvertreter, wenn er eine im Zeitpunkt des Ausbildungsendes unbesetzte Stelle für einen **Arbeitnehmer freihalten** muss, der wegen verminderter Erwerbsfähigkeit eine Rente auf Zeit erhält (BVerwG v. 9.12.2009, PersV 2010, 234 = Leits. ZfPR 2010, 39). Eine **sachgrundlose Befristung** eines Arbeitsvertrages in Bezug auf einen Arbeitsplatz für Daueraufgaben steht der Zumutbarkeit der Weiterbeschäftigung mit Blick auf den Schutzzweck der Vorschrift nicht entgegen (BVerwG v. 30.10.2013, PersV 2014, 269 = ZfPR *online* 9/2014, S. 2).

e) Ebenfalls ist es unzumutbar, einen Jugendlichen als **überzählige Arbeitskraft** fortzubeschäftigen oder zur Gewährleistung seiner Beschäftigung einen anderen Beschäftigten zu entlassen (vgl. für das BetrVG: LAG Baden-Württemberg v. 23.9.1976, BB 1977, 1601; LAG Hamm v. 13.5.1977, DB 1978, 259). Ebenso wenig ist ein öffentlicher Arbeitgeber verpflichtet, durch organisatorische Maßnahmen **neue Arbeitsplätze zu schaffen**, um die Weiterbeschäftigung zu gewährleisten (BVerwG v. 31.5.1990, ZfPR 1990, 107). Über den Weg des § 9 BPersVG nämlich kann die Schaffung neuer Arbeitsplätze zu Gunsten von Jugendvertretern nicht erzwungen werden. Ein öffentlicher Arbeitgeber muss frei darüber entscheiden können, wie er die ihm übertragenen öffentlichen Aufgaben am besten erfüllt, so dass es bei der Verwendung der zugewiesenen personellen Mittel allein darauf ankommt, dass sich die entsprechende Entscheidung im Rahmen der allgemeinen gesetzlichen Vorgaben bewegt (BVerwG v. 1.11.2005, BVerwGE 124, 292 = PersV 2006, 150 = Leits. ZfPR 2006, 46).

f) Wenn einem öffentlichen Arbeitgeber sowohl ein Teilzeitarbeitsplatz als auch ein Vollzeitarbeitsplatz zur Verfügung stehen, dann muss er dem Betroffenen grundsätzlich eine Weiterbeschäftigung auf dem **Vollzeitarbeitsplatz** ermöglichen (vgl. für das BetrVG: LAG Düsseldorf v. 29.8.1986, BB 1986, 2061). Wenn aber für eine Übergangszeit **Vollzeitarbeitsverhältnisse in Teilzeitarbeitsverhältnisse umgewandelt** werden, um allen Auszubildenden nach Abschluss der Ausbildung einen Arbeitsplatz anbieten zu können, dann ist die Weiterbeschäftigung eines (bisherigen) Jugend- und Auszubildendenvertreters in einem Vollzeitarbeitsverhältnis statt in einem Teilzeitarbeitsverhältnis unzumutbar (OVG Berlin v. 30.6.1992, Leits. PersR 1993, 424). Einem Dienstherrn ist die Weiterbeschäftigung eines Jugend- und Auszubildendenvertreters zumutbar, wenn im Zeitpunkt der Beendigung des Ausbildungsverhältnisses ein **freier Dauerarbeitsplatz** vorhanden ist, auf dem der betroffene Beschäftigte seiner beruflichen Qualifikation entsprechend eingesetzt werden kann. Auf geplante Einsparungsmaßnahmen, die erst künftig möglicherweise einen Wegfall von Arbeitsplätzen zur Folge haben, kann sich der Dienstherr zur Begründung der Unzumutbarkeit nicht berufen (vgl. für das BetrVG: BAG v. 16.8.1995, DB 1995, 1815 = Leits. ZfPR 1995, 205). Demgegenüber kann von einem Dauerarbeitsplatz dann nicht die Rede sein, so dass die Weiterbeschäftigung des Jugendvertreters unzumutbar ist, wenn dem öffentlichen Arbeitgeber im maßgeblichen Zeitpunkt des Ausbildungsendes **lediglich vorübergehend ein Arbeitsplatz** bereitgestellt werden kann. Daran ändert auch nichts die Tatsache, dass später ein Wechsel auf einen Dauerarbeitsplatz in Betracht kommen kann (BVerwG v. 11.3.2008, Leits. ZfPR

2008, 108). Für den Weiterbeschäftigungsanspruch ist nicht entscheidend, wann der Auszubildende Mitglied der Personal- oder der Jugend- und Auszubildendenvertretung geworden ist. Vielmehr reicht es aus, dass er bei erfolgreicher Beendigung des Berufsausbildungsverhältnisses einer entsprechenden Interessenvertretung angehört. Daher kann die Weiterbeschäftigung auch dann verlangt werden, wenn der Auszubildende erst kurz vor Beendigung seines Ausbildungsverhältnisses in eine der genannten Vertretungen gewählt worden ist (BVerwG v. 22.9.2009, ZfPR *online* 11/2009, S. 8).

g) Die Weiterbeschäftigung eines Jugendvertreters auf einer freien Stelle hat nicht Vorrang vor deren Besetzung mit einem **Beschäftigten im Personalüberhang**. Eine Benachteiligung von Jugendvertretern liegt in diesem Fall deshalb nicht vor, weil der öffentliche Arbeitgeber lediglich gegenüber dem **Stammpersonal** seiner Weiterbeschäftigungspflicht nachzukommen hat. Von einer Diskriminierung von Jugendvertretern kann daher auch nur dann gesprochen werden, wenn an deren Stelle andere Absolventen der Berufsausbildung weiterbeschäftigt oder externe Bewerber eingestellt werden (BVerwG v. 4.6.2009, PersR 2009, 370 = ZfPR 2009, 101; BVerwG v. 6.9.2011, ZfPR *online* 10/2011, S. 11). Die Entscheidung zur Besetzung von Stellen mit **Leiharbeitnehmern** begründet keine Unzumutbarkeit der Weiterbeschäftigung. Durch den Einsatz von Leiharbeitnehmern nämlich entfällt lediglich der Bedarf an der Beschäftigung von Arbeitnehmern, die in einem durch Arbeitsvertrag begründeten Arbeitsverhältnis zum öffentlichen Arbeitgeber stehen (vgl. für das BetrVG: BAG v. 25.2.2009, DB 2009, 1473; BAG v. 17.2.2010, DB 2010, 1355). Wenn ein Arbeitsplatz vor dem Ende der Ausbildungszeit mit einer aus der **Elternzeit** zurückkehrenden Beschäftigten zu besetzen ist, dann ist die Weiterbeschäftigung eines Jugendvertreters unzumutbar (BVerwG v. 9.12.2009, PersV 2010, 234 = Leits. ZfPR 2010, 39).

h) Die Besetzbarkeit von haushaltsmäßig ausgewiesenen und freien Stellen kann nur dann wirksam ausgeschlossen werden, wenn der **Haushaltsgesetzgeber** selbst eine **Stellenbesetzungssperre/Einstellungsstopp** erkennbar zum Ausdruck gebracht hat oder wenn sich die Verhängung einer solchen als Vollzug einer wenigstens globalen Anweisung des Haushaltsgesetzgebers zur Personaleinsparung darstellt (OVG Thüringen v. 25.10.2007, Leits. ZfPR 2009, 75). Eine Diskriminierung von Jugendvertretern ist dann nicht zu besorgen, wenn **Ausnahmen von einem verwaltungsseitigen Einstellungsstopp** auf Fälle eines unabweisbaren vordringlichen Personalbedarfs beschränkt sind (BVerwG v. 22. .2009, Leits. ZfPR 2010, 8). Die Ausnahmen müssen eindeutig und klar gefasst sein; anhand objektiver Kriterien muss der Verdacht einer Benachteiligungsabsicht ausgeschlossen sein(BVerwG v. 6.9.2011, ZfPR *online* 10/2011).Unzumutbar allerdings ist die Weiterbeschäftigung dann, wenn die oberste Dienstbehörde einen allgemeinen Einstellungsstopp, der eindeutig bestimmt und objektiv nachprüfbar ist, verfügt (BVerwG v. 2.11.1994, ZfPR 1995, 194). Lässt ein behördlicher Einstellungsstopp Ausnahmen zu, so müssen diese so eindeutig gefasst sein, dass sich der Verdacht einer Benachteiligungsabsicht von vornherein, d.h. anhand objektiver Kriterien, ausschließen lässt (BVerwG v. 2.11.1994, PersR 1995, 206). Allerdings dürfen nicht bereits geplante Einsparmaßnahmen, die künftig möglicherweise zu einem Wegfall von Arbeitsplätzen führen, von Seiten des öffentlichen Arbeitgebers zur Begründung der Unzumutbarkeit einer weiteren Beschäftigung herangezogen werden (vgl. für das BetrVG: BAG v. 16.8.1995, Leits. ZfPR 1995, 205). Wenn Arbeitsplätze aufgrund der Überprüfung von Arbeitsmethoden und Arbeitsbedarf wegfallen, dann ist eine Weiterbeschäftigung unzumutbar (BVerwG v. 9.10.1996 – 6 P 21.94, BVerwGE 102, 106 = ZfPR 1997, 77; BVerwG v. 9.9.1999, BVerwGE 109, 295 = ZBR 2000, 172).

i) Eine **haushaltsrechtliche Wiederbesetzungssperre** ist bei der Beantwortung der Frage, ob einem Arbeitgeber die Weiterbeschäftigung eines Auszubildenden zumutbar ist, zu beachten. Eine solche Sperre nämlich besagt, dass Haushaltsmittel zur weiteren Vergütung eines Beschäftigten nach dem Freiwerden der Stelle grundsätzlich nicht mehr bereitstehen (BVerwG v. 30.10.1987, BVerwGE 78, 223 = PersV 1988, 494). Wenn aber eine durch den Haushaltsgesetzgeber veranlasste Stellenbesetzungssperre besteht, von der Ausnahmen dann zugelassen sind, wenn ein „unabweisbar vordringlicher Personalbedarf" besteht, dann ist die Weiterbeschäftigung zumutbar (BVerwG v. 13.9.2001, ZfPR 2001, 297).

j) Auch **Ersatzmitglieder** einer Personalvertretung bzw. einer Jugend- und Auszubildendenvertretung haben Anspruch auf Weiterbeschäftigung, denn auch sie müssen in ihrer Amtsführung geschützt, auch sie müssen unabhängig tätig werden können. Der Weiterbeschäftigungsanspruch besteht unabhängig von der Häufigkeit der Vertretungsfälle (BVerwG v. 1.10.2013, ZfPR 2014, 6) und nicht nur dann, wenn das Ersatzmitglied für ein ausgeschiedenes Mitglied nachrückt. In den nachwirkenden Kündigungsschutz nach Abs. 3 werden Ersatzmitglieder auch dann einbezogen, wenn sie nur kurzfristig vetretungsweise für ein verhindertes ordentliches Personalratsmitglied eingetreten sind – auch dann, wenn die Vertretung nur in der konstituierenden Sitzung stattgefunden hat (OVG Sachsen v. 8.5.2014, ZfPR *online* 9/2014, S. 9).

k) Das Mitglied einer Jugend- und Auszubildendenvertretung hat gegenüber vergleichbaren internen Bewerbern **bei gleicher Qualifikation** Vorrang. Bei Minderleistung im Vergleich zu anderen Bewerbern muss aus Gründen der Qualitätssicherung öffentlicher Dienstleistungen der Vorrang entfallen. Dies gilt aber nur dann, „wenn der Jugend- und Auszubildendenvertreter in der maßgeblichen Abschlussprüfung um deutlich mehr als eine volle Notenstufe schlechter abgeschnitten hat als der schwächste sonstige Bewerber, den der öffentliche Arbeitgeber sonst in ein Dauerarbeitsverhältnis übernehmen würde. Die Differenz muss mindestens das 1,33fache dieser Notenstufe betragen" (BVerwG v. 9.9.1999 – 6 P 4.98, ZfPR 2000, 74; BVerwG v. 17.5.2000 – 6 P 9.99, ZBR 2001, 57).

l) Wenn ein öffentlicher Arbeitgeber innerhalb von drei Monaten vor der vertraglich vereinbarten Beendigung des Ausbildungsverhältnisses einen **frei werdenden Arbeitsplatz** besetzt, obwohl die sofortige Neubesetzung nicht durch dringende dienstliche Erfordernisse geboten ist, dann ist die Weiterbeschäftigung zumutbar (BayVGH v. 19.3.1997, ZfPR 1997, 191; vgl. für das BetrVG: BAG v. 12.11.1997 – 7 ABR 63/96, BB 1998, 1366; vgl. auch BAG v. 12.11.1997 – 7 ABR 73/96, DB 1998, 1720 m. Anm. v. Natzel).

m) Da die Besetzung freier Stellen als Wahrnehmung einer typischen Arbeitgeberfunktion anzusehen ist, ist sie von den Verwaltungsgerichten „im Rahmen des Verfahrens nach § 9 BPersVG nicht auf ihre Richtigkeit oder auch nur Plausibilität hin zu überprüfen" (BVerwG v. 26.5.2009, PersR 2009, 367). Allerdings ist ein Jugendvertreter insoweit **vor Willkür geschützt**, als die Weiterbeschäftigung dann zumutbar ist, wenn die Entscheidung des Arbeitgebers über die Verwendung freier Stellen erkennbar das Ziel verfolgt, die Einstellung des Jugendvertreters zu verhindern (BVerwG v. 26.5.2009, aaO; BVerwG v. 12.10.2009, PersR 2010, 30 = Leits. ZfPR 2010, 8).

n) Bedient sich der Arbeitgeber zur Antragstellung nach Abs. 4 Satz 1 eines Rechtsanwalts, dann ist eine entsprechende schriftliche Vollmacht, die von der zur gerichtlichen Vertretung des Arbeitgebers befugten Person ausgestellt ist, bei Gericht inner- halb der Antragsfrist einzureichen. Eine **Generalvollmacht** ist nicht ausreichend (BVerwG v. 18.8.2010, PersV 2011, 114; BVerwG v. 21.2.2011, ZfPR 2011, 81).

4. Streitigkeiten

a) Zur Klärung von Meinungsverschiedenheiten können die Verwaltungsgerichte angerufen werden. Mit dem Weiterbeschäftigungsverlangen gilt zwischen dem auszubildenden Jugend- und Auszubildendenvertreter und dem öffentlichen Arbeitgeber im Anschluss an das Berufsausbildungsverhältnis ein Beschäftigungsverhältnis auf unbestimmte Zeit als begründet. Will ein Arbeitgeber das Zustandekommen eines Arbeitsverhältnisses mit einem Jugendvertreter bestreiten, so kann er in einem personalvertretungsrechtlichen Beschlussverfahren in Verbindung mit einem hilfsweise verfolgten Auflösungsbegehren einen entsprechenden **Feststellungsantrag** stellen (BVerwG v. 18.8.2010, PersV 2011, 114).

b) In Kombination von Haupt- und Hilfsanträgen kann in den Fällen von Abs. 4 Satz 1 Nrn. 1 und 2 auch die Feststellung begehrt werden, dass wegen Nichtvorliegens der Voraussetzungen von Abs. 2 oder 3 ein **Weiterbeschäftigungsverhältnis nicht zustandegekommen** ist (BVerwG v. 9.10.1996 – 6 P 21.94, BVerwGE 102, 106 = PersV 1998, 413).

c) Für die rechtswirksame Stellung des Antrags auf Auflösung des Arbeitsverhältnisses nach § 9 Abs. 4 Satz 1 BPersVG durch einen nachgeordneten Beschäftigen des Arbeitgebers ist die **Vorlage der Originalvollmacht** bis zum Ablauf der Ausschlussfrist erforderlich. Das Verwaltungsgericht ist nicht gehalten, noch innerhalb der zweiwöchigen Ausschlussfrist den öffentlichen Arbeitgeber auf etwaige Bedenken gegen eine rechtswirksame Antragstellung wegen fehlender Vollmacht hinzuweisen und auf die rechtzeitige Behebung des Mangels hinzuwirken (BVerwG v. 19.8.2009, PersV 2009, 469). Soll zur gerichtlichen Vertretung des öffentlichen Arbeitgebers an Stelle des Behördenleiters ein **Abteilungsleiter** berufen sein, so müssen für eine wirksame Antragstellung nach § 9 Abs. 4 Satz 1 BPersVG die delegierenden Bestimmungen entweder veröffentlicht sein oder innerhalb der **zweiwöchigen Antragsfrist** dem Gericht vorgelegt werden (BVerwG v. 18. 9. 2009, PersR 2009, 509).

d) Wenn ein Arbeitgeber sich auf das Nichtvorhandensein eines ausbildungsadäquaten Dauerarbeitsplatzes beruft, dann obliegt ihm die **materielle Beweislast** hinsichtlich derjenigen Tatsachen, die er als für die Unzumutbarkeit der Weiterbeschäftigung maßgeblich bezeichnet. Ist nicht zweifelsfrei zu ermitteln, ob entsprechende Tatsachen vorliegen, dann ist das Auflösungsbegehren zurückzuweisen (BVerwG v. 1.11.2005, BVerwGE 124, 292 = PersV 2006, 150; BVerwG v. 26.5.2009, PersR 2009, 367).

e) Hat ein Arbeitgeber einen Auflösungsantrag nach Abs. 4 gestellt, der rechtskräftig abgelehnt worden ist, dann sind dem Jugendvertreter nicht die **Rechtsanwaltskosten** erster Instanz zu erstatten. Eine Erstattung kommt nur für die höheren Instanzen in Betracht (BVerwG v. 12.11.2012, ZfPR *online* 1/2013, S. 2).

§ 10 (Schweigepflicht)

(1) Personen, die Aufgaben oder Befugnisse nach diesem Gesetz wahrnehmen oder wahrgenommen haben, haben über die ihnen dabei bekanntgewordenen Angelegenheiten und Tatsachen Stillschweigen zu bewahren. Abgesehen von den Fällen des § 68 Abs. 2 Satz 3 und des § 93 gilt die Schweigepflicht nicht für Mitglieder der Personalvertretung und der Jugend- und Auszubildendenvertretung gegenüber den übrigen Mitgliedern der Vertretung und für die in Satz 1 bezeichneten Personen gegenüber der zuständigen Personalvertretung; sie entfällt ferner gegenüber der vorgesetzten Dienststelle, der bei ihr gebildeten Stufenvertretung und gegenüber dem Gesamtpersonalrat. Satz 2 gilt auch für die Anrufung der Einigungsstelle.

(2) Die Schweigepflicht besteht nicht für Angelegenheiten oder Tatsachen, die offenkundig sind oder ihrer Bedeutung nach keiner Geheimhaltung bedürfen.

Entsprechende landesgesetzliche Regelungen:

Baden-Württemberg: § 10; Bayern: Art. 10; Berlin: § 11; Brandenburg: § 10; Bremen: § 57; Hamburg: § 9; Hessen: § 68; Mecklenburg-Vorpommern: § 9; Niedersachsen: §§ 9, 60 Abs. 2 Satz 3; Nordrhein-Westfalen: § 9; Rheinland-Pfalz: § 71; Saarland: § 9; Sachsen: § 10; Sachsen-Anhalt: § 10; Schleswig-Holstein: § 9; Thüringen: § 10.

1. Begriffsbestimmungen

a) Personen, die Aufgaben und Befugnisse nach diesem Gesetz wahrnehmen oder wahrgenommen haben, sind **Personalratsmitglieder, Ersatzmitglieder**, überhaupt alle, die ihnen unmittelbar vom Gesetz übertragene Aufgaben wahrnehmen oder aber im Zusammenhang mit ihrer Tätigkeit Angelegenheiten und Tatsachen erfahren haben, die in Beziehung zu Aufgaben und Befugnissen nach dem BPersVG stehen.

b) Der **Schweigepflicht** unterliegen nicht **offenkundige**, d.h. **jedermann bekannte Tatsachen** bzw. solche Angelegenheiten oder Tatsachen, die ihrer Bedeutung, d.h. ihrem Inhalt und ihrem Gewicht nach der Geheimhaltung nicht bedürfen. Die Verpflichtung zur Verschwiegenheit gilt für folgenden Personenkreis: Ordentliche Mitglieder der Personalvertretung, Mitglieder von Wahlvorständen, Teilnehmer an Personal- oder Jugend- und Auszubildendenversammlungen, Ersatzmitglieder, soweit sie an der Geschäftsführung der Personalvertretung teilgenommen haben, Vertrauensmann der Schwerbehinderten, Mitglieder der Jugend- und Auszubildendenvertretung, Repräsentanten der Dienststelle, Beauftragte der Gewerkschaften und Arbeitgebervereinigungen, Sachverständige bzw. Auskunftspersonen sowie Bürokräfte, die zu den Sitzungen der Personalvertretung hinzugezogen worden sind (vgl. aber Anm. zu § 35 Anm. 3c), Mitglieder der Einigungsstelle bzw. der Abstimmungsvorstände, Mitglieder der Stufenvertretungen, Jugend- und Auszubildendenstufenvertretungen und der Gesamtpersonalräte sowie der Gesamt-Jugend- und Auszubildendenvertretungen, Vertreter der nichtständig Beschäftigten, Richter der Fachkammern und Fachsenate, Vertrauensleute in der Bundespolizei und in den Dienststellen des Bundes im Ausland.

c) Die **Schweigepflicht gilt nicht für Personalratsmitglieder gegenüber den übrigen Mitgliedern** sowie gegenüber den Ersatzmitgliedern, soweit diese ein ordentliches Mitglied bei der amtlichen Erörterung vertreten sowie gegenüber der bei der vorgesetzten Dienststelle gebildeten Stufenvertretung, wenn diese im Rahmen der Befugnisse angerufen worden ist. Die Personalratsmitglieder aller Stufen unterliegen der Schweigepflicht unter denselben Voraussetzungen nicht gegenüber dem zuständigen Gesamtpersonalrat wie auch nicht gegenüber der Einigungsstelle.

d) **Schweigepflicht:** Pflicht, über solche Angelegenheiten und Tatsachen Stillschweigen zu bewahren, die entweder für die öffentliche Verwaltung oder aber für einzelne von Bedeutung und nicht zur Kenntnisnahme Dritter bestimmt sind.

2. Erläuterungen

a) Mit § 10 will der Gesetzgeber insoweit ein **Vertrauensverhältnis** unter allen an der Ausübung des Personalvertretungsrechts beteiligten Personen begünstigen, als sich jeder darauf verlassen können soll, dass der andere über die bei der Arbeit bekanntgewordenen Tatsachen Stillschweigen bewahrt, insbesondere aber auch die Einstellung und Überzeugung einzelner Personen zu bestimmten Angelegenheiten nicht Dritten **bekanntgibt**.

b) Der **Grundsatz der Nichtöffentlichkeit** der Personalratssitzungen (§ 35) unterstreicht vor allen Dingen die Absicht des Gesetzgebers, im Zusammenhang mit Personalratssitzungen **bekanntgewordene** Tatsachen und Angelegenheiten nicht Dritten zugänglich zu machen. Dies gilt insbesondere für den Verlauf der Meinungsbildung (Beispiel: keine Bekanntgabe des Beratungsverlaufs, der Argumentation bestimmter Mitglieder und ihres Abstimmungsverhaltens). Das Ergebnis der Meinungsbildung (Zustimmung, Ablehnung, jeweiliges Stimmenverhältnis ohne Namensnennung) unterliegt schon deshalb nicht der Schweigepflicht, weil die Beschäftigten zumindest im Rahmen des Tätigkeitsberichts der Personalvertretung einen Anspruch darauf haben zu erfahren, wie die Meinung der Personalvertretung zu bestimmten Angelegenheiten ist.

3. Fälle aus der Rechtsprechung

a) Die Schweigepflicht besteht gegenüber jedermann. Die gesetzlich festgelegten Ausnahmen (Abs. 1 Satz 2 und 3) sollen die **Funktionsfähigkeit der Personalvertretung** gewährleisten. Personen und Organe, die personalvertretungsrechtliche Aufgaben und Befugnisse wahrnehmen, sollen im Rahmen ihrer jeweiligen Zuständigkeiten solche Informationen austauschen können, die zur sachgerechten Wahrnehmung dieser Aufgaben und Befugnisse erforderlich sind (BVerwG v. 21.10.1993, ZfPR 1994, 90).

b) Die **Verletzung der Schweigepflicht** kann zu einem Ausschluss wegen grober Pflichtverletzung aus der Personalvertretung führen (BVerwG v. 11.1.2006, ZfPR 2006, 66; BayVGH v. 14.2.2001, ZfPR 2002, 3; BayVGH v. 14.11.2001, ZfPR 2002, 172). Allerdings ist zu prüfen, ob der Verstoß gegen die Schweigepflicht die einschneidende Folge eines Ausschlusses rechtfertigt. Dies hängt von den Umständen des Einzelfalls ab, vor allem davon, ob das konkrete Verhalten tatsächlich ein mangelndes Pflichtbewusstsein von solchem Gewicht erkennen lässt, dass das Vertrauen der Beschäftigten in eine künftig ordnungsgemäße Amtsführung zerstört, zumindest aber schwer erschüttert ist (BVerwG v. 14.4.2004, ZfPR 2004, 229). Vor einer Beschlussfassung über einen von der Personalvertretung zu stellenden Ausschlussantrag wegen grober Pflichtverletzung ist diese nicht verpflichtet, dem betroffenen Personalratsmitglied **Gelegenheit zur Äußerung** zu geben. Das Gesetz sieht eine Anhörungspflicht nicht vor. Der Betroffene hat im gerichtlichen Verfahren umfassend Gelegenheit, sich in tatsächlicher und rechtlicher Hinsicht Gehör zu verschaffen. Auch aus dem Gebot der vertrauensvollen Zusammenarbeit ergibt sich keine Anhörungsverpflichtung seitens der Personalvertretung. Dieses Gebot nämlich bezieht sich ausschließlich auf das Verhältnis zwischen Personalvertretung und Dienststelle, nicht aber auf das Verhältnis der Personalratsmitglieder untereinander (BVerwG v. 11.1.2006, aaO).

c) Ein Personalratsmitglied kann seinen abweichenden Standpunkt als solchen im Vergleich zu einem gefassten Mehrheitsbeschluss öffentlich vertreten und darlegen. Es darf aber nicht den Meinungsbildungsprozess sowie den Standpunkt der übrigen Personalratsmitglieder im Rahmen einer Kritik beanstanden. Infolgedessen darf auch in der Öffentlichkeit das **Abstimmungsverhalten** eines einzelnen Personalratsmitglieds nicht bekanntgegeben werden (OVG Rheinland-Pfalz v. 5.8.2005, PersR 2006, 80). Personalratsmitglieder nämlich müssen die Gewissheit haben, dass grundsätzlich nichts von dem, was in einer Personalratssitzung besprochen wird, nach außen dringt (Meinungsäußerungen, Abstimmungsverhalten: BayVGH v. 2.11.2009, PersV 2011, 111). Die Pflicht zur Verschwiegenheit ist eine sich aus dem Gesetz ergebende Hauptpflicht (BayVGH v. 26.4.2010, PersR 2010, 407)

d) Personalratsmitglieder, die einer bestimmten Gewerkschaft angehören, dürfen auf die von ihnen geleistete Arbeit im Personalrat in einem **Informationsblatt** hinweisen. Gleichfalls dürfen sie verdeutlichen, welche Erfolge sie durch ihren Einsatz erreicht haben. Daher darf auch an der Tätigkeit von Personalratsmitgliedern anderer Gewerkschaften Kritik geübt werden, sofern sich diese Kritik gegen die „gewerkschaftliche Fraktion“, nicht aber gegen ein einzelnes Personalratsmitglied richtet. In jedem Fall besteht die **Pflicht zu einer sachlichen Auseinandersetzung**, die nichts Herabsetzendes und nichts Herabwürdigendes enthalten darf, das über den Rahmen einer sachlich gebotenen Auseinandersetzung hinausgeht (BVerwG v. 6.2.1979, PersV 1980, 196 m. Anm. Widmaier).

e) Eine zur Teilnahme an Personalratssitzungen berechtigte Person (z.B. Vertrauensperson der schwerbehinderten Menschen) kann selbst bei Verletzung der Schweigepflicht nicht durch Beschluss der Personalvertretung ausgeschlossen bzw. an der Sitzungsteilnahme gehindert werden. Vielmehr ist hierzu eine gerichtliche Entscheidung notwendig. Gegen einen entsprechenden Beschluss der Personalvertretung kann der Betroffene den **Erlass einer einstweiligen Verfügung** beantragen, da ein Zuwarten bis zum rechtskräftigen Abschluss eines Hauptsacheverfahrens nicht zumutbar ist (VG Frankfurt v. 16.10.2003, ZfPR 2004, 2001).

f) Wenn ein zur Verschwiegenheit verpflichtetes Personalratsmitglied als Zeuge vernommen werden soll, so bedarf es der Befreiung von der Schweigepflicht. Diese Befreiung erteilt der Leiter der Dienststelle in seiner Eigenschaft als Vorgesetzter und Hüter des Amtsgeheimnisses. Allerdings steht dem Personalratsmitglied ein zivilprozessuales **Zeugnisverweigerungsrecht** zu; denn es zählt zu den Personen, „denen kraft ihres Amtes ... Tatsachen anvertraut sind, deren Geheimhaltung durch ihre Natur oder ihre gesetzliche Vorschrift geboten ist“ (§ 383 Abs. 1 Ziff. 6 ZPO). Ein strafprozessuales Zeugnisverweigerungsrecht steht einem Personalratsmitglied allerdings nicht zu; denn es zählt nicht zu dem Personenkreis, der nach § 53 StPO zur Aussageverweigerung berechtigt wäre (BVerfG v. 19.1.1979, NJW 1979, 1286).

g) Jedes Personalratsmitglied muss darauf vertrauen können, dass seine mündlichen oder schriftlichen **Äußerungen**, ob kritisch, provozierend oder gar unsachlich, **nicht nach außen** getragen werden (BayVGH v. 31.7.1985, ZBR 1986, 92). Deshalb darf ein Dienststellenleiter nicht im Anschluss an gemeinschaftliche Besprechungen mit der Personalvertretung Stellungnahmen und Äußerungen einzelner Mitglieder bekanntgeben (BVerwG v. 11.1.2006, PersV 2006, 186).

h) Ein Verstoß gegen das Schweigegebot ist dann gegeben, wenn ein Personalratsmitglied bewusst und vorsätzlich die **Presse** informiert (BAG v. 16.9.1987, PersR 1989, 14).

i) Ein Dienststellenleiter darf seinerseits nicht die der personalvertretungsrechtlichen Verschwiegenheitspflicht unterliegenden Informationen entgegennehmen bzw. durch die **Zusicherung einer vertraulichen Behandlung** die Pflichtverletzung erst ermöglichen (HessVGH v. 20.9.1989, Leits. ZfPR 1992, 18).

j) Der **Inhalt eines Beschlusses** darf nach außen nicht bekanntgegeben werden, solange er noch nicht dem Adressaten (Dienststellenleiter) mitgeteilt worden ist (BayVGH v. 14.11.2001, ZfPR 2002, 172).

k) Die Schweigepflicht von Personalratsmitgliedern bezieht sich auch auf **personalratsinterne Vorgänge** der Willensbildung, also insbesondere auf die Meinungsäußerungen und das Abstimmungsverhalten in den Sitzungen. Daher kann es nach den Umständen des Einzelfalls eine Verletzung der Schweigepflicht darstellen, wenn ein Personalratsmitglied bei der Äußerung seiner Vermutung über das Abstimmungsverhalten eines Kollegen gegenüber einem nicht zum Personalrat gehörenden Beschäftigten zwar den Grund für seine Vermutung nicht preisgibt, aber auf andere Weise zu verstehen gibt, dass er Anlass für seine Vermutung hat (BVerwG v. 11.1.2006, PersV 2006, 186).

l) Wenn das **Mitglied einer Stufenvertretung** einem Mitglied einer „nachgeordneten" Personalvertretung eine Information weitergibt, die der Leiter der übergeordneten Dienststelle dem Stufenpersonalrat gegeben hat, so stellt dies in der Regel eine Schweigepflichtsverletzung dar. Allerdings ist eine Verletzung des Gebots zur Verschwiegenheit dann nicht anzunehmen, wenn ohnehin zu einem späteren Zeitpunkt den Beschäftigten der betreffenden Dienststelle auf einer sog. Informationsveranstaltung die gleiche Information gegeben werden soll (OVG Greifswald v. 26.4.2005 – 8 L 352/04, n.v.).

m) Die Verletzung der Schweigepflicht kann einen **Schadensersatzanspruch** zugunsten desjenigen auslösen, dessen Geheimnissphäre verletzt worden ist (BVerwG v. 16.2.2010, ZfPR *online* 4/2010, S. 12).

4. Streitigkeiten

Die Verwaltungsgerichte entscheiden über Streitigkeiten in Bezug auf das Bestehen und den Umfang der Schweigepflicht nach § 83 Abs. 1 Nr. 3. Auch ein personalvertretungsrechtliches Ausschlussverfahren kann in Betracht kommen (OVG Mecklenburg-Vorpommern v. 8.4.2005, ZfPR *online* 10/2005, 1).

5. Abweichende Regelungen des Landesrechts

Nach Art. 10 BayPVG entfällt die Schweigepflicht des Personalrats gegenüber Stufenvertretungen und Gesamtpersonalrat im Rahmen der Befugnisse. Nach § 11 PersVG Bln erstreckt sich die Verschwiegenheitspflicht nur auf Angelegenheiten und Tatsachen, deren Geheimhaltung vorgeschrieben, angeordnet oder ihrer Bedeutung nach erforderlich ist. Für Bremen gilt weitgehend dasselbe wie für Bayern. Die Gesetze der Länder Hamburg und Hessen erweitern die Entbindung von der Schweigepflicht für den ausdrücklich aufgeführten Personenkreis. Für Niedersachsen wiederum gilt Gleiches wie für Bayern. Ähnlich ist es in Nordrhein-Westfalen, im Saarland und in Schleswig-Holstein.

§ 11 (Unfälle von Beamten)

Erleidet ein Beamter anlässlich der Wahrnehmung von Rechten oder Erfüllung von Pflichten nach diesem Gesetz einen Unfall, der im Sinne der beamtenrechtlichen Unfallfürsorgevorschriften ein Dienstunfall wäre, so sind diese Vorschriften entsprechend anzuwenden.

Entsprechende landesgesetzliche Regelungen:

Baden-Württemberg: –; Bayern: Art. 11; Berlin: –; Brandenburg: § 11; Bremen: –; Hamburg: –; Hessen: § 67; Mecklenburg-Vorpommern: –; Niedersachsen: § 9a; Nordrhein-Westfalen: § 42 Abs. 6; Rheinland-Pfalz: § 7; Saarland: § 10; Sachsen: § 11; Sachsen-Anhalt: § 11; Schleswig-Holstein: –; Thüringen: § 11. Unmittelbar für die Länder geltende Regelung: § 109 BPersVG.

1. Begriffsbestimmungen

Dienstunfall ist ein auf äußeren Einwirkungen beruhendes, plötzliches, örtlich und zeitlich bestimmbares, einen Körperschaden verursachendes Ereignis, das in Ausübung oder infolge des Dienstes eingetreten ist (§ 31 Abs. 1 BeamtVG).

2. Erläuterungen

a) Die Vorschrift soll gewährleisten, dass die Tätigkeit der Personalratsmitglieder, die nicht Dienst im Sinne des Beamtenrechts ist, wie eine **beamtenrechtliche Tätigkeit** gewertet wird, so dass die beamtenrechtlichen Unfallfürsorgevorschriften anwendbar sind.

b) Eine **ordnungsgemäße Wahrnehmung von Rechten** oder eine Erfüllung von Pflichten eines Personalratsmitglieds ist immer dann gegeben, wenn es die nach dem Gesetz aufgegebenen Rechte (Beispiel: Teilnahme an einer Personalratssitzung) wahrnimmt oder wenn es die ihm auferlegten Pflichten erfüllt. Maßgebend ist, dass der betroffene Beamte kraft eigener Entscheidung eine Tätigkeit ausübt, zu der ihn das BPersVG entweder berechtigt oder zu der es ihn verpflichtet.

c) Der **geschützte Personenkreis** umfasst neben den Personalratsmitgliedern aller Stufen solche Personen, die Aufgaben nach diesem Gesetz wahrnehmen (Wahlbewerber, Mitglieder des Wahlvorstands, Wahlhelfer, Wähler, Vertrauensleute der Schwerbehinderten, Jugend- und Auszubildendenvertreter, Vertreter der nichtständig Beschäftigten, Teilnehmer an Personalversammlungen, Vertrauensmänner oder Dienstanfänger im Sinne von § 85, Mitglieder von Abstimmungsvorständen, Mitglieder der Einigungsstelle, Richter, die Beschäftigte i.S. von § 4 Abs. 1 sind).

d) Wenn ein Beamter bei Ausübung seiner Personalratstätigkeit einen einen Körperschaden verursachenden **Unfall** erlitten hat, so sind ihm oder im Todesfall seinen Hinterbliebenen Unfallfürsorgeleistungen zu gewähren. Dies gilt auch für den Fall, dass ein Beamter außerhalb seines dienstlichen oder personalvertretungsrechtlichen Betätigungsbereichs einen Körperschaden erleidet, soweit er wegen seines pflichtgemäßen personalvertretungsrechtlichen Verhaltens angegriffen wird.

e) Der **Umfang der Unfallfürsorgeleistung** richtet sich nach den §§ 30 bis 46 des Beamtenversorgungsgesetzes und schließt ein:

aa) Erstattung von Sachschäden

bb) Heilverfahren

cc) Unfallausgleich

dd) Unfallruhegehalt oder Unterhaltsbeitrag ee) Unfall-Hinterbliebenenversorgung

ff) einmalige Unfallentschädigung

f) Wenn Arbeitnehmer in Ausübung einer Personalratstätigkeit einen Unfall erleiden, so sind dies Arbeitsunfälle, die nach den allgemeinen unfallversicherungsrechtlichen Vorschriften zu entschädigen sind (Siebtes Buch Sozialgesetzbuch, SGB VII.

g) Erleiden Soldaten in Wahrnehmung von Rechten und Pflichten nach § 35 SG i.V.m. dem Soldatenbeteiligungsgesetz einen Unfall mit gesundheitlicher Schädigung (Dienstunfall, Wehrdienstbeschädigung nach dem Soldatenversorgungsgesetz), finden die Vorschriften der §§ 27 ff. Soldatenversorgungsgesetz (SVG) entsprechende Anwendung (§ 14 Abs. 3 SBG).

3. Fälle aus der Rechtsprechung

Geschützt ist u.a. eine Fahrt zu Gremiensitzungen und zur **Teilnahme an Schulungs- und Bildungsveranstaltungen** (VG Meiningen v. 22.11.2006 – 3 P 50009/04 Me, n.v.). Der Schutzumfang der Vorschrift schließt die in einem Arbeits- oder Ausbildungsverhältnis stehenden Mitglieder von Personalvertretungen bzw. von Mitgliedern der Jugend- und Auszubildendenvertretungen aller Stufen sowie auch die Wahlvorstandsmitglieder und die Mitglieder von Einigungsstellen ein.

4. Streitigkeiten

Ansprüche aus den beamtenrechtlichen Bestimmungen entscheiden die Verwaltungsgerichte im Urteilsverfahren.

Zweites Kapitel
Personalrat, Stufenvertretung, Gesamtpersonalrat, Personalversammlung

Erster Abschnitt
Wahl und Zusammensetzung des Personalrats

§ 12 (Personalratspflicht)

(1) In allen Dienststellen, die in der Regel mindestens fünf Wahlberechtigte beschäftigen, von denen drei wählbar sind, werden Personalräte gebildet.

(2) Dienststellen, bei denen die Voraussetzungen des Absatzes 1 nicht gegeben sind, werden von der übergeordneten Dienststelle im Einvernehmen mit der Stufenvertretung einer benachbarten Dienststelle zugeteilt.

Entsprechende landesgesetzliche Regelungen:

Baden-Württemberg: § 14 Abs. 1, 2; Bayern: Art. 12; Berlin: § 5 Abs. 1; Brandenburg: § 12 Abs. 1; Bremen: § 12 Abs. 1, 2; Hamburg: § 10 Abs. 1, 2; Hessen: § 12 Abs. 1, 2; Mecklenburg-Vorpommern: §§ 8 Abs. 3, 10; Niedersachsen: § 10; Nordrhein-Westfalen: § 13 Abs. 1, 2; Rheinland-Pfalz: § 12 Abs. 1, 2; Saarland: § 11; Sachsen: § 12; Sachsen-Anhalt: § 12; Schleswig-Holstein: §§ 8, 10; Thüringen: § 12.

1. Begriffsbestimmungen

a) „In der Regel" Beschäftigte sind solche, die während des überwiegenden Teils des Jahres in der Dienststelle tätig sind.

b) „Einvernehmen": Herstellung des Einverständnisses zwischen übergeordneter Dienststelle und zuständiger Stufenvertretung über den „personalvertretungsrechtlichen" Anschluss einer kleinen Dienststelle an eine benachbarte.

2. Erläuterungen

a) Eine **Pflicht zur Wahl einer Personalvertretung besteht nicht**. Aus diesem Grund hängt es alleine vom Willen der Beschäftigten ab, ob sie eine Personalvertretung bilden wollen.

b) Für die Frage, wie viele Beschäftigte „in der Regel" in einer Dienststelle tätig sind, gibt der **Stellenplan** einen Anhaltspunkt. Es ist aber zu berücksichtigen, dass nicht selten im Stellenplan vorgesehene Stellen unbesetzt bleiben. Daher muss die länger dauernde Verwaltungspraxis für die Entscheidung der Frage nach dem Regelstand der Zahl der Beschäftigten ausschlaggebend sein. Infolgedessen sind vorübergehende Mehrbeschäftigungen oder saisonbedingte Entlassungen für die Ermittlung der Zahl der in der Regel, d.h. der „normalerweise" über einen längeren Zeitraum Beschäftigten, unbeachtlich.

c) Für die Bemessung der Zahl der in der Regel Beschäftigten ist der **Tag des Erlasses des Wahlausschreibens** maßgebend. Ändert sich in der Zeit zwischen dem Erlass des Wahlausschreibens und der Wahl die Zahl der Beschäftigten, durch die die Grenzzahlen des Abs. 1 über- oder unterschritten werden (Beispiel: Neueinstellungen/ Entlassungen), so bleiben die Verhältnisse am Tag des Wahlausschreibens maßgebend.

d) Die **Angehörigen kleiner Dienststellen** sollen ihr Wahlrecht nicht verlieren. Aus diesem Grunde schafft Abs. 2 die Möglichkeit, derartige kleine Dienststellen hinsichtlich der Personalvertretung einer benachbarten größeren Dienststelle anzuschließen.

3. Fälle aus der Rechtsprechung

a) Für die Ermittlung der Zahl der „in der Regel" Beschäftigten ist die **Verwaltungspraxis** maßgebend. Werden abweichend vom Stellenplan über längere Zeit hinaus weniger Gruppenangehörige als im Stellenplan vorgesehen beschäftigt oder sind Angehörige einer Gruppe für längere Zeit auf Dienstposten tätig, die im Stellenplan als Stellen einer anderen Gruppe ausgewiesen sind (längere Besetzung von Beamtenstellen mit Arbeitnehmern), dann sind diese tatsächlichen Verhältnisse auch bei der Sitzverteilung maßgebend (BVerwG v. 15.3.1968, BVerwGE 29, 222 = PersV 1968, 197; BVerwG v. 5.5.1978, PersV 1979, 288). In jedem Fall ist ein Rückblick auf die bisherige Personalsituation sowie eine Einschätzung der zukünftigen Entwicklung anhand konkreter Entscheidungen der Dienststelle notwendig (OVG Münster v. 24.1.2002, PersV 2002, 495; OVG Münster v. 14.4.2004, PersV 2004, 423). Maßgebend ist der tatsächliche Beschäftigungsbestand, „wie er während des überwiegenden Teils der Amtszeit des zu wählenden Personalrats voraussichtlich bestehen und somit diese Amtszeit prägen wird" (BVerwG v. 19.12.2006, PersV 2007, 363 = ZfPR *online* 3/2007, S. 2). Ist daher aufgrund konkreter Entscheidungen eine Personalveränderung während des überwiegenden Teils der Amtszeit anzunehmen, so ist diese Veränderung zu berücksichtigen. Einzubeziehen sind auch solche Beschäftigten, die zur Vertretung für infolge Urlaub, Krankheit oder anderer Ursachen vorübergehend ausgefallener Beschäftigter befristet tätig werden, wenn und soweit solche Vertretungen ständig erfolgen und damit zum Normalzustand der Dienststelle gehören (BAG v. 29.5.1991, BB 1992, 773). Wenn allerdings durch eine kurzfristige und nur geringfügige Tätigkeit für längstens zwei Monate der Regelbestand der Beschäftigten in einer Dienststelle nicht verändert wird (z.B. im Fall einer Ferienbeschäftigung von Studenten und Schülern bzw. einer kurzfristigen Urlaubs-, Krankheits- oder Mutterschaftsvertretung), dann sind diese Personen nicht zu berücksichtigen (BVerwG v. 25.9.1995, BVerwGE 99, 320 = ZfPR 1996, 51).

b) **Vorübergehend eingestellte Beschäftigte** (z.B. im Rahmen einer begrenzten Arbeitsbeschaffungsmaßnahme) verändern die Zahl der längerfristig Beschäftigten nur für kurze Zeit. Sie sind daher grundsätzlich nicht zu berücksichtigen (OVG Rheinland-Pfalz v. 14.11.1977, PersV 1979, 28). Anders aber ist die Rechtslage dann zu beurteilen, wenn regelmäßig eine bestimmte Anzahl von ABM-Kräften beschäftigt wird (BVerwG v. 15.3.1994, PersV 1995, 26 = ZfPR 1994, 112).

c) Das Gesetz stellt auf die regelmäßig, d.h. unter normalen Umständen dauerhaft Beschäftigten ab. Auf diese Weise werden Zufälligkeiten bei der Festlegung der Größe der künftigen Personalvertretung vermieden (HessVGH v. 19.3.1980, PersV 1982, 197). Deshalb gehören **Teilzeitbeschäftigte** zu den in der Regel Beschäftigten, wenn sie nicht nur ganz gelegentlich mit geringfügigen und für die Dienststelle unbedeutenden Arbeiten beauftragt werden (vgl. für das BetrVG: LAG Hamm v. 11.5.1979, DB 1979, 2380).

d) Beschäftigte, die sich in der **Freistellungsphase der Altersteilzeit** befinden, gehören nicht zum Kreis der „in der Regel Beschäftigten" (BVerwG v. 15.5.2002, ZfPR 2002, 260). Ebenso wenig gehören **Ein-Euro-Kräfte** zum Regelbestand (BVerwG v. 21.3.2007, PersR 2007, 309 = ZfPR 2007, 67). Auch **Leiharbeitnehmer** sind bei der Ermittlung der Zahl der Beschäftigten nicht einzubeziehen.

e) Beschäftigte der Bundesagentur für Arbeit, denen eine **Tätigkeit** beim Jobcenter **zugewiesen** ist, zählen bei der Größe des Personalrats in der Agentur für Arbeit nicht mit (BVerwG v. 11.10.2013, ZfPR *online* 6/2014, S. 2).

4. Streitigkeiten

Die im Zusammenhang mit der „Personalratsfähigkeit" oder der Ermittlung der für die Größe der Personalvertretung maßgebenden Zahl der Wahlberechtigten entstehenden Streitigkeiten entscheiden die Verwaltungsgerichte nach § 83 Abs. 1 Nr. 2. Wird die in einem Wahlverfahren festgestellte Zahl der in der Regel Beschäftigten angezweifelt, so kann dies nicht über eine **einstweilige Verfügung**, sondern nur über ein Anfechtungsverfahren geltend gemacht werden. Grundsätzlich nämlich kann in ein laufendes Wahlverfahren nicht eingegriffen werden, es sei denn, dass offensichtlich schwerwiegende Wahlverstöße vorliegen (vgl. für das BetrVG: LAG Frankfurt v. 21.3.1990, DB 1991, 239).

§ 13 (Wahlberechtigung)

(1) Wahlberechtigt sind alle Beschäftigten, die am Wahltag das 18. Lebensjahr vollendet haben, es sei denn, dass sie infolge Richterspruch das Recht, in öffentlichen Angelegenheiten zu wählen oder zu stimmen, nicht besitzen. Beschäftigte, die am Wahltag seit mehr als sechs Monaten unter Wegfall der Bezüge beurlaubt sind, sind nicht wahlberechtigt.

(2) Wer zu einer Dienststelle abgeordnet ist, wird in ihr wahlberechtigt, sobald die Abordnung länger als drei Monate gedauert hat; im gleichen Zeitpunkt verliert er das Wahlrecht bei der alten Dienststelle. Das gilt nicht für Beschäftigte, die als Mitglieder einer Stufenvertretung oder des Gesamtpersonalrats freigestellt sind. Satz 1 gilt ferner nicht, wenn feststeht, dass der Beschäftigte binnen weiterer sechs Monate in die alte Dienststelle zurückkehren wird. Hinsichtlich des Verlustes des Wahlrechts bei der alten Dienststelle gelten die Sätze 1 und 3 entsprechend in Fällen einer Zuweisung nach § 29 des Bundesbeamtengesetzes oder aufgrund entsprechender arbeitsvertraglicher Vereinbarung.

(3) Beamte im Vorbereitungsdienst und Beschäftigte in entsprechender Berufsausbildung sind nur bei ihrer Stammbehörde wahlberechtigt.

Entsprechende landesgesetzliche Regelungen:

Baden-Württemberg: § 11; Bayern: Art. 13; Berlin: § 12; Brandenburg: § 13; Bremen: § 9; Hamburg: § 11; Hessen: § 9; Mecklenburg-Vorpommern: § 11; Niedersachsen: § 11; Nordrhein-Westfalen: § 10; Rheinland-Pfalz: § 10; Saarland: § 12; Sachsen: § 13; Sachsen-Anhalt: § 13; Schleswig-Holstein: § 11; Thüringen: § 13.

1. Begriffsbestimmungen

a) Wahlberechtigung: Recht, sich an den Personalratswahlen als Wähler zu beteiligen.

b) Beurlaubung: Wahlrecht entfällt bei den Personen, die seit mehr als sechs Monaten unter Wegfall der Bezüge beurlaubt sind.

c) Abordnung: Weisung an einen Beamten, unter Aufrechterhaltung seiner beamtenrechtlichen Rechtsstellung und unter Beibehaltung seines Amtes bei der „Heimatbehörde“ eine Tätigkeit bei einer anderen Dienststelle eines öffentlich-rechtlichen Dienstherrn aufzunehmen (Beispiel: vorübergehende Tätigkeit eines Zollbeamten bei einer Wasser- und Schiffahrtsdirektion).

d) Beamte im Vorbereitungsdienst: Ableistung eines Vorbereitungsdienstes im Hinblick auf eine später zu ergreifende Beamtentätigkeit.

e) Eine **dem Vorbereitungsdienst entsprechende Berufsausbildung** ist eine solche für Arbeitnehmer, die meist bei mehreren Dienstherrn nach Weisung der Stammbehörde tätig werden, die ihrerseits die Einstellung verfügt und die Ausbildung im Einzelnen regelt.

2. Erläuterungen

a) **Wahlberechtigt** sind alle Beschäftigten i.S. von § 4, die am Wahltag mindestens 18 Jahre alt sind. Bei einer sich über mehrere Tage erstreckenden Wahl genügt die Vollendung des 18. Lebensjahres am letzten Wahltag.

b) Voraussetzung für das Wahlrecht ist nicht der Besitz der deutschen **Staatsangehörigkeit**. Staatenlose Personen und nicht deutsche Staatsangehörige sind daher wahlberechtigt.

c) Das Wahlrecht hängt nicht vom **Umfang der Tätigkeit** in der Dienststelle ab. Infolgedessen sind beispielsweise Putzhilfen, nichtständig Beschäftigte sowie Teilzeitbeschäftigte wahlberechtigt. Demgegenüber steht nur kurzfristig, z.B. während der Urlaubszeit tätigen Personen, kein Wahlrecht zu, da sie nur vorübergehend und aushilfsweise beschäftigt werden (z.B. Schüler und Studenten). Gleiches gilt auch für den Fall, dass gegen einen Beamten ein Disziplinarverfahren mit dem Ziel der Entfernung aus dem Dienst eingeleitet worden ist. Beamte, die vorläufig des Dienstes enthoben worden sind (§ 38 BDG) sowie Beamte, denen die Führung der Dienstgeschäfte verboten worden ist, bleiben ebenfalls wahlberechtigt. Beamte, die gegen eine Entlassung (§ 31 BBG) oder gegen eine Rücknahme der Ernennung (§ 14 BBG) Rechtsmittel eingelegt haben, bleiben wahlberechtigt, da das jeweilige Rechtsmittel aufschiebende Wirkung hat (§ 80 Abs. 1 VwGO), es sei denn, dass die Behörde, die die Maßnahme getroffen hat, die sofortige Vollziehung im öffentlichen Interesse anordnet und die Widerspruchsbehörde oder das Verwaltungsgericht keinen Gebrauch von der Möglichkeit der Aussetzung der Vollziehung bzw. der aufschiebenden Wirkung machen.

d) Wahlberechtigt sind auch Beamte, gegen die **Disziplinarklage** erhoben worden ist.

e) **Arbeitnehmer** sind auch dann wahlberechtigt, wenn ihnen gekündigt worden ist, die Wirksamkeit der Kündigung aber vor einem Arbeitsgericht angefochten worden ist. Entscheidend ist nämlich nicht der rechtlich gesicherte Bestand des Dienstverhältnisses, sondern es müssen die tatsächlichen Verhältnisse berücksichtigt werden, d.h. es ist zu prüfen, ob zum Zeitpunkt der Wahl der einzelne Beschäftigte noch tatsächlich in die jeweilige Dienststelle eingegliedert ist.

f) Im Falle einer **Beurlaubung** unter Fortzahlung des Gehalts- oder Vergütungsanspruchs gilt folgendes: Wer am Wahltag seit mehr als sechs Monaten zur hauptberuflichen Tätigkeit bei einem anderen Dienstherrn oder Arbeitgeber beurlaubt ist, ist nicht wahlberechtigt. Wenn aber die Beurlaubung erst nach dem Wahltag die Dauer von sechs Monaten überschreitet, dann bleibt die Wahlberechtigung bestehen. Zum Verlust der Wahlberechtigung können eine **familienbedingte Beurlaubung** (§ 92 Abs. 1 Nr. 2 BBG), eine **Beurlaubung ohne Besoldung** (§ 95 BBG) oder ein Urlaub in anderen Fällen nach § 13 SUrlV führen. Für Arbeitnehmer kommt Sonderurlaub (§ 28 TVöD) unter Wegfall der Bezüge in Betracht. In diesem Fall entfällt die Wahlberechtigung, wenn die Beurlaubung länger als sechs Monate andauert. Die Inanspruchnahme des gesetzlichen **Mutterschutzes** führt nicht zum Entfallen der Wahlberechtigung. Zum Verlust des Wahlrechts führt **Elternzeit** (§§6 ff. MuSchEltZV bzw. §§ 15 ff. BEEG) nach sechs Monaten, es sei denn, dass während der Elternzeit von der Möglichkeit der **Teilzeitbeschäftigung** Gebrauch gemacht wird. Die Inanspruchnahme von **Pflegezeit** (§§ 3 ff. PflegeZG) führt nicht zum Verlust der Wahlberechtigung.

g) Die Wahlberechtigung für Beamte und Arbeitnehmer, die zu einer anderen Dienststelle abgeordnet sind, beginnt, sobald die **Abordnung** länger als drei Monate andauert. Das Wahlrecht in dieser Dienststelle ist unabhängig davon, wie lange der Beschäftigte noch dort tätig sein wird. Entscheidend ist daher die tatsächliche Eingliederung, die sich anhand der Kriterien „funktionelle Zuständigkeit", „Weisungsgebundenheit", „räumliche Nähe" sowie „dienstliche und persönliche Kontakte" messen lässt (Beispiel: Tätigkeit eines Zollbeamten bei einer Wasser- und Schifffahrtsdirektion seit mehr als drei Monaten; am Wahltag steht fest, dass der Beamte innerhalb der nächsten beiden Monate an seinen früheren Arbeitsplatz zurückkehren wird; das Wahlrecht bei der Wasser- und Schiffahrtsdirektion wird dadurch nicht berührt).

h) Wehrdienst leistende Beamte und Arbeitnehmer sind wahlberechtigt, wenn sie am Wahltag bis zu sechs Monaten Dienst leisten. Die Wahlberechtigung entfällt dann, wenn sie am Wahltag seit mehr als sechs Monaten Dienst leisten. Bei solchen Beschäftigten, die zu einer **Wehrübung** einberufen sind, bleibt die Wahlberechtigung bestehen. Gleiches gilt für solche Beschäftigten, die an einer **Eignungsübung** oder einer **Wehrübung** teilnehmen. Nicht wahlberechtigt sind dagegen Personen, die auf der Grundlage des **Bundesfreiwilligendienstgesetzes** (BFDG) in einer Dienststelle eingesetzt werden.

i) Allerdings führt eine Abordnung dann nicht zum Verlust der Wahlberechtigung in der alten Dienststelle, wenn feststeht, dass der Beschäftigte innerhalb eines Zeitraums von weiteren sechs Monaten – gerechnet bis spätestens vor Ablauf der in Satz 1 genannten Dreimonatsfrist – wieder **zurückkehren** wird.

j) Wenn Beschäftigte im Rahmen eines befristeten Arbeitsvertrages **monatlich wiederkehrend** nur zu bestimmten Zeiten tätig werden, dann besteht die Wahlberechtigung auch dann, wenn die Wahl außerhalb dieser Zeiten liegt.

k) Im Falle einer **Zuweisung** (§ 29 BBG) oder aufgrund entsprechender arbeitsvertraglicher Vereinbarungen verliert der Beschäftigte das Wahlrecht in der alten Dienststelle, sobald die Zuweisung länger als drei Monate gedauert hat und nicht feststeht, dass er binnen weiterer sechs Monate in die alte Dienststelle zurückkehren wird.

l) Beamte, Soldaten und Arbeitnehmer des öffentlichen Dienstes, die in Betrieben **privatrechtlich organisierter Unternehmen** tätig sind, gelten als Arbeitnehmer. Sie sind betriebsverfassungsrechtlich den übrigen Arbeitnehmern gleichgestellt und aktiv sowie passiv wahlberechtigt. In entsprechender Anwendung des Abs. 2 verlieren die Betroffenen ihr Wahlrecht zu den Personalvertretungen ihrer bisherigen Beschäftigungsdienststelle, es sei denn, es bestehen spezialgesetzliche Regelungen. Dies gilt beispielsweise für Beamte, Soldaten und Arbeitnehmer des Geschäftsbereichs des Bundesministeriums der Verteidigung, denen eine Tätigkeit in einem **Wirtschaftsunternehmen** zugewiesen wurde, mit dem die **Bundeswehr eine Kooperation** eingegangen ist (§ 2 BwKoopG). Sie bleiben zum Personalrat ihrer Dienststelle wahlberechtigt.

m) Die einem **Job-Center** (gemeinsame Einrichtung nach § 44h Abs. 2 SGB II) zugewiesenen Beamten und Arbeitnehmer besitzen für den Zeitraum ihrer dortigen Tätigkeit ab der Zuweisung das aktive Wahlrecht. Hat die Zuweisung mehr als drei Monate angedauert und steht fest, dass der Beschäftigte nicht binnen weiterer sechs Monate in die alte Dienststelle zurückkehren wird, dann entfällt das aktive Wahlrecht in der alten Dienststelle.

3. Fälle aus der Rechtsprechung

a) Für das Wahlrecht maßgebend ist, ob eine bestimmte Person in die Dienststelle **„eingegliedert"** ist und dort Arbeitsleistungen erbringt, d. h. in ihren organisatorischen Zusammenhang aufgenommen ist und an der Erfüllung der der Dienststelle gestellten Aufgaben unter dem Direktionsrecht des Dienststellenleiters mitwirkt. Der Dienststellenleiter muss befugt sein, entweder auf vertraglicher Grundlage oder aber nur tatsächlich in die Zeitgestaltung und in die Freiheit des Betreffenden einzugreifen und eigenständig darüber zu entscheiden, wie er dessen Arbeitskraft verwertet (BVerwG v. 18.6.2002, ZfPR 2002, 323; BVerwG v. 13.4.2004, Leits. ZfPR 2004, 307). Dem Dienststellenleiter muss daher ein Weisungsrecht in Bezug auf Inhalt, Durchführung, Zeit, Dauer und Ort der Tätigkeit zustehen (BVerwG v. 3.11.2012, ZfPR 2012, 2).

b) Für das Wahlrecht kommt es nicht auf die Dauer der Zugehörigkeit zu einer Dienststelle an. Allerdings darf die **Beschäftigung** nicht so **nebensächlich** sein, dass sie sowohl für den Beschäftigten als auch für die Dienststelle ohne jede Bedeutung ist (BVerwG v. 8.12.1967, PersV 1968, 114). Dies ist aber immer dann der Fall, wenn die Tätigkeit nicht zu einer echten Eingliederung in die Dienststelle mit allen damit verbundenen personellen und sozialen Interessen führt, die erst den personalvertretungsrechtlichen Schutz rechtfertigen (BVerwG v. 11.2.1981, PersV 1982, 110). Personen, die bloß vorübergehend, nämlich für einen Zeitraum von weniger als zwei Monaten, einer **Aushilfstätigkeit** nachgehen, sind nicht wahlberechtigt. Sie sind in die Dienststelle nicht eingegliedert; auch sind sie weder sozial abhängig noch stehen sie in persönlichen/sozialen Kontakten zu den Beschäftigten. Die **Dauer der wöchentlichen Arbeitszeit** und die **Höhe des Entgelts** während der Tätigkeit spielen dagegen grundsätzlich keine Rolle. Auch Beschäftigte, die täglich nur während kurzer Zeit, sogar an manchen Tagen überhaupt nicht, in der Dienststelle tätig sind, sind Beschäftigte im personalvertretungsrechtlichen Sinn. Es reicht aus, dass die Arbeit in der Dienststelle nicht nur vorübergehend und in ihrer Dauer nicht geringfügig ist, d.h., dass die Tätigkeit über einen längeren Zeitraum ausgeübt wird (BVerwG v. 25.9.1995, ZfPR 1996, 51).

c) Ein Beschäftigter, der **gleichzeitig in mehreren Dienststellen** tätig ist, ist in allen Dienststellen wahlberechtigt; denn es ist nicht auszuschließen, dass er z.B. in personellen oder sozialen Angelegenheiten verschiedene Personalvertretungen jeweils in Anspruch nehmen muss. Die Tätigkeit in einer Dienststelle darf aber nicht nur eine völlig untergeordnete Bedeutung haben (VGH Baden-Württemberg v. 9.9.1986, PersR 1987, 176). Wenn zweifelhaft ist, ob ein Beschäftigter aus seiner früheren Dienststelle ausgegliedert und in einer anderen Dienststelle tatsächlich eingegliedert worden ist, so ist unerheblich, ob noch formale Beziehungen zur bisherigen Dienststelle erhalten geblieben sind. Allein entscheidend ist, ob „das Direktionsrecht insgesamt ganz überwiegend von der neuen Dienststelle wahrgenommen und entscheidender Einfluss auf die tatsächliche Ausgestaltung des Beschäftigungsverhältnisses geübt wird" (BVerwG v. 2.9.1983, ZBR 1984, 80). Im Ergebnis kann aber ein doppeltes Wahlrecht nur für die Fälle in Betracht kommen, in denen ein Beschäftigter gleichzeitig in zwei Dienststellen eingegliedert ist, also in zwei Dienststellen weisungsgebunden beschäftigt ist und dort jeweils Aufgaben tatsächlich wahrnimmt (BayVGH v. 23.4.1997, PersR 1997, 492).

d) Wenn ein **freigestelltes Personalratsmitglied** sich auf einen Dienstposten bei einer anderen Dienststelle desselben Dienstherrn bewirbt und wenn dieser Dienstposten fiktiv übertragen wird, dann tritt kein Verlust des Wahlrechts ein (VG Stade v. 4.7.2008, ZfPR 2010, 7).

e) Wenn ein Beschäftigter den Auftrag erhält, dienstliche Aufgaben **stundenweise auch bei einer anderen Dienststelle** zu übernehmen, so ist darin eine für den betroffenen Beschäftigten einschneidende Maßnahme zu sehen, die als Abordnung i.S. von Abs. 2 zu werten ist (BVerwG v. 11.12.1964, PersV 1965, 69; vgl. VG Düsseldorf v. 13.9.2011 – 39 L 775/11, PVB, juris).

f) Die **Rückkehr in die alte Dienststelle** binnen weiterer sechs Monate steht nur dann i.S. von Abs. 2 Satz 3 fest, wenn sich ein entsprechender Beendigungszeitpunkt aus der Abordnungsverfügung selbst oder aber aus eindeutigen Erklärungen der beteiligten Dienststellen ergibt (OVG Rheinland-Pfalz v. 15.3.1981, Leits. DöV 1983, 125).

g) Sind **Beamte** zur Arbeitsleistung einer privatrechtlich betriebenen Organisation zugewiesen, so sind sie **zu dem** entsprechenden **Betriebsrat nicht wahlberechtigt**. Dies ergibt sich schon daraus, dass Beamte keine Arbeitnehmer im Sinne des § 5 BetrVG sind. Eine Ausnahme ist lediglich in den spezialgesetzlich ausdrücklich geregelten Fällen gegeben (Bahn, Post; BAG v. 28.3.2001, ZBVR 2001, 216). Beschäftigte, die mit ihrer Arbeitsleistung dauerhaft und vollständig in einen Privatbetrieb weisungsgebunden eingegliedert sind, verlieren bei der entsendenden Dienststelle ihr Wahlrecht und ihre Wählbarkeit zur Personalvertretung (BayVGH v. 16.6.1999, PersV 2000, 36).

h) Mit dem Eintritt in die Freistellungsphase nach dem Blockmodell des **Altersteilzeitarbeitsverhältnisses** geht das Wahlrecht zur Personalvertretung verloren. Zu diesem Zeitpunkt nämlich wird der Betreffende aus der Dienststelle ausgegliedert. Er wirkt nicht mehr an der Erfüllung öffentlicher Aufgaben mit (BVerwG v. 15.5.2002, BVerwGE 116, 242 = ZfPR 2002, 260).

i) Werden Beschäftigte im Rahmen eines sog. **Gestellungsvertrags** für eine zeitweilige Tätigkeit in einer anderen Dienststelle „bereitgestellt", dann werden sie ebenso wie die übrigen, aufgrund eines Arbeitsvertrags dort Beschäftigten in die Dienststelle eingegliedert und sind deshalb dort wahlberechtigt (BVerwG v. 13.4.2004, PersV 2004, 374 = Leits. ZfPR 2004, 307; vgl. für Leiharbeitnehmer VG Frankfurt a.M. v. 3.11.2088, PersR 2009, 84). **Leiharbeitnehmer** werden in der ihnen zugewiesenen Dienststelle dann wahlberechtigt, wenn die Abordnung länger als drei Monate gedauert hat (VGH Hessen v. 18.11.2010, ZfPR *online* 4/2011, S. 15).

j) Kein Wahlrecht steht den **„Ein-Euro-Kräften"** zu; denn nach § 16 Abs. 3 Satz 2 SGB II begründet die Beschäftigung im Rahmen von Arbeitsgelegenheiten kein Arbeitsverhältnis im Sinne des Arbeitsrechts (vgl. BVerwG v. 21.3.2007, PersV 2007, 483 = ZfPR 2007, 67).

k) Wenn Beamte und Arbeitnehmer einem **Jobcenter zugewiesen** werden, so erhalten sie vom Zeitpunkt der Zuweisung das Wahlrecht in der ihnen zugewiesenen Dienststelle (BVerwG v. 18.1.2013, ZfPR *online* 5/2013, S. 2).

4. Streitigkeiten

Meinungsverschiedenheiten im Zusammenhang mit dem aktiven Wahlrecht entscheiden die Verwaltungsgerichte nach § 83 Abs. 1 Nr. 1.

5. Abweichende Regelungen des Landesrechts

Die Ländergesetze regeln teilweise abweichend vom Bundesrecht Umfang und Grenzen des aktiven Wahlrechts. Es empfiehlt sich daher unbedingt, die jeweiligen Bestimmungen sorgfältig durchzuarbeiten.

§ 14 (Wählbarkeit)

(1) Wählbar sind alle Wahlberechtigten, die am Wahltag

1. **seit sechs Monaten dem Geschäftsbereich ihrer obersten Dienstbehörde angehören und**
2. **seit einem Jahr in öffentlichen Verwaltungen oder von diesen geführten Betrieben beschäftigt sind.**

Nicht wählbar ist, wer infolge Richterspruchs die Fähigkeit, Rechte aus öffentlichen Wahlen zu erlangen, nicht besitzt.

(2) Die in § 13 Abs. 3 genannten Personen sind nicht in eine Stufenvertretung wählbar.

(3) Nicht wählbar sind für die Personalvertretung ihrer Dienststelle die in § 7 genannten Personen sowie Beschäftigte, die zu selbständigen Entscheidungen in Personalangelegenheiten der Dienststelle befugt sind.

Entsprechende landesgesetzliche Regelungen:

Baden-Württemberg: § 12; Bayern: Art. 14; Berlin: § 13, Brandenburg: § 14; Bremen: § 10; Hamburg: § 12, Hessen: § 10; Mecklenburg-Vorpommern: § 12; Niedersachsen: § 12; Nord-rhein-Westfalen: § 11; Rheinland-Pfalz: § 11; Saarland: § 13; Sachsen: § 14; Sachsen-Anhalt: § 14; Schleswig-Holstein: § 12; Thüringen: § 14.

1. Begriffsbestimmungen

a) **Wählbarkeit:** Fähigkeit, als wahlberechtigter Beschäftigter in die Personalvertretung gewählt werden zu können.

b) Die in § 7 genannten Personen sind solche, die zur **selbständigen Entscheidung in Personalangelegenheiten** befugt sind. Dies sind alle Entscheidungen, die in den Status einzelner Beschäftigter eingreifen. Zu diesem Personenkreis gehören daher alle Beschäftigten, die aufgrund des Organisationsplans einer Behörde eigenverantwortlich Entscheidungen in den der Mitbestimmung unterliegenden personellen Angelegenheiten der §§ 75, 76 treffen können.

2. Erläuterungen

a) Wer sich an den Personalratswahlen als Kandidat beteiligen will, muss **wahlberechtigt** sein, d.h. er muss mindestens 18 Jahre alt sein. Außerdem muss er am Wahltag sechs Monate dem Geschäftsbereich seiner obersten Dienstbehörde angehören und seit einem Jahr in öffentlichen Verwaltungen oder von diesen geführten Betrieben beschäftigt sein. Unter diesen Voraussetzungen kann davon ausgegangen werden, dass der Kandidat genügend Erfahrung besitzt, um die evtl. auf ihn zukommenden Aufgaben im Rahmen der Personalratsarbeit erfüllen zu können.

b) Der **Dienststellenleiter** und sein ständiger Vertreter besitzen nicht das passive Wahlrecht. Ständiger Vertreter ist derjenige Beschäftigte, der aufgrund des Organisationsplans oder eines Status mit der laufenden Vertretung des Dienststellenleiters beauftragt ist. Infolgedessen sind diejenigen Beschäftigten wählbar, die nur in Ausnahmefällen zur Vertretung des Dienststellenleiters befugt sind, z.B. wenn sowohl der Dienststellenleiter als auch sein ständiger Vertreter erkrankt sind.

c) **„Zu selbständigen Entscheidungen in Personalangelegenheiten"** sind nur diejenigen Beschäftigten befugt, die eigenverantwortliche personalrechtliche Entscheidungen treffen können. Voraussetzung ist, dass eine Befugnis zum Eingriff in den Status des einzelnen Beschäftigten besteht (vgl. Anm. 1a). Dies ist bei Entscheidungen in Urlaubs-, Beihilfe- oder ähnlichen Angelegenheiten aber nicht der Fall.

d) Infolgedessen gehören auch nicht diejenigen Personen, die lediglich **vorbereitende Maßnahmen** für eine von einem Dritten zu treffende Entscheidung durchzuführen haben, zum Kreis derjenigen, die „zu selbständigen Entscheidungen in Personalangelegenheiten" befugt sind.

e) **Mitglieder des Wahlvorstands** sind von der Wählbarkeit nicht ausgeschlossen. Gleiches gilt für Dienststellenleiter und ihre ständigen Vertreter in Bezug auf die Wahl zu den Stufenvertretungen.

f) Der **Erziehungsurlaub** steht der Wählbarkeit nicht entgegen. Voraussetzung ist allerdings, dass die Zugehörigkeit zum Geschäftsbereich der obersten Dienstbehörde vor Beginn der Mutterschutzfrist bereits sechs Monate betragen und dass die Beschäftigung in öffentlichen Verwaltungen oder von diesen geführten Betrieben seit einem Jahr bestanden hat. Allerdings entfällt das passive Wahlrecht dann, wenn Bezüge nach Ablauf der Mutterschutzfristen nicht mehr gezahlt werden und Erziehungsurlaub bereits sechs Monate lang in Anspruch genommen wurde, es sei denn, das betreffende Personalratsmitglied hat bis zur Höchstdauer von 20 Stunden wöchentlich Arbeit wieder aufgenommen.

g) Gleichstellungsbeauftragte sind wählbar. Das Gesetz nämlich regelt abschließend die Tatbestände, die die Wählbarkeit ausschließen. Diese Tatbestände sind auf die Gleichstellungsbeauftragte nicht anwendbar, da diese weder zu dem in § 7 genannten Personenkreis noch zu denjenigen gehört, die zu selbständigen Entscheidungen in Personalangelegenheiten befugt sind. Die Gleichstellungsbeauftragte muss aber im Fall ihrer Wahl ihr Amt niederlegen (§ 16 Abs. 5 BGleiG).

3. Fälle aus der Rechtsprechung

a) § 14 regelt abschließend die **Tatbestände, die einerseits das passive Wahlrecht voraussetzen und es andererseits ausschließen** (BVerwG v. 28.3.1979, PersV 1980, 428).

b) Die Wählbarkeitsvoraussetzungen müssen am **Wahltag** sämtlich und gleichzeitig vorliegen. Wenn auch nur eine von ihnen fehlt, kann der Betreffende nicht gewählt werden. Ist allerdings der Mangel inzwischen geheilt (Beispiel: der Gewählte hat das 18. Lebensjahr vollendet), ohne dass die Wahl angefochten oder die Nichtwählbarkeit festgestellt worden ist, dann bleibt die Mitgliedschaft in der Personalvertretung unberührt (BVerwG v. 8.6.1962, BVerwGE 14, 241).

c) Dienststellenleiter und ihre ständigen Vertreter sind weder in „ihren" noch in personalvertretungsrechtlich verselbständigten Dienststellen wählbar. Dabei kommt es nicht darauf an, welche Entscheidungsbefugnisse ihnen überhaupt zustehen (BVerwG v. 22.6.1962, BVerwGE 14, 287). Dagegen sind sowohl der Leiter der Dienststelle wie auch sein ständiger Vertreter zu den Stufenvertretungen der Dienststellen wählbar; denn in Bezug auf die dort anstehenden Probleme steht ihnen keine Entscheidungskompetenz zu. Unerheblich ist auch, dass sie als Mitglied einer Stufenvertretung z.B. mit einer Mitbestimmungs- oder Mitwirkungsangelegenheit befasst werden könnten, auf die sie in ihrer Eigenschaft als Leiter einer nachgeordneten Dienststelle hingewirkt haben.

d) Ein **Beschäftigter, der personalrechtliche Entscheidungen zu treffen hat**, soll nicht gleichzeitig als Mitglied der Personalvertretung mit bestimmten Personalangelegenheiten befasst sein. Von diesem Grundgedanken ausgehend muss daher in jedem Einzelfall geprüft werden, ob jemand so weit zu selbständigen Entscheidungen in Personalangelegenheiten befugt ist, dass dieser Interessenkonflikt zu einer Vermischung beider Funktionen innerhalb des Dienststellenbereichs und des personalvertretungsrechtlichen Bereichs führen kann (BVerwG v. 6.9.2005, ZfPR 2006, 36).

e) Diejenigen, die anderen sachliche, auf die Arbeit oder auf die Geschäftserledigung bezügliche **Anweisungen** geben können, sind nur dann Personen, die „zu selbständigen Entscheidungen in Personalangelegenheiten" befugt sind, wenn sie die Stellung eines „Dienstvorgesetzten" haben (OVG Hamburg v. 2.7.1956, ZBR 1957, 300; OVG Hamburg v. 17.11.1958, ZBR 1959, 130).

f) Vorbereitende Entscheidungen oder Entscheidungen, die lediglich Folgemaßnahmen darstellen, sind nicht solche i.S. dieser Vorschrift (BVerwG v. 6.9.2005, ZfPR 2006, 36). Dies gilt bei Entscheidungen von relativ geringer Bedeutung (z.B. Beihilfen, Gehaltsvorschüsse, OVG Lüneburg v. 16.2.1970, PersV 1970, 65; OVG Berlin

v. 28.12.1970, PersV 1972, 75). Auch solche Beschäftigten sind nicht wählbar, die maßgeblichen **Einfluss auf die Auswahl von Bewerbern** haben und die u.a. zunächst die Bewerber ausschließen können, die nach ihrer Auffassung nicht die Bewerbungsvoraussetzungen erfüllen, und die auch bestimmen, welche Bewerber zu Vorstellungsgesprächen zugelassen werden sollen (VG Schleswig v. 22.3.1996, PersR 1996, 400; vgl. im Übrigen auch OVG Berlin v. 10.11.1995, Leits. ZfPR 1996, 163).

g) Selbständige Entscheidungen in Personalangelegenheiten sind nur solche, die sich auf Mitbestimmungsangelegenheiten nach § 75 Abs. 1 und § 76 Abs. 1 beziehen. Die Befugnis zur Verhängung von Disziplinarstrafen, zur Entscheidung über Urlaubsgesuche, zur Geltendmachung von Ersatzansprüchen und die Befugnis, dienstliche Beurteilungen abzugeben, führen daher nicht zum Ausschluss der Wählbarkeit; denn in diesen Fällen besteht nicht die Gefahr einer Interessenkollision (BVerwG v. 11.3.1982, BVerwGE 65, 127). Von der Wählbarkeit ausgeschlossen sind immer nur solche Beschäftigte, die **planmäßig und auf Dauer** die Personalangelegenheiten entscheiden, die zu einer Statusveränderung bei den Betroffenen führen (BVerwG v. 6.9.2005, ZfPR 2006, 36). Sollte sich eine einwandfreie Klärung nicht ermöglichen lassen, dann ist in einem verwaltungsgerichtlichen Verfahren **Beweis zu erheben** (BVerwG v. 6.9.2005, aaO).

h) Der Gesetzgeber hat bewusst in Kauf genommen, dass Wahlbewerber als **Mitglieder des Wahlvorstands** auch da fungieren, wo ihre Interessen als Wahlbewerber berührt werden. Infolgedessen besitzen auch Mitglieder des Wahlvorstands das passive Wahlrecht (BVerwG v. 12.1.1962, BVerwGE 13, 296).

i) Wenn ein Personalratsmitglied wegen **grober Pflichtverletzung** i.S. von § 28 aus dem Personalrat ausgeschlossen worden ist, so ist das kein die Wählbarkeit hindernder Tatbestand. Das betreffende Personalratsmitglied muss zwar aus dem Personalrat, für den es ursprünglich gewählt worden ist, ausscheiden. Es kann sich aber wiederum bei den nächsten Personalratswahlen um einen Sitz bewerben (BVerwG v. 23.11.1962, BVerwGE 15, 166).

j) Wenn einem Arbeitnehmer vor der Wahl fristlos gekündigt wird, so hängt die Entscheidung über die Wirksamkeit seiner Wahl von der gerichtlichen Entscheidung über die Berechtigung der **Kündigung** und damit über das Bestehen eines Vertragsverhältnisses ab. Die Wählbarkeit bleibt erhalten, falls nach Durchführung der Personalratswahl der vor der Wahl erhobenen Kündigungsschutzklage stattgegeben wird (vgl. für das BetrVG: BAG v. 14.5.1997, Leits. BB 1997, 2116; BAG v. 10.11.2004, ArbuR 2004, 464 = Leits. ZBVR 2005, 14).

k) Nur solche Beschäftigte sind wählbar, die in einem Beschäftigungsverhältnis zum Dienstherrn stehen und innerhalb der Dienststellenorganisation abhängig Dienst-/Arbeitsleistungen erbringen (vgl. für das BetrVG: BAG v. 20.4.2005, BB 2005, 2083). **Leiharbeitnehmer**, die nach Weisung des Leiters einer anderen Dienststelle als der Stammdienststelle tätig sind, sind nicht wählbar.

4. Streitigkeiten

a) Wesentliche Verstöße gegen die Wahlvorschriften berechtigen nach § 25 zur Anfechtung. Infolgedessen sind Verstöße gegen die Vorschriften über die Wählbarkeit als Wahlanfechtungsgrundlage anzusehen.

b) Wenn einem Wahlbewerber vom Wahlvorstand die Wählbarkeit bestritten wird, kann der Betreffende Feststellung seiner Wählbarkeit beim Verwaltungsgericht beantragen. Überdauert dieses Verfahren die Wahl, so kann der ursprüngliche Antragsgrund nur noch als Begründung für eine **Wahlanfechtung** angesehen werden (BVerwG v. 1.3.1964, PersV 1964, 105).

c) Allerdings können **Verstöße gegen die Wahlvorschriften**, soweit sie vom Wahlvorstand begangen werden, bereits vor der Wahl mit Hilfe einer **einstweiligen Verfü-**

gung beim Verwaltungsgericht angegriffen werden; denn es ist nicht zumutbar, dass der einzelne Beschäftigte beispielsweise das Wahlverfahren abwartet und sodann in einem langwierigen verwaltungsgerichtlichen Verfahren versucht, „zu seinem Recht" zu kommen (VG Stuttgart v. 23.3.1977, PersV 1978, 167).

5. Abweichende Regelungen des Landesrechts

Die Ländergesetze regeln teilweise abweichend vom Bundesrecht Umfang und Grenzen des passiven Wahlrechts. Es empfiehlt sich daher unbedingt, die jeweiligen Bestimmungen sorgfältig durchzuarbeiten.

§ 15 (Wählbarkeit in besonderen Fällen)

(1) Besteht die oberste Dienstbehörde oder die Dienststelle weniger als ein Jahr, so bedarf es für die Wählbarkeit nicht der Voraussetzungen des § 14 Abs. 1 Nr. 1.

(2) Die Voraussetzung des § 14 Abs. 1 Nr. 2 entfällt, wenn nicht mindestens fünfmal soviel wählbare Beschäftigte jeder Gruppe vorhanden wären, als nach den §§ 16 und 17 zu wählen sind.

Entsprechende landesgesetzliche Regelungen:

Baden-Württemberg: § 13; Bayern: Art. 15; Berlin: –; Brandenburg: § 15; Bremen: § 11; Hamburg: § 13; Hessen: § 11; Mecklenburg-Vorpommern: § 12 Abs. 4; Niedersachsen: § 12 Abs. 1; Nordrhein-Westfalen: § 12; Rheinland-Pfalz: –; Saarland: § 14; Sachsen: § 15; Sachsen-Anhalt: § 15; Schleswig-Holstein: § 12 Abs. 4; Thüringen: § 15.

1. Begriffsbestimmungen

–

2. Erläuterungen

Der Gesetzgeber wünscht, dass in möglichst allen Dienststellen Personalvertretungen gewählt werden. Daher sieht er ausnahmsweise von dem **Erfordernis der sechsmonatigen Zugehörigkeit** dann ab, wenn die oberste Dienstbehörde weniger als ein Jahr besteht. Gleiches gilt für den Fall, dass nicht mindestens fünfmal soviel wählbare Beschäftigte jeder Gruppe vorhanden sind, wie gewählt werden müssen. In diesem Fall entfällt die Voraussetzung der mindestens einjährigen Beschäftigung in öffentlichen Verwaltungen oder von diesen geführten Betrieben.

3. Fälle aus der Rechtsprechung

Im Falle der Verselbständigung von Nebenstellen oder Teilen einer Dienststelle (vgl. § 6 Abs. 3) sind diese ab dem Tag der Verselbständigung eigenständige Dienststellen (BVerwG v. 26.1.2000, ZfPR 2000, 202).

4. Streitigkeiten

Ob die Voraussetzungen für die Erleichterung der Wählbarkeit gegeben sind, entscheiden im Streitfall die Verwaltungsgerichte nach § 83 Abs. 1 Nr. 1.

§ 16 (Größe der Personalvertretung)

(1) Der Personalrat besteht in Dienststellen mit in der Regel

5 bis 20 wahlberechtigten Beschäftigten	**aus einer Person,**
21 Wahlberechtigten bis 50 Beschäftigten	**aus drei Mitgliedern,**

51 bis	**150 Beschäftigten**	**aus fünf Mitgliedern,**
151 bis	**300 Beschäftigten**	**aus sieben Mitgliedern,**
301 bis	**600 Beschäftigten**	**aus neun Mitgliedern,**
601 bis	**1 000 Beschäftigten**	**aus elf Mitgliedern.**

Die Zahl der Mitglieder erhöht sich in Dienststellen mit 1 001 bis 5 000 Beschäftigten um je zwei für je weitere angefangene 1 000, mit 5 001 und mehr Beschäftigten um je zwei für je weitere angefangene 2 000.

(2) Die Höchstzahl der Mitglieder beträgt einunddreißig.

Entsprechende landesgesetzliche Regelungen:

Baden-Württemberg: § 14 Abs. 3, 4; Bayern: Art. 16; Berlin: § 14; Brandenburg: § 16; Bremen § 12 Abs. 3; Hamburg: § 14; Hessen: § 12 Abs. 3, 4; Mecklenburg-Vorpommern: § 13; Niedersachsen: § 13; Nordrhein-Westfalen: § 13 Abs. 3, 4; Rheinland-Pfalz: § 12 Abs. 3, 4; Saarland: § 15; Sachsen: § 16; Sachsen-Anhalt: § 16; Schleswig-Holstein: § 13; Thüringen: § 16.

1. Begriffsbestimmungen

Die **Regelstärke einer Dienststelle** ist der regelmäßige Personalbestand, der über eine längere Zeitdauer tatsächlich gegeben ist.

2. Erläuterungen

a) In kleineren Dienststellen mit weniger als 21 Beschäftigten geht das Gesetz von der Zahl der Wahlberechtigten aus. Demgegenüber ist in größeren Dienststellen die **Zahl der Beschäftigten** maßgebend für die Ermittlung der Zahl der Personalratsmitglieder. Es werden aber auch die nicht Wahlberechtigten miteinbezogen, weil der Arbeitsanfall der Personalvertretung zum personellen Umfang der Dienststelle erfahrungsgemäß in einem entsprechenden Zusammenhang steht.

b) Der **Zahlenkatalog** ist verbindlich und kann durch Vereinbarungen oder Beschlüsse nicht verändert werden. In Diensststellen, in denen **Soldaten** Personalvertretungen wählen und eine dritte Gruppe bilden (§ 49 Abs. 1und 2, § 51 Abs. 2 Satz 2 SBG), erhöht sich die nach Abs. 1 maßgebliche Zahl der Mitglieder einer Personalvertretung um ein Drittel.

c) Für den Fall, dass nicht genügend wählbare Beschäftigte vorhanden sind, werden so viele Mitglieder wie möglich gewählt. In diesem Fall kann die Personalvertretung auch dann tätig werden, **wenn die erforderliche Zahl der Mitglieder nicht erreicht wird**.

d) Maßgebender Zeitpunkt für die vom Wahlvorstand zu treffende Feststellung der Zahl der Beschäftigten ist der Zeitpunkt, zu dem das **Wahlausschreiben** nach § 6 WO erlassen wird.

e) **Dienststellenleiter und Wahlvorstand** sind gemeinsam dafür verantwortlich, dass die tatsächliche Zahl der Wahlberechtigten bzw. Beschäftigten als Grundlage für die Größe der Personalvertretung ermittelt wird; denn die Entscheidung dieser Frage ist erst Voraussetzung für die Existenz und die Tätigkeit der Personalvertretung.

3. Fälle aus der Rechtsprechung

a) Maßgebender Zeitpunkt für die Bestimmung der Größe einer Personalvertretung ist der **Zeitpunkt des Erlasses des Wahlausschreibens**. Treten zwischen dem Zeitpunkt des Erlasses des Wahlausschreibens und dem Wahltag **Veränderungen in der Zahl der Wahlberechtigten** bzw. der Beschäftigten ein, so bleiben die Verhältnisse am Tag des Wahlausschreibens grundsätzlich maßgebend (VG Gelsenkirchen v. 30.9.1966, ZBR 1967, 32). Allerdings bleibt es dem Wahlvorstand unbenommen, bei einer mit Sicherheit voraussehbaren Verschiebung der Zahl das Wahlausschreiben entsprechend abzufassen (BVerwG v. 15.3.1968, BVerwGE 29, 222). Es muss aber eine Zusammensetzung der Personalvertretung erreicht werden, „die während der Amtszeit nicht nur ein vorübergehendes, sondern nahezu ständiges Spiegelbild der Stärke der einzelnen Gruppen in der Dienststelle gibt" (BverwG v. 19.12.2006, PersV 2007, 444).

b) Der **Zahlenkatalog** des Abs. 1 ist für den Regelfall aufgestellt. Es handelt sich um einen Katalog, der generell angewendet werden muss (OVG Münster v. 20.10.1959, PersV 1960, 16). Allerdings ist es der Wille des Gesetzgebers, dass überhaupt eine Personalvertretung gewählt wird. Daher können auch weniger Kandidaten gewählt werden als Sitze zur Verfügung stehen (BVerwG v. 20.6.1990, PersV 1990, 536).

c) Beschäftigte, die sich in der **Freistellungsphase der Altersteilzeit** befinden, zählen nicht mit, wenn es um die Bestimmung der Größe der Personalvertretung geht (BVerwG v. 15.5.2002, ZfPR 2002, 260).

4. Streitigkeiten

Meinungsverschiedenheiten über die **Größe der Personalvertretung** können nur im Wahlanfechtungsverfahren geklärt werden (BVerwG v. 15.3.1968, PersV 1968, 187; BVerwG v. 13.6.1969, PersV 1970, 11). Allerdings dürfte auch in diesem Zusammenhang der Antrag auf Erlass einer einstweiligen Verfügung deshalb zulässig sein, weil bei groben Verstößen gegen die Vorschrift eine umgehende Entscheidung notwendig erscheint. Hinzuweisen ist aber darauf, dass es nicht Aufgabe eines Verwaltungsgerichts sein kann, die zwischen den Verfahrensbeteiligten streitige Zahl der regelmäßig Beschäftigten, die Zahl der zu wählenden Personalratsmitglieder und ihre Verteilung auf die einzelnen Gruppen zu ermitteln (OVG Rheinland-Pfalz v. 16.2.2000, PersR 2000, 123). Die Festsetzung der Zahl der regelmäßig Beschäftigten ist wegen ihrer darin enthaltenen prognostischen Wertung ohnehin nur einer eingeschränkten gerichtlichen Kontrolle zugänglich. Eine zeitaufwendige Aufklärung des erforderlichen umfangreichen Zahlenmaterials kann darüber hinaus in einem Eilverfahren nicht erfolgen (VG Köln v. 20.2.2004 – 33 L 280/04 juris).

5. Abweichende Regelungen des Landesrechts

Die Länderregelungen sehen sowohl unterschiedliche Höchstzahlen für die Größe der Personalvertretungen als auch unterschiedliche Mitgliederzahlen im Verhältnis zur Zahl der Beschäftigten vor.

§ 17 (Vertretung der Gruppen)

(1) Sind in der Dienststelle Angehörige verschiedener Gruppen beschäftigt, so muss jede Gruppe entsprechend ihrer Stärke im Personalrat vertreten sein, wenn dieser aus mindestens drei Mitgliedern besteht. Bei gleicher Stärke der Gruppen entscheidet das Los. Macht eine Gruppe von ihrem Recht, im Personalrat vertreten zu sein, keinen Gebrauch, so verliert sie ihren Anspruch auf Vertretung.

(2) Der Wahlvorstand errechnet die Verteilung der Sitze auf die Gruppen nach den Grundsätzen der Verhältniswahl.

(3) Eine Gruppe erhält mindestens

bei weniger als 51	**Gruppenangehörigen**	**einen Vertreter,**
bei 51 bis 200	**Gruppenangehörigen**	**zwei Vertreter,**
bei 201 bis 600	**Gruppenangehörigen**	**drei Vertreter,**
bei 601 bis 1 000	**Gruppenangehörigen**	**vier Vertreter,**
bei 1 001 bis 3 000	**Gruppenangehörigen**	**fünf Vertreter,**
bei 3 001 und mehr	**Gruppenangehörigen**	**sechs Vertreter.**

(4) Ein Personalrat, für den in § 16 Abs. 1 drei Mitglieder vorgesehen sind, besteht aus vier Mitgliedern, wenn eine Gruppe mindestens ebensoviel Beschäftigte zählt wie die beiden anderen Gruppen zusammen. Das vierte Mitglied steht der stärk- sten Gruppe zu.

(5) Eine Gruppe, der in der Regel nicht mehr als fünf Beschäftigte angehören, erhält nur dann eine Vertretung, wenn sie mindestens ein Zwanzigstel der Beschäftigten der Dienststelle umfasst. Erhält sie keine Vertretung und findet Gruppenwahl statt, so kann sich jeder Angehörige dieser Gruppe durch Erklärung gegenüber dem Wahlvorstand einer anderen Gruppe anschließen.

(6) Der Personalrat soll sich aus Vertretern der verschiedenen Beschäftigungsarten zusammensetzen.

(7) Die Geschlechter sollen im Personalrat entsprechend dem Zahlenverhältnis vertreten sein.

Entsprechende landesgesetzliche Regelungen:

Baden-Württemberg: § 15; Bayern: Art. 17; Berlin: § 15; Brandenburg: § 17; Bremen: § 13; Hamburg: § 15; Hessen: § 13; Mecklenburg-Vorpommern: § 14; Niedersachsen: §§ 14, 15; Nordrhein-Westfalen: § 14; Rheinland-Pfalz: § 13; Saarland: § 16; Sachsen: § 17; Sachsen-Anhalt: § 17; Schleswig-Holstein: § 14; Thüringen:§ 17.

1. Begriffsbestimmungen

a) Grundsatz der Verhältniswahl: Einerseits sollen keine Stimmen verloren gehen, andererseits soll eine möglichst gerechte Verteilung der abgegebenen Stimmen auf die verfügbaren Sitze erfolgen. Es werden erst die Gesamtbeschäftigtenzahl, sodann die einzelnen Gruppenzahlen ermittelt. Danach werden die den einzelnen Gruppen zugefallenen Zahlen der Reihe nach durch 1, 2, 3 etc. so lange dividiert, wie Sitze zur Verfügung stehen (d'Hondtsches Höchstzahlensystem).

b) Beschäftigungsart: Alle in einer Dienststelle vertretenen „Berufsarten" (z.B. technischer/nichttechnischer Art) sollen vertreten sein.

2. Erläuterungen

a) Die Vorschrift regelt das **Stärkeverhältnis der einzelnen Gruppen** innerhalb der Dienststelle und der ihnen nach ihrer jeweiligen Größe zuzurechnenden Sitze. Die vorgeschriebene Vertretung der Gruppen ist zwingend und kann auch bei Gemeinschaftswahl nicht unterlassen werden; denn die Art der Wahldurchführung hat keinen Einfluss auf die Zahl der den einzelnen Gruppen zuzurechnenden Sitze.

b) Bei der **Verteilung der Personalratssitze** auf die einzelnen Beschäftigtengruppen ist wiederum die Zahl der in der Regel Beschäftigten maßgebend. Nur eine auf längere Sicht abgestellte Betrachtungsweise des Personalbestands kann letztlich den Ausschlag geben, dagegen nicht der Stellenplan, der lediglich einen Anhaltspunkt bietet.

c) Eine Gruppe macht von ihrem **Recht, im Personalrat vertreten zu sein, „keinen Gebrauch"**, wenn eine eindeutige Erklärung nach vorausgegangener, entsprechender Willensbildung der Gruppe vorhanden ist.

d) Die Personalvertretung ist auch zur Vertretung der **Interessen der Gruppe** verpflichtet, die von ihrem Recht, im Personalrat vertreten zu sein, keinen Gebrauch gemacht hat.

e) Beispiel für die Anwendung des **d'Hondtschen Höchstzahlensystems**:

Gruppe I:	220		Gruppe II:	400	
: 1 =	220	(2)	: 1 =	400	(1)
: 2 =	110	(5)	: 2 =	200	(3)

: 3 =	73,3	(8)	: 3 =	133,3	(4)
: 4 =	55	(11)	: 4 =	100	(6)
: 5 =	44		: 5 =	80	(7)
: 6 =	36,6		: 6 =	66,6	(9)
: 7 =	31,4		: 7 =	57,1	(10)

Gesamtbeschäftigtenzahl: 620. Der Personalrat besteht daher nach § 16 Abs. 2 aus insgesamt 11 Mitgliedern. Die jeweiligen Gruppenstärken:

Die 11 höchsten Zahlen sind: 400, 220, 200, 133,3, 110, 100, 80, 73,3, 66,6, 57,1, 55. Von diesen entfallen nach dem Höchstzahlensystem:

auf Gruppe I : 4
auf Gruppe II : 7

f) In jedem Fall sieht das Gesetz einen **Minderheitenschutz** vor. Dieser greift dann durch, wenn nach dem reinen Höchstzahlensystem einer Gruppe kein Sitz zufallen würde. Für diesen Fall wird der Gruppe unter der Voraussetzung, dass sie über mindestens fünf Gruppenangehörige verfügt, ein Sitz zugeschlagen, der auf die niedrigste der notwendigen Zahlen entfallen ist. Dieser Sitz wird also bei dieser Gruppe abgezogen.

g) Die Angehörigen einer sog. **Kleinstgruppe**, d.h. einer aus weniger als fünf Wahlberechtigten bestehenden Gruppe, werden im Personalrat nicht vertreten. Sie können sich einer anderen Gruppe anschließen.

3. Fälle aus der Rechtsprechung

a) Bei der **Ermittlung der Zahl der einer Gruppe angehörenden Beschäftigten** ist auf die während der Amtszeit voraussehbare Beschäftigtenzahl abzustellen. Damit soll eine Zusammensetzung der Personalvertretung herbeigeführt werden, „die während der Amtszeit nicht nur ein vorübergehendes, sondern nahezu ständiges Spiegelbild der Stärke der einzelnen Gruppen in der Dienststelle gibt" (BVerwG v. 19.12.2006, PersV 2007, 444).

b) Der **Verzicht auf eine gesonderte Vertretung als eigene Gruppe** hat nicht zur Folge, dass die Angehörigen dieser Gruppe bei der anderen Gruppe mitwählen und somit die Mehrheit dieser Gruppe beeinflussen können. Dies widerspräche dem Gruppenprinzip (BayVGH v. 19.3.1997, PersR 1997, 490).

c) Wenn nach erfolgreicher **Anfechtung der Wahl** der Vertreter einer Gruppe eine Wiederholungswahl erforderlich wird, so verbleibt es bei der für diese Gruppe ursprünglich vom Wahlvorstand beschlossenen Sitzverteilung auch dann, wenn sich die Zahlenverhältnisse geändert haben (BVerwG v. 13.6.1969, PersV 1970, 55; vgl. § 25 Anm. 3o).

d) Durch den **Anschluss von Beschäftigten**, die zu einer Gruppe zählen, der in der Regel nicht mehr als fünf Beschäftigte angehören, an eine andere Gruppe, werden sie nicht Angehörige dieser Gruppe; denn sie sind keine Gruppenangehörigen i.S. von Abs. 3, so dass sie bei der Sitzverteilung auch nicht berücksichtigt werden. Infolgedessen behalten sie auch ihre Gruppenzugehörigkeit. Dies ist insbesondere im Zusammenhang mit der Ausübung des Mitbestimmungsrechts in Personalangelegenheiten von Bedeutung. Der Anschluss führt daher auch nicht zu einer Erhöhung der Sitze bei der Gruppe, bei der der Anschluss erfolgt (BVerwG v. 10.5.1982, BVerwGE 65, 297). Die Anschlusserklärung selbst kann abgegeben werden, sobald ein Wahlvorstand besteht, ohne dass schon die Namen der Mitglieder des Wahlvorstands bekannt sein müssen (BVerwG v. 10.5.1982 aaO).

4. Streitigkeiten

Eine **unrichtige Sitzverteilung** kann im Wege der Wahlanfechtung angegriffen werden. Die Anfechtung kann sich auf die Ungültigkeitserklärung der Wahl und auch auf eine Berichtigung des Wahlergebnisses, z.B. durch eine andere Sitzverteilung, richten (BVerwG v. 15.3.1968, ZBR 1968, 262).

§ 18 (Abweichende Verteilung der Personalratssitze)

(1) Die Verteilung der Mitglieder des Personalrats auf die Gruppen kann abweichend von § 17 geordnet werden, wenn jede Gruppe dies vor der Neuwahl in getrennter geheimer Abstimmung beschließt.

(2) Für jede Gruppe können auch Angehörige anderer Gruppen vorgeschlagen werden. Die Gewählten gelten als Vertreter derjenigen Gruppe, für die sie vorgeschlagen worden sind. Satz 2 gilt auch für Ersatzmitglieder.

Entsprechende landesgesetzliche Regelungen:

Baden-Württemberg: § 16; Bayern: Art. 18; Berlin: § 15 Abs. 5, § 16 Abs. 5; Brandenburg: § 18; Bremen: § 14; Hamburg: § 16; Hessen: § 14; Mecklenburg-Vorpommern: § 14 Abs. 3, 4; Niedersachsen: § 14 Abs. 5, § 17 Abs. 3; Nordrhein-Westfalen: § 15; Rheinland-Pfalz: § 14; Saarland: § 17; Sachsen: § 18; Sachsen-Anhalt: § 18; Schleswig-Holstein: § 14 Abs. 3, 4; Thüringen: § 18.

1. Begriffsbestimmungen

a) **Geheime Abstimmung:** Der Wähler muss sich bei der Stimmabgabe subjektiv unbeobachtet fühlen; die Stimmabgabe muss ohne die Möglichkeit der Einsichtnahme durch Dritte vor sich gehen können.

b) **Getrennte Abstimmung:** Abstimmung nach Gruppen getrennt.

2. Erläuterungen

a) Jede Gruppe kann für sich in getrennter Abstimmung über eine **andere Sitzverteilung** in geheimer Abstimmung beschließen. Wahlberechtigt sind dabei nicht nur die betreffenden Angehörigen der Gruppe. Insoweit können sich also auch die Nichtwahlberechtigten an dieser Abstimmung beteiligen.

b) Der Beschluss der Gruppen kann nur mit **einfacher Mehrheit** der Stimmberechtigten, also nicht nur der Erschienenen, gefasst werden. Der Beschluss muss rechtzeitig vor einer Wahl für die kommende Amtszeit ergehen. Bei einer vorzeitigen Auflösung der Personalvertretung wird dann wieder auf die gesetzlich vorgeschriebene Sitzverteilung übergegangen, falls nicht erneut vorher ein abweichender Beschluss, nach Gruppen getrennt, gefasst wird.

c) Der Beschluss ergeht in einer **Vorabstimmung**. Sie kann, falls ein entsprechender Beschluss nicht die notwendige Mehrheit findet, nicht wiederholt werden. Die nach Gruppen getrennt durchzuführenden Beschlüsse müssen inhaltlich übereinstimmen und klar erkennbar machen, in welcher Weise von der Grundregel des § 17 abgewichen werden soll. Wenn nur eine Gruppe der Absicht widerspricht, von der Grundregel des § 17 ausnahmsweise Abstand zu nehmen, so bleibt es bei der grundsätzlich vorgeschriebenen Verteilung der Sitze.

d) Jede **Gruppe kann auch Angehörige anderer Gruppen** für die Wahl **vorschlagen**. Dadurch besteht bei mangelnder Bereitschaft zur Kandidatur dennoch eine Möglichkeit zur Vertretung spezieller Gruppeninteressen. Wird von einer Gruppe dann ein gruppenfremder Kandidat gewählt, so gilt er nach Abs. 2 Satz 2 insoweit als Angehöriger der Gruppe, die ihn vorgeschlagen hat. Das hat zur Folge, dass bei der Bildung des Vorstands (§ 32), bei Gruppenentscheidungen (§ 38) und bei einem Gruppenveto (§ 39) der Gruppenfremde als Gruppenangehöriger gilt.

3. Fälle aus der Rechtsprechung

a) Eine **fehlerhafte Vorabstimmung** nach Abs. 1 kann schon vor der Wahl gerichtlich angegriffen werden (OVG Lüneburg v. 3.9.1959, DVBl. 1959, 798). Wenn der Rechtsstreit nicht vor der Durchführung der Wahl rechtskräftig abgeschlossen wor- den ist, so muss das anhängige Verfahren innerhalb der Anfechtungsfrist in das Wahl- anfechtungsverfahren übergeleitet werden (BVerwG v. 11.5.1962, BVerwGE 14, 153).

b) Der **Abstimmungsvorstand** muss aus mindestens drei, er kann aber auch aus mehr als drei, also z.B. aus sechs Beschäftigen bestehen. Unter den Voraussetzungen der §§ 17, 19 WO (schriftliche Stimmabgabe auch bei Nebenstellen) ist die schriftliche Stimmabgabe auch bei einer Vorabstimmung zulässig (BVerwG v. 21.7.1980, PersV 181, 501).

c) Im Zusammenhang mit der **Bildung des Vorstands** können die nach § 18 gewählten Vertreter einer Gruppe nicht den Vertreter einer anderen Gruppe als das auf sie entfallende Vorstandsmitglied wählen (BVerwG v. 3.10.1958, BVerwGE 7, 253).

d) Wenn auf einem Stimmzettel eine **falsche Angabe der Gruppenzugehörigkeit** für einen gruppenfremden Bewerber enthalten ist, dann stellt dies einen Verstoß gegen eine wesentliche Verfahrensvorschrift dar, bei dem die Möglichkeit der Wahlbeeinflussung gegeben ist (VG Meiningen v. 11.11.1998, PersV 1999, 234).

4. Streitigkeiten

Meinungsverschiedenheiten in diesem Zusammenhang sind Meinungsverschiedenheiten über das Wahlverfahren, so dass die Verwaltungsgerichte nach § 83 Abs. 1 Nr. 1 zuständig sind.

§ 19 (Wahlverfahren)

(1) Der Personalrat wird in geheimer und unmittelbarer Wahl gewählt.

(2) Besteht der Personalrat aus mehr als einer Person, so wählen die Beamten und Arbeitnehmer ihre Vertreter (§ 17) je in getrennten Wahlgängen, es sei denn, dass die wahlberechtigten Angehörigen jeder Gruppe vor der Neuwahl in getrennten geheimen Abstimmungen die gemeinsame Wahl beschließen. Der Beschluss bedarf der Mehrheit der Stimmen aller Wahlberechtigten jeder Gruppe.

(3) Die Wahl wird nach den Grundsätzen der Verhältniswahl durchgeführt. Wird nur ein Wahlvorschlag eingereicht, so findet Personenwahl statt. In Dienststellen, deren Personalrat aus einer Person besteht, wird dieser mit einfacher Stimmenmehrheit gewählt. Das Gleiche gilt für Gruppen, denen nur ein Vertreter im Personalrat zusteht.

(4) Zur Wahl des Personalrats können die wahlberechtigten Beschäftigten und die in der Dienststelle vertretenen Gewerkschaften Wahlvorschläge machen. Jeder Wahlvorschlag der Beschäftigten muss von mindestens einem Zwanzigstel der wahlberechtigten Gruppenangehörigen, jedoch mindestens von drei Wahlberechtigten unterzeichnet sein. In jedem Fall genügt die Unterzeichnung durch 50 wahlberechtigte Gruppenangehörige. Die nach § 14 Abs. 3 nicht wählbaren Beschäftigten dürfen keine Wahlvorschläge machen oder unterzeichnen.

(5) Ist gemeinsame Wahl beschlossen worden, so muss jeder Wahlvorschlag der Beschäftigten von mindestens einem Zwanzigstel der wahlberechtigten Beschäftigten unterzeichnet sein; Absatz 4 Satz 2 bis 4 gilt entsprechend.

(6) Werden bei gemeinsamer Wahl für eine Gruppe gruppenfremde Bewerber vorgeschlagen, muss der Wahlvorschlag von mindestens einem Zehntel der wahlberechtigten Angehörigen der Gruppe unterzeichnet sein, für die sie vorgeschlagen sind. Absatz 4 Satz 3, 4 gilt entsprechend.

(7) Jeder Beschäftigte kann nur auf einem Wahlvorschlag benannt werden.

(8) Besteht in einer Dienststelle kein Personalrat, so können die in der Dienststelle vertretenen Gewerkschaften zur Wahl des Personalrats Wahlvorschläge machen. Auf diese Wahlvorschläge sind die Absätze 4 bis 6 nicht anzuwenden.

(9) Jeder Wahlvorschlag einer Gewerkschaft muss von zwei Beauftragten unterzeichnet sein; die Beauftragten müssen Beschäftigte der Dienststelle sein und einer in der Dienststelle vertretenen Gewerkschaft angehören. Bei Zweifeln an der Beauftragung kann der Wahlvorstand verlangen, dass die Gewerkschaft die Beauftragung bestätigt.

Entsprechende landesgesetzliche Regelungen:

Baden-Württemberg: § 17; Bayern: Art. 19; Berlin: § 16; Brandenburg: § 19; Bremen: § 15; Hamburg: § 19, Hessen: § 16; Mecklenburg-Vorpommern: § 15; Niedersachsen: §§ 16, 17; Nordrhein-Westfalen: § 16; Rheinland-Pfalz: § 15; Saarland: § 18; Sachsen: § 19; Sachsen-Anhalt: § 19; Schleswig-Holstein: § 15; Thüringen: § 19.

1. Begriffsbestimmungen

a) Geheime Stimmabgabe: Der Wähler muss subjektiv das Gefühl haben, unbeobachtet seine Stimme abgeben zu können; objektiv müssen die Voraussetzungen dafür geschaffen sein, dass tatsächlich eine unbeobachtete Stimmabgabe erfolgen kann.

b) Unmittelbare Wahl: Recht, persönlich abzustimmen und nicht über Wahlmänner nur an der Abstimmung teilnehmen zu können.

c) Getrennte Wahlgänge: Jede Gruppe hat das Recht, die auf sie entfallenden Vertreter selbst zu wählen.

d) Getrennte, geheime (Vor-)Abstimmungen: Jede Gruppe muss mit Mehrheit der wahlberechtigten Angehörigen beschließen, dass statt der Gruppen- Gemeinschaftswahl stattfinden soll.

e) Grundsätze der Verhältniswahl: vgl. § 17 Anm. 1 a.

f) Personenwahl: Bei Kandidatur nur einer Person wird nicht nach Listen, sondern mit einfacher Stimmenmehrheit gewählt. Gleiches gilt, wenn nur eine Liste eingereicht wird.

g) Wahlvorschläge: Eine Vorschlagsliste mit der Benennung von Kandidaten und eine Unterschriftenliste als gemeinsame Urkunde, mit der sich der Vorschlagende an der Personalratswahl beteiligen will.

2. Erläuterungen

a) Der Beschluss, mit dem statt der Gruppen- die Gemeinschaftswahl dem Wahlverfahren zugrunde gelegt werden soll, bedarf der **Mehrheit der Stimmen aller Wahlberechtigten** jeder Gruppe. Daher ist es also nicht ausreichend, dass die Mehrheit der bei der Abstimmung Anwesenden eine Gemeinschaftswahl beschließt. Beispiel: Wenn eine Gruppe 50 Personen umfasst, von denen 40 wahlberechtigt sind, so ist die Beschlussfassung nur dann wirksam, wenn mindestens 21 Wahlberechtigte sich für die Gemeinschaftswahl aussprechen. Wenn jedoch nur 20 der wahlberechtigten Angehörigen einer Gruppe für die Durchführung einer Gemeinschaftswahl stimmen, so verbleibt es bei der Gruppenwahl.

b) Vor jeder Neuwahl hat eine Abstimmung zu erfolgen. Das **Ergebnis** ist vom Wahlvorstand innerhalb einer Woche nach der Bekanntgabe der Namen der Mitglieder des Vorstands bekanntzugeben (§ 4 Abs. 1 WO). Eine erfolglose Beschlussfassung kann nicht wiederholt werden.

c) Eine Gemeinschaftswahl hat keinen Einfluss auf die Einrichtung der Gruppenvertretung. Die **gemeinsame Wahl** ist lediglich die Wahl von Gruppenvertretern in einer gemeinsamen Wahlhandlung. Die vorgeschriebene Verteilung der Personal- ratssitze auf die Beamten und Arbeitnehmer bleibt hiervon unberührt.

Beispiele für die Handhabung des Wahlsystems:

aa) In einer Dienststelle gibt es 380 Beschäftigte. Der Personalrat besteht damit aus neun Mitgliedern (§ 16 Abs. 1). Abweichend von der Gruppenwahl ist Gemeinschaftswahl beschlossen worden. An der Wahl beteiligen sich drei Listen. Insgesamt 320 wahlberechtigte Beschäftigte haben an der Wahl teilgenommen. Die Stimmen sind auf folgende Listen entfallen:

Liste I		**Liste II**		**Liste III**	
140		120		60	
: 1=140	(1)	: 1=120	(2)	: 1=60	(4)
: 2= 70	(3)	: 2= 60	(5)	: 2=30	(9)
: 3= 46⅔	(6)	: 3= 40	(7)	: 3=20	
: 4= 35	(8)	: 4= 30	(9)	: 4=15	

Die neun höchsten Zahlen sind: 140, 120, 70, 60, 60, 46⅔, 40, 35 und 30.

Von diesen Höchstzahlen entfallen auf:

Liste I: 4
Liste II: 3
Liste III: 1

Die Listen II und III weisen jeweils die Höchstzahlen 30 auf. Welcher Liste der betreffende Sitz zuzurechnen ist, entscheidet sich nach einem Losverfahren.

bb) Eine Gruppe hat fünf Vertreter zu wählen. Es sind wiederum drei Vorschlagslisten eingereicht worden. Die Stimmen sind wie folgt auf die Listen entfallen:

Liste I		**Liste II**		**Liste III**	
260		420		400	
: 1=260	(3)	: 1=420	(1)	: 1=400	(2)
: 2=130		: 2=210	(4)	: 2=200	(5)
: 3= 86⅔		: 3=140		: 3=133⅓	

Die fünf Höchstzahlen sind: 420, 400, 260, 210 und 200.

Auf die einzelnen Listen entfallen:

Liste I: 1
Liste II: 2
Liste III: 2

cc) Wenn in einer Dienststelle mit 400 Beschäftigten eine aus neun Mitgliedern bestehende Personalvertretung zu wählen ist, die aus fünf Beamten und vier Arbeitnehmern besteht, und ist nur eine Liste eingereicht worden, auf die 350 Stimmen entfallen sind, so erfolgt folgende Auswahl der Sitze:

A	Beamter	70	F	Arbeitnehmer	30
B	Beamter	80	G	Arbeitnehmer	20
C	Beamter	40	H	Arbeitnehmer	25
D	Beamter	45	I	Arbeitnehmer	16
E	Beamter	25	K	Arbeitnehmer	4

Die Höchstzahlen sind: 80, 70, 45, 40, 30, 25, 25, 20, 16.

Danach sind folgende Kandidaten gewählt:

Beamte: B, A, D, C und E.

Arbeitnehmer: F, G, H und I.

d) Der **Wahlvorschlag muss** im Fall der Gruppenwahl von mindestens einem Zwanzigstel der wahlberechtigten Gruppenangehörigen, mindestens aber von drei Wahlberechtigten unterzeichnet sein. Wenn z.B. einer Gruppe weniger als 30 Wahlberechtigte angehören, so müssen wenigstens drei wahlberechtigte Beschäftigte den Wahlvorschlag unterzeichnen.

e) Im Fall der **Gemeinschaftswahl** muss jeder Wahlvorschlag von mindestens einem Zwanzigstel der Wahlberechtigten einer Dienststelle unterschrieben sein. Es kommt nicht darauf an, welchen Gruppen die Unterzeichner angehören (vgl. d).

f) Die Dienststellenleiter, ihre ständigen Vertreter, bei obersten Dienstbehörden der Leiter der Abteilung für Personal- und Verwaltungsangelegenheiten, bei Bundesoberbehörden ohne nachgeordnete Dienststellen und bei Behörden der Mittelstufe der entsprechende Abteilungsleiter sowie „die zu selbständigen Entscheidungen in Personalangelegenheiten der Dienststelle" befugten Beschäftigten (vgl. § 14 Anm. 2 c), sind nicht berechtigt, Wahlvorschläge zu unterzeichnen. Dadurch soll eine **Beeinflussung der übrigen Beschäftigten** vermieden werden.

g) **Wahlbewerber** einer Stufe können nicht auf zwei Listen kandidieren. Eine solche Möglichkeit besteht nur für einen Kandidaten, der sich z.B. sowohl auf der örtlichen als auch auf der Bezirksebene um ein Mandat bewirbt.

h) Auch den **Gewerkschaften** steht ein Wahlvorschlagsrecht zu. Ein solcher Wahlvorschlag muss von zwei Beauftragten unterzeichnet sein, die in der Dienststelle tätig sind und einer der dort vertretenen Gewerkschaften angehören. Der Wahlvorstand kann bei Zweifeln verlangen, dass die Gewerkschaft die Beauftragung bestätigt. Die Beauftragten müssen nicht Mitglieder der den Wahlvorschlag einreichenden Gewerkschaft sein (vgl. den Wortlaut: Die Beauftragten müssen einer in der Dienststelle vertretenen Gewerkschaft angehören.).

i) Da die Wahlhandlung in der Abgabe eines Stimmzettels in einem Wahlumschlag besteht (§ 15 Abs. 2 Satz 1, § 16 Abs. 1 Satz 1, § 17 Abs. 1 Satz 1 Nr. 2, § 20 Abs. 2 WO), ist eine **elektronische Stimmabgabe** nicht möglich. § 16 Abs. 4 Satz 1 WO schreibt vor, dass der Wahlumschlag in eine Urne einzuwerfen ist, d.h. die Stimm- abgabe hat durch die Abgabe eines (papierenen) Stimmzettels zu erfolgen.

3. Fälle aus der Rechtsprechung

a) Wenn ein Wahlbewerber und Listenvertreter aus eigener Initiative bei zahlreichen Beschäftigten seiner Dienststelle von Tür zu Tür geht und die in seiner Gegenwart ausgefüllten Stimmzettel im Wege der Briefwahl einsammelt, so sind damit die **Grenzen einer freien und geheimen Wahl** in unzulässiger Weise überschritten, so dass ein Wahlanfechtungsrecht besteht (OVG Münster v. 6.8.1962, ZBR 1962, 390).

b) Die **Auszählung der Stimmen** hat in der Weise zu erfolgen, dass niemandem die Möglichkeit gegeben ist, festzustellen, wie der einzelne Wahlberechtigte gewählt hat. Daher darf auch ein Wähler von den Gerichten nicht befragt werden, wie er abgestimmt hat (BVerwG v. 21.7.1975, BVerwGE 49, 75).

c) Der **Grundsatz der Gruppenwahl** ist ein **Ausfluss** des das BPersVG beherrschenden **Gruppenprinzips**, wonach es demokratischen Gepflogenheiten entspricht, dass jede Gruppe ihre Repräsentanten im Personalrat selbst wählen kann (BVerwG v. 13.6.1957, ZBR 1957, 407; BVerwG v. 15.12.1961, ZBR 1962, 90).

d) Während bei der Gruppenwahl sichergestellt ist, dass die Vertretung der Gruppe sachverständig durch eigene Gruppenangehörige wahrgenommen wird, ist dies bei der **Gemeinschaftswahl** nicht der Fall. Eine Gruppe kann nämlich nicht nur solche Vertreter erhalten, die von den ihrer Gruppe angehörenden Wahlberechtigten gewählt worden sind. Möglicherweise muss sie daher auch Vertreter in Kauf nehmen, die von den Beschäftigten anderer Gruppen gewählt worden sind (BVerwG v. 14.2.1969, BVerwGE 31, 299 = PersV 1970, 39).

e) Wenn ein Beschäftigter auf dem Wahlvorschlag einer Gruppe als Bewerber genannt war, aber nicht gewählt worden ist, so kann er nicht bei erfolgreicher **Anfechtung der Wahl** in einer anderen Gruppe erneut als Bewerber benannt werden. Der Wähler soll Gewissheit darüber haben, dass ein Bewerber tatsächlich nur ein Amt in der Gruppe anstrebt, in der er als Bewerber auftritt. Von dieser Situation muss während der gesamten Amtszeit ausgegangen werden (VGH Baden-Württemberg v. 19.7.1983, ZBR 1984, 153).

f) Auf einem Wahlvorschlag vorgenommene **Korrekturen** sind nur insoweit ungültig, als sie die Bewerberliste betreffen. Die dem Wahlvorschlag ebenfalls anhängende Unterschriftenliste kann Korrekturen enthalten (BVerwG v. 10.4.1978, ZBR 1978, 342).

g) Wenn ein Wahlvorschlag auch nicht wählbare Kandidaten enthält, so hat der Wahlvorstand den **Wahlvorschlag zurückzuweisen** (BVerwG v. 8.6.1962, BVerwGE 14, 241).

h) Es besteht ein berechtigtes Interesse daran, bei einer **Werbung** aus Anlass von Personalratswahlen wirkliche oder vermeintliche Missstände in einer Dienststelle oder bei einer amtierenden Personalvertretung auch mit scharfen Worten zu kritisieren. Dies ergibt sich aus dem Grundrecht der freien Meinungsäußerung (Art. 5 Abs. 1 GG). Dieses auch für die an der Ausübung des Personalvertretungsrechts Beteiligten geltende Grundrecht findet jedoch seine Schranken im Recht der persönlichen Ehre Dritter (Art. 5 Abs. 2 GG), also auch des Dienststellenleiters und der Personalvertretung (vgl. BAG v. 15.12.1977, NJW 1978, 1874).

i) Auch bei gemeinsamer Wahl müssen Wahlvorschläge von mindestens einem Zwanzigstel der wahlberechtigten Beschäftigten unterzeichnet sein. Etwas anderes allerdings gilt dann, wenn bei gemeinsamer Wahl für eine Gruppe gruppenfremde Bewerber vorgeschlagen werden. In diesem Fall ist ein Unterschriftenquorum von mindestens einem Zehntel der wahlberechtigten Angehörigen der Gruppe, für die sie vorgeschlagen sind, erforderlich. Dies hat seinen Grund darin, dass einer Gruppe gegen den Willen ihrer Mitglieder nicht gruppenfremde Kandidaten aufgezwungen werden sollen, die nicht vom Vertrauen eines erheblichen Teils der Gruppenangehörigen getragen sind. Das **Unterschriftenquorum von einem Zehntel** soll daher sicherstellen, dass gruppenfremde Bewerber wenigstens von einem Zehntel der wahlberechtigten Gruppenangehörigen als Vertreter im Personalrat gewünscht werden (BVerwG v. 3.2.1988, BVerwGE 79, 40 = PersV 1988, 499).

j) Wenn **Beauftragte einer Gewerkschaft** einen Wahlvorschlag einer Gewerkschaft für eine Personalratswahl oder für die Wahl zu einer Jugend- oder Auszubildendenvertretung unterzeichnen, dann müssen sie nicht wahlberechtigt sein (BVerwG v. 3.2.1995, ZfPR 1995, 77).

k) Wenn **mehrere Gewerkschaften** einen gemeinsamen Wahlvorschlag einreichen, dann muss dieser von jeweils zwei Beauftragten der betreffenden Organisation unterzeichnet sein (OVG Sachsen-Anhalt v. 6.3.2002, ZfPR 2002, 333).

l) Eine **Wiederholungswahl unter Zugrundelegung der bisherigen Kriterien** ist nur zulässig, wenn die (neue) Wahl innerhalb von sieben Monaten nach der ungültigen Wahl erfolgt (BVerwG v. 19.12.2006, ZfPR *online* 4/2007, S. 2).

4. Streitigkeiten

Die Verwaltungsgerichte entscheiden über Streitigkeiten im Zusammenhang mit § 19 nach § 83 Abs. 1 Nr. 2, sofern nicht eine Wahlanfechtung nach § 25 in Betracht kommt. Eine **einstweilige Verfügung** kann für den Fall beantragt werden, dass z.B. eine Wahlliste vom Wahlvorstand zu Unrecht beanstandet wird.

5. Abweichende Regelungen des Landesrechts

Nahezu alle Landespersonalvertretungsgesetze sehen ein Wahlvorschlagsrecht für Gewerkschaften vor (Ausnahme: Bremen). Das **Unterschriftenquorum** ist in den Ländern Baden-Württemberg, Bremen, Mecklenburg-Vorpommern, Niedersachsen, Rheinland-Pfalz, Sachsen und Sachsen-Anhalt ebenfalls auf ein Zwanzigstel der wahlberechtigten Beschäftigten reduziert.

Auch hinsichtlich des **Wahlverfahrens** gibt es Unterschiede. Nach Art. 19 Abs. 8 BayPVG hat bei Verhältniswahl der Wahlberechtigte so viele Stimmen, wie bei getrennter Wahl Gruppenvertreter, bei gemeinsamer Wahl Personalratsmitglieder zu wählen sind. Nach § 19 Abs. 3 und 4 HmbPersV findet die Wahl eines einzigen Mitglieds des Personalrats oder einer Gruppe nach den Grundsätzen der Mehrheitswahl statt. Nach § 18 SPVG ist bei Abstimmungen über gemeinsame Wahlen nicht die Mehrheit der Stimmen aller Wahlberechtigten jeder Gruppe erforderlich. Vielmehr genügt die Mehrheit der abgegebenen Stimmen. In § 16 Abs. 3 MBG Schl.-H. ist nicht von Personen-, sondern von Mehrheitswahl die Rede.

§ 20 (Bestellung des Wahlvorstands)

(1) Spätestens acht Wochen vor Ablauf der Amtszeit bestellt der Personalrat drei Wahlberechtigte als Wahlvorstand und einen von ihnen als Vorsitzenden. Sind in der Dienststelle Angehörige verschiedener Gruppen beschäftigt, so muss jede Gruppe im Wahlvorstand vertreten sein. Hat die Dienststelle weibliche und männliche Beschäftigte, sollen dem Wahlvorstand Frauen und Männer angehören. Je ein Beauftragter der in der Dienststelle vertretenen Gewerkschaften ist berechtigt, an den Sitzungen des Wahlvorstands mit beratender Stimme teilzunehmen.

(2) Besteht sechs Wochen vor Ablauf der Amtszeit des Personalrats kein Wahlvorstand, so beruft der Leiter der Dienststelle auf Antrag von mindestens drei Wahlberechtigten oder einer in der Dienststelle vertretenen Gewerkschaft eine Personalversammlung zur Wahl des Wahlvorstands ein. Absatz 1 gilt entsprechend. Die Personalversammlung wählt sich einen Versammlungsleiter.

Entsprechende landesgesetzliche Regelungen:

Baden-Württemberg: § 20; Bayern: Art. 20; Berlin: § 17; Brandenburg: §§ 20, 21; Bremen: § 16; Hamburg: §§ 20, 23 Abs. 2; Hessen: § 17; Mecklenburg-Vorpommern: §§ 1 ff. WO; Niedersachsen: § 18; Nordrhein-Westfalen: §§ 17, 20 Abs. 2; Rheinland-Pfalz: §§ 16, 17; Saarland: §§ 19, 22 Abs. 2; Sachsen: §§ 20, 21; Sachsen-Anhalt: §§ 20, 21; Schleswig-Holstein: §§ 1, 2 WO; Thüringen: §§ 20, 21 Abs. 1.

1. Begriffsbestimmungen

a) **Wahlvorstand:** Eine für die Gültigkeit der Wahl wesentliche Einrichtung; wird in aller Regel vom Personalrat bestimmt. Dabei sollen die Geschlechter angemessen berücksichtigt werden.

b) **Beauftragter der in der Dienststelle vertretenen Gewerkschaften:** Eine Person (nicht unbedingt Beschäftigter), die von einer Gewerkschaft zur Teilnahme an den Sitzungen des Wahlvorstands mit beratender Stimme entsandt wird. Die Gewerkschaft muss mindestens ein Mitglied in der Dienststelle haben (Hess VGH v. 21.3.1990, PersV 1992, 484).

2. Erläuterungen

a) Bei einem **vorzeitigen Ende der Amtszeit** der Personalvertretung (§ 27) hat der geschäftsführende Personalrat alles zu veranlassen, damit ein neuer Personalrat gewählt werden kann, d.h. er hat in erster Linie einen Wahlvorstand zu bestellen.

b) Die **Bestellung des Wahlvorstands** ist eine Plenumsangelegenheit, da diese Entscheidung den gesamten Personalrat gleichermaßen betrifft.

c) Wenn in einer Dienststelle Angehörige verschiedener Gruppen beschäftigt sind, so muss nach Abs. 1 Satz 2 **„jede Gruppe im Wahlvorstand vertreten sein"**. Bei der Bestimmung des dritten Vorstandsmitglieds besteht keine Bindung an die Gruppenzugehörigkeit. Vielmehr liegt es im Ermessen der Personalvertretung, ob sie einen Vertreter der Gruppe der Beamten oder der Arbeitnehmer in den Wahlvorstand berufen soll. Gehören einer Dienststelle auch Soldaten an, dann erhöht sich die Zahl der Mitglieder des Wahlvorstands auf fünf.

d) Es verstößt nicht gegen § 20, wenn im Wahlvorstand lediglich **Mitglieder nur einer Gewerkschaft** vertreten sind. Im Sinne einer ausgewogenen Zusammensetzung empfiehlt sich aber, Mitglieder der verschiedenen Gewerkschaften – soweit möglich – in den Wahlvorstand zu entsenden.

e) Die **Einberufung der Personalversammlung** zur Wahl eines Wahlvorstands (Abs. 2) obliegt dem Leiter der Dienststelle. Sämtliche der Dienststelle angehörenden Beschäftigten sind hierzu einzuladen.

3. Fälle aus der Rechtsprechung

a) Die Durchführung einer **Wahl ohne Wahlvorstand** ist nichtig (BVerwG v. 20.6.1958, BVerwGE 7, 140); die Durchführung einer Wahl durch einen nicht ordnungsgemäß besetzten Wahlvorstand (Beispiel: nicht alle in der Dienststelle vertretenen Gruppen gehören dem Wahlvorstand an) macht die Wahl anfechtbar (BVerwG v. 27.11.1959, BVerwGE 9, 357).

b) Wenn **Ersatzmitglieder für einen Wahlvorstand** bestimmt worden sind, so treten sie an die Stelle eines Wahlvorstandsmitglieds derselben Gruppe, wenn dieses verhindert ist bzw. ausscheidet (BVerwG v. 5.11.1957, BVerwGE 5, 324). Eine Gruppe kann rechtswirksam darauf **verzichten**, im Wahlvorstand vertreten zu sein (OVG Hamburg v. 7.8.1991, PersV 1992, 477).

c) Solange ordentliche Mitglieder des Wahlvorstands zu dessen Sitzung geladen werden können, dürfen keine Ersatzmitglieder geladen werden. Eine **falsche Besetzung des Wahlvorstands** ist ein Verstoß gegen wesentliche Vorschriften über das Wahlverfahren (BVerwG v. 11.10.2010, PersR 2011, 33).

d) Der Gesetzgeber hat einen Konflikt zwischen einer Kandidatur zur Personalvertretung und der Wahlaufsicht durch dieselbe Person in Kauf genommen. **Die Wählbarkeit von Mitgliedern des Wahlvorstands** ist daher nicht ausgeschlossen (BVerwG v. 12.1.1962, BVerwGE 13, 296).

e) Die Einladung zu einer Personalversammlung, in der ein Wahlvorstand bestellt werden soll, ist so bekannt zu machen, dass alle Beschäftigten der Dienststelle hiervon Kenntnis nehmen können. Wenn dies nicht der Fall ist und wenn die Beschäftigten nicht auf andere Weise von der Durchführung einer solchen Personalversammlung erfahren haben und wenn durch das Fernbleiben der nicht unterrichteten Beschäftigten das Wahlergebnis beeinflusst werden konnte, dann ist die nachfolgende **Wahl nichtig**. Die aufgrund dieser Wahl gewählten Wahlvorstandsmitglieder genießen nicht den besonderen Kündigungsschutz des § 15 Abs. 3 KSchG (vgl. für das BetrVG: BAG v. 7.5.1986, Leits. BB 1986, 1851 = DB 1986, 1883).

f) Die in der Dienststelle vertretenen **Gewerkschaften** haben das Recht, an den Sitzungen des Wahlvorstands mit beratender Stimme teilzunehmen. Ihnen sind Zeit und Ort der Sitzung rechtzeitig bekanntzugeben. Im Zweifelsfall haben die Gewerkschaften nachzuweisen, dass ihnen wenigsten ein Beschäftigter der Dienststelle als Mitglied angehört (BVerwG v. 25.7.2006, PersV 2007, 112).

g) Ein geschäftsführender Personalrat muss in analoger Anwendung des Abs. 1 Satz 1 den **Wahlvorstand unverzüglich bestellen** (OVG Rheinland-Pfalz v. 22.4.2010, PersV 2010, 393).

4. Streitigkeiten

Im Beschlussverfahren nach § 83 Abs. 1 Nr. 2 entscheiden die Verwaltungsgerichte über Streitigkeiten, soweit nicht schon eine Wahlanfechtung nach § 25 in Betracht kommt (BVerwG v. 5.2.1965, PV 1965, 109).

5. Abweichende Regelungen des Landesrechts

Das Landesrecht stimmt weitgehend mit der Bundesregelung überein. Lediglich bei der Frage der Teilnahme von Gewerkschaften an Wahlvorstandssitzungen gibt es Unterschiede (Baden-Württemberg u. Bayern) sowie bei der Bestellung von Ersatzmitgliedern (Hamburg, Niedersachsen und Saar). Abweichungen in den Fristen enthalten die Landesgesetze von Berlin, Bremen und Nordrhein-Westfalen.

§ 21 (Wahl des Wahlvorstands bei Dienststellen ohne Personalrat)

Besteht in einer Dienststelle, die die Voraussetzungen des § 12 erfüllt, kein Personalrat, so beruft der Leiter der Dienststelle eine Personalversammlung zur Wahl des Wahlvorstands ein. § 20 Abs. 2 Satz 3 gilt entsprechend.

Entsprechende landesgesetzliche Regelungen:

Baden-Württemberg: § 21; Bayern: Art. 21; Berlin: § 17 Abs. 3; Brandenburg: § 21; Bremen: § 17; Hamburg: § 21; Hessen: § 18; Mecklenburg-Vorpommern: §§ 1 ff. WO; Niedersachsen: § 18 Abs. 2; Nordrhein-Westfalen: § 18; Rheinland-Pfalz: § 16 Abs. 2; Saarland: § 20; Sachsen: § 21; Sachsen-Anhalt: § 21; Schleswig-Holstein: § 1 Abs. 3 WO; Thüringen: § 21 Abs. 2.

1. Begriffsbestimmungen

Personalversammlung i.S. dieser Vorschrift ist nur eine **Versammlung von Beschäftigten**, der ausschließlich die Aufgabe der Bestellung eines Wahlvorstands obliegt. Andere Angelegenheiten, wie sie einer ordentlichen Personalversammlung nach § 48 zugewiesen sind, können von dieser Personalversammlung nicht behandelt werden.

2. Erläuterungen

a) **Personalratsfähig** ist eine Dienststelle mit in der Regel mindestens fünf Wahlberechtigten, von denen drei wählbar sind (§ 12 Abs. 1).

b) Wenn es allerdings aus mangelndem Interesse an einer Personalvertretung bisher zu einer Wahl nicht gekommen ist, so ist der Dienststellenleiter zur **Einberufung einer Personalversammlung** nicht verpflichtet. Etwas anderes kann nur dann gelten, wenn der bisher erkennbare Wille der Beschäftigten zur Passivität nicht mehr besteht.

3. Fälle aus der Rechtsprechung

a) Falls es bisher – trotz aller Bemühungen – nicht zur Wahl einer Personalvertretung gekommen ist, so ist der Dienststellenleiter **nicht zur Einberufung einer Personalversammlung** verpflichtet. Der bisher erkennbare Wille der Beschäftigten lässt vermuten, dass ein Wahlvorstand zur Vorbereitung eines Wahlverfahrens nicht gewählt werden soll (OVG Münster v. 25.5.2005, ZTR 2005, 496).

b) Wenn an einer zur Wahl eines Wahlvorstands einberufenen Personalversammlung alle Vertreter einer Gruppe trotz ordnungsgemäßer Ladung nicht teilnehmen, so **verzichtet die Gruppe** darauf, im Wahlvorstand vertreten zu sein (OVG Hamburg v. 7.8.1991, PersV 1992, 477).

4. Streitigkeiten

Die Verwaltungsgerichte entscheiden nach § 83 Abs. 1 Nr. 2 insbesondere über die Frage, ob der Dienststellenleiter zur Einberufung einer Personalversammlung verpflichtet ist.

§ 22 (Ersatzbestellung des Wahlvorstands)

Findet eine Personalversammlung (§ 20 Abs. 2, § 21) nicht statt oder wählt die Personalversammlung keinen Wahlvorstand, so bestellt ihn der Leiter der Dienststelle auf Antrag von mindestens drei Wahlberechtigten oder einer in der Dienststelle vertretenen Gewerkschaft.

Entsprechende landesgesetzliche Regelungen:

Baden-Württemberg: § 22; Bayern: Art. 22; Berlin: § 18; Brandenburg: § 22; Bremen: § 18; Hamburg: § 22; Hessen: § 19; Mecklenburg-Vorpommern: §§ 1 ff. WO; Niedersachsen: § 18 Abs. 3; Nordrhein-Westfalen: § 19; Rheinland-Pfalz: § 16 Abs. 3; Saarland: § 21; Sachsen: § 22; Sachsen-Anhalt: § 22; Schleswig-Holstein: –; Thüringen: § 22.

1. Begriffsbestimmungen

–

2. Erläuterungen

a) Voraussetzung für die Anwendung der Vorschrift ist, dass es trotz durchgeführter Personalversammlungen zum Zwecke der **Bestellung eines Wahlvorstands nicht gelungen** ist, einen solchen zu bilden.

b) Der Dienststellenleiter kann nicht selbständig, sondern nur auf **Antrag** tätig werden. Der von ihm sodann zu bestellende Wahlvorstand muss die Voraussetzungen erfüllen, die im Einzelnen in § 20 aufgeführt sind.

3. Fälle der Rechtsprechung

–

4. Streitigkeiten

Die Verwaltungsgerichte entscheiden Streitigkeiten nach dieser Vorschrift entsprechend § 83 Abs. 1 Nr. 2.

§ 23 (Aufgaben des Wahlvorstands)

(1) Der Wahlvorstand hat die Wahl unverzüglich einzuleiten; sie soll spätestens nach sechs Wochen stattfinden. Kommt der Wahlvorstand dieser Verpflichtung nicht nach, so beruft der Leiter der Dienststelle auf Antrag von mindestens drei Wahlberechtigten oder einer in der Dienststelle vertretenen Gewerkschaft eine Personalversammlung zur Wahl eines neuen Wahlvorstands ein. § 20 Abs. 2 Satz 3 und § 22 gelten entsprechend.

(2) Unverzüglich nach Abschluss der Wahl nimmt der Wahlvorstand öffentlich die Auszählung der Stimmen vor, stellt deren Ergebnis in einer Niederschrift fest und gibt es den Angehörigen der Dienststelle durch Aushang bekannt. Dem Dienststellenleiter und den in der Dienststelle vertretenen Gewerkschaften ist eine Abschrift der Niederschrift zu übersenden.

Entsprechende landesgesetzliche Regelungen:

Baden-Württemberg: § 23; Bayern: Art. 23; Berlin: § 19; Brandenburg: § 23; Bremen § 19; Hamburg: § 23; Hessen: § 20; Mecklenburg-Vorpommern: §§ 1 ff. WO; Niedersachsen: § 19; Nordrhein-Westfalen: § 20; Rheinland-Pfalz: § 17; Saarland: § 22; Sachsen: § 23; Sachsen-Anhalt: § 23; Schleswig-Holstein: § 2 WO; Thüringen: § 23.

1. Begriffsbestimmungen

a) **Einleiten der Wahl:** Rechtzeitige technische Vorbereitung, Festsetzung von Zeit und Ort der Wahl sowie Herausgabe des Wahlausschreibens, Feststellung der Zahl der zu wählenden Personalratsmitglieder, Verteilung der Sitze auf die Gruppen, Aufstellung eines Wählerverzeichnisses. Die Einzelheiten sind in der Wahlordnung geregelt.

b) **Unverzüglich**, d.h. die Vorbereitungen zur Durchführung der Personalratswahlen sind ohne schuldhaftes Verzögern zu treffen.

2. Erläuterungen

a) Im Fall der **Untätigkeit des Wahlvorstands** hat der Dienststellenleiter auf Antrag von mindestens drei Wahlberechtigten oder einer in der Dienststelle vertretenen Gewerkschaft eine Personalversammlung zur Wahl eines neuen Wahlvorstands einzuberufen.

b) Die **Stimmauszählung** hat öffentlich zu erfolgen, d.h., unverzüglich nach Abschluss der Stimmabgabe sind die abgegebenen Wahlumschläge in einer Sitzung, die allen Beschäftigten zugänglich ist, der Wahlurne zu entnehmen. Die Stimmzettel sind sodann aus den Wahlumschlägen herauszunehmen, die Verteilung auf die Sitze ist durchzuführen und die Niederschrift über das Wahlergebnis ist anzufertigen.

c) Das **Wahlergebnis** ist an geeigneter Stelle **bekanntzugeben**.

3. Fälle aus der Rechtsprechung

a) Der Wahlvorstand muss die Wahl nicht unbedingt nach spätestens sechs Wochen durchführen. Es handelt sich hierbei nur um eine **Sollvorschrift**, die aber nach dem Willen des Gesetzgebers möglichst zu beachten ist (BVerwG v. 27.11.1959, BVerwGE 9, 357).

b) Der Wahlvorstand ist nicht befugt, die Einreichung von Wahlvorschlägen am letzten Tag der Einreichungsfrist **auf eine bestimmte Uhrzeit (z.B. 18.00 Uhr) zu begrenzen**. Er hat im Wahlausschreiben lediglich den letzten Tag der Einreichungsfrist anzugeben und kann auf den Dienstschluss hinweisen, um damit Wahlberechtigten, die danach noch einen Wahlvorschlag einreichen wollen, das ihnen zur Last fallende Risiko des Zugangs deutlich zu machen. Hält sich ein Mitglied des Wahlvorstands über die Dienstzeit hinaus noch in der Dienststelle auf, so kann ein diesem Mitglied nach Ablauf der Dienstzeit überreichter Wahlvorschlag nicht als verspätet zurückgewiesen werden (BVerwG v. 17.7.1980, PersV 1981, 498).

4. Streitigkeiten

Die Verwaltungsgerichte entscheiden nach § 83 Abs. 1 Nr. 2 über Streitigkeiten hinsichtlich der Berufung eines neuen Wahlvorstands.

§ 24 (Verbot der Wahlbehinderung; Kosten der Wahl; Arbeitszeitversäumnis)

(1) Niemand darf die Wahl des Personalrats behindern oder in einer gegen die guten Sitten verstoßenden Weise beeinflussen. Insbesondere darf kein Wahlberechtigter in der Ausübung des aktiven und passiven Wahlrechts beschränkt werden. § 47 Abs. 1, 2 Satz 1 und 2 gilt für Mitglieder des Wahlvorstands und Wahlbewerber entsprechend.

(2) Die Kosten der Wahl trägt die Dienststelle. Notwendige Versäumnis von Arbeitszeit infolge der Ausübung des Wahlrechts, der Teilnahme an den in den §§ 20 bis 23 genannten Personalversammlungen oder der Betätigung im Wahlvorstand

hat keine Minderung der Dienstbezüge oder des Arbeitsentgelts zur Folge. Für die Mitglieder des Wahlvorstands gelten § 44 Abs. 1 Satz 2 und § 46 Abs. 2 Satz 2 entsprechend.

Entsprechende landesgesetzliche Regelungen:

Baden-Württemberg: § 24; Bayern: Art. 24; Berlin: §§ 20, 21; Brandenburg: § 24; Bremen: § 20; Hamburg: § 24; Hessen: § 21 Abs. 1; Mecklenburg-Vorpommern: §§ 16, 17; Niedersachsen: § 20; Nordrhein-Westfalen: § 21; Rheinland-Pfalz: § 18; Saarland: § 24; Sachsen: § 24; Sachsen-Anhalt: § 24; Schleswig-Holstein: § 16; Thüringen: § 24.

1. Begriffsbestimmungen

a) Wahlbehinderung: Jedes Handeln oder Unterlassen, das auf eine Erschwerung oder Verhinderung der Wahl abzielt.

b) Wahlbeeinflussung: Jedes gegen die guten Sitten verstoßende Handeln, das auf die Herbeiführung eines bestimmten Wahlergebnisses gerichtet ist (z.B. Irreführung der Wähler). Ein Sittenverstoß ist ein gegen das Gefühl aller billig und gerecht Denkenden gerichtetes Verhalten, das in objektivem Widerspruch zum Gemeinschaftsgefühl steht und ein persönlich verwerfliches Tun darstellt.

c) Wahlkosten: Alle Aufwendungen, die durch Ausfall von Arbeitszeit aufgrund der Teilnahme an der Wahlhandlung und den zur Bestellung des Wahlvorstands notwendigen Personalversammlungen sowie durch die Betätigung als Mitglied des Wahlvorstands entstehen.

2. Erläuterungen

a) Nicht als eine Wahlbeeinflussung ist die sich im üblichen Rahmen haltende **Wahlpropaganda** anzusehen, bei der auch der gewerkschaftspolitische Gegner angegriffen wird. Die Ausnutzung einer im Einzelfall möglicherweise übersteigert wirkenden Wahlpropaganda ist auch nicht als eine gegen die guten Sitten verstoßende Tätigkeit anzusehen.

b) Insbesondere der Dienststellenleiter hat sich jeder **Einflussnahme auf den Wahlablauf** zu enthalten. Daher darf ein Dienststellenleiter nicht unnötige Dienstreisen deshalb anordnen, um einem Beschäftigten die Möglichkeit zur Teilnahme an der Wahl zu nehmen. Gleiches gilt für Versetzungen, Abordnungen oder Kündigungen zum Zweck der Wahlbehinderung oder Wahlbeeinflussung.

c) Mitglieder des Wahlvorstands und Wahlbewerber unterliegen dem gleichen **Schutz** wie Mitglieder der Personalvertretung. Dies gilt z.B. für den Kündigungsschutz (§ 15 Abs. 3 KSchG). Ersatzmitglieder dagegen genießen den Kündigungsschutz erst von dem Zeitpunkt an, zu dem sie in den Wahlvorstand nachrücken.

d) Die Dienststelle hat die notwendigen **Kosten der Wahlvorbereitung und Wahldurchführung** zu erstatten. Hierzu gehören alle mittelbaren und unmittelbaren Ausgaben, wie die Bereitstellung der benötigten Räume und Materialien (Wahlurnen, Wählerlisten, Stimmzettel, Schreibmaterial des Wahlvorstands) sowie die Kosten, die bei verständiger Abwägung der Gegebenheiten vom Wahlvorstand für erforderlich gehalten werden konnten, um eine ordnungsgemäße und zügige Durchführung der Wahl sicherzustellen.

3. Fälle aus der Rechtsprechung

a) Das **Verbot der Wahlbehinderung und Wahlbeeinflussung** richtet sich gegen jedermann, z.B. gegen die Beschäftigten, den Dienststellenleiter, gegen Vereinigungen, gegen Einzelpersonen (BVerwG v. 19.9.2012, ZfPR *online* 3/2013, S. 4). Eine Wahlbehinderung durch einen Dienststellenleiter ist dann gegeben, wenn er seiner aus § 1 Abs. 2 WO sich ergebenden Verpflichtung, die notwendigen Wahlunterlagen oder sonstigen Informationen zur Verfügung zu stellen, nicht nachkommt (z.B. Informationen über den derzeitigen und künftigen Personalbestand zurückhält; BVerwG v. 11.8.2009, PersV 2009, 465 = Leits. ZfPR 2010, 8). Gleiches gilt für den Fall, dass ein Dienststellenleiter nicht in erforderlichem Umfang Räume bereitstellt (BVerwG v. 11.8.2009, ZfPR *online* 10/2009, S. 5).

b) Selbstverständlich richtet sich das **Verbot auch unmittelbar gegen den Wahlvorstand** (OVG Münster v. 6.5.1998, ZfPR 2000, 7) und gegen Beschäftigte, die zwar keine amtlichen Funktionen bei der Durchführung der Wahl, wohl aber eine Pflicht zu einer bestimmten Handlungsweise haben. Dies ist der Fall, wenn z.B. der normale und zweckentsprechend in die Wege geleitete Umlauf eines Wahlvorschlags unterbrochen oder fehlgeleitet wird (BayVGH v. 28.3.1984 – Nr. 18 C 83 A. 2174; n.v.). Ebenso liegt eine Wahlbehinderung dann vor, wenn ein Wahlvorstand einem zur persönlichen Stimmabgabe entschlossenen Wahlberechtigten bei dessen Erscheinen im Wahllokal unter Hinweis darauf keine Wahlunterlagen aushändigt, dass er zunächst eine schriftliche Stimmabgabe angezeigt und entsprechende Unterlagen erhalten habe (BVerwG v. 3.3.2003, ZfPR 2003, 104). Auf das Wahlverfahren zum **Amt der Gleichstellungsbeauftragten** und ihrer Stellvertreterin findet Abs. 1 entsprechende Anwendung (BVerwG v. 19.9.2012, ZfPR *online* 3/2013, S. 4).

c) Gegensätzliche Meinungen dürfen **im Wahlkampf** aufeinanderprallen. Deshalb kann es zu Auseinandersetzungen und zu scharfer Kritik an gegnerischen Gewerkschaften oder Listen kommen. Eine solche Kritik ist zulässig, soweit sie nicht in eine Hetze ausartet (vgl. für das BetrVG: BAG v. 30.11.1960, BAGE 10, 217). Wirkliche oder vermeintliche Mängel dürfen im Wahlkampf mit scharfen Worten angegriffen werden. Das ergibt sich aus Art. 5 Abs. 1 GG, der die Meinungsfreiheit gewährleistet; diese findet aber ihre Schranke im Recht der persönlichen Ehre Dritter (vgl. BVerwG v. 19.9.2012, aaO).

d) Beleidigende oder verleumderische Aussagen innerhalb einer Wahlpropaganda sind stets als eine unzulässige Wahlbeeinflussung anzusehen (OVG Hamburg v. 3.10.1960, PersV 1962, 39; vgl. hierzu auch § 19 Anm. 3 e).

e) Die **Androhung des Gewerkschaftsausschlusses** für den Fall der Kandidatur eigener Mitglieder auf konkurrierenden Listen ist zulässig; denn dem Schutz der individuellen Koalitionsfreiheit der Gewerkschaftsmitglieder kommt geringeres Gewicht zu als dem Schutz des Rechtes von Gewerkschaften, sich mit eigenen Listen an Personalratswahlen zu beteiligen. Die Gewerkschaftsmitglieder haben sich mit ihrem Beitritt zur Gewerkschaft freiwillig deren Satzungsautonomie unterworfen und die Verbindlichkeit ordnungsgemäß zustande gekommener Beschlüsse anerkannt. Verstöße gegen die Solidaritätspflicht dürfen deshalb grundsätzlich zu verbandsinternen Sanktionen führen (BVerfG v. 24.2.1999, ZfPR 1999, 184).

f) Der **Kündigungsschutz für Wahlbewerber** beginnt mit dem Zeitpunkt, zu dem ein Wahlvorstand für die Wahl bestellt worden ist und für den betreffenden Wahlbewerber ein Wahlvorschlag vorliegt, der die erforderliche Anzahl von Stützungsunterschriften aufweist. Zu diesem Zeitpunkt ist die „Aufstellung des Wahlvorschlags" (§ 15 Abs. 3 KSchG) erfolgt (BVerwG v. 13.6.2007, ZfPR *online* 1/2008, S. 2). Der Kündigungsschutz gilt auch für den Fall, dass ein Personalratsmitglied bereits nach wenigen Tagen zurücktritt (vgl. für das BetrVG: BAG v. 9.10.1986, BAGE 53, 152).

g) Vom Schutz der Wahlfreiheit sind **Äußerungen und Handlungen eines Gewerkschaftsmitglieds**, mit denen es sich im Zusammenhang mit einer Personalratswahl in schädlicher Weise gegen seine Gewerkschaft wendet, nicht gedeckt. Dies gilt u.a. bei Anwendung wahlbeeinflussender Täuschungsmittel zum Nachteil einer Gewerkschaft (BGH v. 30.5.1983, BGHZ 87, 337 = DB 1983, 2300).

h) Werden Mitglieder des Wahlvorstands durch die Erfüllung ihrer Aufgaben über die regelmäßige Arbeitszeit hinaus beansprucht, so ist ihnen **Dienstbefreiung** in entsprechendem Umfang zu gewähren, d.h. sie sind in dem Ausmaß vom Dienst freizustellen, in dem sie außerhalb ihrer üblichen Arbeitszeit Zeit für die Wahlvorbereitung aufgewendet haben. Statt des Freizeitausgleichs kann eine Mehrarbeitsvergütung nicht verlangt werden (OVG Hamburg v. 1.11.1985, ZBR 1986, 251; vgl. auch für das BetrVG: BAG v. 26.4.1995, ZBVR 1996, 9).

i) Auch **Mitglieder des Wahlvorstands** können **zur Teilnahme an Schulungs- und Bildungsveranstaltungen** unter besonderen Voraussetzungen auf Kosten der Dienststelle freigestellt werden (BayVGH v. 10.9.1986, ZBR 1987, 84).

j) **Wahlkosten** sind alle Ausgaben, die durch die Wahl selbst veranlasst worden sind, Ausgaben oder Aufwendungen also, die durch die Tätigkeit der Wahlvorbereitungsorgane, insbesondere des Wahlvorstands, verursacht worden sind. Ebenso gehören alle die Aufwendungen hierzu, die Beschäftigten bei der Wahrnehmung der ihnen aufgrund wahlrechtlicher Vorschriften obliegenden Aufgaben erwachsen sind (z.B. Vorbereitung und Durchführung der Wahl; BVerwG v. 25.2.1983, PersV 1984, 82). Nach Sinn und Zweck des Gesetzes soll die Dienststelle alle im Zusammenhang mit der Durchführung personalvertretungsrechtlicher Wahlen entstehenden Kosten tragen (BVerwG v. 29.8.2000, ZfPR 2000, 327). Dazu gehören auch **Wahlanfechtungskosten** (BAG v. 7.7.1999, Leits. ZfPR 2000, 113) und außergerichtliche Kosten eines Beschäftigten, die diesem dadurch entstehen, dass er ein auf Feststellung seiner Wahlberechtigung gerichtetes Beschlussverfahren eingeleitet hat (BVerwG v. 29.8.2000, aaO) Die Dienststelle hat auch die **Rechtsanwaltskosten** zu tragen, die einer in der Dienststelle vertretenen Gewerkschaft bei der Wahrnehmung ihrer im Zusammenhang mit der Personalratswahl stehenden personalvertretungsrechtlichen Rechte in einem Beschlussverfahren entstehen (vgl. für das BetrVG: BAG v. 16.4.2003, ZBVR 2003, 226). Das Recht zur Wahlanfechtung geht nicht dadurch verloren, dass der jeweilige Antragsteller nicht zuvor gegen die Wählerliste **Einspruch** eingelegt hat (vgl. für das BetrVG: BAG v. 14.11.2001, DB 2002, 2003). Die Erstattungspflicht findet nur dort ihre Grenzen, wo die Rechtsverfolgung von vornherein **aussichtslos erscheint oder die Hinzuziehung Dritter rechtsmißbräuchlich** ist (BVerwG v. 11.10.2010, PersR 2011, 33 = Leits. ZfPR 2011, 43).

k) Ein **Ersatz von Unfallschäden**, die ein Mitglied des Wahlvorstands bei der Benutzung des eigenen Pkw erleidet, kommt dann in Betracht, wenn der Leiter der Dienststelle die Benutzung ausdrücklich gewünscht hat oder diese erforderlich war, damit das Mitglied des Wahlvorstands seine gesetzlichen Aufgaben zeitgerecht wahrnehmen konnte (vgl. für das BetrVG: BAG v. 3.3.1983, DB 1983, 1366 = NJW 1984, 198).

l) Wahlbewerbern steht das Recht zu, während der Dienststunden **Wahlwerbung** zu betreiben ((BVerwG v. 19.9.2012, ZfPR *online* 3/2013, S. 4).

m) Wahlvorstandsmitglieder haben **Anspruch auf die Bezüge**, die sie dann erhalten hätten, wenn sie nicht im Rahmen der Wahlvorbereitung eingesetzt gewesen wären. Infolgedessen sind ihnen auch **Überstundenvergütungen** zu zahlen, selbst dann, wenn diese Überstundenvergütungen nicht regelmäßig anfallen (BAG v. 29.6.1988, Leits. ZfPR 1989, 113).

n) Den Gewerkschaften, Bewerbern, Listenvertretern und Wählergruppen ist die **Nutzung des innerbehördlichen E-Mail-Dienstes für Zwecke der Wahlwerbung** gestattet (vgl. für das BetrVG: BAG v. 20.1.2009, BAGE 129, 145). Auch Veröffentlichungen dieses Kreises im Intranet sind zulässig (OVG Münster v. 10.11.2005, PersV 2006, 138 = Leits. ZfPR 2006, 41). Aber auch in diesem Zusammenhang sind einer Wahlwerbung verfassungsrechtlich Grenzen gezogen. **Schmähkritik**, mit der der Boden sachlicher, auch scharfer Kritik an den am Wahlkampf Beteiligten oder am Dienststellenleiter verlassen wird, ist nicht zulässig (BVerwG v. 27.6.2007, PersR 2007, 443 = Leits. ZfPR 2008, 44).

4. Streitigkeiten

a) Im Fall der Wahlbehinderung oder der sittenwidrigen Wahlbeeinflussung kann die **Wahl** vor den Verwaltungsgerichten **angefochten** werden (§ 25).

b) Den am Wahlverfahren Beteiligten kann nicht zugemutet werden, die Wahl zunächst einmal im Fall einer Wahlbeeinträchtigung durchführen zu lassen, um sodann die **Wahlanfechtung** geltend zu machen. Vielmehr muss ihnen im **Wege der einstweiligen Verfügung** bereits die rechtzeitige Abwehr unzulässiger Wahlbeeinträchtigungen zugestanden werden. Es kann auch eine Verschiebung des Wahltermins erreicht werden. In gleicher Weise kann beantragt werden, die sittenwidrige Wahlpropaganda zu unterlassen.

c) Die **Verwaltungsgerichte** sind im Fall der Wahlbehinderung, soweit sich diese auf eine Beschränkung des aktiven und passiven Wahlrechts erstreckt, gemäß § 83 Abs. 1 Nr. 1 **zuständig**.

d) Wird über die **Kostentragungspflicht der Dienststelle** sowie über den Umfang der Aufwendungen im Zusammenhang mit der Wahl gestritten, so sind ebenfalls die Verwaltungsgerichte nach § 83 Abs. 1 Nr. 3 zuständig.

e) Ein **Individualrechtsschutz** besteht u.a. in Form eines zivilrechtlichen Unterlassungsanspruchs für den Fall, dass auf Einzelpersonen Druck ausgeübt wird.

§ 25 (Wahlanfechtung)

Mindestens drei Wahlberechtigte, jede in der Dienststelle vertretene Gewerkschaft oder der Leiter der Dienststelle können binnen einer Frist von zwölf Arbeitstagen, vom Tag der Bekanntgabe des Wahlergebnisses an gerechnet, die Wahl beim Verwaltungsgericht anfechten, wenn gegen wesentliche Vorschriften über das Wahlrecht, die Wählbarkeit oder das Wahlverfahren verstoßen worden und eine Berichtigung nicht erfolgt ist, es sei denn, dass durch den Verstoß das Wahlergebnis nicht geändert oder beeinflusst werden konnte.

Entsprechende landesgesetzliche Regelungen:

Baden-Württemberg: § 25; Bayern: Art. 25; Berlin: § 22; Brandenburg: § 25; Bremen: § 21; Hamburg: § 26; Hessen: § 22; Mecklenburg-Vorpommern: § 18; Niedersachsen: § 21; Nordrhein-Westfalen: § 22; Rheinland-Pfalz: § 19; Saarland: § 25; Sachsen: § 25; Sachsen-Anhalt: § 27; Schleswig-Holstein: § 18; Thüringen: § 25.

1. Begriffsbestimmungen

a) Anfechtung der Personalratswahl: Die gesamte Wahl bzw. die Wahl in einer Gruppe kann angefochten werden mit dem Ziel, die Wahl für ungültig zu erklären und damit Neuwahlen erforderlich zu machen.

b) Nichtigkeit: Nichtigkeit einer Personalratswahl braucht nicht im Rahmen eines besonderen verwaltungsgerichtlichen Verfahrens festgestellt zu werden. Sie ist in besonders eklatanten Ausnahmefällen gegeben, z.B. bei einer Wahl ohne Wahlvorstand.

c) Wesentliche Wahlvorschriften: Alle Mussvorschriften, die in der Wahlordnung enthalten sind.

d) Berichtigung eines Verstoßes: Eine Wahlanfechtung ist nicht möglich, wenn der Wahlvorstand unter den nach der Wahlordnung bestimmten Voraussetzungen eine Korrektur des Wahlergebnisses vorgenommen hat, z.B. im Fall einer unrichtigen Verteilung der Personalratssitze auf die Gruppen.

e) Möglichkeit der **Beeinflussung des Wahlergebnisses**: der konkrete Verfahrensverstoß muss es nach der Lebenserfahrung wahrscheinlich sein lassen, dass das Wahlergebnis beeinflusst worden ist.

2. Erläuterungen

a) Die **Voraussetzungen für die Wahlanfechtung** sind in § 25 abschließend geregelt. Nach Fristablauf erhält die fehlerhaft gewählte Personalvertretung den Rechtsschein eines ohne Fehler gewählten Gremiums.

b) Es müssen **wesentliche Vorschriften** verletzt worden sein. Daher genügt nicht die Verletzung bloßer Ordnungsvorschriften (z.B. wenn es nicht gelungen ist, den Personalrat aus Vertretern der verschiedenen Beschäftigungsarten zusammenzusetzen oder wenn im Personalrat die Geschlechter nicht entsprechend dem Zahlenverhältnis vertreten sind, § 17 Abs. 6, 7).

c) Ein **Rechtsschutzbedürfnis** für eine Wahlanfechtung besteht nur so lange, wie eine Berichtigung des Verstoßes nicht erfolgt ist.

d) Liegt ein erheblicher, nicht berichtigter Verstoß vor, dann spricht zunächst eine Vermutung dafür, dass durch ihn das Wahlergebnis beeinflusst oder geändert worden sein kann. Eine nur **denkbare Möglichkeit** scheidet in diesem Zusammenhang aus, wenn sie nach der Lebenserfahrung vernünftigerweise nicht in Betracht zu ziehen ist. Eine Wahlanfechtung kommt daher nicht in Betracht, wenn feststeht, dass aufgrund eines bestimmten Sachverhalts das Wahlergebnis objektiv weder geändert noch beeinflusst werden konnte.

e) Die **Anfechtungsfrist** endet mit Ablauf des 12. Arbeitstages nach der Bekanntgabe des Wahlergebnisses (§ 188 Abs. 1 BGB). Folgt beispielsweise die Bekanntgabe an einem Freitag, so beginnt der Lauf der Frist an dem darauffolgenden Montag um 0.00 Uhr und endet, soweit keine gesetzlichen Feiertage folgen, am Dienstag der übernächsten Woche um 24.00 Uhr. Spätestens an diesem Tag muss die Anfechtung entweder schriftlich oder zu Protokoll der Geschäftsstelle des Verwaltungsgerichts erklärt sein. Unschädlich ist dabei, dass die Einreichung des Antrags bei einem örtlich unzuständigen Gericht erfolgt.

f) Bei einer erfolgreichen Anfechtung muss die Wahl wiederholt werden. Die erforderlich werdende Wahl ist keine **Neuwahl**, sondern die fehlerfreie Nachholung der ungültigen Wahl. Die bisherige Personalvertretung, nicht die, deren Wahl erfolgreich angefochten worden ist, ist für die Bestellung des neuen Wahlvorstands zuständig.

g) Die nach **Rechtskraft der Entscheidung** ungültig gewählte Personalvertretung führt die laufenden Geschäfte nicht weiter. Es beginnt somit eine vertretungslose Zeit bis zum Beginn der Amtszeit der neu zu wählenden Personalvertretung. Anders ist die Rechtslage bei einer erfolgreichen Anfechtung der Wahl einer Gruppe. Ein Nachrücken von Ersatzmitgliedern kommt nicht in Betracht. Dagegen nimmt der „Restpersonalrat" die Interessen auch der Gruppe wahr, deren Wahl aufgrund einer Wahlanfechtung für ungültig erklärt worden ist.

3. Fälle aus der Rechtsprechung

a) Nach **Ablauf der Anfechtungsfrist** erhält eine fehlerhaft gewählte Personalvertretung den Rechtsschein eines ohne Fehler gewählten Gremiums. Es besteht daher auch keine Möglichkeit mehr zur gerichtlichen Nachprüfung der Wahl (BVerwG v. 13.5.1987, PersV 1988, 401). Von der Anfechtbarkeit einer Personalratswahl ist die **Nichtigkeit** zu unterscheiden. Eine Personalratswahl ist nur dann nichtig, wenn gegen allgemeine Grundsätze einer ordnungsgemäßen Wahl in so hohem Maße verstoßen worden ist, dass auch der Anschein einer gesetzmäßigen Wahl nicht mehr vorliegt (z.B. Fehlen eines Wahlvorstands, OVG Münster v. 10.2.1999, ZfPR 2000, 11). Die Geltendmachung der Nichtigkeit der Wahl ist an keine Fristen gebunden. Beschlüsse bzw. Handlungen der durch eine nichtige Wahl gewählten Personalvertretung sind als von Anfang an unwirksam anzusehen (BVerwG v. 18.1.1990, ZfPR 1990, 113; VGH Bayern v. 24.10.2006, PersV 2007, 449).

b) Wenn die zwingenden Bestimmungen der §§ 13, 14, 15, 19ff. verletzt werden, z.B. also nicht wählbare Beschäftigte als Wahlkandidaten zugelassen und umgekehrt wählbare Beschäftigte nicht zugelassen werden, so liegt ein **Verstoß gegen wesentliche Vorschriften** über die Wählbarkeit vor (BVerwG v. 21.7.2009, PersV 2009, 413). Wenn ein Wahlvorstand die Wählbarkeit eines gekündigten Arbeitnehmers, der Kündigungsschutzklage erhoben hat, ausschließt, dann ist das ein wesentlicher Verstoß gegen Wahlvorschriften (vgl. für das BetrVG: BAG v. 14.5.1997, BAGE 85 370).

c) Die **Nichtzulassung eines gültigen Wahlvorschlags** (OVG Koblenz v. 4.12.1956, ZBR 1957, 150), die Rückgabe eines fehlerhaften Wahlvorschlags durch den Wahlvorstand an einen anderen als den Listenvertreter (BVerwG v. 27.11.1959, BVerwGE 9, 357 = PersV 1960, 18), die Nichteinhaltung der im Wahlausschreiben festgelegten Zeit für die Stimmabgabe (OVG Lüneburg v. 9.1.1962, ZBR 1962, 60), die vorzeitige Vernichtung von Freiumschlägen für die schriftliche Stimmabgabe (OVG Münster v. 24.6.1970, ZBR 1971, 62) sowie das nachträgliche Streichen und Ändern in ordnungsgemäßen Wahlvorschlagslisten (BVerwG v. 8.11.1957, BVerwGE 5, 348) sind als Vorstoß gegen wesentliche Wahlvorschriften angesehen worden. Gleiches gilt bei Gewährung der Einsichtnahme in das Wählerverzeichnis mit Stimmabgabevermerken während des noch laufenden Wahlvorgangs und der auf diese Weise vorgenommenen Feststellung, welche Beschäftigten noch nicht gewählt haben (vgl. für das BetrVG: BAG v. 6.12.2000, Leits. ZBVR 2001, 37). Eine **falsche Berechnung der Zahl** der in der Regel Beschäftigten und eine dadurch bedingte Wahl einer zu großen Personalvertretung ist ebenfalls als ein Wahlrechtsverstoß anzusehen (OVG Münster v. 15.4.2003, ZfPR 2004, 12). Darüber hinaus: Veränderung der Reihenfolge der Bewerber eines bereits eingereichten Wahlvorschlags (VG Meiningen v. 1.3.2000, PersV 2001, 135); mündliche Bekanntgabe einer Nachfrist für die Einreichung von Wahlvorschlägen (VG Potsdam v. 22.1.2003, ZfPR 2004, 15); Aushändigung von Briefwahlunterlagen ohne entsprechende Anforderung, Überbringung von Briefwahlunterlagen durch Wahlbewerber und nach Stimmabgabe sofortiges Einsammeln der in Anwesenheit der Wahlbewerber ausgefüllten Unterlagen (OVG Münster v. 31.3.2006, ZfPR 2008, 17).

d) Dagegen wurden **nicht als Verstoß gegen wesentliche Wahlvorschriften** angesehen: Bekanntgabe der Namen der Unterzeichner eines Wahlvorschlags durch den Wahlvorstand (BVerwG v. 8.11.1957, BVerwGE 5, 348), die Rücksendung des Stimmzettels bei schriftlicher Stimmabgabe statt auf dem Postweg durch einen zuverlässigen Boten (BVerwG v. 6.2.1959, BVerwGE 8, 144), die Zurückweisung eines Wahlvorschlags wegen nicht ausreichender Zahl von Unterschriften, wenn ein Teil der zunächst in ausreichender Zahl vorhandenen Unterschriften vor Einreichung des Wahlvorschlags gegenüber dem Wahlvorstand zurückgenommen worden war (BVerwG v. 5.2.1971, BVerwGE 37, 162). Wirkt sich ein Wahlverstoß lediglich auf die Reihenfolge der Ersatzmitglieder aus, so wird dadurch das Wahlergebnis nicht beeinflusst, so dass die Voraussetzungen für eine Wahlanfechtung nicht gegeben sind (BAG v. 23.2.2001, Leits. ZfPR 2004, 47). Ebenso wenig liegt ein Wahlverstoß dann vor, wenn alle Personalratsmitglieder **„aus Solidarität"** mit einem gerichtlich ausgeschlossenen Mitglied **zurücktreten** und sodann bei einer nachfolgenden Wahl kandidieren (BVerwG v. 7.5.2003, ZfPR 2003, 229 n. Anm. Ilbertz).

e) Wenn im **Zeitpunkt der Wahl** ein Mangel des aktiven und passiven Wahlrechts bestand, so wird dieser Mangel durch den späteren Erwerb nicht geheilt; denn für die Frage, ob bei der Wahl Verstöße gegen wesentliche Vorschriften des Wahlrechts, der Wählbarkeit und des Wahlverfahrens vorgekommen sind, ist auf die bei der Durchführung der Wahl bestehende Sach- und Rechtslage abzustellen (BVerwG v. 23.10.1970, PersV 1971, 141).

f) Wenn ein erheblicher, nicht berichtigter Verstoß vorliegt, dann spricht zunächst eine Vermutung dafür, dass durch ihn das **Wahlergebnis beeinflusst oder geändert** worden sein kann. Der Antragsgegner muss dann das Gegenteil beweisen (BVerwG v. 4.6.1959, ZBR 1959, 437; BVerwG v. 23.9.1966, BVerwGE 25, 120 = PersV 1966,

276). Nach den gegebenen Umständen des einzelnen Falls muss nicht nur eine theoretische, nur denkbare, aber unwahrscheinliche (OVG Berlin-Brandenburg v. 7.10.2010, Leits. ZfPR 2012, 8), sondern zumindest eine nach der allgemeinen Lebenserfahrung konkrete und nicht ganz fernliegende Möglichkeit oder Wahrscheinlichkeit gegeben sein, dass der beanstandete Verstoß auf das Wahlergebnis von Einfluss ist oder sein kann (BVerwG v. 21.7.2009, PersV 2009, 413). Eine Wahlanfechtung ist daher immer nur dann ausgeschlossen, wenn feststeht, dass auf Grund eines bestimmten Sachverhalts das Wahlergebnis objektiv weder geändert noch beeinflusst werden konnte (VGH Hessen v. 24.10.2002, PersV 2003, 414). Diejenigen, die eine Personalratswahl anfechten, tragen die (objektive) **Beweislast** dafür, dass gegen wesentliche Vorschriften über das Wahlrecht, die Wählbarkeit oder das Wahlverfahren verstoßen worden ist. Wenn ein derartiger Verstoß feststeht, greift die Vermutung ein, dass durch den Verstoß das Wahlergebnis geändert oder beeinflusst werden konnte (OVG Münster v. 27.11.1997, Leits. ZfPR 1998, 91; vgl. auch Anm. 3q). Ein Verwaltungsgericht darf aber nicht ohne erkennbaren und aktenkundigen Anlass Wahlunterlagen mit dem Ziel „beiziehen, um nach Gründen zu forschen, aus denen sich die Ungültigkeit der Wahlergebnisse ergeben könnte" (OVG Berlin-Brandenburg v. 7.10.2010, Leits. ZfPR *online* 2/2012, S. 24).

g) Die **Anfechtungsfrist beginnt** am ersten Arbeitstag nach der Bekanntgabe des Wahlergebnisses (VG Düsseldorf v. 30.7.1956, PersV 1958/59, 41). Innerhalb der Anfechtungsfrist muss jeder Antragsteller darlegen, aus welchen Gründen gegen wesentliche Vorschriften über das Wahlrecht, die Wählbarkeit oder das Wahlverfahren verstoßen worden sein soll. Die Nachprüfung ist auf das zu beschränken, was durch das in der Begründung des Wahlanfechtungsantrags **fristgerecht Vorgebrachte** veranlasst ist (OVG Münster v. 11.9.1997, ZfPR 1999, 23). Wichtig ist in jedem Fall, dass die Begründung für die Wahlanfechtung innerhalb der Frist von zwölf Arbeitstagen erfolgt (OVG Mecklenburg-Vorpommern v. 23.4.2003, ZfPR 2004, 43). Die Frist endet mit Ablauf des 12. Arbeitstages nach dem Tag der Bekanntgabe; dabei werden die Wochentage Montag bis Freitag mit Ausnahme der gesetzlichen Feiertage als Arbeitstage angesehen (BVerwG v. 23.10.2003, ZfPR 2004, 3).

h) Eine Wahlanfechtung dient der im allgemeinen Interesse liegenden Überprüfung der Ordnungsmäßigkeit der Wahl, nicht der Entscheidung über Rechte der einzelnen Personalratsmitglieder oder der Wahlberechtigten (BVerwG v. 21.7.2009, PersV 2009, 413). Wahlberechtigte **Vertreter einer Gruppe** sind auch dann hinsichtlich der Wahlanfechtung, die auf eine Gruppe bezogen ist, **anfechtungsberechtigt**, wenn sie nicht selbst dieser Gruppe angehören. Sie haben nämlich ein Interesse daran, dass alle Mitglieder der Personalvertretung ordnungsgemäß gewählt worden sind (BVerwG v. 7.7.1961, ZBR 1962, 21). Die Wahlanfechtung kann auf die Wahl der **Vertreter einzelner Gruppen** gerichtet werden, falls der Fehler sich bei der Wahl auf die Gruppe beschränkt (VG Dresden v. 1.8.2007, Leits. ZfPR 2008, 18). Wenn die **Wahl einer Gruppe** erfolgreich angefochten worden ist, dann bleibt diese Gruppe ohne Vertretung im Personalrat. Für ein Nachrücken von Ersatzmitgliedern der Gruppe besteht keine gesetzliche Grundlage (BVerwG v. 11.10.2010, PersR 2011, 33).

i) Wenn drei Wahlberechtigte die Wahl anfechten, so müssen sie auch noch zum Zeitpunkt der begehrten gerichtlichen Entscheidung zur Wahlanfechtung befugt sein und die Wahlanfechtung auch tatsächlich betreiben; denn andernfalls hätte die Wahl- anfechtung nicht mehr den vom Gesetz vorgesehenen Rückhalt in der Gemeinschaft der Beschäftigten (BVerwG v. 8.2.1982, PersV 1983, 63). Dagegen schadet es nicht, wenn im Verlauf des Wahlanfechtungsverfahrens bei einem der die Wahl anfechten- den Beschäftigten ein Verlust der Wahlberechtigung für künftige Wahlen eintritt; denn die **Wahlanfechtung dient** nicht dem Einzelinteresse, sondern **dem Allgemeininteresse** an der Ordnungsmäßigkeit der Wahl der Personalvertretung (BVerwG v. 27.4.1983, BVerwGE 67, 145 = ZBR 1984, 81).

j) Die **Wahl eines einzelnen Personalratsmitglieds** kann nicht angefochten werden, da die Wahl eines einzelnen nicht aus dem Gesamtwahlvorgang ausgeklammert wer- den kann (BVerwG v. 8.6.1962, BVerwGE 14, 241; BVerwG v. 7.11.1975, ZBR 1976, 228; vgl. für den Fall der Nichtzulassung eines einzigen Wahlberechtigten, soweit nicht weitere Anhaltspunkte für eine Beeinflussung des Wahlergebnisses vorliegen: BVerwG v. 26.1.2008, PersR 2009, 267). Statt einer Wahlanfechtung kommt auch eine **Berichtigung des Wahlergebnisses** in Betracht. Dies setzt voraus, dass durch die Berichtigung die Ordnungsmäßigkeit des Wahlverfahrens nicht beeinträchtigt wird. Dies ist u.a.dann nicht der Fall, wenn bei einer sonst ordnungsgemäß durchgeführten Wahl das Ergebnis lediglich falsch berechnet oder bei der Verteilung der Personalratssitze nicht die richtige Gruppenstärke ermittelt worden ist. Dagegen ist eine Berichtigung des Wahlergebnisses durch den Wahlvorstand dann nicht zulässig, wenn im Wahlausschreiben eine zu niedrige Zahl der zu wählenden Mitglieder festgelegt worden war; denn die Größe der zu wählenden Personalvertretung ist für den Verlauf der Wahl von wesentlicher Bedeutung. Es ist nicht auszuschließen, dass bei der ordnungsgemäßen Wahl einer größeren Personalvertretung die Wahl anders verlaufen wäre. Dies gilt auch, wenn die Wahl nach den Grundsätzen der Verhältniswahl erfolgt, z.B. bei falscher Errechnung der Verteilung der Personalratssitze auf die Gruppen im Wahlausschreiben (OVG Münster v. 10.2.1999, PersR 1999, 313).

k) Die Teilnahme von Gewerkschaftsbeauftragten an Sitzungen des Wahlvorstands schließt eine **Wahlanfechtung durch die Gewerkschaft** selbst nicht aus (VG München v. 4.1.1982 – M 2159 XIV a 79, n.v.). Die in der Dienststelle vertretenen Gewerkschaften sind nicht berechtigt, die **Wahl der Schwerbehindertenvertretung** anzufechten (BAG v. 29.7.2009, ZfPR 2011, 3). Die den Gewerkschaften zustehenden Befugnisse im Bereich der Personalvertretung sind ausdrücklich und abschließend gesetzlich geregelt. Über diesen Rahmen hinaus können die Befugnisse nicht im Wege der Analogie erweitert werden (BVerwG v. 16.12.2010, ZfPR *online* 1/2011, S. 10). Darüber hinaus können die Befugnisse nicht im Wege der Analogie erweitert werden (BVerwG v. 13.7.2011, ZfPR *online* 10/2011, S. 11).

l) Der **Personalvertretung** selbst steht **kein Anfechtungsrecht** zu, da der Gesetzgeber der Interessenvertretung der Beschäftigten ein solches Recht nicht zuerkannt hat (BVerwG v. 17.3.1983, ZBR 1983, 178).

m) Der **Einspruch gegen ein Wählerverzeichnis** nach § 3 WO ist nicht Voraussetzung für eine Wahlanfechtung (BVerwG v. 21.7.2009, PersV 2009, 413).

n) Zu den wesentlichen Vorschriften über die Wahl gehört die **Öffentlichkeit der Wahlhandlung und der Stimmenauszählung**. Der Wahlvorstand kann daher einen von einer Gewerkschaft beauftragten Wahlbeobachter nicht aus dem Wahlraum weisen. Wenn aber eine Wahlanfechtung auf ein solches Vorgehen eines Wahlvorstands gestützt werden soll, dann kann sie nur erfolgreich sein, wenn durch die Anwesenheit das Wahlergebnis hätte geändert oder beeinflusst werden können (OVG Münster v. 3.6.1980, RiA 1981, 178). Die Sitzung, in der der Wahlvorstand das Wahlergebnis ermittelt und feststellt, muss über ihre gesamte Zeitdauer öffentlich zugänglich sein (VG Karlsruhe v. 30.7.2010, Leits. ZfPR 2011, 43). Bei einer Briefwahl müssen daher Freiumschläge in einer öffentlichen Sitzung geöffnet werden (vgl. für das BetrVG: BAG v. 10.7.2013, ZfPR *online* 12/2013, S. 18).

o) Alle an einer Personalratswahl Beteiligten haben Anspruch auf Durchführung eines ordnungsgemäßen Wahlverfahrens. Deshalb ist es nicht zumutbar und auch im Interesse einer wirtschaftlichen und effizienten Personalratswahl nicht zu vertreten, wahlberechtigte Beschäftigte bzw. eine an der Wahl teilnehmende Gewerkschaft auf die **spätere Möglichkeit der Wahlanfechtung** zu verweisen, wenn bereits im Vorfeld Bedenken gegen die Ordnungsmäßigkeit des Wahlverfahrens bestehen und wenn durch eine vorherige Anrufung des Verwaltungsgerichts im Wege einer **einstweiligen Verfügung** eine Klärung herbeigeführt werden kann (VGH Bayern v. 27.2.2002, PersR 2003, 121; vgl. auch für das BetrVG: LAG Hamm v. 18.9.1996, BB 1996, 2622). Allerdings ist Voraussetzung, dass schon aufgrund der im Verfahren des vorläufigen Rechtschutzes anzustellenden summarischen Prüfung der Erfolgsaussichten bei Anlegung eines strengen Maßstabs der Antrag erfolgreich sein und zur Beseitigung eines offensichtlichen Fehlers führen wird, darüber hinaus, dass der Antrag ein ordnungsgemäßes Wahlverfahren gewährleistet und die Aufhebung sowie die Wiederholung der Wahl vermeidet (VGH Baden-Württemberg v. 24.2.2005, PersV 2005, 435 = Leits. ZfPR 2005, 105). Der **Abbruch oder die Untersagung der weiteren Durchführung einer laufenden Personalratswahl** kommt aber nicht bereits in den Fällen der ersichtlich drohenden Anfechtbarkeit, sondern vielmehr nur dann in Betracht, wenn für das Gericht bereits zuverlässig feststellbar ist, dass die vorgesehene Wahl nichtig sein wird (vgl. für das BetrVG: LAG Baden-Württemberg v. 20.5.1998, AiB 1998 401; vgl. auch Anm. 4a).

p) Der **Rücktritt der Mehrheit der Personalratsmitglieder „aus Solidarität"** mit einem ausgeschlossenen Mitglied stellt keinen Verstoß gegen wesentliche personalvertretungsrechtliche Vorschriften dar, so dass die anschließende Wahl insoweit nicht mit Fehlern behaftet ist; eine erneute Kandidatur der betroffenen Personalratsmitglieder ist zulässig (BVerwG v. 7.5.2003, ZfPR 2003, 229).

q) Aufgrund des im Beschlussverfahren geltenden **Offizialprinzips** hat ein Gericht „auch solche Anfechtungsgründe zu berücksichtigen, die erst nachträglich geltend gemacht oder vom Gericht festgestellt werden" (BVerwG v. 7.7.1961, ZBR 1962, 21; BVerwG v. 12.1.1962, PersV 1962, 66). Soweit ein Antragsteller in seiner Antragsschrift grundsätzlich tragfähige Wahlanfechtungsgründe geltend macht, sind die Gerichte zur Prüfung auch anderer, bisher nicht gerügter Wahlrechtsverstöße berechtigt (BVerwG v. 28.5.2009, PersV 2009, 383). Es kann aber nicht Pflicht der Gerichte sein, z.B. in einem Wahlanfechtungsverfahren nach allen Gründen zu forschen, aus denen sich die Ungültigkeit des Wahlergebnisses ergeben könnte. Wenn ein Antragsteller in der Antragschrift im Grundsatz tragfähige Wahlanfechtungsgründe geltend gemacht hat, so genügt dies in verfahrensrechtlicher Hinsicht, um dem Verwaltungsgericht die **Befugnis zur Prüfung auch ungerügter Wahlrechtsverstöße** zu eröffnen (BVerwG v. 28.5.2009, PersV 2009, 383 = Leits. ZfPR 2009, 111; vgl. auch Anm. 3f).

r) Die Feststellung des Verwaltungsgerichts, dass die Personalratswahl ungültig ist, hat zur Folge, dass die Personalratsmitglieder sich mit **Rechtskraft der Entscheidung** nicht mehr im Amt befinden. Die Entscheidung hat also keine rückwirkende Kraft, so dass die inzwischen gefassten Beschlüsse wirksam bleiben (BVerwG v. 13.6.1969, BVerwG 32, 182).

s) Eine erfolgreiche Anfechtung hat zur Folge, dass die **Personalratswahl** in allen ihren Entwicklungsstadien **wiederholt** werden muss. Es handelt sich dabei nicht um eine Neuwahl, sondern um die Nachholung einer ungültig durchgeführten Wahl. Daher verbleibt es auch bei der bisherigen Sitzverteilung, der Stärke der Personalvertretung etc. (BVerwG v. 13.6.1966, aaO). Wird eine wegen erfolgreicher Wahlanfechtung für ungültig erklärte Personalratswahl wiederholt, so dürfen zwischenzeitlich neu eingestellte wahlberechtigte Beschäftigte nicht an der Wiederholungswahl teilnehmen; Beschäftigte, die seit der angefochtenen Wahl die Gruppen gewechselt haben, sind bei der Wiederholungswahl für ihre frühere Gruppe wahlberechtigt (BVerwG v. 15.2.1994, ZfPR 1994, 84). Das Bundesverwaltungsgericht hat allerdings eine Wiederholungswahl alleine auf der Grundlage der für die erfolgreich angefochtene Wahl geltenden Bedingungen nur dann für angemessen angesehen, wenn die (neue) Wahl binnen sieben Monaten nach der ungültigen Wahl stattfindet. Falls aber die angefochtene Wahl länger als sieben Monate zurückliegt, muss erneut das gesamte Wahlverfahren entsprechend der aktuellen Verhältnisse in einer Dienststelle neu eingeleitet und abgewickelt werden (BVerwG v. 19.12.2006, PersV 2007, 363 = ZfPR *online* 3/2007, S. 2).

t) Ist die **Wahl einer Gruppe** erfolgreich angefochten, so hat dies auf die Wahl der Vertreter der anderen Gruppe keinen Einfluss (BVerwG v. 19.12.2006, ZfPR *online* 3/2007, S. 2). Für das Nachrücken von Ersatzmitgliedern besteht keine gesetzliche Grundlage (BVerwG v. 11.10.2010, ZfPR *online* 2/2011, S. 2).

u) Alle mit der Einleitung und Durchführung der Wahl sowie mit der gerichtlichen Überprüfung des Wahlergebnisses verbundenen Kosten sind von der Dienststelle zu erstatten (BVerwG v. 11.10.2010, ZfPR *online* 2/2011, S. 2). Die **außergerichtlichen Kosten des Antragstellers** eines Wahlanfechtungsverfahrens gehören ebenfalls zu den nach § 44 Abs. 1 zu erstattenden Kosten, weil auch die Wahlanfechtung mit der Tätigkeit der Personalvertretung in Zusammenhang steht (BVerwG v. 29.8.2000, ZfPR 2000, 327). Eine Kostenerstattung scheidet nur für den Fall aus, dass „die Rechtsverfolgung von vornherein aussichtslos war oder mutwillig betrieben wurde" (BVerwG v. 11.10.2010, aaO).

v) Wenn einer **Personalvertretung** als Beteiligter **außergerichtliche Kosten** entstehen, so sind dies „durch die Tätigkeit des Personalrats" verursachte Kosten, die von der Dienststelle zu erstatten sind (BVerwG v. 6.3.1959, BVerwGE 9, 249).

4. Streitigkeiten

a) Eine Personalvertretung kann ihren **Vorsitzenden bevollmächtigen**, sie in allen personalvertretungsrechtlichen Angelegenheiten zu vertreten. Darin eingeschlossen ist auch die Befugnis zur Einleitung eines Wahlanfechtungsverfahrens (BVerwG v. 11.10.2013, PersV 2014, 25).

b) Die Verwaltungsgerichte entscheiden Streitigkeiten über die **Gültigkeit einer Personalratswahl** etc. nach § 83 Abs. 1 Nr. 2. In ein **laufendes Wahlverfahren** kann im Wege einer **einstweiligen Verfügung** ausnahmsweise dann eingegriffen werden, wenn in so erheblichem Maße gegen wesentliche Wahlgrundsätze verstoßen worden ist, dass die weitere Durchführung unzumutbar wird (VG Mainz v. 13.6.2007, PersV 2007, 451). Das ist u.a. dann der Fall, wenn nicht einmal der Anschein einer dem Gesetz entsprechenden Wahl besteht, die Wahl also vorrassichtlich nichtig sein wird (BVerwG v. 14.4.2008, ZfPR *online* 6/2008, S. 4).Das Begehren des Antragstellers muss allerdings schon aufgrund der im Verfahren des vorläufigen Rechtschutzes anzustellenden summarischen Prüfung der Erfolgsaussichten bei Anlegung eines strengen Maßstabs erkennbar Erfolg haben (VGH Baden-Württemberg v. 24.2.2005, PersV 2005, 435 = Leits. ZfPR 2005, 105; vgl. aber auch: BVerwG v. 14.4.2008, aaO).

c) Im Rahmen des § 25 können **Wahlen innerhalb der Personalvertretung** (Beispiel: Wahl des Vorsitzenden) nicht angefochten werden, da sich diese Vorschrift ausschließlich auf die Urwahlen zur Personalvertretung bezieht (BVerwG v. 3.10.1958, ZBR 1958, 379 = PersV 1958/59, 42).

d) Örtlich zuständig ist jeweils das Verwaltungsgericht, in dessen Bezirk die Dienststelle liegt.

5. Abweichende Regelungen des Landesrechts

Nach den meisten Landespersonalvertretungsgesetzen beträgt die Anfechtungsfrist entweder 14 Tage oder zwei Wochen. Vielfach gibt es auch Sonderregelungen über die Wahrnehmung von Befugnissen und Pflichten des Personalrats oder einer Gruppe nach erfolgreicher Anfechtung der Wahl.

Zweiter Abschnitt
Amtszeit des Personalrats

§ 26 (Beginn und Dauer der Amtszeit)

Die regelmäßige Amtszeit des Personalrats beträgt vier Jahre. Die Amtszeit beginnt mit dem Tag der Wahl oder, wenn zu diesem Zeitpunkt noch ein Personalrat besteht, mit dem Ablauf seiner Amtszeit. Sie endet spätestens am 31. Mai des Jahres, in dem nach § 27 Abs. 1 die regelmäßigen Personalratswahlen stattfinden.

Entsprechende landesgesetzliche Regelungen:

Baden-Württemberg: § 26 Abs. 1; Bayern: Art. 26 Abs. 1, 2, 4; Berlin: § 23; Brandenburg: § 26; Bremen: § 23; Hamburg: § 27; Hessen: § 23; Mecklenburg-Vorpommern: § 19; Niedersachsen: § 22; Nordrhein-Westfalen: § 23; Rheinland-Pfalz: § 20; Saarland: § 26; Sachsen: § 26; Sachsen-Anhalt: § 25; Schleswig-Holstein: § 19; Thüringen: § 26.

1. Begriffsbestimmungen

a) Regelmäßige Amtszeit: Allgemein für alle Personalvertretungen geltende Amtsdauer von vier Jahren. Wenn die Voraussetzungen des § 27 Abs. 2 gegeben sind, kann diese allgemeine Amtszeit verkürzt sein.

b) Beginn der Amtszeit: Der Tag, der mit dem letzten Tag der Stimmabgabe identisch ist. Dies gilt für die Fälle, in denen keine Personalvertretung im Amt ist. Ist aber eine Personalvertretung im Amt, so beginnt die Amtszeit mit dem Tag nach Ablauf der Amtszeit des bis dahin amtierenden Personalrats.

2. Erläuterungen

a) Die sich aus dem Personalvertretungsrecht ergebenden Rechte stehen bis zum Ablauf der Amtszeit der noch im Amt befindlichen Personalvertretung, nicht aber der neugewählten Personalvertretung zu. Der neugewählte Personalrat kann daher noch nicht nach außen hin tätig werden. Wohl aber kann er bereits **vorbereitende Handlungen** für die Durchführung seiner späteren Amtsgeschäfte aufnehmen, wie z.B. die Wahl des Vorstands.

b) Die **Amtszeit** eines Personalrats **endet** auch dann, wenn eine neue Wahl noch nicht durchgeführt worden ist. Die Wähler haben der Personalvertretung nämlich einen Auftrag nur für die allgemeine, regelmäßige Amtszeit von vier Jahren erteilt.

c) Die **Amtszeit** der Personalvertretung **kann vorzeitig** im Fall des § 27 Abs. 2 oder auch in dem Fall **enden**, dass sie wegen grober Verletzung ihrer gesetzlichen Pflichten aufgelöst worden ist (§ 28 Abs. 1). In diesem Fall ist eine Personalvertretung außerhalb des Wahlzeitraums zu wählen. Die Amtszeit richtet sich nach § 27 Abs. 5. Sie endet immer am 31.5. des Jahres, in dem die nächsten (§ 27 Abs. 5 Satz 2) bzw. die übernächsten (§ 27 Abs. 5 Satz 2) regelmäßigen Personalratswahlen stattfinden.

3. Fälle aus der Rechtsprechung

a) Handlungen einer Personalvertretung **nach Ablauf ihrer Amtszeit** sind selbst für den Fall, dass ein entsprechendes Einverständis des Dienststellenleiters vorliegt, rechtlich unwirksam. Infolgedessen kann sich jedermann auf das Nichtvorhandensein einer Personalvertretung und auf die entsprechenden rechtsunwirksamen Handlungen berufen (vgl. für das BetrVG: BAG v. 15.1.1974, PersV 1975, 36).

b) Ein **vorzeitiges Ende der Amtszeit** der Personalvertretung kommt auch für den Fall in Betracht, dass eine Dienststelle, bei der diese gebildet ist, aufgelöst oder in eine andere eingegliedert wird (BVerwG v. 20.2.1976, Dokumentar. Ber. 1976, 213). Dieses Problem wird im Zusammenhang mit Rationalisierungsmaßnahmen und der damit verbundenen Auflösung von Dienststellen akut.

c) Eine Dienststelle verliert ihre Selbständigkeit im personalvertretungsrechtlichen Sinn, wenn sie nicht mehr eine **organisatorische Einheit** ist, die einen selbständigen Aufgabenbereich hat und innerhalb der Verwaltungsorganisation verselbständigt ist. Somit endet auch die Amtszeit der Personalvertretung; denn die Existenz der Personalvertretung ist von der Existenz der Dienststelle abhängig (OVG Berlin v. 17.2.2000, ZfPR 2001, 109; OVG Münster v. 25.5.2005, ZfPR 2006, 10).

d) Wenn die Amtszeit der bisherigen Personalvertretung abläuft, so kann ein eingeleitetes **Verfahren**, das die Amtszeit der Personalvertretung betrifft, nicht mehr von dieser **fortgesetzt** werden (BVerwG v. 26.11.1997, ZfPR 1998, 86).

4. Streitigkeiten

Die Verwaltungsgerichte entscheiden im Beschlussverfahren nach § 83 Abs. 1 Nr. 2 über Streitigkeiten im Zusammenhang mit der Amtszeit der Personalvertretung, der Vertreter der nichtständig Beschäftigten und der Jugend- und Auszubildendenvertretung.

5. Abweichende Regelungen des Landesrechts

In den Ländern gibt es zum Teil unterschiedliche Amtszeiten für Personalvertretungen, in aller Regel aber sind es vier Jahre. Außerdem sind Beginn und Ende der Amtszeit abweichend geregelt.

§ 27 (Neuwahlen vor dem Ende der Amtszeit)

(1) Die regelmäßigen Personalratswahlen finden alle vier Jahre in der Zeit vom 1. März bis 31. Mai statt.

(2) Außerhalb dieser Zeit ist der Personalrat zu wählen, wenn

1. **mit Ablauf von vierundzwanzig Monaten, vom Tag der Wahl gerechnet, die Zahl der regelmäßig Beschäftigten um die Hälfte, mindestens aber um 50 gestiegen oder gesunken ist oder**
2. **die Gesamtzahl der Mitglieder des Personalrats auch nach Eintreten sämtlicher Ersatzmitglieder um mehr als ein Viertel der vorgeschriebenen Zahl gesunken ist oder**
3. **der Personalrat mit der Mehrheit seiner Mitglieder seinen Rücktritt beschlossen hat oder**
4. **der Personalrat durch gerichtliche Entscheidung aufgelöst ist oder**
5. **in der Dienststelle kein Personalrat besteht.**

(3) In den Fällen des Absatzes 2 Nr. 1 bis 3 führt der Personalrat die Geschäfte weiter, bis der neue Personalrat gewählt ist.

(4) Ist eine in der Dienststelle vorhandene Gruppe, die bisher im Personalrat vertreten war, durch kein Mitglied des Personalrats mehr vertreten, so wählt diese Gruppe neue Mitglieder.

(5) Hat außerhalb des für die regelmäßigen Personalratswahlen festgelegten Zeitraums eine Personalratswahl stattgefunden, so ist der Personalrat in dem auf die Wahl folgenden nächsten Zeitraum der regelmäßigen Personalratswahlen neu zu wählen. Hat die Amtszeit des Personalrats zu Beginn des für die regelmäßigen Personalratswahlen festgelegten Zeitraumes noch nicht ein Jahr betragen, so ist der Personalrat in dem übernächsten Zeitraum der regelmäßigen Personalratswahlen neu zu wählen.

Entsprechende landesgesetzliche Regelungen:

Baden-Württemberg: §§ 19, 26, 27; Bayern: Art. 26 Abs. 3, 27 Abs. 2, 3; Berlin: § 24; Brandenburg: § 27; Bremen: §§ 23 Abs. 2, 24; Hamburg: §§ 18, 27 Abs. 3 Satz 2; Hessen: §§ 15, 23, 24; Mecklenburg-Vorpommern: §§ 19 Abs. 2, 20; Niedersachsen: §§ 22, 23; Nordrhein-Westfalen: §§ 23 Abs. 1, 24; Rheinland-Pfalz: § 21; Saarland: §§ 23, 26; Sachsen: § 27; Sachsen-Anhalt: §§ 25, 26; Schleswig-Holstein: §§ 19 Abs. 2, 20; Thüringen: § 27.

1. Begriffsbestimmungen

a) Regelmäßige Personalratswahlen sind solche, die in dem üblichen Vierjahresrhythmus stattfinden.

b) Regelmäßig Beschäftigte: Diejenigen Beschäftigten, die über einen längeren Zeitraum in einer Dienststelle tätig sind (vgl. hierzu: § 12).

c) **Weiterführung der Geschäfte:** Sämtliche in den Zuständigkeitsbereich der Personalvertretung fallenden Geschäfte, insbesondere die Wahrnehmung der Beteiligungspflichten und die Bestellung eines Wahlvorstands zur Wahl einer neuen Personalvertretung.

2. Erläuterungen

a) Die regelmäßigen Personalratswahlen finden **in der Zeit vom 1. März bis 31. Mai** statt. Der konkrete Zeitpunkt der Wahl innerhalb dieses Zeitraums hängt vom Ablauf der ordentlichen Amtszeit der vorherigen Personalvertretung ab.

b) **Erster Wahltag** kann der 1. März, letzter Wahltag muss spätestens der 31. Mai sein. Wird bereits vor dem 1. März gewählt, so ist diese Wahl, falls die Voraussetzungen des Abs. 2 Nr. 1 bis 5 nicht gegeben sind, nichtig; es fehlt an einer entscheidenden Voraussetzung für die Wahl einer Personalvertretung. Dagegen ist eine nach dem 31. Mai durchgeführte Personalratswahl gültig.

c) Die Fälle, in denen eine **Neuwahl der Personalvertretung** erforderlich wird, sind in Abs. 2 abschließend aufgeführt. Dagegen wollte der Gesetzgeber nicht eine abschließende Aufzählung derjenigen Fälle vornehmen, die zu einer Beendigung der Amtszeit der Personalvertretung führen.

d) Eine **wesentliche Änderung des Personalbestands**, die zu einer Neuwahl führt, ist nur dann gegeben, wenn mit Ablauf von 24 Monaten, vom Tag der Wahl gerechnet, die Zahl der regelmäßig Beschäftigten, also nicht nur der Wahlberechtigten, um die Hälfte und mindestens um 50 gestiegen oder gesunken ist.

Beispiel:

Sind in einer Dienststelle regelmäßig 70 Personen beschäftigt und erhöht sich der Personalbestand um 37 Personen, so findet keine Neuwahl statt; eine Veränderung um mehr als die Hälfte ist zwar gegeben, nicht aber gleichzeitig auch eine Veränderung um mehr als 50 Beschäftigte.

e) Der Personalbestand muss sich **nach Ablauf von 24 Monaten** nach der Wahl geändert haben. Die Zahl der Beschäftigten muss beispielweise am 1. April 2010 (Wahltag) mit derjenigen am 1. April 2012 verglichen werden. Ist an diesem Tag keine Personalveränderung in dem gesetzlich vorgeschriebenen Rahmen eingetreten, sondern ergibt sich die Veränderung erst nach dem 1. April 2012, so bleibt sie ohne Wirkung. Eine Personalvertretung darf nicht neugewählt werden.

f) Eine **Neuwahl** ist auch dann durchzuführen, wenn die Gesamtzahl der Personalratsmitglieder um mehr als ein Viertel im Vergleich zu der bei der Wahl festgestellten Zahl der Personalratsmitglieder gesunken ist. Entscheidend ist selbstverständlich eine auf Dauer eingetretene Schrumpfung, so dass vorher sämtliche in Betracht kommenden Ersatzmitglieder bereits eingetreten sein müssen.

g) Für den Fall der Schrumpfung der Zahl der Personalratsmitglieder kommt es nicht auf einen bestimmten Zeitpunkt innerhalb der Amtszeit an. Es könnte daher beispielsweise auch eine **Neuwahl bereits kurz nach der gerade durchgeführten Personalratswahl** in dem Fall in Frage kommen, dass mehr als ein Viertel der gewählten Personalratsmitglieder das Amt nicht übernimmt.

h) Ein **Rücktrittsbeschluss** der Mehrheit (nicht also der gerade Anwesenden) der Personalratsmitglieder führt ebenfalls zu einer Neuwahl. Der Rücktritt einer Gruppe führt nur dann zu einer Neuwahl, wenn dadurch der Tatbestand des Abs. 2 Nr. 2 erfüllt ist.

i) Werden durch einen verwaltungsgerichtlichen Beschluss Personalratsmitglieder **wegen grober Pflichtverletzung aus dem Personalrat ausgeschlossen**, so findet nur dann eine Neuwahl statt, wenn dadurch die Gesamtzahl der Mitglieder der Personalvertretung nach Eintreten sämtlicher Ersatzmitglieder um mehr als ein Viertel der vorgeschriebenen Zahl gesunken ist.

j) Ist eine zwischenzeitlich neugewählte Personalvertretung zu Beginn des regelmäßigen Wahlzeitraums noch nicht **ein Jahr im Amt**, so ist sie erst in dem übernächsten Zeitraum der regelmäßigen Personalratswahlen neu zu wählen. Auf diese Weise dauert die Amtszeit ausnahmsweise länger als vier Jahre.

3. Fälle aus der Rechtsprechung

a) Der **Rücktrittsbeschluss** einer Personalvertretung **bedarf keiner Begründung**; denn die Personalvertretung hat einen weiten Ermessensspielraum für ihre Entscheidungen (BVerwG v. 26.11.1992, ZfPR 1993, 53; VG Frankfurt a.M. v. 25.7.2005, Leits. ZfPR 2006, 46). Ein Rücktrittsbeschluss ist unwiderruflich. Mit der wirksamen Beschlussfassung wird eine Änderung der Rechtslage bewirkt, die darin besteht, dass die Personalvertretung von diesem Zeitpunkt an nur noch geschäftsführend tätig ist (BayVGH v. 31.7.1985, PersV 1986, 516).

b) Die **Weiterführung der Geschäfte** durch die restlichen Personalratsmitglieder nach dem Rücktritt einzelner Mitglieder erfolgt selbst dann, wenn es zu einer Neuwahl wegen fehlender Wahlvorschläge nicht kommt. Infolgedessen kann auch ein einzelnes Personalratsmitglied die Geschäfte der Personalvertretung fortführen; denn ein Kollegium wird vom Gesetz nicht vorausgesetzt (vgl. für das BetrVG: LAG Düsseldorf v. 20.9.1974, DB 1975, 454).

c) Wenn die **Amtsniederlegung aller Mitglieder** und Ersatzmitglieder **einer Gruppe** dazu führt, dass die Gesamtzahl der Mitglieder der Personalvertretung um mehr als ein Viertel der vorgeschriebenen Zahl gesunken ist, dann ist zugleich der Tatbestand des Abs. 2 Nr. 2 erfüllt. Die Personalvertretung ist dann insgesamt neu zu wählen. Die Wahl der Vertreter nur der Gruppe, die durch Amtsniederlegung nicht mehr existent ist, wäre ein Verstoß gegen wesentliche Wahlvorschriften (BVerwG v. 18.3.1982, BVerwGE 65, 153 = PersV 1983, 71).

d) Wenn eine **Liste erschöpft** ist, dann ist ein Übergreifen auf eine andere Liste nicht zulässig. Eine solche Vorgehensweise würde dem Wählerwillen widersprechen. Das Eintreten von Ersatzmitgliedern kann daher nur innerhalb derselben Liste – und zwar innerhalb derselben Grüppe – erfolgen (BVerwG v. 19.2.2013, ZfPR *online* 4/2013, S. 15).

d) Nicht geregelt sind diejenigen Fälle, in denen eine Dienststelle aufgelöst oder in eine andere eingegliedert wird. Diese Fälle haben das **Erlöschen des Amtes** der bei der untergegangenen Dienststelle gebildeten Personalvertretung zur Folge, so dass eine Rechts- oder Funktionsnachfolge nicht stattfindet (BVerwG v. 13.6.1966, ZBR 1967, 284; OVG Münster v. 17.2.2000, ZfPR 2000, 277; OVG Münster v. 25.5.2005, ZfPR 2006, 10).

4. Streitigkeiten

Die Verwaltungsgerichte entscheiden nach § 83 Abs. 1 Nr. 2 und 3 über Streitigkeiten im Zusammenhang mit § 27.

5. Abweichende Regelungen des Landesrechts

Alle Landesgesetze enthalten umfassende Abweichungen. Es wird daher unbedingt empfohlen, die einzelnen Bestimmungen sorgfältig durchzuarbeiten.

§ 28 (Ausschluss aus dem Personalrat)

(1) Auf Antrag eines Viertels der Wahlberechtigten oder einer in der Dienststelle vertretenen Gewerkschaft kann das Verwaltungsgericht den Ausschluss eines Mitglieds aus dem Personalrat oder die Auflösung des Personalrats wegen grober Vernachlässigung seiner gesetzlichen Befugnisse oder wegen grober Verletzung seiner gesetzlichen Pflichten beschließen. Der Personalrat kann aus den gleichen Gründen den Ausschluss eines Mitglieds beantragen. Der Leiter der Dienststelle kann den Ausschluss eines Mitglieds aus dem Personalrat oder die Auflösung des Personalrats wegen grober Verletzung seiner gesetzlichen Pflichten beantragen.

(2) Ist der Personalrat aufgelöst, so setzt der Vorsitzende der Fachkammer des Verwaltungsgerichts einen Wahlvorstand ein. Dieser hat unverzüglich eine Neuwahl einzuleiten. Bis zur Neuwahl nimmt der Wahlvorstand die dem Personalrat nach diesem Gesetz zustehenden Befugnisse und Pflichten wahr.

Entsprechende landesgesetzliche Regelungen:

Baden-Württemberg: § 28; Bayern: Art. 28; Berlin: § 25; Brandenburg: § 28; Bremen: § 25; Hamburg: § 28; Hessen: § 25; Mecklenburg-Vorpommern: § 21; Niedersachsen: §§ 23, 24; Nordrhein-Westfalen: § 25; Rheinland-Pfalz: § 22; Saarland: § 27; Sachsen: § 28; Sachsen-Anhalt: § 27 Abs. 3 bis 6; Schleswig-Holstein: § 21; Thüringen: § 28.

1. Begriffsbestimmungen

a) In der Dienststelle vertretene Gewerkschaft: Eine Gewerkschaft muss mindestens einen der Beschäftigten in einer Dienststelle zu ihren Mitgliedern zählen.

b) Grobe Vernachlässigung der gesetzlichen Befugnisse: Eine ins Gewicht fallende Vernachlässigung der einem Personalratsmitglied übertragenen Aufgaben.

c) Grobe Verletzung gesetzlicher Pflichten: Ein bewusst gegen gesetzliche Pflichten gerichtetes Handeln.

2. Erläuterungen

a) Eine Vernachlässigung der gesetzlichen Befugnisse bzw. eine Verletzung gesetzlicher Pflichten ist im Rahmen dieser Vorschrift nur dann beachtlich, wenn **objektiv schwerwiegendes und subjektiv schuldhaftes Verhalten** feststellbar ist, das gleichzeitig ein mangelndes Pflichtbewusstsein erkennen lässt. Erforderlich ist nicht ein wiederholtes Tätigwerden in dieser Richtung. Vielmehr reicht ein einmaliger Pflichtenverstoß aus.

b) Auch ein **Ersatzmitglied**, das zur Vertretung eines ordentlichen Mitglieds herangezogen worden ist, kann wegen groben Pflichtverstoßes aus dem Personalrat (bzw. seiner Vertreterrolle) ausgeschlossen werden.

c) Auch die Personalvertretung kann **gegen ein eigenes Mitglied einen Ausschlussantrag** stellen. Zuvor muss sie einen entsprechenden Plenumsbeschluss herbeiführen. An der Abstimmung ist das betreffende Personalratsmitglied wegen Befangenheit nicht zu beteiligen. Verstößt ein Personalratsmitglied eindeutig und fortlaufend gegen seine personalvertretungsrechtlichen Pflichten, so hat die Personalvertretung nicht die Möglichkeit, durch Mehrheitsbeschluss dieses Mitglied mit sofortiger Wirkung an der Ausübung seiner Rechte zu hindern; denn auf diese Weise könnte sich die Personalvertretung u.a.auch unliebsamer Mitglieder entledigen (vgl. aber Anm. 3g).

d) Mit **Rechtskraft der Entscheidung** (Auflösung des Personalrats) verlieren die ordentlichen Mitglieder ihr Amt. Auch die Ersatzmitglieder haben keine Funktionen mehr. Die Wirkung der Entscheidung geht nur in die Zukunft, nicht in die Vergangenheit, so dass die von der Personalvertretung wahrgenommenen Handlungen gültig bleiben.

e) Der vom Gericht einzusetzende **Wahlvorstand** hat die Neuwahl einzuleiten. Das Gericht hat nicht nur die Aufgabe, den Wahlvorstand einzusetzen, es hat auch dessen Vorsitzenden zu bestimmen. Gegen die Entscheidung des Vorsitzenden der Fachkammer kann Beschwerde nach § 78 ArbGG eingelegt werden. Der Wahlvorstand nimmt gleichzeitig bis zur Neuwahl die geschäftsführenden Aufgaben der Personalvertretung wahr.

3. Fälle aus der Rechtsprechung

a) Der Ausschluss eines Mitglieds einer Personalvertretung ist nur dann möglich, wenn dieses Mitglied seine gesetzlichen Befugnisse grob vernachlässigt oder seine gesetzlichen Pflichten grob verletzt hat. „Grob" sind schwerwiegende, schuldhafte **Pflichtverletzungen**, die ein mangelndes Pflichtbewusstsein des Mitglieds erkennen lassen oder auf die gesetzmäßige Tätigkeit von nicht unbedeutendem Einfluss sein können (BVerwG v. 14.5.2014, PersV 2014, 312). Ein Pflichtverstoß ist zudem dann als grob anzusehen, wenn er „das Vertrauen in die künftige Amtsführung entweder zerstört oder aber schwer erschüttert hat" (BayVGH v. 26.4.2010, PersR 2010, 407 = ZfPR *online* 4/2011, S. 6). Gerade durch ein gerichtliches Verfahren sollte auch für andere Personalratsmitglieder erkennbar werden, welche Handlungen nicht geduldet werden können (so auch BVerwG v. 14.4.2004, ZfPR 2004, 229).

b) Nur in Ausnahmefällen kann eine **dienstrechtliche Verfehlung** auch als personalvertretungsrechtliche Pflichtverletzung angesehen werden, z.B. im Fall eines grob pflichtwidrigen Vorgehens eines Personalratsmitglieds gegenüber dem Leiter einer Dienststelle (BDH v. 20.12.1955, ZBR 1956, 226). Eine Pflichtverletzung eines Personalratsmitglieds kommt als Gegenstand einer **Abmahnung** dann in Betracht, wenn zumindest auch arbeitsvertragliche bzw. dienstrechtliche Pflichten verletzt worden sind. Umgekehrt ist, wenn das Verhalten zugleich eine Verletzung der Pflichten als Personalratsmitglied darstellt, eine Abmahnung wegen Verletzung seiner arbeitsvertraglichen bzw. dienstrechtlichen Pflichten nicht ausgeschlossen. Ein Personalratsmitglied ist, abgesehen von den Fällen der Arbeitsbefreiung wegen Personalratstätigkeit, ebenso zur Arbeitsleistung verpflichtet wie jeder andere Beschäftigte. Damit kann auch hinsichtlich der Zulässigkeit der Abmahnung insoweit kein Unterschied zu anderen Beschäftigten bestehen. Die Verpflichtung eines nicht freigestellten Personalratsmitglieds, sich beim Dienstvorgesetzten abzumelden, wenn und soweit es erforderliche Personalratsarbeit während seiner Arbeitszeit ausführen will, ist nicht allein personalvertretungsrechtlicher Art. Ein Personalratsmitglied muss sich beim Verlassen des Arbeitsplatzes ebenso wie jeder andere Beschäftigte abmelden. Eine Abmahnung wegen einer Verletzung der arbeitsvertraglichen bzw. dienstrechtlichen Pflichten kommt aber nur dann in Betracht, wenn das Personalratsmitglied während der Abwesenheit von seinem Arbeitsplatz tatsächlich keine für die Personalratsarbeit erforderlichen Aufgaben wahrgenommen hat (vgl. für das BetrVG: LAG Bremen v. 6.1.1995, AuR 1995, 153).

c) Sowohl Verstöße, die auf die Tätigkeit des Kollegiums ausstrahlen und seiner Funktionsfähigkeit abträglich sind, als auch Verstöße, die sich gegen den Dienststellenleiter oder gegen Mitarbeiter richten, können zum **Ausschluss** führen (BVerwG v. 20.4.1971, Dokumentar. Ber. 1972, 4111).

d) In folgenden Fällen wurde von den Gerichten ein **grober Pflichtverstoß** angenommen:

- Verletzung der Schweigepflicht (BVerwG v. 15.3.1968, PersV 1968, 190);
- Nichteinladung bestimmter Mitglieder der Personalvertretung durch den Vorsitzenden (BVerwG v. 14.2.1969, ZBR 1969, 185);
- Weitergabe eines Beschlusses der Personalvertretung durch den Vorsitzenden in eigenmächtig veränderter Form (OVG Hamburg v. 6.10.1961 – Bs PH 1/61, n.v.);

- Verweigerung der Mitarbeit in der Personalvertretung (OVG Münster v. 15.7.1957, ZBR 1957, 372);
- Verstoß des Vorsitzenden gegen die Friedens- und Neutralitätspflicht bzw. gegen die Zuständigkeit der Personalvertretung bei laufenden Geschäften in Personalangelegenheiten (OVG Lüneburg v. 5.11.1974, PersV 1976, 61);
- Einseitige gewerkschaftliche Werbung durch Personalratsmitglieder (BVerwG v. 23.10.1970, BVerwGE 36, 177);
- Einberufung einer außerordentlichen Personalversammlung während der Arbeitszeit ohne Zustimmung des Dienststellenleiters und trotz ausdrücklicher Hinweise, dass die Organisation und Durchführung einer solchen „Personalversammlung“ während der Arbeitszeit rechtswidrig ist (HessVGH v. 13.3.1985 – BPV TK 29/82, n.v.);
- Hinzuziehung einer der Personalvertretung nicht angehörenden Angestellten als Protokollführerin zu den Sitzungen der Personalvertretung (BVerwG v. 27.11.1981, PersV 1983, 409).
- Werbung eines Personalratsmitglieds für eine Gewerkschaft während der Arbeitszeit trotz erfolgter Abmahnung durch den Dienststellenleiter (vgl. für das BetrVG: BAG v. 13.11.1992, NZA 1992, 690).
- Bekanntgabe der Zustimmung der Personalvertretung zu einer Personalmaßnahme durch ein Personalratsmitglied vor dem Vollzug der Maßnahme durch die Dienststelle (BayVGH v. 14.2.2001, PersV 2001, 27).
- Anträge und Schreiben eines Personalratsmitglieds an die Dienststellenleitung im Namen der Personalvertretung ohne vorhergehende Beschlussfassung (BayVGH v. 20.9.2000, PersV 2001, 368).
- Überwiegendes Fernbleiben von Sitzungen des Personalrats ohne Mitteilung der Verhinderung (VGH Baden-Württemberg v. 19.11.2002, PersV 2003, 352).
- Wiederholte Unterlassung der Durchführung von Personalversammlungen in den vom Gesetz vorgesehenen Zeiträumen (VG Potsdam v. 23.2.1999, PersV 2000, 270).
- Häufiges, unentschuldigtes Fehlen bei Personalratssitzungen, ohne dass das Personalratsmitglied anzuerkennende Hinderungsgründe nachträglich geltend macht (VG Mainz v. 25.3.2008, PersR 2008, 510).

e) Für den Ausschluss aus der Personalvertretung genügt ein **einmaliger grober Verstoß** (BVerwG v. 15.12.1961, BVerwGE 13, 242 = ZBR 1962, 90). Dieser Verstoß kann nicht durch nachträgliche bedauernde oder abschwächende Erklärungen ungeschehen gemacht werden (BVerwG v. 14.4.2004, ZfPR 2005, 49). Bei einer **fahrlässigen Verhaltensweise** ist eingehend zu prüfen, ob ein grober Pflichtverstoß vorliegt, der von solchem Gewicht ist, dass vom Standpunkt eines objektiven Dritten betrachtet das Vertrauen in die künftige ordnungsgemäße Amtsführung des Personalratsmitglieds entweder zerstört oder aber deutlich erschüttert ist. Bei Fehleinschätzung einer bestimmten Situation aufgrund von Unerfahrenheit oder sonstiger Umstände kann ein Pflichtverstoß nicht als grob gewürdigt werden (BayVGH v. 14.11.2001, ZfPR 2002, 172).

f) Da „auf jeden Fall die Persönlichkeit eines beiden Vertretungen angehörenden Mitglieds nur einheitlich beurteilt werden“ kann, wirkt sich ein Ausschlussbeschluss bezogen auf die Mitgliedschaft in einer **örtlichen Personalvertretung** auch auf die **Mitgliedschaft in einer Stufenvertretung** aus (BayVGH v. 30.1.1964, ZBR 1964, 156).

g) Bis zur Rechtskraft der Entscheidung bleibt das betreffende Personalratsmitglied in seinen bisherigen Funktionen. Erst mit der Rechtskraft ist das durch die Wahl erworbene Amt erloschen. Infolgedessen kann das betroffene Personalratsmitglied grundsätzlich an der Ausübung seines Amts bis zur Rechtskraft nicht gehindert werden (BVerwG v. 28.4.1967, PersV 1968, 110). Im Wege einer einstweiligen Verfügung, mit der einem Personalratsmitglied ein sofortiges Amtsverbot innerhalb des Personalrats auferlegt werden soll, würde die Entscheidung in der Hauptsache weitgehend vorweggenommen. Deshalb sind auch die Voraussetzungen für eine **Amtsenthebung im Wege einer einstweiligen Verfügung** deutlich schärfer. Voraussetzung ist, dass eine weitere Zusammenarbeit mit dem betreffenden Personalratsmitglied auch unter Anlegung eines strikten Maßstabes nicht einmal vorübergehend zumutbar erscheint (OVG Niedersachsen v. 20.9.1995, Leits. ZfPR 1996, 92 und v. 15.12.1997, ZfPR 1998, 112; VG Potsdam v. 14.11.2003, ZfPR 2004, 267).

h) Der Antrag auf Ausschluss eines Mitglieds der Personalvertretung kann von einer in der Dienststelle vertretenen **Gewerkschaft** gestellt werden. Dieser Antrag kann sowohl von der Zentrale einer Gewerkschaft wie auch von bezirklichen und örtlichen Untergliederungen ausgehen (BVerwG v. 5.11.1957, BVerwGE 5, 324; HessVGH v. 29.9.1976, PersV 1978, 131). An der Beschlussfassung der Personalvertretung über einen Ausschluss darf das **auszuschließende Personalratsmitglied nicht teilnehmen**. Falls es dennoch teilnimmt, ist der Beschluss unwirksam (VGH Baden-Württemberg v. 23.2.1996, Leits. ZBR 1997, 30; BayVGH v. 26.4.2010, PersR 2010, 407 = ZfPR *online* 4/2011, S. 6). Nach Auffassung des Bundesverwaltungsgerichts ist dem betreffenden Personalratsmitglied **keine Gelegenheit zur Äußerung** zu geben (BVerwG v. 11.1.2006, PersV 2006, 186 = ZfPR 2006, 66).

i) Wenn ein Personalratsvorsitzender Erklärungen für das Gremium ohne zugrundeliegenden Beschluss abgibt, dann sind diese nicht nur unwirksam, sie können auch zum Ausschluss und zu einer **persönlichen Haftung** für dadurch verursachte Schäden führen (BVerwG v. 29.4.2014, PersV 2014, 343).

j) Ein Dienststellenleiter kann nicht ohne weiteres ein Personalratsmitglied abmahnen, das während einer Mittagspause auf den freien Arbeitsplätzen seiner Kolleginnen und Kollegen **Flugblätter parteipolitischen Inhalts** auslegt. Eine entsprechende Abmahnung könnte nur dann ausgesprochen und zur Personalakte genommen werden, wenn in dem Tätigwerden des Personalratsmitglieds aufgrund besonderer Umstände eine Verletzung dienstrechtlicher bzw. arbeitsvertraglicher Pflichten liegen würde und eine Störung des Friedens in der Dienststelle zu bejahen wäre (vgl. für das BetrVG: BAG v. 12.6.1986 – 6 AZR 559/84, n.v.).

k) Das Bundesverwaltungsgericht ist der Auffassung, dass ein **Rechtsschutzinteresse** für den Antrag auf Ausschluss eines Personalratsmitglieds nur gegeben ist, wenn die gerichtliche Entscheidung noch gestaltende Wirkung hat oder wenn eine hohe Wahrscheinlichkeit dafür spricht, dass sich die Rechtsfragen, die der Antrag aufwirft, unter denselben Verfahrensbeteiligten wiederum stellen werden (BVerwG v. 12.8.1988, BVerwGE 80, 50 = ZfPR 1989, 7).

l) **Nicht als grobe Pflichtverletzung** ist eine nicht ausreichend sorgfältige Wahrnehmung von Aufgaben zu qualifizieren, die einem Personalratsmitglied vom Gremium übertragen worden sind. Deshalb ist beispielsweise eine verspätete und mangelhafte Erstellung von Protokollen nicht geeignet, den Ausschluss aus der Personalvertretung zu rechtfertigen (BayVGH v. 14.11.2001, ZfPR 2002, 172).

4. Streitigkeiten

Ein Ausschluss aus der Personalvertretung **im Wege der einstweiligen Verfügung** ist nur unter den in Anm. 3 g) genannten Voraussetzungen zulässig.

5. Abweichende Regelungen des Landesrechts

Die meisten Personalvertretungsgesetze stimmen mit der Bundesregelung überein. Eine Besonderheit gilt für § 34 Abs. 3 NPersVG. Danach darf ein rechtskräftig ausgeschlossenes Mitglied einer Personalvertretung bei der folgenden Wahl weder als Mitglied des Wahlvorstands bestellt noch als Mitglied der Personalvertretung gewählt werden.

§ 29 (Erlöschen der Mitgliedschaft)

(1) Die Mitgliedschaft im Personalrat erlischt durch

1. **Ablauf der Amtszeit,**
2. **Niederlegung des Amtes,**
3. **Beendigung des Dienstverhältnisses,**
4. **Ausscheiden aus der Dienststelle,**
5. **Verlust der Wählbarkeit mit Ausnahme der Fälle des § 14 Abs. 2 Satz 1,**
6. **gerichtliche Entscheidung nach § 28,**
7. **Feststellung nach Ablauf der in § 25 bezeichneten Frist, dass der Gewählte nicht wählbar war.**

(2) Die Mitgliedschaft im Personalrat wird durch einen Wechsel der Gruppenzugehörigkeit eines Mitglieds nicht berührt; dieses bleibt Vertreter der Gruppe, die es gewählt hat.

Entsprechende landesgesetzliche Regelungen:

Baden-Württemberg: § 29; Bayern: Art. 29; Berlin: § 26; Brandenburg: § 29; Bremen: § 26; Hamburg: § 29, Hessen: § 26; Mecklenburg-Vorpommern: § 22 Abs. 1, 2, 4; Niedersachsen: § 25; Nordrhein-Westfalen: § 26; Rheinland-Pfalz: § 23; Saarland: § 28; Sachsen: § 29; Sachsen-Anhalt: § 28; Schleswig-Holstein: § 22; Thüringen: § 29.

1. Begriffsbestimmungen

a) Ablauf der Amtszeit: Beendigung der Mitgliedschaft im Fall des Ablaufs der regelmäßigen Amtszeit oder im Fall einer vorzeitigen Neuwahl.

b) Niederlegung des Amts: Freiwilliger Verzicht auf die weitere Ausübung des Personalratsamts.

c) Beendigung des Dienstverhältnisses: Bei Beamten außer durch Tod, durch Entlassung (§§ 31 ff BBG), Verlust der Beamtenrechte (§§ 41 ff BBG), durch Entfernung aus dem Dienst nach disziplinarrechtlichen Vorschriften (§ 40 Nr. 3 i.V.m. § 10 BDG) und durch Eintritt oder Versetzung in den Ruhestand (§§ 44 ff BBG). Das Dienstverhältnis endet auch durch Versetzung in den einstweiligen Ruhestand (§§ 44 ff BBG) sowie im Falle der Nichtigkeit durch Rücknahme der Ernennung (§§ 13 ff BBG). Bei Arbeitnehmern endet das Dienstverhältnis, außer durch Tod, durch Erreichen der Altersgrenze (§ 33 Abs. 1 Buchst. a TVöD). Im Übrigen führen die allgemeinen arbeitsrechtlichen Gründe zur Beendigung des Dienstverhältnisses (z.B. Kündigung, § 34 Abs. 1 TVöD; Ablauf eines befristeten Arbeitsverhältnisses, §§ 30 ff TVöD; Beendigung des Arbeitsverhältnisses wegen verminderter Erwerbsfähigkeit, § 33 Abs. 2 bis 5 TVöD; Auflösungsvertrag, § 33 Abs. 1 Buchst. b TVöD). Der Begriff „Dienstverhältnis“ umfasst alle Beschäftigungsverhältnisse im öffentlichen Dienst.

d) Keine Beendigung des Dienstverhältnisses: Wenn ein Personalratsmitglied zum **Wehrdienst oder zu Wehrübungen, zu Eignungsübungen oder zur Ersatzdienstleistung** einberufen wird, dann endet das Dienstverhältnis und damit das Amt als Mitglied einer Personalvertretung nicht. Das Arbeitsverhältnis ruht in dieser Zeit (§ 1 Abs. 1 ArbplSchG). Beamte, die zum Grundwehrdienst einberufen werden, sind für die Dauer des Grundwehrdienstes ohne Bezüge beurlaubt (§ 9 Abs. 1 ArbplSchG). Ein Dienstverhältnis endet auch nicht bei Inanspruchnahme von Elternzeit (Arbeitnehmer §§ 15 ff BEEG; Beamte: §§ 6 ff MuschEltZv). Gleiches gilt für die Pflegezeit (§ 3 PflegeZG).

e) **Ausscheiden aus der Dienststelle:** Tatsächliche Ausgliederung aus dem bisherigen Zuständigkeitsbereich durch z.B. Versetzung.

f) **Verlust der Wählbarkeit:** Nachträglicher Verlust des passiven Wahlrechts durch z.B. Entmündigung.

g) **Gerichtliche Entscheidung:** Ausschluss eines Einzelmitglieds aus der Personalvertretung durch Beschluss eines Verwaltungsgerichts.

2. Erläuterungen

a) Die **Niederlegung des Vorsitzes** in der Personalvertretung beendet das Amt, nicht aber die Mitgliedschaft in der Personalvertretung.

b) Der **Verlust der Wählbarkeit** ist von der Stellung eines entsprechenden Antrags bei Gericht abhängig. Es ist ein Antrag auf Feststellung der Nichtwählbarkeit zu stellen (z.B. wegen eines Richterspruchs, mit dem die Fähigkeit, Rechte aus öffentlichen Ämtern zu erlangen, aberkannt wird; Entmündigung und Stellung unter vorläufige Vormundschaft; nachträgliche Änderung der Rechtsstellung in der Art, dass sich eine Zugehörigkeit zu dem in § 7 genannten Personenkreis ergibt; Erlangung der Befugnis zu selbständigen Entscheidungen in Personalangelegenheiten).

c) Das Verwaltungsgericht kann nur noch die **Nichtwählbarkeit eines einzelnen Mitglieds** nach Ablauf der zwölftägigen Anfechtungsfrist feststellen. Den Antrag kann jeder Beschäftigte stellen, der ein rechtliches Interesse an der gesetzmäßigen Zusammensetzung der Personalvertretung seiner Dienststelle hat.

3. Fälle aus der Rechtsprechung

a) Der **freiwillige Verzicht auf ein Personalratsamt** kann jederzeit erklärt werden (BVerwG v. 16.7.1963, BVerwGE 16, 230 = PersV 1963, 233). Dies gilt auch für den Verzicht auf eine Ersatzmitgliedschaft. Dieser Verzicht kann bereits vor dem Nachrücken in die Personalvertretung ausgesprochen werden; ein späterer Widerruf oder eine Anfechtung dieser Erklärung ist aber nicht möglich (VG Arnsberg v. 22.8.1979, PersV 1981, 336). Das betroffene Personalratsmitglied muss auch nicht ausdrücklich erklären, das Amt niederlegen oder zurücktreten zu wollen. Auch sind keine besonderen Fristen zu beachten. Die Erklärung muss lediglich zweifelsfrei den Willen zum Ausdruck bringen, aus der Personalvertretung ausscheiden zu wollen. Dieser Wille kann mündlich, er muss nicht schriftlich erklärt werden (OVG Lüneburg v. 9.9.1994, Leits. ZfPR 1995, 51).

b) Die Mitgliedschaft in einer Personalvertretung erlischt mit der Beendigung des Dienstverhältnisses. Dies gilt entsprechend auch für **Anwartschaften auf eine Ersatzmitgliedschaft** (BVerwG v. 4.9.1995, ZfPR 1996, 40).

c) Die **Feststellung der Nichtwählbarkeit** ist im Grunde ein auf ein einzelnes Personalratsmitglied beschränktes, zeitlich nicht befristetes Anfechtungsverfahren (BVerwG v. 7.11.1975, BVerwGE 49, 342 = ZBR 1976, 225).

d) Den Gewerkschaften steht kein Recht zu, einen Feststellungsantrag nach § 29 Abs. 1 Nr. 7 zu stellen. Die **Befugnisse der Gewerkschaften** sind gesetzlich abschließend geregelt (BVerwG v. 7.11.1975, aaO).

e) Wenn ein Mitglied einer Personalvertretung zum Zeitpunkt der Wahl nicht wählbar war, dieser Mangel aber während der Amtszeit beispielsweise dadurch behoben worden ist, dass das betreffende Mitglied 18 Jahre alt geworden ist, dann besteht kein Anlass mehr zu einer Feststellung, dass zum Zeitpunkt der Wahl dem Gewählten das **passive Wahlrecht** fehlte (BVerwG v. 8.6.1962, BVerwGE 14, 241).

f) Wenn nach der Wahl eine **Beurlaubung** des gewählten Personalratsmitglieds erfolgt, so führt dies nicht zum Verlust der Mitgliedschaft; denn die Vorschriften über die Wählbarkeit enthalten eine abschließende, nicht ausdehnungsfähige Regelung. Danach ist eine Beurlaubung ohne Dienstbezüge, die nach dem Wahltag erfolgt, ohne Einfluss auf die Wählbarkeit (BVerwG v. 28.3.1979, ZBR 1979, 273; für den Fall der Inanspruchnahme von Erziehungsurlaub nach dem Wahltag: VGH Baden-Württemberg v. 26.9.1995, PersR 1996, 63).

g) Mit **Beginn der Freistellungsphase des nach dem Blockmodell vereinbarten Altersteilzeitarbeitsverhältnisses** wird der bisher Beschäftigte ausgegliedert. Durch diese Ausgliederung verliert er nicht nur sein Wahlrecht und seine Wählbarkeit. Vielmehr führt der Eintritt in die Freistellungsphase auch zur Beendigung der Mitgliedschaft in der Personalvertretung (BVerwG v. 15.5.2002, ZfPR 2002, 260).

h) Wenn Beschäftigten der Bundesagentur für Arbeit eine **Tätigkeit beim Jobcenter zugewiesen** wird, dann scheiden sie aus der Dienststelle entsprechend den Maßgaben der Fristenregelung nach § 13 Abs. 2 Satz 1, 3 und 4 aus (BVerwG v. 20.11.2011, ZfPR *online* 2/2013, S. 3).

4. Streitigkeiten

Die Verwaltungsgerichte entscheiden nach § 83 Abs. 1 Nr. 2 im Beschlussverfahren über die Streitigkeiten nach § 29.

§ 30 (Ruhen der Mitgliedschaft)

Die Mitgliedschaft eines Beamten im Personalrat ruht, solange ihm die Führung der Dienstgeschäfte verboten oder er wegen eines gegen ihn schwebenden Disziplinarverfahrens vorläufig des Dienstes enthoben ist.

Entsprechende landesgesetzliche Regelungen:

Baden-Württemberg: § 30, Bayern: Art. 30; Berlin: § 27; Brandenburg: § 30; Bremen: § 27; Hamburg: § 30; Hessen: § 27; Mecklenburg-Vorpommern: § 22 Abs. 3, 4; Niedersachsen: § 26; Nordrhein-Westfalen: § 27; Rheinland-Pfalz: § 24; Saarland: § 29 Abs. 1; Sachsen: § 30; Sachsen-Anhalt: § 28; Schleswig-Holstein: § 22 Abs. 3; Thüringen: § 30.

1. Begriffsbestimmungen

a) **Ruhen der Mitgliedschaft:** Die Mitgliedschaft eines Beamten in einer Personalvertretung ruht, wenn ihm aus zwingenden dienstlichen Gründen die Führung seiner Dienstgeschäfte von der obersten Dienstbehörde oder von einer von ihr bestimmten Behörde verboten worden ist. Mit der Einleitung eines behördlichen Disziplinarverfahrens (§§ 17 ff BDG) ist dann eine vorläufige Dienstenthebung verbunden, wenn in diesem Verfahren voraussichtlich auf Entfernung aus dem Beamtenverhältnis im Wege der Disziplinarklage (§ 34, §§ 52 ff BDG) erkannt werden bzw. bei Probe- bzw. Widerrufsbeamten die Entfernung aus dem Dienst nach § 31 Abs. 1 Nr. 1, Abs. 4, § 32 BBG erfolgen soll. Die Personalvertretung kann beim Erlass der Anordnung der vorläufigen Dienstenthebung (§ 38 BDG) nicht beteiligt werden. Wohl aber steht es dem betroffenen Beamten frei, ob er bei der Erhebung der Disziplinarklage eine Beteiligung der Personalvertretung beantragen soll (§ 78 Abs. 1 Nr. 3).

b) **Ruhen der Ersatzmitgliedschaft:** Die Vorschrift gilt auch für Beamte, die als Ersatzmitglieder gewählt worden sind. Sie können nicht für den Fall in die Personalvertretung einrücken, dass während des Verbots zur Führung der Amtsgeschäfte oder der vorläufigen Dienstenthebung ein ordentliches Mitglied aus der Personalvertretung ausscheidet oder zeitweilig verhindert ist.

2. Erläuterungen

a) § 30 ist eine **Sondervorschrift für Beamte**. Eine entsprechende Anwendung auf Arbeitnehmer ist nicht möglich, wohl aber eine Suspendierung des Arbeitsverhältnisses in Bezug auf einen Arbeitnehmer, dem der Arbeitgeber eine außerordentliche Kündigung aussprechen will.

b) Das ausgesprochene Verbot wird dann unwirksam, wenn „nicht bis zum Ablauf von drei Monaten gegen die Beamtin oder den Beamten ein **Disziplinarverfahren** oder ein sonstiges, auf Rücknahme der Ernennung oder auf Beendigung des Beamtenverhältnisses gerichtetes Verfahren **eingeleitet** worden ist" (§ 66 BBG).

c) Das **Verbot zur Führung der Amtsgeschäfte** hat unmittelbar das Ruhen der Mitgliedschaft in der Personalvertretung zur Folge. Die Einleitungsbehörde kann jederzeit die Anordnung der vorläufigen Dienstenthebung aufheben (§ 38 Abs. 4 BDG), so dass das Ruhen der Mitgliedschaft beendet wird. Außerdem wird das **Ruhen der Mitgliedschaft dann beendet**, wenn auf Antrag des betroffenen Beamten die Anordnung der vorläufigen Dienstenthebung durch das Disziplinargericht nicht aufrechterhalten wird (§ 63 BDG). Bei rechtskräftigem Abschluss des Disziplinarverfahrens (§ 39 Abs. 4 BDG) verliert die Anordnung über die vorläufige Dienstenthebung ihre Wirkung, das Ruhen der Mitgliedschaft wird beendet. Das betroffene Personalratsmitglied rückt wieder in seine personalvertretungsrechtliche Stellung (Mitglied im Vorstand, Freistellung) ein, es sei denn, dass die Personalvertretung inzwischen andere Mitglieder in diese Positionen gewählt hat. Der Schutz des § 47 Abs. 2 vor Versetzungen oder Abordnungen bleibt im Übrigen unangetastet.

d) Gegen die Anordnung des vorläufigen Ruhens kann der betreffende Beamte **Widerspruch** einlegen bzw. Anfechtungsklage erheben. Beide Maßnahmen haben aufschiebende Wirkung. Das Ruhen der Mitgliedschaft in der Personalvertretung hängt in diesem Fall von einer rechtskräftigen Entscheidung zuungunsten des Beamten ab. Infolgedessen bleibt der betreffende Beamte bis zu einer für ihn negativen Entscheidung berechtigt, im Personalrat mitzuarbeiten, es sei denn, dass die Verwaltung die sofortige Vollziehung anordnet bzw. das Verwaltungsgericht von der Aussetzungsbefugnis keinen Gebrauch macht (§ 80 VwGO).

3. Fälle aus der Rechtsprechung

–

4. Streitigkeiten

Die Verwaltungsgerichte entscheiden Streitigkeiten nach § 83 Abs. 1 Nr. 2.

§ 31 (Ersatzmitglieder)

(1) Scheidet ein Mitglied aus dem Personalrat aus, so tritt ein Ersatzmitglied ein. Das Gleiche gilt, wenn ein Mitglied des Personalrats zeitweilig verhindert ist.

(2) Die Ersatzmitglieder werden der Reihe nach aus den nicht gewählten Beschäftigten derjenigen Vorschlagslisten entnommen, denen die zu ersetzenden Mitglieder angehören. Ist das ausgeschiedene oder verhinderte Mitglied mit einfacher Stimmenmehrheit gewählt, so tritt der nicht gewählte Beschäftigte mit der nächsthöheren Stimmenzahl als Ersatzmitglied ein.

(3) § 29 Abs. 2 gilt entsprechend bei einem Wechsel der Gruppenzugehörigkeit vor dem Eintritt des Ersatzmitglieds in den Personalrat.

(4) Im Fall des § 27 Abs. 2 Nr. 4 treten Ersatzmitglieder nicht ein.

Entsprechende landesgesetzliche Regelungen:

Baden-Württemberg: § 31; Bayern: Art. 31; Berlin: § 28; Brandenburg: § 31; Bremen: § 28; Hamburg: § 31; Hessen: § 28; Mecklenburg-Vorpommern: § 23; Niedersachsen: § 26; Nordrhein-Westfalen: § 28; Rheinland-Pfalz: § 25; Saarland: § 30; Sachsen: § 31; Sachsen-Anhalt: § 29; Schleswig-Holstein: § 23; Thüringen: § 31.

1. Begriffsbestimmungen

a) Ersatzmitglied: Dasjenige Mitglied einer Wahlvorschlagsliste, auf das bei der Personalratswahl nicht die für die Erlangung eines Mandats notwendige Stimmenzahl entfallen ist.

b) Zeitweilige Verhinderung: Umstände, die nicht nur ganz vorübergehend ein Personalratsmitglied an der Amtsausübung hindern. Im Fall einer mehrtägigen Personalratssitzung aber ist eine Verhinderung des ordentlichen Personalratsmitglieds schon dann anzunehmen, wenn es an einem dieser Tage nicht an den Beratungen teilnehmen kann.

2. Erläuterungen

a) Das Ersatzmitglied tritt in die durch Wahl erworbene **Rechtsstellung** ein. Eine besondere Vertrauensstellung, die dem ausgeschiedenen bzw. verhinderten Mitglied zugewiesen worden ist, steht nicht auch dem Ersatzmitglied offen, da fraglich ist, ob ihm das gleiche Vertrauen entgegengebracht wird (z.B. Vorsitzender).

b) Vom Eintritt an genießt das Ersatzmitglied den gleichen **Rechtsschutz** wie ordentliche Personalratsmitglieder (z.B. im Fall der Kündigung).

c) Eine **zeitweilige Verhinderung** eines Personalratsmitglieds liegt bereits dann vor, wenn es lediglich an einer Sitzung nicht teilnehmen kann. Der Personalratsvorsitzende, dem bereits zum Zeitpunkt der Ladung die Verhinderung eines ordentlichen Mitglieds bekannt ist, hat das zuständige Ersatzmitglied zu laden.

d) Das verhinderte Personalratsmitglied ist verpflichtet, dem Personalratsvorsitzenden von seiner Verhinderung frühzeitig **Kenntnis zu geben** und ihm die Gründe seiner Verhinderung zu nennen.

e) Ein Ersatzmitglied hat auch dann einzutreten, wenn ein ordentliches Mitglied wegen **Befangenheit** gehindert ist, an der Beratung und Beschlussfassung teilzunehmen.

f) Im Fall der Verhinderung oder des Ausscheidens eines ordentlichen Personalratsmitglieds **rückt dasjenige Ersatzmitglied nach**, das als erstes auf derselben Wahlvorschlagsliste hinter dem zuletzt gewählten Personalratsmitglied steht und selbst nicht mehr die Stimmenzahl erhalten hat, die erforderlich gewesen wäre, um ein weiteres Mandat dieser Wahlvorschlagsliste zuzuteilen. Im Fall der Gruppenwahl mit mehreren Vorschlagslisten bedeutet dies, dass der in der gleichen Liste derselben Gruppe auf den nächsten Platz nach dem letzten gewählten Kandidaten stehende Bewerber nachrückt. Hat nur eine Vorschlagsliste vorgelegen, so rückt derjenige Bewerber nach, der an Stimmenzahl demjenigen folgt, der mit der niedrigsten Stimmenzahl gewählt worden ist.

g) Wenn eine **Wahlvorschlagsliste erschöpft** ist, so kann nicht auf das Ersatzmitglied einer anderen Vorschlagsliste zurückgegriffen werden, der das ausgeschiedene oder verhinderte ordentliche Mitglied nicht entstammt.

3. Fälle aus der Rechtsprechung

a) Ersatzmitglieder sind solche Beschäftigten, die bei Personalratswahlen auf einer Vorschlagsliste kandidieren, aber nicht genügend Stimmen erhalten haben, um einen Sitz im Personalrat einnehmen zu können. Ein solcher Beschäftigter wird Ersatzmitglied erst zu dem Zeitpunkt, zu dem er ein ordentliches Mitglied vertritt. Die Ersatzmitgliedschaft endet dann, wenn das ordentliche Personalratsmitglied sein Personalratsamt wieder selbst ausüben kann (BVerwG v. 8. 12. 1986, PersV 1987, 426).

b) Auch wenn das ordentliche Personalratsmitglied **nur an einem Arbeitstag verhindert** ist, muss die Arbeit eines vollzähligen Personalrats gesichert sein (BAG v. 5.9.1986, DB 1987, 1641).

c) Ein Ersatzmitglied genießt den **besonderen Kündigungsschutz** während der gesamten Vertretungszeit. Auf deren Dauer kann es grundsätzlich nicht ankommen. Das anstelle des abwesenden Personalratsmitglieds in den Personalrat eintretende Ersamitglied erwirbt den besonderen Kündigungsschutz des § 15 Abs. 2 Satz 1 KSchG auch dann, wenn sich später herausstellt, dass das ordentliche Personalratsmitglied nicht arbeitsunfähig krank war und deshalb unberechtigt dem Dienst ferngeblieben ist. Auf den besonderen Kündigungsschutz kann sich das nachgerückte Ersatzmitglied allerdings dann nicht berufen, wenn es diese Rechtsposition durch **rechtsmissbräuchliches Zusammenspiel mit dem ordentlichen Personalratsmitglied** erlangt, wenn dieses also z.B. eine krankheitsbedingte Arbeitsunfähigkeit nur vorgeschoben hat, um dem Ersatzmitglied den besonderen Kündigungsschutz eines Personalratsmitglieds zu verschaffen (BAG v. 5.9.1986, aaO). Hat ein Ersatzmitglied in gutem Glauben einen Vertretungsfall angenommen, dann stehen ihm alle Schutzrechte zu (aA OVG Lüneburg v. 7.11.2012, ZfPR *online* 1/2013, S. 13).

d) Nur dann, wenn ein Ersatzmitglied in der Vertretungszeit tatsächlich **konkrete Personalratsaufgaben** wahrgenommen hat, geniesst es den nachwirkenden Kündigungsschutz (vgl. BAG v. 19.4.2012 2-AZR 233/11, juris).

e) Wenn ein Personalratsmitglied im Rahmen der Vereinbarung von **Altersteilzeit in die Freistellungsphase beim Blockmodell** tritt, verliert es die Zugehörigkeit zur Dienststelle. Der Vorsitzende der zuständigen Personalvertretung ist daher verpflichtet, das zuständige Ersatzmitglied zu laden. Dieses Ersatzmitglied rückt in den Personalrat nach (VG Ansbach v. 23.1.2001, PersV 2001, 372; vgl. auch BVerwG v. 15.5.2002, ZfPR 2002, 260).

f) Ein Ersatzmitglied tritt ohne Rücksicht auf den Zeitpunkt der Verhinderung und unabhängig davon ein, ob die Verhinderung dem Vorsitzenden der Personalvertretung bekanntgegeben worden ist. Nur auf diese Weise kann das Ziel erreicht werden, im Interesse einer möglichst **wirksamen Wahrnehmung personalvertretungsrechtlicher Aufgaben** für eine vollzählige, dem Wählerwillen entsprechende Besetzung der Personalvertretung zu sorgen. Der Personalratsvorsitzende hat im Übrigen das zuständige Ersatzmitglied auch während der Sitzung zu laden, wenn ihm erst zu diesem Zeitpunkt die Verhinderung des ordentlichen Mitglieds bekannt wird, noch genügend Beratungszeit gegeben und das Ersatzmitglied ohne größeren Zeitaufwand zur Teilnahme in der Lage ist (BVerwG v. 24.10.1975, BVerwGE 49, 271 = PersV 1977, 18).

g) Wenn Ersatzmitglieder herangezogen werden, ohne dass ein ordentliches Mitglied verhindert ist, so führt dies zu einer **nicht ordnungsgemäßen Zusammensetzung** der Personalvertretung und u.U. zu einer Beschlussfassung durch hierzu nicht berufene Personen mit der Folge, dass der entsprechende Beschluss unwirksam ist (BVerwG v. 14.2.1969, BVerwGE 31, 298 = PersV 1970, 60). Gleiches gilt dann, wenn für ein zeitweilig verhindertes Personalratsmitglied kein Ersatzmitglied geladen wird (vgl. für das BetrVG: BAG v. 23.8.1984, BAGE 46, 258).

h) Ein von einer beteiligungspflichtigen Maßnahme **unmittelbar und individuell** betroffenes Personalratsmitglied ist von der Beratung und Beschlussfassung ausgeschlossen, also verhindert, an der Behandlung des entsprechenden Tagesordnungspunktes teilzunehmen (vgl. für das BetrVG: BAG v. 24.4.2013, ZBVR *online* 10/2013, S. 16; BAG v. 6.11.2013, ZBVR *online* 3/2014, S. 13; vgl. auch § 37 Anm. 3 g).

i) Ein **listenübergreifendes Nachrücken von Ersatzmitgliedern** ist rechtsfehlerhaft. Das gilt auch dann, wenn der Wahlvorschlag nicht soviele Bewerber enthalten hat, wie es § 8 Abs. 1 BPersVGWO (nicht zwingend) vorsieht (BVerwG v. 19.2.2013, ZfPR *online* 4/2013, S. 15).

j) Ein Personalratsmitglied ist während des **Erholungsurlaubs** von der Teilnahme an Personalratssitzungen ausgeschlossen. Für diese Zeit entsteht kraft Gesetzes ein Teilnahmerecht des zuständigen Ersatzmitglieds. Dieses Teilnahmerecht schließt eine

Teilnahme des in Urlaub befindlichen Personalratsmitglieds auch für den Fall aus, dass das Ersatzmitglied der Sitzung unentschuldigt fernbleibt (BayVGH v. 14.9. 1988, ZBR 1989, 213; BayVGH v. 23. 7. 2003, ZfPR 2003, 338).

4. Streitigkeiten

Die Verwaltungsgerichte entscheiden nach § 83 Abs. 1 Nr. 2 über Meinungsverschiedenheiten im Zusammenhang mit dem Eintreten von Ersatzmitgliedern.

Dritter Abschnitt
Geschäftsführung des Personalrats

§ 32 (Bildung des Vorstands)

(1) Der Personalrat bildet aus seiner Mitte den Vorstand. Diesem muss ein Mitglied jeder im Personalrat vertretenen Gruppe angehören. Die Vertreter jeder Gruppe wählen das auf sie entfallende Vorstandsmitglied. Der Vorstand führt die laufenden Geschäfte.

(2) Der Personalrat bestimmt mit einfacher Mehrheit, welches Vorstandsmitglied den Vorsitz übernimmt. Er bestimmt zugleich die Vertretung des Vorsitzenden durch seine Stellvertreter. Dabei sind die Gruppen zu berücksichtigen, denen der Vorsitzende nicht angehört, es sei denn, dass die Vertreter dieser Gruppen darauf verzichten.

(3) Der Vorsitzende vertritt den Personalrat im Rahmen der von diesem gefassten Beschlüsse. In Angelegenheiten, die nur eine Gruppe betreffen, vertritt der Vorsitzende, wenn er nicht selbst dieser Gruppe angehört, gemeinsam mit einem der Gruppe angehörenden Vorstandsmitglied den Personalrat.

Entsprechende landesgesetzliche Regelungen:

Baden-Württemberg: § 32; Bayern: Art. 32; Berlin: § 29; Brandenburg: § 33; Bremen: § 30; Hamburg: § 32; Hessen: §§ 29, 30 Abs. 2; Mecklenburg-Vorpommern: § 24; Niedersachsen: § 28; Nordrhein-Westfalen: § 29; Rheinland-Pfalz: §§ 26, 27; Saarland: §§ 31, 32; Sachsen: §§ 33, 34; Sachsen-Anhalt: §§ 30, 31; Schleswig-Holstein: § 24; Thüringen: § 33.

1. Begriffsbestimmungen

a) Aus seiner Mitte: Das Plenum des Personalrats bestimmt den Vorstand.

b) Vorsitzender: Dasjenige Personalratsmitglied, das vom Plenum gewählt wird, die Personalvertretung nach außen vertritt und dem nach dem Gesetz bestimmte, abschließend aufgezählte Aufgaben zugewiesen sind.

c) Stellvertreter: Diejenigen Personen, die vom Plenum als Stellvertreter des Vorsitzenden bestimmt sind und diesen im Verhinderungsfall zu vertreten haben oder aber für den Fall hinzuzuziehen sind, dass der Vorsitzende in einer Gruppenangelegenheit den Personalrat zu vertreten hat, aber selbst dieser Gruppe nicht angehört. Dies gilt gemäß Rundschreiben des BMI v. 28. 9. 2005 – D I 3 – 212 100/40 – für die laufende Amtszeit. Wegen der durch den zum 1.10.2005 in Kraft getretenen Tarifvertrag für den öffentlichen Dienst (TVöD) bewirkten Aufhebung der Unterscheidung zwischen Angestellten und Arbeitern gilt ab der neuen Amtszeit im Jahr 2008: Da es in der Regel nur noch zwei Gruppen gibt, besteht der Vorstand dann nicht mehr aus drei, sondern nur noch aus zwei Personalratsmitgliedern. In zivilen Dienststellen der Bundeswehr (§ 49 SBG) tritt die Gruppe der Soldaten hinzu, so dass in diesen Fällen der Vorstand der Personalvertretung aus drei Mitgliedern besteht.

d) Laufende Geschäfte: Solche Angelegenheiten, die regelmäßig bei der Personalratsarbeit wiederkehren (z.B. Vorbereitung der Beschlussfassung des Plenums).

2. Erläuterungen

a) Die **Gruppenvertreter** wählen in getrennter, geheimer Wahl mit einfacher Stimmenmehrheit aus der eigenen Gruppe die jeweiligen Vorstandsmitglieder. Wenn eine Gruppe nur mit einem Mitglied im Personalrat vertreten ist, so ist dieses Mitglied gleichzeitig Mitglied des Vorstands.

b) Die von den Gruppen gewählten Vertreter bilden den Vorstand. Eine **Reihenfolge für die** verschiedenen, zur Vorstandsbildung notwendigen **Wahlen** ist nicht vorgesehen. Allerdings ist es zweckmäßig, zunächst den Vorstand und danach den Vorsitzenden zu bestimmen. Dies entspricht im Übrigen auch dem Aufbau der Bestim- mungen (vgl. Abs. 1 und Abs. 2 Satz 1; vgl. auch OVG Münster v. 10.2.1981, PersV 1983, 290). Sobald das Personalratsplenum den Vorsitzenden aus den von den Gruppen gewählten „Gruppensprechern" bestimmt hat, steht fest, dass das weitere bzw. die weiteren nach § 32 Abs. 1 Satz 3 gewählten Vorsitzenden der Gruppen die Stellvertreter sind. Der Personalvertretung bleibt daher nur noch die Bestimmung darüber, in welcher Reihenfolge sie den Vorsitzenden vertreten. Das gilt im Hinblick auf das zu 1 c) Gesagte aber nur noch für die Fälle, in denen die Soldaten als eine dritte Gruppe hinzutreten. Ansonsten ist dasjenige Personalratsmitglied, das von seiner Gruppe zum „Gruppensprecher" gewählt, aber nicht zum Vorsitzenden bestimmt worden ist, (automatisch) dessen Stellvertreter.

c) Zum Vorsitzenden und zum Stellvertreter können nur die von den Gruppen bestimmten **„Gruppensprecher"** gewählt werden. Erst wenn keiner dieser Gruppenvertreter zur Übernahme des Vorsitzes bzw. zur Stellvertretung bereit ist, kann das Personalratsplenum evtl. auf die nach § 33 gewählten Ergänzungsmitglieder zurückgreifen. Danach erst ist ein Rückgriff auf Plenumsmitglieder möglich.

d) Die **Stärke der Gruppe** spielt bei der Bestimmung des Vorsitzenden zwar keine ausschließliche Rolle. Sie darf aber andererseits auch nicht völlig außer acht gelassen werden, weil nur bei sachlich anzuerkennenden Gründen ein Vorsitzender aus derjenigen Gruppe gewählt werden kann, die nur einen verschwindend geringen Bruchteil im Verhältnis zur Gesamtbelegschaft darstellt. Im Übrigen ist zu berücksichtigen, dass die Zahl der jeweiligen Beschäftigten einer Gruppe für die Größe der in der Personalvertretung jeweils bestehenden Gruppe maßgebend ist. Je mehr Beschäftigte einer Gruppe angehören, um so intensiver ist auch die Arbeit, die die jeweiligen Gruppenvertreter gerade in personellen Angelegenheiten zu erledigen haben. Unter diesem Gesichtspunkt kann es sinnvoll sein, den Sprecher der stärksten Gruppe zum Vorsitzenden zu wählen, um eine möglichst kompetente Wahrnehmung der überwiegenden Personalratstätigkeit sicherzustellen.

e) Der **Vorsitzende** vertritt den Personalrat in der Erklärung, nicht in der Willensbildung. Er hat daher auch keine weitere Entscheidungsbefugnis als die, die das Gesetz ihm einräumt. Infolgedessen kann auch die Personalvertretung ihm weder durch Beschluss noch durch die Geschäftsordnung erweiterte Zuständigkeiten übertragen.

Der Vorsitzende einer Personalvertretung hat folgende Aufgaben:

a) Einberufung von Sitzungen (§ 34 Abs. 2 Satz 1);

b) Festsetzung der Tagesordnung und Leitung der Verhandlung (§ 34 Abs. 2 Satz 2);

c) Einladung der Mitglieder der Personalvertretung (§ 34 Abs. 2 Satz 3), der Jugend- und Auszubildendenvertretung und der Vertretung der Schwerbehinderten (§ 40 Abs. 1), der Vertreter der nichtständig Beschäftigten (§ 40 Abs. 2), des Dienststellenleiters (§ 34 Abs. 4) und der Beauftragten der Gewerkschaften (§ 36);

d) Unterzeichnung der Niederschrift (§ 41 Abs. 1 Satz 2); e) Leitung der Personalversammlung (§ 48 Abs. 1 Satz 2); f) Unterzeichnung einer Dienstvereinbarung (§ 73);

g) weitere Aufgaben, die ihm die Geschäftsordnung (zur Abwicklung des internen Geschäftsbetriebs) zuweist (§ 42).

f) Der **Vorstand führt die laufenden Geschäfte**. Er erledigt also die Angelegenheiten, die sowohl regelmäßig wiederkehren als auch die, die der Vorbereitung der Entscheidungen des Plenums dienen. Er hat daher die erforderlichen Ermittlungen durchzuführen und Unterlagen beizuziehen. Hauptaufgabe des Vorstands ist es, die von der Personalvertretung zu fassenden bzw. bereits gefassten Beschlüsse vorzu- bereiten bzw. auszuführen. Infolgedessen darf der Vorstand keine Beschlüsse fassen, die alleine dem Plenum zustehen (z.B. Beschlussfassung über die Einlegung einer Beschwerde beim Gericht zweiter Instanz).

g) Wenn eine Personalvertretung in einer Angelegenheit beschlossen hat, die lediglich eine Gruppenangelegenheit ist (§ 38 Abs. 2), so wird dieser Beschluss nur dann vom Vorsitzenden alleine vertreten, wenn er der betreffenden Gruppe entweder selbst angehört oder aber nach § 18 Abs. 2 von deren Angehörigen gewählt worden ist. Andernfalls hat er diesen **Beschluss gemeinsam mit dem Vorstandsmitglied** der betreffenden Gruppe zu vertreten.

3. Fälle aus der Rechtsprechung

a) Eine **Reihenfolge** für die verschiedenen, zur Bildung des Vorstands einer Personalvertretung vorgeschriebenen **Wahlen** ist nicht vorgesehen. Zunächst allerdings müssen die Vorstandsmitglieder gewählt werden; denn der Personalrat kann die Bestimmung, welches Vorstandsmitglied den Vorsitz übernimmt, erst vornehmen, wenn feststeht, welche Personalratsmitglieder zu Vorstandsmitgliedern gewählt worden sind (OVG Münster v. 10.2.1981, PersV 1983, 290). Die Wahl der Gruppenvorstandsmitglieder einer Personalvertretung findet vor der Wahl der Ergänzungsmitglieder (§ 33) statt (BVerwG v. 19.8.2010, ZfPR *online* 11/2010, S. 8).

b) Es ist ausschließlich **Sache der Gruppe**, darüber zu entscheiden, **welches ihrer Mitglieder sie in den Vorstand entsenden will**. Die Gruppe kann auch selbst das Verfahren bestimmen, wonach die Entscheidung über die Entsendung des Gruppenvertreters getroffen werden soll (VGH Baden-Württemberg v. 19.7.1983, ZBR 1984, 190, bestätigt durch BVerwG v. 2.12.1983 – 6 PB 19.83, n.v.). Wenn es aber einer Gruppe nicht gelingt, eine Mehrheitsentscheidung über die Entsendung eines Gruppenvertreters in den Vorstand herbeizuführen, dann bleibt die Gruppe ohne Vertretung. Ihr Platz wächst allerdings auch keiner anderen Gruppe zu (BayVGH v. 2.4.1986, ZBR 1987, 29). Wenn ein Personalrat **nur aus einer Gruppe** besteht, aber mindestens elf Mitglieder umfasst, dann hat der Personalrat drei Mitglieder zu Vorstandsmitgliedern zu bestimmen und sodann festzulegen, welches Vorstandsmitglied den Vorsitz übernimmt. Wenn der Personalrat allerdings weniger als elf Mitglieder zählt, dann besteht der Vorstand lediglich aus einer Person (BVerwG v. 27.8.1997, ZfPR 1999, 6).

c) Gewählt ist dasjenige Vorstandsmitglied, das die **Mehrheit der Stimmen der anwesenden Mitglieder** erhält. Wenn ein Mitglied des Vorstands lediglich zwei von fünf Stimmen erhält, ein anderes eine Stimme bei zwei Stimmenthaltungen, dann entspricht dies nicht der einfachen Mehrheit; denn einfache Mehrheit ist die Mehrheit der Stimmen der anwesenden Mitglieder (BVerwG v. 3.8.1983, ZBR 1984, 128).

d) Eine Personalvertretung, die aus drei Gruppen (Beamte, Arbeitnehmer, Soldaten) besteht, kann nicht beschließen, keinen zweiten stellvertretenden Vorsitzenden zu wählen. Das **Gruppenprinzip schreibt zwingend die Berücksichtigung aller Gruppen im Vorstand vor**, so dass neben dem Vorsitzenden auch zwei Stellvertreter, nämlich je einer aus jeder Gruppe, der der Vorsitzende selbst nicht angehört, gewählt werden müssen (VGH Bayern v. 21.4.1983, PersV 1985, 117). Jede Gruppe kann auch von vornherein Ersatzmitglieder für den Vorstand benennen, um auszuschließen, dass bei Abwesenheit des (einzigen) Gruppenmitglieds Beschlussunfähigkeit eintritt (BVerwG v. 21.4.1992, ZfPR 1992, 141; vgl. aber Anm. 1c).

e) Wenn in einer Gruppe bei der Bestimmung des auf diese entfallenden Vorstandsmitglieds keine Entscheidung über den Gruppensprecher herbeigeführt werden kann, so muss ein **Losentscheid** erfolgen. Eine solche Entscheidung hat dieselbe Wirkung wie eine Wahl (BVerwG v. 1.8.1958, BVerwGE 7, 197). Dabei muss ein **Zufallsergebnis** garantiert sein, das insbesondere dann gewährleistet ist, wenn die Durchführung des Losentscheids einem neutralen Dritten anvertraut wird. Unzulässig ist ein Losentscheid in Form des Streichholzziehens. In diesem Fall nämlich ist für Dritte nicht erkennbar und überprüfbar, ob das Losverfahren ordnungsgemäß durchgeführt wird. Das längere oder das kürzere Streichholz können bewusst auf die eine oder andere Seite genommen werden, eines der Streichhölzer kann länger herausragen etc. Für Dritte jedenfalls sind Manipulationen weniger leicht als bei einem Münzwurf zu durchschauen, bei dem die korrekte Ausführung schnell erkennbar ist (BVerwG v. 15.5.1991, ZfPR 1991, 172). Gegen die Zulässigkeit eines **Münzwurfs** bestehen dann keine rechtlichen Bedenken, wenn die Münze genügend hoch geworfen wurde und durch ihr Auftreffen auf einer harten Unterlage in mehrfache Umdrehung versetzt worden ist (BayVGH v. 13.2.1991, Leits. ZfPR 1991, 80). Dem Losentscheid darf sich ein Personalratsmitglied nicht entziehen, es sei denn dadurch, dass es auf eine Kandidatur für ein Vorstandsamt verzichtet (BVerwG v. 15.2.1961, ZBR 1962, 90; vgl. im Übrigen auch OVG Thüringen v. 20.3.2001, PersV 2002, 515).

f) Es ist nicht zulässig, bei der Bestimmung des Vorsitzenden ein nach § 32 Abs. 1 Satz 3 gewähltes Vorstandsmitglied gegen seinen Willen **hinter ein nach § 33 zugewähltes Ergänzungsmitglied zurückzusetzen** (BVerwG v. 16.9.1977, ZBR 1978, 203). Gleiches gilt auch für den Stellvertreter; denn das Gruppenprinzip gebietet es, bei der Wahl sowohl des Vorsitzenden als auch des Stellvertreters die von den Gruppen gewählten Vorstandsmitglieder vor den nach § 33 zugewählten Vorstandsmitgliedern zu berücksichtigen (BayVGH v. 5.2.2003, PersV 2004, 60). Wenn in einem aus 11 oder mehr Mitgliedern bestehenden Personalrat nur Mitglieder einer Gruppe vertreten sind, dann ist der Stellvertreter des Vorsitzenden aus dem Kreis der nach § 33 BPersVG und den entsprechenden landesgesetzlichen Regelungen zugewählten Vorstandsmitgliedern zu bestimmen, es sei denn, dass die zugewählten Vorstandsmitglieder nicht bereit sind, die Aufgabe des Stellvertreters des Vorsitzenden zu übernehmen. In diesem Fall ist der Stellvertreter des Vorsitzenden aus der Mitte des Personalrats zu wählen (VGH Baden-Württemberg v. 8.6.1995, Leits. ZfPR 1996, 92).

g) Wenn eine **Gruppe nur durch ein Mitglied im Personalrat vertreten** ist, dann ist dieses zugleich das auf die Gruppe entfallende Vorstandsmitglied, ohne dass es noch eines Wahlaktes bedarf. Eine andere Entscheidung, die bei einer Wahl immer auch eine Auswahlentscheidung ist, kommt wegen der zwingenden gesetzlichen Regelung nicht in Betracht (VGH Müchen v. 22.4.2013, ZfPR *online* 1/2014, S. 8; VG Karlsruhe v. 30. 9. 2011, ZfPR 2012, 8; vgl. auch: BVerwG v. 17.3.2014, ZfPR *online* 5/2014, S. 2).

h) Der **Verzicht einer Gruppe** im Vorstand vertreten zu sein, kann nicht das „Gruppenvorstandsmitglied“ aussprechen; etwas anderes gilt dann, wenn die Gruppe nur aus einem Mitglied besteht. Dieser Verzicht kann auch von einem Ersatzmitglied, das das ordentliche Mitglied vertritt, ausgesprochen werden (VG Karlsruhe v. 30.9.2011, ZfPR *online* 5/2012, S. 10). Das entsprechende Vorstandsamt bleibt unbesetzt. Die Gruppe verliert ihren Anspruch auf die Bestellung eines Gruppensprechers für den Rest der Amtszeit (BVerwG v. 19.8.2010, ZfPR *online* 11/2010, S. 8).

i) Einem Vorsitzenden einer Personalvertretung steht **kein „Informationsmonopol“** in der Weise zu, dass er im Vergleich zu anderen Mitgliedern einen umfassenderen Informationsanspruch hätte. Informationen sind daher den anderen Personalratsmitgliedern in demselben Umfang wie ihm selbst zugänglich zu machen. Selbstverständlich kann ein Dienststellenleiter dem Vorsitzenden die für die Personalratsmitglieder bestimmten Informationen direkt zugänglich machen (VG Oldenburg v. 3.5.2011, ZfPR *online* 12/2011, S. 12).

j) Der **Vorsitzende** der Personalvertretung ist nicht deren gesetzlicher Vertreter, sondern nur Vertreter in der Erklärung. Er hat lediglich das wiederzugeben, was die

Personalvertretung zuvor beschlossen hat. Eine Personalvertretung ist nicht daran gehindert, in Einzelfällen auch ein anderes Mitglied mit der Aufgabenwahrnehmung zu beauftragen. Dies muss insbesondere bei der Wahrnehmung von Gerichtsterminen dann gelten, wenn ein anderes Mitglied mit der Sach- und Rechtslage besonders vertraut ist (BVerwG v. 21.7.1982, ZBR 1983, 166).

k) Die **laufende Geschäftsführung** beinhaltet alle Angelegenheiten, die keine Entscheidung der Personalvertretung erforderlich machen (OVG Hamburg v. 29.11.2011, PersR 2012, 129, 132). Die **Einsichtnahme in Lohn- und Gehaltslisten** gehört nicht zu den den Vorstandsmitgliedern vorbehaltenen laufenden Geschäften (BVerwG v. 16.5.2012, PersV 2013, 353). Auch der Vorsitzende hat daher keine **Handlungsbefugnis**, die über die Aufgaben hinausgeht, die ihm das Gesetz zuweist (BVerwG v. 26.5.1970, PersV 1970, 260).

l) Nur ein ordnungsgemäßer Beschluss des Personalrats schafft die Legitimation für die Handlungen und Erklärungen des Personalrats und der für ihn tätigen Personen. Fehlt es an einem Personalratsbeschluss oder ist der Beschluss unwirksam, so handelt der Personalratsvorsitzende ohne Vertretungsmacht. Der Personalrat kann durch eine nachträgliche Beschlussfassung die von dem Personalratsvorsitzenden zuvor ohne Rechtsgrundlage getroffene Vereinbarung nach § 184 Abs. 1 BGB genehmigen. Einer zeitlichen Rückerstreckung des Beschlusses können allerdings Gesichtspunkte des Vertrauensschutzes entgegenstehen (vgl. für das BetrVG: BAG v. 10.10.2007, ZfPR 2008, 109). Da der Vorsitzende der Personalvertretung diese **im Rahmen der gefassten Beschlüsse** zu vertreten hat, ist ein eigenmächtiges Abweichen ein Pflichtverstoß i.S. von § 28 (OVG Saarland v. 29.4.2014, PersV 2014, 343).

m) Die Dienststelle darf auf die **Erklärung des Vorsitzenden** vertrauen. Wenn der Dienststellenleiter allerdings begründete Zweifel in tatsächlicher oder rechtlicher Hinsicht hat, so kann er die Erklärung des Personalratsvorsitzenden nicht „unbesehen" entgegennehmen (BAG v. 18.4.2007, Leits. ZfPR 2008, 108).

n) Die Verweigerung der Zustimmung zu einer Maßnahme, die alleine eine im Personalrat vertretene Gruppe betrifft, bedarf der Unterschrift des Vertreters dieser Gruppe, falls der Vorsitzende ihr nicht selbst angehört. Wird eine **Erklärung mit der Unterschrift des Gruppenvertreters nicht fristgerecht** abgegeben, so gilt die Maßnahme als gebilligt. Eine Heilung ist nur dann noch möglich, wenn die Erklärung des zweiten Vorstandsmitglieds fristgerecht in schriftlicher Form mit der Unterschrift des Vorsitzenden abgegeben wird (OVG Hamburg v. 30.6.1981, PersV 1984, 163). Wurde der Personalrat in einer Angelegenheit, die nur die Soldaten betrifft, nicht gemeinsam durch den nicht der Gruppe der Soldaten angehörenden Vorsitzenden und ein der Gruppe der Soldaten angehörendes Vorstandsmitglied, sondern allein durch letzteres vertreten, so kann der Fehler in der Vertretung dadurch geheilt werden, dass der Vorsitzende seine Erklärung als Vertreter des Personalrats nachholt (BVerwG v. 9.12.2008, PersV 2009, 316).

o) Erklärungen, die unter Missachtung der gesetzlich vorgeschriebenen gemeinsamen Vertretungsbefugnis abgegeben werden, sind unwirksam. Wenn zum Beispiel die Zustimmungserklärung zur Kündigung eines Arbeitnehmers nicht auch vom Gruppenvertreter der Arbeitnehmer, sondern nur vom Vorsitzenden des Personalrats, der dieser Gruppe nicht angehört, unterschrieben ist, so ist die **Zustimmungserklärung** nichtig (BVerwG v. 14.7.1986, PersV 1987, 199; vgl. auch BVerwG v. 13.6. 1996, PersV 1998, 205 = Leits. ZfPR 1997, 54).

p) Ein Dienststellenleiter kann sich auf die Unwirksamkeit einer Zustimmungsverweigerungserklärung bei Fehlen der notwendigen zweiten Unterschrift berufen. **Rechtsmissbräuchlich** wäre ein solches Verhalten nur dann, wenn der Dienststellenleiter vor Ablauf der gesetzlichen Erklärungsfrist den Verstoß gegen Abs. 3 Satz 2 erkannt und ihn der Personalvertretung gegenüber verschwiegen hätte, um sie daran zu hindern, die Unterschrift des Gruppenvertreters nachzureichen. Ähnlich wäre die

Rechtslage dann zu beurteilen, wenn ein Dienststellenleiter gegenüber der Personalvertretung zu erkennen gegeben hätte, dass er die Erklärung auch dann als wirksam ansieht, wenn die zweite Unterschrift fehlt (BVerwG v. 14.7.1986, aaO).

q) **Vorstandsmitglieder sind jederzeit abwählbar**, da die entsprechenden Personen vom Vertrauen der Mehrheit des Plenums bzw. ihrer Gruppe getragen sein müssen. Die Abberufung bedarf keiner Begründung. Eine gerichtliche Nachprüfung kann sich nur darauf beschränken, ob das gewählte Abberufungsverfahren den gesetzlichen Anforderungen an ein ordnungsgemäßes Beschlussverfahren entspricht sowie darauf, ob die Personalratsmitglieder in sittenwidriger Weise etwa durch das Vorspiegeln falscher Umstände oder durch das Unterschlagen von Tatsachen, die zu einer Verfälschung der Entscheidung geführt haben, beeinflusst worden sind (BVerwG v. 23.10.1970, BVerwGE 36, 174 = PersV 1971, 140). Die Geltendmachung der Unwirksamkeit der Wahl eines Vorstandsmitglieds ist nicht an eine Frist gebunden (BVerwG v. 15.5.1991, ZfPR 1991, 172).

r) Das Personalratsplenum ist nicht berechtigt, Stellvertreter abzuberufen; denn die einzelnen Gruppen wählen ihre Sprecher, die die „geborene Anwartschaft" auf entweder Vorsitz oder Stellvertretung des Vorsitzenden besitzen (BVerwG v. 26.10.1977, BVerwGE 55, 17 = PersV 1979, 110). Eine **Abberufung** ist daher nur durch die Gruppe möglich, die durch ihre Entscheidung, wer Gruppensprecher wird, auch bestimmt hat, wer Mitglied des Vorstands wird.

s) Die **Abwahl eines Gruppensprechers** (durch die betreffende Gruppe) oder des **Vorsitzenden** bedarf der Aufnahme in die Tagesordnung, um eine wirksame Beschlussfassung herbeizuführen (BVerwG v. 13.10.1986, BVerwGE 75, 62 = PersV 1987, 336). Das Rechtsinstitut der Vertrauensfrage ist dem Personalvertretungsrecht fremd (VG Karlsruhe v. 25.11.1988 – B PVG 385/88 n.v.).

t) Bei **Fehlen der** notwendigen **zweiten Unterschrift** (z.B. Verweigerung der Zustimmung zur Versetzung eines Arbeitnehmers bei Alleinunterzeichnung dieser Erklärung durch den Vorsitzenden, der Beamter ist) kann sich die Dienststelle auf die Unwirksamkeit der Zustimmungsverweigerungserklärung berufen (BVerwG v. 21.4.1992, ZfPR 1992, 141; vgl. Anm. 1 und Anm. 31).

u) Ein Dienststellenleiter muss nicht generell die **Ordnungsmäßigkeit einer Beschlussfassung** überprüfen, wohl aber, ob ein nach außen gerichtetes Schreiben den formalen Anforderungen entspricht (BVerwG v. 18.10.2007, ZfPR 2008, 98).

4. Streitigkeiten

Die Verwaltungsgerichte entscheiden nach § 83 Abs. 1 Nr. 3 über Streitigkeiten im Zusammenhang mit der Vorstandsbildung bzw. der Geschäftsführung. Bei einem die Bildung des Vorstands des neugewählten Personalrats betreffenden Rechtschutzbegehren handelt es sich nicht um eine **Wahlanfechtung** i.S. des PersVG, weil die Wahl des Vorstands eines Personalrats ein **Akt der Geschäftsführung** darstellt, der der gerichtlichen Prüfung durch die Verwaltungsgerichte – Fachkammern für Personalvertretungsrecht – unterfällt. Nicht jeder Formverstoß aber berührt die Gültigkeit von Personalratsbeschlüssen und Wahlen innerhalb des Personalrats. Formelle Mängel haben nur dann Einfluss auf die Gültigkeit der Beschlüsse und Wahlen im Personalrat, wenn nicht ausgeschlossen werden kann, dass das Beschluss- bzw. Wahlergebnis ohne den Formverstoß ein anderes gewesen wäre (VG Saarlouis v. 2.9.2009 – 9 K 463/09, n.v.).

5. Abweichende Regelungen des Landesrechts

Im Zusammenhang mit der Vorstandsbildung gibt es eine Reihe von Abweichungen nach den Landesgesetzen. Nach Art. 32 BayPVG wählen die Vertreter der Gruppe neben dem auf sie entfallenden Vorstandsmitglied auch ein stellvertretendes Vorstandsmitglied. Bei Stimmengleichheit gilt das Los. Vorsitzender und bis zu zwei Stellvertreter werden in geheimer Wahl gewählt. Besonders eingehend wird die Vertretung in Gruppenangelegenheiten geregelt.

Nach § 29 PersVG Bln muss mindestens ein Mitglied jeder im Personalrat vertretenen Gruppe dem Vorstand angehören, es sei denn, dass die Vertreter einer Gruppe darauf verzichten. Gelingt es einer Gruppe nicht, ein Vorstandsmitglied zu wählen oder verzichtet sie auf eine Vertretung im Vorstand, dann besteht der Vorstand ausnahmsweise nicht aus je einem Gruppenvertreter.

Nach § 30 Abs. 2 PersVG Bre kann auch ein nicht in den Vorstand gewähltes Personalratsmitglied zum Vorsitzenden bestimmt werden.

Nach § 29 HPVG ist bei der Wahl des Vorsitzenden und der Stellvertreter das Gruppenprinzip nicht zu beachten, wohl aber soll es berücksichtigt werden. Ohne Rücksicht auf Gruppenzugehörigkeit und Stärke einer Gruppe kann jedes Mitglied des Personalrats zum Vorsitzenden oder Stellvertreter gewählt werden.

Nach § 40 NPersVG werden Vorsitzende und Stellvertreter, die verschiedenen Gruppen angehören müssen, vom Personalrat, nicht von den Gruppen gewählt. Gleiches gilt nach § 26 LPVG RP und § 24 Abs. 1 MBG Sch.-H.

Sind nach § 31 SPVG zwei Gruppen im Personalrat vertreten, so erhält die stärkste Gruppe zwei Vorstandsmitglieder.

§ 33 (Erweiterte Vorstandsbildung)

Hat der Personalrat elf oder mehr Mitglieder, so wählt er aus seiner Mitte mit einfacher Stimmenmehrheit zwei weitere Mitglieder in den Vorstand. Sind Mitglieder des Personalrats aus Wahlvorschlagslisten mit verschiedenen Bezeichnungen gewählt worden und sind im Vorstand Mitglieder aus derjenigen Liste nicht vertreten, die die zweitgrößte Anzahl, mindestens jedoch ein Drittel aller von den Angehörigen der Dienststelle abgegebenen Stimmen erhalten hat, so ist eines der weiteren Vorstandsmitglieder aus dieser Liste zu wählen.

Entsprechende landesgesetzliche Regelungen:

Baden-Württemberg: § 33; Bayern: Art. 33; Berlin: –; Brandenburg: –; Bremen: –; Hamburg: § 32 Abs. 4; Hessen: –; Mecklenburg-Vorpommern: –; Niedersachsen: –; Nordrhein-Westfalen: –; Rheinland-Pfalz: –; Saarland: § 31 Abs. 4; Sachsen: § 33 Abs. 3; Sachsen-Anhalt: § 30 Satz 5; Schleswig-Holstein: –; Thüringen: § 33 Abs. 4.

1. Begriffsbestimmungen

a) Ergänzungsmitglieder: Solche Vorstandsmitglieder, die bei 11 oder mehr Personalratsmitgliedern als Vorstandsmitglieder zur Unterstützung der laufenden Geschäftsführungsarbeiten durch Plenumsbeschluss zu den Mitgliedern des engeren Vorstands hinzugewählt werden.

b) Listen: Wahlvorschlagslisten, die vom selben verbandspolitischen Urheber ausgehen.

2. Erläuterungen

a) Ergänzungsmitglieder sind **vollberechtigte Vorstandsmitglieder**, nicht also „Mitglieder minderen Rechts".

b) Bei der Wahl des Vorstands hat die Personalvertretung den Willen der Wähler dahingehend zu berücksichtigen, dass mindestens eines der Vorstandsmitglieder aus dem Personenkreis entnommen wird, der über eine Vorschlagsliste von gewisser Bedeutung gewählt worden ist. **Voraussetzung** ist, dass dieser Wahlvorschlag bei der Wahl die zweitgrößte Stimmenzahl insgesamt erreicht hat und diese Stimmenzahl mindestens ein Drittel der abgegebenen Stimmen ausmacht. In jedem Fall aber bleibt Voraussetzung, dass nicht bereits ein Mitglied dieser Liste in den „engeren Vorstand" gewählt worden ist.

3. Fälle aus der Rechtsprechung

a) Zum **Vorsitzenden** oder zum Stellvertreter kann ein **Ergänzungsmitglied** nur dann gewählt werden, wenn die nach § 32 Abs. 1 Satz 3 bestimmten Vorstandsmitglieder für diese Ämter nicht (mehr) zur Verfügung stehen (BVerwG v. 16.9.1977, ZBR 1978, 203; BayVGH v. 5. 2. 2003, ZfPR 2004, 38).

b) Die **zweitstärkste Wahlvorschlagsliste** muss im Zusammenhang mit der Bildung des erweiterten Vorstands dann berücksichtigt werden, wenn sie nicht bereits bei der Wahl des Vorsitzenden und seiner Stellvertreter beachtet worden ist (BVerwG v. 16.7.1975, ZBR 1976, 373). Wird bei einem aus 13 Mitgliedern bestehenden Personalrat die stärkste Wahlvorschlagsliste nicht berücksichtigt, dann ist bei der nach § 33 erforderlich werdenden Ergänzungswahl ein Mitglied dieser Liste in den erweiterten Vorstand zu wählen (BVerwG v. 17.3.2014, ZfPR *online* 5/2014, S. 2)

c) In einer Personalvertretung, in der nur **Mitglieder einer Gruppe** vertreten sind und der 11 oder mehr Mitglieder angehören, besteht der Vorstand aus einem von der Mehrheit gewählten Vorsitzenden nach § 32 Abs. 1 und 2 sowie aus zwei zugewählten weiteren Mitgliedern nach § 33 (BVerwG v. 27.8.1997, ZfPR 1999, 6).

d) Satz 2 dient dem „Schutz einer nicht unbedeutenden Wahlvorschlagsminderheit" (BVerwG v. 19.8.2010, ZfPR *online* 11/2010, S. 8). Wahlvorschlagslisten sind nicht die für die jeweils einzelnen Gruppen aufgestellten Wahlvorschläge, sondern – über die Gruppengrenzen hinweg – **alle Listen mit derselben Bezeichnung**. Deshalb sind die Wahlvorschläge zu einer Liste zusammenzufassen, die dieselbe Bezeichnung tragen und damit eine einheitliche gewerkschaftliche, verbandspolitische oder – wie bei „freien" Listen – dienststelleninterne Interessenausrichtung erkennen lassen (BVerwG v. 23.2.1979, ZBR 1979, 273). Entscheidend kommt es also auf den verbandspolitischen Urheber an (OVG Münster v. 9.4.1979, ZBR 1980, 259). Wenn daher die Gewerkschaft X für die Gruppe der Beamten und der Arbeitnehmer eine Liste aufstellt, dann stammt diese Liste vom selben verbandspolitischen Urheber (BayVGH v. 6.7.1979 – Nr. 17. C 459/79, n.v.; BayVGH v. 10.9.1986 – Nr. 17 C 86.3010, n.v.).

e) Wenn nur ein aus der zweitstärksten Liste gewähltes Personalratsmitglied für die Bildung des erweiterten Vorstands noch zur Verfügung steht, dann kann die Personalvertretung die Aufnahme dieses Mitglieds in den Vorstand nicht dadurch verhindern, dass sie geltend macht, eine Auswahl sei ihr nicht mehr möglich. In diesem Fall kann nur dieses (alleine noch zur Verfügung stehende) Mitglied in den erweiterten Vorstand aufgenommen werden. Eine **eigentliche Wahl** im Sinne einer Auswahl **kann** unter diesen Umständen **nicht stattfinden** (VGH München v. 22.4.2013, ZfPR *online* 1/2014, S. 8).

f) Bei einem **Wechsel der Verbandszugehörigkeit** unmittelbar nach der Wahl verbleibt das über eine bestimmte Wahlvorschlagsliste unter Berücksichtigung der Vorschrift des § 33 Satz 2 in den Vorstand gelangte Mitglied weiterhin im Vorstand (BVerwG v. 12.6.1984, ZBR 1984, 383).

g) Der Minderheitenschutz dient der **Einbindung starker verbandspolitischer Minderheiten in die Personalratstätigkeit**. Erkennt die Mehrheit der Personalvertretung, dass ein Mitglied der zweitstärksten Liste von sämtlichen Personalratsmitgliedern dieser Liste abgelehnt wird und wird dabei offenkundig, dass dieses Mitglied seine Kandidatur für den Vorstand deutlich im Gegensatz zu der verbandsinternen Willensbildung der hinter der zweitstärksten Liste stehenden verbandspolitischen Gruppierung durchsetzen will, so stellt die gleichwohl erfolgte Bestellung zum Ergänzungsmitglied einen Verstoß gegen § 33 Satz 2 BPersVG bzw. die entsprechenden landesgesetzlichen Regelungen dar (OVG Rheinland-Pfalz v. 9.8.1994, Leits. ZfPR 1996, 128; offengelassen von BVerwG v. 9.10.1996 – 6 C 11.94, n.v.).

h) Wenn mit Ausnahme eines einzigen Mitglieds alle Mitglieder einer in Betracht kommenden Wahlvorschlagsliste das Amt des Vorstandsmitglieds in einem erweiterten Vorstand ablehnen, dann kommt es nicht mehr zu einer eigentlichen Wahl, sondern lediglich zu einer **schlichten Aufnahme in den erweiterten Vorstand** (BVerwG v. 17.3.2014, ZfPR *online* 5/2014, S. 2).

4. Streitigkeiten

Über Streitigkeiten im Zusammenhang mit der Bildung des erweiterten Vorstands entscheiden die Verwaltungsgerichte nach § 83 Abs. 1 Nr. 3.

§ 34 (Sitzungen der Personalvertretung)

(1) Spätestens sechs Arbeitstage nach dem Wahltag hat der Wahlvorstand die Mitglieder des Personalrats zur Vornahme der vorgeschriebenen Wahlen einzuberufen und die Sitzung zu leiten, bis der Personalrat aus seiner Mitte einen Wahlleiter bestellt hat.

(2) Die weiteren Sitzungen beraumt der Vorsitzende des Personalrats an. Er setzt die Tagesordnung fest und leitet die Verhandlung. Der Vorsitzende hat die Mitglieder des Personalrats zu den Sitzungen rechtzeitig unter Mitteilung der Tagesordnung zu laden. Satz 3 gilt auch für die Ladung der Schwerbehindertenvertretung, der Mitglieder der Jugend- und Auszubildendenvertretung und der Vertretung der nichtständig Beschäftigten, soweit sie ein Recht auf Teilnahme an der Sitzung haben.

(3) Auf Antrag eines Viertels der Mitglieder des Personalrats, der Mehrheit der Vertreter einer Gruppe, des Leiters der Dienststelle, in Angelegenheiten, die besonders schwerbehinderte Menschen betreffen, des Vertrauensmannes der Schwerbehinderten oder in Angelegenheiten, die besonders die in § 57 genannten Beschäftigten betreffen, der Mehrheit der Mitglieder der Jugend- und Auszubildendenvertretung hat der Vorsitzende eine Sitzung anzuberaumen und den Gegenstand, dessen Beratung beantragt ist, auf die Tagesordnung zu setzen.

(4) Der Leiter der Dienststelle nimmt an den Sitzungen, die auf sein Verlangen anberaumt sind, und an den Sitzungen, zu denen er ausdrücklich eingeladen ist, teil.

Entsprechende landesgesetzliche Regelungen:

Baden-Württemberg: § 34; Bayern: Art. 34; Berlin: §§ 30, 31; Brandenburg: §§ 34, 40 Abs. 5; Bremen: §§ 31, 32 Abs. 5; Hamburg: §§ 34, 35 Abs. 2, 37 Abs. 2; Hessen: § 31; Mecklenburg-Vorpommern: §§ 25, 40 Abs. 5; Niedersachsen: §§ 29, 30 Abs. 2; Nordrhein-Westfalen: § 30; Rheinland-Pfalz: § 29; Saarland: §§ 33, 34; Sachsen: § 35; Sachsen-Anhalt: §§ 32, 38 Abs. 4; Schleswig-Holstein: § 25; Thüringen: § 34.

1. Begriffsbestimmungen:

a) Konstituierende Sitzung: Diejenige Sitzung der Personalvertretung, die unmittelbar nach Durchführung der Personalratswahlen mit dem Ziel einberufen wird, den Vorstand zu bilden.

b) Wahlleiter: Dasjenige Mitglied der Personalvertretung, das die Wahlen zur Bildung des Vorstands zu leiten hat und vom Plenum dazu bestimmt worden ist, nachdem bis dahin die Leitung der konstituierenden Sitzung dem Vorsitzenden des Wahlvorstands oblag.

c) Rechtzeitig: Die Ladungen müssen zu einem Zeitpunkt verschickt werden, zu dem die Personalratsmitglieder noch genügend Möglichkeiten für zeitliche Dispositionen haben.

d) Angelegenheiten, die **besonders die in § 57 genannten Beschäftigten** betreffen: vgl. § 40 Anm. 1 c.

2. Erläuterungen

a) Die **Ladungsfrist** beträgt sechs Arbeitstage und beginnt am ersten Arbeitstag nach dem (letzten) Wahltag. Innerhalb dieser Frist muss die konstituierende Sitzung stattfinden. Eine Fristüberschreitung hat aber keine Konsequenzen, da es sich lediglich um eine Ordnungsvorschrift handelt.

b) Der Wahlvorstand hat die **Einladungen zur konstituierenden Sitzung** an die gewählten ordentlichen Mitglieder zu versenden und ein Ersatzmitglied für den Fall zu laden, dass ihm bereits bekannt sein sollte, dass ein ordentliches Mitglied an der Teilnahme verhindert ist.

c) Die Einladung hat auch dann zu erfolgen, wenn die **Wahl der Personalvertretung** bereits **angefochten** sein sollte. Interne organisatorische Angelegenheiten kann eine Personalvertretung im Übrigen auch schon in der konstituierenden Sitzung dann regeln, wenn die Amtszeit der bisherigen Personalvertretung noch nicht abgelaufen ist.

d) Das Amt des Wahlvorstands erlischt mit der **Bestellung des Wahlleiters**. Die Mitglieder des Wahlvorstands haben sodann die Sitzung zu verlassen.

e) Zu den weiteren Sitzungen hat der Personalratsvorsitzende die ordentlichen Mitglieder bzw. Ersatzmitglieder einzuladen. Das Gesetz macht **keine Vorgaben zur Form der Ladung**. Entsprechende Regelungen können daher in einer Geschäftsordnung festgelegt werden. Für den Regelfall sollte die Einladung schriftlich (§ 126 BGB) oder per E-Mail (§ 126b BGB) erfolgen.

f) Wenn der Personalratsvorsitzende die Anberaumung weiterer Sitzungen unterlässt, steht der Personalvertretung ein **Selbstversammlungsrecht** zu. Grundsätzlich steht es im freien Ermessen des Vorsitzenden, in welchem Turnus er Personalratssitzungen durchführt.

g) Der Vorsitzende einer Personalvertretung kann die **Anberaumung einer Sitzung** dann nicht unterlassen, wenn sie von dem in Abs. 3 genannten Personenkreis beantragt wird. Die unbegründete Unterlassung stellt eine grobe Pflichtverletzung i.S. von § 28 dar.

3. Fälle aus der Rechtsprechung

a) Der Personalratsvorsitzende hat in die **Tagesordnung** alle die Punkte aufzunehmen, „die sich aus der Erfüllung der gesetzlichen Aufgaben der Personalvertretung ergeben" (BVerwG v. 29.8.1975, BVerwGE 49, 144 = PersV 1976, 385). Die einzelnen Personalratsmitglieder haben Anspruch auf konkrete, objektive, umfassende und zutreffende Informationen über die Geschäftsführung und die Ausführung von Beschlüssen der Personalvertretung (VG Gelsenkirchen v. 4.4.1986, PersV 1986, 334). Erfolgt die Einladung zu einer Personalratssitzung ohne oder unter nicht vollständiger Mitteilung der Tagesordnung, so kann ein solcher Mangel nur dann geheilt werden, wenn alle Mitglieder der Personalvertretung einschließlich etwaiger Ersatzmitglieder rechtzeitig zur Sitzung geladen worden sind. Ist die Personalvertretung nicht vollzählig, aber beschlussfähig (§ 37 Abs. 2), dann ist es ausreichend, wenn durch einstimmigen Beschluss die Ergänzung oder Erstellung der Tagesordnung beschlossen wird (vgl. für das BertVG: BAG v. 22.1.2014, ZfPR *online* 4/2014, S. 18; vgl. auch § 37 Anm. 3a). Die Tagesordnungspunkte dürfen nicht nur global, pauschal oder zahlenmäßig angegeben werden. Vielmehr müssen die Beratungsgegenstände dem Gesetz entsprechend bezeichnet sein, also mit genauer Angabe der von der Dienststelle beabsichtigten beteiligungspflichtigen Maßnahme, z.B. bei der Vergabe eines höherwertigen Dienstpostens, dessen genaue Bezeichnung mit seiner besoldungsmäßigen Bewertung und dem Namen des Beschäftigten, dem dieser Dienstposten übertragen werden soll. Erst dadurch ist für das geladene Personalratsmitglied ein unmittelbar aus der Tagesordnung ersichtlicher Bezug zu den konkreten Einzelfällen hergestellt, die in der Sitzung behandelt werden sollen. Zu unbestimmt ist deshalb auch die bloße Angabe „Erörterung und Beschlussfassung" über beabsichtigte Versetzungen, Umsetzungen und Dienstpostenübertragungen (OVG Saarland v. 4.2.1975, PersV 1977, 140; OVG Niedersachsen v. 20.9.1995 – 17 M 826/95, n.v.).

b) Einzelne Personalratsmitglieder sowie die in der Dienststelle vertretenen Gewerkschaften können die **Aufnahme eines bestimmten Gegenstands in die Tagesordnung** nur empfehlen. Ihnen steht kein eigenes Antragsrecht zu (BVerwG v. 29.8.1975, aaO).

c) Nicht nur die **Ladung** zu einer Personalratssitzung selbst, sondern auch die **Mitteilung der Tagesordnung** hat **rechtzeitig** zu erfolgen. Was als „rechtzeitig" anzusehen ist, kann nicht schematisch bestimmt werden, sondern hängt von den **Umständen des Einzelfalles** ab. Zu berücksichtigen sind dabei insbesondere Umfang und Bedeutung der Sache sowie ihre evtl. Eilbedürftigkeit (vgl. für das BetrVG: BAG v. 24.5.2006, Leits. ZfPR 2008,44).

d) Der an einer Personalratssitzung teilnehmende Dienststellenleiter kann den zuständigen **Sachbearbeiter** zur Personalratssitzung mitbringen. Auf diese Weise werden der Personalvertretung Spezialkenntnisse zugänglich gemacht. Dies ist der Arbeit förderlich (OVG Münster v. 25.4.1973, ZBR 1974, 67; vgl. auch BVerwG v. 23.11.2010, ZfPR *online* 1/2011, S. 7).

e) Wenn der Vorsitzende einer Personalvertretung zur Vorabinformation **Unterlagen** an im Personalrat vertretene Gewerkschaften versendet, so hat er unverzüglich vorab auch alle anderen Gewerkschaften einzubeziehen (HessVGH v. 14.2.1979 – BPV TK 10/78, n.v.).

f) Die Mitglieder der Personalvertretung haben keinen Anspruch darauf, dass ihnen die für die Sitzung vorgesehenen Unterlagen mit der Tagesordnung übersandt werden. **Einzige Informationsquelle** nämlich **ist** die **Personalratssitzung** (BVerwG v. 29.8.1975, ZBR 1976, 124; BVerwG v. 9.7.1994, ZfPR 1994, 185; OVG Sachsen v. 2.2.2010, ZfPR 2010, 105). Diese Auffassung muss allerdings deshalb als überholt angesehen werden, weil alle Personalratsmitglieder eigenverantwortlich zu entscheiden haben und daher möglichst frühzeitig vor einer Personalratssitzung informiert sein müssen. Andernfalls ist eine sachlich ausgewogene Entscheidungsfindung nicht immer gewährleistet. Die vorstehend zitierten Entscheidungen müssen im Hinblick auf die Tatsache, dass inzwischen nahezu alle Dienststellen flächendeckend mit modernster Informations- und Kommunikationstechnik ausgestattet sind, als nicht mehr zeitgerecht angesehen werden (vgl. Vogelgesang, PersV 2014, 251, der einen elektronischen Lesezugriff auf die dem Personalratsvorsitzenden von der Dienststelle zugänglich gemachten Unterlagen befürwortet und im Übrigen zusätzlich dafür plädiert, dass ein Vorsitzender die Sitzungsunterlagen zusammen mit der Tagesordnung per E-Mail den Personalratsmitgliedern zuleitet; vgl. auch für das BetrVG: BAG v. 12.8.2009, NZA 2009, 1218).

g) Das einzelne **Personalratsmitglied kann Unterlagen im Personalratszimmer einsehen**. Allerdings besteht kein Anspruch darauf, dass der Personalratsvorsitzende die Unterlagen diesem Personalratsmitglied überlässt. Wohl aber steht einem Personalratsmitglied das Recht zu, sich Abschriften aus den Unterlagen zu fertigen (vgl. für das BetrVG: BAG v. 27.5.1982, DB 1982, 2578). Auch diese Entscheidung muss als überholt angesehen werden.

h) Sogenannte **Vorbehaltsbeschlüsse** eines Hauptpersonalrats, die vor Eingang der Stellungnahme der nachgeordneten Personalvertretung getroffen werden, verletzen die Informationsrechte und Entscheidungsbefugnisse der Mitglieder des Hauptpersonalrats (BVerwG v. 19.7.1994, ZfPR 1994, 184).

i) Da es sich bei der konstituierenden Sitzung der Personalvertretung nicht um eine Sitzung mit Beratungsgegenständen handelt, sondern um eine Sitzung zur Bildung des Vorstands, steht der **Schwerbehindertenvertretung** kein Teilnahmerecht zu (BayVGH v. 31.7.1996 – 17 P 96.1403, n.v.).

4. Streitigkeiten

Die Verletzung der dem Vorsitzenden aufgetragenen Pflichten kann zum Ausschluss wegen grober Vernachlässigung der gesetzlich übertragenen Aufgaben i.S. von § 28 führen. Im Übrigen entscheiden die Verwaltungsgerichte nach § 83 Abs. 1 Nr. 3.

5. Abweichende Regelungen des Landesrechts

Auch zu dieser Bestimmung gibt es eine Reihe von Abweichungen in den Landes- gesetzen. Dies gilt u.a.für die Einberufungsfrist zur konstituierenden Sitzung sowie für das Antragsrecht zur Einberufung weiterer Sitzungen. Auch in diesem Zusammenhang wird wieder eine sorgfältige Durcharbeitung der einzelnen Bestimmungen empfohlen.

§ 35 (Nichtöffentlichkeit und Zeitpunkt der Sitzung)

Die Sitzungen des Personalrats sind nicht öffentlich; sie finden in der Regel während der Arbeitszeit statt. Der Personalrat hat bei der Anberaumung seiner Sitzungen auf die dienstlichen Erfordernisse Rücksicht zu nehmen. Der Leiter der Dienststelle ist vom Zeitpunkt der Sitzung vorher zu verständigen.

Entsprechende landesgesetzliche Regelungen:

Baden-Württemberg: § 36 Abs. 1; Bayern: Art. 35; Berlin: § 31; Brandenburg: § 35; Bremen: § 32 Abs. 1; Hamburg: § 35; Hessen: § 32; Mecklenburg-Vorpommern: § 26; Niedersachsen: § 30; Nordrhein-Westfalen: § 31; Rheinland-Pfalz: § 30; Saarland: § 34; Sachsen: § 36; Sachsen-Anhalt: § 33; Schleswig-Holstein: § 26; Thüringen: § 35.

1. Begriffsbestimmungen

a) Grundsatz der Nichtöffentlichkeit: An Personalratssitzungen dürfen grundsätzlich nur Personalratsmitglieder und solche Personen teilnehmen, denen das Gesetz dieses Recht ausdrücklich zugesteht. Die Vorschrift soll eine „freie, durch Druck von außen nicht beeinflusste Willensbildung innerhalb des Personalrats und damit einhergehend die Unabhängigkeit der Personalratsmitglieder im Rahmen einer offenen Diskussion" sicherstellen (BayVGH v. 26.4.2010, PersR 2010, 407; vgl. auch: BVerwG v. 11.1.2006, PersV 2006, 186; OVG Rheinland-Pfalz v. 5.8.2005, ZfPR 2006, 66).

b) Dienstliche Erfordernisse: Alle Umstände, die es zwingend erfordern, dass eine Personalratssitzung außerhalb der Arbeitszeit durchgeführt wird (Beispiel: Behörde mit ganztägigem Publikumsverkehr).

2. Erläuterungen

a) Diejenigen Beschäftigten, deren Personalangelegenheiten in der Personalratssitzung behandelt werden, können zur Meinungsbildung der Personalvertretung zu einer **persönlichen Aussprache** geladen werden.

b) Beschlüsse, die in einer Personalratssitzung gefasst werden, in der nicht teilnahmebefugte Personen anwesend waren, bleiben **gültig** (vgl. aber Anm. 3a).

c) Für die Personalratsmitglieder gilt im Hinblick auf die Teilnahme an Personalratssitzungen eine generelle **Arbeitsbefreiung**, die nicht von Fall zu Fall immer wieder neu beantragt werden muss. Zweckmäßigerweise sollte eine Personalvertretung unmittelbar nach der Wahl die Durchführung von Personalratssitzungen in einem einheitlichen Zeitrhythmus (z.B. jeden zweiten Mittwochnachmittag) festlegen und dem Dienststellenleiter mitteilen.

3. Fälle aus der Rechtsprechung

a) Abweichungen vom **Gebot der Nichtöffentlichkeit** können weder im Einzelfall noch durch Beschluss (Geschäftsordnung) für zulässig erklärt werden (OVG Lüneburg v. 21.8.1957, ZBR 1957, 337). Unter Verstoß gegen das Gebot der Nichtöffentlichkeit gefasste Beschlüsse sind grundsätzlich gültig, es sei denn, dass hinreichende Anhaltspunkte dafür gegeben sind, dass die unberechtigte Teilnahme Dritter für das Beratungs- und Beschlussergebnis von Bedeutung gewesen ist, bzw. dass der unberechtigt Teilnehmende auf das Beratungs- und Beschlussergebnis Einfluss genommen hat (OVG Bautzen v. 7.4.1998, PersR 1999, 454).

b) Der Vorsitzende einer Stufenvertretung darf an der Sitzung einer örtlichen Personalvertretung, der er nicht angehört, nicht teilnehmen (OVG Lüneburg v. 21.8.1957, aaO). Zur Behandlung konkreter Fragen, in denen sich die Personalvertretung nicht hinreichend sachverständig fühlt, kann sie **Auskunftspersonen** hinzuziehen (BVerwG v. 24.10.1975, PersV 1976, 422).

c) Die Hinzuziehung einer **Schreibkraft zur Anfertigung des Protokolls** während einer Personalratssitzung ist nicht zulässig (BVerwG v. 27.11.1981, PersV 1983, 409). Das Verbot der Hinzuziehung solcher Personen gilt, soweit sie nicht landesgesetzlich ausdrücklich zugelassen sind, für die gesamte Sitzung (BVerwG v. 2.1.1992, Leits. PersR 1993, 383).

d) Einer Personalvertretung ist es nicht gestattet, ohne Einverständnis des Dienststellenleiters **sachkundige Beschäftigte** zu ihren Sitzungen hinzuzuziehen. Das Recht einer Personalvertretung zur Selbstinformation gibt ihr kein entsprechendes, über den Gesetzeswortlaut (abschließend aufgeführter Kreis der Teilnahmeberechtigten) hinausgehendes Recht (OVG Münster v. 13.8.1996, Leits. ZfPR 1997, 199).

e) Einer **Gleichstellungsbeauftragten steht grundsätzlich kein Teilnahmerecht** an Personalratssitzungen zu, da sie nicht zu dem Personenkreis gehört, der nach dem Wortlaut des Gesetzes teilnahmeberechtigt ist. Allerdings sollte die Personalvertretung die Gleichstellungsbeauftragte zu allen Tagesordnungspunkten laden, die „die Vereinbarkeit von Familie und Erwerbstätigkeit sowie den Schutz vor sexueller Belästigung am Arbeitsplatz betreffen" (§ 19 Abs. 1 Satz 2 BGleiG). Ein generelles Teilnahmerecht kann die Personalvertretung allerdings nicht beschließen bzw. ein solches Teilnahmerecht kann in einer Geschäftsordnung nicht festgelegt werden.

f) Nur ausnahmsweise kann ein Dienststellenleiter einem Personalratsmitglied die **Teilnahme an einer Personalratssitzung untersagen**, nämlich dann, wenn unvorhersehbare dringende Dienstgeschäfte zu erledigen sind und Vertreter zur Aufgabenerfüllung nicht gefunden werden können (vgl. für das Betr VG: LAG Schleswig-Holstein v. 1.11.2012, DB 2012, DB 2012, 2814).

4. Streitigkeiten

Streitigkeiten über die **Zuständigkeit und Geschäftsführung** der Personalvertretung, über eine mögliche Verletzung des Grundsatzes der Nichtöffentlichkeit etc. entscheiden die Verwaltungsgerichte nach § 83 Abs. 1 Nr. 3. Ein einzelnes Personalratsmitglied kann einen Feststellungsantrag hinsichtlich der Zulässigkeit der Ladung außenstehender Personen beim Verwaltungsgericht stellen (OVG Lüneburg v. 21.8.1957, ZBR 1957, 337).

5. Abweichende Regelungen des Landesrechts

Nach § 31 PersVG Bln können zu den Sitzungen Sachverständige hinzugezogen werden. Soweit hierdurch Kosten entstehen, muss ein Einvernehmen mit dem Dienststellenleiter erzielt werden. Nach § 32 PersVG Bre können auf Beschluss des Personalrats sachkundige Personen zu den Sitzungen hinzugezogen werden (ebenso auch § 35 HmbPersVG). Nach § 43 Abs. 3 NPersVG können beauftragte Mitglieder des Gesamtpersonalrats oder der Stufenvertretung zu Personalratssitzungen geladen werden (ähnlich auch § 32 Abs. 2 NPersVG sowie § 30 MBG Sch.-H.). Nach § 34 Abs. 6 SPersVG können sachkundige Personen zu den Sitzungen hinzugezogen werden. Im Übrigen lässt der überwiegende Teil der Landespersonalvertretungsgesetze die Hinzuziehung von nicht dem Personalrat angehörenden Personen zur Anfertigung der Niederschrift zu (§ 26 Abs. 2 PersVG MV; § 30 Abs. 4 NPersVG; § 31 Abs. 2 Satz 2 LPersVG NW; § 30 Abs. 2 LPersVG RhP; § 34 Abs. 6 SPersVG; § 36 Abs. 4 SächsPersVG; § 26 Abs. 2 MBG Sch.-H; § 35 Satz 2 ThürPersVG).

§ 36 (Teilnahme von Gewerkschaftsvertretern)

Auf Antrag von einem Viertel der Mitglieder oder der Mehrheit einer Gruppe des Personalrats kann ein Beauftragter einer im Personalrat vertretenen Gewerkschaft an den Sitzungen beratend teilnehmen; in diesem Fall sind der Zeitpunkt der Sitzung und die Tagesordnung der Gewerkschaft rechtzeitig mitzuteilen.

Entsprechende landesgesetzliche Regelungen:

Baden-Württemberg: § 37; Bayern: Art. 36; Berlin: § 31 Abs. 2; Brandenburg: § 36; Bremen: § 33; Hamburg: § 35 Abs. 3 Nr. 1; Hessen: § 33; Mecklenburg-Vorpommern: § 30; Niedersachsen: § 30 Abs. 3 ff.; Nordrhein-Westfalen: § 32; Rheinland-Pfalz: § 29 Abs. 6; Saarland: § 34 Abs. 2, 3; Sachsen: § 37; Sachsen-Anhalt: § 34; Schleswig-Holstein: § 30; Thüringen: § 36.

1. Begriffsbestimmungen

a) Gewerkschaftsbeauftragte: Jede von einer Gewerkschaft zur Teilnahme an einer Personalratssitzung entsandte Person.

b) Ein **Viertel der Mitglieder** der Personalvertretung: Der Teil, der sich unter Einbeziehung aller Personalratsmitglieder wie folgt ergibt: Die Zahl der Mitglieder ist durch vier zu teilen; das Ergebnis ist auf die nächste volle Zahl aufzurunden.

c) Mehrheit einer Gruppe: Bereits dann gegeben, wenn die Gruppe nur aus einem Mitglied besteht.

2. Erläuterungen

a) Die Personalvertretung kann nicht generell beschließen, **Gewerkschaftsbeauftragte** zu ihren Sitzungen zu laden. Im Hinblick auf den Grundsatz der Nichtöffentlichkeit muss vielmehr vor jeder Sitzung ein Beschluss zur Hinzuziehung von Gewerkschaftsbeauftragten gefasst werden.

b) Der Beschluss soll möglichst in der Sitzung gefasst werden, der derjenigen vorausgeht, zu der Gewerkschaftsbeauftrage geladen werden sollen. Nur auf diese Weise kann eine **Teilnahme aller Gewerkschaften** sichergestellt und die von der Personalvertretung in der Regel gewünschte breitgefächerte Information erreicht werden.

c) Von einem **Viertel der Mitglieder** oder der Mehrheit einer Gruppe kann selbstverständlich auch der Antrag gestellt werden, alle im Personalrat vertretenen Gewerkschaften (also nicht nur den Beauftragten nur „einer im Personalrat vertretenen Gewerkschaft") zu einer bestimmten Sitzung zu laden.

d) Die Personalvertretung kann auf **Antrag einzelner Mitglieder** mit Mehrheit die Hinzuziehung je eines Beauftragten aller Gewerkschaften beschließen. Wegen des Minderheitenschutzes aber kann umgekehrt ein Antrag eines Viertels der Personalvertretung bzw. der Mehrheit einer Gruppe auf Hinzuziehung eines Beauftragten einer bestimmten Gewerkschaft nicht von der Mehrheit der Personalvertretung abgelehnt werden. Der Vorsitzende hat dem Antrag (eines Viertels der Mitglieder bzw. der Mehrheit einer Gruppe) in jedem Fall nachzukommen, falls die gesetzlichen Voraussetzungen gegeben sind. Die Personalvertretung oder der Dienststellenleiter können einem Gewerkschaftsbeauftragten unter der Voraussetzung das Teilnahme- bzw. Beratungsrecht untersagen, dass dieser Beauftragte ständig unsachliche Kritik übt und seiner eigentlichen Aufgabe einer umfassenden Beratung der Personalvertretung nicht nachkommt.

3. Fälle aus der Rechtsprechung

a) Die Teilnahme von Gewerkschaftsbeauftragten kann weder **für die gesamte Amtsperiode im voraus** noch für mehrere bestimmte Sitzungen, sondern nur für die bevorstehende beschlossen werden (vgl. für das BetrVG: BAG v. 25.6.1987, BAGE 55, 386).

b) Die Gewerkschaften sind frei in der **Auswahl derjenigen Personen**, die sie zur Teilnahme an einer Personalratssitzung entsenden (BVerfG v. 30.11.1965, ZBR 1966, 152; BVerwG v. 14.6.1968, PersV 1968, 276).

c) Ohne konkreten Anlass kann eine Personalvertretung einem bestimmten Beauftragten einer Gewerkschaft den Zutritt zu einer Personalratssitzung **nicht verwehren**. Andernfalls würde sie in das Auswahlrecht der Gewerkschaften in unzulässiger Weise eingreifen (HessVGH v. 13.10.1971, ZBR 1972, 30).

d) Wenn eine Personalvertretung **Ausschüsse** gebildet hat, so können Gewerkschaftsbeauftragte auch zu den Sitzungen dieser Ausschüsse geladen werden; denn auch hier besteht ein Bedürfnis, sich sachkundiger, gewerkschaftlicher Beratung zu bedienen (vgl. BAG v. 18.11.1980, BAGE 34, 260).

e) Der Vorsitzende der Personalvertretung kann **Gewerkschaftsbeauftragte** zu einer Sitzung nur dann einladen, **wenn** die im Gesetz aufgeführten **Voraussetzungen gegeben sind** (Antrag eines Viertels der Mitglieder, der Mehrheit einer Gruppe; BVerwG v. 16.6.1982, ZBR 1983, 163) oder wenn er dies aufgrund eines Antrags einzelner Mitglieder für sinnvoll hält. Eine Personalvertretung ist nicht berechtigt, durch einen mit einfacher Stimmenmehrheit ihrer anwesenden Mitglieder gefassten Beschluss einen Antrag auf beratende Teilnahme des Beauftragten einer im Personalrat vertretenen Gewerkschaft an einer Personalratssitzung, der zuvor mit der erforderlichen Zahl von Personalratsmitgliedern gestellt worden ist, abzulehnen (OVG Münster v. 8.5.1995, ZfPR 1996, 164).

f) Wenn in einer Personalratssitzung **personenbezogene Daten** eines Beschäftigten erörtert werden, dann kann an dieser Erörterung kein Gewerkschaftsbeauftragter teilnehmen. Etwas anderes kann lediglich dann gelten, wenn der betroffene Beschäftigte der Teilnahme zugestimmt hat. Diese Folgerung ergibt sich aus dem Grundrecht der Beschäftigten auf informationelle Selbstbestimmung (vgl. hierzu: HessStGH v. 30.4.1986, PersV 1986, 227).

4. Streitigkeiten

Nach § 83 Abs. 1 Nr. 3 entscheiden die Verwaltungsgerichte über **Meinungsverschiedenheiten im Zusammenhang mit dem Zutrittsrecht der Gewerkschaften** zu Personalratssitzungen. An diesem Verfahren sind Dienststellenleiter, Personalvertretung und die im Personalrat vertretenen Gewerkschaften beteiligt. Evtl. kann eine einstweilige Verfügung beantragt werden.

5. Abweichende Regelungen des Landesrechts

In den einzelnen Gesetzen der Länder sind teilweise unterschiedliche Regelungen über die Hinzuziehung von Gewerkschaftsbeauftragten enthalten. Unterschiedlich ist auch geregelt, ob es sich um Beauftragte von in der Dienststelle (§ 36 LPersVG Brandenburg; § 30 Abs. 2 LPersVG MV; § 34 LSA; § 30 Abs. 3 MBG SH) oder im Personalrat vertretenen Gewerkschaften handeln muss. Nach § 33 HPVG können an allen Sitzungen des Personalrats Beauftragte der im Personalrat vertretenen Gewerkschaften teilnehmen, ohne dass es hierzu eines entsprechenden Beschlusses der Personalvertretung bedarf. Nach den PersVG BW, Bay, Bln, Hbg, Nds, RhP und Sachsen ist je ein Mitglied der im Personalrat vertretenen Gewerkschaften einzuladen.

§ 37 (Beschlussfassung und Beschlussfähigkeit)

(1) Die Beschlüsse des Personalrats werden mit einfacher Stimmenmehrheit der anwesenden Mitglieder gefasst. Stimmenthaltung gilt als Ablehnung. Bei Stimmengleichheit ist ein Antrag abgelehnt.

(2) Der Personalrat ist nur beschlussfähig, wenn mindestens die Hälfte seiner Mitglieder anwesend ist; Stellvertretung durch Ersatzmitglieder ist zulässig.

Entsprechende landesgesetzliche Regelungen:

Baden-Württemberg: § 38; Bayern: Art. 37; Berlin: § 32; Brandenburg: § 37; Bremen: § 34; Hamburg: § 38; Hessen: § 34; Mecklenburg-Vorpommern: § 27; Niedersachsen: § 31; Nordrhein-Westfalen: § 33; Rheinland-Pfalz: § 31 Abs. 1 bis 3; Saarland: § 36; Sachsen: § 38; Sachsen-Anhalt: § 35; Schleswig-Holstein: § 27; Thüringen: § 37.

1. Begriffsbestimmungen

a) Einfache Stimmenmehrheit: Mindestens die Hälfte der Mitglieder der Personalvertretung muss bei einer Beschlussfassung anwesend sein.

b) Stimmenthaltung: Nichtbeteiligung an der Abstimmung mit der Folge, dass bei Stimmengleichheit ein Antrag abgelehnt ist. Ein Personalratsmitglied, das sich der Stimme enthält, trägt den Beschluss nicht mit.

2. Erläuterungen

a) Eine **Beschlussfassung im Umlaufverfahren** ist nicht möglich. Auf diese Weise zustandegekommene Beschlüsse sind unwirksam. Gleiches gilt für solche Beschlüsse, die in Sitzungen gefasst geworden sind, zu denen nicht rechtzeitig oder ohne Mitteilung der Tagesordnung eingeladen worden ist.

b) Ein Mitglied der Personalvertretung ist bei der Abstimmung in einer eigenen Angelegenheit nicht zu beteiligen. Gleiches gilt für die vorausgehende Beratung. Allenfalls kann ein solches Personalratsmitglied zur Sachaufklärung hinzugezogen werden. Bei der Ermittlung der Zahl der für eine Beschlussfassung notwendigen Personalratsmitglieder zählt das **befangene Mitglied** allerdings mit. Ob eine Befangenheit vorliegt, hängt vom Einzelfall ab. Zu fragen ist, ob eine bestimmte Angelegenheit einem Personalratsmitglied oder einem Dritten einen unmittelbaren Vorteil oder Nachteil bringen kann. Einen Anhaltspunkt bietet § 36 Abs. 2 LPVG BW: Danach zählen zu dem in Betracht kommenden Personenkreis folgende Personen: Ehegatte oder früherer Ehegatte, ein in gerader Linie oder in der Seitenlinie bis zum dritten Grad Verwandter oder ein durch Annahme an Kindes Statt Verbundener, ein in gerader Linie oder in der Seitenlinie bis zum zweiten Grad Verschwägerter oder eine von dem Personalratsmitglied kraft Gesetzes oder Vollmacht vertretene Person. Eine Befangenheit ist in folgenden Fällen nicht anzunehmen: bei Wahlen, die von der Personalvertretung oder von Gruppen aus ihrer Mitte vorgenommen werden oder Entscheidungen, die nur die gemeinsamen Interessen einer Berufs- oder Beschäftigtengruppe berühren. In Zweifelsfällen sollte das betroffene Personalratsmitglied den Vorsitzenden der Personalvertretung vor Beginn der Beratung informieren und der Personalvertretung Gelegenheit geben, unter Ausschluss des Betroffenen darüber abzustimmen, ob ein Ausschließungsgrund wegen Befangenheit bei der Abstimmung vorliegt.

c) Die Personalvertretung kann nur dann einen wirksamen Beschluss fassen, wenn bei der Abstimmung mindestens die **Hälfte der Mitglieder** anwesend ist (Beispiel: Bei 13 Mitgliedern ist die Mindestzahl 7).

d) Das Gesetz enthält keine Regelungen darüber, nach welchem Verfahren abzustimmen ist. Zweckmäßigerweise sollte sich die Personalvertretung in einer **Geschäftsordnung** eine Verfahrensordnung geben, die parlamentarischen Abstimmungen entspricht (vgl. Muster einer Geschäftsordnung im Anhang).

e) Wenn ein **Beschluss** nach außen noch keine Rechtswirkung erzeugt hat, kann er **aufgehoben** oder geändert werden.

3. Fälle aus der Rechtsprechung

a) Formale Mängel bei der Einladung und der Zustellung der Tagesordnung haben dann keinen Einfluss auf die Gültigkeit eines Beschlusses, wenn sämtliche Mitglieder/Ersatzmitglieder einer Personalvertretung geladen worden und beschlussfähig erschienen sind sowie einstimmig eine Ergäzung/Änderung der Tagesordnung billigen (vgl. für das BetrVG: BAG v. 22.1.2014, ZfPR *online* 4/2014, S. 18; vgl. auch § 34 Anm. 3a).

b) Mitglieder der Personalvertretung sind berechtigt und verpflichtet, die für **rechtswidrig** befundenen **Beschlüsse der Personalvertretung** vor dem Verwaltungsgericht anzufechten (VG Köln v. 15. 4.1957, ZBR 1957, 215; vgl. entspr. Muster im Anhang).

c) Wenn ein Personalratsmitglied unmittelbar und individuell von der der Personalvertretung zur Zustimmung vorliegenden (beteiligungspflichtigen) Maßnahme betroffen ist, dann ist es **befangen**; es ist von der Beratung und Beschlussfassung ausgeschlossen (vgl. für das BetrVG: BAG v. 24.4.2013, ZBVR online 10/2013, S. 16; BAG v. 6.11.2013, ZBVR online 2/2014, S. 13).Wirkt das durch eine beabsichtigte Maßnahme persönlich betroffene Mitglied an der Beratung oder Beschlussfassung mit, so ist der Beschluss rechtswidrig (vgl. für das BetrVG: BAG v. 3.8.1999, BB 2000, 621).

d) Beschlüsse einer Personalvertretung **sind nichtig**, wenn besonders schwerwiegende und offenkundige Fehler vorliegen. Ob dies der Fall ist, hängt davon ab, ob die Fehler vom Standpunkt eines Dritten aus betrachtet ohne weiteres ersichtlich sind. Eine unzulängliche Mitteilung einer Tagesordnung an alle Mitglieder einer Personalvertretung kann nicht als ein so schwerwiegender und offenkundiger Mangel gewertet werden, als dass ein daraufhin ergangener Beschluss nichtig wäre (BVerwG v. 13.10.1986, BVerwGE 75, 62).

e) Eine **Aufhebung bzw. Änderung** von Beschlüssen der Personalvertretung ist so lange möglich, wie die entsprechenden Beschlüsse noch keine Rechtswirkung nach außen erzeugt haben, also dem Dienststellenleiter noch nicht bekannt gegeben worden sind. Eine erneute Beschlussfassung bedarf der einfachen Stimmenmehrheit. Das gilt auch für den Fall, dass ein Tagesordnungspunkt in derselben Sitzung wieder aufgegriffen werden soll. Für diesen Fall bedarf es nicht der Beteiligung aller Personalratsmitglieder an der Beschlussfassung (BVerwG v. 5.5.1989, ZfPR 1989, 136).

f) Da die Zahl der anwesenden Mitglieder nicht vom Stimmverhalten abhängig ist, ist ein **Mitglied** auch dann, wenn es zur Sitzung erschienen ist und sich bei der Abstimmung der **Stimme enthält**, anwesend (OVG Sachsen-Anhalt v. 25.4.2001, PersV 2001, 81 = Leits. ZfPR 2002, 112).

g) Ist ein **Personalratsvorsitzender befangen**, dann darf auch er weder an der Beratung noch an der Beschlussfassung teilnehmen (vgl. Anm. 3 c). Er kann aber auch nicht die durch Beratung und Beschlussfassung inhaltlich vorgegebene Erklärung selbst formulieren und dem Dienststellenleiter schriftlich mitteilen. Dies ist schon deshalb ausgeschlossen, weil jeder Anschein einer Einflussnahme auf die Formulierung, verbunden mit der Versuchung, diese nach subjektiven Vorstellungen abzufassen, vermieden werden muss (aA für das BetrVG: BAG v. 19.3.2003, ZBVR 2003, 175).

4. Streitigkeiten

a) Nach § 83 Abs. 1 Nr. 3 hat das Gericht bei entsprechender Antragstellung zu überprüfen, ob die Personalvertretung bei der Beschlussfassung von dem ihr eingeräumten Ermessen nach dem Sinn des Gesetzes Gebrauch gemacht hat. Das Gericht kann sein **Ermessen** aber nicht an die Stelle des Ermessens der Personalvertretung setzen (BVerwG v. 10.10.1957, BVerwGE 5, 263).

b) Wenn eine Angelegenheit abgeschlossen ist und keine Rechtswirkung mehr entfaltet, dann besteht für einen Feststellungsantrag nur noch dann ein **Rechtsschutzinteresse**, wenn dieselbe Rechtsfrage unter denselben Beteiligten künftig mit großer Wahrscheinlichkeit erneut strittig werden wird (BVerwG v. 11.3.2014, ZfPR *online* 9/2014, S. 4; vgl. im Einzelnen § 83 Anm. 3 g).

5. Abweichende Regelungen des Landesrechts

Die Landesgesetze enthalten zum Teil unterschiedliche Regelungen hinsichtlich der Beschlussfassung, der Stimmenthaltung etc. Auch insoweit wird daher ein sorgfältiges Durcharbeiten der jeweiligen Bestimmung empfohlen.

§ 38 (Vertretungsrecht)

(1) Über die gemeinsamen Angelegenheiten der Beamten und Arbeitnehmer wird vom Personalrat gemeinsam beraten und beschlossen.

(2) In Angelegenheiten, die lediglich die Angehörigen einer Gruppe betreffen, sind nach gemeinsamer Beratung im Personalrat nur die Vertreter dieser Gruppe zur Beschlussfassung berufen. Dies gilt nicht für eine Gruppe, die im Personalrat nicht vertreten ist.

(3) Absatz 2 gilt entsprechend für Angelegenheiten, die lediglich die Angehörigen zweier Gruppen betreffen.

Entsprechende landesgesetzliche Regelungen:

Baden-Württemberg: § 38; Bayern: Art. 38; Berlin: § 33; Brandenburg: § 38; Bremen: § 35; Hamburg: § 39; Hessen: § 35; Mecklenburg-Vorpommern: § 28; Niedersachsen: § 32; Nordrhein-Westfalen: § 34; Rheinland-Pfalz: § 31 Abs. 4; Saarland: § 37; Sachsen: § 39; Sachsen-Anhalt: § 36; Schleswig-Holstein: § 28; Thüringen: § 38.

1. Begriffsbestimmungen

a) Gruppenangelegenheiten: Alle Angelegenheiten, die vorwiegend nur eine bestimmte Gruppe betreffen und die unmittelbar in die Interessen der Beschäftigten dieser Gruppe eingreifen.

b) Gemeinsame Angelegenheiten: Alle Angelegenheiten, die die Beschäftigten einer Dienststelle insgesamt bzw. mehrere Beschäftigte verschiedener Gruppen gleichzeitig betreffen.

c) Nach den Personalratswahlen 2008 ist folgendes zu beachten: Da es in der Regel nur noch die Gruppen der Beamten und Arbeitnehmer gibt, findet Abs. 3 nur dann noch Anwendung, wenn zu diesen beiden Gruppen **die Gruppe der Soldaten** hinzutritt.

2. Erläuterungen

a) Die Vorschrift will sicherstellen, dass Entscheidungen der Personalvertretung in erster Linie von solchen Personalratsmitgliedern getroffen werden, die der Gruppe angehören, der der unmittelbar Betroffene zuzurechnen ist. Damit wird – **demokratischen Gepflogenheiten folgend** – den beteiligten Gruppen Gelegenheit gegeben, auf die unmittelbar sie selbst betreffenden Angelegenheiten Einfluss zu nehmen (BVerwG v. 13.6.1957, ZBR 1957, 407; BVerwG v. 28.10.1993, ZfPR 1994, 10).

b) **Weder die Geschäftsordnung** noch ein Beschluss im Einzelfall können die zwingende Vorschrift des § 38 ändern (BayVGH v. 14.12.1983, PersV 1985, 40).

c) Ist eine Gruppe im Personalrat nicht mehr vertreten, so beschließt in der alleine sie betreffenden Angelegenheit das **Plenum**. Wenn allerdings eine Gruppe besteht, ihre Vertreter aber bei der Plenumsdebatte nicht anwesend sind, so muss die Beschlussfassung ausgesetzt werden.

d) Von einer Gruppenangelegenheit kann immer nur dann die Rede sein, wenn eine **Gruppe unmittelbar betroffen** ist. Ein nur mittelbares Interesse einer oder zweier Gruppen reicht nicht aus, um eine Betroffenheit zu konstruieren und eine Beschlussbeteiligung zu rechtfertigen.

e) Während personelle Entscheidungen Gruppenangelegenheiten sind, sind soziale und organisatorische Maßnahmen in aller Regel **gemeinsame Angelegenheiten**.

f) Auch Beschlüssen in Gruppenangelegenheiten muss in jedem Fall eine **gemeinsame Beratung** des Plenums vorausgehen. Bei dieser Gelegenheit sollen auch die nur mittelbar betroffenen Gruppen Gelegenheit haben, ihre Interessen in die Diskussion einzubringen. Die **Beschlussfassung der Gruppe** hat nach dem gleichen Grundsatz wie die Beschlussfassung des Plenums der Personalvertretung zu erfolgen. Beschlüsse einer oder zweier Gruppen werden daher mit einfacher Stimmenmehrheit der anwesenden Mitglieder einer Gruppe gefasst. Sind bei einer Beschlussfassung nur zwei Gruppenvertreter anwesend, so können sie nur gemeinsam einen Beschluss fassen. Der Widerspruch eines Gruppenvertreters verhindert in diesem Fall einen Beschluss. Auch bei Gruppenbeschlüssen muss die Hälfte der betreffenden Personalratsmitglieder anwesend sein. Allerdings ist es nicht notwendig, dass mehr als die Hälfte der Gruppenvertreter an der Sitzung teilnimmt. Auch ein einzelner Gruppenvertreter kann (bei einer aus einer Person bestehenden Gruppe) einen wirksamen Gruppenbeschluss fassen.

3. Fälle aus der Rechtsprechung

a) Da der Beschlussfassung einer Gruppe grundsätzlich eine gemeinsame Beratung vorausgeht, wird auch mittelbar den Interessen anderer Gruppen ausreichend Rechnung getragen (BVerwG v. 21.12.2006, PersR 2007, 169). Ob eine bestimmte Angelegenheit eine gemeinsame oder eine Gruppenangelegenheit ist, bestimmt sich nach dem **Einzelfall**. Entscheidend ist immer darauf abzustellen, welche Interessen unmittelbar berührt sind (BVerwG v. 5.2.1965, PersV 1965, 109; OVG Münster v. 14.10.1991, PersR 1992, 160). Nicht von Bedeutung ist dagegen, wenn gleichzeitig auch die Interessen einer anderen Gruppe mittelbar berührt werden. Deshalb rechtfertigt beispielsweise auch nicht der Umstand, dass nach einer Verfügung einer Dienststelle ein Beamter unterwertig im Arbeitnehmerbereich beschäftigt werden soll, die Beteiligung der Vertreter der Arbeitnehmergruppe. Nach dem Personalvertretungsrecht kommt es bei der Frage nach der Zugehörigkeit zu einer bestimmten Gruppe nicht auf die Funktion an, die der Beschäftigte ausübt, sondern allein auf das bestehende Dienstverhältnis (HessVGH v. 15.3.1978, PersV 1980, 468). Welche Gruppe im Einzelfall zur Beschlussfassung zuständig ist, ergibt sich aus dem Status desjenigen, um dessen beteiligungspflichtige Angelegenheit es geht. Wenn ein Beamter eingestellt werden soll, so können nach gemeinsamer Beratung im Personalrat nur die Beamtenvertreter Beschluss fassen. Dies gilt auch für Beförderungen, selbst dann, wenn der betreffende Beamte die Stellung eines Vorgesetzten von Arbeitnehmern erhält.

b) Ob eine Angelegenheit alle Gruppen gemeinsam berührt oder nur eine Gruppe betrifft, ist alleine **nach ihrem sachlichen Gegenstand** zu beurteilen. Daher wird eine Gruppenangelegenheit nicht etwa dadurch zu einer gemeinsamen Angelegenheit, dass der Leiter einer Dienststelle eine Gruppe, deren Angelegenheit alleine betroffen ist, nicht in der dafür rechtlich gebotenen Weise beteiligt oder wenn die gesamte Personalvertretung an der Durchsetzung eines Gruppenrechts interessiert ist. Dieses Interesse ist vielmehr in der gemeinsamen Beratung, die dem Gruppenbeschluss vorhergeht, geltend zu machen. Daher ist ein Beschluss, ein personalvertretungsrechtliches Beschlussverfahren in einer personellen Angelegenheit einzuleiten, wirksam nur von den Vertretern der betroffenen Gruppe zu fassen. Ein stattdessen von der gesamten Personalvertretung gefasster Beschluss verstößt gegen das Gesetz und ist daher unwirksam (BVerwG v. 23.3.1984 – 6 P 9.82, n.v.). Wenn danach allerdings die betroffene Gruppe einen Beschluss faßt, der mit dem zuvor vom Plenum bereits gefassten Beschluss identisch ist, so liegt hierin kein Verstoß gegen das Gruppenprinzip. Dies wäre nur dann der Fall, wenn nach der vorausgegangenen Beschlussfassung des Plenums eine freie und unbefangene Entscheidung der zuständigen Gruppe nicht mehr möglich ist (BVerwG v. 10.4.1984 – 6 P 10.82, n.v.; BVerwG v. 10.4.1984 – 6 P 14.82, n.v.).

c) Die Entscheidung darüber, ob eine Personalratswahl deshalb angefochten werden sollte, weil vom Wahlvorstand eine falsche Sitzverteilung vorgenommen worden ist, ist eine gemeinsame Angelegenheit der Personalvertretung. Die **zahlenmäßige Zusammensetzung einer Personalvertretung** geht alle Gruppen an, auch dann, wenn alleine die Stärke einer Gruppe streitig ist (OVG Münster v. 29.11.1988 – CL 64/87, n.v.). Auch der Antrag auf Ausschluss eines Personalratsmitglieds wegen grober Pflichtverletzung ist eine gemeinsame Angelegenheit (VGH Baden-Württemberg v. 19.1.2002, PersV 2003, 352; BayVGH v. 26.4.2010 PersV 2010, 407). Gleiches gilt für die Bestellung des Wahlvorstands (BVerwG v. 5.2.1965, PersV 1965, 109), für die Einberufung und Festlegung von Zeit und Ort einer Personalversammlung (BVerwG v. 24.10.1975, PersV 1976, 422) sowie für die Entscheidung zur Anrufung der Einigungsstelle (OVG Rheinland-Pfalz v. 6.2.1990, PersR 1991, 221).

d) Personelle Angelegenheiten sind Gruppenangelegenheiten. Unerheblich ist, ob durch eine personelle Maßnahme auch Angehörige anderer Gruppen betroffen sind (z.B. ist im Fall der Versetzung eines Arbeitnehmers auf einen als Beamtendienstposten ausgewiesenen Posten allein die Arbeitnehmergruppe betroffen, weil derjenige, um dessen personelle Angelegenheit es geht, der Arbeitnehmergruppe angehört, BVerwG v. 28.10.1993, ZfPR 1994, 10). Ebenso ist die Einstellung eines Bewerbers als Beamter auch dann eine ausschließliche Angelegenheit der Beamtengruppe, wenn die Einstellung durch Übernahme in das Beamtenverhältnis erfolgen soll (VGH Baden-Württemberg v. 23.7.1985, Leits. DÖV 1986, 164).

e) Beschlüsse, die **statt von einer Gruppe vom Plenum** gefasst werden, sind unwirksam. Dies ist zum Beispiel dann der Fall, wenn sich bei einer Abstimmung in einer Gruppe Stimmengleichheit ergibt und das Plenum das Entscheidungsrecht an sich zieht (vgl. für das BetrVG BAG v. 26.2.1987, BAGE 55, 90). Unwirksam ist ein Beschluss eines Personalrats in einer Gruppenangelegenheit ohne Beteiligung der im Personalrat vertretenen Gruppe auch dann, wenn der Beschluss einstimmig gefasst worden ist und wenn der (einzige) Gruppenvertreter erkrankt und ein Ersatzmitglied nicht vorhanden ist (BVerwG v. 23.3.1992, ZfPR 1992, 73).

f) Der Vorsitzende einer Personalvertretung hat auch einen **Gruppenbeschluss** im Rahmen der Geschäftsführung im Namen der Personalvertretung **auszuführen** (BVerwG, v. 8.7.1977, PersV 1978, 309; BVerwG v. 28.10.1993, ZfPR 1994, 10; vgl. aber § 32 Abs. 3 Satz 2).

4. Streitigkeiten

Die Verwaltungsgerichte entscheiden Meinungsverschiedenheiten nach § 83 Abs. 1 Nr. 3.

5. Abweichende Regelungen des Landesrechts

Die Landesgesetze enthalten u.a. unterschiedliche Regelungen hinsichtlich der Voraussetzungen für einen Gruppenbeschluss bzw. für eine Gruppenberatung und für die

Voraussetzungen einer gemeinsamen Beschlussfassung. Die jeweilige landesgesetzliche Bestimmung ist daher sorgfältig mit derjenigen des Bundes zu vergleichen.

§ 39 (Suspensives Veto)

(1) Erachtet die Mehrheit der Vertreter einer Gruppe oder der Jugend- und Auszubildendenvertretung einen Beschluss des Personalrats als eine erhebliche Beeinträchtigung wichtiger Interessen der durch sie vertretenen Beschäftigten, so ist auf ihren Antrag der Beschluss auf die Dauer von sechs Arbeitstagen vom Zeitpunkt der Beschlussfassung an auszusetzen. In dieser Frist soll, gegebenenfalls mit Hilfe der unter den Mitgliedern des Personalrats oder der Jugend- und Auszubildendenvertretung vertretenen Gewerkschaften, eine Verständigung versucht werden. Die Aussetzung eines Beschlusses nach Satz 1 hat keine Verlängerung einer Frist zur Folge.

(2) Nach Ablauf der Frist ist über die Angelegenheit neu zu beschließen. Wird der erste Beschluss bestätigt, so kann der Antrag auf Aussetzung nicht wiederholt werden.

(3) Die Absätze 1 und 2 gelten entsprechend, wenn die Schwerbehindertenvertretung einen Beschluss des Personalrats als eine erhebliche Beeinträchtigung wichtiger Interessen der Schwerbehinderten erachtet.

Entsprechende landesgesetzliche Regelungen:

Baden-Württemberg: § 40; Bayern: Art. 39; Berlin: § 34; Brandenburg: § 39; Bremen: § 36; Hamburg: §§ 40, 72; Hessen: § 36; Mecklenburg-Vorpommern: § 29; Niedersachsen: § 33; Nordrhein-Westfalen: § 35; Rheinland-Pfalz: § 32 Abs. 2; Saarland: § 38; Sachsen: § 40; Sachsen-Anhalt: § 37; Schleswig-Holstein: § 29; Thüringen: § 39.

1. Begriffsbestimmungen

a) **Gruppenveto:** Einspruch einer Gruppe gegen einen Plenumsbeschluss.

b) **Erhebliche Beeinträchtigung** wichtiger Interessen: Überwiegende Beeinträchtigung, die von nicht unbeachtlichem Gewicht für eine bestimmte Gruppe ist.

c) **„Erachten“:** Subjektive Vorstellung über die möglichen negativen Folgen eines Plenumsbeschlusses.

d) **Aussetzung:** Vorläufiger Nichtvollzug einer im Plenum beschlossenen Maßnahme.

2. Erläuterungen

a) Das **Veto einer Gruppe** kann sich gegen einen gemeinsamen Beschluss der Personalvertretung oder aber gegen einen Beschluss einer anderen im Personalrat vertretenen Gruppe richten.

b) **Antragsberechtigt** ist die Mehrheit der Vertreter einer Gruppe, so dass sich an dem Gruppenveto auch diejenigen beteiligen können, die an der betreffenden Sitzung nicht teilgenommen haben, in der der beanstandete Beschluss gefasst worden ist.

c) Die **Interessenbeeinträchtigung** muss nicht tatsächlich gegeben sein. Vielmehr ist ausreichend, dass sie nach der Vorstellung der Mehrheit einer Gruppe vorliegt.

d) Der **Antrag** ist **formlos** an den Vorsitzenden der Personalvertretung zu richten. Aus Beweisgründen empfiehlt sich allerdings Schriftform. Im Hinblick auf die Fristen sollte das Veto sehr frühzeitig eingelegt werden.

e) Im Fall eines Gruppenvetos muss der **Beschluss** der Personalvertretung **ausgesetzt** werden. Dem Plenum steht nicht das Recht zu, zu überprüfen, ob das Gruppenveto zu Recht geltend gemacht wird, d.h. ob tatsächlich eine erhebliche Beeinträchtigung der Gruppeninteressen zu besorgen ist.

f) Während der Aussetzung soll ggf. „mit Hilfe der unter den Mitgliedern des Personalrats oder der Jugend- und Auszubildendenvertreter vertretenen Gewerkschaften" eine **Verständigung** versucht werden. Nach Ablauf der Aussetzungsfrist ist ein neuer Beschluss in einer förmlichen Sitzung zu fassen. Wird der zunächst gefasste Beschluss bestätigt, so ist das Gruppenveto zurückgewiesen.

g) Es kann auch ein geänderter oder neuer Beschluss aufgrund des Gruppenvetos gefasst werden. Gegenüber einem neuen Beschluss kann die Gruppe kein **zweites Veto** mehr einlegen.

3. Fälle aus der Rechtsprechung

a) Das **Vorschieben von Gründen** für die angebliche Beeinträchtigung von Gruppeninteressen ist unzulässig. Ein solches Vorgehen stellt kein wirksames Gruppenveto dar (BVerwG v. 2.5.1957, BVerwGE 4, 357). Allerdings darf kein allzu strenger Maßstab an die Gründe angelegt werden, die eine Gruppe veranlassen anzunehmen, dass sie in ihren Interessen erheblich beeinträchtigt ist. Die Gruppe, die den Aussetzungsantrag stellt, muss daher nicht schon eine Entscheidungsalternative oder einen Kompromissvorschlag unterbreiten, sondern lediglich Gründe vortragen, die zu einer anderen Bewertung der im Streit befindlichen Angelegenheit führen können (BVerwG v. 29.1.1992, ZfPR 1992, 68).

b) Gegen die **Entscheidung zur Bildung des Vorstands** kann kein Veto eingelegt werden, da es sich hier nicht um einen „Beschluss", sondern um einen Akt der Geschäftsführung handelt (BVerwG v. 15.5.1991, BVerwGE 88, 183 = ZfPR 1991, 172).

4. Streitigkeiten

Die Verwaltungsgerichte entscheiden nach § 83 Abs. 1 Nr. 3 über Streitigkeiten im Zusammenhang mit der **Aussetzung von Beschlüssen** nach einem Gruppenveto (z.B. in dem Fall, dass der Vorsitzende einen Beschluss nicht aussetzen, sondern ausführen will).

5. Abweichende Regelungen des Landesrechts

Abweichungen gibt es im Wesentlichen wegen der Aussetzungsfristen.

§ 40 (Teilnahme der Jugend- und Auszubildendenvertreter und der Vertreter der nichtständig Beschäftigten)

(1) Ein Vertreter der Jugend- und Auszubildendenvertretung, der von dieser benannt wird, und die Schwerbehindertenvertretung können an allen Sitzungen des Personalrats beratend teilnehmen. An der Behandlung von Angelegenheiten, die besonders die in § 57 genannten Beschäftigten betreffen, kann die gesamte Jugend- und Auszubildendenvertretung beratend teilnehmen. Bei Beschlüssen des Personalrats, die überwiegend die in § 57 genannten Beschäftigten betreffen, haben die Jugend- und Auszubildendenvertreter Stimmrecht.

(2) An der Behandlung von Angelegenheiten, die besonders die nichtständig Beschäftigten betreffen, können die in § 65 Abs. 1 bezeichneten Vertreter mit beratender Stimme teilnehmen.

Entsprechende landesgesetzliche Regelungen:

Baden-Württemberg: § 41; Bayern: Art. 40; Berlin: §§ 35, 36; Brandenburg: § 40; Bremen: §§ 22 Abs. 3, 32 Abs. 3; Hamburg: §§ 35, 38, 41; Hessen: §§ 31, 37; Mecklenburg-Vorpommern: § 31; Niedersachsen: § 56; Nordrhein-Westfalen: § 36; Rheinland-Pfalz: §§ 32, 33, 34, 35; Saarland: §§ 34 Abs. 5, 63; Sachsen: § 41; Sachsen-Anhalt: § 38; Schleswig-Holstein: § 31; Thüringen: § 40.

1. Begriffsbestimmungen

a) Teilnahme mit beratender Stimme: Mit Beratungs-, nicht aber mit Entscheidungsrechten ausgestattet.

b) Angelegenheiten, die **überwiegend die in § 57 genannten Beschäftigten** betreffen: Gegenüber den Interessen anderer Beschäftigter ist den Interessen der in § 57 genannten Beschäftigten höheres Gewicht beizumessen.

c) Angelegenheiten, die **besonders die in § 57 genannten Beschäftigten** betreffen: Solche Angelegenheiten, die im Gegensatz zu anderen Beschäftigtengruppen am meisten die in § 57 genannten Beschäftigten berühren (vgl. auch § 60 Anm. 2a).

d) Nichtständig Beschäftigte: Personen, die höchstens für einen Zeitraum von sechs Monaten beschäftigt werden.

2. Erläuterungen

a) Die Personalvertretung hat der Jugend- und Auszubildendenvertretung rechtzeitig **Termin und Ort der nächsten Sitzung** bekanntzugeben. Der Jugend- und Auszubildendenvertretung steht es frei, ob sie einen Vertreter zu dieser Sitzung entsenden will. Gleiches gilt im Fall der Vorstandssitzung einer Personalvertretung.

b) Da dem Jugend- und Auszubildendenvertreter grundsätzlich kein Stimmrecht zusteht, ist eine **Beschlussfassung** der Personalvertretung hinsichtlich ihrer **Wirksamkeit** unabhängig davon, ob die Jugend- und Auszubildendenvertretung rechtzeitig von der Sitzung der Personalvertretung unterrichtet worden ist. Gleiches gilt in Bezug auf die Vertretung der Schwerbehinderten.

c) Die **gesamte Jugend- und Auszubildendenvertretung** kann an einer Personalratssitzung dann teilnehmen, wenn besonders die in § 57 genannten Beschäftigten von den zu behandelnden Angelegenheiten betroffen werden. Dies ist der Fall, wenn eine Angelegenheit sie besonders berührt, für andere Beschäftigungsgruppen aber von ähnlichem oder vielleicht noch größerem Gewicht ist.

d) Demgegenüber steht der Jugend- und Auszubildendenvertretung dann ein **Stimmrecht** zu, wenn Beschlüsse zu fassen sind, „die überwiegend die in § 57 genannten Beschäftigten betreffen". Dies ist der Fall, wenn eine bestimmte Angelegenheit in erster Linie diesen Personenkreis berührt. Dabei spielt es keine Rolle, dass auch die Interessen der anderen Beschäftigtengruppen betroffen sein können, wenn deren Interesse an dieser Angelegenheit von geringerem Gewicht ist. Ein ohne die Beteiligung der Jugend- und Auszubildendenvertretung in diesen Fällen gefasster Beschluss ist unwirksam.

e) Der **Schwerbehindertenvertretung** steht in keinem Fall ein Stimmrecht zu. Im Gegensatz zu den in § 57 genannten Beschäftigten verfügt sie nämlich über ein aktives und ein passives Wahlrecht (vgl. in diesem Zusammenhang: §§ 94 ff SGB IX).

3. Fälle aus der Rechtsprechung

a) Besondere Interessen der in § 57 genannten Beschäftigten werden dann von einer im Personalrat zu behandelnden Angelegenheit berührt, wenn aus personalvertretungsrechtlicher Sicht bedeutsame und damit schützenswerte Interessen der in § 57 genannten Beschäftigten betroffen sind, gleichzeitig aber ebenso bedeutsame oder noch gewichtigere Interessen der übrigen Beschäftigten oder, bei einer Gruppenangelegenheit, der Angehörigen dieser Gruppe bestehen (BVerwG v. 8.7.1978, PersV 1978, 309).

b) Überwiegend berühren die im Personalrat zu behandelnden Angelegenheiten dann die in § 57 genannten Beschäftigten, wenn neben den Interessen anderer Beschäftigter im Fall einer gegenseitigen Abwägung den Interessen der Jugendlichen größeres Gewicht beizumessen ist (BVerwG v. 8.7.1978, aaO).

c) Der Jugend- und Auszubildendenvertretung steht bei der **Einstellung von Beamtenanwärtern** kein Stimmrecht zu. Zwar betrifft eine solche Angelegenheit wegen der vorgesehenen Aufnahme der Betroffenen in den Kreis der Jugendlichen oder der in Ausbildung befindlichen Beschäftigten deren Interesse. Von einer überwiegenden Betroffenheit kann aber nicht die Rede sein. Ausschlaggebend nämlich ist, dass die einzustellenden Bewerber in die Gruppe der Beamten aufgenommen werden sollen. Diese Aufnahme ist grundsätzlich auf die Lebensarbeitszeit angelegt. Demgegenüber ist die Zugehörigkeit zum Kreis der Jugendlichen und Auszubildenden nur von zeitlich begrenzter Dauer (BVerwG v. 28.10.1993, ZfPR 1994, 10).

d) Die Verweigerung der Teilnahme der Schwerbehindertenvertretung an einer Personalratssitzung stellt eine schwerwiegende **Behinderung der Amtsausübung** dieser Vertretung dar. Einer Vertrauensperson der schwerbehinderten Menschen darf die (weitere) Teilnahme an einer Personalratssitzung nur dann untersagt werden, wenn sie gegen die Schweigepflicht in grober Weise verstoßen hat und eine Wiederholungsgefahr besteht. Gegen einen Beschluss einer Personalvertretung, den Betroffenen von weiteren Sitzungen auszuschließen, kann eine einstweilige Verfügung beantragt werden; denn ein Zuwarten bis zum rechtkräftigen Abschluss in einem Hauptsacheverfahren ist unzumutbar (VG Frankfurt v. 16.10.2002, ZfPR 2004, 201).

e) In der **konstituierenden Sitzung** der Personalvertretung werden grundsätzlich nur die Wahlen der Organe durchgeführt, so dass die **Sondervertretungen** schon deswegen in ihren Interessen nicht berührt sein können (BayVGH v. 31.7.1996 – 17P96.1403, n.v.; aA VG Ansbach v. 19.4.2005, ZfPR *online* 9/2006, 2).

4. Streitigkeiten

Die Verwaltungsgerichte entscheiden Streitigkeiten nach § 83 Abs. 1 Nr. 3.

§ 41 (Verhandlungsniederschrift)

(1) Über jede Verhandlung des Personalrats ist eine Niederschrift aufzunehmen, die mindestens den Wortlaut der Beschlüsse und die Stimmenmehrheit, mit der sie gefasst sind, enthält. Die Niederschrift ist von dem Vorsitzenden und einem weiteren Mitglied zu unterzeichnen. Der Niederschrift ist eine Anwesenheitsliste beizufügen, in die sich jeder Teilnehmer eigenhändig einzutragen hat.

(2) Haben der Leiter der Dienststelle oder Beauftragte von Gewerkschaften an der Sitzung teilgenommen, so ist ihnen der entsprechende Teil der Niederschrift abschriftlich zuzuleiten. Einwendungen gegen die Niederschrift sind unverzüglich schriftlich zu erheben und der Niederschrift beizufügen.

Entsprechende landesgesetzliche Regelungen:

Baden-Württemberg: § 42; Bayern: Art. 41; Berlin: § 37; Brandenburg: § 41; Bremen: § 37; Hamburg: § 42; Hessen: § 38; Mecklenburg-Vorpommern: § 32; Niedersachsen: § 34; Nordrhein-Westfalen: § 37; Rheinland-Pfalz: § 37; Saarland: § 40; Sachsen: § 42; Sachsen-Anhalt: § 39; Schleswig-Holstein: § 32 Abs. 2 bis 4; Thüringen: § 41.

1. Begriffsbestimmungen

Niederschrift: Urkunde, die Auskunft über die Beschlussfassungen der Personalvertretung geben soll. Mit der Niederschrift sollen Meinungsverschiedenheiten geklärt werden, die im Anschluss an Verhandlungen der Personalvertretung entstehen können. Wegen dieser Zweckbestimmung einer Niederschrift kann nicht nur alleine über eine förmliche Sitzung, sondern auch über sonstige Verhandlungen der Personalvertretung eine entsprechende beweiskräftige Urkunde erstellt werden.

2. Erläuterungen

a) Die Niederschrift muss den **Wortlaut der Beschlüsse** und das Stimmenverhältnis wiedergeben. Außerdem ist ihr eine Anwesenheitsliste beizufügen.

b) Die Niederschrift muss **vom Vorsitzenden** und von einem weiteren Mitglied der Personalvertretung unterschrieben sein. Für den Fall, dass der Personalratsvorsitzende an der Sitzung nicht teilgenommen hat, hat sie derjenige zu unterschreiben, der die Sitzung geleitet hat.

c) Einen Anspruch auf Zuleitung einer **Abschrift der Niederschrift** haben nur der Dienststellenleiter und Beauftragte von Gewerkschaften, sofern sie an der Sitzung teilgenommen haben. Die Abschrift erstreckt sich nur auf den Teil der Sitzung, an dem die betreffenden Personen teilgenommen haben. Einem einzelnen Personalratsmitglied ist eine Niederschrift nicht zuzuleiten. Alle Personen, die an der Personalratssitzung teilgenommen und vom Inhalt der Niederschrift Kenntnis erlangt haben, Einwendungen gegen die Niederschrift geltend machen, die der Niederschrift beizufügen sind.

d) Personalratsmitglieder können sich Abschriften fertigen und Unterlagen ablichten, soweit das Plenum einverstanden ist.

3. Fälle aus der Rechtsprechung

a) Personalratsmitgliedern steht ein nicht beschränkbares **Einsichtsrecht in die** vom Vorstand aufzubewahrenden **Niederschriften** zu (BVerwG v. 24.10.1969, PersV 1970, 107).

b) Beschäftigte haben keinen Anspruch auf Einsicht in die Niederschrift. Sie können auch keine Abschrift verlangen (BVerwG v. 24.10.1969, aaO).

c) Personalratssitzungen sind grundsätzlich nichtöffentlich. Der Gesetzgeber hat abschließend den Personenkreis festgelegt, dem ein Zutrittsrecht zu Personalratssitzungen zu gewähren ist. Dazu gehören nicht **Schreibkräfte zur Anfertigung von Sitzungsprotokollen**. Das Protokoll muss vielmehr von einem Personalratsmitglied aufgenommen werden (BVerwG v. 14.7.1977, BVerwGE 54, 195 = PersV 1978, 126; BVerwG v. 27.11.1981, PersV 1983, 408).

4. Streitigkeiten

Die Verwaltungsgerichte entscheiden Streitigkeiten nach § 83 Abs. 1 Nr. 3.

§ 42 (Geschäftsordnung)

Sonstige Bestimmungen über die Geschäftsführung können in einer Geschäftsordnung getroffen werden, die der Personalrat mit der Mehrheit der Stimmen seiner Mitglieder beschließt.

Entsprechende landesgesetzliche Regelungen:

Baden-Württemberg: § 43; Bayern: Art. 42; Berlin: § 38; Brandenburg: § 42; Bremen: § 38; Hamburg: § 44; Hessen: § 39; Mecklenburg-Vorpommern: § 33; Niedersachsen: § 35; Nordrhein-Westfalen: § 38; Rheinland-Pfalz: § 38; Saarland: § 41; Sachsen: § 43; Sachsen-Anhalt: § 40; Schleswig-Holstein: § 32 Abs. 1; Thüringen: § 42.

1. Begriffsbestimmungen

a) Geschäftsordnung: Richtlinien für den internen Geschäftsbetrieb, d.h. für das Verfahren, das sich die Personalvertretung zur Abwicklung ihrer Aufgaben gibt (vgl. Muster im Anhang).

b) Geschäftsführung: Alle Angelegenheiten, die regelmäßig wiederkehren (z.B. Einladungen zu Sitzungen) und Angelegenheiten, die der Vorbereitung der Entscheidungen des Plenums dienen (z.B. Beschaffung von Unterlagen).

2. Erläuterungen

a) Die Geschäftsordnung kann lediglich **formelle Verfahrensvorschriften** des Gesetzes ergänzen. Sie kann aber nicht Regelungen materiellen Inhalts treffen. Insbesondere kann die Geschäftsordnung nicht bestimmen, dass vom Gesetz als Plenumsangelegenheiten bestimmte Angelegenheiten auf den Vorsitzenden oder den Vorstand übertragen werden (Beispiel: Mitbestimmung bei der Verwaltung einer Sozialeinrichtung, § 75 Abs. 3 Nr. 5).

b) Die Geschäftsordnung kann den Begriff der **„laufenden Geschäfte"** näher interpretieren (vgl. Beispiele im Anhang).

3. Fälle aus der Rechtsprechung

a) Die Geschäftsordnung kann nur die formellen Verfahrensvorschriften des BPersVG ergänzen, Lücken ausfüllen oder **Verfahrensbestimmungen** treffen, nach denen die Personalvertretung im Rahmen der ihr übertragenen Aufgaben vorgehen will (BVerwG v. 20.3.1959, BVerwGE 8, 214 = PersV 1958/59, 1987). Das materielle Recht allerdings kann nicht geändert werden, da die gesetzlichen Regelungen Grenzen setzen (vgl. für das BetrVG: BAG v. 16.11.2005, NZA 2006, 445).

b) Eine **Geschäftsordnung**, die den unter a) geschilderten Rahmen überschreitet, ist **nichtig**. Infolgedessen kann beispielsweise keine Plenarsache auf den Vorstand oder einzelne Mitglieder übertragen werden (VG Köln v. 15.4.1957, ZBR 1957, 374).

4. Streitigkeiten

Über Fragen, die mit der Geschäftsordnung zusammenhängen, entscheiden die Verwaltungsgerichte nach § 83 Abs. 1 Nr. 3.

§ 43 (Sprechstunden)

Der Personalrat kann Sprechstunden während der Arbeitszeit einrichten. Zeit und Ort bestimmt er im Einvernehmen mit dem Leiter der Dienststelle.

Entsprechende landesgesetzliche Regelungen:

Baden-Württemberg: § 44; Bayern: Art. 43; Berlin: § 39; Brandenburg: § 43; Bremen: § 40; Hamburg: § 45; Hessen: § 41; Mecklenburg-Vorpommern: § 34; Niedersachsen: § 36; Nordrhein-Westfalen: § 39; Rheinland-Pfalz: § 42; Saarland: § 42; Sachsen: § 44; Sachsen-Anhalt: § 41; Schleswig-Holstein: § 33; Thüringen: § 43.

1. Begriffsbestimmungen

a) Sprechstunden: Die nach vorheriger, rechtzeitiger Ankündigung erfolgende Anhörung und Beratung durch Personalratsmitglieder. Die Funktion von Sprechstunden ist in erster Linie darin zu sehen, dass den Beschäftigten Gelegenheit gegeben werden soll, ihre individuellen Probleme der Personalvertretung darzustellen und Zweifelsfragen evtl. gemeinsam mit ihr zu klären.

b) Einvernehmen: Mitteilung der Absicht zur Durchführung einer Sprechstunde und Versuch, sich mit dem Dienststellenleiter über Zeit und Ort zu verständigen. Dienstliche Erfordernisse sollen bei der Festlegung von Zeit und Ort der Sprechstunden berücksichtigt werden. Nur wichtige dienstliche Gründe können die Ablehnung eines Vorschlags der Personalvertretung zur zeitlichen und örtlichen Festlegung einer

Sprechstunde rechtfertigen. Falls Meinungsverschiedenheiten entstehen, haben Personalvertretung und Dienststellenleiter mit dem ernsten Willen zur Einigung zu verhandeln (vgl. § 66 Abs. 1 Satz 3).

2. Erläuterungen

a) Die Personalvertretung kann **Sprechstunden während der Arbeitszeit** durchführen. Es liegt in ihrem ausschließlichen, pflichtgemäßen Ermessen, die Häufigkeit der Sprechstunden selbst zu bestimmen.

b) Den einzelnen Beschäftigten steht das Recht zu, **Personalratsmitglieder während der Sprechstunden aufzusuchen**. Allerdings liegt es im Interesse einer ordnungsgemäßen Abwicklung der Dienstgeschäfte, wenn die Beschäftigten dem Dienstvorgesetzten rechtzeitig von der Absicht Kenntnis geben, die Sprechstunde besuchen zu wollen.

c) Die Beschäftigten, die an einer Sprechstunde teilnehmen wollen, müssen Gelegenheit haben, mit einem ihrer Gruppe angehörenden Personalratsmitglied sprechen zu können. Daher ist eine **Aufteilung der Sprechstunde auf Vertreter mehrerer Gruppen** zulässig.

d) Eine Erörterung der die Beschäftigten berührenden **Rechtsfragen** in der Sprechstunde ist dann zulässig, wenn diese in Zusammenhang mit den Aufgaben der Personalvertretung stehen (§ 2 Abs. 3 Nr. 3 Rechtsdienstleistungsgesetz – RDG).

3. Fälle aus der Rechtsprechung

a) Wenn auch Personalratsmitglieder von ihrer dienstrechtlich/arbeitsvertraglich geschuldeten Leistung **zur Durchführung erforderlicher Personalratstätigkeit** befreit sind, so müssen sie sich beim Verlassen des Arbeitsplatzes wie jeder andere Beschäftigte dennoch **abmelden**. Zur Abmeldung gehört eine stichwortartige Beschreibung des Gegenstands der Personalratstätigkeit nach Art, Ort und Zeit, nicht jedoch eine nähere Darlegung des Inhalts der Tätigkeit, die dem Dienstvorgesetzten eine Kontrolle der Personalratstätigkeit ermöglichen könnte. Der Dienststellenleiter ist verpflichtet, den Beschäftigten Gelegenheit zum **Aufsuchen der Sprechstunde** zu geben, es sei denn, unaufschiebbare dienstliche Erfordernisse ständen dem entgegen (BVerwG v. 12.12.2005, PersV 2006, 146 = Leits. ZfPR 2006, 47). Will eine Personalvertretung eine bestimmte Gruppe von Beschäftigten zu einer Sprechstunde einladen, so bedarf dies der **vorherigen Abstimmung mit dem Dienststellenleiter** (BVerwG v. 12.12.2005, PersV 2006, 145).

b) Allein wegen der Möglichkeit des Aufsuchens einer Sprechstunde kann nicht angenommen werden, dass eine **sonstige Inanspruchnahme** eines Personalratsmitglieds während der Arbeitszeit grundsätzlich ausgeschlossen wäre (BAG v. 23.6.1983, BAGE 43, 109).

c) Die Personalvertretung kann die **Sprechstunde nur durch eigene Mitglieder**, nicht durch Außenstehende (z.B. Gewerkschaftsbeauftragte) durchführen lassen (VG Münster v. 22.4.1968, PersV 1968, 194). Sachgerecht ist es, wenn die Personalvertretung beschließt, die Sprechstunden grundsätzlich durch freigestellte Mitglieder abhalten zu lassen. Sie kann auch eine Vertretungsregelung vorsehen und dabei ein neben den Gruppenvertretern freigestelltes Personalratsmitglied dann berücksichtigen, wenn es der stärksten Gruppe angehört (BayVGH v. 29.7.1987, PersR 1988, 138).

d) Die Dienststelle hat die **Kosten** für die Einrichtung und die Durchführung der Sprechstunden einschließlich der evtl. notwendig werdenden Fahrkosten zu tragen (BVerwG v. 24.10.1969, BVerwGE 34, 143).

e) In der Sprechstunde sollen die Beschäftigten Gelegenheit haben, ihre **individuellen Probleme** der Personalvertretung darzustellen und evtl. gemeinsam mit ihr zu klären. Fragen und Informationen von kollektiver Bedeutung sind in Personalversammlungen zu stellen bzw. zu geben (vgl. für das BetrVG: LAG Niedersachsen v. 1.7.1986, NZA 1987, 33).

4. Streitigkeiten

Die im Zusammenhang mit der Einrichtung und der Durchführung der Sprechstunden auftretenden Meinungsverschiedenheiten entscheiden die Verwaltungsgerichte nach § 83 Abs. 1 Nr. 3.

§ 44 (Kosten und Sachaufwand)

(1) Die durch die Tätigkeit des Personalrats entstehenden Kosten trägt die Dienststelle. Mitglieder des Personalrats erhalten bei Reisen, die zur Erfüllung ihrer Aufgaben notwendig sind, Reisekostenvergütungen nach dem Bundesreisekostengesetz.

(2) Für die Sitzungen, die Sprechstunden und die laufende Geschäftsführung hat die Dienststelle in erforderlichem Umfang Räume, den Geschäftsbedarf und Büropersonal zur Verfügung zu stellen.

(3) Dem Personalrat werden in allen Dienststellen geeignete Plätze für Bekanntmachungen und Anschläge zur Verfügung gestellt.

Entsprechende landesgesetzliche Regelungen:

Baden-Württemberg: § 45; Bayern: Art. 44; Berlin: § 40; Brandenburg: § 44; Bremen: § 41; Hamburg: § 46; Hessen: § 42; Mecklenburg-Vorpommern: § 35; Niedersachsen: § 37; Nordrhein-Westfalen: § 40; Rheinland-Pfalz: § 43; Saarland: § 43; Sachsen: § 45; Sachsen-Anhalt: § 42; Schleswig-Holstein: § 34; Thüringen: § 44.

1. Begriffsbestimmungen

a) Persönliche Kosten: Solche, die im Zusammenhang mit der Wahrnehmung personalvertretungsrechtlicher Aufgaben durch persönliche Aufwendungen entstanden sind (z.B. Reisekosten).

b) Sächliche Kosten: Solche, die aufgrund des Geschäftsbedarfs der Personalvertretung entstehen (z.B. Büromaterial).

c) Geschäftsbedarf: Alles, was bei verständiger Betrachtung zur ordnungsgemäßen Amtsführung einer Personalvertretung unter Beachtung des Grundsatzes der sparsamen Haushaltsführung erforderlich ist.

2. Erläuterungen

a) Der Gesetzgeber will mit dieser Vorschrift die ungestörte Amtsausübung der Personalvertretung und ihrer Mitglieder sicherstellen. Dies soll u.a. durch die Übernahme von notwendigen Kosten der Personalratsarbeit durch die Dienststelle geschehen. Die Dienststelle hat nur solche Kosten zu erstatten, die im **unmittelbaren Zusammenhang mit der Wahrnehmung von Aufgaben** stehen, die das Gesetz entweder dem Personalratsplenum oder aber einem einzelnen Mitglied übertragen hat.

b) Ein **Prüfungsrecht** steht einem Dienststellenleiter deshalb zu, weil von einer Personalvertretung öffentliche Mittel zur Aufgabenerfüllung in Anspruch genommen werden. Deshalb muss ein Dienststellenleiter zumindest in Umrissen die Ursachen für die Entstehung von Kosten erfragen können. Einer Genehmigung braucht die Personalvertretung allerdings nicht, wenn sie eine kostenwirksame Entscheidung trifft (vgl. aber: Anm. 3).

c) Zu den zu erstattenden Kosten zählen vor allem **Reisekosten**. Eine Kostenerstattung entsteht aber nur hinsichtlich solcher Reisen, die erforderlich sind, um personalvertretungsrechtliche Angelegenheiten außerhalb des Ortes der Personalratstätigkeit zu erledigen.

d) Zu den von einer Dienststelle zu erstattenden Kosten gehören auch **Kosten eines verwaltungsgerichtlichen Beschlussverfahrens**. Voraussetzung ist, dass in dem Verfahren personalvertretungsrechtliche Rechte und Rechtsverhältnisse zu klären sind und dass der Anrufung des Gerichts ein Beschluss der Personalvertretung zugrundeliegt.

e) Auch **Anwaltskosten** gehören zu den zu erstattenden Kosten. Eine Personalvertretung muss grundsätzlich Gelegenheit zu einer abschließenden Klärung von Rechtsfragen durch die Ausschöpfung des Rechtswegs haben und sich dabei anwaltlicher Beratung bedienen.

f) Zu erstattende Kosten sind auch solche, die der Personalvertretung eine sachgerechte Aufgabenerfüllung ermöglichen, u.a. für die Durchführung von Sitzungen, Sprechstunden und für die laufende Geschäftsführung (Räume, Geschäftsbedarf und Büropersonal). Die Personalvertretung muss über eine **büromäßige Ausstattung** verfügen, die es ihr erlaubt, ihren Aufgaben ohne Zeitverlust ordnungsgemäß nachzukommen.

g) Angesichts der inzwischen nahezu flächendeckend erfolgten Ausstattung der öffentlichen Verwaltung mit **Informations- und Kommunikationstechnik** ist eine weitgehend entsprechende Ausstattung der Personalvertretung ebenfalls notwendig. Erforderlich sind u.a.: Telefonanlage mit Anrufbeantworter, Telefaxgerät, PC nebst Monitor, Drucker und Software zur Textverarbeitung und Tabellenkalkulation, Mitbenutzung von Intranet/E-Mail.

h) Zu erstatten sind auch die **Kosten für Büropersonal** (Schreibkräfte zur Anfertigung des Schriftguts, zur Anfertigung von Fotokopien, zur Adressierung und Versendung sowie zur Ablage von Schreiben, Terminvereinbarung, Telefondienst etc.)

i) Die Dienststelle hat auch die **Kosten für Fachliteratur** zu tragen. Hierzu zählen u.a.: Gesetzessammlungen, Kommentare, Entscheidungssammlungen, Spezialliteratur und Fachzeitschriften.

j) Zu erstatten sind auch **Kosten für Bekanntmachungen und Anschläge**. Die Personalvertretung muss ausreichend Gelegenheit zur Information ihrer Wählerinnen und Wähler haben; sie ist rechenschaftspflichtig. Welcher Informationswege sie sich bedient (Wandzeitung, Intranet/E-Mail), ist alleine ihrer pflichtgemäßen Ermessensentscheidung überlassen.

k) Durch die **Bereitstellung der notwendigen Haushaltsmittel** hat die Dienststelle die Voraussetzungen dafür zu schaffen, dass der Personalvertretung eine sachgerechte Aufgabenerfüllung ermöglicht wird.

3. Fälle aus der Rechtsprechung

a) Die durchgeführte Tätigkeit muss zum **Aufgabenbereich der Personalvertretung** oder zum Aufgabenbereich des jeweiligen Mitglieds gehören (BVerwG v. 25.2.2004, ZfPR 2004, 110). Das Entstehen von Kosten muss für die Erfüllung der einer Personalvertretung obliegenden Aufgaben notwendig, d. h. erforderlich und vertretbar sein. Dies darf nicht rückblickend nach rein objektiven Maßstäben beurteilt werden. Ausreichend ist vielmehr, ob die Personalvertretung bei pflichtgemäßer Beurteilung der Sachlage die **Aufwendungen** für **erforderlich und vertretbar** halten durfte (BVerwG v. 11.10.2010, ZfPR *online* 2/2011, S. 2). Dabei hat sich die Personalvertretung auf den **Standpunkt eines vernünftigen Dritten** zu stellen und neben anderen Rechtsvorschriften auch die haushaltsrechtlichen Bestimmungen sowie die **Grundsätze der Sparsamkeit und Wirtschaftlichkeit der Verwaltung** zu beachten (BVerwG v. 12.11.2012, ZfPR *online* 3/2013, S. 8). Immer dann ,wenn die Personalvertretung bei pflichtgemäßer Beurteilung der Sachlage für erforderlich und vertretbar halten durfte, besteht ein Kostenerstattungsanspruch (BVerwG v. 15.4.2008, ZfPR *online* 10/2008, S. 2). Stets muss dem Kostenerstattungsanspruch ein Beschluss der Personalvertretung vorausgehen. Deshalb haben einzelne Personalratsmitglieder ohne einen entsprechenden Beschluss der Personalvertretung keinen Anspruch auf Kostenerstattung (OVG Münster v. 9.2.1981, Leits. ZBR 1983, 138). Die Personalvertretung ist generell nicht verpflichtet, vor einer kostenwirksamen Entscheidung die **Zustimmung des Dienststellenleiters** einzuholen. Sie hat eigenverantwortlich zu entscheiden. Ein Dienststellenleiter kann keinen Einfluss auf die Amtsführung nehmen (OVG Münster v. 26.3.2013, PersV 2013, 234). Selbstverständlich ergibt sich aber aus dem Grundsatz der vertrauensvollen Zusammenarbeit eine Verpflichtung zu einer Absprache insbesondere dann, wenn eine Entscheidung der Personalvertretung zu außergewöhnlichen und weitreichenden Kostenfolgen führt (HessVGH v. 29.10.1986 – BPV TK 39/85, n.v.). Generell aber steht einem Dienststellenleiter ein **Prüfungsrecht** dahingehend zu, ob die von der Personalvertretung verursachten Kosten im Rahmen einer ihr gesetzlich übertragenen Aufgabenerfüllung entstanden sind (BVerwG v. 16.6.1989, PersV 1989, 486) und ob sich die Personalvertretung bei der Abwägung der gegenseitigen Interessen in den Grenzen ihres Ermessens bewegt hat (OVG Münster v. 4.10.2001, ZfPR 2002, 12). Der Umfang dieses Prüfungsrechts hängt vom Einzelfall ab. Dabei sind einerseits die Interessen der Personalvertretung an einer ungehinderten Arbeitsweise und andererseits das Interesse des Dienststellenleiters an der reibungslosen Tätigkeit seiner Dienststelle gegeneinander abzuwägen (BVerwG v. 28.7.1989, PersV 1989, 488 = ZfPR 1989, 166 m. Anm.). Im Hinblick auf den Grundsatz der vertrauensvollen Zusammenarbeit darf ein Dienststellenleiter die **Notwendigkeit aufgabenentsprechender Aufwendungen nicht kleinlich bewerten** (OVG Münster v. 3.5.2002, Leits. ZfPR 2003, 48). Zu beachten ist stets der Grundsatz der Verhältnismäßigkeit der Mittel. Erst dann, wenn einem Dienststellenleiter z.B. die vom Personalrat verursachten Telefonkosten unangemessen hoch erscheinen, ist ihm das Recht zuzubilligen, „nähere Umstände der Telefongespräche zu erfahren", so dass eine generelle Erfassung und ein genereller Ausdruck der Daten nicht notwendig erscheinen, um einem Dienststellenleiter die Möglichkeit der Überprüfung der Angemessenheit der Kostenverursachung zu geben (vgl. BVerwG v. 28.7.1989, aaO).

b) Die Wahrnehmung von **außerhalb des Aufgabenbereichs liegenden Aufgaben** (z.B. Reisekosten eines Personalratsmitglieds zum Besuch der Stufenvertretung ohne triftigen Grund) kann keinen Kostenerstattungsanspruch auslösen (BVerwG v. 28.4.1967, PersV 1968, 110).

c) Im Zusammenhang mit der Kostenerstattung für Reisen stehen auch **Kosten für Unterbringung und Verpflegung**; denn hierbei handelt es sich um „durch die Tätigkeit des Personalrats" bedingte Kosten (BVerwG v. 14.2.1990, PersV 1990, 351 = ZfPR 1990, 83). Im Blick auf das Benachteiligungsverbot nämlich ist zu gewährleisten, dass Personalratsmitgliedern die tatsächlichen Aufwendungen erstattet werden (BVerwG v. 28.11.2012, ZfPR 1/2013, S. 6).

d) Reisen von Personalratsmitgliedern brauchen insgesamt weder genehmigt noch angeordnet zu werden (BVerwG v. 22.6.1962, BVerwGE 14, 282 = PersV 1962, 180). Wenn die Tätigkeit des Personalrats Reisen erfordert, so bedarf das mit der Wahrnehmung der entsprechenden Aufgaben betraute Personalratsmitglied dafür nicht einmal der gesonderten Dienstbefreiung; denn diese ist entsprechend den gesetzlichen Bestimmungen für alle mit der Ausübung des Personalratsamts verbundenen Arbeitszeitversäumnisse erteilt. Bei der Erstattung der Reisekosten sind die Angaben über Dauer, Ziel und Eigenart der Reise zugrunde zu legen, die von der Personalvertretung oder dem entsprechenden Mitglied gemacht werden (BVerwG v. 1.8.1996, ZfPR 1996, 185). Reisen von Personalratsmitgliedern sind alle Fahrten, die durch die Personalratstätigkeit verursacht werden (u.a.Teilnahme an Unfalluntersuchungen oder Prüfungen, die nicht am Dienststellensitz stattfinden; Abhaltung von Sprechstunden im räumlichen Bereich von personalvertretungsrechtlich nicht verselbstständigten Teilen der Dienststelle). In den genannten Fällen handelt es sich jeweils um Fahrten neben denjenigen zwischen Wohnort und Dienststelle. Die parallele Bewertung solcher durch die Personalratstätigkeit veranlasster Fahrten mit Dienstreisen, d.h. Reisen zur Erledigung von Dienstgeschäften außerhalb der Dienststelle (§ 2 Abs. 1 Satz 1 BRKG), drängt sich geradezu auf. Diese Vergleichbarkeit rechtfertigt die – entsprechende – Anwendung der Bestimmungen des Bundesreisekostengesetzes zur **Reisekostenvergütung**. Anders liegt es bei den **Fahrten freigestellter Mitglieder einer Stufenvertretung** zu deren Sitz, wenn dieser weder mit dem Wohnort noch mit dem Sitz der bisherigen Dienststelle identisch ist. Im Gegensatz zu den genannten Beispielsfällen handelt es sich um Fahrten zum Sitz der regelmäßigen Tätigkeit. Dieser spezielle Sachverhalt lässt sich dem Begriff der Dienstreise nicht mehr zuordnen. Deshalb ist das **Trennungsgeld** nach § 15 Abs. 1 BRKG der rechtssystematisch sachgerechte Anknüpfungspunkt für die Erstattung von Aufwendungen, die freigestellten Mitgliedern der Stufenvertretung durch die Personalratstätigkeit am Sitz der übergeordneten Dienststelle entstehen. Die tägliche **Rückkehr zum Wohnort** ist dem Personalratsmitglied abweichend von der Regelvermutung in § 3 Abs. 1 Satz 2 TGV zuzumuten, wenn das Angebot öffentlicher Verkehrsmittel völlig unzulänglich ist und der Betreffende mit dem von ihm eingesetzten Kraftfahrzeug die zeitlichen Grenzen in § 3 Abs. 1 Satz 2 TGV einhält (BVerwG v. 12.11.2009, PersV 2010, 191 = ZfPR *online* 2/2012, S. 9). Überwiegend freigestellte Personalratsmitglieder, die vom Sitz der Personalvertretung außerhalb ihres Dienst- und Wohnorts täglich mit ihrem privaten PKW an ihren Wohnort zurückkehren, erhalten eine **Wegstreckenentschädigung** in einer sämtliche Kosten umfassenden Höhe (BVerwG v. 19.6.2013, ZfPR *online* 9/2013, S. 4). Im Übrigen: Freigestellte Mitglieder der Stufenvertretung haben Anspruch auf **Erstattung der Einkommensteuer**, die von dem ihnen bewilligten Trennungsgeld in Gestalt der Wegstreckenentschädigung abgeführt wurde (BVerwG v. 25.6.2009, PersV 2009, 467).

e) **Besprechungen** zwischen dem Vorsitzenden eines Bezirks- und dem Vorsitzenden eines Hauptpersonalrats gehören grundsätzlich nicht zum Aufgabenbereich der jeweiligen Personalvertretung, es sei denn, dass ein Beteiligungsverfahren im Instanzenzug anhängig und es erforderlich ist, der Stufenvertretung zusätzliche mündliche Informationen zu erteilen (BayVGH v. 26.10.1983, PersV 1985, 337). Gleiches gilt für eine allgemeine Zusammenarbeit verschiedener Personavertretungen etwa in der Form von **Arbeitsgemeinschaften** (BVerwG v. 21.7.1982 – 6 P 30, 79, PersV 1983, 372). Gemeinsame Besprechungen zum **Erfahrungsaustausch** „örtlicher“ Personalvertretungen sieht das Gesetz ebenfalls nicht vor. Vielmehr sind gerade für über den Bereich des örtlichen Personalrats hinausgehende Interessen Stufenvertretungen vorgesehen. Entsprechende Reisekosten sind von der Dienststelle daher nicht zu erstatten (HessVGH v. 26.4.1978, PersV 1980, 506). Zu den notwendigen Kosten der Tätigkeit eines einzelnen Personalratsmitglieds werden dagegen auch **Kinderbetreuungskosten** gezählt, die dadurch entstehen, dass einem Mitglied einer Personalvertretung die Teilnahme an einer außerhalb seiner Teilzeittätigkeit stattfindenden Personalratssitzung ermöglicht wird (vgl. für das BetrVG: BAG v. 23.6.2010, BB 2011, 1854).

f) Wenn zur zweckentsprechenden **Prozessführung** rechtliche Erwägungen angestellt werden müssen und wenn das Verfahren nicht mutwillig in Gang gesetzt wird oder von vornherein erkennbar aussichtslos ist, so kann die Personalvertretung einen **Rechtsanwalt mit der Wahrnehmung ihrer Interessen beauftragen** (BVerwG v. 11.10.2010, PersR 2011, 33). Auch eine Personalvertretung ist an das Gebot der sparsamen Verwendung öffentlicher Mittel und den Grundsatz der Verhältnismäßigkeit gebunden (BVerwG v. 9.10.1991, BVerwGE 89, 93 = ZfPR 1992, 38). Soll ein Rechtsanwalt in Anspruch genommen werden, ohne dass ein konkretes Beschlussverfahren bevorsteht, dann sind die entstehenden Kosten für den Fall gerechtfertigt, dass eine hinreichende Aussicht darauf besteht, dass hierdurch vorhandene Meinungsverschiedenheiten zwischen Personalvertretung und Dienststellenleitung beigelegt werden können (vgl. für das BetrVG: LAG Schleswig-Holstein v. 20.7.1999, AiB 2000, 262).

g) Die Hinzuziehung eines Rechtsanwalts kommt nicht nur in rechtlich oder tatsächlich schwierig gelagerten Fällen in Betracht. Entscheidend ist, ob die zu klärende Angelegenheit und die Beauftragung eines Rechtsanwalts von Seiten der Personalvertretung unter Abwägung aller Umstände für erforderlich gehalten werden durfte. Dies hängt von den Umständen des Einzelfalles ab (vgl. für das BetrVG: BAG v. 16.4.2003, DB 2003, 2234; vgl. auch zur Erstattungsfähigkeit von Kosten für die Inanspruchnahme eines auswärtigen Rechtsanwalts: OVG Sachsen-Anhalt v. 12.3.2009, ZfPR 2010, 41). Die Personalvertretung braucht sich im Fall der **Inanspruchnahme eines Anwalts** nicht darauf verweisen zu lassen, dass sie sich durch eine Gewerkschaft, der eines ihrer Mitglieder angehört, hätte vertreten lassen können (BVerwG v. 6.3.1959, BVerwGE 8, 202). Der Beauftragung eines Anwalts muss allerdings die Prüfung der Frage vorausgehen, ob alle Möglichkeiten ausgeschöpft worden sind, um aus eigener Kraft und im Zusammenwirken mit dem Dienststellenleiter das anstehende Problem zu lösen (OVG Lüneburg v. 2.3.1989, Leits. PersR 1989, 342). Dies gilt nicht nur im Fall eines personalvertretungsrecht- lichen Beschlussverfahrens, sondern auch für die Wahrnehmung der Interessen der Personalvertretung vor der Einigungsstelle (vgl. für das BetrVG: BAG v. 21.6.1989, DB 1989, 2436). Genehmigt eine Personalvertretung die Bestellung eines Prozessbevollmächtigten durch den Personalratsvorsitzenden rückwirkend erst nach Abschluss der Instanz, so führt dies nicht dazu, dass die Kosten des vollmachtlosen Prozessvertreters durch die Tätigkeit des Personalrats entstanden sind; denn eine rückwirkende Genehmigung der vollmachtlosen Prozessführung ist prozessrechtlich nur bis zur Verkündung der die Instanz beendenden Entscheidung möglich (HessVGH v. 22.9.1994, Leits. ZfPR 1995, 51). Stets muss die Beauftragung eines Anwalts durch das Personalratsplenum erfolgen. Eine von einem Vorsitzenden einer Personalvertretung allein vorgenommene Beauftragung kann nach Abschluss der jeweiligen Instanz nicht nachträglich von der Personalvertretung genehmigt werden (BVerwG v. 19.12.1996, Leits. PersV 1998, 531 = ZfPR 1997, 85). Die Inanspruchnahme eines Anwalts ist nur dann nicht mit Kostenfolgen für eine Dienststelle verbunden, wenn diese **Inanspruchnahme mutwillig** erfolgt oder wenn das Verfahren von vornherein **offensichtlich aussichtslos** war (BVerwG v. 29.8.2000, ZfPR 2000, 327; OVG Münster v. 25.2.2004, PersV 2004, 359 = Leits. ZfPR 2004, 238;vgl. für das BetrVG: BAG v. 19.3.2003, Leits. ArbuR 2003, 357). Von einer von vornherein aussichtslosen oder mutwillig betriebenen Rechtsverfolgung ist u.a. dann auszugehen, wenn sich die Abweisung eines Feststellungsantrags „nach Maßgabe der einschlägigen Rechtsvorschriften und dazu gegebenenfalls vorliegender Rechtsprechung geradezu aufdrängt" (BVerwG v. 19.9.2012, PersV 2013, 148). Gleiches gilt für den Fall, dass die Anrufung des Gerichts deswegen unnötig ist, weill die Dienststelle der Personalvertretung das geltend gemachte Recht nicht bestreitet (BVerwG v. 19.9.2012; aaO).

h) Kosten, die durch die Entsendung eines Personalratsmitglieds zu einem **gerichtlichen Anhörungsverfahren** entstehen, an dem die Personalvertretung beteiligt ist, sind notwendige Kosten im Sinne des Personalvertretungsrechts. Eine derartige Reise steht in engem Zusammenhang mit der Tätigkeit der Personalvertretung. Wenn sie anwaltlich vertreten ist, dann ist grundsätzlich die Anwesenheit des Personalratsvorsitzenden im Termin ausreichend. Die zusätzliche Teilnahme des stellvertretenden Vorsitzenden der Personalvertretung ist daher zur Wahrnehmung einer ordnungsgemäßen Aufgabenerfüllung nicht erforderlich (OVG Münster v. 25.2.2004, PersV 2004, 359 = Leits. ZfPR 2004, 238).

i) Wenn die **Personalvertretung** einen Rechtsanwalt mit der Wahrnehmung ihrer Interessen beauftragen will, so bedarf sie nicht des Einverständnisses des Dienststellenleiters, da sie ein **eigenständiges Organ** ist, das nicht der Weisung der Dienststelle unterliegt (OVG Münster v. 22.8.1960, ZBR 1962, 26; vgl. Anm. 3 a). Insoweit ist sie auch ohne vorherige Absprache mit dem Dienststellenleiter grundsätzlich zur Beauftragung eines Rechtsanwalts befugt. Dies gilt auch für die Klärung von Zweifelsfragen außerhalb eines Beschlussverfahrens, falls die Personalvertretung zuvor alles versucht hat, um mit dem Dienststellenleiter eine Einigung herbeizuführen. Ein entsprechender

Beschluss wäre durch den Dienststellenleiter nur dann mit Aussicht auf Erfolg angreifbar, wenn das entsprechende Vorgehen sich als ein **„haltloses Unterfangen"** darstellt (BVerwG v. 25.2.2004, ZfPR 2004, 110; VGH Baden-Württemberg v. 19.11.2002, PersR 2003, 204; so auch schon: OVG Hamburg v. 26.11.2001, PersV 2002, 367).

j) Gegen eine die Personalvertretung beschwerende gerichtliche Entscheidung kann ihr Prozessbevollmächtigter auch ohne einen zusätzlichen Beschluss des Gremiums **eigenständig Rechtsmittel einlegen**. Dies ergibt sich aus § 81 ZPO i.V.m. § 46 Abs. 2 ArbGG, wonach eine einmal erteilte Prozessvollmacht zu allen, den Rechtsstreit betreffenden Prozesshandlungen einschließlich der Einlegung von Rechtsmitteln ermächtigt (vgl. für das BetrVG: BAG v. 6.11.2013, Leits. ZfPR *online* 9/2014, S. 22).

k) Auch ein **Einzelmitglied einer Personalvertretung** kann evtl. einen Rechtsanwalt beauftragen und die dadurch entstehenden Kosten von der Dienststelle beanspruchen (Beispiel: Anfechtung einer Bestimmung der Geschäftsordnung; vgl. u.a. BVerwG v. 6.3.1959, BVerwGE 8, 202).

l) Die Personalvertretung besitzt insoweit eine **Teilrechtsfähigkeit**, als sie zur Durchsetzung, Klärung und Wahrung ihrer personalvertretungsrechtlichen Befugnisse einen Anwalt oder Sachverständigen beauftragen kann. Die entsprechenden Kosten sind von der Dienststelle zu tragen. Für den Fall, dass ein Dienststellenleiter die Kostenerstattung ablehnt, haftet bei ordnungsgemäßer Aufgabenwahrnehmung nicht die Personalvertretung gegenüber Anwalt/Sachverständigem; denn sie ist **vermögenslos**. Gleiches gilt für einzelne Personalratsmitglieder. Anwalt bzw. Sachverständiger können sich den Kostenfreistellungsanspruch abtreten lassen (BVerwG v. 12.11.2012, ZfPR *online* 3/2013, S. 8).

m) Es gehört **nicht zu den Aufgaben** eines Personalratsmitglieds, die **Interessen eines einzelnen Beschäftigten** vor den Gerichten zu vertreten. Infolgedessen kann es von der Dienststelle nicht die Erstattung von Kosten beanspruchen (BAG v. 19.5.1983, DB 1983, 2038).

n) Eine **Gewerkschaft** hat keinen Kostenerstattungsanspruch, da sie keine „Tätigkeit eines Personalrats" ausübt, die z.B. Anlass zur Entstehung der Anwaltskosten geben könnte (BVerwG v. 22.3.1963, ZBR 1964, 280).

o) Die Dienststelle hat nach Abs. 2 der Personalvertretung den gesamten Geschäftsbedarf zur Verfügung zu stellen. Dazu zählt alles, was sie zur sachgerechten Wahrnehmung ihrer Aufgaben und Befugnisse benötigt (BVerwG v. 27.10.2009, ZfPR *online* 1/ 2010, S. 3). Eine Personalvertretung, die aus mehreren Mitgliedern besteht, hat Anspruch auf Kostenerstattung hinsichtlich einer Sammlung der gemäß § 68 BPersVG und den entsprechenden landesgesetzlichen Regelungen zu überwachenden **grundlegenden Gesetze und Verordnungen** (BVerwG v. 21.1.1991, ZfPR 1991, 68). Den Personalvertretungen ist von der Dienststelle auch ein **Kommentar zum Personalvertretungsrecht** zur Verfügung zu stellen. Dies gilt gleichermaßen für alle Personalvertretungen, unabhängig von ihrer Größe. Ebenso gehören Erläuterungswerke zum BAT und zum MTArb (jetzt TVöD) zum Geschäftsbedarf der Personalvertretung (BVerwG v. 21.1.1991, aaO; BVerwG v. 16.5.1991, ZfPR 1991, 105; VGH Bayern v. 13.4.1994, Leits. ZfPR 1995, 20; VGH Baden-Württemberg v. 3.5.1994, Leits. ZfPR 1994, 195). Wenn einer Dienststelle, bei der eine Personalvertretung gebildet ist, Außenstellen angeschlossen sind, so kann es erforderlich sein, in jeder räumlich getrennten Außenstelle, in der Personalratsmitglieder tätig sind, einen Kommentar zum PersVG zur Verfügung zu stellen. Voraussetzung ist, dass des öfteren von den Beschäftigten an Personalratsmitglieder Angelegenheiten herangetragen werden, bei denen zu entschei- den ist, ob sie für eine Behandlung in einer Personalratssitzung geeignet sind (VGH Baden-Württemberg v. 3.5.1994, PersV 1995, 140 = Leits. ZfPR 1994, 195). Da ein Kommentar ebenso wie Gesetzestexte bzw. Erläuterungswerke zum „untentbehrlichen Rüstzeug" der Personalratsarbeit gehören (BVerwG v. 29.6.1988, BVerwGE 79, 361 = ZfPR 1989, 10), sind die entsprechenden Kosten von der Dienststelle zu tragen.

Ein Kommentar muss sich jeweils auf dem neuesten Stand befinden und ist bei einem Wechsel der Auflage neu zu beschaffen. Dabei kann die Personalvertretung wählen, ob sie die neuere Auflage des bisherigen Kommentars beziehen oder ob sie das Werk wechseln möchte, weil ihr ein anderer Kommentar für ihre Bedürfnisse geeigneter erscheint (vgl. zum BetrVG: BAG v. 26.10.1994, BB 1995, 464).

p) Auch besteht Anspruch auf Erstattung der Kosten für den **Bezug einer Fachzeitschrift**, die durch wissenschaftliche Beiträge oder den Abdruck von Entscheidungen zur Information der Personalvertretung beiträgt. Die Entscheidung darüber, welche Zeitschrift in Betracht kommt, obliegt der Personalvertretung (BVerwG v. 5.10.1989, ZfPR 1990, 43). Anspruch hat eine Personalvertretung auch auf eine **arbeitsrechtliche Fachzeitschrift**, wenn sie im Rahmen des Arbeits- und Gesundheitsschutzes Aufgaben zugewiesen bekommen hat (vgl. für das BetrVG: BAG v. 25.1.1995, BB 1995, 1087). Wenn bei mehreren kleineren Dienststellen, die an einem Ort liegen, ein **Umlaufverfahren** organisierbar ist, das eine zeitgerechte Information der beteiligten Personalvertretungen sicherstellt, dann reicht es aus, wenn eine dieser Dienststellen die Fachzeitschrift zur Verfügung stellt. In größeren Dienststellen (ca. 300 Beschäftigte) ist ein solches Umlaufverfahren selbst dann unzweckmäßig, wenn die einzelnen Dienststellen in einem Dienstgebäude ihren Sitz haben. In diesem Fall kann dem Informationsbedürfnis der Personalvertretung nur dann Rechnung getragen werden, wenn die Fachzeitschrift „den Personalratsmitgliedern zum ständigen Gebrauch zur Verfügung steht“ (BVerwG v. 12.9.1989 – 6 P 14.87, ZBR 1990, 55 und 6 P 15.87, Leits. PersR 1989, 293). Ein Umlaufverfahren kann auch dann in Betracht kommen, wenn eine Personalvertretung nur geringe Mitwirkungsmöglichkeiten hat und eine bedarfsgerechte Einsichtnahme in das umlaufende Heft **ohne Zeitverzögerung** gewährleistet ist (BVerwG v. 19.8.1994, ZfPR 1994, 188). Anders ist die Rechtslage allerdings zu beurteilen, wenn in kleineren Dienststellen, die auf verschiedene, voneinander entfernte Ortsteile verteilt sind, ein Umlaufverfahren deshalb unzumutbar ist, weil eine zuverlässige, vor allen Dingen aber zeitgerechte Information der Personalvertretungen nicht gewährleistet ist (OVG Schleswig v. 9.9.1994, Leits. ZfPR 1995, 128). Generell braucht sich allerdings eine Personalvertretung nicht ausschließlich vom Interesse des Dienststellenleiters an möglichst geringen Kostenbelastungen leiten zu lassen (vgl. für das BetrVG: BAG v. 24.1.1996, BB 1996, 2355). Dem Verlangen einer Personalvertretung nach möglichst **aktueller Literatur** kann daher auch ein Dienststellenleiter nicht entgegenhalten, dass ihm selbst ein entsprechendes Werk nicht zur Verfügung stehe (vgl. für das BetrVG: LAG Bremen v. 3.5.1996, Leits. BB 1996, 2303). Wenn allerdings ein Dienststellenleiter die Notwendigkeit des Bezugs einer Fachzeitschrift bestreitet, dann muss die Personalvertretung sich bei der Begründung des Erfordernisses zum Bezug einer Fachzeitschrift „auf den Standpunkt eines vernünftigen Dritten“ stellen, der sowohl die Interessen der Dienststelle als auch die Interessen der Personalvertretung und der Beschäftigten gegeneinander abwägt. Daher muss sie darlegen, dass der Bezug der Zeitschrift nach Art und Beschaffenheit der Dienststelle zur ordnungsgemäßen Durchführung ihrer Aufgaben notwendig ist (vgl. für das BetrVG: LAG Düsseldorf v. 13.9.1997, BB 1998, 2002).

q) Eine Personalvertretung hat dann Anspruch auf Erstattung der Kosten für einen **Dolmetscher**, wenn dieser hinzugezogen werden musste, um für die zahlreichen ausländischen Beschäftigten den in einer Personalversammlung erstatteten Tätigkeitsbericht übersetzen zu können (vgl. LAG Düsseldorf v. 30.1.1981, DB 1981, 1093).

r) Hat eine Dienststelle wegen der Einführung eines automatisierten Personal- und Stellenverwaltungssystems von sich aus die Landesbeauftragte für Datenschutz um Abklärung etwaiger datenschutzrechtlicher Probleme angerufen, so liegt vor Abschluss dieses Abklärungsprozesses regelmäßig keine umfassende Information der Personalvertretung vor. Die Frist für eine Versagung der Zustimmung beginnt dann nicht zu laufen. Die **Hinzuziehung von Sachverständigen** durch die Personalvertretung ist nicht schlechthin ausgeschlossen, sondern dann zulässig, wenn zuvor alle Möglichkeiten einer Unterrichtung durch den Dienststellenleiter selbst ausgeschöpft worden sind (OVG Münster v. 8.11.2000, PersR 2001, 211). In jedem Fall aber ist die Personalvertretung zu einer Absprache mit dem Dienststellenleiter verpflichtet (vgl. BVerwG v. 9.10.1991, BVerwGE 89, 94, 104). Solange die eingeleitete datenschutzrechtliche Überprüfung durch die Landesbeaufragte für den Datenschutz noch nicht abgeschlossen ist, solange hat die Personalvertretung allerdings keinen Anspruch darauf, ihrerseits wegen rechtlicher und technischer Fragen, die mit dem Datenschutz zusammenhängen, einen Sachverständigen hinzuzuziehen. Eine Personalvertretung ist zwar, wenn es um die Gewinnung erforderlicher Informationen geht, nicht ausschließlich auf die Unterrichtung durch die Dienststelle angewiesen. Dies ergibt sich schon daraus, dass zahlreiche Landesgesetze ausdrücklich die Möglichkeit vorsehen, Sachverständige und Auskunftspersonen zu den Sitzungen hinzuzuziehen. Aber auch unter der Geltung solcher Personalvertretungsgesetze, die diese Möglichkeit nicht vorsehen, können bei Vorliegen bestimmter Voraussetzungen Sachverständige geladen werden. Wenn alle Möglichkeiten der Unterrichtung entsprechend dem Grundsatz der Verhältnismäßigkeit durch die Dienststelle ausgeschöpft sind, dann kann als weitere Informationsmöglichkeit eine Anrufung von Sachverständigen in Betracht kommen. Dies dürfte insbesondere bei neuartigen, komplizierten und langwierig entwickelten Systemen, deren datenschutzrechtlichen Fragen bisher noch nicht abgeklärt worden sind, der Fall sein (BVerwG v. 8.11.1989, PersV 1990, 342 = ZfPR 1990, 86).

s) Grundsätzlich obliegt es der pflichtgemäßen Ermessensentscheidung der Personalvertretung, wie sie im Einzelfall die Beschäftigten unterrichten will (vgl. für das BetrVG: BAG v. 17.2.2010, DB 2010, 2676). Daher ist auch die **Herausgabe eines Flugblatts** grundsätzlich nicht zu beanstanden, sofern der Inhalt mit dem Aufgabenbereich der Personalvertretung in einem engen Sachzusammenhang steht. Wenn diese Voraussetzung gegeben ist, kann auch die Verpflichtung des Dienststellenleiters nicht ausgeschlossen werden, die hausinterne Druckerei zu diesem Zweck zur Verfügung zu stellen. In keinem Fall aber darf der Inhalt des Flugblatts gegen Strafgesetze oder sonstige gesetzliche Bestimmungen (Friedenspflicht) verstoßen (OVG Rheinland-Pfalz v. 26.1.1982, PersV 1983, 27). Allerdings besteht für den Gesamtpersonalrat in aller Regel keine Veranlassung dazu, sich unmittelbar an die Beschäftigten der einzelnen Dienststellen zu wenden (BVerwG v. 26.11.1982, PersV 1983, 408; BAG v. 21.11.1978, BB 1979, 938). Insgesamt aber ist zu prüfen, ob das Informationsbedürfnis über Anschlagbretter, Personalversammlungen etc. erfüllt werden kann, so dass in aller Regel die Herausgabe von Flug- oder Informationsblättern nur in Ausnahmefällen in Betracht kommen dürfte (VGH Baden-Württemberg v. 6.9.1988, ZTR 1989, 246). Wenn ein Dienststellenleiter gegenüber der Personalvertretung geltend macht, eine von ihr zur Verteilung vorgesehene Informationsschrift sei ihrem konkreten Inhalt nach unzulässig und daher den Druck in der eigenen Dienststelle ablehnt, so kann die Personalvertretung einen externen Betrieb mit dem Druck beauftragen und die entsprechenden Kosten gegenüber der Dienststelle geltend machen. Bleibt es bei den Meinungsunterschieden über die Verpflichtung zur Kostenübernahme, so muss die Personalvertretung das personalvertretungsrechtliche Beschlussverfahren einleiten (OVG Münster v. 11.3.1994, Leits. ZfPR 1996, 18). Gleiches gilt für einen Dienststellenleiter, dem **kein Recht zur Vorzensur** hinsichtlich der Veröffentlichungen einer Personalvertretung z.B. über die Mitnutzung des E-Mailsystems zusteht. Er kann u.a. eine einstweilige Verfügung mit dem Ziel beantragen, dass er von der Pflicht zur Weiterleitung konkreter Informationen entbunden wird (BVerwG v. 27.10.2009, ZfPR *online* 1/2010, S. 3).

t) Zum **Geschäftsbedarf** der Personalvertretung gehört alles, was bei verständiger Betrachtung zur ordnungsgemäßen Amtsführung unter Beachtung des **Gebots der sparsamen Verwendung öffentlicher Mittel** erforderlich ist (HessVGH v. 20.2.1980, PersV 1982, 161). Die Personalvertretung hat grundsätzlich eigenverantwortlich darüber zu entscheiden, auf welche Weise sie ihr Informations - und Kommunikationsbedürfnis befriedigt und welcher technischer Hilfsmittel sie sich dabei bedient (vgl. für das BetrVG: BAG v. 20.1.2010, NZA 2010, 709). Deshalb ist einer Personalvertretung in aller Regel auch der Zugang zum **Internet** zu gestatten (vgl. für das BetrVG: BAG v. 14.7.2010, DB 2010, 2731). Ein **Telefaxgerät** zählt ebenfalls zu den für die Personalratsarbeit erforderlichen Sachmitteln, damit die Beschäftigten jederzeit in der Lage sind, Kontakt zu der für sie zuständigen Personalvertretung aufzunehmen (vgl. für das BetrVG: BAG v. 27.11.2002, DB 2003, 1799). Darüber hinaus hat eine Personalvertretung **Anspruch auf eine Telefonanlage**, die ihr die Erfüllung ihrer gesetzlichen Aufgaben ermöglicht. In diesem Zusammenhang besteht auch ein **Anspruch auf einen Anrufbeantworter** dann, wenn die einzelnen Mitglieder der Personalvertretung wegen Verwendung im Außendienst oder bei sonstiger oftmaliger Abwesenheit nur schwer erreichbar sind (OVG Münster v. 3.7.1995, Leits. ZfPR 1996, 59). Unter diesen Voraussetzungen ist der Personalvertretung auch ein **Anspruch auf ein Mobilfunktelefon** zuzubilligen (vgl. für das BetrVG: ArbG Frankfurt v. 12.8.1997, Leits. ZBVR 1998, 58). Die Bereitstellung eines **Personalcomputers** für den Personalrat ist angesichts der Tatsache, dass nahezu alle Dienststellen inzwischen mit entsprechenden Geräten ausgestattet sind, über die der gesamte Schriftverkehr abgewickelt wird, erforderlich (vgl. für das BetrVG: BAG v. 3.9.2003 – 7 ABR 12/03, ZBVR 2004, 29; LAG München v. 19.12.2007, AiB 2008, 545). Gestattet ein Dienststellenleiter dem Personalrat die **Mitbenutzung eines dienststelleninternen E-Mail-Systems**, so ist die Weiterleitung von Bekanntmachungen des Personalrats – von den Fällen strafbaren Verhaltens abgesehen – nicht vom Ergebnis einer Inhaltskontrolle durch die Dienststelle abhängig. Hält der Dienststellenleiter eine Veröffentlichung für unzulässig, so ist er auf die Inanspruchnahme gerichtlichen Rechtsschutzes verwiesen (BVerwG v. 27.10.2009, PersV 2010, 187 = ZfPR *online* 1/2010, S. 3). Dagegen dürfte die Bereitstellung eines **mobilen Computers (Laptop/Notebook)** nur in Ausnahmefällen notwendig sein (vgl. für das BetrVG: LAG Köln v. 10.7.1997, Leits. PersV 1998, 530). Zuzubilligen ist einer Personalvertretung die **Nutzung des Intranets** sowie die **Nutzung des Internets** zur (eigenen) Informationsbeschaffung (vgl. für das BetrVG: BAG v. 3.9.2003 , ZBVR 2004, 26; BAG v. 14.7.2010, aaO). Die Einrichtung einer **personalratseigenen Homepage** auf Kosten der Dienststelle wird man im Interesse einer sinnvollen Nutzung der Informations- und Kommunikationsmöglichkeiten für erforderlich halten können. Auch kann ein **Anspruch auf Nutzung eines E-Mail-Verteilers** bestehen (OVG Hamburg v. 7.3.2008, PersR 2008, 328). Insgesamt ist zu berücksichtigen, dass eine Personalvertretung – insbesondere wegen ihrer Informationspflicht gegenüber den Beschäftigten – **Anspruch auf die Bereitstellung aller Informationsmedien** hat, die für eine effektive Unterrichtung (u.a. über den jeweiligen Stand laufender bzw. das Ergebnis abgeschlossener Beteiligungsverfahren, Hinweise auf neue Gesetze und Tarifverträge oder aktuelle Rechtsprechung zur Auslegung gesetzlicher und tariflicher Bestimmungen) notwendig sind. Einer Personalvertretung steht ein **Beurteilungsspielraum** in Bezug auf die Frage zu, ob und in welchem Umfang sie zur Erledigung ihrer Aufgaben Sachmittel benötigt (BVerwG v. 27.10.2009, aaO; vgl. auch für das BetrVG: BAG v. 17.2.2010, DB 2010, 2676). Einem Dienststellenleiter darf es nicht möglich sein, die Nutzung der im Einzelnen aufgeführten technischen Einrichtungen durch Personalratsmitglieder zu kontrollieren (vgl. für das BetrVG: BAG v. 18.7.2012, DB 2012, 2524).

u) Ein Dienststellenleiter kann grundsätzlich nicht die Erfüllung von Zahlungsverpflichtungen gegenüber der Personalvertretung mit der Begründung ablehnen, die dafür vorgesehenen **Haushaltsmittel** seien erschöpft. Eine Personalvertretung hat grundsätzlich Anspruch darauf, dass die Haushaltsmittel in erforderlichem Umfang bereitgestellt werden, die zur Erfüllung der gesetzlichen Pflichten notwendig sind. Dies gilt z.B. für einen angemessenen **Raum** zur Abwicklung von Personalratstätigkeiten (BVerwG v. 29.6.2004, ZfPR 2004, 324). Zu berücksichtigen ist in diesem Zusammenhang, dass die Dienststelle die durch die Tätigkeit der Personalvertretung entstehenden Kosten gemäß Abs. 1 Satz 1 zu tragen hat. Daher ist es Sache der Dienststelle, die hierzu benötigten Mittel bei der Haushaltsplanung ausreichend zu berücksichtigen. Die Personalvertretung ihrerseits muss den voraussehbaren Mittelbedarf rechtzeitig vor Aufstellung des Haushaltes gegenüber dem Dienststellenleiter geltend machen (OVG Berlin v. 3.4.2001, ZfPR 2001, 266; OVG Rheinland-Pfalz v. 15.1.2002, PersV 2002, 362). Einen die Ansätze des Haushaltsplans übersteigenden, unvorhersehbaren und unabweisbaren Mittelbedarf hat die Personalvertretung generell so frühzeitig geltend zu machen, dass eine Nachbewilligung möglich ist. Tut sie das nicht, dann besteht keine Nachschusspflicht seitens der Dienststelle (BVerwG v. 24.11.1986, PersV 1987, 422). Wenn allerdings aus anderen Titeln des Haushalts für die Teilnahme der Personalvertretung an Schulungsveranstaltungen Mittel übertragen werden können, so hat die Dienststelle unter Berücksichtigung des Gebots der vertrauensvollen Zusammenarbeit alles zu versuchen, um dies zu bewirken (OVG Sachsen-Anhalt v. 1.2.1996, ZfPR 1996, 194; vgl. auch OVG Münster v. 3.5.2002, PersV 2002, 451). Wenn erst im Laufe des Haushaltsjahres durch die Arbeit der Personalvertretung Kosten entstehen, die bei der Aufstellung des Haushaltsplans noch nicht vorhersehbar waren, so ist die Personalvertretung verpflichtet, den finanziellen Bedarf, der die bisherigen Ansätze übersteigt und der unvorhersehbar und unabweisbar ist, so rechtzeitig der Dienststelle anzuzeigen, dass die dafür benötigten zusätzlichen Mittel noch vor Entstehen der Verpflichtung nach § 37 Abs. 1 Bundeshaushaltsordnung (BHO) nachbewilligt werden können (BVerwG v. 24.11.1986, aaO). Dies geht aber nur dann, wenn es sich tatsächlich um unvorhersehbare Aufwendungen handelt (OVG Berlin v. 3.4.2001, aaO).

v) Generell muss sich die Personalvertretung darum bemühen, **mit den ihr zur Verfügung stehenden Mitteln auszukommen** und sich weiterer kostenwirksamer Beschlüsse dann zu enthalten, wenn der Dienststelle keine für die Zwecke der personalvertretungsrechtlichen Tätigkeit verfügbaren Haushaltsmittel mehr zur Verfügung stehen (BVerwG v. 26.2.2003, ZfPR 2003, 262). Dies gilt allerdings nicht für die Fälle, in denen die Personalvertretung gesetzliche Vorgaben zu beachten hat (z.B. Kosten für regelmäßige Personalratswahlen, BVerwG v. 26.2.2003, aaO). In keinem Fall darf die enge Bindung an den Haushaltsplan die Arbeit der Personalvertretung behindern. Dies gilt entgegen der in der gerade zitierten Entscheidung des Bundesverwaltungsgerichts vertretenen Auffassung u. a. für die Teilnahme von Personalratsmitgliedern an Schulungs- und Bildungsveranstaltungen, die der Gesetzgeber nach § 46 Abs. 6 – u.a. auch im Interesse einer sachkompetenten Zusammenarbeit zwischen Dienststellenleitung und Personalvertretung – für unabdingbar notwendig hält.

4. Streitigkeiten

Über die **Erforderlichkeit und das Ausmaß von Aufwendungen** sowie darüber, ob überhaupt Kosten „durch die Tätigkeit des Personalrats" entstanden sind, entscheiden die Verwaltungsgerichte nach § 83 Abs. 1 Nr. 3. Wenn das Verwaltungsgericht feststellt, dass sich die Entscheidung der Personalvertretung im Rahmen ihres Beurteilungsspielraums bewegt und die beanspruchten Kosten auf die Erledigung personalvertretungsrechtlicher Aufgaben zurückzuführen sind, dann muss es die Entscheidung der Personalvertretung für rechtmäßig halten (vgl. insoweit auch für das BetrVG: BAG v. 27.11.2002, ZBVR 2003, 146). Im Übrigen kann die Personalvertretung im Wege eines Verpflichtungsantrags ihren Anspruch auf ein Personalratsbüro durchsetzen (BVerwG v. 29.6.2004, ZfPR 2004, 324).

§ 45 (Verbot der Beitragserhebung)

Der Personalrat darf für seine Zwecke von den Beschäftigten keine Beiträge erheben oder annehmen.

Entsprechende landesgesetzliche Regelungen:

Baden-Württemberg: § 46; Bayern: Art. 45; Berlin: § 41; Brandenburg: § 44 Abs. 4; Bremen: § 42; Hamburg: § 47; Hessen: § 43; Mecklenburg-Vorpommern: § 36; Niedersachsen: § 38; Nordrhein-Westfalen: § 41; Rheinland-Pfalz: § 45; Saarland: § 44; Sachsen: § 45 Abs. 4; Sachsen-Anhalt: § 43; Schleswig-Holstein: § 35; Thüringen: § 44 Abs. 4.

1. Begriffsbestimmungen

a) Erhebung oder Annahme von Beiträgen: Entgegennahme, Anfordern oder Erhebung von Leistungen irgendwelcher Art.

b) Für seine Zwecke: Der Personalrat darf zur ordnungsgemäßen Durchführung seiner Aufgaben weder einmalige noch laufende Beiträge fordern oder entgegennehmen.

2. Erläuterungen

a) Die Personalvertretung darf auch **freiwillig angebotene Leistungen** nicht entgegennehmen. Dies gilt sowohl für das Organ wie für einzelne Mitglieder.

b) Ebensowenig darf die Personalvertretung **Leistungen irgendwelcher Art** über den in § 44 Abs. 1 abgesteckten Rahmen hinaus von der Dienststelle annehmen. Dabei kommt es nicht darauf an, ob die Leistung freiwillig erbracht wird. Der Personalvertretung ist es untersagt, sich wirtschaftlich im Interesse der Beschäftigten zu betätigen bzw. Sammlungen für andere Zwecke durchzuführen.

3. Fälle aus der Rechtsprechung

Eine Personalvertretung darf eine von ihr herausgegebene Informationsschrift weder **durch eine Umlage** bei ihren Mitgliedern oder den Beschäftigten der Dienststelle noch **durch Zuwendungen Dritter**, wozu auch der kostenlose Druck gehört, finanzieren. Eine Zuwiderhandlung wäre ein Verstoß gegen das Gebot der Objektivität und Neutralität der Amtsführung und gegen das Verbot, Beiträge von den Beschäftigten zu erheben (BVerwG v. 10. 10. 1990, PersV 1991, 272 = ZfPR 1991, 37).

4. Streitigkeiten

Die Verwaltungsgerichte entscheiden nach § 83 Abs. 1 Nr. 3 über Streitigkeiten im Zusammenhang mit dieser Vorschrift.

Vierter Abschnitt
Rechtsstellung der Personalratsmitglieder

§ 46 (Ehrenamt, Dienstversäumnis, Freistellung)

(1) Die Mitglieder des Personalrats führen ihr Amt unentgeltlich als Ehrenamt.

(2) Versäumnis von Arbeitszeit, die zur ordnungsgemäßen Durchführung der Aufgaben des Personalrats erforderlich ist, hat keine Minderung der Dienstbezüge oder des Arbeitsentgelts zur Folge. Werden Personalratsmitglieder durch die Erfüllung ihrer Aufgaben über die regelmäßige Arbeitszeit hinaus beansprucht, so ist ihnen Dienstbefreiung in entsprechendem Umfang zu gewähren.

(3) Mitglieder des Personalrats sind von ihrer dienstlichen Tätigkeit freizustellen, wenn und soweit es nach Umfang und Art der Dienststelle zur ordnungsgemäßen Durchführung ihrer Aufgaben erforderlich ist. Bei der Auswahl der freizustellenden Mitglieder hat der Personalrat zunächst die nach § 32 Abs. 1 gewählten Vorstandsmitglieder, sodann die nach § 33 gewählten Ergänzungsmitglieder und schließlich weitere Mitglieder zu berücksichtigen. Bei weiteren Freistellungen sind die auf die einzelnen Wahlvorschlagslisten entfallenden Stimmen im Wege des Höchstzahlverfahrens zu berücksichtigen, wenn die Wahl des Personalrats nach den Grundsätzen der Verhältniswahl durchgeführt (§ 19 Abs. 3 Satz 1) wurde; dabei sind die nach Satz 2 freigestellten Vorstandsmitglieder von den auf jede Wahlvorschlagsliste entfallenden Freistellungen abzuziehen. Im Fall der Personenwahl (§ 19 Abs. 3 Satz 2) bestimmt sich die Rangfolge der weiteren freizustellenden Mitglieder nach der Zahl der für sie bei der Wahl zum Personalrat abgegebenen Stimmen. Sind die Mitglieder der im Personalrat vertretenen Gruppen teils nach den Grundsätzen der Verhältniswahl, teils im Wege der Personenwahl gewählt worden, sind bei weiteren Freistellungen die Gruppen entsprechend der Zahl ihrer Mitglieder nach dem Höchstzahlverfahren zu berücksichtigen; innerhalb der Gruppen bestimmen

sich die weiteren Freistellungen in diesem Fall je nach Wahlverfahren in entsprechender Anwendung des Satzes 3 und nach Satz 4. Die Freistellung darf nicht zur Beeinträchtigung des beruflichen Werdegangs führen.

(4) Von ihrer dienstlichen Tätigkeit sind nach Absatz 3 ganz freizustellen in Dienststellen mit in der Regel

300 bis 600 Beschäftigten	**ein Mitglied,**
601 bis 1 000 Beschäftigten	**zwei Mitglieder,**
1 001 bis 2 000 Beschäftigten	**drei Mitglieder,**
2 001 bis 3 000 Beschäftigten	**vier Mitglieder,**
3 001 bis 4 000 Beschäftigten	**fünf Mitglieder,**
4 001 bis 5 000 Beschäftigten	**sechs Mitglieder,**
5 001 bis 6 000 Beschäftigten	**sieben Mitglieder,**
6 001 bis 7 000 Beschäftigten	**acht Mitglieder**
7 001 bis 8 000 Beschäftigten	**neun Mitglieder,**
8 001 bis 9 000 Beschäftigten	**zehn Mitglieder,**
9 001 bis 10 000 Beschäftigten	**elf Mitglieder.**

In Dienststellen mit mehr als 10 000 Beschäftigten ist für je angefangene weitere 2 000 Beschäftigte ein weiteres Mitglied freizustellen. Von den Sätzen 1 und 2 kann im Einvernehmen zwischen Personalrat und Dienststellenleiter abgewichen werden.

(5) Die von ihrer dienstlichen Tätigkeit ganz freigestellten Personalratsmitglieder erhalten eine monatliche Aufwandsentschädigung. Nur teilweise, aber mindestens für die Hälfte der regelmäßigen Arbeitszeit freigestellte Personalratsmitglieder erhalten die Hälfte der Aufwandsentschädigung nach Satz 1. Die Bundesregierung bestimmt durch Rechtsverordnung, die nicht der Zustimmung des Bundesrats bedarf, die Höhe der Aufwandsentschädigung.

(6) Die Mitglieder des Personalrats sind unter Fortzahlung der Bezüge für die Teilnahme an Schulungs- und Bildungsveranstaltungen vom Dienst freizustellen, soweit diese Kenntnisse vermitteln, die für die Tätigkeit im Personalrat erforderlich sind.

(7) Unbeschadet des Absatzes 6 hat jedes Mitglied des Personalrats während seiner regelmäßigen Amtszeit Anspruch auf Freistellung vom Dienst unter Fortzahlung der Bezüge für insgesamt drei Wochen zur Teilnahme an Schulungs- und Bildungsveranstaltungen, die von der Bundeszentrale für politische Bildung als geeignet anerkannt sind. Beschäftigte, die erstmals das Amt eines Personalratsmitglieds übernehmen und nicht zuvor Jugend- und Auszubildendenvertreter gewesen sind, haben einen Anspruch nach Satz 1 für insgesamt vier Wochen.

Entsprechende landesgesetzliche Regelungen:

Baden-Württemberg: § 47; Bayern: Art. 46; Berlin: §§ 42, 43; Brandenburg: §§ 45, 46; Bremen: § 39; Hamburg: §§ 48, 49; Hessen: § 40; Mecklenburg-Vorpommern: §§ 37, 38, 39; Niedersachsen: §§ 39, 40; Nordrhein-Westfalen: § 42; Rheinland-Pfalz: §§ 39, 40, 41; Saarland: § 45; Sachsen: §§ 46, 47; Sachsen-Anhalt: §§ 44, 45; Schleswig-Holstein: §§ 36, 37; Thüringen: §§ 45, 46.

1. Begriffsbestimmungen

a) Ehrenamt: Amt, dessen Wesen die Unentgeltlichkeit bestimmt.

b) Teilweise oder gänzliche **Freistellung**: Dienstliche Entlastung zum Zweck der Wahrnehmung personalvertretungsrechtlicher Aufgaben. Diese Aufgaben sind während der **dienstüblichen Arbeitszeit** abzuwickeln. In dem Umfang, in dem ein freigestelltes Personalratsmitglied von der Pflicht zur Arbeitsleistung befreit ist, ist es verpflichtet, diejenigen personalvertretungsrechtlichen Tätigkeiten auszuüben, für die die Freistellung erfolgt ist.

c) **Aufwandsentschädigung:** Gewährung eines Entgelts als Entschädigung für einen personalvertretungsrechtlichen Mehraufwand.

d) **Schulungs- und Bildungsveranstaltungen:** Solche Veranstaltungen, die den Personalratsmitgliedern notwendige bzw. nützliche Kenntnisse für die Ausübung ihrer Tätigkeit vermitteln.

2. Erläuterungen

a) **Versäumnis von Arbeitszeit zur Wahrnehmung personalvertretungsrechtlicher Aufgaben** ist dann notwendig, wenn bei ruhiger und vernünftiger Überlegung und Abwägung die Abwesenheit von der Arbeitsstelle für gerechtfertigt gehalten werden durfte. Allgemein gilt die Dienstbefreiung zur Durchführung der Aufgaben der Personalvertretung als erteilt. Das einzelne Personalratsmitglied bedarf daher nicht des Einverständnisses des Dienststellenleiters, wenn es nach pflichtgemäßem Ermessen die Wahrnehmung von Personalratsaufgaben für notwendig halten durfte.

b) Die **Personalvertretung beschließt**, welches ihrer Mitglieder freigestellt werden soll. Diesen Beschluss hat sie der Dienststelle mitzuteilen. Diese entscheidet darüber, wie viele Mitglieder unter Beachtung des Katalogs nach Abs. 4 freigestellt werden können. Grundsätzlich kann die Dienststelle einem Antrag auf Freistellung dann nicht widersprechen, wenn sich der Beschluss der Personalvertretung im Rahmen des vorgeschriebenen Zahlenkatalogs (Abs. 4) hält.

c) Steht der Personalvertretung **nur eine Freistellung** zu, so muss sie für den Vorsitzenden beantragt werden. Dieser ist wegen seiner Pflicht zur Wahrnehmung der laufenden Geschäftsführung im besonderen Maße darauf angewiesen, dass ihm zur Erfüllung seiner Aufgaben genügend Zeit zur Verfügung steht. Auf andere Mitglieder des Vorstands oder gar auf Plenumsmitglieder kann die Personalvertretung erst zurückgreifen, wenn der Vorsitzende nicht zur Freistellung bereit ist. Bei weitergehenden Freistellungsmöglichkeiten haben in jedem Fall die nach § 32 Abs. 1 Satz 3 gewählten Vorstandsmitglieder Vorrang vor den nach § 33 hinzugewählten Mitgliedern. Die Personalvertretung kann von diesem Grundsatz nur ausnahmsweise dann abweichen, wenn sachliche und beachtenswerte Gründe vorliegen. Dabei kann auch die Stärke einer Gruppe eine entscheidende Rolle spielen (vgl. auch Anm. 2f).

d) An Personalratsmitglieder, die in dem zur Durchführung ihrer Aufgaben erforderlichen Umfang von ihrer Arbeitspflicht befreit sind, sind alle jene **individuellen Bezüge fortzuzahlen**, die sie ohne Arbeitsversäumnis erhalten hätten. Infolgedessen sind auch Vergütungen für Mehrarbeit zu berücksichtigen, wenn das Personalratsmitglied ohne die Befreiung von seiner beruflichen Tätigkeit solche Mehrarbeit hätte leisten müssen. Für die Berechnung der Vergütung ist festzustellen, ob und ggf. in welchem Umfang Mehrarbeit aus zwingenden dienstlichen Gründen anfällt und von dem Personalratsmitglied ohne die Freistellung hätte geleistet werden müssen. Ebenso brauchen freigestellte Personalratsmitglieder nicht auf Zusatzurlaub zu verzichten, der in Berufen mit besonderer Gefährdung gewährt wird (z.B. einer Krankenschwester bei hoher Infektionsgefahr); denn insgesamt dürfen Mitglieder von Personalvertretungen wegen ihrer Tätigkeit nicht benachteiligt werden (BAG v. 8.10.1981, NJW 1982, 1384). Maßgebend für die Frage, ob eine Dienststelle auch gegenüber freigestellten bzw. teilweise freigestellten Personalratsmitgliedern zur Weiterzahlung der Bezüge in bisherigem Umfang verpflichtet ist, ist das sog. **Lohnausfallprinzip** (vgl. Anm. 3 a). Für die Frage des Entgeltanspruchs ist ausschlaggebend, welche Sach- und Rechtslage vorgelegen hätte, wenn eine Wahrnehmung von Personalratsaufgaben nicht erfolgt wäre. Ebenso aber wie eine Verschlechterung, so soll auch eine Begünstigung in finanzieller Hinsicht vermieden werden. Zur Feststellung eines Anspruchs auf Weiterzahlung von Zulagen ist daher zusätzlich danach zu fragen, ob es sich um eine **aufwands-**

bezogene oder um eine nicht aufwandsbezogene Zulage handelt. Sollen mit einer Zulage auch Aufwendungen abgegolten werden, die dem Beschäftigten durch seine Tätigkeit entstanden sind, die den Lebensstandard also deshalb nicht erhöhen konnten, weil der Betrag zweckgebunden zu verwenden war (Ersatz von Fahrkosten, Schmutzzulagen für die Erstattung von Reinigungskosten), so ist diese Zulage an freigestellte Personalratsmitglieder nicht, an teilweise freigestellte Per- sonalratsmitglieder nur in entsprechend reduziertem Umfang weiterzuzahlen (vgl. auch Anm. 3 a). Allerdings ist eine Vereinbarung, wonach die zu vergütende öffentliche Arbeitszeit eines teilzeitbeschäftigten, von der beruflichen Tätigkeit freige- stellten Personalratsmitglieds wegen des Umfangs der Personalratstätigkeit für die Dauer der Freistellung von 19,25 Stunden auf 30 Stunden pauschal erhöht wird, als Verstoß gegen das Begünstigungsverbot anzusehen; sie ist daher nach § 134 BGB nichtig. Eine **Dienstbefreiung** ist nur in der Weise möglich, dass die betreffenden Personalratsmitglieder während der auch für sie geltenden regelmäßigen Arbeitszeit ihrer personalvertretungsrechtlichen Tätigkeit nachgehen (BAG v. 16.2.2005, ZfPR 2006, 44; vgl. auch Anm. 3a).

e) Für ein freigestelltes Personalratsmitglied ist eine **fiktive Laufbahn-Nachzeichnung** unter Berücksichtigung vergleichbarer Beschäftigter vorzunehmen. Dabei sind die Laufbahnverhältnisse der freigestellten Beamtenmitglieder sowie der berufliche Werdegang von Arbeitnehmer-Mitgliedern von der Einstellung bis zu der zum Zeitpunkt der Freistellung erkennbaren Qualifikation weiterzuzeichnen. Sind Unterschiede in den Eignungs-, Befähigungs- und Leistungsbildern mehrerer Bewerber um eine Stelle nicht erkennbar, so ist das höhere Dienstalter in der Person eines freigestellten Personalratsmitglieds ausschlaggebend (BAG v. 26.9.1990, PersV 1991, 482, vgl. auch BAG v. 27.6.2001, BAGE 98, 164). Ein Personalratsmitglied hat Anspruch auf die sich aus der Laufbahnnachzeichnung ergebende Vergütung (LAG Sachsen v. 3.5.1996, PersR 1996, 405). Dies gilt auch dann, wenn ein Mitbewerber als besser qualifiziert im Verhältnis zu einem freigestellten Personalratsmitglied angesehen wird, weil dieses nicht mehr über dieselben fachlichen Leistungen verfügt oder solche nicht feststellbar sind. Die Übertragung eines freien, höher dotierten Arbeitsplatzes unter der genannten Begründung auf einen Mitbewerber wäre eine Benachteiligung auch dann, wenn die Auswahlentscheidung zu Gunsten dieses Mitbewerbers nicht zu beanstanden wäre. Für das freigestellte Personalratsmitglied besteht ein Anspruch auf Vergütung nach der höheren Vergütungsgruppe (BAG v. 29.10.1998, ZfPR 2000, 108). Eine fiktive Laufbahnnachzeichnung kommt auch für nur teilweise freigestellte Personalratsmitglieder in Betracht. Wenn ein solches Personalratsmitglied z.B. in Höhe von etwa 85 % seiner Arbeitszeit freigestellt ist, dann ist eine Nachzeichnung des Werdegangs neben einer Beurteilung der tatsächlich ge- leisteten Arbeit notwendig (BAG v. 19.3.2003, ZfPR 2004, 79; vgl. im Übrigen Anm. 3 h).

f) Bei mehreren möglichen Freistellungen sind zunächst die Mitglieder des (engeren) Vorstands, die nach § 32 Abs. 1 gewählt worden sind, „sodann die nach § 33 gewählten Ergänzungsmitglieder" freizustellen. Wenn es auch nach dem Wortlaut keine Unterscheidung mehr zwischen dem Vorsitzenden und seinen Stellvertretern gibt, so muss dennoch dem Vorsitzenden wegen seiner besonderen Funktionen Vorrang vor den Stellvertretern eingeräumt werden, falls nur eine Freistellung möglich ist. Eine Berücksichtigung der nach § 33 hinzugewählten Ergänzungsmitglieder ist erst dann möglich, wenn entweder die Mitglieder des (engeren) Vorstands bereits freigestellt oder aber nicht alle zur Freistellung bereit sind (vgl. auch Anm. 2c).

g) Bei **weiteren Freistellungen**, d.h. bei denjenigen, die erfolgen, nachdem die nach § 32 Abs. 1 gewählten und danach die nach § 33 hinzugewählten Vorstandsmitglieder freigestellt sind, ist das Wahlergebnis maßgebend. Dies bedeutet, dass diejenigen Personen (bei Personenwahl) bzw. Mitglieder derjenigen Wahlvorschlagslisten (bei Verhältniswahl) freizustellen sind, die das beste Wahlergebnis erzielt haben. Auf diese Weise wird dem Wählerwillen Rechnung getragen, indem diejenigen mittels ihrer Freistellung verstärkt an der Personalratsarbeit beteiligt werden, denen die Wähler mit ihrer Stimme ihr Vertrauen geschenkt haben. Die Auswahl der weiteren freizustellenden Personalratsmitglieder hängt entscheidend von dem jeweiligen Wahlmodus (Verhältniswahl, Personenwahl, „gemischtes Verfahren") ab. Da Abs. 3 „bei weiteren Freistellungen die Wahlvorschlagslisten entsprechend dem Verhältnis der auf sie bei der Wahl des Personalrats entfallenden Stimmen" (vgl. Zweite Beschlussempfehlung und Bericht des Innenausschusses BT-Drucks. 11/4774, S. 9) berücksichtigt, ist das Plenum hinsichtlich der Anzahl der aus den Listen für eine Freistellung vorzusehenden Personalratsmitglieder gebunden.

h) Die **Freistellungsquote nach Abs. 4** ist grundsätzlich verbindlich. Von ihr kann ausnahmsweise im Einvernehmen zwischen Dienststellenleiter und Personalvertretung dann abgewichen werden, „wenn und soweit es nach Umfang und Art der Dienststelle zur ordnungsgemäßen Durchführung" der Aufgaben der Personalvertretung erforderlich ist (Abs. 3 Satz 1). Hierbei handelt es sich um eine Übereinkunft, die nicht erzwungen werden kann. Ein Abweichen von der Freistellungsquote kann für den Fall erforderlich werden, dass in einer Dienststelle weniger als 300 Beschäftigte tätig sind, aber so viele Aufgaben anfallen, dass die Mitglieder der Personalvertretung, insbesondere die Vorstandsmitglieder, sie nicht ohne Beeinträchtigung ihrer dienstlichen Pflichten erfüllen können. In diesem Fall ist eine auf Wochen, Tage oder Stunden oder anderweitig bemessene **Teilfreistellung** unter der Voraussetzung in Betracht zu ziehen, dass die anfallenden Arbeiten eine volle Freistellung nicht rechtfertigen.

i) Mitglieder der Personalvertretung sind auf Kosten der Dienststelle zur **Teilnahme an Schulungs- und Bildungsveranstaltungen** freizustellen, falls dies für die Tätigkeit in der Personalvertretung erforderlich ist (Abs. 6). Die vermittelten Kenntnisse müssen sich vom Standpunkt eines vernünftigen Dritten aus betrachtet für die Personalratsarbeit als notwendig erweisen. Infolgedessen müssen die Veranstaltungen den Zweck verfolgen, die Mitglieder der Personalvertretung vor allem mit den Grundlagen des Personalvertretungsrechts, darüber hinaus aber auch mit neuen, ihre Amtsführung eng berührenden Vorschriften (Gesetze, Verordnungen, Dienstvereinbarungen etc.) oder Tarifverträgen vertraut zu machen. Auch können Grundsatzfragen behandelt werden, die sich bei der Anwendung schon länger geltender Vorschriften neu stellen bzw. sich aus einer grundlegend neuen Rechtsprechung ergeben.

j) Die **subjektive Erforderlichkeit einer Schulung** richtet sich danach, ob für ein bestimmtes Personalratsmitglied eine Schulung in den Themenbereichen in Betracht kommt, die Gegenstand der Veranstaltung sind. Demgegenüber setzt die **objektive Erforderlichkeit** einer Schulungsveranstaltung voraus, dass die zu behandelnde Thematik Sachgebiete betrifft, die die Aufgabenstellung derjenigen Personalvertretung anspricht, der das zu entsendende Mitglied angehört (BVerwG v. 27.4.1979 – 6 P 45.78, BVerwGE 58, 54 = PersV 1980, 19; BVerwG v. 27.4.1979 – 6 P 17.78, PersV 1981, 161). Die **Teilnahme** an einer Schulungs- und Bildungsveranstaltung nach Abs. 6 **kann** dann, wenn es notwendig ist, auch **wiederholt werden**. Dies ist dann der Fall, „wenn zwischen den Schulungsveranstaltungen eine größere Zeitspanne liegt oder in der Rechtsentwicklung zwischenzeitlich wesentliche Änderungen eingetreten sind" (OVG Münster v. 9.12.1980, PersV 1981, 398).

k) Die Teilnahme an Schulungsveranstaltungen wird überwiegend nur (unmittelbaren) Mitgliedern der Personalvertretung zuerkannt. **Ersatzmitglieder** bzw. Mitglieder der Jugend- und Auszubildendenvertretung (vgl. aber Anm. 3t) können daher zur Teilnahme nicht freigestellt werden.

l) Auf die Freistellung nach Abs. 6 besteht ein **Anspruch der Personalvertretung**. Die Auswahl der für die Freistellung vorzuschlagenden Mitglieder hat sie nach pflichtgemäßem Ermessen zu treffen. Der Beschluss ist der Dienststelle rechtzeitig mitzuteilen. Sie kann die Freistellung nur dann verweigern, wenn dringende dienstliche Gründe die Anwesenheit des betreffenden Personalratsmitglieds zwingend erforderlich machen.

m) Die Dienststelle hat **alle** im Zusammenhang mit einer Schulungs- und Bildungsveranstaltung entstehenden notwendigen **Kosten** nach Abs. 6 zu **tragen** (Reise-, Verpflegungs-, Unterkunfts-, Referentenkosten).

n) Darüber hinaus können Personalratsmitglieder zur Teilnahme an Schulungs- und Bildungsveranstaltungen, „die von der Bundeszentrale für politische Bildung als geeignet anerkannt sind", freigestellt werden. Hierbei handelt es sich um **für die Personalratsarbeit nützliche Veranstaltungen**, die keinen unmittelbaren Bezug zu der Personalratsarbeit in einer bestimmten Dienststelle haben müssen. Da also lediglich förderliche, nicht aber unbedingt notwendige Kenntnisse vermittelt werden, besteht keine Verpflichtung der Dienststelle zur Kostenübernahme.

3. Fälle aus der Rechtsprechung

a) Nach Abs. 1 führen Mitglieder des Personalrats „ihr Amt unentgeltlich als **Ehrenamt**". Nach Abs. 3 sind sie „von ihrer dienstlichen Tätigkeit freizustellen, wenn und soweit es nach Umfang und Art der Dienststelle zur ordnungsmäßigen Durchführung ihrer Aufgaben erforderlich ist". Eine Minderung der Dienstbezüge oder des Arbeitsentgelts scheidet aus (Abs. 2). Der Gesetzgeber unterstellt, dass (nur) bei der in Abs. 4 festgelegten Mindestzahl von Freistellungen eine ordnungsgemäße Aufgabenwahrnehmung sichergestellt werden kann (vgl. für das BetrVG: BAG v.10.7.2013, ZfPR *online* 4/2014, S. 16).

b) Wenn ein Personalratsmitglied zur Erfüllung von Personalratsaufgaben freigestellt wird, dann ist es **von der Wahrnehmung seiner dienstlichen Aufgaben entpflichtet**. Diese Entpflichtung bezieht sich allerdings nicht auf die allgemeinen aus dem Dienstverhältnis folgenden Pflichten, also z.B. nicht auf die Residenzpflicht, die Verpflichtung zur Einhaltung von Dienstzeiten und auch nicht auf die Beachtung von Urlaubsvorschriften. Deshalb müssen für die Personalratsarbeit freigestellte Soldaten während ihrer Personalratsarbeit Uniform tragen (BVerwG v. 28.9.2010, ZfPR 2011, 79).

c) Die Freistellung von Mitgliedern der Personalvertretung dient dem Zweck, dass die außerhalb von Sitzungen anfallenden **Geschäfte ordnungs- und sachgemäß wahrgenommen** werden und eine wirksame Erfüllung der der Personalvertretung obliegenden Aufgaben und Befugnisse garantiert wird (BVerwG v. 26.10.1977, ZBR 1978, 240). Die Freistellungspflicht des Dienststellenleiters erschöpft sich nicht darin, den Personalratsmitgliedern die zur ordnungsgemäßen Durchführung ihrer Aufgaben erforderliche freie Zeit zu gewähren. Vielmehr muss auch bei der **Zuteilung des Arbeitspensums** auf die Inanspruchnahme des Personalratsmitglieds durch die Personalratstätigkeit während der Arbeitszeit angemessen Rücksicht genommen werden (vgl. für das BetrVG: BAG v. 27.6.1990, DB 1991, 973). Daher haben Personalratsmitglieder Anspruch auf **Dienstbefreiung**, wenn sie durch die Erfüllung ihrer Aufgaben über die regelmäßige Arbeitszeit hinaus beansprucht werden. Grundsätzlich ist zwar die Personalratsarbeit während der regelmäßigen Dienstzeit auszuüben. Fällt diese Tätigkeit aber ausnahmsweise nicht in die regelmäßige Dienstzeit, so ist dem betreffenden Personalratsmitglied Dienstbefreiung, nicht aber eine Vergütung zu gewähren. Dies gilt auch für ganz vom Dienst freigestellte Personalratsmitglieder dann, wenn sie ausnahmsweise während ihrer Freizeit Personalratstätigkeit zu erledigen haben (BAG v. 16.2.2005, PersR 2005, 500). Stets ist nur die tatsächlich aufgewendete Zeit zu berücksichtigen. Der **Freizeitausgleich** richtet sich nicht nach dem Ausfallprinzip, sondern nach der für Personalratsaufgaben tatsächlich aufgewendeten Freizeit. Dabei werden Pausen zwischen der Personalratsarbeit ebensowenig wie Pausen zwischen der Arbeitszeit berücksichtigt (BVerwG v. 30.1.1986, PersV 1987, 21). Ein Anspruch auf Freizeitausgleich besteht aber nicht bei **Reisezeiten**, die ein Personalratsmitglied zum Erreichen einer auswärtigen Sitzung außerhalb der regelmäßigen Dienstzeit aufwendet. Dienstreisezeiten außerhalb der regelmäßigen Arbeitszeit werden weder beamten- noch tarifrechtlich wie Arbeitszeit angesehen. Die Gewährung eines **Freizeit-**

ausgleichs für die außerhalb der Dienstzeit liegenden Reisezeiten wäre gegenüber den übrigen Beschäftigten mit dem Begünstigungsverbot des § 8 nicht vereinbar (BAG v. 22.5.1986, Leits. BB 1987, 1669). Eine **Fahrkostenerstattung für freigestellte Personalratsmitglieder** kommt nicht in Betracht, wenn die Personalratstätigkeit überwiegend nicht mehr wie bisher am Wohnort, sondern am Ort der Geschäftsstelle der Personalvertretung auszuüben ist. In diesem Fall liegt ein durch die Funktion als Personalratsmitglied bedingter und auf die Dauer einer Amtsperiode zeitlich begrenzter Dienstortwechsel vor. Die Freistellung hat insoweit ähnliche Auswirkungen wie eine Abordnung, so dass die entsprechenden Regelungen des Reisekostengesetzes anzuwenden und dem freigestellten Personalratsmitglied **Trennungsgeld in Form von Fahrkostenersatz** zu gewähren ist (BVerwG v. 12.11.2009, PersV 2010, 191).

d) Grundlage für die Prüfung der Frage, in welchem Umfang Dienstbezüge bzw. Arbeitsentgelte für die Zeit, während der ein Personalratsmitglied seine Arbeit wegen ordnungsgemäßer Durchführung von Personalratsaufgaben versäumt, weiterzuzahlen sind, ist das sog. **Lohnausfallprinzip**. Dieses Prinzip soll das Personalratsmitglied vor solchen Einkommenseinbußen bewahren, die dadurch entstehen, dass ihm eine Verdienstmöglichkeit verwehrt wird, die ihm ohne das durch die Freistellung bedingte Arbeitsversäumnis zugestanden hätte. Infolgedessen muss eine hypothetische Betrachtungsweise im Hinblick darauf angestellt werden, was das Personalratsmitglied verdient hätte, wenn es die Personalratstätigkeiten nicht ausgeübt hätte. Bei **Zulagen** ist darauf abzustellen, ob die Zulage Teil der Besoldung, des Arbeitsentgelts oder sonstiger Vergütungen ist. Ist das der Fall (die Zulage wird zur Abgeltung besonderer Erschwernisse gezahlt), dann handelt es sich um einen Teil der Besoldung oder des Arbeitsentgelts (z.B. Zulage für Dienst zu ungünstigen Zeiten). Ist dagegen der Zweck der Zulage in der Abgeltung besonderer, durch die Dienstleistung entstandener Aufwendungen zu sehen, dann ist diese Zulage nicht Teil der Besoldung oder des Arbeitsentgelts. Sie entfällt daher, wenn das freigestellte Personalratsmitglied diese Aufwendungen nicht mehr hat (BVerwG v. 13.9.2001, ZfPR 2002, 195). Weiter zu zahlen sind insgesamt alle Zulagen, die auf besonderen Bedingungen des Arbeitsverhältnisses beruhen (z.B. Überstundenvergütungen, Schwerarbeiterzulagen, Lärmzulagen, Gefahren- und Erschwerniszulagen, Mehr- und Nachtarbeitszuschläge, Zulagen nach der Erschwerniszulagenverordnung, Stellenzulagen der Beamten und entsprechende Zulagen der Angestellten; s. vor allem BAG v. 16.11.2011 – 7 AZR 458/10 – juris; vgl. im Übrigen auch Anm. 2d).

e) Statt der Verpflichtung zur Arbeitsleistung trifft in vollem Umfang oder zeitweilig freigestellte Personalratsmitglieder die **Pflicht, sich während der dienst-/arbeitsvertraglichen Arbeitszeit für die Personalratsarbeit bereit zu halten**. Infolgedessen sind auch diese Personalratsmitglieder nicht von einer z.B. in einer Dienstvereinbarung geregelten Arbeitszeiterfassung auszunehmen (BAG v. 10.7.2013, ZfPR *online* 4/2014, S. 16).

f) Freigestellte Personalratsmitglieder brauchen nicht auf **Zusatzurlaub** zu verzichten, der ihnen für mit Erschwernissen verbundene Tätigkeiten (z.B. Schichtdienst) bisher gewährt worden ist. Sie haben einen entsprechenden Anspruch auch dann, wenn sie wegen ihrer Freistellung diese Tätigkeiten nicht mehr ausüben können (BVerwG v. 18.9.1985, PersV 1988, 351). Ein nicht freigestelltes Personalratsmitglied bedarf für alle personalvertretungsrechtlich bedingten Arbeitszeitversäumnisse, die nicht aus der Wahrnehmung der regelmäßigen, dem Umfang und der erforderlichen Erledigungszeit nach im voraus bestimmbaren Aufgaben resultieren, einer **Dienstbefreiung**. Dies gilt auch, wenn auf deren Erteilung ein Rechtsanspruch besteht (BayVGH v. 18.12.1985, PersV 1987, 27). Dabei kann ein Dienststellenleiter allerdings nicht allgemein darauf verweisen, die von dem Personalratsmitglied ausgeübte Personalratstätigkeit könne auch von einem freigestellten Mitglied verrichtet werden (BAG v. 19.9.1985, PersR 1986, 159).

g) Die Personalvertretung schlägt der Dienststelle die Freistellung vor, nachdem zuvor vom **Plenum** beschlossen worden ist, für welches Mitglied bzw. für welche

Mitglieder die Freistellung beantragt werden soll (BVerwG v. 17.1.1969, BVerwGE 31, 193). Die Freistellung eines Personalratsmitglieds überträgt sich bei dessen Ausscheiden aus der Personalvertretung oder bei Aufgabe der für die Freistellung maßgeblichen Funktion nicht auf das an seine Stelle tretende Personalratsmitglied. Die Personalvertretung hat vielmehr eine **neue Auswahlentscheidung** zu treffen. Der Dienststellenleiter hat erneut über die Erforderlichkeit der Freistellung zu befinden (BayVGH v. 30.11.1994, Leits. ZfPR 1995, 204). Eine Personalvertretung ist auch zur **Aufhebung eines Freistellungsbeschlusses** dann befugt, wenn sachliche Gründe von einigem Gewicht für die Rückgängigmachung der Freistellung gegeben sind. Spannungen zwischen den Mitgliedern können einen solchen Grund dann darstellen, wenn zwischen einem freigestellten Personalratsmitglied und dem Restgremium eine vertrauensvolle Zusammenarbeit trotz mehrfacher Versuche, eine Einigung herbeizuführen, nicht möglich ist (BayVGH v. 31.7.1996 – 17 P 96.407, n.v.). Die **Aufhebung einer bereits gewährten Freistellung** kann dann erforderlich werden, wenn sich die Zahl der in der Regel Beschäftigten in der Weise ändert, dass weniger Personalratsmitglieder als nach Abs. 4 vorgeschrieben freizustellen sind. Der Personalvertretung steht ein Vorschlagsrecht in Bezug auf denjenigen zu, dessen Freistellung aufgehoben werden soll. Obgleich die Freistellung grundsätzlich für die Dauer einer Amtsperiode erfolgt, so ist doch unter Berücksichtigung des in Abs. 3 festgelegten Grundsatzes über die Erforderlichkeit einer Freistellung nach Umfang und Art der Dienststelle und der damit anfallenden Arbeiten eine Korrektur der ursprünglich vorgenommenen Freistellung angebracht. Dieses Erfordernis ergibt sich im Übrigen aus dem Grundsatz der sparsamen Haushaltsführung (BVerwG v. 2.9.1996, PersV 1997, 119 = ZfPR 1997, 6).

h) Auf die **Auswahlentscheidung** der Personalvertretung hat der Dienststellenleiter keinen Einfluss. Sie obliegt alleine der Personalvertretung, die die gesetzlichen Voraussetzungen zu beachten und sachgerecht vorzugehen hat. Allerdings muss ein Dienststellenleiter es ablehnen, die begehrte Freistellung „auszuführen", wenn entweder die gesetzlichen Voraussetzungen nicht gegeben sind oder aber unabweisbare Gründe, die sich aus dienstlichen Belangen ergeben, der Freistellung eines oder mehrerer der vom Personalrat ausgewählten Mitglieder entgegenstehen. Ein **„rollierender" Wechsel** der freigestellten Personalratsmitglieder in dem Sinne, dass eine Freistellung bezogen auf das jeweilige Vorstandsmitglied von seiten der Personalvertretung nur jeweils für ein Jahr vorgesehen wird, kann vom Dienststellenleiter nicht abgelehnt werden (BVerwG v. 10.5.1984, BVerwGE 69, 222; BVerwG v. 2.7.1984 – 6 P 35.83, n.v.; BVerwG v. 2.7.1984 – 6 P 6.84, n.v.). Grundsätzlich ist auch eine **Teilfreistellung** dann möglich, wenn dies nach Art und Umfang der Dienststelle erforderlich ist (BVerwG v. 25.2.1983, PersV 1984, 83) und wenn die Personalvertretung dargelegt hat, dass die Aufteilung einer Vollzeitfreistellung auf mehrere ihrer Mitglieder zur ordnungsgemäßen Erledigung der Aufgaben erforderlich ist. Möchte ein Dienststellenleiter einer solchen Aufteilung aus organisatorischen Gründen nicht entsprechen, so muss er im Einzelnen darlegen, inwieweit sich eine „Organisationsproblematik von besonderem Gewicht" für ihn ergibt (vgl. für das BetrVG: BAG v. 26.6.1996, BB 1996, 2356). Eine **Freistellung von Ersatzmitgliedern** kommt nicht in Betracht. Dies selbst dann nicht, wenn ein freigestelltes Personalratsmitglied an der Ausübung seiner Aufgaben zeitweilig urlaubs-, krankheits- oder schulungsbedingt verhindert ist. Ob in diesem Fall eine Ersatzfreistellung anderer (ordentlicher) Personalratsmitglieder in Betracht kommt, hängt von der konkreten Darlegung der Erforderlichkeit einer pauschalen Ersatzfreistellung ab. Allerdings ist davon auszugehen, dass die übrigen Personalratsmitglieder in aller Regel im Fall einer längeren Verhinderung eines freigestellten Personalratsmitglieds in verstärktem Umfang für die Durchführung der Personalratsaufgaben herangezogen werden können. Eine weitere Freistellung kommt daher nur ausnahmsweise dann in Betracht, wenn die zu erbringenden Personalratsaufgaben auch durch andere Personalratsmitglieder trotz ihres verstärkten Einsatzes nicht erfüllt werden können (vgl. für das BetrVG: BAG v. 9.7.1997, Leits. BB 1997, 2280 = NZA 1998, 164).

i) Die **Beschlüsse** der Personalvertretung, Mitglieder freistellen zu lassen, **können vom Gericht** nur daraufhin **überprüft werden**, ob stichhaltige, im Bereich sachlicher und beachtlicher Erwägungen liegende Gründe den Ausschlag für die Entscheidung gegeben haben (BVerwG v. 16.7.1975 – VII P 3.74 n.v.; BVerwG v. 2.5.1984 – 6 P 30.83, n.v.).

j) Wenn eine **Gruppe** für ihren „Gruppensprecher" **auf eine Freistellung verzichtet** hat, so gilt dieser Verzicht für die gesamte Amtsperiode selbst dann, wenn das betreffende Personalratsmitglied inzwischen ausgeschieden ist. Der Anspruch der Gruppe lebt nicht wieder auf. Der Rechtsfrieden gebietet es, an dem einmal gefassten und unanfechtbar gewordenen Feststellungsbeschluss festzuhalten (BVerwG v. 14.6.1977, ZBR 1978, 242). Der Verzicht auf eine Gruppenvertretung im Vorstand des Personalrats kann auch von einem Ersatzmitglied einer nur aus einer Person bestehenden Gruppe wirksam erklärt werden (VG Karlsruhe v. 30.9.2011, ZfPR *online* 5/2012, S. 10).

k) Die gesetzlich vorgeschriebene **Reihenfolge** (Abs. 3 Satz 2) räumt einer Personalvertretung kein Ermessen bei der Entscheidung über die Reihenfolge der Freistellungen ein. Daher kann sie, falls die Voraussetzungen für die Freistellung der (engeren) Gruppenvorstandsmitglieder gegeben sind, nicht beschließen, den Vertreter einer Gruppe nur teilweise freizustellen, um die nicht verbrauchte Freistellung für Vertreter einer anderen Gruppe vorzusehen (OVG Münster v. 12.6.1997, Leits. PersV 1998, 530, bestätigt durch BVerwG v. 23.12.1997 – 6 PB 15.97, n.v.). Die **Freistellung** ist **zunächst für den Vorsitzenden** zu beantragen (BVerwG v. 24.10.1969, BVerwGE 34, 141). Wenn weitere Freistellungen in Frage kommen, so sind nach dem Vorsitzenden die stellvertretenden Vorsitzenden, sodann die nach § 33 hinzugewählten Vorstandsmitglieder, sodann Plenumsmitglieder freizustellen. Von dieser Reihenfolge kann die Personalvertretung nur dann abweichen, wenn sachliche und beachtenswerte Erwägungen vorliegen. Diese sind mit den Plenumsmitgliedern ausführlich zu erörtern; über die Gründe muss nachweislich abgestimmt werden (BVerwG v. 12.1.2009, Leits. ZfPR *online* 6/2009, S. 4). Dabei ist die **Gruppenstärke** jedenfalls dann zu berücksichtigen, wenn aufgrund der Zahl der Gruppenangehörigen davon ausgegangen werden kann, dass das der stärksten (oder stärkeren) Gruppe angehörende Personalratsmitglied in erster Linie um Rat und Auskunft gebeten werden wird. Deshalb liegt es nahe, einem solchen Vorstandsmitglied den Vorrang vor Vertretern einer wesentlich schwächeren Gruppe zu geben. Hiervon kann ausnahmsweise ohne Verstoß gegen das Gebot der Sachgerechtigkeit dann abgewichen werden, wenn außergewöhnliche Umstände dies zwingend erfordern (BVerwG v. 2.5.1984 – 6 P 30.83, n.v.; OVG Münster v. 29.2.1984 – CB 29/82, n.v.). Wenn es einer Gruppe nicht gelungen ist, einen Gruppensprecher zu wählen und im Vorstand vertreten zu sein, dann kann auch keine angemessene Berücksichtigung der betreffenden Gruppe bei Freistellungen erfolgen (BayVGH v. 2.4.1986, ZBR 1987, 29). Der Anspruch auf Freistellung nach Abs. 3 S. 3 kann in der Weise geltend gemacht werden, dass die über die betreffenden Wahlvorschlagslisten gewählten Personalratsmitglieder gemeinsam die Freistellung eines ihrer Mitglieder beantragen oder dadurch, dass die Personalratsmitglieder dieser Listen aufgrund eines intern gefassten Mehrheitsbeschlusses eines ihrer Mitglieder ermächtigen, die der Liste zustehende Freistellung für sich gerichtlich durchzusetzen (OVG Münster v. 11.3.1993 – 1 B 3549/92 TVB, n.v.). Alle im Personalrat vertretenen Gruppen sollen bei entsprechenden (zahlenmäßigen) Voraussetzungen mit jeweils einem freigestellten Mitglied berücksichtigt werden (OVG Münster v. 12.6.1997, Leits. PersV 1998, 530 = ZfPR 1998, 158). Ohne gewichtige sachliche Gründe darf eine Personalvertretung weder ganz noch teilweise auf die mögliche **Freistellung verzichten**, wenn dies im Ergebnis zu Lasten der gewählten Kandidaten einer sonst nicht zum Zuge kommenden Minderheitenliste gehen würde (BVerwG v. 21.12.1994, ZfPR 1995, 47). Daher kann eine **einstweilige Verfügung** für den Fall erwirkt werden, dass sich die Personalvertretung weigert, ein Mitglied entgegen der zwingenden Vorgabe des Abs. 3 (vorrangige Berücksichtigung der Gruppensprecher) dem Dienststellenleiter zur Freistellung vorzuschlagen. Wenn ein Vertreter einer Gruppe nach dieser Vorgabe freizustellen ist, dann muss dieser nicht das Vertrauen der gesamten Personalvertretung genießen. Vielmehr genügt es, wenn er das Vertrauen der Mehrheit der betreffenden Gruppe besitzt (OVG Münster v. 15.1.1997, Leits. ZfPR 1997, 122).

l) Freigestellten Personalratsmitgliedern steht ein Anspruch darauf zu, diejenige **berufliche Entwicklung** zu durchlaufen, die sie ohne die Freistellung voraussichtlich genommen hätten. In aller Regel wird dazu eine **Vergleichsgruppe** gebildet, die diejenigen Personen ohne Personalratsmandat umfasst, deren beruflicher Werdegang und Leistungsbild mit denen des freigestellten Personalratsmitglieds vergleichbar sind (BVerwG v. 30.6.2014, ZfPR 2014, 98; vgl. auch BAG v. 14.7.2010, ZfPR 2011, 39). Ein Nachweis von Eignung, Befähigung und fachlicher Leistung eines langfristig freigestellten Beamten für die Laufbahn des höheren Dienstes ist ohne zumindest **kurzzeitige dienstliche Bewährung** des betreffenden Beamten, gemessen an den Anforderungen des neuen Amtes – und damit zwangsläufig unter zeitweiser Aufhebung der Freistellung – nicht möglich. Der Nachweis ist angesichts des mit Verfassungsrang ausgestatteten Leistungsgrundsatzes (Art. 33 Abs. 2 GG) notwendig und sachgerecht (OVG Münster v. 25.8.2003, Leits. ZfPR 2004, 143; OVG Rheinland-Pfalz v. 8.11.2004, ZfPR 2005, 8). Zwar spricht auch eine langjährige erfolgreiche Tätigkeit in einer Personalvertretung für die Qualifikation eines freigestellten Beamten. Die nach der Laufbahnverordnung geforderten Leistungen, die Voraussetzung für den Aufstieg sind, müssen aber gerade an den Anforderungen eines Amtes des höheren Dienstes gemessen werden. Daher ist es nicht zu beanstanden, wenn der Dienstherr die mit der Tätigkeit in der Personalvertretung erbrachten Leistungen, die er zudem nur schwer richtig beurteilen kann, nicht ausreichen lässt, sondern einen Aufstieg in den höheren Dienst von einem – zumindest kurzfristigen – Leistungsnachweis im beruflichen Umfeld des höheren Dienstes abhängig macht. Das Verbot der Benachteiligung von Personalratsmitgliedern wirkt sich nämlich gleichzeitig auch als Gebot zur Gleichstellung des freigestellten Personalratsmitglieds mit anderen vergleichbaren Beamten aus. Der Dienstherr hat den freigestellten Beamten in einer Weise, die auf die übertragene Personalratstätigkeit und Freistellung Rücksicht nimmt, möglichst kurzfristig in die Lage zu versetzen, die erforderliche Qualifikation nachzuweisen (OVG Münster v. 24.6.1980, PersV 1982, 75). Da die Freistellung nicht zur **Beeinträchtigung des beruflichen Werdegangs** führen darf (Abs. 3 Satz 6), ist einem freigestellten Personalratsmitglied eine solche berufliche Bewertung beizumessen, wie sie ihm ohne Freistellung zugekommen wäre. Dabei ist es sachgerecht, die letzte planmäßige Beurteilung fortzuschreiben (BVerwG v. 7.11.1991, ZBR 1992, 177 = Leits. ZfPR 1991, 117). Deshalb ist für das freigestellte Personalratsmitglied eine **fiktive Nachzeichnung des beruflichen Werdegangs** vorzunehmen (vgl. auch OVG Rheinland-Pfalz v. 2.7.1999, DÖV 2000, 165). Dabei ist es sachgerecht, eine **Vergleichsgruppe** zu erstellen und von der letzten dienstlichen Beurteilung vor der Freistellung auszugehen und sie fortzuschreiben (OVG Münster v. 5.10.2012, ZfPR *online* 7/8/ 2013, S. 4). Ergibt eine Nachzeichnung des beruflichen Werdegangs eines freigestellten Personalratsmitglieds, dass es ohne die Freistellung mit Aufgaben betraut worden wäre, die eine höhere Vergütungsgruppe rechtfertigt, dann kann der Betroffene den (öffentlichen) Arbeitgeber unmittelbar auf Zahlung der Differenz zwischen seiner derzeitigen und einer höheren Vergütungsgruppe in Anspruch nehmen (BAG v. 29.10.1998, BAGE 90, 106 = ZfPR 2000, 108). Auch eine Erprobung, die einen Wechsel in die Laufbahn des höhe- ren Dienstes und die Verleihung eines entsprechenden Beförderungsamtes vorbereiten soll, ist bei einem an der tatsächlichen Durchführung der Erprobung gehinderten Mitglied eines Personalrats einer fiktiven Laufbahnnachzeichnung zugänglich (OVG Münster v. 30.10.2009, PersV 2010, 350 = ZfPR 2010, 40; BVerwG v. 21.9.2006, PersR 2007, 83 = Leits. ZfPR 2007, 70). Wenn ein freigestelltes Personalratsmitglied sich um die Übertragung der Aufgaben eines freien, höher dotierten Arbeitsplatzes bewirbt, dann muss der Dienstherr die Entscheidung über die Besetzung des Arbeitsplatzes nach den Merkmalen des Art. 33 Abs. 2 GG treffen. Entscheidet er sich zugunsten eines Mitbewerbers, so liegt keine personalvertretungsrechtliche Benachteiligung vor, wenn der Mitbewerber auch **unter Berücksichtigung der freistellungsbedingten Umstände** besser qualifiziert ist als das freigestellte Personalratsmitglied (BAG v. 29.10.1998, aaO). In diesem Fall kann sich allerdings dann, wenn die Freistellung Ursache für die Minderqualifikation war (z.B. fehlende aktuelle Fachkenntnisse), ein **Schadensersatzanspruch** ergeben. Gleiches gilt dann, wenn sich ein freigestelltes Personalratsmitglied wegen seiner Amtstätigkeit nicht auf eine (ausgeschriebene) höherwertige Stelle beworben hat. In diesem Fall steht dem freigestellten Personalratsmitglied ein Anspruch auf Zahlung der Differenz zwischen seiner derzeitigen und einer höheren Entgeltgruppe zu (vgl. auch für das BetrVG: BAG v. 14.7.2010, ZfPR 2011, 39; vgl. im Übrigen OVG Lüneburg v. 26.3.2013, ZfPR *online* 6/2013, S. 8).

m) Freigestellte Personalratsmitglieder haben Anspruch auf **Leistungsbezahlung**. Zu unterscheiden ist zwischen einer vor Beginn der Freistellung gewährten Leistungsbezahlung und einer solchen nach Beginn der Freistellung. Dabei ist keine andere Beurteilung geboten als in den Fällen, in denen es um Beförderung, Höhergruppierung oder um Bezahlung aus einer höheren Entgeltstufe geht (BVerwG v. 30.1.2013, ZfPR *online* 4/2013, S. 8).

n) Eine Benachteiligung eines freigestellten Personalratsmitglieds ist dann gegeben, wenn ein öffentlicher Arbeitgeber einen Mitbewerber unter Hinweis darauf bevorzugt, dass das Personalratsmitglied nicht mehr über dieselben fachlichen Leistungen verfügt oder solche nicht feststellbar sind. Eine Benachteiligung ist selbst dann gegeben, wenn die Auswahlentscheidung nach Art. 33 Abs. 2 GG zugunsten des Mitbewerbers nicht zu beanstanden ist. Das freigestellte Personalratsmitglied hat in diesem Fall einen Anspruch auf Vergütung nach der höheren Vergütungsgruppe (BAG v. 29.10.1998, aaO). Im Übrigen widerspricht es dem Benachteiligungsverbot, ein freigestelltes Personalratsmitglied von Maßnahmen fernzuhalten, die sein **berufliches Fortkommen fördern**. Dies gilt für berufsbezogene Fortbildungsmaßnahmen, die sich auf die dienstliche Aufgabenwahrnehmung beziehen, wenn eine Rückkehr des betreffenden Personalratsmitglieds an seinen Arbeitsplatz wahrscheinlich ist (HessVGH v. 16.1.1997, Leits. ZfPR 1997, 163). Auch hinsichtlich seines **Urlaubsanspruchs** darf ein freigestelltes Personalratsmitglied **nicht benachteiligt** werden. Es ist daher urlaubsrechtlich so zu behandeln, als wäre es nicht freigestellt. Dies gilt auch für den **Zusatzurlaub für Wechselschichtarbeit** dann, wenn das freigestellte Personalratsmitglied ohne die Freistellung einen solchen Zusatzurlaubsanspruch erworben hätte (BAG v. 7.11.2007, ZfPR 2008, 71).

o) Ein Dienststellenleiter kann eine von der Personalvertretung beschlossene, die Freistellungsstaffel ausschöpfende Freistellung nicht ablehnen (OVG Münster v. 15.4.1991, RiA 1992, 149). **Von der Staffelung** nach Abs. 4 **kann** in Einzelfällen **abgewichen werden**. Dies kann dann notwendig werden, wenn die Besonderheiten der räumlichen Ausdehnung der Dienststelle eine weitere Freistellung erforderlich machen. Ein freigestelltes Personalratsmitglied hat nämlich nicht nur die Aufgabe, Informations- und Abklärungsgespräche mit der Dienststelle zu führen, sondern auch Wünsche, Anregungen und Beschwerden von Beschäftigten entgegenzunehmen. Außerdem können folgende Kriterien maßgebend sein: Hohe Differenzierung nach Laufbahn- und Leistungsgruppen, überwiegende Beschäftigung im Wechseldienst, starke Differenzierung in den Dienstregelungen etc. (OVG Saarlouis v. 19.10.1981 – 4 W 830/81, n.v.). Andererseits kann eine **Freistellung bei gesunkener Beschäftigtenzahl rückgängig** gemacht werden. In diesen Fällen nämlich müssen sich der Erforderlichkeitsgrundsatz und der regelmäßig auch berührte Grundsatz der sparsamen Haushaltsführung durchsetzen. Ein Dienststellenleiter kann aber die Freistellung nicht einseitig reduzieren, ohne den Versuch einer Abstimmung mit der Personalvertretung gemacht zu haben (BVerwG v. 2.9.1996, ZfPR 1997, 6).

p) Ein freigestelltes Personalratsmitglied kann seine Tätigkeit für den Personalrat nicht im **Schichtdienst** ausüben; denn hierzu besteht weder eine Notwendigkeit noch kann eine sinnvolle und sachgerechte Wahrnehmung der Aufgaben deshalb gewährleistet werden, weil der überwiegende Teil der Beschäftigten während der regelmäßigen Arbeitszeit tätig und während dieser Zeit zu „betreuen" ist (BVerwG v. 19.12.1980, PersV 1981, 509).

q) Wenn für eine Freistellung **zwei gleichqualifizierte Vorstandsmitglieder** in Frage kommen, kann sich das Plenum der Personalvertretung grundsätzlich frei für einen der beiden entscheiden. Im Hinblick auf die beiden Kandidaten zuzusprechende Qualifikation kann selbst dann nicht von einer unsachlichen Entscheidung zugunsten eines der beiden Personalratsmitglieder gesprochen werden, wenn bei dieser Entscheidung die Mehrheit der Mitglieder die Gewerkschaftszugehörigkeit als für ihre Entscheidung ausschlaggebend angesehen hat (BVerwG v. 16.7.1975, ZBR 1976, 373).

r) Da die Personalvertretung ein freigewähltes Organ ist, das an keine Weisungen gebunden ist, steht den Gewerkschaften auch **kein Einfluss auf die Auswahl** der freizustellenden Mitglieder zu (BVerwG v. 16.7.1975, aaO).

s) Eine Halbierung oder Drittelung oder noch größere Aufteilung der auf eine bestimmte Personenzahl zugeschnittenen vollen Freistellungen ist grundsätzlich unzulässig, weil auf diese Weise in der Regel die Belange der Dienststelle in erheblichem Maße beeinträchtigt würden (BVerwG v. 26.10.1977, ZBR 1978, 242). Dies schließt eine **Aufteilung** beispielsweise **einer vollen Freistellung** auf zwei Personalratsmitglieder je zur Hälfte aber nicht aus, wenn kein Personalratsmitglied zur vollen Freistellung bereit ist. Der Aufteilung einer Freistellung auf mehrere Personalratsmitglieder kann ein Dienststellenleiter nur dann besondere organisatorische Probleme entgegenhalten, wenn er dies im Einzelnen darlegt und wenn tatsächlich gewichtige Gründe entgegenstehen (vgl. für das BetrVG: BAG v. 26.6.1996, BB 1996, 2356).

t) Nicht jede kurzfristige Verhinderung eines ständig freigestellten Personalratsmitglieds berechtigt die Personalvertretung, an dessen Stelle für die Zeit der Verhinderung ein anderes Mitglied freistellen zu lassen. Es ist nämlich davon auszugehen, dass bei der Aufstellung der Mindeststaffel nach Abs. 4 gewisse **Fehlzeiten der ständig freigestellten Personalratsmitglieder** (Urlaub, kurzfristige Erkrankung) bereits berücksichtig worden sind (VG Berlin v. 12.7.1976, PersV 1979, 420).

u) Auch in **Dienststellen mit weniger als in der Regel 300 Beschäftigten** können Personalratsmitglieder von ihrer dienstlichen Tätigkeit (teilweise) freigestellt werden, wenn und soweit es nach Umfang und Art der Dienststelle zur ordnungsgemäßen Durchführung ihrer Aufgaben erforderlich ist. Bei der Bemessung des Umfangs kann nicht auf die Freistellungsstaffel des § 46 Abs. 4 zurückgegriffen werden. Vielmehr ist der Gesetzgeber ersichtlich davon ausgegangen, dass sich für kleinere Dienststellen im Sinne der Freistellungsvorschriften Erfahrungswerte nicht aufstellen lassen. Infolgedessen verbleibt es bei der allgemeinen Regelung des Abs. 3. Anhand der Verhältnisse der einzelnen Dienststelle muss geprüft werden, in welchem Umfang regelmäßig personalvertretungsrechtliche Aufgaben anfallen, die eine Freistellung erfordern. Dazu bedarf es einer genauen Darlegung der Personalvertretung, welche Aufgaben zu erledigen sind und in welchem Umfang diese regelmäßig anfallen (BVerwG v. 16.5.1980, PersV 1981, 366).

v) Die Personalvertretungsgesetze bieten keine Grundlage für einen Anspruch auf eine **bestimmte Verwendung nach Beendigung der Freistellung** (BVerwG v. 2.5.2012, ZfPR *online* 7/8/2013, S. 2).

w) Die **Veranstaltungen i.S. von Abs. 6** liegen nicht nur allein im Interesse der Personalvertretung, „sondern vor allem im Interesse der Beschäftigten und der Dienststelle an einer ordnungsgemäßen Wahrnehmung personalvertretungsrechtlicher Aufgaben" (BVerwG v. 27.4.1979, ZBR 1979, 310). Ein Personalratsmitglied bedarf deshalb einer Grundschulung, „um seine **Tätigkeit** im Personalrat überhaupt **sachgemäß ausüben zu können**". Eine Grundschulung ist daher „die notwendige Kenntnisvermittlung für solche Personalratsmitglieder, die noch keine ausreichenden Kenntnisse des geltenden Personalvertretungsrechts besitzen" (BVerwG v. 26.2.2003, ZfPR 2003, 328). Eine sachgerechte Aufgabenerfüllung ist nur durch hierfür qualifizierte Mitglieder möglich. Daher braucht eine Personalvertretung für erstmals gewählte Personalratsmitglieder gegenüber dem Dienststellenleiter nicht die Erforderlichkeit von Schulungen, die ein Grundwissen vermitteln, näher darzulegen (vgl. für das BetrVG: BAG v. 19.9.2001, BAGE 99, 103).

x) Jedes einzelne Personalratsmitglied bedarf einer **Grundschulung** (allgemeiner geschichtlicher Überblick über die Entwicklung des Personalvertretungsrechts, organisatorische Fragen der Personalvertretung, Aufbau, Wahl, Zusammensetzung, Geschäftsführung, Beteiligungsrechte, Beteiligungsverfahren, Recht der Dienstvereinbarungen, Rechte und Pflichten der Gewerkschaften etc., BayVGH v. 18.11.1988 – Nr. 18 P 88.03626, n.v.). Eine Grundschulung zum Personalvertretungsrecht ist nicht ausnahmslos auf höchstens fünf Tage begrenzt. Vielmehr kommt es auf die Erforderlichkeit im Einzelfall an (BVerwG v. 14.1.1990, PersV 1991, 274 = ZfPR 1991, 40). Dem einzelnen Personalratsmitglied kann nicht entgegengehalten werden, ein Schulungsbedürfnis entfalle, weil genügend andere Personalratsmitglieder mit ausreichenden Kenntnissen vorhanden seien (vgl. für das BetrVG: BAG v. 5.11.1981, DB 1982, 704). Ebensowenig kann die Erforderlichkeit einer Schulungsveranstaltung einem langjährig tätigen Personalratsmitglied abgestritten werden mit der Begründung, es habe inzwischen genügend Erfahrungen sammeln können. Ein Schulungsanspruch entfällt in diesem Fall nicht (vgl. für das BetrVG: LAG Schleswig-Holstein v. 4.1.2000, AiB 2000, 287). Auch besteht ein Anspruch auf Teilnahme an einer Schulungsveranstaltung, die Kenntnisse über die **rechtlichen Voraussetzungen einer Zahlung leistungsbezogener Vergütungselemente** und den Umfang der einer Personalvertretung insoweit zustehenden Befugnisse vermittelt (VG Köln v. 16.1.2001, ZfPR 2001, 143). Gleiches gilt für die Vermittlung von Kenntnissen über die neueste **Rechtsprechung zum Personalvertretungsrecht** (vgl. für das BetrVG: BAG v. 20.12.1995, Leits. ZBVR 1997, 4) sowie für die **Vermittlung von Grundkenntnissen des Dienst- und Arbeitsrechts** (BVerwG v. 14.6.2006, Leits. ZfPR 2007, 18). Ein Seminar, das die **Grundlagen des TVöD** vermittelt, ist als arbeitsrechtliche Grundschulung anzusehen, so dass die Teilnahme aller Personalratsmitglieder erforderlich ist (OVG Münster v. 16.4.2008, PersR 2009, 174 = Leits. ZfPR 2009, 111). Darüber hinaus können Schulungs- und Bildungsveranstaltungen für Personalratsmitglieder immer dann notwendig sein, wenn die Wahrnehmung der der Personalvertretung zukommenden Beteiligungsbefugnisse **umfassende Kenntnisse auf bestimmten Arbeitsgebieten** (neben der Kenntnis des BPersVG) erfordern (**Spezialschulungen**: Schulungen für solche Personalratsmitglieder, die mit dem jeweiligen Fachgebiet entweder gegenwärtig befasst sind oder aber in naher Zukunft befasst sein werden; das ist dann der Fall, wenn in der betreffenden Dienststelle Vorgänge anfallen, die auch in der Zuständigkeit der jeweiligen Personalvertretung liegen, BVerwG v. 26.2.2003, ZfPR 2003, 328). Spezialschulungen sind auch dann notwendig, wenn in bestimmten, für die Personalratstätigkeit relevanten Tätigkeitsfeldern Kenntnisse vermittelt werden, die **über Grundzüge hinausgehen**, insbesondere der **Wissensvertiefung und -erweiterung** dienen. Die Teilnahme an Spezialschulungen – abhängig von der Größe der Dienststelle sowie Art und Umfang der beteiligungspflichtigen Angelegenheiten – ist regelmäßig auf ein **einziges Personalratsmitglied oder mehrere einzelne Personalratsmitglieder beschränkt** (BVerwG v. 11.7.2006, PersR 2006, 428 = Leits. ZfPR 2007, 18). Im Einzelnen kommen in Betracht: Schulung eines stellvertretenden Vorsitzenden über Aufgaben des Vorsitzenden (aA BVerwG v. 23.4.1991, ZfPR 1991, 101); Schulung über elektronische **Datenverarbeitung** (BVerwG v. 28.2.1984 – 6 P 36.82, n.v.); Vermittlung von **Grundkenntnissen des öffentlichen Dienst- und Tarifrechts**, wenn die Kenntnisvermittlung unmittelbar für den Aufgabenbereich eines bestimmten Personalratsmitglieds von Bedeutung oder eine Verflechtung des Personalvertretungsrechts mit dem allgemeinen Dienstrecht gegeben ist (OVG Münster v. 29.5.1984 – CB 27/82, n.v.); Schulung über das **Datenschutzrecht**, wenn die spezielle Aufgabenstellung eines Personalratsmitglieds dies erfordert (BVerwG v. 22.7.1982, PersV 1983, 374); Schulung über Fragen der **Personalinformationssysteme** dann, wenn diese Themenstellung die Beteiligungsrechte der jeweiligen Personalvertretung wesentlich berührt (AG Stuttgart v. 16.4.1983, BB 1983, 1215); Schulung über Vorstellungen zur **Änderung der bestehenden personalvertretungsrechtlichen Regelungen**, da die Einbeziehung von Reformvorschlägen das Verständnis der geltenden Vorschriften fördern kann (OVG Lüneburg v. 21.10.1980 – P OVG L 1/80, n.v.). Insbesondere im Rahmen der personellen Mitbestimmung ist eine enge Verflechtung zwischen dem **Dienst- und**

Tarifrecht und dem Personalvertretungsrecht gegeben. Eine ordnungsgemäße Ausübung der Beteiligungsrechte ist daher ohne entsprechende Kenntnisse nicht möglich. Allerdings ist im Einzelfall zu prüfen, ob das betreffende Personalratsmitglied evtl. wegen langjähriger Mitgliedschaft über entsprechende Grundkenntnisse verfügt (vgl. für das BetrVG: BAG v. 16.10.1986, BB 1987, 1459). Ebenso ist eine Schulung über **Arbeitsschutz und Unfallverhütung (Arbeitssicherheit)** grundsätzlich erforderlich (vgl. für das BetrVG: BAG v. 15.5.1986, BB 1987, 192). Eine Spezialschulung, in der arbeitsrechtliche Kenntnisse vermittelt werden, ist dann als eine erforderliche Personalratsschulung anzusehen, wenn das zu entsendende Mitglied mit arbeitsrechtlichen Fragen befasst ist, ein anderes Mitglied mit dieser Materie nicht vertraut ist und im Zeitpunkt des Entsendungsbeschlusses zu erwarten ist, dass **arbeitsrechtliche Kenntnisse** zur notwendigen Erfüllung der Personalratsaufgaben notwendig werden (z.B. eine Umstrukturierung bevorsteht: OVG Niedersachsen v. 21.11.1994, Leits. ZfPR 1995, 128). Die Teilnahme eines Personalratsmitglieds an einer Schulungsveranstaltung **„Managementtechniken für Personalratsmitglieder"** ist jedenfalls ohne konkrete Darlegung eines Dienststellenbezugs nicht erforderlich (vgl. für das BetrVG: BAG v. 14.9.1994, BB 1995, 201). Ein Dienstherr hat die Kosten für die Teilnahme eines Personalratsmitglieds an einer Schulungsveranstaltung über den **Einsatz eines PC für die Erledigung von Personalratsaufgaben** dann zu tragen, wenn aktuelle oder absehbare dienststellenbezogene Anlässe die Schulung des betreffenden Personalratsmitglieds erforderlich machen. Dies ist dann der Fall, wenn in absehbarer Zeit konkrete Maßnahmen in der Dienststelle anstehen, die sich mit der Einführung bzw. dem Ausbau von PC-Anlagen befassen (BVerwG v. 7.12.1994, BVerwGE 97, 166 = ZfPR 1995, 85). Für eine **Personalrätekonferenz** sind Schulungskosten dann zu übernehmen, wenn eine solche Konferenz objektiv und subjektiv zur Erfüllung der Aufgaben des teilnehmenden Personalratsmitglieds erforderlich ist. Dies setzt voraus, dass die Konferenz nicht vorwiegend auf den Austausch von Informationen ausgerichtet, sondern schwergewichtig auf Wissensvermittlung angelegt ist (BVerwG v. 1.8.1996, ZfPR 1996, 185). Außerdem kommen folgende Veranstaltungen als für die Personalratsarbeit erforderliche Veranstaltungen in Betracht: **Einführung in das Schwerbehindertenrecht** (OVG Münster v. 23.9.1992, PersR 1993, 224; LAG Hamm v. 9.3.2007, ZfPR *online* 11/2007, 15); Vermittlung von Kenntnissen zur **Personalplanung und Personalbedarfsermittlung, zum Personaleinsatz und zur Arbeitsorganisation sowie zur Rationalisierung** (OVG Lüneburg v. 18.3.1992, PersV 1994, 25); **Mutterschutz- und Erziehungsurlaub** (OVG Lüneburg v. 20.3.1985 – 18 L 4/84, n.v.); **Eingruppierungsrecht des BAT** (jetzt TVöD) (BVerwG v. 16.11.1987, PersV 1989, 67); Informationen über **Suchtkrankheiten**, da damit in Verbindung stehende Probleme in größeren Dienststellen jederzeit konkret werden können (vgl. für das BetrVG: LAG Düsseldorf v. 9.8.1995, Leits. ZBVR 1997, 29); **Altersversorgung im öffentlichen Dienst** (OVG Lüneburg v. 29.3.2007, ZfPR *online* 8/2007, 11). Auch eine **Rhetorikschulung** kann erforderlich sein. In aller Regel wird die Personalvertretung darzulegen haben, dass das zu der Schulung entsandte Personalratsmitglied die dort vermittelten Kenntnisse braucht, damit die Personalvertretung ihren gesetzlichen Aufgaen sach- und fachgerecht nachkommen kann (vgl. für das BetrVG: BAG v. 12.1.2011, ZBVR online 6/2011, S. 18). Ebenso kann auch die Schulung eines in die **Einigungsstelle** entsandten Personalratsmitglieds erforderlich sein, damit es die der Personalvertretung obliegende Aufgabe, die Verhandlungen der Einigungsstelle zu begleiten und zu deren Vorschlägen kritisch Stellung zu nehmen, wahrnehmen kann (vgl. für das BetrVG: BAG v. 20.8.2014 – 7 ABR 64/12, in juris).

y) Dagegen sind **folgende Schulungsveranstaltungen nicht erforderlich**: Schulung über **Arbeitskampfrecht** (BVerwG v. 22.7.1982, PersV 1983, 374); Schulung über die **Gestaltung von Arbeitsplätzen**, es sei denn, dass die Ausübung von Beteiligungsrechten spezielle Kenntnisse voraussetzt (BayVGH v. 27.1.1981, PersV 1982, 292); Schulung in **rhetorischer Kommunikation** (BVerwG v. 27.4.1979 – 6 P 36.78, PersV 1981, 26, HessVG v. 2.12.2004, ZfPR 2005, 70; vgl. für das BetrVG: BAG v. 20.10.1993, BB 1994, 139). Ebensowenig sind folgende Veranstaltungen als für die Personalratsarbeit erforderliche Veranstaltungen anzusehen: **Meinungs- und Erfah-**

rungsaustausch (BVerwG v. 14.11.1990, ZfPR 1991, 40, HessVGH V. 24.2.2005, Leits. ZfPR 2006, 13); **Umweltschutz in der Dienststelle** oder **Mitbestimmungsrechte bei Rationalisierungsmaßnahmen** für den Fall, dass das zu schulende Personalratsmitglied einer örtlichen Personalvertretung angehört, der nur Gelegenheit zur Äußerung bei solchen Maßnahmen eingeräumt wird (BVerwG v. 8.9.1986, PersV 1997, 334); **Soziale Sicherung – Grundlagen** (vgl. für das BetrVG: BAG v. 4.6.2003, ZBVR 2003, 246). Die Teilnahme eines Personalratsmitglieds an einer Schulungs- veranstaltung **„Schriftliche Kommunikation im Betrieb"** ist nur dann als erforderlich anzusehen, wenn dargelegt wird, warum die Personalvertretung ihre gesetzlichen Aufgaben ohne eine solche Schulung gerade des entsprechenden Personalrats- mitglieds nicht sachgerecht wahrnehmen kann (vgl. für das BetrVG: BAG v. 15.2.1995, BB 1995, 1906). Eine **wiederholte Schulung** ist nur bei grundlegenden Neuregelungen des von der Personalvertretung zu beachtenden Rechts erforderlich. Daher hat ein Personalratsmitglied, das an einem Grundkurs bereits teilgenommen hat, der von seiner Thematik her so umfassend war, dass es zur sachgerechten Wahrnehmung der Aufgaben einer Teilnahme an einem nachfolgenden Aufbaukurs innerhalb eines Zeitraums von weniger als einem Jahr nicht bedarf, keinen Anspruch auf eine erneute Schulung (BVerwG v. 18.8.1986, PersV 1987, 286). Allerdings wird man einen **Schulungsanspruch dann bejahen können**, wenn es sich um eine sog. **Vertiefungsschulung** handelt, bei der es zu einer Schulung über die in der Praxis besonders bedeutsamen Mitbestimmungstatbestände bei personellen Einzelmaßnahmen kommt. Bei Grundschulungen wird in der Regel ein allgemeiner Überblick über das Personalvertretungsrecht, nicht aber ein weitergehender Einblick in die in der Praxis häufiger auftretenden Beteiligungsmaßnahmen vermittelt (OVG Lüneburg v. 21.5.1997, ZfPR 1998, 13). Bei entsprechendem Arbeitsanfall kann auch die Schulung mehrerer Personalratsmitglieder erforderlich sein (VGH Baden-Württemberg v. 19.5.1987, PersV 1989, 224 = Leits. ZfPR 1989, 113). Andererseits aber wird es zur Ausübung der Beteiligungsrechte im Allgemeinen genügen, wenn ein Personalratsmitglied über die erforderlichen Fachkenntnisse verfügt und sie in die Beratung konkreter Beteiligungsangelegenheiten einbringen kann (BVerwG v. 16.11.1987, PersV 1989, 67; anders im Fall einer Grundschulung). Einer effektiven Personalratsarbeit kommt es schließlich zugute, wenn den Personalratsmitgliedern, die weitgehend juristische Laien sind, die **aktuelle Rechtsprechung** und deren Einschätzung für die dienstliche Praxis von sachkundigen Dritten in Schulungsveranstaltungen dargestellt werden (vgl. für das BetrVG: BAG v. 20.12.1995, BB 1996, 1169). Maßgebend ist allerdings, dass der konkrete Seminarinhalt deutlich macht, dass die angebotenen Themen das bereits vorhandene Wissen anhand neuerer Rechtsprechung entsprechend dem Bedarf in der Dienststelle aktualisieren sollen (BAG v. 8.1.2012, BAGE 140, 277). Eine Schulung zum Thema **„Mobbing"** kann dann erforderlich sein, wenn das vermittelte Wissen einen konkreten Bezug zu den gesetzlichen Aufgaben der Personalvertretung hat. Dazu bedarf es der Darlegung einer Konfliktlage, aus der sich ein Handlungsbedarf für die Personalvertretung ergibt und zu deren Lösung das auf der Schulung vermittelte Wissen notwendig ist (vgl. für das BetrVG: BAG v. 15.1.1997, BB 1997, 319; OVG Berlin v. 23.9.1998, Leits. PersV 1999, 29).

z) Die **Erforderlichkeit** einer Schulungsveranstaltung ist auch dann gegeben, wenn **einzelne Themen aus dem Gesamtthemenkomplex nicht unmittelbar notwendige Kenntnisse** für die Personalratsarbeit in der Dienststelle vermitteln. In diesem Fall muss geprüft werden, ob die einzelnen Themen voneinander abgegrenzt werden können. Ist dies nicht der Fall, so ist zu prüfen, ob die „erforderlichen" Themen überwiegen. Für diesen Fall kann aus Praktikabilitätsgründen davon ausgegangen werden, dass auch der Rest der Veranstaltung für die Personalratsarbeit notwendige Kenntnisse enthält (vgl. für das BetrVG: BAG v. 28.5.1976, ZBR 1976, 373). Wenn die Möglichkeit bestand, eine gleichwertige Schulung zu besuchen, die mit geringeren Kosten als die der durchgeführten Veranstaltung verbunden gewesen wäre, dann sind die Mehrkosten von der Dienststelle nicht zu übernehmen (BVerwG v. 12.11.2012, ZfPR *online* 3/2013, S. 8; vgl. auch nachfolgende Anm. zk).

za) Ersatzmitglieder haben keinen Anspruch auf Teilnahme an Schulungsveranstaltungen, da das Gesetz nur die Schulung von Personalratsmitgliedern vorsieht. Ausnahmsweise können sie aber dann an Schulungsveranstaltungen teilnehmen, wenn diese Veranstaltungen in einen Zeitraum fallen, in dem Ersatzmitglieder ein ordentliches Personalratsmitglied vertreten (BVerwG v. 27.4.1979 – 6 P 4.78, PersV 1980, 237). Nach der Rechtsprechung des Bundesarbeitsgerichts allerdings kann der **Betriebsrat** ein Ersatzmitglied zu einer Schulungsveranstaltung entsenden, wenn dies im Einzelfall zur Gewährleistung der Arbeitsfähigkeit des Betriebsrats erforderlich ist (BAG v. 19.9.2001, BAGE 99, 103). Dabei spielen die zu erwartende Dauer und Häufigkeit der Heranziehung des Ersatzmitglieds eine wesentliche Rolle (BAG v. 14.12.1994, BAGE 79, 43; so im Ergebnis auch: OVG Bremen v. 1.2.1991, PersR 1991, 176 = Leits. ZfPR 1992, 50).

zb) Auch **Wahlvorstandsmitglieder** können zur Teilnahme an Schulungs- und Bildungsveranstaltungen für Personalratsmitglieder freigestellt werden (vgl. für das BetrVG: BAG v. 13.3.1973, BB 1973, 847; BAG v. 26.6.1976, BB 1973, 1354). Auch **Jugend- und Auszubildendenvertreter** können zur Teilnahme an einer Schulungs- und Bildungsveranstaltung freigestellt werden, „wenn die Jugendvertreter erstmalig in die Jugendvertretung gewählt worden sind" (BayVGH v. 10.9.1986, ZBR 1987, 84, vgl. für das BetrVG: BAG v. 10.5.1974, DB 1974, 1205).

zc) Das gesetzliche Lohnausfallprinzip bewahrt Personalratsmitglieder, die an einer Schulungs- und Bildungsveranstaltung teilnehmen, vor Einkommenseinbußen, die dadurch entstehen, dass ihnen durch die Teilnahme Verdienstmöglichkeiten verwehrt werden, die sie sonst gehabt hätten (vgl. für das BetrVG: BAG v. 3.12.1997, Leits. BB 1998, 752). Für die nach § 46 Abs. 6 durchgeführten Schulungs- und Bildungsveranstaltungen hat die Dienststelle **Kosten für Fahrt, Verpflegung, Unterkunft und sonstiges (Honorar)** zu tragen (BVerwG v. 27.4.1979, ZBR 1979, 310). Dies gilt nicht für Schulungen nach Abs. 7 (OVG Münster v. 2.9.1992, PersR 1993, 83). Die Übernahme der **Kosten für eine weitere Schulung** nach einer bereits erfolgten Grundschulung kann dann beansprucht werden, wenn zwischen den Schulungsveranstaltungen eine größere Zeitspanne liegt oder in der Rechtsentwicklung zwischenzeitlich wesentliche Änderungen eingetreten sind (OVG Münster v. 9.12.1980, PersV 1981, 378). Teilzeitbeschäftigte haben **keinen Anspruch auf Freizeitausgleich**, wenn sie an einer Schulungsveranstaltung teilgenommen haben, die an einem solchen Tag durchgeführt wird, an dem das betreffende Personalratsmitglied dienstfrei hat (vgl. für das BetrVG: BAG v. 20.10.1993, DB 1993, 2235).

zd) Die Personalvertretung entscheidet durch Beschluss, welches Personalratsmitglied an einer Schulungsveranstaltung teilnehmen soll. Der Dienststellenleiter hat das betreffende Personalratsmitglied sodann freizustellen. **Entsendungsbeschluss der Personalvertretung** und Freistellung durch die Dienststelle sind Voraussetzung für die Pflicht zur Kostenübernahme (VGH Baden-Württemberg v. 8.6.1982 PersV 1983, 468). Dem Leiter der Dienststelle steht gegenüber dem Entsendungsbeschluss der Personalvertretung ein Prüfungsrecht nur in dem Umfang zu, als er in der Lage sein muss, zu erkennen, dass das zu entsendende Mitglied der Personalvertretung noch nicht über die Kenntnisse verfügt, die in der Schulungsveranstaltung vermittelt werden sollen. Mit dem **Prüfungsrecht des Dienststellenleiters** korrespondiert die Verpflichtung des Personalrats, ihm mit der Übermittlung des Entsendungsbeschlusses alle Informationen zukommen zu lassen, die er für die Beurteilung benötigt, ob ein verständiger Personalrat mit Blick auf die Interessen der Beschäftigten einerseits und die Belange der Dienststelle andererseits die Teilnahme für erforderlich halten darf (BVerwG v. 9.7.2007, PersR 2007, 434 = ZfPR 2008, 35).

ze) Wird einem Personalratsmitglied trotz eines entsprechenden Entsendungsbeschlusses vom Dienststellenleiter die **Teilnahme verweigert**, dann kann es an der Schulungsveranstaltung nicht teilnehmen. Vielmehr muss die Personalvertretung in einem personalvertretungsrechtlichen Beschlussverfahren feststellen lassen, dass der

Dienststellenleiter das betreffende Personalratsmitglied freizustellen hat (OVG Münster v. 4.3.1993, ZBR 1993, 436). In jedem Fall muss der Beschluss vor einer konkreten Schulungsveranstaltung gefasst werden, so dass ein vormaliger Beschluss zur Teilnahme an einer anderen Schulung ebensowenig den gesetzlichen Anforderungen entspricht, wie eine Genehmigung nach Veranstaltungsbeginn. In diesen Fällen wird eine Pflicht zur Übernahme der Schulungskosten nicht begründet (vgl. für das BetrVG BAG v. 8.3.2000, DB 2000, 1335). Der Beschluss muss sich im Übrigen auch zur beabsichtigten **Dauer** der Entsendung äußern, da es für den Besuch der Veranstaltungen nach Abs. 6 im Gegensatz zu Abs. 7 keine starren gesetzlichen Regelungen gibt. Es geht daher um eine sog. angemessene Dauer (vgl. auch BVerwG v. 14.6.2006, BVerwGE 126, 122 = ZfPR 2007, 66). Für die Festlegung der angemessenen Dauer sind u.a. Umfang und Schwierigkeit des angebotenen Stoffes maßgebend, so dass in Einzelfällen insbesondere auch unter didaktischen Gesichtspunkten die Vermittlung des Stoffes in sieben Tagen (ohne An- und Abreise) noch im Rahmen der die Kostentragungspflicht der Dienststelle begrenzenden Erforderlichkeit liegen kann (OVG Lüneburg v. 29.8.2001, ZfPR 2002, 8). Eine **weitere Grundschulung** kann schließlich dann sachlich gerechtfertigt sein, wenn ihr bereits eine fünftägige Schulung vorausgegangen ist, nun aber weiteres Wissen vermittelt werden soll, das für die ordnungsgemäße Wahrnehmung der Personalratsaufgaben unentbehrlich ist (BVerwG v. 9.7.2007, PersV 2008, 59 = ZfPR 2008, 35). Wenn ein Dienststellenleiter vorbehaltlos erklärt hat, ein Personalratsmitglied für die Teilnahme an einer Grundschulung freizustellen, so enthält eine solche Erklärung auch eine **Zusage zur Übernahme der entsprechenden Kosten** (OVG Rheinland-Pfalz v. 13.7.2006, Leits. ZfPR 2007, 71).

zf) Ansprüche von Personalratsmitgliedern gegenüber dem Dienststellenleiter auf Erstattung von Schulungskosten **können** an den Veranstalter der Schulung (z.B. Gewerkschaft), der die Kosten verauslagt hat, **abgetreten werden** (BVerwG v. 22.3.1984 – 6 P 5.82, ZBR 1984, 218; BVerwG v. 22.3.1984 – 6 P 6.82, n.v.). Aus dem koalitionsrechtlichen Grundsatz, dass keine Organisation zur Finanzierung gegnerischer Organisationen verpflichtet werden kann, ergibt sich, dass **Gewerkschaften aus Schulungsveranstaltungen zumindest keinen Gewinn** erzielen dürfen. Dies gilt auch dann, wenn eine Gewerkschaft eine GmbH betreibt, deren Anteile sie zu 100 % hält und diese mit der Durchführung von Schulungsveranstaltungen beauftragt, bei deren Ausgestaltung sie sich einen bestimmenden Einfluss vorbehält. Gleiches gilt, wenn Schulungsveranstaltungen von einem gemeinnützigen Verein, bei dem die Mitgliedschaft kraft Satzung auf Gewerkschaften, deren Mitglieder oder gewerkschaftsnahe Organisationen beschränkt ist, durchgeführt werden (vgl. für das BetrVG: BAG v. 13.3.1994, DB 1994, 2295; BAG v. 28.6.1995 – 7 ABR 47/94, DB 1995, 2121). Allerdings ist es einer Gewerkschaft nicht zumutbar, zusätzliche schulungsbedingte Kosten gewerkschaftlicher Einrichtungen (u.a. Strom, Wasser, Reinigung, erhöhte personelle Aufwendungen) selbst zu tragen (vgl. für das BetrVG: BAG v. 28.6.1995 – 7 ABR 55/94, BAGE 80, 236 = BB 1995, 2478). Ebensowenig muss eine veranstaltende Gewerkschaft die sog. **Verwaltungskostenpauschale** (Schriftverkehr, Teilnahmebescheinigung, Rechnungsstellung, Porto) selbst tragen. Hierbei handelt es sich um Kosten, die für jeden einzelnen Teilnehmer tatsächlich anfallen (BayVGH v. 3.5.2000, ZfPR 2001, 8).

zh) Auch die nach § 46 Abs. 7 durchzuführenden Schulungsveranstaltungen müssen einen **Bezug zur Personalratsarbeit** haben. Sie brauchen zwar keine für die Personalratstätigkeit erforderlichen Kenntnisse zu vermitteln, „dürfen aber auch bei einem Charakter der Veranstaltung als einem einheitlichen Ganzen nicht überwiegend Themen behandeln, die keine Beziehung zur Personalvertretung mehr haben". Ein solcher Bezug fehlt bei rein gewerkschaftspolitischen, allgemeinpolitischen oder kirchlichen Veranstaltungen (vgl. für das BetrVG: BAG v. 18.12.1973, BB 1974, 601).

zi) Da es sich im Gegensatz zu den nach Abs. 6 durchgeführten, für die Personalratsarbeit erforderlichen **Veranstaltungen** bei den **nach Abs. 7** angebotenen Kursen lediglich um für die Arbeit geeignete, also nützliche Seminare handeln muss, ist die

Verwaltung nicht verpflichtet, „über die gesetzlich geregelte Freistellung für grundsätzlich drei Wochen während einer Amtsperiode unter Fortzahlung des Entgelts hinaus auch noch **Kosten**" gem. § 44 Abs. 1 zu übernehmen (vgl. Anm. 3w; BAG v. 6.11.1973, DB 1974, 462).

zj) Eine in einer **Verordnung festgelegte Höchstgrenzenregelung** für die Erstattung der Schulungskosten bindet die Gerichte nicht. Sie ist lediglich eine interne Verwaltungsvorschrift, die einer Rechtsgrundlage entbehrt; sie kann die Erstattung der Schulungskosten der Höhe nach nicht begrenzen (BVerwG v. 7.12.1994, ZfPR 1995, 85). Die Freistellung zur Teilnahme an Schulungs- und Bildungsveranstaltungen ist in den Absätzen 6 und 7 eigenständig und abschließend geregelt. Aus diesem Grund kommt ein darüber hinausgehender **Anspruch auf Dienstbefreiung** nicht in Betracht (BVerwG v. 23.10.1980, PersV 1982, 63).

zk) Da auch Personalratsaufwendungen der haushaltsrechtlichen Kostenbegrenzung unterliegen und eine Kostenerstattung nach § 46 Abs. 6 unter dem Vorbehalt des Vorhandenseins von Haushaltsmitteln steht, muss sich auch ein **Personalrat** als Teil der Dienststelle **in dem finanziellen Rahmen halten**, den der Haushaltsgesetzgeber für die Tätigkeit der Verwaltung setzt. Er ist, wie die Dienststelle selbst im Rahmen ihres Haushaltsansatzes, an die Grenzen des Haushaltsplans und an die haushaltsrechtlichen Grundsätze gebunden (OVG Lüneburg v. 15.7.1998, PersV 1999, 188; vgl. aber § 44 Anm. 3u, v). Wenn eine Personalvertretung den Grundsatz der sparsamen Haushaltsführung insoweit außeracht gelassen hat, als sie ein Personalratsmitglied in eine vergleichsweise sehr viel teuere Veranstaltung entsandt hat, dann ist der Dienststellenleiter lediglich zur Erstattung derjenigen Kosten verpflichtet, die unter Beachtung des genannten Grundsatzes erforderlich gewesen wären (BVerwG v. 12.11.2012, ZfPR *online* 3/2013, S. 8).

zl) Pflicht der öffentlichen Verwaltung ist es, die **notwendigen Haushaltsmittel** zur Realisierung der gesetzlich gegebenen Ansprüche für eine effektive Personalratsarbeit bereitzustellen (OVG Berlin v. 3.4.2001, ZfPR 2001, 266). Deshalb kann eine Personalvertretung die Teilnahme eines ihrer Mitglieder an einer Grund- bzw. Spezialschulung dann beschließen, wenn die Schulung für die Personalratsarbeit erforderlich und die Teilnahme unaufschiebbar ist (BVerwG v. 26.2.2003, ZfPR 2003, 262). Wenn die zur Verfügung gestellten **Haushaltsmittel für Schulungsveranstaltungen erschöpft** sind, so hat die Personalvertretung auf eine entsprechende Bildungsveranstaltung zu verzichten; ein dennoch gefasster Entsendebeschluss ist rechtswidrig (BVerwG v. 24.11.1986, PersV 1987, 422). Wenn ein Personalratsmitglied daher trotz des Hinweises auf fehlende Haushaltsdeckung und damit verbundener Ablehnung der Kostenübernahme an einer Schulungsveranstaltung teilnimmt, hat es keinen Anspruch auf Kostenerstattung (OVG Sachsen-Anhalt v. 1.2.1996, ZfPR 1996, 194). Soweit es rechtlich möglich ist, müssen aber Mittel aus anderen Haushaltstiteln durch die be- wirtschaftende Stelle übertragen werden, um eine Haushaltsdeckung für (gesetzlich vorgesehene) Schulungsmaßnahmen sicherzustellen (OVG Sachsen-Anhalt v. 1.2.1996, ZfPR 1996, 194; VG Köln v. 8.1.1998, PersR 1999, 32; VG Schleswig v. 24.4.1998, PersR 1999, 33; VG Lüneburg v. 6.5.1998 – 8 B 3/98, n.v., evtl. über den Weg einer einstweiligen Verfügung)

zm) Ein Gewerkschaftsmitglied muss sich nicht alleine aus Kostengründen auf **Schulungsangebote anderer Gewerkschaften** verweisen lassen; denn eine Personalvertretung darf die Dienststelle im Zusammenhang mit Schulungsmaßnahmen mit denjenigen Kosten belasten, die sie von der Sache her für angemessen halten kann. In diesem Beurteilungsrahmen hat sie zu prüfen, ob die für die Veranstaltung aufzuwendenden Mittel in einem angemessenen Verhältnis zum Schulungszweck stehen. Daher ist die Personalvertretung nicht gehalten, stets den günstigsten Schulungsanbieter ohne Rücksicht darauf zu ermitteln, wer Veranstalter ist. Vielmehr darf eine Personalvertretung berücksichtigen, dass der Schulungserfolg auch durch gemeinsame Zugehörigkeit zu einer Gewerkschaft gefördert wird (OVG Berlin v. 20.12.1999 – OVG 60 PV 5.98, n.v.).

zn) Wenn neben einem gewerkschaftlich organisierten Schulungsangebot ein **Angebot für eine behördeninterne Schulung** besteht, dann darf eine Personalvertretung nicht unter dem Gesichtspunkt der sparsamen Verwendung öffentlicher Mittel ausschließlich auf dieses Angebot verwiesen werden. Allerdings kann ein gleichwertiges behördeninternes Fortbildungsangebot nicht zugunsten einer wesentlich kostenaufwendigeren gewerkschaftlichen Schulung ausgeschlagen werden (BVerwG v. 16.6.2011, PersV 2011, 426 = ZfPR 2011, 116).

4. Streitigkeiten

a) Die Verwaltungsgerichte entscheiden nach § 83 Abs. 1 Nr. 3 über **Streitigkeiten zwischen Personalvertretung und Dienststelle**, soweit es dabei um die Freistellung geht. Gleiches gilt für Streitigkeiten zwischen der Personalvertretung und einzelnen Mitgliedern darüber, ob die Personalvertretung den Antrag auf Freistellung rechtmäßig beschlossen oder einen solchen Beschluss unter Verstoß gegen Rechtsvorschriften unterlassen hat. Da der Umfang der Freistellung nicht zur Disposition des Dienststellenleiters steht, kann, wenn die gesetzlichen Voraussetzungen (entsprechende Zahl der Beschäftigten) gegeben sind, im Fall der Weigerung zur Freistellung eine **einstweilige Verfügung** beantragt werden (OVG Lüneburg v. 5.10.1993, Leits. ZfPR 1994, 129; BayVGH v. 1.2.1995, Leits. ZfPR 1996, 92).

b) Die Verwaltungsgerichte bzw. die Arbeitsgerichte entscheiden **Streitigkeiten zwischen Mitgliedern der Personalvertretung und der Dienststelle** über die Kürzung der Dienstbezüge bzw. Arbeitsentgelte sowie Streitgkeiten über die Notwendigkeit einer Dienstversäumnis bzw. über die Versagung der Freistellung nach Abs. 6 und 7.

c) Bei einem **Streit** zwischen Personalvertretung und Dienststelle **über die Freistellung eines Personalratsmitglieds zur Teilnahme an einer Schulungs- und Bildungsveranstaltung** ist die Teilnahme dann als genehmigt anzusehen, wenn die Personalvertretung bzw. im Fall des Abs. 7 das einzelne Personalratsmitglied ein Beschlussverfahren eingeleitet und vor Beginn der Schulung eine obsiegende Entscheidung erwirkt hat (vgl. für das BetrVG: BAG v. 6.5.1975, BB 1975, 1102; BAG v. 18.3.1977, BB 1977, 959). Da dieser Fall aber kaum praktisch werden dürfte, ist im Streitfall darauf abzustellen, ob von Seiten des Dienststellenleiters sachliche Gründe (z.B. Aufrechterhaltung eines ordnungsgemäßen Dienstablaufs) vorgetragen werden. In diesem Fall wäre eine Teilnahme gegen den Widerspruch des Dienststellenleiters unzulässig.

d) Ein einzelnes Personalratsmitglied kann gegen den Personalrat eine **einstweilige Verfügung** unter Hinweis darauf erwirken, dass es nicht zumutbar ist, die mit einer Vorstandstätigkeit verbundene Mehrarbeit ohne Freistellung hinzunehmen und stattdessen mit anzusehen, dass die Personalvertretung ein dem Vorstand nicht angehörendes Mitglied freistellen möchte (VG Berlin v. 23.2.1981 – VG FK Bln. A 3/81, n.v.). Ebenso kann ein einzelnes Personalratsmitglied eine einstweilige Verfügung mit dem Ziel beantragen, die zuständige Personalvertretung zu verpflichten, es für eine ganze Freistellung vorzuschlagen, falls die Voraussetzungen für eine volle Freistellung gegeben sind, der Personalrat das zur Freistellung bereite Mitglied des (engeren) Vorstands aber gegen dessen Willen nur zur hälftigen Freistellung vor- schlagen möchte (OVG Münster v. 12.6.1997, Leits. PersV 1998, 530 = Leits. ZfPR 1998, 158, bestätigt durch BVerwG v. 23.12.1997 – 6 PB 15.97, n.v.). Wenn ein Personalratsmitglied den Beschluss der Personalvertretung zur Freistellung anfechten will, dann muss es dies in entsprechender Anwendung von § 25 binnen einer Frist von 12 Arbeitstagen nach Abschluss der Wahl tun. Die Anfechtungsfrist beginnt grundsätzlich mit der Feststellung des Wahlergebnisses durch den Wahlvorstand (vgl. für das BetrVG: BAG v. 20.4.2005, DB 2005, 2416).

e) Ein freigestelltes Personalratsmitglied kann wegen Benachteiligung einen **Schadenersatzanspruch** nach § 823 Abs. 2 BGB i.V.m. § 8 BPersVG nur dann gegenüber der zuständigen Dienstbehörde geltend machen, wenn es bei einer Beförderung ohne

Grund nicht berücksichtigt wurde oder bei beruflichen Förderungsmaßnahmen übergangen worden ist (BAG v. 27.6.2001, BAGE 98, 164; BAG v. 19.3.2003, ZfPR 2004, 79).

5. Abweichende Regelungen des Landesrechts

Die Landespersonalvertretungsgesetze haben zum Teil die Reihenfolge der Freistellungen abweichend vom Bundesrecht geregelt. Die Bestimmungen über die Freistellung zur Teilnahme an Schulungs- und Bildungsveranstaltungen sind weitgehend vergleichbar. Im Einzelnen:

a) Nach § 47 Abs. 6 LPVG BW haben der Vorsitzende und sein Stellvertreter einmal im Vierteljahr Anspruch auf Lohn- und Gehaltsfortzahlung bei Teilnahme an einer von der zuständigen Gewerkschaft einberufenen Konferenz der Vorsitzenden der Personalräte. Mitglieder des Personalrats haben zweimal im Jahr Anspruch auf Teilnahme an einer solchen Konferenz. Außerdem wird in § 47 Abs. 7 das Verbot der Beeinträchtigung des beruflichen Werdegangs konkretisiert.

b) Nach der bayerischen Regelung haben Personalratsmitglieder, die durch die Erfüllung ihrer Aufgaben über die regelmäßige Arbeitszeit hinaus beansprucht werden, nur Anspruch auf Dienstbefreiung, wenn sie „erheblich mehr" Personalratstätigkeit ausgeübt haben. Nach Art. 46 Abs. 3 Satz 2 BayPVG sind bei weiteren Freistellungen die im Personalrat vertretenen Wahlvorschlagslisten nach den Grundsätzen der Verhältniswahl zu berücksichtigen. Die Freistellungsstaffel selbst weicht von der Bundesregelung ab.

c) Das Berliner Landesgesetz lässt ein Abweichen von der Freistellungsstaffel zu.

d) Die Teilnahme an Schulungs- und Bildungsveranstaltungen ist nach § 39 Abs. 6 PersVG Bre großzügiger geregelt als nach § 46 Abs. 6 u. 7 BPersVG.

e) Die Landesregelungen von Hamburg, Hessen, Mecklenburg-Vorpommern, Niedersachsen, Nordrhein-Westfalen, Rheinland-Pfalz, Sachsen und Sachsen-Anhalt stimmen weitgehend mit der Bundesregelung überein.

f) Die landesgesetzlichen Regelungen im Saarland und in Schleswig-Holstein stimmen ebenfalls weitgehend mit der Bundesregelung überein.

§ 47 (Schutz der Mitglieder des Personalrats vor außerordentlichen Kündigungen)

(1) Die außerordentliche Kündigung von Mitgliedern des Personalrats, die in einem Arbeitsverhältnis stehen, bedarf der Zustimmung des Personalrats. Verweigert der Personalrat seine Zustimmung oder äußert er sich nicht innerhalb von drei Arbeitstagen nach Eingang des Antrages, so kann das Verwaltungsgericht sie auf Antrag des Dienststellenleiters ersetzen, wenn die außerordentliche Kündigung unter Berücksichtigung aller Umstände gerechtfertigt ist. In dem Verfahren vor dem Verwaltungsgericht ist der betroffene Arbeitnehmer Beteiligter.

(2) Mitglieder des Personalrats dürfen gegen ihren Willen nur versetzt oder abgeordnet werden, wenn dies auch unter Berücksichtigung der Mitgliedschaft im Personalrat aus wichtigen dienstlichen Gründen unvermeidbar ist. Als Versetzung im Sinne des Satzes 1 gilt auch die mit einem Wechsel des Dienstortes verbundene Umsetzung in derselben Dienststelle; das Einzugsgebiet im Sinne des Umzugskostenrechts gehört zum Dienstort. Die Versetzung oder Abordnung von Mitgliedern des Personalrats bedarf der Zustimmung des Personalrats.

(3) Für Beamte im Vorbereitungsdienst und Beschäftigte in entsprechender Berufsausbildung gelten die Absätze 1, 2 und die §§ 15, 16 des Kündigungsschutzgesetzes

nicht. Absätze 1 und 2 gelten ferner nicht bei der Versetzung oder Abordnung dieser Beschäftigten zu einer anderen Dienststelle im Anschluss an das Ausbildungsverhältnis. Die Mitgliedschaft der in Satz 1 bezeichneten Beschäftigten im Personalrat ruht unbeschadet des § 29, solange sie entsprechend den Erfordernissen ihrer Ausbildung zu einer anderen Dienststelle versetzt oder abgeordnet sind.

Entsprechende landesgesetzliche Regelungen:

Baden-Württemberg: § 48; Bayern: Art. 47; Berlin: § 44; Brandenburg: § 47; Bremen: § 56 Abs. 2; Hamburg: § 50; Hessen: §§ 64 Abs. 2, 66 Abs. 1; Mecklenburg-Vorpommern: § 40; Niedersachsen: § 41 Abs. 2, 3; Nordrhein-Westfalen: § 43; Rheinland-Pfalz: § 70; Saarland: § 46; Sachsen: § 48; Sachsen-Anhalt: § 46; Schleswig-Holstein: § 38; Thüringen: § 47.

1. Begriffsbestimmungen

a) Kündigungsschutz: Auflösung eines Arbeitsverhältnisses ist nur unter bestimmten Voraussetzungen möglich bzw. durch Entscheidung eines Verwaltungsgerichts, das die fehlende Zustimmung des Personalrats ersetzen kann.

b) Außerordentliche Kündigung gerechtfertigt: Dem Arbeitgeber ist die Fortsetzung des Arbeitsverhältnisses aufgrund des Pflichtverstoßes unter keinen Umständen mehr zumutbar.

c) Versetzung: Zuweisung einer Dauerbeschäftigung in einer anderen Dienststelle desselben oder eines anderen öffentlich-rechtlichen Dienstherrn bei Aufrechterhaltung des Beschäftigungsverhältnisses.

d) Abordnung: Übertragung einer vorübergehenden Tätigkeit in einer anderen Dienststelle desselben oder eines anderen Dienstherrn bei Aufrechterhaltung des Dienstverhältnisses und der Zugehörigkeit zur bisherigen Dienststelle.

e) Wichtige dienstliche Gründe: Dienstlichen Interessen kann in keiner anderen Weise Genüge getan werden als durch die Versetzung oder Abordnung eines bestimmten Personalratsmitglieds.

f) Einzugsgebiet: Gebiet innerhalb einer Entfernung von 15 km.

2. Erläuterungen

a) Vertreter der nichtständig Beschäftigten, Mitglieder der Einigungsstelle, noch nicht nachgerückte Ersatzmitglieder werden durch das allgemeine Behinderungs- und Benachteiligungsverbot des § 8 geschützt.

b) Der Beschluss über die von der Dienststelle beantragte Zustimmung zu einer außerordentlichen Kündigung bzw. Versetzung oder Abordnung kann nur nach einer vorausgehenden **Plenumsdebatte** gefasst werden.

c) Die Zustimmung zu einer außerordentlichen **Kündigung eines Mitglieds der Jugend- und Auszubildendenvertretung** ist ebenfalls von der Personalvertretung zu erteilen. Gemäß § 40 Abs. 1 Satz 3 stimmen die Mitglieder der Jugend- und Auszubildendenvertretung mit.

d) Auch im Hinblick auf die **Mitglieder des Wahlvorstands** bzw. im Hinblick auf Wahlbewerber ist im Fall der außerordentlichen Kündigung das Zustimmungserfordernis der Personalvertretung Wirksamkeitsvoraussetzung. Der Schutz der Wahlvorstandsmitglieder beginnt mit der Bestellung, während der Schutz von Wahlbewerbern mit der Aufstellung des Wahlvorschlags und dem Vorliegen der notwendigen Stützungsunterschriften jeweils bis zur Bekanntgabe des Wahlergebnisses besteht. Auf die Einreichung des Wahlvorschlags beim Wahlvorstand kommt es nicht an (vgl. für das BetrVG: BAG v. 7.72011, NZA 2012, 107).

e) Das **Personalratsmitglied**, dem gegenüber die außerordentliche Kündigung ausgesprochen worden ist, kann während der Dauer des verwaltungsgerichtlichen Verfahrens **sein Amt ausüben**.

f) Wenn Mitglieder der Personalvertretung **auf** ihren **Wunsch** hin **versetzt** oder abgeordnet werden, so bedürfen die entsprechenden Maßnahmen nicht der Zustimmung der Personalvertretung (BVerwG v. 18.10.1977, ZBR 1978, 204; BVerwG v. 15.7.2004, ZfPR 2005, 66).

g) Die dienstlichen Belange gehen dem Interesse der Personalvertretung an einer gleichbleibenden Zusammensetzung des Vertretungsorgans ausnahmsweise dann vor, wenn konkrete **dienstliche Aufgaben nur im Fall einer Versetzung** oder Abordnung eines bestimmten Personalratsmitglieds erfüllt werden können. Die fehlende Zustimmung der Personalvertretung kann aber – anders als im Fall einer außerordentlichen Kündigung – nicht durch einen Gerichtsbeschluss ersetzt werden.

h) Im Fall der **Abordnung** kommt es nicht auf die Dauer an.

i) Auch **Wahlbewerber** genießen Kündigungsschutz (vgl. Anm. 2d), und zwar unabhängig davon, ob die Wahlvorschlagsliste, auf der sie kandidiert haben, durch spätere Streichungen von Stützungsunterschriften ungültig wird; denn Wahlbewerber sind im Hinblick auf mögliche Interessenkollisionen mit dem Dienststellenleiter ähnlich schutzbedürftig wie die Mitglieder der Personalvertretung. Außerdem muss verhindert werden, dass der Dienststellenleiter ihm nicht genehme Kandidaten durch eine Kündigung von der Wahl und der Wahrnehmung personalvertretungsrechtlicher Ämter ausschließt (vgl. BAG v. 12.3.2009, AiB 2010, 273).

j) Wenn die Personalvertretung ihre Zustimmung zur Versetzung bzw. Abordnung oder Umsetzung nicht erteilt hat, so kann die betreffende Maßnahme von der Dienststelle nicht angeordnet werden, da es an einer entscheidenden **Wirksamkeitsvoraussetzung** fehlt. Das betreffende Personalratsmitglied braucht entsprechenden Anordnungen der Dienststelle daher nicht Folge zu leisten (vgl. aber Anm. 2g).

3. Fälle aus der Rechtsprechung

a) Das Arbeitsverhältnis eines Personalratsmitglieds kann in aller Regel nach § 15 KSchG, § 626 BGB nicht wegen **häufiger krankheitsbedingter Fehlzeiten** außerordentlich gekündigt werden. Voraussetzung für eine entsprechende außerordentliche Kündigung wäre, dass es der Dienststelle unzumutbar ist, das Arbeitsverhältnis bis zum Ablauf der Kündigungsfrist fortzusetzen. Soweit aber ein wichtiger Grund i.S. des § 626 Abs. 1 BGB vorliegt, bleibt das Recht des Dienststellenleiters zur außerordentlichen Kündigung unverändert bestehen (vgl. für das BetrVG: BAG 18.2.1993, Leits. ZfPR 1994, 59).

b) In aller Regel muss der außerordentlichen Kündigung von Personalratsmitgliedern eine **Abmahnung** vorausgehen. Wenn aber die von dem Personalratsmitglied begangene Pflichtverletzung besonders schwer war und wenn es sich um eine solche gehandelt hat, bei der der Betroffene ohne weiteres die Rechtswidrigkeit hätte erkennen müssen und bei der es dem Dienststellenleiter nicht zumutbar ist, das Verhalten hinzunehmen, dann ist eine solche Abmahnung entbehrlich (BVerwG v. 15.10.2002, PersV 2003, 152 = Leits. ZfPR 2003, 112).

c) Die **Zustimmung** der Personalvertretung zu einer außerordentlichen Kündigung muss stets **vor dem Ausspruch dieser Kündigung** vorliegen. Andernfalls ist die Maßnahme nichtig (vgl. für das BetrVG: BAG v. 4.3.1976, DB 1976, 1160). Neben dem besonderen Schutz aus Abs. 1 kommen die für die Arbeitnehmer ohne personalvertretungsrechtliche Funktion vorgesehenen Beteiligungsrechte der Personalvertretung bei außerordentlichen Kündigungen nicht in Betracht (BVerwG v. 30.4.1998, ZfPR 1998, 153). Wenn eine Personalvertretung die Zustimmung zur außerordentlichen Kündigung innerhalb der Äußerungsfrist zunächst nicht gegeben hat, so kann sie diese noch während des **Gerichtsverfahrens bis zur Rechtskraft** der Entscheidung erteilen (VGH Baden-Württemberg v. 28.3.1996, Leits. ZBR 1996, 222).

d) Auch eine **außerordentliche Kündigung** eines Personalratsmitglieds setzt einen wichtigen Grund im Sinne des § 626 Abs. 1 BGB voraus. Die Weiterbeschäftigung muss für den Arbeitgeber unzumutbar sein. Ein wichtiger Grund für eine beabsichtigte **außerordentliche Kündigung** wäre dann gegeben, wenn es dem Arbeitgeber unzumutbar wäre, den Arbeitnehmer weiterhin zu beschäftigen, obwohl dieser unter keinen zumutbaren Bedingungen mehr beschäftigt werden kann und damit letztlich die Verpflichtung bestünde, ein sinnentleertes Arbeitsverhältnis über einen längeren Zeitraum aufrecht zu erhalten (VGH Bayern v. 3.5.2005, PersV 2006, 347 = Leits. ZfPR 2007, 71). Der Kündigungsschutz gilt auch für den Fall einer **Änderungskündigung**, die zum Zweck einer Fortsetzung des Arbeitsverhältnisses unter anderen Bedingungen ausgesprochen wird (vgl. für das BetrVG: BAG v. 6.10.1965, BAGE 17, 313). Nur ausnahmsweise aber wird ein wichtiger Grund für eine außerordentliche Änderungskündigung vorliegen. Auf Seiten des Kündigenden setzt dies voraus, dass für ihn die Fortsetzung derjenigen bisherigen Arbeitsbedingungen, deren Änderung er erstrebt, unzumutbar geworden ist, d.h. dass die vorgesehenen Änderungen für ihn unabweisbar sind. Die neuen Bedingungen müssen dem Gekündigten zumutbar sein. Beide Voraussetzungen müssen nebeneinander erfüllt sein (vgl. für das BetrVG: BAG v. 6.3.1986, BAGE 51, 200). Wenn eine Personalvertretung sich nicht innerhalb von drei Tagen nach Eingang des Antrags auf Zustimmung zur außerordentlichen Kündigung von Mitgliedern äußert, so ersetzt das Verwaltungsgericht auf Antrag des Dienststellenleiters die Zustimmung, wenn die außerordentliche Kündigung unter Berücksichtigung aller Umstände gerechtfertigt ist. Eine außerordentliche Kündigung ist u.a. dann gerechtfertigt, wenn wiederholt festgestellt werden musste, dass das betreffende Personalratsmitglied dringend zu erledigende Arbeitsvorgänge nicht oder nicht zeitgerecht bearbeitet und die entsprechenden Akten im Schreibtisch über mehrere Monate aufbewahrt hat (OVG Schleswig-Holstein v. 2.12.1994 – 11 L 2/94, n.v.). Wenn der Dienststellenleiter allerdings erkennen muss, dass die Personalvertretung noch weitere **Erkundigungen** einholen und damit eine endgültige Beschlussfassung noch zurückstellen will, so kann er die außerordentliche Kündigung nicht aussprechen (vgl. für das BetrVG: BAG v. 1.12.1977, DB 1978, 355).

e) Auch **Ersatzmitglieder** genießen Kündigungsschutz für den Fall, dass sie ein ordentliches Mitglied vertreten bzw. für ein ordentliches Mitglied endgültig nachgerückt sind. Nach der Beendigung der Vertretung tritt das Ersatzmitglied wieder in die Stellung zurück, aus der es in die Vertretungsphase eingetreten ist; dies bedeutet: das Ersatzmitglied geniesst keinen stärkeren Rechtsschutz als die übrigen, der Personalvertretung nicht angehörenden Beschäftigten (BVerwG v. 28.2.1990, ZfPR 1990, 79). Im Vetretungsfall beginnt der Schutz von Ersatzmitgliedern mit dem üblichen Arbeitsbeginn am ersten Abwesenheitstag des verhinderten Personalratsmitglieds (vgl. für das BetrVG: BAG v. 8.9.2011 – 2 AZR 388/10, juris). Der nachwirkende Kündigungsschutz für Ersatzmitglieder tritt nur dann ein, wenn sie in der Vertretungszeit tatsächlich konkrete Personalratsaufgaben wahrgenommen haben (vgl. für das BetrVG: BAG v. 19.4.2012, NZA 2012, 1449).

f) Die Verletzung personalvertretungsrechtlicher Pflichten kann keinen **Grund für eine außerordentliche Kündigung** geben, es sei denn, dass gleichzeitig gegen wesentliche dienstliche Pflichten verstoßen worden ist (vgl. für das BetrVG: BAG v. 22.8.1974, BB 1974, 1578). Diese Voraussetzung ist z.B. dann erfüllt, wenn wichtige Nebenpflichten eines Arbeitsvertrags durch einen schweren Verstoß verletzt werden und eine unmittelbare Rückwirkung auf das Arbeitsverhältnis erfolgt ist. Zum Bspiel dann, wenn das betreffende Personalratsmitglied die Presse informiert und dabei bewusst und vorsätzlich falsche Tatsachenbehauptungen aufgestellt hat (BAG v. 16.9.1987, Leits. ZfPR 1989, 51). Dagegen kann ein Dienststellenleiter im Fall heftiger Auseinandersetzungen Personalratsmitgliedern nicht außerordentlich kündigen;

dies wäre mit der partnerschaftlichen Zusammenarbeit nicht vereinbar (VG Düsseldorf v. 18.5.1995, PersR 1995, 496). Soll eine beabsichtigte außerordentliche Kündigung (oder Änderungskündigung) dagegen ausschließlich wegen der Verletzung von Arbeitspflichten ausgesprochen werden, so sind die gleichen Maßstäbe wie bei anderen Arbeitnehmern, die nicht Mitglied einer Personalvertretung sind, anzuwenden. Deshalb ist auch gegenüber Personalratsmitgliedern bei mehrfacher Verletzung von Arbeitspflichten ein wichtiger Grund zu einer außerordentlichen Kündigung oder Änderungskündigung i.S. von § 626 BGB gegeben (OVG Schleswig-Holstein v. 18.1.1995 – 11 L 2/94, n.v.). Bei einer beharrlichen Arbeitsverweigerung kann einem Personalratsmitglied außerordentlich gekündigt werden, z.B. dann, wenn ein freigestelltes Personalratsmitglied die Wahl zum Gewerkschaftsvorsitzenden annimmt und ohne vorherige Freistellung durch den Dienststellenleiter der (personalvertretungsrechtlichen) Arbeit fernbleibt (vgl. für das BetrVG: LAG Berlin v. 16.10.1995, AiB 1996, 683).

g) Ob eine Versetzung von Mitgliedern des Personalrats gegen ihren Willen zulässig ist und ob „dies auch unter Berücksichtigung der Mitgliedschaft im Personalrat aus wichtigen dienstlichen Gründen unvermeidbar ist" (Abs. 2 Satz 1), hängt davon ab, ob durch die konkrete Maßnahme die Wahrnehmung des Personalratsamts behindert oder erschwert und somit die **unabhängige Amtsführung des betreffenden Personalratsmitglieds** beeinträchtigt wird. Daher muss das Gesamtbild der Tätigkeit betroffen sein, so dass ein Vergleich der bisherigen Tätigkeit mit den neuen Aufgaben vorzunehmen ist (OVG Berlin v. 11.2.2003, PersV 2003, 233). Ein Dienststellenleiter hat die Zustimmung der Personalvertretung auch bei einer nur **vorübergehenden Versetzung**, Abordnung oder Umsetzung einzuholen, da der Gesetzgeber auch die nur vorübergehende Erschwerung der Ausübung des Personalratsamts verhindern wollte (BVerwG v. 29. 4. 1981 – 6 P 34.79, PersV 1982, 404; BVerwG v. 29.4.1981 – 6 P 37.79, PersV 1982, 406).

h) Der **Versetzungsschutz für Wahlbewerber beginnt**, wenn ein Wahlvorstand besteht und für den Wahlbewerber entweder ein ordnungsgemäß unterzeichneter Wahlvorschlag einer in der Dienststelle vertretenen Gewerkschaft oder ein Wahlvorschlag der wahlberechtigten Beschäftigten vorliegt, der die erforderliche Mindestzahl von Unterschriften aufweist. Der **Versetzungsschutz endet** mit der Bekanntgabe des Wahlergebnisses (BVerwG v. 13.6.2007, Leits. ZfPR 2008, 44).

i) Im Falle einer **Zuweisung**, die eine unmittelbare Folge einer gesetzlichen Vorschrift ist, ist Abs. 2 nicht anwendbar; denn es liegt keine Maßnahme (vgl. § 69 Abs. 1) vor (OVG Münster v. 20.6.2011, ZfPR 2011, 117; OVG Berlin-Brandenburg v. 12.8.2011, ZfPR 2012, 3).

j) Wenn der Dienststellenleiter beim Verwaltungsgericht die **Ersetzung der Zustimmung** der Personalvertretung zur außerordentlichen Kündigung beantragt hat, so hat das Gericht zu prüfen, ob dem Arbeitnehmer ein anderer Arbeitsplatz zur Verfügung gestellt werden kann (vgl. für das BetrVG: BAG v. 13.9.1973, NJW 1974, 336). Grundsätzlich hat das Verwaltungsgericht die Zustimmung der Personalvertretung auf Antrag des Dienststellenleiters nur dann zu ersetzen, „wenn die außerordentliche Kündigung unter Berücksichtigung aller Umstände gerechtfertigt ist" (Abs. 1 Satz 2). Deshalb müssen die Voraussetzungen einer fristlosen bzw. außerordentlichen Kündigung nach § 626 BGB gegeben sein. Diese Voraussetzungen sind nur dann erfüllt, wenn Tatsachen bekannt werden, die unter Berücksichtigung aller Umstände des Einzelfalls unter Abwägung der Interessen sowohl des Dienststellenleiters als auch des betroffenen Beschäftigten bzw. der Personalvertretung dem Dienststellenleiter die Fortsetzung des Beschäftigungsverhältnisses zum Ablauf der Kündigungsfrist oder bis zur vereinbarten Beendigung des Beschäftigungsverhältnisses nicht zumutbar erscheinen lassen (BayVGH v. 16.6.1999, PersV 2000, 42). Das Gericht hat nicht nur zu prüfen, ob die Personalvertretung einen Ermessens- oder Beurteilungsspielraum verletzt hat, sondern auch, ob zum Zeitpunkt der gerichtlichen Entscheidung eine außerordentliche Kündigung nach § 626 BGB berechtigt gewesen wäre (OVG Lüneburg v. 14.9.2011, PersV

2012, 68). Wenn ein Verwaltungsgericht dem Antrag auf Ersetzung der Zustimmung stattgegeben hat, so kann die Kündigung grundsätzlich erst dann wirksam erfolgen, wenn die gerichtliche Entscheidung rechtskräftig geworden ist (BAG v. 24.11.2011 – 2 AZR 480/10 – juris). Wenn sich ein Rechtsmittel oder ein Rechtsbehelf gegen einen die Zustimmung der Personalvertretung ersetzenden Beschlussals offensichtlich aussichtslos darstellt, dann kann die Kündigung bereits vor Eintritt der formellen Rechtskraft erfolgen (vgl. für das BetrVG: BAG v. 24.11.2011, PersV 2012, 258).

k) Wenn ein Beschäftigter **mehreren Personalvertretungen als Mitglied angehört**, dann bedarf es zu seiner außerordentlichen Kündigung der Zustimmung jeder einzelnen Personalvertretung (BVerwG v. 8.12.1986, PersV 1987, 426).

l) Der nachwirkende Kündigungsschutz greift nicht ein bei auf Probe beschäftigten **Dienstordnungsangestellten** eines Sozialversicherungsträgers, der wegen mangelnder Bewährung entlassen werden kann (BAG v. 5.9.1986, Leits. ZTR 1987, 220).

m) Die Vorschrift gilt auch für **Soldatenvertreter**; denn mit Ausnahme ihrer eingeschränkten Befugnisse in Gruppenangelegenheiten entspricht ihr Auftrag demjenigen der übrigen Personalratsmitglieder. Sie bedürfen daher grundsätzlich auch des gleichen Schutzes vor Personalmaßnahmen, die die Wahrnehmung ihres Amtes oder ihre innere Unabhängigkeit beeinflussen könnten. Die sich aus dem militärischen Auftrag der Bundeswehr ergebenden besonderen Erfordernisse im personellen Bereich können allerdings auch Soldatenvertretern gegenüber durchgesetzt werden. Das setzt voraus, dass sie als „wichtige dienstliche Gründe" für eine Versetzung oder Abordnung zu berücksichtigen sind (BVerwG v. 19.2.1987, PersV 1987, 510).

n) **Mitgliedern des Wahlvorstands** steht der besondere Kündigungsschutz auch für den Fall zu, dass eine Personalvertretung nicht im Amt sein sollte. In diesem Fall ist vor einem Aussprechen einer wirksamen außerordentlichen Kündigung das **Zustimmungsersetzungsverfahren vor dem Verwaltungsgericht** durchzuführen (vgl. für das BetrVG: BAG v. 12.8.1976, BB 1976, 1450).

o) Nach **Beendigung des nachwirkenden Kündigungsschutzes** (sechs Monate nach Bekanntgabe des Wahlergebnisses) kann dem erfolglosen Wahlbewerber wieder wie jedem Arbeitnehmer gekündigt werden. Dabei kann der Dienststellenleiter die Kündigung auf Pflichtverletzungen des Arbeitnehmers stützen, die dieser während der Schutzfrist begangen hat und die nicht im Zusammenhang mit der Wahlbewerbung stehen. Allerdings sind die Umstände des Einzelfalls sorgfältig zu prüfen, auch dahingehend, ob die Kündigungsgründe inzwischen verwirkt sein könnten. Eine solche Verwirkung käme aber nur für den Fall in Betracht, dass ein Dienststellenleiter trotz Vorliegens eines Kündigungsgrunds die Kündigung nicht ausgesprochen hat und bei dem betroffenen Arbeitnehmer dadurch das berechtigte Vertrauen entstanden ist, die Kündigung werde unterbleiben (vgl. für das BetrVG: BAG v. 13.6.1996, DB 1996, 1832).

p) Da das Gesetz nur auf personelle Maßnahmen abstellt, mit denen ein aus Sicht der Personalvertretung unzumutbarer Eingriff in ihre Zusammensetzung verhindert werden soll, fallen **organisatorische Maßnahmen** nicht unter das Gesetz. Dies gilt u.a. dann, wenn auf Grund eines Organisationsbefehls des Bundesministers der Verteidigung eine militärische Dienststelle der höheren Dienststelle eines anderen Geschäftsbereichs unterstellt wird und die der Dienststelle angehörenden Mitglieder des Bezirkspersonalrats ihr Amt verlieren (BVerwG v. 15.7.2004, ZfPR 2005, 66).

q) Wenn **vor Ablauf der Amtszeit** der Personalvertretung eine Versetzungs- oder eine Abordnungsmaßnahme verfügt wird, die erst nach dem Ende der Amtszeit wirksam wird und bei der die Zustimmung der Personalvertretung fehlt, so gilt dennoch die Schutzvorschrift von Abs. 2. Dies gilt vor allem dann, wenn das betroffene Personalratsmitglied noch vor Eintritt der Wirksamkeit der Personalmaßnahme wiederum in die Personalvertretung gewählt wird (BVerwG v. 18.5.2004, Leits. ZfPR 2005, 44).

4. Streitigkeiten

Die Verwaltungsgerichte entscheiden Streitigkeiten über die Zulässigkeit von Versetzungen und Abordnungen. Soweit es sich um Arbeitnehmer handelt, entscheiden die **Arbeitsgerichte**. Für Streitigkeiten über die Rechtmäßigkeit einer Kündigung sind die Arbeitsgerichte zuständig (§ 2 Abs. 1 Nr. 2 ArbGG). Das einzelne Personalratsmitglied selbst kann eine verwaltungsgerichtliche Feststellung im Hinblick darauf erstreben, dass es durch eine Versetzung oder Abordnung in seiner personalvertretungsrechtlichen Rechtsstellung betroffen ist (VGH Baden-Württemberg v. 30.3.1999, PersR 1999, 275).

Fünfter Abschnitt
Personalversammlung

§ 48 (Zusammensetzung, Leitung, Teilversammlung)

(1) Die Personalversammlung besteht aus den Beschäftigten der Dienststelle. Sie wird vom Vorsitzenden des Personalrats geleitet. Sie ist nicht öffentlich.

(2) Kann nach den dienstlichen Verhältnissen eine gemeinsame Versammlung aller Beschäftigten nicht stattfinden, so sind Teilversammlungen abzuhalten.

Entsprechende landesgesetzliche Regelungen:

Baden-Württemberg: § 49; Bayern: Art. 48; Berlin: §§ 45, 46 Abs. 1; Brandenburg: § 48; Bremen: § 43; Hamburg: §§ 51, 53 Abs. 1; Hessen: § 44; Mecklenburg-Vorpommern: § 41; Niedersachsen: § 42; Nordrhein-Westfalen: § 45; Rheinland-Pfalz: § 47; Saarland: § 47; Sachsen: § 49; Sachsen-Anhalt: § 47; Schleswig-Holstein: § 39; Thüringen: § 48.

1. Begriffsbestimmungen

a) Personalversammlung: Ausspracheforum der Beschäftigten, dem bestimmte, gesetzlich festgelegte Zuständigkeiten obliegen.

b) Nichtöffentlichkeit: Die Personalversammlung ist nur den Beschäftigten der Dienststelle, dem Dienststellenleiter, Beauftragten der in der Dienststelle vertretenen Gewerkschaften und der Arbeitgebervereinigung, der die Dienststelle angehört, einem beauftragten Mitglied der (nächsthöheren) Stufenvertretung, einem beauftragten Mitglied des Gesamtpersonalrats und einem Beauftragten der Behörde der Mittelstufe bzw. der obersten Dienstbehörde, bei der die Stufenvertretung errichtet ist, zugänglich.

c) Teilversammlungen: Solche Versammlungen, an denen aufgrund der besonderen dienstlichen Verhältnisse nur ein bestimmter Teil der Beschäftigten einer sonst einheitlichen Dienststelle teilnehmen kann.

2. Erläuterungen

a) Die Personalversammlung wird aufgrund eines förmlichen Beschlusses der Personalvertretung **einberufen**. Sie wird vom Vorsitzenden der Personalvertretung geleitet. In dieser Eigenschaft steht dem Personalratsvorsitzenden das Hausrecht zu. Er hat die Versammlung zu eröffnen, das Wort zu erteilen, die Diskussion zu leiten und die Versammlung zu schließen.

b) Die Personalversammlung ist kein der Personalvertretung übergeordnetes Organ. Sie ist lediglich das **Ausspracheforum**, das Anträge und Beschwerden an die Personalvertretung herantragen kann.

c) Die **Verletzung des Gebots der Nichtöffentlichkeit** nimmt einer Versammlung die Eigenschaft einer Personalversammlung, so dass die Dienststelle die hierdurch entstehenden Kosten nicht zu tragen hat. Allerdings ist eine Verletzung des Gebots der Nichtöffentlichkeit ohne Einfluss auf die Rechtswirksamkeit von Beschlüssen.

d) Wenn die „dienstlichen Verhältnisse" keine Vollversammlung zulassen, dann kann eine **Teilversammlung** durchgeführt werden. Dies ist beispielsweise dann der Fall, wenn durch die Abhaltung einer Personalversammlung für den gesamten Dienstbereich der Publikumsverkehr erheblich leiden würde. An einer solchen Teilpersonalversammlung dürfen nur diejenigen Beschäftigten teilnehmen, die zu dem betreffenden Dienststellenteil oder dem betreffenden Personenkreis gehören. Die Leitung einer solchen Teilversammlung obliegt ebenfalls dem Personalratsvorsitzenden.

3. Fälle aus der Rechtsprechung

a) Die Personalversammlung ist „ein Organ der Personalvertretung". Sie ist **kein Dienststellenparlament**, sondern ein Ausspracheforum mit geringen indirekten Möglichkeiten zur Beeinflussung der Meinungs- und Willensbildung der Personalvertretung. Entscheidungsorgan ist alleine die Personalvertretung (BVerwG v. 24.10.1975, BVerwGE 49, 259 = PersV 1976, 422).

b) Die Personalversammlung hat **keine Vertretungsmacht nach außen** und kann daher auch keine rechtsverbindlichen Erklärungen abgeben (BVerwG v. 24.10.1975, aaO).

c) Die **Unterlassung der Einberufung** der ordentlichen Personalversammlung kann einen Pflichtverstoß nach § 28 darstellen (BVerwG v. 25.2.1972, PersV 1972, 214).

d) Der **Kreis derjenigen, die** an Personalversammlungen **teilnehmen können**, ist abschließend geregelt. Teilnahmeberechtigt sind zunächst einmal die in die Dienstselle eingegliederten **Beschäftigten** (§ 4; BVerwG v. 20.11.2012, ZfPR *online* 2/2013, S. 3). Darüber hinaus können andere Personen grundsätzlich nicht teilnehmen. Sachverständige sind ebenfalls nicht teilnahmeberechtigt (BVerwG v. 24.10.1975, aaO). Allerdings soll die Personalvertretung nach Auffassung des Bundesverwaltungsgerichts (BVerwG v. 8. 11. 1989, ZfPR 1990, 86) berechtigt sein, **dienststellenfremde Auskunftspersonen** zur Unterrichtung der Beschäftigten einer Personalversammlung zu solchen Themen hinzuziehen, die zum Zuständigkeitsbereich einer Personalversammlung gehören. Diesen Auskunftspersonen steht für die Dauer der Erörterung des zuvor bezeichneten Themas und zur Beantwortung von Fragen ein Anwesenheitsrecht zu (vgl. auch: BVerwG v. 18.6.1991, ZfPR 1991, 136, 164). Ein Dienststellenleiter ist berechtigt, im personalvertretungsrechtlichen Beschlussverfahren die Feststellung zu beantragen, dass die Personalvertretung nicht befugt ist, bestimmte **dienststellenfremde Personen** (z.B.: Landtagsabgeordnete verschiedener politischer Parteien) zu einer Personalversammlung der Dienststelle als „Auskunftspersonen" hinzuzuziehen (BVerwG v. 10.3.1995, ZfPR 1995, 159). Unter bestimmten Voraussetzungen ist die **Gleichstellungsbeauftragte** teilnahmeberechtigt (§ 20 BGleiG). Dagegen sind Vertreter der Presse oder anderer Medien oder gar „Persönlichkeiten des öffentlichen Lebens" nicht teilnahmeberechtigt. Beschäftigte, die sich in der **Freistellungsphase der Altersteilzeit nach dem Blockmodell** befinden, sind mit dem Beginn der Freistellungsphase aus der Dienststelle ausgegliedert; sie dürfen daher an Personalversammlungen nicht mehr teilnehmen (BVerwG v. 15.5.2002, Leits. ZfPR 2003, 49). **Mitarbeiter der Job-Center** sind nicht berechtigt, an den Personalversammlungen der Agentur für Arbeit, wohl aber an solchen des Job-Centers teilzunehmen (OVG Berlin-Brandenburg v. 19.7.2012, PersR 2013, 88 = Leits. ZfPR 2013, 111).

e) Beschäftigte, die sich während einer regelmäßigen Personalversammlung in **Erholungsurlaub** befinden, können an dieser Personalversammlung teilnehmen. Sie haben für diese Zeit Anspruch auf Lohn oder Gehalt (vgl. für das BetrVG: BAG v. 5.5.1987, BB 1987, 1809). Ein zusätzlicher Freizeitausgleich wird hierfür nicht gewährt; denn dieser wird nur für die Zeit einer Personalversammlung, die außerhalb der normalen Arbeitszeit stattfindet, gegeben (LAG Berlin v. 19.9.1988, ZTR 1989, 40). Ein Beschäftigter, der sich in Erziehungsurlaub befindet, kann ebenso wie ein Wehr- oder Ersatzdienstleistender an einer Personalversammlung teilnehmen.

f) Das **Hausrecht** steht dem Leiter der Personalversammlung für de Versammlungsort und die entsprechenden Zugangswege zu (vgl. für das BetrVG: BAG v. 22.5.2012, ZfPR *online* 2/2013, S. 16).

g) Ein Dienststellenleiter ist ohne Einwilligung der Personalvertretung nicht berechtigt, **Wortprotokolle von Personalversammlungen** anzufertigen oder anfertigen zu lassen. Veranstalter einer Personalversammlung ist allein die Personalvertretung. Nur sie kann daher auch die Erlaubnis erteilen, den Inhalt der Versammlung aufzuzeichnen (vgl. für das BetrVG: LAG Hamm v. 9.7.1986, NZA 1986, 842).

h) Ein **Dienststellenleiter darf nicht zu einer „Personalversammlung" einladen**. Dieser Begriff hat im Personalvertretungsrecht eine bestimmte rechtliche Bedeutung. Die Personalversammlung ist ein Organ der Personalvertretung. Daher ist alleine sie zur Einberufung zuständig, und zwar auch dann, wenn der Dienststellenleiter oder ein Viertel der Beschäftigten dies beantragen (BVerwG v. 23.5.1986, PersV 1987, 196).

i) Mitglieder der Personalvertretung können an **Teilpersonalversammlungen** nur dann teilnehmen, wenn sie zum Kreis der Beschäftigten gehören, für die die Teilversammlung z.B. in räumlich weit entfernt liegenden Dienststellenteilen durchgeführt wird (BVerwG v. 5.5.1973, BVerwGE 42, 175). Dem Vorstand der Personalvertretung wird man allerdings ein Teilnahmerecht an allen Teilversammlungen zubilligen müssen.

j) Wenn eine nicht tariffähige Arbeitnehmerkoalition Zutritt zu den Vorräumen einer Personalversammlung zu Zwecken der **Mitgliederwerbung** verlangt, dann hat sie den entsprechenden Antrag nicht an die Personalvertretung, sondern an den Dienststellenleiter zu richten (vgl. für das BetrVG: BAG v. 25.5.2012, ZfPR *online* 2/2013, S. 16).

4. Streitigkeiten

Die Verwaltungsgerichte entscheiden Streitigkeiten nach § 83 Abs. 2 Nr. 3.

§ 49 (Ordentliche und außerordentliche Personalversammlungen)

(1) Der Personalrat hat einmal in jedem Kalenderhalbjahr in einer Personalversammlung einen Tätigkeitsbericht zu erstatten.

(2) Der Personalrat ist berechtigt und auf Wunsch des Leiters der Dienststelle oder eines Viertels der wahlberechtigten Beschäftigten verpflichtet, eine Personalversammlung einzuberufen und den Gegenstand, dessen Beratung beantragt ist, auf die Tagesordnung zu setzen.

(3) Auf Antrag einer in der Dienststelle vertretenen Gewerkschaft muss der Personalrat vor Ablauf von zwölf Arbeitstagen nach Eingang des Antrags eine Personalversammlung nach Absatz 1 einberufen, wenn im vorhergegangenen Kalenderhalbjahr keine Personalversammlung und keine Teilversammlung durchgeführt worden sind.

Entsprechende landesgesetzliche Regelungen:

Baden-Württemberg: § 50; Bayern: Art. 49; Berlin: § 47; Brandenburg: § 49; Bremen: § 44; Hamburg: § 52; Hessen: § 45; Mecklenburg-Vorpommern: § 42; Niedersachsen: § 43; Nordrhein-Westfalen: § 46; Rheinland-Pfalz: § 48; Saarland: § 48; Sachsen: § 50; Sachsen-Anhalt: § 48; Schleswig-Holstein: § 40; Thüringen: § 49.

1. Begriffsbestimmungen

a) Tätigkeitsbericht: Information der Personalversammlung über die Aktivitäten und Initiativen der Personalvertretung seit der letzten Personalversammlung.

b) Außerordentliche Personalversammlung: Im Gegensatz zu der einmal im Kalenderhalbjahr stattfindenden ordentlichen Personalversammlung diejenige Versammlung, die außerhalb dieses Rhythmus nach entsprechender Antragstellung durchgeführt wird.

2. Erläuterungen

a) Die Vorschrift gilt **nicht für die Stufenvertretungen und Gesamtpersonalräte**.

b) Die Personalvertretung hat aus eigener Verantwortung für die Einhaltung des **Halbjahresrhythmus** zu sorgen. Sie hat die Tagesordnung der Personalversammlung zu beschließen, den Termin rechtzeitig bekanntzugeben und für eine ordnungsgemäße Durchführung zu sorgen.

c) Der **Tätigkeitsbericht** soll die Beschäftigten über die Tätigkeit der Personalvertretung seit der letzten Personalversammlung informieren. Infolgedessen muss dieser Bericht rechtzeitig vor der Personalversammlung zumindest in seinen Grundzügen vom Plenum der Personalvertretung beschlossen werden. Der Bericht wird grundsätzlich vom Vorsitzenden vorgetragen und braucht den Teilnehmern nicht schriftlich vorgelegt zu werden.

d) Der Tätigkeitsbericht muss mindestens die **bedeutenden Geschäftsvorgänge** in solcher Ausführlichkeit enthalten, dass die Beschäftigten sich ein Bild von der Tätigkeit der Personalvertretung machen können. Im Anschluss an den Vortrag des Personalratsvorsitzenden können die Beschäftigten Fragen stellen und Kritik üben. Sie haben aber kein Recht dazu, die Personalvertretung zu entlasten oder sie von ihrer weiteren Tätigkeit zu entbinden (vgl. Muster eines Tätigkeitsberichts im Anhang).

e) Die Personalvertretung hat bei der Anberaumung einer außerordentlichen Personalversammlung aus eigener Initiative auf die sachliche Notwendigkeit einer alsbaldigen **Erörterung bestimmter Beratungsgegenstände** Bedacht zu nehmen.

f) Wird die Anberaumung einer Personalversammlung vom Dienststellenleiter oder von einem Viertel der Wahlberechtigten beantragt, so hat die Personalvertretung zu prüfen, ob der beantragte Gegenstand zu den Beratungsthemen gehört, die in die **Zuständigkeit einer Personalversammlung** fallen. Ihr steht aber kein Recht zu, die Durchführung der Personalversammlung zu verweigern (vgl. Abs. 2: „verpflichtet [...] einzuberufen").

g) Eine **Gewerkschaft** kann nur den Antrag auf Durchführung einer Personalversammlung nach Abs. 3 stellen. In diesem Fall muss die Personalvertretung die beantragte Personalversammlung „vor Ablauf von 12 Arbeitstagen" einberufen, nicht durchführen. Der Tag des Eingangs des Antrags wird nicht mitgerechnet (§ 187 BGB).

3. Fälle aus der Rechtsprechung

a) Die Personalvertretung ist verpflichtet, in der ordentlichen Personalversammlung einen **Tätigkeitsbericht** zu erstatten. Die Tagesordnung kann weitere Punkte enthalten, den Tätigkeitsbericht muss sie enthalten. Der Bericht muss mindestens in den Grundzügen durch Beschluss der Personalvertretung festgelegt werden (BVerwG v. 8.10.1975, PersV 1976, 420).

b) Der Tätigkeitsbericht darf weder Auskünfte enthalten, die die **Schweigepflicht** der Personalvertretung verletzen, noch darf er durch einseitige Hervorhebung der Wirksamkeit einer von mehreren in der Dienststelle vertretenen Gewerkschaften das Neutralitätsgebot des § 67 Abs. 2 verletzen (BVerfG v. 6.5.1970, ZBR 1970, 262).

c) Kein **Bedarf** für die Durchführung einer **außerordentlichen Personalversammlung** besteht dann, wenn Fragen erörtert werden sollen, die weder einen mittelbaren noch einen unmittelbaren Bezug zu den Beschäftigten gerade dieser Dienststelle haben und die auch nicht einer unverzüglichen Beratung bedürfen. Dies gilt zum Beispiel für ein noch im Lauf befindliches Gesetzgebungsverfahren, das in keinem Fall einen besonderen dienstlichen Bezug hat, bei dem also nicht über dienstbezogene Fragen, sondern über politische Maßnahmen diskutiert wird (vgl. für das BetrVG: ArbG München v. 3.2.1986, NZA 1986, 235).

4. Streitigkeiten

Die Verwaltungsgerichte entscheiden Streitigkeiten über die Notwendigkeit und Zulässigkeit einer Personalversammlung sowie über die Anträge nach Abs. 2 und Abs. 3 gem. § 83 Abs. 1 Nr. 3.

5. Abweichende Regelungen des Landesrechts

Die landesgesetzlichen Bestimmungen sind weitgehend der Bundesregelung nachgebildet. Lediglich der zeitliche Rhythmus von Personalversammlungen (Halbjahres-/Ganzjahresrhythmus) ist vereinzelt anders geregelt.

§ 50 (Personalversammlung und Arbeitszeit)

(1) Die in § 49 Abs. 1 bezeichneten und die auf Wunsch des Leiters der Dienststelle einberufenen Personalversammlungen finden während der Arbeitszeit statt, soweit nicht die dienstlichen Verhältnisse eine andere Regelung erfordern. Die Teilnahme an der Personalversammlung hat keine Minderung der Dienstbezüge oder des Arbeitsentgeltes zur Folge. Soweit in den Fällen des Satzes 1 Personalversammlungen aus dienstlichen Gründen außerhalb der Arbeitszeit stattfinden müssen, ist den Teilnehmern Dienstbefreiung in entsprechendem Umfang zu gewähren. Fahrkosten, die durch die Teilnahme an Personalversammlungen nach Satz 1 entstehen, werden in entsprechender Anwendung des Bundesreisekostengesetzes erstattet.

(2) Andere Personalversammlungen finden außerhalb der Arbeitszeit statt. Hiervon kann im Einvernehmen mit dem Leiter der Dienststelle abgewichen werden.

Entsprechende landesgesetzliche Regelung:

Baden-Württemberg: § 51; Bayern: Art. 50; Berlin: § 48; Brandenburg: § 50; Bremen: § 45; Hamburg: § 54; Hessen: § 46; Mecklenburg-Vorpommern: § 43; Niedersachsen: § 44; Nordrhein-Westfalen: § 47; Rheinland-Pfalz: § 49; Saarland: § 50; Sachsen: § 51; Sachsen-Anhalt: § 49; Schleswig-Holstein: § 41; Thüringen: § 50.

1. Begriffsbestimmungen

a) Dienstliche Verhältnisse: Nur solche Tatbestände, die unter Berücksichtigung aller Umstände die Durchführung einer Personalversammlung außerhalb der Arbeitszeit zwingend erforderlich machen.

b) Dienstbefreiung: Freistellung von der Erfüllung dienstlicher Aufgaben für den Zeitraum, der für die Teilnahme an einer Personalversammlung notwendig ist.

2. Erläuterungen

a) Die Personalvertretung muss bei der Festlegung des Termins für die Durchführung einer Personalversammlung **auf die dienstlichen Interessen** einerseits und auf die Interessen der Beschäftigten andererseits **Rücksicht nehmen**. Zweckmäßigerweise erfolgt daher vor der Anberaumung eines Termins eine Unterrichtung bzw. Absprache mit dem Leiter der Dienststelle. Eine Genehmigung durch den Dienststellenleiter ist nicht erforderlich.

b) Eine Personalversammlung hat nur dann **außerhalb der Arbeitszeit** stattzufinden, wenn die dienstlichen Verhältnisse dies zwingend erfordern. Das ist aber nur dann der Fall, wenn die Durchführung einer Personalversammlung in den Dienstablauf derart eingreifen würde, dass eine ordnungsgemäße Aufgabenwahrnehmung insbesondere gegenüber Dritten nicht mehr gewährleistet wäre.

c) Durch die **Teilnahme** an einer Personalversammlung darf dem einzelnen Beschäftigten **keinerlei Nachteil** entstehen. Dies gilt z.B. auch für Zulagen und sonstige Geldleistungen, die ausschließlich aufgrund der Wahrnehmung bestimmter dienstlicher Tätigkeiten gezahlt werden.

d) Wenn eine ordentliche Personalversammlung oder eine auf Wunsch des Dienststellenleiters einberufene Versammlung ausnahmsweise außerhalb der Arbeitszeit durchgeführt worden ist, so ist den Beschäftigten entsprechend dem Zeitaufwand **Dienstbefreiung** zu gewähren.

e) Für die Teilnahme an einer außerhalb der Arbeitszeit stattfindenden außerordentlichen Personalversammlung besteht **kein Anspruch auf Gehalt bzw. Lohn**.

f) Erleiden Teilnehmer an einer Personalversammlung einen **Unfall**, so greifen die Unfallfürsorgevorschriften gemäß § 11 ein.

3. Fälle aus der Rechtsprechung

a) Die an einer Personalversammlung teilnehmenden Beschäftigten haben nur einen der Dauer der Versammlung entsprechenden **Anspruch auf Dienstbefreiung**. Dies entspricht dem im öffentlichen Dienstrecht geltenden allgemeinen Grundsatz, dass Wegezeiten zwischen Wohnung und Dienststelle keine Arbeitszeit sind. Daher kann auch kein Anspruch auf Dienstbefreiung für Wegezeiten anlässlich der Teilnahme an einer Personalversammlung außerhalb der Arbeitszeit geltend gemacht werden (BVerwG v. 28.10.1982, ZBR 1983, 191).

b) Ein Grund für die Einberufung einer regelmäßigen **Personalversammlung außerhalb der Arbeitszeit** besteht dann nicht, wenn die persönliche Arbeitszeit einer bestimmten Beschäftigtengruppe (z.B. Teilzeitbeschäftigte) von der Arbeitszeit eines wesentlichen Teils der Beschäftigten abweicht (vgl. für das BetrVG: BAG v. 27.11.1987, Leits. BB 1988, 912).

c) Wenn ein Beschäftigter während seines Urlaubs an einer Personalversammlung teilnimmt, die während der Arbeitszeit stattfindet, so steht ihm ein zusätzlicher **Freizeitausgleich** nicht zu; denn dieser wird nur für die Zeit einer Personalversammlung, die außerhalb der normalen Arbeitszeit stattfindet, gewährt (LAG Berlin v. 19.9.1988, ZTR 1989, 45). Ebensowenig steht einem Beschäftigten, der sich in Erziehungsurlaub befindet, ein Anspruch auf **Erstattung von Fahrtkosten** zu, wenn er während des Erziehungsurlaubs an einer Personalversammlung teilnimmt (BayVGH v. 14.9.1988, ZBR 1989, 213).

4. Streitigkeiten

Die Verwaltungsgerichte entscheiden Streitigkeiten im Zusammenhang mit der Durchführung einer Personalversammlung während oder außerhalb der Arbeitszeit nach § 83 Abs. 1 Nr. 3.

§ 51 (Zuständigkeit der Personalversammlung)

Die Personalversammlung kann dem Personalrat Anträge unterbreiten und zu seinen Beschlüssen Stellung nehmen. Sie darf alle Angelegenheiten behandeln, die die Dienststelle oder ihre Beschäftigten unmittelbar betreffen, insbesondere Tarif-, Besoldungs- und Sozialangelegenheiten sowie Fragen der Frauenförderung und der Vereinbarkeit von Familie und Beruf. § 66 Abs. 2 und § 67 Abs. 1 Satz 3 gelten für die Personalversammlung entsprechend.

Entsprechende landesgesetzliche Regelungen:

Baden-Württemberg: § 52; Bayern: Art. 51; Berlin: § 49; Brandenburg: § 51; Bremen: § 46; Hamburg: § 55; Hessen: § 47; Mecklenburg-Vorpommern: § 44; Niedersachsen: § 45; Nordrhein-Westfalen: § 48; Rheinland-Pfalz: § 50; Saarland: § 51; Sachsen: § 52; Sachsen-Anhalt: § 50; Schleswig-Holstein: § 42; Thüringen: § 51.

1. Begriffsbestimmungen

Tarif-, Besoldungs-, Sozialangelegenheiten: Alle Angelegenheiten, die die sozialen Belange der Beschäftigten insgesamt betreffen.

2. Erläuterungen

a) Die Personalvertretung hat die **Tagesordnung** für eine Personalversammlung so aufzustellen, dass alle Vorgänge aus den Beteiligungskatalogen (§§ 75 ff.), alle allgemeinen Rechte der Personalvertretung (§§ 66 ff.) sowie alle Angelegenheiten behandelt werden können, die einen unmittelbaren vertretungsrechtlichen Bezug zur Dienststelle haben.

b) Die Personalversammlung kann zu allen unter a) näher bezeichneten Angelegenheiten Stellung nehmen. Dies geschieht durch **Abstimmungen**, die nach den allgemeinen parlamentarischen Regeln durchzuführen sind. Ein entsprechender Beschluss muss von der Mehrheit der anwesenden Beschäftigten ohne Rücksicht darauf gefasst werden, welchen Teil der Gesamtbeschäftigtenzahl sie insgesamt repräsentieren. Hervorzuheben ist allerdings, dass die Personalversammlung in erster Linie ein Diskussions- und Ausspracheforum der Beschäftigten ist, das der Personalvertretung Anträge unterbreiten und zu deren Beschlüssen Stellung nehmen, ihr aber keine Aufträge erteilen kann.

3. Fälle aus der Rechtsprechung

a) Die **Tarifpolitik von Gewerkschaften** darf nicht zum Gegenstand von Erörterungen in einer Personalversammlung gemacht werden. Tarifangelegenheiten i.S. des Gesetzes sind nur solche, die die Auslegung von Zweifelsfragen – bezogen auf die Dienststelle – betreffen (OVG Münster v. 18.6.1982 – CB 7/81, n.v.).

b) Unzulässig ist die Erörterung außenpolitischer Themen, die **Abfassung politischer Resolutionen**, die Werbung für Gewerkschaften oder politische Parteien, Vorträge über oder Erörterung von Maßnahmen im Zusammenhang mit Lohn- und Arbeitskämpfen, mit Streiks und streikähnlichen Handlungen (vgl. BAG v. 13.12.1954, BAGE 1, 185).

c) Während das Betriebsverfassungsgesetz die Behandlung tarif- und sozial**politischer** Angelegenheiten ausdrücklich zulässt, gestattet das Bundespersonalvertretungsgesetz nur die Behandlung von Tarif- und Sozial**angelegenheiten**, nicht jedoch die Diskussion politischer Themen dieser Art. Infolgedessen darf in einer Personalversammlung die politische Bewertung eines Gesetzes nicht diskutiert werden. Eine solche Erörterung würde die Kompetenz der Personalversammlung überschreiten und gegen die verbands- und parteipolitische Neutralität der öffentlichen Verwaltung verstoßen. Der Vorsitzende der Personalvertretung als Leiter der Personalversammlung ist daher gehalten, die Erörterung politischer Themen zu verhindern (VG Braunschweig v. 17.3.1987 – PB 3/86, n.v.). Tarif-, Besoldungs- und Sozialangelegenheiten müssen die Beschäftigten der betreffenden Dienststelle konkret angehen, also in erster Linie die Arbeitsbedingungen innerhalb der Dienststelle im weitesten Sinne betreffen (OVG Münster v. 9.8.1989 – CB 12/88, n.v.). Infolgedessen hat auch ein Dienststellenleiter nicht die Kosten eines Referats zu übernehmen, das die Personalvertretung von einem auswärtigen Wissenschaftler in einer Personalversammlung zu den Auswirkungen halten lässt, die ein erst als Bericht einer Regierungskommission vorliegendes Reformvorhaben u.a. auch für die Beschäftig- ten hat (BVerwG v. 18.6.1991, ZfPR 1991, 136).

d) Die Personalversammlung kann auch alle **Angelegenheiten behandeln, die die Dienststelle oder ihre Beschäftigten unmittelbar betreffen**. Der Bereich der Dienststelle muss also „unmittelbar" berührt werden, d.h. Beamte und Arbeitnehmer müssen gerade in ihrer Eigenschaft als Beschäftigte dieser Dienststelle von dem zu diskutierenden Problem konkret betroffen sein (BVerwG v. 12.12.2005, PersV 2006, 146 = Leits. ZfPR 2006, 47).

e) Die Benachrichtigung der Gewerkschaften hat auch die **Bekanntgabe der Tagesordnung** mitzuumfassen, um ihnen ausreichend Gelegenheit zur Prüfung zu geben, ob sie von ihrem Teilnahmerecht Gebrauch machen wollen. Dies gilt auch für solche Gewerkschaften, die nur die in § 57 genannten Beschäftigten zu ihren Mitgliedern zählt (VGH Baden-Württemberg v. 21.3.1988, ZBR 1989, 153 = Leits. ZfPR 1989, 114).

4. Streitigkeiten

Die **Verwaltungsgerichte entscheiden über Aufgaben, Zuständigkeiten und Befugnisse** der Personalversammlung sowie über Minderung von Dienstbezügen und Arbeitsentgelten im Zusammenhang mit der Teilnahme an diesen Versammlungen nach § 83 Abs. 1 Nr. 3.

5. Abweichende Regelungen des Landesrechts

Im Gegensatz zur Bundesregelung und zur Regelung in den übrigen Landespersonalvertretungsgesetzen sehen die entsprechenden Bestimmungen in Bremen (§ 46) und Hamburg (§ 55) auch die Behandlung von beamten- und tarif**politischen**, sozial**politischen** und wirtschafts**politischen** Themen als Gegenstand der Personalversammlung vor. In Hamburg können auch wirtschaftliche Themen behandelt werden.

§ 52 (Teilnahme des Dienststellenleiters und von Gewerkschaftsbeauftragten)

(1) Beauftragte aller in der Dienststelle vertretenen Gewerkschaften und ein Beauftragter der Arbeitgebervereinigung, der die Dienststelle angehört, sind berechtigt, mit beratender Stimme an der Personalversammlung teilzunehmen. Der Personalrat hat die Einberufung der Personalversammlung den in Satz 1 genannten Gewerkschaften und der Arbeitgebervereinigung mitzuteilen. Ein beauftragtes Mitglied der Stufenvertretung oder des Gesamtpersonalrats sowie ein Beauftragter der Dienststelle, bei der die Stufenvertretung besteht, können an der Personalversammlung teilnehmen.

(2) Der Leiter der Dienststelle kann an der Personalversammlung teilnehmen. An Versammlungen, die auf seinen Wunsch einberufen sind oder zu denen er ausdrücklich eingeladen ist, hat er teilzunehmen.

Entsprechende landesgesetzliche Regelungen:

Baden-Württemberg: § 53; Bayern: Art. 52; Berlin: § 46 Abs. 2, 3; Brandenburg: § 52; Bremen: § 47; Hamburg: § 53 Abs. 2, 3; Hessen: §§ 48, 49; Mecklenburg-Vorpommern: § 45; Niedersachsen: § 46; Nordrhein-Westfalen: § 49; Rheinland-Pfalz: § 51; Saarland: § 49; Sachsen: § 53; Sachsen-Anhalt: § 51; Schleswig-Holstein: § 43; Thüringen: § 52.

1. Begriffsbestimmungen

a) Beauftragte von Gewerkschaften: Personen, die von den Gewerkschaften zur Beratung der Beschäftigten in eine Personalversammlung entsandt werden.

b) In der Dienststelle vertretene Gewerkschaften: Alle Gewerkschaften, die wenigstens einen Beschäftigten zu ihren Mitgliedern zählen.

2. Erläuterungen

a) Die **Vorschrift ist zwingend**, so dass keine anderen als die gesetzlich aufgeführten Personen an Personalversammlungen teilnehmen dürfen. Infolgedessen können grundsätzlich weder die Personalvertretung noch die Personalversammlung beschließen, weitere Personen (z.B. Sachverständige und Auskunftspersonen) hinzuziehen (vgl. aber Anm. 3a). Der Grund dafür liegt darin, dass die Personalversammlung nur ein Ausspracheforum ist, das selbst keine Entscheidungen trifft, sondern lediglich ein Antragsrecht gegenüber der Personalvertretung hat.

b) Das Verbot, andere als die gesetzlich vorgesehenen Personen an der Personalversammlung zu beteiligen, kann auch nicht dadurch umgangen werden, dass die Versammlung kurzfristig unterbrochen und sodann vor demselben Personenkreis anderen Personen die **Möglichkeit zu Vorträgen, Referaten etc.** gegeben wird.

c) Die **Ladung zur Teilnahme von Gewerkschaftsbeauftragten** ist an alle in der Dienststelle vertretenen Gewerkschaften rechtzeitig und gleichzeitig zu richten. Auf diese Weise soll sichergestellt werden, dass alle Gewerkschaften die Personalversammlung beraten können.

d) Die Beauftragten der **Gewerkschaften** und der Arbeitgebervereinigung, der die Dienststelle angehört, haben lediglich das Recht, **beratend**, aber nicht mitentscheidend **tätig zu werden**. Dies schließt daher auch ein Antragsrecht aus. Das gilt selbstverständlich nur für „außenstehende“ Berater, nicht für solche Beauftragten von Gewerkschaften, die selbst Beschäftigte der betreffenden Dienststelle sind.

3. Fälle aus der Rechtsprechung

a) Ein Personalrat ist berechtigt, zu seiner Unterstützung bei der Unterrichtung der Beschäftigten über Themen, die gemäß § 49 Abs. 2, § 51 Satz 2 Gegenstand der Beratung der Personalversammlung sind, für die Dauer der Erörterung des Themas eine **dienststellenfremde Auskunftsperson** hinzuziehen, die sich sachkundig zu dem Thema äußert und ergänzende Fragen beantwortet. Dagegen können **Sachverständige** nicht hinzugezogen werden, da die Personalversammlung weder Entscheidungen vorzubereiten noch zu treffen hat und infolgedessen nicht beraten werden muss (BVerwG v. 6.9.1984, ZBR 1985, 55; BVerwG v. 8.11.1989, ZfPR 1990, 86).

b) Nach Auffassung des BVerwG (v. 30.7.2010, ZfPR *online* 11/2010, S. 4) ist eine **gleichzeitige Teilnahme** sowohl eines beauftragten Mitglieds des Gesamtpersonalrats als auch der Stufenvertretung möglich. Dem steht der Gesetzeswortlaut entgegen (vgl. Abs. 1 Satz 3).

c) Die Personalvertretung kann die **Teilnahme eines bestimmten Beauftragten** einer Gewerkschaft ausnahmsweise dann **verhindern**, wenn zu befürchten ist, dass dieser das Hausrecht des Vorsitzenden verletzen oder die Sitzung stören wird (HessVGH v. 13.10.1971, ZBR 1972, 31).

d) Die **Zahl der teilnahmeberechtigten Gewerkschaftsbeauftragten** ist nicht nur auf einen Beauftragten beschränkt. Dies ergibt sich aus dem Wortlaut „Beauftragte“ (VG Kassel v. 10.1.1986, PersV 1987, 73).

e) Nicht nur der Wortlaut, sondern auch der Zusammenhang mit den anderen, die Personalversammlung regelnden Vorschriften sowie Sinngehalt und Zweck dieser Vorschrift ergeben, dass nur die **Stufenvertretung**, die bei der nächsthöheren Dienststelle besteht, berechtigt ist, ein von ihr zu beauftragendes Mitglied zu entsenden (BVerwG v. 18.3.1981, PersV 1982, 237).

f) Eine Personalversammlung kann nicht das **Forum für parteipolitische Auseinandersetzungen** bilden. Daher können auch Landtagsabgeordnete verschiedener politischer Parteien in Wahlkampfzeiten nicht zur Diskussion von besoldungs- und sozialpolitischen Fragen hinzugezogen werden (BVerwG v. 10.3.1995, ZfPR 1995, 159; vgl. auch VG Berlin v. 24.5.2002, ZfPR 2003, 68).

g) In einer Personalversammlung darf der **Dienststellenleiter** das Wort ergreifen und zu einzelnen Tagesordnungspunkten Stellung nehmen. So kann er z.B. in einer Personalversammlung zu den Kosten der Personalratsarbeit Ausführungen machen. Dabei darf er durch die Art und Weise der Informationsgestaltung und -vermittlung die Personalvertretung aber nicht in ihrer Amtsführung beeinträchtigen und gegenüber den Teilnehmern den Eindruck erwecken, als gehe die Personalvertretung mit dem Geld der Dienststelle nicht sorgsam um (vgl. für das BetrVG: BAG v. 19.7.1995, BB 1996, 328).

4. Streitigkeiten

Über Streitigkeiten im Zusammenhang mit der Teilnahmebefugnis an einer Personalversammlung entscheiden die Verwaltungsgerichte nach § 83 Abs. 1 Nr. 3.

5. Abweichende Regelungen des Landesrechts

Die landesgesetzlichen Bestimmungen binden das Teilnahmerecht von Gewerkschaften zum Teil an ein Widerspruchsrecht der Personalvertretung. Die Zahl der Gewerkschaftsbeauftragten, die an Personalversammlungen teilnehmen können, ist ebenfalls unterschiedlich geregelt (unbeschränkt oder aber auf einen einzelnen bezogen). Außerdem können teilweise sachverständige Personen teilnehmen (z.B. § 46 Abs. 1 MBG Schl.-H.).

Sechster Abschnitt
Stufenvertretungen und Gesamtpersonalrat

§ 53 (Bildung von Stufenvertretungen)

(1) Für den Geschäftsbereich mehrstufiger Verwaltungen werden bei den Behörden der Mittelstufe Bezirkspersonalräte, bei den obersten Dienstbehörden Hauptpersonalräte gebildet.

(2) Die Mitglieder des Bezirkspersonalrats werden von den zum Geschäftsbereich der Behörde der Mittelstufe, die Mitglieder des Hauptpersonalrats von den zum Geschäftsbereich der obersten Dienstbehörde gehörenden Beschäftigten gewählt.

(3) Die §§ 12 bis 16, § 17 Abs. 1, 2, 6 und 7, §§ 18 bis 21 und 23 bis 25 gelten entsprechend. § 14 Abs. 3 gilt nur für die Beschäftigten der Dienststelle, bei der die Stufenvertretung zu errichten ist. Eine Personalversammlung zur Bestellung des Bezirks- oder Hauptwahlvorstands findet nicht statt. An ihrer Stelle übt der Leiter der Dienststelle, bei der die Stufenvertretung zu errichten ist, die Befugnis zur Bestellung des Wahlvorstands nach § 20 Abs. 2, §§ 21 und 23 aus.

(4) Werden in einer Verwaltung die Personalräte und Stufenvertretungen gleichzeitig gewählt, so führen die bei den Dienststellen bestehenden Wahlvorstände die Wahlen der Stufenvertretungen im Auftrag des Bezirks- oder Hauptwahlvorstands durch; andernfalls bestellen auf sein Ersuchen die Personalräte oder, wenn solche nicht bestehen, die Leiter der Dienststellen die örtlichen Wahlvorstände für die Wahl der Stufenvertretungen.

(5) In den Stufenvertretungen erhält jede Gruppe mindestens einen Vertreter. Besteht die Stufenvertretung aus mehr als neun Mitgliedern, erhält jede Gruppe mindestens zwei Vertreter. § 17 Abs. 5 gilt entsprechend.

Entsprechende landesgesetzliche Regelungen:

Baden-Württemberg: § 55; Bayern: Art. 53, 53 a; Berlin: §§ 55, 56; Brandenburg: § 53 Abs. 1 bis 4; Bremen: –; Hamburg: –; Hessen: § 50; Mecklenburg-Vorpommern: § 46 Abs. 1 bis 6; Niedersachsen: § 47; Nordrhein-Westfalen: § 50; Rheinland-Pfalz: §§ 52, 54; Saarland: § 52; Sachsen: § 54; Sachsen-Anhalt: §§ 52, 53 Abs. 1; Schleswig-Holstein: § 44 Abs. 1 bis 4; Thüringen: § 53.

1. Begriffsbestimmungen

a) Mehrstufige Verwaltungen: Solche, in deren Bereich mehrere Dienststellen im Verhältnis der Über- und Unterordnung zueinander stehen.

b) Behörde der Mittelstufe: Verwaltungsstellen, die einerseits einer obersten Dienstbehörde unmittelbar nachgeordnet sind, denen andererseits wiederum Dienststellen nachgeordnet sind.

c) Oberste Dienstbehörde: Diejenige Dienststelle, der im Instanzenzug keine andere Dienststelle mehr übergeordnet ist.

d) Bezirkspersonalräte: Solche Personalräte, die bei den Mittelbehörden für deren Zuständigkeitsbereich gebildet worden sind.

e) Hauptpersonalräte: Solche Personalvertretungen, die für den Zuständigkeitsbereich einer obersten Dienstbehörde gebildet worden sind.

f) Stufenvertretung: Sammelbezeichnung für die bei den Mittel- und obersten Dienstbehörden für deren Zuständigkeitsbereich jeweils gebildeten Personalvertretungen (also nicht die sog. örtlichen Personalvertretungen, die ausschließlich für den Bereich der Dienststelle der Mittelbehörde oder der obersten Dienstbehörde selbst eingerichtet sind, z.B. Personalrat im Haus und für das Haus des Bundesministers des Innern).

2. Erläuterungen

a) Die **Stufenvertretungen** sind den bei nachgeordneten Behörden bestehenden Personalvertretungen nicht übergeordnet. Vielmehr sind sie im Rahmen des Beteiligungsverfahrens (§ 69, § 72) sowie dann einzuschalten, wenn ihre Behörde für eine Angelegenheit zuständig ist, von der solche Beschäftigten betroffen sind, die einer nachgeordneten Behörde angehören.

b) Die **Abordnung** zu einer anderen Dienststelle, die zum Zuständigkeitsbereich der Mittel- bzw. obersten Dienstbehörde zählt, lässt das Wahlrecht zur Stufenvertretung unangetastet.

c) Der **Leiter einer Mittel- bzw. obersten Dienstbehörde** ist weder für die jeweilige Stufenvertretung noch für den sog. örtlichen Personalrat wählbar.

d) Bei selbständiger Entscheidungsbefugnis sind in personellen Angelegenheiten die betreffenden Beschäftigten einer Mittel- bzw. obersten Dienstbehörde auch für die Personalvertretungen der nachgeordneten Bereiche nicht wählbar.

e) Eine **Wahlanfechtung** kann selbst dann nicht gleichzeitig auf die Wahl zum sog. örtlichen Personalrat sowie zur entsprechenden Stufenvertretung gerichtet werden, wenn die Wahlen zum gleichen Zeitpunkt erfolgt sind.

3. Fälle aus der Rechtsprechung

a) Eine **Stufenvertretung kann weder Entscheidungen** der Personalvertretungen nachgeordneter Behörden **aufheben noch Berufungsinstanz** für deren Entscheidungen sein (BVerwG v. 18.6.1965, PersV 1965, 229).

b) Wenn eine Dienststelle Maßnahmen für den gesamten Geschäftsbereich trifft, so ist die jeweilige **Stufenvertretung** auch für die Beschäftigten der Behörde der Mittelstufe oder der obersten Dienstbehörde selbst zuständig (BVerwG v. 14.9.1977 – VII P 45. 77, n.v.).

c) Das **Wahlrecht der Beschäftigten** einer Mittelbehörde zum Bezirkspersonalrat ist deshalb gegeben, weil dieser in bestimmten personellen und in einer Reihe sonstiger beteiligungspflichtiger Angelegenheiten auch für diesen Personenkreis zuständig ist (z.B. Vergabe von Wohnungen, BVerwG v. 18.10.1978, PersV 1979, 500).

d) Weder der Bezirks- noch der Hauptwahlvorstand ist an die von den örtlichen Wahlvorständen mitgeteilten Zahlen in Bezug auf die in der Regel Beschäftigten und deren Verteilung auf die Gruppen dann gebunden, wenn konkrete Anhaltspunkte dafür bestehen, dass die zum Zeitpunkt des Wahlausschreibens bestehende **Personalstärke sich in der bevorstehenden Amtszeit verändern wird** (BVerwG v. 27.5.2010, ZfPR 2011, 2).

4. Streitigkeiten

Die Verwaltungsgerichte entscheiden Streitigkeiten über die Wahl und die Zusammensetzung der Stufenvertretungen nach § 83 Abs. 1 Nr. 2.

5. Abweichende Regelungen des Landesrechts

Während die Regelungen in den Flächenstaaten weitgehend mit denen des Bundes übereinstimmen, gibt es in den Stadtstaaten Besonderheiten.

a) Das PersVG Bln kennt nur einen Hauptpersonalrat. Die Gesamtpersonalräte – nicht vergleichbar mit denen der Bundesregelung – nehmen in Einigungsverfahren Aufgaben einer Stufenvertretung wahr (§ 80 Abs. 2 Satz 1). Insoweit sind sie mit einem Bezirkspersonalrat vergleichbar. Der Hauptpersonalrat wird von den Dienstkräften der Behörden etc. gewählt. Die Wahlgrundsätze sind besonders geregelt.

b) Das bremische Gesetz kennt keine Stufenvertretungen.

c) Gleiches gilt für Hamburg. Eine Besonderheit ist jedoch folgende: Wenn für eine Angelegenheit eine andere Verwaltungseinheit als die Dienststelle, in der die Personalvertretung besteht, zuständig ist, so tritt sie an die Stelle der Dienststelle. Die Zuständigkeit der Personalvertretung wird hierdurch nicht berührt.

§ 54 (Amtszeit, Geschäftsführung, Aufwandsentschädigung)

(1) Für die Stufenvertretungen gelten die §§ 26 bis 39, 40 Abs. 1, §§ 41, 42, 44, 45, 46 Abs. 1 bis 3 und 5 bis 7, § 47 entsprechend, soweit in Abs. 2 nichts anderes bestimmt ist.

(2) § 34 Abs. 1 gilt mit der Maßgabe, dass die Mitglieder der Stufenvertretung spätestens zwölf Arbeitstage nach dem Wahltag einzuberufen sind.

Entsprechende landesgesetzliche Regelungen:

Baden-Württemberg: § 55 Abs. 3; Bayern: Art. 54; Berlin: §§ 57, 58, 59; Brandenburg: § 54; Bremen: –; Hamburg: –; Hessen: § 51; Mecklenburg-Vorpommern: § 46 Abs. 7; Niedersachsen: § 48; Nordrhein-Westfalen: § 51; Rheinland-Pfalz: § 55; Saarland: § 53; Sachsen: § 55; Sachsen-Anhalt: § 53; Schleswig-Holstein: § 44 Abs. 5; Thüringen: § 54.

1. Begriffsbestimmungen

–

2. Erläuterungen

a) Die **konstituierende Sitzung zur Vornahme der notwendigen Wahlen** einer Stufenvertretung hat im Hinblick darauf, dass die Dienststellen oft weit voneinander entfernt liegen, innerhalb von 12 Arbeitstagen nach der Wahl stattzufinden.

b) Auch die **Dienstreisen** von Mitgliedern der Stufenvertretungen bedürfen keiner Genehmigung durch den Dienststellenleiter.

c) Die durch die Tätigkeit der Stufenvertretungen entstehenden „erforderlichen" Kosten trägt entsprechend § 44 Abs. 1 Satz 1 die Dienststelle. In aller Regel haben zu den Sitzungen anreisende Mitglieder der Stufenvertretungen Anspruch auf die

Übernahme der Kosten, die durch die Inanspruchnahme öffentlicher Verkehrsmittel entstehen (§ 4 BRKG) – alternativ auf die „kleine Wegstreckenentschädigung" nach § 5 Abs. 2 BRKG. Scheidet die Benutzung öffentlicher Verkehrsmittel aus und wäre eine auch nur annähernd kostendeckende Erstattung nicht möglich, dann besteht Anspruch auf die „große Wegstreckenentschädigung" nach § 5 Abs. BRKG (BVerwG v. 1.7.2010, ZTR 2010, 493 = Leits. ZfPR 2010, 108; vgl. auch § 44 Anm. 3 d).

c) Da es bei Stufenvertretungen im Zusammenhang mit **Freistellungen** an einer entsprechenden Freistellungsstaffel (§ 46 Abs. 4) mangelt, kommt es für die Zahl der Freistellungen auf Umfang und Art der dem Stufenpersonalrat obliegenden Aufgaben an (OVG Münster v. 27.1.1993 – 1 A 2523/91 PVB, n.v.).

3. Fälle aus der Rechtsprechung

–

4. Streitigkeiten

Die Verwaltungsgerichte entscheiden Streitigkeiten über die Amtszeit, Geschäftsführung etc. der Stufenvertretungen nach § 83 Abs. 1 Nr. 2 und 3.

§ 55 (Errichten eines Gesamtpersonalrats)

In den Fällen des § 6 Abs. 3 wird neben den einzelnen Personalräten ein Gesamtpersonalrat gebildet.

Entsprechende landesgesetzliche Regelungen:

Baden-Württemberg: § 54 Abs. 1; Bayern: Art. 55; Berlin: § 50; Brandenburg: § 55; Bremen: § 48; Hamburg: § 56; Hessen: § 52; Mecklenburg-Vorpommern: § 47 Abs 1 bis 5; Niedersachsen: § 49 Abs. 1; Nordrhein-Westfalen: § 52; Rheinland-Pfalz: § 56; Saarland: § 55; Sachsen: § 56; Sachsen-Anhalt: § 54 Abs. 1; Schleswig-Holstein: § 45 Abs 1; Thüringen: § 55.

1. Begriffsbestimmungen

Gesamtpersonalrat: Diejenige Personalvertretung, die die Aufgaben und Zuständigkeiten der bei den Nebenstellen, Teildienststellen und bei der Hauptdienststelle gebildeten Personalvertretungen koordinieren soll.

2. Erläuterungen

a) Für den Fall, dass die Mehrheit der Beschäftigten einer Nebendienststelle oder einer Teildienststelle die **„personalvertretungsrechtliche" Verselbständigung** beschließen sollte, ist ein Gesamtpersonalrat zu bilden. Dieser Gesamtpersonalrat ist zuständig für alle Angelegenheiten, die der Leiter einer Hauptdienststelle für den Bereich der Nebenstellen oder Teildienststellen trifft. Wenn aber dem Leiter einer verselbständigten Dienststelle eine eigene Entscheidungsbefugnis für diesen Bereich zusteht, so ist der dort gebildete Personalrat, nicht der Gesamtpersonalrat zu beteiligen.

b) Außerdem ist die **Zuständigkeit des Gesamtpersonalrats** dann gegeben, wenn der Leiter der Hauptdienststelle eine Entscheidung trifft, die den Bereich einer zur selbständigen Dienststelle erklärten Nebenstelle oder Teildienststelle angeht, weil dem dortigen Dienststellenleiter keine eigene Entscheidungskompetenz zusteht. Diese Zuständigkeitsregelung entspricht dem das Personalvertretungsrecht beherrschende Prinzip der Partnerschaft, wonach der für eine Entscheidung zuständige Dienststellenleiter jeweils die Personalvertretung zu beteiligen hat, die bei seiner Dienststelle gebildet ist. Gleichzeitig trägt diese Zuständigkeitsregelung dem Repräsentationsprinzip Rechnung, nach dem jede Personalvertretung diejenigen Beschäftigten vertritt, die sie gewählt haben. Danach ergibt sich folgende Zuständigkeitsaufteilung:

aa) Besitzt der Leiter einer Hauptdienststelle **Entscheidungskompetenz** bei Beförderungen, Höhergruppierungen etc. und soll z.B. ein Beamter seiner Dienststelle befördert werden, so ist ausschließlich der bei der Hauptdienststelle gebildete (örtliche) Personalrat zu beteiligen.

bb) Soll dagegen ein bei einer **Nebenstelle oder Teildienststelle** tätiger Beamter befördert werden, für dessen Beförderung ebenfalls wieder der Leiter der Hauptdienststelle zuständig ist, so hat er den Gesamtpersonalrat zu beteiligen. Diese Maßnahme nämlich geht über den Zuständigkeitsbereich des bei der Hauptdienststelle gebildeten (örtlichen) Personalrats hinaus und betrifft eine Angelegenheit bei einer Nebenstelle oder einer Teildienststelle, für die der dortige Dienststellenleiter keine Entscheidungsbefugnis besitzt. Infolgedessen ist auch die dort gebildete Personalvertretung nicht zuständig.

cc) Sollen für den **gesamten Geschäftsbereich** Beurteilungsrichtlinien neu erstellt werden, so ist ebenfalls der Gesamtpersonalrat zu beteiligen. In diesem Fall nämlich trifft der Leiter der Hauptdienststelle eine Entscheidung, die in seinen Verantwortungsbereich für Hauptdienststelle, Nebenstellen und Teildienststellen gleichzeitig fällt.

dd) Steht dem **Leiter einer Nebenstelle** oder Teildienststelle eine **Entscheidungskompetenz** z.B. bezüglich der Pausenregelung zu, dann hat er den bei seiner Dienststelle gebildeten Personalrat zu beteiligen.

ee) Wenn die Mehrheit der wahlberechtigten Beschäftigten einer Nebenstelle oder Teildienststelle die „personalvertretungsrechtliche“ Verselbständigung dieser Dienststelle beschließt, so ist **für die folgende Amtszeit** neben der Personalvertretung ein Gesamtpersonalrat zu bilden.

3. Fälle aus der Rechtsprechung

a) Den Personalvertretungen bei Nebenstellen oder Teilen einer Dienststelle, die räumlich weit von diesen entfernt liegen, fehlt die Legitimation, gegenüber dem Leiter der Gesamtdienststelle im Interesse aller Beschäftigten tätig zu werden. Diese **Lücke** wird durch den Gesamtpersonalrat geschlossen, dem die Befugnis zufällt, in solchen Angelegenheiten tätig zu werden, in denen den Personalvertretungen der einzelnen Dienststellenteile die Legitimation fehlt (BVerwG v. 15.8.1983, ZBR 1984, 75; BVerwG v. 27.2.1986, PersV 1986, 329).

b) Der „örtliche“ Personalrat der **Hauptdienststelle** wirkt an solchen Entscheidungen mit, die der Leiter dieser Dienststelle ausschließlich für den Bereich seines Hauses trifft (OVG Lüneburg v. 28.9.1973, PersV 1974, 344). Aus dem das Personalvertretungsrecht beherrschenden Prinzip der Partnerschaft ergibt sich, dass die Zuständigkeit einer Personalvertretung **nicht weiter als die Zuständigkeit des Dienststellenleiters** reicht (BVerwG v. 15.7.2004, ZfPR 2004, 261).

c) Wenn eine **Dienstvereinbarung** oder eine Organisationsverfügung für den „personalvertretungsrechtlich“ verselbständigten Bereich von Nebenstellen oder Teildienststellen gesonderte Regelungen zulässt, dann sind die dortigen (örtlichen) Personalvertretungen im Rahmen der Einzelregelung zu beteiligen (BVerwG v. 24.11.1961, PersV 1962, 62).

d) Wenn eine Mittelbehörde für die Beförderung eines bei einer verselbständigten Zweigstelle beschäftigten Beamten zuständig ist, so hat sie den **Bezirkspersonalrat** zu beteiligen. Dieser hat seinerseits nicht dem Teilpersonalrat, sondern dem Gesamtpersonalrat Gelegenheit zur Äußerung zu geben (BVerwG v. 8.7.1977, ZBR 1978, 176).

e) Der „Hauspersonalrat“ bzw. örtliche Personalrat einer übergeordneten Dienststelle ist dann zuständig, wenn es um beteiligungspflichtige Angelegenheiten ausschließlich der Beschäftigten der übergeordneten Dienststelle geht. Dagegen ist der Gesamtpersonalrat (bzw. die Stufenvertretung) dann zu beteiligen, wenn die **betreffende Ange-**

legenheit die Beschäftigten der übergeordneten Dienststelle und diejenigen der nachgeordneten Dienststellen gleichermaßen betrifft (BVerwG v. 20.8.2003, ZfPR 2003, 293).

f) In Angelegenheiten, die nur die **Beschäftigten einer Nebenstelle** betreffen, für die dem dortigen Dienststellenleiter alleinige Entscheidungskompetenz zusteht, ist die von den dortigen Beschäftigten gewählte Personalvertretung zuständig (BayVGH v. 25.5.1988, PersV 1989, 26). Beabsichtigt der Leiter einer Gesamtdienststelle in seiner Eigenschaft als Dienststellenleiter der Hauptdienststelle eine ausschließlich auf die Beschäftigten dieser Dienststelle bezogene Maßnahme, dann ist die von diesen Beschäftigten gewählte Personalvertretung zu beteiligen. Bei Entscheidungen, die vom Leiter der Gesamtdienststelle für die Beschäftigten einer Nebenstelle getroffen werden, fällt dem Gesamtpersonalrat ein Beteiligungsrecht zu (OVG Münster v. 3.7.1986, ZBR 1987, 61).

4. Streitigkeiten

Die Verwaltungsgerichte entscheiden Streitigkeiten über die Errichtung oder Auf- lösung eines Gesamtpersonalrats nach § 83 Abs. 1 Nr. 2.

5. Abweichende Regelungen des Landesrechts

Besonderheiten gelten wiederum für die Stadtstaaten. Die dort zu bildenden Gesamtpersonalräte sind nicht mit denen des Bundes vergleichbar.

§ 56 (Wahl, Amtszeit, Geschäftsführung)

Für den Gesamtpersonalrat gelten § 53 Abs. 2 und 3 und § 54 Abs. 1 Halbsatz 1 entsprechend.

Entsprechende landesgesetzliche Regelungen:

Baden-Württemberg: § 54 Abs. 2 bis 4; Bayern: Art. 56; Berlin: §§ 51, 52, 53, 54; Brandenburg: § 56; Bremen: §§ 48, 49; Hamburg: §§ 57, 58; Hessen: § 53; Mecklenburg-Vorpommern: § 47 Abs. 3-6; Niedersachsen: § 49 Abs. 2; Nordrhein-Westfalen: § 53; Rheinland-Pfalz: § 57; Saarland: § 56; Sachsen: § 57; Sachsen-Anhalt: §§ 54 Abs. 2, 55; Schleswig-Holstein: § 45 Abs. 4, 5; Thüringen: § 56.

1. Begriffsbestimmungen

–

2. Erläuterungen

a) Der **Gesamtpersonalrat** wird zweckmäßigerweise bei der Hauptdienststelle gebildet, da der dortige Dienststellenleiter in aller Regel die Entscheidungskompetenz besitzt, die zur Beteiligung des Gesamtpersonalrats führt.

b) Zum Gesamtpersonalrat sind alle Beschäftigten **wahlberechtigt und wählbar**, die zu den Personalvertretungen der einzelnen Dienststellen einschließlich der Hauptdienststelle wahlberechtigt und wählbar sind. Auch die Mitglieder der Personalvertretungen der einzelnen Dienststellen sind wählbar. Dies gilt nicht für den Dienststellenleiter der Hauptdienststelle, für dessen Vertreter sowie für die zu selbständigen Entscheidungen in Personalangelegenheiten befugten Beschäftigten. Demgegenüber ist der Leiter der „personalvertretungsrechtlich" verselbständigten Nebenstelle oder Teildienststelle ohne Rücksicht auf den Umfang seiner dienstlichen Befugnisse für den Gesamtpersonalrat wählbar.

c) Zur **Wahlanfechtung** ist nur der Leiter der Hauptdienststelle berechtigt.

3. Fälle aus der Rechtsprechung

a) Da der **Leiter einer Nebenstelle** oder Teildienststelle nicht in ein beteiligungspflichtiges Partnerschaftsverhältnis zum Gesamtpersonalrat tritt und damit nicht in einen Interessenkonflikt geraten kann, besitzt er das **passive Wahlrecht zum Gesamtpersonalrat** (VG Münster v. 24.8.1972, PersV 1973, 269).

b) Beim Gesamtpersonalrat hat es der Gesetzgeber übersehen, eine **Mindestvertretung der Gruppen** zu bestimmen. Dem sich aus anderen Vorschriften ergebenden Willen des Gesetzgebers, einen Minderheitenschutz zu gewähren, ist dadurch Rechnung zu tragen, dass eine kleine Gruppe mindestens einen Vertreter erhält. Mit dieser Regelung wird der Entscheidung des Gesetzgebers, wie er den Minderheitenschutz regeln will, nicht vorgegriffen. Daher gilt der Minderheitenschutz auch für den Gesamtpersonalrat in vollem Umfang (BVerwG v. 20.11.1979, ZBR 1980, 321).

4. Streitigkeiten

Die Verwaltungsgerichte entscheiden Streitigkeiten nach § 83 Abs. 1 Nr. 2 und 3.

Drittes Kapitel
Jugend- und Auszubildendenvertretung, Jugend- und Auszubildendenversammlung

§ 57 (Bildung von Jugend- und Auszubildendenvertretungen)

In Dienststellen, bei denen Personalvertretungen gebildet sind und denen in der Regel mindestens fünf Beschäftigte angehören, die das 18. Lebensjahr noch nicht vollendet haben (jugendliche Beschäftigte) oder die sich in einer beruflichen Ausbildung befinden und das 25. Lebensjahr noch nicht vollendet haben, werden Jugend- und Auszubildendenvertretungen gebildet.

Entsprechende landesgesetzliche Regelungen:

Baden-Württemberg: § 57; Bayern: Art. 57, 58; Berlin: § 60; Brandenburg: § 77; Bremen: § 22; Hamburg: § 62; Hessen: § 54; Mecklenburg-Vorpommern: § 49; Niedersachsen: § 50; Nordrhein-Westfalen: § 54; Rheinland-Pfalz: § 58; Saarland: § 57; Sachsen: § 58; Sachsen-Anhalt: § 72; Schleswig-Holstein: § 62; Thüringen: § 57.

1. Begriffsbestimmungen

a) **Jugend- und Auszubildendenvertretung:** Diejenige Interessenvertretung, die die Belange der jugendlichen Beschäftigten, also derjenigen zu vertreten hat, die das 18. Lebensjahr noch nicht vollendet haben sowie der Auszubildenden, die das 25. Lebensjahr noch nicht vollendet haben.

b) **„In der Regel“:** Es ist auf die Zahl der üblicherweise während eines längeren Zeitraums in einer Dienststelle tätigen jugendlichen Beschäftigten abzustellen.

2. Erläuterungen

a) Die **Aufgabe der Jugend- und Auszubildendenvertretung** besteht darin, der Personalvertretung die besonderen Belange der genannten Beschäftigten zu verdeutlichen und sie zu veranlassen, diese Interessen bei ihrer Meinungsbildung zu berücksichtigen (vgl. auch Anm. zu § 40).

b) Die **Bildung einer Jugend- und Auszubildendenvertretung** ist vom Bestehen einer Personalvertretung abhängig. Dies besagt aber nicht, dass eine Jugend- und Auszubildendenvertretung während einer kurzen, „vertretungslosen“ Zeit aufzulösen wäre.

3. Fälle aus der Rechtsprechung

Die **Jugend- und Auszubildendenvertretung ist kein** von der Personalvertretung **unabhängiges Mitbestimmungsorgan**. Sie hat keine eigenen durchsetzbaren Mitbestimmungsrechte; die ihr zugewiesenen Aufgaben sind vorwiegend überwachender oder beratender Art. Die Personalvertretung hat die Aufgabe, die Interessen der Beschäftig- ten in ihrer Gesamtheit gegenüber dem Dienststellenleiter wahrzunehmen, so dass in den Angelegenheiten, die auf jugendliche Beschäftigte bzw. Auszubildende bezogen sind, nicht die Jugend- und Auszubildendenvertretung, sondern ausschließlich die Personalvertretung gegenüber der Dienststelle tätig wird (BVerwG v. 8.7.1977, ZBR 1978, 173).

4. Streitigkeiten

Die Verwaltungsgerichte entscheiden Streitigkeiten über die Bildung von Jugend- und Auszubildendenvertretungen nach § 83 Abs. 1 Nr. 2.

5. Abweichende Regelungen des Landesrechts

Die Landespersonalvertretungsgesetze sehen teilweise zusätzlich **Ausbildungspersonalräte** vor (§ 56 LPVG BW, § 22a PersVG Bre, § 69 MBG Schl.-H.).

§ 58 (Aktives und passives Wahlrecht)

(1) Wahlberechtigt sind alle in § 57 genannten Beschäftigten. § 13 Abs. 1 gilt entsprechend.

(2) Wählbar sind Beschäftigte, die am Wahltag noch nicht das 26. Lebensjahr vollendet haben. § 14 Abs. 1 Satz 1 Nr. 1, Satz 2, Abs. 2 und 3 gilt entsprechend.

Entsprechende landesgesetzliche Regelungen:

Baden-Württemberg: § 58; Bayern: Art. 58; Berlin: § 61; Brandenburg: § 78; Bremen: §§ 22 Abs. 4, 22a; Hamburg: § 63; Hessen: § 54 Abs. 1; Mecklenburg-Vorpommern: § 50; Niedersachsen: § 50 Abs. 2, 3; Nordrhein-Westfalen: § 55; Rheinland-Pfalz: § 59; Saarland: § 58; Sachsen: § 59; Sachsen-Anhalt: § 73; Schleswig-Holstein: § 63; Thüringen: § 58.

1. Begriffsbestimmungen

a) Aktives Wahlrecht: Diejenigen Beschäftigten, die das 18. Lebensjahr noch nicht vollendet haben sowie diejenigen, die sich in einer beruflichen Ausbildung befinden und das 25. Lebensjahr noch nicht vollendet haben.

b) Passives Wahlrecht: In die Jugend- und Auszubildendenvertretungen sind solche Beschäftigten wählbar, die am Wahltag nicht älter als 25 Jahre sind und seit sechs Monaten dem Geschäftsbereich der obersten Dienstbehörde angehören.

2. Erläuterungen

a) Wenn die Wahl sich **über mehrere Tage** erstreckt, so ist ein jugendlicher Beschäftigter, der am letzten Wahltag das 18. Lebensjahr vollendet, bzw. ein Auszubildender, der das 26. Lebensjahr vollendet, nicht mehr wahlberechtigt.

b) Das **passive Wahlrecht** ist nicht auf jugendliche Beschäftigte bzw. Auszubildende beschränkt. Allerdings dürfen die Kandidaten für die Jugend- und Auszubildendenvertretungen nicht älter als 25 Jahre sein.

c) Eine **gleichzeitige Mitgliedschaft in einer Jugend- und Auszubildendenvertretung sowie in einer Personalvertretung** ist zulässig.

3. Fälle aus der Rechtsprechung

Wenn ein Jugend- und Auszubildendenvertreter während der Amtszeit das 26. Lebens- jahr vollendet, so erlischt damit seine Mitgliedschaft in der Jugend- und Auszu- bildendenvertretung nicht. Sie besteht vielmehr bis zum Ende der Amtszeit weiter (BayVGH v. 19.12.1984, ZBR 1985, 88).

4. Streitigkeiten

Die Verwaltungsgerichte entscheiden Streitigkeiten über das aktive und passive Wahlrecht zu den Jugend- und Auszubildendenvertretungen nach § 83 Abs. 1 Nr. 1.

§ 59 (Stärke und Zusammensetzung der Jugend- und Auszubildendenvertretung)

(1) Die Jugend- und Auszubildendenvertretung besteht in Dienststellen mit in der Regel

5 bis	**20 in § 57 genannten Beschäftigten**	**aus einem Jugend- und Auszubildendenvertreter**
21 bis	**50 in § 57 genannten Beschäftigten**	**aus drei Jugend- und Auszubildendenvertretern**
51 bis	**200 in § 57 genannten Beschäftigten**	**aus fünf Jugend- und Auszubildendenvertretern**
201 bis	**300 in § 57 genannten Beschäftigten**	**aus sieben Jugend- und Auszubildendenvertretern**
301 bis	**1 000 in § 57 genannten Beschäftigten**	**aus elf Jugend- und Auszubildendenvertretern**
mehr als	**1 000 in § 57 genannten Beschäftigten**	**aus fünfzehn Jugend- und Auszubildendenvertretern.**

(2) Die Jugend- und Auszubildendenvertretung soll sich aus Vertretern der verschiedenen Beschäftigungsarten der der Dienststelle angehörenden, in § 57 genannten Beschäftigten zusammensetzen.

(3) Die Geschlechter sollen in der Jugend- und Auszubildendenvertretung entsprechend ihrem Zahlenverhältnis vertreten sein.

Entsprechende landesgesetzliche Regelungen:

Baden-Württemberg: § 59; Bayern: Art. 59; Berlin: § 62; Brandenburg: § 79; Bremen: §§ 22 Abs. 2, 22a Abs. 3; Hamburg: §§ 64, 65; Hessen: § 54 Abs. 1; Mecklenburg-Vorpommern: § 51; Niedersachsen: § 51; Nordrhein-Westfalen: § 56; Rheinland-Pfalz: § 60; Saarland: § 57 Abs. 2, 3; Sachsen: § 60; Sachsen-Anhalt: § 74; Schleswig-Holstein: § 64; Thüringen: § 59.

1. Begriffsbestimmungen

–

2. Erläuterungen

Eine **Neuwahl der Jugend- und Auszubildendenvertretung** findet nicht statt, wenn sich die Zahl der „in der Regel" tätigen in § 57 genannten Beschäftigten bzw. der Auszubildenden während der Amtszeit um die Hälfte, mindestens aber um 50 nach oben oder unten geändert hat. § 27 Abs. 2 Nr. 1 findet keine entsprechende Anwendung (vgl. § 60 Abs. 2 Satz 5).

3. Fälle aus der Rechtsprechung

–

4. Streitigkeiten

Die Verwaltungsgerichte entscheiden über Streitigkeiten im Zusammenhang mit der Zusammensetzung der Jugend- und Auszubildendenvertretung nach § 83 Abs. 1 Nr. 2.

§ 60 (Wahl und Amtszeit der Jugend- und Auszubildendenvertretung)

(1) Der Personalrat bestimmt den Wahlvorstand und seinen Vorsitzenden. § 19 Abs. 1, 3, 4 Satz 1, Abs. 5, 7 und 9, § 20 Abs. 1 Satz 3 und 4, § 24 Abs. 1 Satz 1 und 2, Abs. 2 und § 25 gelten entsprechend.

(2) Die regelmäßige Amtszeit der Jugend- und Auszubildendenvertretung beträgt zwei Jahre. Sie beginnt mit dem Tag der Wahl oder, wenn zu diesem Zeitpunkt noch eine Jugend- und Auszubildendenvertretung besteht, mit dem Ablauf ihrer Amtszeit. Die regelmäßigen Wahlen der Jugend- und Auszubildendenvertretung finden alle zwei Jahre in der Zeit vom 1. März bis 31. Mai statt. Die Amtszeit endet spätestens am 31. Mai des Jahres, in dem nach Satz 3 die regelmäßigen Wahlen der Jugend- und Auszubildendenvertretung stattfinden. Für die Wahl der Jugend- und Auszubildendenvertretung außerhalb des Zeitraums für die regelmäßigen Wahlen gilt § 27 Abs. 2 Nr. 2 bis 5, Abs. 3 und 5 entsprechend.

(3) Besteht die Jugend- und Auszubildendenvertretung aus drei oder mehr Mitgliedern, so wählt sie aus ihrer Mitte einen Vorsitzenden und dessen Stellvertreter.

(4) Die §§ 28 bis 31 gelten entsprechend.

Entsprechende landesgesetzliche Regelungen:

Baden-Württemberg: § 60; Bayern: Art 60; Berlin: § 63; Brandenburg: § 80; Bremen: § 22; Hamburg: §§ 66, 69, 70; Hessen: § 54 Abs. 2, 3; Mecklenburg-Vorpommern: § 52; Niedersachsen: § 52; Nordrhein-Westfalen: § 57; Rheinland-Pfalz: § 61; Saarland: §§ 59, 60, 61; Sachsen: § 61; Sachsen-Anhalt: § 75; Schleswig-Holstein: § 65; Thüringen: § 60.

1. Begriffsbestimmungen

–

2. Erläuterungen

a) Bei der Bestellung des Wahlvorstands für die Wahl einer Jugend- und Auszubildendenvertretung handelt es sich um eine Angelegenheit, die **überwiegend jugendliche Beschäftigte bzw. Auszubildende** betrifft. Daher haben die Jugend- und Auszubildendenvertreter gemäß § 40 Abs. 1 ein Stimmrecht.

b) Das Gesetz sieht keine Regelungen für den Fall vor, dass eine Personalvertretung ihrer **Pflicht zur Bestellung eines Wahlvorstands** zur Wahl der Jugend- und Auszubildendenvertretung nicht nachkommt.

c) Dem Wahlvorstand können neben jugendlichen Beschäftigten bzw. Auszubildenden auch andere Beschäftigte angehören. In jedem Fall muss aber dem Wahlvorstand ein wählbarer Beschäftigter angehören (§ 46 Abs. 1 i.V.m. § 31 Abs. 1 Satz 2 WO).

d) Beauftragte der in der Dienststelle vertretenen Gewerkschaften können an den Sitzungen des Wahlvorstands teilnehmen.

e) Die **Amtszeit der Jugend- und Auszubildendenvertretung** ist gegenüber der der Personalvertretung um zwei Jahre verkürzt. Damit soll allen jugendlichen Beschäftigten bzw. Auszubildenden wenigstens einmal Gelegenheit zur Wahl einer Jugend- und Auszubildendenvertretung gegeben werden.

f) Die **Jugend- und Auszubildendenvertretung** ist dann **neu zu wählen**, wenn

aa) die Gesamtzahl ihrer Mitglieder auch nach Eintreten sämtlicher Ersatzmitglieder um mehr als ein Viertel der vorgeschriebenen Zahl gesunken ist oder wenn

bb) sie mit der Mehrheit ihrer Mitglieder ihren Rücktritt beschlossen hat oder wenn

cc) sie durch gerichtliche Entscheidung aufgelöst ist oder wenn

dd) in der Dienststelle keine Jugend- und Auszubildendenvertretung besteht.

3. Fälle aus der Rechtsprechung

Eine **Beurlaubung unter Wegfall der Dienstbezüge**, die während der Amtszeit der Jugendstufen- und Auszubildendenvertretung länger als sechs Monate andauert, führt nicht zum Verlust der Wählbarkeit. Die Wählbarkeit zur Jugend- und Auszubildendenvertretung und zur Jugend- und Auszubildendenstufenvertretung ist – anders als die Wählbarkeit zur Personalvertretung – nicht vom aktiven Wahlrecht zur Jugend- und Auszubildendenvertretung abhängig; denn § 64 Abs. 1 Satz 1, § 58 Abs. 2 knüpfen die Wählbarkeit ausdrücklich nicht an die Wahlberechtigung (BayVGH v. 5.6.1978 – Nr. 5 XVIII 78, n.v.).

4. Streitigkeiten

Streitigkeiten über die Wahl und die Amtszeit der Jugendvertretung entscheiden die Verwaltungsgerichte nach § 83 Abs. 1 Nr. 2.

§ 61 (Befugnisse der Jugend- und Auszubildendenvertretung)

(1) Die Jugend- und Auszubildendenvertretung hat folgende allgemeine Aufgaben:

1. **Maßnahmen, die den in § 57 genannten Beschäftigten dienen, insbesondere in Fragen der Berufsbildung, beim Personalrat zu beantragen,**
2. **darüber zu wachen, dass die zugunsten der in § 57 genannten Beschäftigten geltenden Gesetze, Verordnungen, Unfallverhütungsvorschriften, Tarifverträge, Dienstvereinbarungen und Verwaltungsanordnungen durchgeführt werden,**
3. **Anregungen und Beschwerden von in § 57 genannten Beschäftigten, insbesondere in Fragen der Berufsbildung, entgegenzunehmen und, falls sie berechtigt erscheinen, beim Personalrat auf eine Erledigung hinzuwirken; die Jugend- und Auszubildendenvertretung hat die betroffenen in § 57 genannten Beschäftigten über den Stand und das Ergebnis der Verhandlungen zu informieren.**

(2) Die Zusammenarbeit der Jugend- und Auszubildendenvertretungen mit dem Personalrat bestimmt sich nach § 34 Abs. 3, §§ 39 und 40 Abs. 1.

(3) Zur Durchführung ihrer Aufgaben ist die Jugend- und Auszubildendenvertretung durch den Personalrat rechtzeitig und umfassend zu unterrichten. Die Jugend- und Auszubildendenvertretung kann verlangen, dass ihr der Personalrat die zur Durchführung ihrer Aufgaben erforderlichen Unterlagen zur Verfügung stellt.

(4) Der Personalrat hat die Jugend- und Auszubildendenvertretung zu den Besprechungen zwischen Dienststellenleiter und Personalrat nach § 66 Abs. 1 beizuziehen, wenn Angelegenheiten behandelt werden, die besonders in § 57 genannten Beschäftigte betreffen.

(5) Die Jugend- und Auszubildendenvertretung kann nach Verständigung des Personalrats Sitzungen abhalten; § 34 Abs. 1, 2 gilt sinngemäß. An den Sitzungen der

Jugend- und Auszubildendenvertretung kann ein vom Personalrat beauftragtes Personalratsmitglied teilnehmen.

Entsprechende landesgesetzliche Regelungen:

Baden-Württemberg: § 61; Bayern: Art. 57 Abs. 2 und 3, 61; Berlin: § 65; Brandenburg: § 81; Bremen: § 22a; Hamburg: §§ 71, 97; Hessen: § 55; Mecklenburg-Vorpommern: § 53; Niedersachsen: §§ 53, 54, 56; Nordrhein-Westfalen: § 61; Rheinland-Pfalz: § 62; Saarland: §§ 64, 66; Sachsen: § 62; Sachsen-Anhalt: § 76; Schleswig-Holstein: § 66; Thüringen: § 61.

1. Begriffsbestimmungen

a) Antragsrecht gegenüber der Personalvertretung: Die Jugend- und Auszubildendenvertretung kann in allen die in § 57 genannten Beschäftigten interessierenden Angelegenheiten eine Beratung (und auch Beschlussfassung) der Personalvertretung beantragen. Diese hat nach pflichtgemäßem Ermessen zu prüfen, ob sie den beantragten Gegenstand auf die Tagesordnung der nächsten Sitzung setzt.

b) Überwachungsrecht: Neben der Personalvertretung hat insbesondere die Jugend- und Auszubildendenvertretung die Pflicht, die Einhaltung aller Bestimmungen zu überwachen, die die in § 57 genannten Beschäftigten angehen.

2. Erläuterungen

a) Die Personalvertretung hat einen **Antrag der Jugend- und Auszubildendenvertretung** auf seine Berechtigung hin zu prüfen und im Fall der Anerkennung gegenüber dem Dienststellenleiter zu vertreten.

b) Wenn die Jugend- und Auszubildendenvertretung im Rahmen ihres Überwachungsrechts Fehler oder Missstände feststellt, so hat sie diese der Personalvertretung mitzuteilen, die wiederum unter den unter a) genannten Voraussetzungen gegenüber dem Dienststellenleiter tätig werden muss. Die Jugend- und Auszubildendenvertretung muss die in § 57 genannten Beschäftigten über den **Stand und die Art der Behandlung einer bestimmten Angelegenheit** durch die Personalvertretung und den Dienststellenleiter unterrichten.

c) Wenn die Jugend- und Auszubildendenvertretung einen Beschluss der Personalvertretung als eine **Beeinträchtigung der Interessen besonders der in § 57 genannten Beschäftigten** ansieht, so kann sie von ihrem Vetorecht Gebrauch machen.

d) Die **Personalvertretung hat** die Jugend- und Auszubildendenvertretung über alle sie betreffenden Angelegenheiten auch dann **zu informieren**, wenn ein entsprechendes Auskunftsverlangen nicht gestellt worden ist. Die Unterrichtung erstreckt sich aber nur auf solche Angelegenheiten, die die in § 57 genannten Beschäftigten betreffen.

e) Die Personalvertretung hat die Jugend- und Auszubildendenvertretung an **Besprechungen mit dem Dienststellenleiter** dann zu beteiligen, wenn besonders die in § 57 genannten Beschäftigten betreffende Angelegenheiten zur Diskussion stehen. Diese Pflicht der Personalvertretung besteht nur im Fall des Monatsgesprächs. Wenn sich im Laufe eines solchen Monatsgesprächs die Notwendigkeit zur Beiziehung der Jugend- und Auszubildendenvertretung ergibt, so hat dies unverzüglich zu erfolgen.

f) Die Jugend- und Auszubildendenvertretung kann **eigene Sitzungen** durchführen. Hierzu bedarf sie nicht des Einvernehmens mit der Personalvertretung. Vielmehr hat sie diese lediglich zu unterrichten. Die Anberaumung einer Sitzung erfolgt nach pflichtgemäßem Ermessen durch den Vorsitzenden. An der Sitzung kann ein von der Personalvertretung beauftragtes Mitglied teilnehmen. Die Anberaumung einer Jugend- und Auszubildendenversammlung kann mangels eines ausdrücklichen Verweises auf § 34 Abs. 3 weder vom Dienststellenleiter noch von der Schwerbehindertenvertretung noch von einem Teil der Mitglieder der Jugend- und Auszubildendenvertretung verlangt werden.

3. Fälle aus der Rechtsprechung

a) Die Jugend- und Auszubildendenvertretung ist **kein selbstständiges, von der Personalvertretung unabhängiges Organ** des Personalvertretungsrechts. Sie kann nur im Zusammenwirken mit der Personalvertretung tätig werden (BVerwG v. 8.7.1977, PersV 1978, 309). Ihre Aufgaben und Befugnisse sind in die Personalratsarbeit „eingebettet" (BVerwG v. 19.1.2009, ZfPR 2009, 66).

b) Der Jugend- und Auszubildendenvertretung ist die Durchführung einer **Fragebogenaktion** unter den in § 57 genannten Beschäftigten nicht verwehrt. Die Fragen müssen sich allerdings im Rahmen der gesetzlichen Aufgaben der Jugend- und Auszu- bildendenvertretung und des Personalrats bewegen und dürfen den Dienstablauf sowie den Frieden der Dienststelle nicht beeinträchtigen (vgl. für das BetrVG: BAG v. 8.2.1977, BB 1977, 647).

4. Streitigkeiten

Die Verwaltungsgerichte entscheiden über Streitigkeiten im Zusammenhang mit dem Inhalt, dem Umfang und den Grenzen der Aufgaben der Jugend- und Auszubildendenvertretung nach § 83 Abs. 1 Nr. 3.

§ 62 (Sonstige, entsprechend anwendbare Bestimmungen)

Für die Jugend- und Auszubildendenvertretung gelten die §§ 43 bis 45, § 46 Abs. 1, 2, 3 Satz 1 und 6, Abs. 6, 7 und § 67 Abs. 1 Satz 3 sinngemäß. § 47 gilt entsprechend mit der Maßgabe, dass die außerordentliche Kündigung, die Versetzung und die Abordnung von Mitgliedern der Jugend- und Auszubildendenvertretung der Zustimmung des Personalrats bedürfen. Für Mitglieder des Wahlvorstands und Wahlbewerber gilt § 47 Abs. 1, 2 Satz 1 und 2 entsprechend.

Entsprechende landesgesetzliche Regelungen:

Baden-Württemberg: § 62; Bayern: Art. 62; Berlin: § 66; Brandenburg: § 81 Abs. 2, 3; Bremen: § 29; Hamburg: §§ 73, 74; Hessen: § 56; Mecklenburg-Vorpommern: § 53 Abs. 3; Niedersachsen: § 53 Abs. 2; Nordrhein-Westfalen: § 58; Rheinland-Pfalz: § 66; Saarland: §§ 62, 65; Sachsen: § 63; Sachsen-Anhalt: § 76 Abs. 3; Schleswig-Holstein: § 66 Abs. 2, 3; Thüringen: § 62.

1. Begriffsbestimmungen

–

2. Erläuterungen

a) Die Jugend- und Auszubildendenvertretung ist bei der **Anberaumung von Sprechstunden** nicht an die Zustimmung der Personalvertretung und des Dienststellenleiters gebunden. Eine vorherige Unterrichtung ist aber erforderlich.

b) Mitglieder der Jugend- und Auszubildendenvertretung können an **Schulungs- und Bildungsveranstaltungen** für Personalratsmitglieder teilnehmen. Da aber das Aufgabengebiet einer Jugend- und Auszubildendenvertretung geringer als das der Personalvertretung ist, ist stets besonders zu prüfen, ob die Teilnahme zur Erfüllung der in der Dienststelle anfallenden Jugendarbeit „erforderlich" ist. Dies wird man im Allgemeinen bei der erstmaligen Teilnahme von Mitgliedern der Jugend- und Auszubildendenvertretung bejahen müssen.

3. Fälle aus der Rechtsprechung

a) Im allgemeinen kann zwar die **Jugend- und Auszubildendenvertretung** für ihre Interessen stets die Personalvertretung in Anspruch nehmen und **sich insbesondere beraten lassen**. Die Teilnahme an Schulungs- und Bildungsveranstaltungen ist dann als notwendig anzusehen, „wenn der Jugendvertreter erstmalig in die Jugendvertretung gewählt worden ist“ (vgl. für das BetrVG: BAG v. 10.5.1974, BB 1974, 1205) und Kenntnisse vermittelt werden, die für die Tätigkeit in der Jugend- und Auszubildendenvertretung erforderlich sind (vgl. für das BetrVG: BAG v. 10.6.1975, BB 1975, 1112).

b) Das nicht endgültig nachgerückte **Ersatzmitglied** einer einköpfigen Jugend- und Auszubildendenvertretung kann an Schulungs- und Bildungsveranstaltungen jedenfalls dann teilnehmen, wenn die Vertretung öfter stattfindet. In diesem Fall nämlich müssen von dem Ersatzmitglied annähernd die Kenntnisse verlangt werden, die auch das einzi- ge (ordentliche) Mitglied der Jugend- und Auszubildendenvertretung besitzen muss (vgl. für das BetrVG: BAG v. 10.5.1974, BB 1974, 1206).

c) Die Personalvertretung hat einen **Freistellungsvorschlag** für die Mitglieder einer Jugend- und Auszubildendenvertretung zur Teilnahme an einer Schulungsveranstaltung zu beschließen (vgl. für das BetrVG: BAG v. 10.5.1974, BB 1974, 1205).

4. Streitigkeiten

Die Verwaltungsgerichte entscheiden Streitigkeiten nach § 83 Abs. 1 Nr. 3.

§ 63 (Jugend- und Auszubildendenversammlung)

Die Jugend- und Auszubildendenvertretung hat einmal in jedem Kalenderjahr eine Jugend- und Auszubildendenversammlung durchzuführen. Diese soll möglichst unmittelbar vor oder nach einer ordentlichen Personalversammlung stattfinden. Sie wird vom Vorsitzenden der Jugend- und Auszubildendenvertretung geleitet. Der Personalratsvorsitzende oder ein vom Personalrat beauftragtes anderes Mitglied soll an der Jugend- und Auszubildendenversammlung teilnehmen. Die für die Personalversammlung geltenden Vorschriften sind sinngemäß anzuwenden. Außer der in Satz 1 bezeichneten Jugend- und Auszubildendenversammlung kann eine weitere, nicht auf Wunsch des Leiters der Dienststelle einberufene Versammlung während der Arbeitszeit stattfinden.

Entsprechende landesgesetzliche Regelungen:

Baden-Württemberg: § 63; Bayern: Art. 63; Berlin: § 67; Brandenburg: § 82; Bremen: –; Hamburg: § 75; Hessen: § 57; Mecklenburg-Vorpommern: § 54; Niedersachsen: § 55; Nordrhein-Westfalen: § 59; Rheinland-Pfalz: § 63; Saarland: § 67; Sachsen: § 65; Sachsen-Anhalt: § 77; Schleswig-Holstein: § 67; Thüringen: § 63.

1. Begriffsbestimmungen

Jugend- und Auszubildendenversammlung: Zusammenkunft der in § 57 genannten Beschäftigten u.a. zur Entgegennahme eines Tätigkeitsberichts der Jugend- und Auszubildendenvertretung.

2. Erläuterungen

a) Die Jugend- und Auszubildendenversammlung ist **einmal jährlich** einzuberufen. Darüber hinaus kann eine Jugend- und Auszubildendenversammlung immer dann durchgeführt werden, wenn dies aufgrund einer besonderen Sachlage notwendig ist.

b) Zur **Einberufung einer Jugend- und Auszubildendenversammlung** bedarf die Jugend- und Auszubildendenvertretung nicht des Einvernehmens der Personalvertretung. Nach einem entsprechenden Beschluss der Jugend- und Auszubildendenvertretung hat der Vorsitzende der Jugend- und Auszubildendenvertretung die in § 57 genannten Beschäftigten unter rechtzeitiger Übersendung einer Einladung unter Bekanntgabe der Tagesordnung zur Jugend- und Auszubildendenversammlung zu laden. Ihm obliegt auch die Leitung der Versammlung.

3. Fälle aus der Rechtsprechung

a) Ein **Teilnahmerecht an einer Jugend- und Auszubildendenversammlung** haben alle **Gewerkschaften**, auch diejenigen, die lediglich durch einen erwachsenen Beschäftigten in der Dienststelle vertreten sind (VHG Baden-Württemberg v. 21.3.1988 – 15 S 2438/87, n.v.).

b) Wenn die Jugend- und Auszubildendenvertretung ihrer Verpflichtung zur Einberufung einer ordentlichen Jugend- und Auszubildendenversammlung nicht nachkommt, so kann dies bei entsprechender Antragstellung zur **Auflösung der Vertretung** (§ 28) führen (VG Potsdam v. 23.2.1999, PersV 2000, 270).

4. Streitigkeiten

Die Verwaltungsgerichte entscheiden über die Zuständigkeit und die Durchführung von Jugend- und Auszubildendenversammlungen sowie über das Teilnahmerecht nach § 83 Abs. 3 Nr. 3.

§ 64 (Stufenvertretungen der Jugend- und Auszubildendenvertretungen; Gesamt-Jugend- und Auszubildendenvertretung)

(1) Für den Geschäftsbereich mehrstufiger Verwaltungen werden, soweit Stufenvertretungen bestehen, bei den Behörden der Mittelstufen Bezirks-Jugend- und Auszubildendenvertretungen und bei den obersten Dienstbehörden Haupt-Jugend- und Auszubildendenvertretungen gebildet. Für die Jugend- und Auszubildendenstufenvertretungen gelten § 53 Abs. 2 und 4 sowie die §§ 57 bis 62 entsprechend.

(2) In den Fällen des § 6 Abs. 3 wird neben den einzelnen Jugend- und Auszubildendenvertretungen eine Gesamt-Jugend- und Auszubildendenvertretung gebildet. Absatz 1 Satz 2 gilt entsprechend.

Entsprechende landesgesetzliche Regelungen:

Baden-Württemberg: § 64 Abs. 2; Bayern: Art. 64 Abs. 1, 2; Berlin: §§ 68, 69; Brandenburg: § 83; Bremen: –; Hamburg: –; Hessen § 58 Abs. 1, 2; Mecklenburg-Vorpommern: § 55 Abs. 1, 2, 3; Niedersachsen: § 57 Abs. 1, 2, 3; Nordrhein-Westfalen: § 60; Rheinland-Pfalz: §§ 64, 65; Saarland: § 68 Abs. 1, 2, 3; Sachsen: § 64; Sachsen-Anhalt: § 72 Abs. 2; Schleswig-Holstein: –; Thüringen: § 65.

1. Begriffsbestimmungen

a) **Jugend- und Auszubildendenstufenvertretungen:** Diejenigen Jugend- und Auszubildendenvertretungen, die entweder bei der Behörde der Mittelstufe oder bei der obersten Dienstbehörde gebildet werden.

b) **Gesamt-Jugend- und Auszubildendenvertretung:** Diejenigen Jugend- und Auszubildendenvertretungen, die im Fall der personalvertretungsrechtlichen „Verselbständigung" von Nebenstellen oder Teilen einer Dienststelle aufgrund eines Mehrheitsbeschlusses der wahlberechtigten (in § 57 genannten) Beschäftigten für den Fall zu bilden sind, dass dort auch Jugend- und Auszubildendenvertretungen bestehen.

2. Erläuterungen

Alle in § 57 genannten Beschäftigten besitzen das **aktive Wahlrecht zur Gesamt-Jugend- und Auszubildendenvertretung**. Das passive Wahlrecht steht allen Beschäftigten zu, die das 16., aber noch nicht das 25. Lebensjahr vollendet haben bzw. Auszubildende sind. Weitere Voraussetzung für das passive Wahlrecht ist, dass die Betroffenen seit sechs Monaten dem Geschäftsbereich ihrer obersten Dienstbehörde angehören und seit einem Jahr in öffentlichen Verwaltungen oder von diesen geführten Betrieben beschäftigt sind.

3. Fälle aus der Rechtsprechung

a) Adressat für Anliegen der Bezirks-/Hauptjugendvertretung ist der Bezirks-/Hauptpersonalrat. Die **Zuständigkeit der Bezirks-/Hauptjugendvertretung** ist dann gegeben, wenn alle Jugendlichen bzw. Auszubildenden im Geschäftsbereich der Mittel-/obersten Dienstbehörde betroffen sind. In den jeweiligen Zuständigkeitsbereich einbezogen sind die übergeordnete Dienststelle selbst und die ihr nachgeordneten Dienststellen (BVerwG v. 19.1.2009, ZfPR 2009, 66).

b) Für die Entsendung eines Jugend- und Auszubildendenvertreters, der gleichzeitig Mitglied der Gesamt-Jugend- und Auszubildendenvertretung ist, zur **Teilnahme an einer Schulungs- und Bildungsveranstaltung** kommt nur der Personalrat der Dienststelle als Entscheidungsorgan in Betracht, der der Jugend- und Auszubildendenvertreter angehört. Der Gesamtpersonalrat ist also nicht entscheidungsbefugt (vgl. BAG v. 10.6.1975, DB 1975, 2234).

4. Streitigkeiten

Die Verwaltungsgerichte entscheiden über Streitigkeiten im Zusammenhang mit der Bildung und Zusammensetzung von Jugend- und Auszubildendenstufenvertretungen und Gesamt-Jugend- und Auszubildendenvertretungen nach § 83 Abs. 1 Nr. 2.

Viertes Kapitel
Vertretung der nichtständig Beschäftigten

§ 65 (Vertretung der nichtständig Beschäftigten)

(1) Steigt während der Amtszeit des Personalrats die Zahl der Beschäftigten vorübergehend um mehr als 20 Personen, die voraussichtlich nur für einen Zeitraum von höchstens sechs Monaten beschäftigt werden, so wählen die nichtständig Beschäftigten in geheimer Wahl

bei 21 bis 50 nichtständig Beschäftigten	**einen Vertreter,**
bei 51 bis 100 nichtständig Beschäftigten	**zwei Vertreter,**
bei mehr als 100 nichtständig Beschäftigten	**drei Vertreter.**

Der Personalrat bestimmt den Wahlvorstand und seinen Vorsitzenden. Im Übrigen gelten für die Wahl der Vertreter § 13 Abs. 1 und 3, §§ 14, 17 Abs. 6 und 7, §§ 19, 24 Abs. 1 Satz 1 und 2, Abs. 2 und § 25 mit Ausnahme der Vorschriften über die Dauer der Zugehörigkeit zum Geschäftsbereich der obersten Dienstbehörde und zum öffentlichen Dienst entsprechend.

(2) Die Amtszeit der in Absatz 1 bezeichneten Vertreter endet mit Ablauf des für die Beschäftigung der nichtständig Beschäftigten vorgesehenen Zeitraums oder mit Wegfall der Voraussetzungen für ihre Wahl. § 26 Satz 2, § 27 Abs. 2 Nr. 2 bis 4, Abs. 3 und §§ 28 bis 31 gelten entsprechend.

(3) Für die in Absatz 1 bezeichneten Vertreter gelten §§ 43 bis 45, § 46 Abs. 1, 2, 3 Satz 1 und § 67 Abs. 1 Satz 3 sinngemäß.

(4) An den Sitzungen des Personalrats nehmen die in Abs. 1 bezeichneten Vertreter nach Maßgabe des § 40 Abs. 2 teil.

Entsprechende landesgesetzlich Regelungen:

Baden-Württemberg: –; Bayern: –; Berlin: –; Brandenburg: –; Bremen: –; Hamburg: –; Hessen: –; Mecklenburg-Vorpommern: § 56; Niedersachsen: –; Nordrhein-Westfalen: –; Rheinland-Pfalz: –; Saarland: –; Sachsen: –; Sachsen-Anhalt: –; Schleswig-Holstein: § 75; Thüringen: –.

1. Begriffsbestimmungen

a) **„Nichtständig Beschäftigte“:** Solche Beschäftigten, die für einen Zeitraum von sechs Monaten bei einer bestimmten Dienststelle voraussichtlich tätig werden.

b) **Vertretung der nichtständig Beschäftigten:** Diejenige Vertretung des unter a) bezeichneten Personenkreises, die gegenüber der Personalvertretung lediglich beratende Funktionen wahrnimmt.

2. Erläuterungen

a) Die **zeitliche Beschränkung der Tätigkeit** der nichtständig Beschäftigten ergibt sich entweder aus dem Arbeitsvertrag oder aus einer Abordnungsverfügung.

b) Die Vertreter der nichtständig Beschäftigten können mit beratender Stimme an den **Sitzungen der Personalvertretung teilnehmen**, wenn Angelegenheiten behandelt werden, „die besonders die nichtständig Beschäftigten“ betreffen (§ 40 Abs. 2). Unabhängig davon steht den Vertretern ein Verhandlungsrecht mit dem Dienststellenleiter zu.

c) Eine Vertretung der nichtständig Beschäftigten ist dann zu bilden, wenn nach der Wahl der Personalvertretung die Zahl der nichtständig Beschäftigten um mehr als 20 Personen steigt. Das **aktive Wahlrecht** besitzen nur solche nichtständig Beschäftigten, die nach der Wahl der Personalvertretung in die Dienststelle eingetreten sind, d.h., die keine Gelegenheit hatten, sich an der Personalratswahl zu beteiligen. Wählbar sind nur nichtständig Beschäftigte, also nicht diejenigen, die ständig in der Dienststelle tätig sind.

d) Ein Beschluss der Personalvertretung in Angelegenheiten, die die **Interessen der nichtständig Beschäftigten besonders berührt**, ist auch grundsätzlich dann wirksam, wenn die Sondervertretung nicht zu der Sitzung geladen worden ist.

e) Die Sondervertretung ist an den **Beratungen der Personalvertretung** nur dann zu beteiligen, wenn Angelegenheiten von Gewicht zur Diskussion stehen, die Einfluss auf die nichtständig Beschäftigten haben. Ihre Beteiligung ist aber lediglich auf den betreffenden Tagesordnungspunkt beschränkt.

3. Fälle aus der Rechtsprechung

–

4. Streitigkeiten

Die Verwaltungsgerichte entscheiden Streitigkeiten über Wahl und Amtszeit der Sondervertretung nach § 83 Abs. 1 Nr. 2, über Zuständigkeiten und Geschäftsführung nach § 83 Abs. 1 Nr. 3.

Fünftes Kapitel
Beteiligung der Personalvertretung

Erster Abschnitt
Allgemeines

I. Allgemeine Aufgaben

Die nachfolgenden Aufgaben können nur im Rahmen eines „einstufigen“ Verfahrens erfüllt, nicht also in verfahrensmäßig im Einzelnen geregelten Abläufen, d.h. unter Beteiligung übergeordneter Dienststellen und der dort bestehenden Personalvertretungen abgewickelt werden.

1. Vertrauensvolle Zusammenarbeit (§ 2)

Mehr als ein Schlagwort, nicht nur Programm oder allgemeine, mehr oder weniger unverbindliche Richtlinie, sondern: unmittelbar geltendes Recht mit der Verpflichtung zu gegenseitiger Offenheit, vor allem der Pflicht zur Überlassung der benötigten und vorhandenen Informationen (vgl. auch § 68 Abs. 2).

2. Monatsgespräch (§ 66 Abs. 1)

Zusammentreten des Leiters der Dienststelle und der Personalvertretung mindestens einmal monatlich zur Besprechung aller Vorgänge (gesetzliche Pflicht). Bei Bedarf mehrmaliges Zusammentreffen im Monat möglich. Teilnahme aller Mitglieder der Personalvertretung, nicht nur des Vorstands. Aber: kein Monatsgespräch, wenn zeitweilig keine Probleme anstehen (Wortlaut: „sollen").

Sinn des Gesprächs: Erörterung und möglichst auch Lösung anstehender Probleme.

3. Teilnahme an Prüfungen (§ 80)

Teilnahme auch an Beratung des Prüfungsergebnisses wird vom BVerwG abgelehnt (vgl. Anm. zu § 80).

4. Beteiligung des Personalrats bei der Bekämpfung von Unfall- und Gesundheitsgefahren (§ 81)

Teilnahme an Besichtigungen und Untersuchungen, Anspruch auf Mitteilung von Auflagen und Anordnungen, Teilnahme an Besprechungen mit Sicherheitsausschuss etc.

5. Antragsrechte der Personalvertretung (§ 68 Abs. 1)

Maßnahmen, die der Dienststelle und ihren Angehörigen dienen (§ 68 Abs. 1 Nr. 1).

– Überwachungsrecht hinsichtlich der Durchführung der zugunsten der Beschäftigten geltenden Gesetze, Verordnungen, Tarifverträge, Dienstvereinbarungen und Verwaltungsanordnungen (§ 68 Abs. 1 Nr. 2).

– Antragsrechte hinsichtlich der von einzelnen Beschäftigten gegebenen Anregungen und Beschwerden (§ 68 Abs. 1 Nr. 3).

– Förderung der beruflichen Entwicklung und Förderung Schwerbehinderter (§ 68 Abs. 1 Nr. 4 u. 5).

– Durchsetzung der tatsächlichen Gleichberechtigung von Frauen und Männern (§ 68 Abs. 1 Br, 5a)

– Förderung der Eingliederung ausländischer Beschäftigter (§ 68 Abs. 1 Nr. 6).

– Enge Zusammenarbeit mit der Jugend- und Auszubildendenvertretung (§ 68 Abs. 1 Nr. 7).

6. Abschluss von Dienstvereinbarungen (§ 73)

Ziel: Schaffung möglichst einheitlicher Regelungen für größere Bereiche. Voraus- setzung: Zulässigkeit nach Gesetz bzw. Tarifvertrag oder zur Ausfüllung von Tarif- verträgen. Zustandekommen: Gemeinsamer Beschluss, schriftliche Fixierung, gegen- seitige Unterzeichnung, geeignete Bekanntgabe.

7. Weitere Aufgaben der Personalvertretung

7.1 Bestellung des Wahlvorstands vor Ablauf der Amtszeit (§ 20).

7.2 Einsichtnahme in Unterlagen (§ 68 Abs. 2).

7.3 Anspruch auf umfassende und rechtzeitige Unterrichtung anhand der der Dienststelle vorliegenden Unterlagen (§ 68 Abs. 2).

7.4 Einsichtnahme in Unterlagen über gewährte Unterstützungen und entsprechende soziale Zuwendungen (§ 75 Abs. 2 Satz 2).

Ziel: Berücksichtigung der besonderen sozialen Situation der für Unterstützungen etc. in Frage kommenden Beschäftigten.

7.5 Einsatz für die Wahrung der Vereinigungsfreiheit der Beschäftigten (§ 67 Abs. 3).

Verbot der Einflussnahme auf den Beitritt zu Gewerkschaften schließt Werbung für diese Gewerkschaften nicht aus. Aber: Respektierung des Rechts des einzelnen Beschäftigten, sich bestimmten Gewerkschaften anzuschließen oder ihnen fernzubleiben (positive/negative Koalitionsfreiheit Art. 9 GG).

II. Beteiligungsrechte

Die Beteiligungsrechte sind ein wichtiges Mittel zur Wahrung der Menschenwürde und der Persönlichkeitsentfaltung in der Dienststelle. Sie wurzeln im Sozialstaatsgedanken und gehen auf Vorstellungen zurück, die auch den Grundrechtsverbürgungen der Art. 1, 2, 5 Abs. 1 GG zugrunde liegen (BVerfG v. 26.5.1970, BVerfGE 28, 314 = PersV 1970, 260).

In den nachfolgenden Angelegenheiten ist die Personalvertretung von dem jeweils zuständigen Dienststellenleiter zu beteiligen. Kommt es nicht zu einer Einigung, so ist das im Einzelnen geregelte Verfahren unter Einschaltung der übergeordneten Dienststellen und unter Beteiligung der dort bestehenden Stufenvertretungen bzw. evtl. einer Einigungsstelle anzuwenden.

1. Personelle Angelegenheiten der Arbeitnehmer (§ 75 Abs. 1)

1.1 Einstellung (§ 75 Abs. 1 Nr. 1): Eingliederung eines Bewerbers in die Dienststelle; (grundsätzlich) Abschluss eines Arbeitsvertrags und tatsächliche Aufnahme der vorgesehenen Tätigkeit im Rahmen der Arbeitsorganisation, Weisungsgebundenheit des Arbeitnehmers, Anspruch auf Schutzrechte.

1.2 Übertragung einer höher oder niedriger zu bewertenden Tätigkeit (§ 75 Abs. 1 Nr. 2): Vorstufe für eine spätere Höher- bzw. Rückgruppierung. Deshalb bereits rechtzeitige Beteiligung der Personalvertretung.

1.3 Versetzung zu einer anderen Dienststelle (§ 75 Abs. 1 Nr. 3): Mitbestimmung derjenigen Personalvertretung, die bei der die Versetzung veranlassenden, abgebenden Dienststelle gebildet ist. Mitbestimmung auch der „aufnehmenden" Personalvertretung.

Erweiterung des Beteiligungsrechts der Personalvertretung durch Mitbestimmung bei einer Umsetzung innerhalb derselben Dienststelle, wenn hiermit gleichzeitig ein Wechsel des Dienstorts verbunden ist. Damit soll sichergestellt werden, dass die Personalvertretung besondere soziale Gesichtspunkte in die Entscheidungsüberlegungen einführen kann.

1.4 Abordnung (§ 75 Abs. 1 Nr. 4): Vorübergehende Übertragung einer Tätigkeit in einer anderen Dienststelle desselben oder eines anderen Dienstherrn bei Aufrechterhaltung des Arbeitsverhältnisses und der Zugehörigkeit zur bisherigen Dienststelle.

2. Mitbestimmung in sozialen Angelegenheiten aller Beschäftigten (§ 75 Abs. 2, 3)

2.1 Mitbestimmung der Personalvertretung bei der Gewährung von Vorschüssen, Darlehen etc. (§ 75 Abs. 2 Nr. 1): Beteiligung der Personalvertretung nur bei solchen finanziellen Unterstützungen, auf die der einzelne Beschäftigte keinen Anspruch hat.

2.2 Zuweisung und Kündigung von Wohnungen, über die die Dienststelle verfügt, sowie der allgemeinen Festsetzung der Nutzungsbedingungen (§ 75 Abs. 2 Nr. 2): Nur solche Wohnungen, für die der Dienststelle ein Zuweisungsrecht zusteht, nicht aber Wohnungen, die der einzelne Beschäftigte aufgrund seiner Stellung beziehen muss. Keine Mitbestimmung beim Abschluss des einzelnen Mietvertrags.

2.3 Mitbestimmung der Personalvertretung über Beginn und Ende der täglichen Arbeitszeit und der Pausen sowie die Verteilung der Arbeitszeit auf die einzelnen Wochentage (§ 75 Abs. 3 Nr. 1): Beteiligung der Personalvertretung bei der Einführung der gleitenden Arbeitszeit, bei der Verkürzung der Arbeitszeit und bei der evtl. Arbeitsfreistellung an einem einzelnen Wochentag.

2.4 Mitbestimmung bei der Festsetzung der zeitlichen Lage des Erholungsurlaubs etc. (§ 75 Abs. 3 Nr. 3): Beteiligung der Personalvertretung bei der Erstellung eines allgemeinen Urlaubsplans im Interesse einer Berücksichtigung der Urlaubswünsche der einzelnen Beschäftigten, Einschaltung der Personalvertretung bei späteren Streitigkeiten zwischen dem Dienststellenleiter und den Beschäftigten.

2.5 Mitbestimmung der Personalvertretung bei Fragen der Lohngestaltung innerhalb der Dienststelle (§ 75 Abs. 3 Nr. 4): Soweit Gesetz und Tarifverträge noch eine spezielle Regelung für einzelne Dienststellen zulassen, ist die Personalvertretung bei allen den Lohn und das Gehalt betreffenden Angelegenheiten zu beteiligen.

2.6 Zuweisung entsprechend § 29 des Beamtenrechtsrahmengesetzes für die Dauer von mehr als drei Monaten (§ 75 Abs. 1 Nr. 4a).

2.7 Mitbestimmung bei der Errichtung, Verwaltung und Auflösung von Sozialeinrichtungen (§ 75 Abs. 3 Nr. 5).

2.8 Auswahl der Teilnehmer an Fortbildungsveranstaltungen für Arbeitnehmer (§ 75 Abs. 3 Nr. 7): Beteiligung der Personalvertretung an der Auswahl im Hinblick auf eine gleichmäßige Berücksichtigung des Interesses an einer Fortbildung.

2.9 Mitbestimmung der Personalvertretung bei der Festlegung des Inhalts von Personalfragebogen für Arbeitnehmer (§ 75 Abs. 3 Nr. 8): Beteiligung der Personalvertretung im Interesse einer Festlegung nur solcher Fragen, die nicht oder nur bei Vorliegen drin- gender dienstlicher Bedürfnisse in den Privatbereich des Einzelnen hineinreichen.

2.10 Mitbestimmung bei der Festlegung der Beurteilungsrichtlinien für Arbeitnehmer (§ 75 Abs. 3 Nr. 9): Beteiligung der Personalvertretung im Interesse einer Festlegung von Beurteilungsrichtlinien, die von einheitlichen Grundsätzen für alle Bereiche einer Verwaltung ausgehen, um auf diese Weise eine gleichmäßige Beurteilung zur Vermeidung von Vor- und Nachteilen sicherzustellen.

2.11 Weitere Beteiligungsrechte der Personalvertretung in sozialen Angelegenheiten:

– Grundsätze über die Bewertung von anerkannten Vorschlägen im Rahmen des betrieblichen Vorschlagwesens (§ 75 Abs. 3 Nr. 12): Aufstellung gleichmäßiger, gerechter Grundsätze.

– Aufstellung von Sozialplänen einschließlich Plänen für Umschulungen zum Ausgleich oder zur Milderung von wirtschaftlichen Nachteilen, die den Beschäftigten infolge von Rationalisierungsmaßnahmen entstehen (§ 75 Abs. 3 Nr. 13): Rechtzeitige Erstellung von Plänen, die sowohl der Verwaltung auf Zukunft Planungen erlauben als auch dem Einzelnen ein rechtzeitiges Einstellen auf die veränderte Situation ermöglichen.

– Absehen von der Ausschreibung von Dienstposten, die besetzt werden sollen (§ 75 Abs. 3 Nr. 14): Ziel: Vorrangige Berücksichtigung von Beschäftigten aus dem eigenen Bereich.

– Gestaltung der Arbeitsplätze (§ 75 Abs. 3 Nr.16): Ziel: Erleichterung der Arbeit am einzelnen Arbeitsplatz.

– Einführung und Anwendung technischer Einrichtungen, die dazu bestimmt sind, das Verhalten oder die Leistung der Beschäftigten zu überwachen (§ 75 Abs. 3 Nr. 17): Mitbestimmung auch bei Einführung solcher Einrichtungen, die nur mittelbar den einzelnen Beschäftigten kontrollieren können.

3. Mitbestimmung der Personalvertretung in personellen Angelegenheiten der Beamten § 76 Abs. 1

3.1 Übertragung eines anderen Amtes mit höherem Endgrundgehalt ohne Änderung der Amtsbezeichnung, Verleihung eines anderen Amtes mit anderer Amtsbezeichnung beim Wechsel der Laufbahngruppe, Laufbahnwechsel (§ 76 Abs. 1 Nr. 2): Umfassende Beteiligung der Personalvertretung bei allen personellen Maßnahmen, auch solchen, die erst vorbereitende Maßnahmen für eine spätere Beförderung sind.

3.2 Einstellung, Anstellung (§ 76 Abs. 1 Nr. 1)

3.3 Beförderung, Übertragung einer höher oder niedriger zu bewertenden Tätigkeit (§ 76 Abs. 1 Nr. 2): s. zu 1.2.

3.4 Umsetzung innerhalb der Dienststelle, wenn sie mit einem Wechsel des Dienstorts verbunden ist (§ 76 Abs. 1 Nr. 4): s. 1.3.

3.5 Abordnung für eine Dauer von mehr als drei Monaten (§ 76 Abs. 1 Nr. 5): s. 1.4.

3.6 Zuweisung nach § 29 des Bundesbeamtengesetztes (§ 76 Abs. 1 Nr. 5a).

3.7 Anordnungen, die die Freiheit in der Wahl der Wohnung beschränken (§ 76 Abs. 1 Nr. 6).

3.8 Versagung oder Widerruf der Genehmigung einer Nebentätigkeit (§ 76 Abs. 1 Nr. 7).

3.9 Ablehnung eines Antrags nach den §§ 91, 92 oder 95 des Bundesbeamtengesetzes auf Teilzeitbeschäftigung (§ 76 Abs. 1 Nr. 8).

3.10 Hinausschiebung des Eintritts in den Ruhestand wegen Erreichens der Altersgrenze (§ 76 Abs. 1 Nr. 9).

4. Weitere Mitbestimmungsfälle in Angelegenheiten der Beamten (§ 76 Abs 2)

4.1 Auswahl der Teilnehmer an Fortbildungsveranstaltungen für Beamte (§ 76 Abs. 2 Nr. 1): s. 2.7.

4.2 Inhalt von Personalfragebogen für Beamte (§ 76 Abs. 2 Nr. 2): s. 2.8.

4.3 Beurteilungsrichtlinien für Beamte (§ 76 Abs. 2 Nr. 3).

4.4 Erlass von Richtlinien über die personelle Auswahl bei Einstellungen, Versetzungen, Umgruppierungen und Kündigungen (§ 76 Abs. 2 Nr. 8).

4.5 Geltendmachung von Ersatzansprüchen gegen einen Beschäftigten (§ 76 Abs. 2 Nr. 9): Ziel: Vermeidung von Bevorzugung oder Benachteiligung einzelner ersatzpflichtiger Beschäftigter.

5. Mitwirkung des Personalrats (§§ 78, 79)

5.1 Vorbereitung von Verwaltungsanordnungen (§ 78 Abs. 1 Nr. 1).

5.2 Auflösung, Einschränkung etc. von Dienststellenteilen (§ 78 Abs. 1 Nr. 2).

5.3 Erhebung der Disziplinarklage gegen einen Beamten (§ 78 Abs. 1 Nr. 3).

5.4 Entlassung von Beamten auf Probe oder auf Widerruf, wenn sie die Entlassung nicht selbst beantragt haben (§ 78 Abs. 1 Nr. 4).

5.5 Vorzeitige Versetzung in den Ruhestand (§ 78 Abs. 1 Nr. 5).

5.6 Ordentliche Kündigung durch den Arbeitgeber.

6. Initiativrecht mit der Möglichkeit der Einschaltung der Einigungsstelle zur endgültigen, verbindlichen Entscheidung (§ 70 Abs. 1)

6.1 Beginn und Ende der täglichen Arbeitszeit und der Pausen sowie die Verteilung der Arbeitszeit auf die einzelnen Wochentage (§ 75 Abs. 3 Nr. 1).

6.2 Zeit, Ort und Art der Auszahlung der Dienstbezüge und Arbeitsentgelte (§ 75 Abs. 3 Nr. 2).

6.3 Aufstellung des Urlaubsplans, Festsetzung der zeitlichen Lage des Erholungsurlaubs für einzelne Beschäftigte, wenn zwischen dem Dienststellenleiter und den beteiligten Beschäftigten kein Einvernehmen erzielt wird (§ 75 Abs. 3 Nr. 3).

6.4 Fragen der Lohngestaltung innerhalb der Dienststelle, insbesondere die Aufstellung von Entlohnungsgrundsätzen, die Einführung und Anwendung von neuen Entlohnungsmethoden und deren Änderung sowie die Festsetzung der Akkord- und Prämiensätze und vergleichbarer leistungsbezogener Entgelte, einschließlich der Geldfaktoren (§ 75 Abs. 3 Nr. 4).

6.5 Errichtung, Verwaltung und Auflösung von Sozialeinrichtungen ohne Rücksicht auf ihre Rechtsform (§ 75 Abs. 3 Nr. 5).

6.6 Durchführung der Berufsausbildung bei Arbeitnehmern (§ 75 Abs. 3 Nr. 6).

6.7 Maßnahmen zur Verhütung von Dienst- und Arbeitsunfällen und sonstigen Gesundheitsschädigungen (§ 75 Abs. 3 Nr. 11).

6.8 Grundsätze über die Bewertung von anerkannten Vorschlägen im Rahmen des betrieblichen Vorschlagwesens (§ 75 Abs. 3 Nr. 12).

6.9 Aufstellung von Sozialplänen einschließlich Plänen für Umschulungen zum Ausgleich oder zur Milderung von wirtschaftlichen Nachteilen, die den Beschäftigten infolge von Rationalisierungsmaßnahmen entstehen (§ 75 Abs. 3 Nr. 13).

6.10 Absehen von der Ausschreibung von Dienstposten, die besetzt werden sollen (§ 75 Abs. 3 Nr. 14).

6.11 Regelung der Ordnung in der Dienststelle und des Verhaltens der Beschäftigten (§ 75 Abs. 3 Nr. 15).

6.12 Gestaltung der Arbeitsplätze (§ 75 Abs. 3 Nr. 16).

6.13 Einführung und Anwendung technischer Einrichtungen, die dazu bestimmt sind, das Verhalten oder die Leistung der Beschäftigten zu überwachen (§ 75 Abs. 3 Nr. 17; vgl. § 75 Anm. zh) Technikeinführung).

7. Initiativrecht ohne die Möglichkeit der Einschaltung der Einigungsstelle

In den übrigen Beteiligungsfällen (§ 75 Abs. 1 und Abs. 2, § 75 Abs. 3 Nr. 6 bis 10, § 76) kann die Personalvertretung im Nichteinigungsfall die Angelegenheit den übergeordneten Dienststellen vorlegen, wobei die oberste Dienstbehörde endgültig und verbindlich entscheidet.

8. Anhörung der Personalvertretung (§§ 78, 79)

8.1 Vor der Weiterleitung von Personalanforderungen zum Haushaltsvoranschlag (§ 78 Abs. 3).

8.2 Vor der Errichtung von Neu-, Um- und Erweiterungsbauten von Diensträumen (§ 78 Abs. 4).

8.3 Vor grundlegenden Änderungen von Arbeitsverfahren und Arbeitsabläufen (§ 78 Abs. 5).

8.4 Vor fristlosen Entlassungen, außerordentlichen Kündigungen und vor der Beendigung des Arbeitsverhältnisses eines Arbeitnehmers während der Probezeit (§ 79 Abs. 3).

III. Beteiligungsverfahren

1. Mitbestimmung (§ 69)

Eine der Mitbestimmung unterliegende Maßnahme kann nur mit Zustimmung der Personalvertretung durch den Leiter der Dienststelle getroffen werden (Abs. 1); Unterrichtung der Personalvertretung durch den Leiter der Dienststelle und Beantragung der Zustimmung (Abs. 2 Satz 1); Maßnahme gilt als gebilligt, wenn die Personalvertretung nicht innerhalb einer Frist von zehn Arbeitstagen die Zustimmung schriftlich verweigert (Abs. 2 Satz 5); evtl. Anhörung des betroffenen Beschäftigten bei negativer Tatsachenbehauptung (Abs. 2 Satz 6); im Nichteinigungsfall Anrufung der übergeordneten Dienststellen durch den Leiter der Dienststelle oder die Personalvertretung (Abs. 3); endgültige und verbindliche Entscheidung der Einigungsstelle, falls zwischen oberster Dienstbehörde und der dort bestehenden Stufenvertretung keine Einigung zustande kommt.

Ausnahme: In den Fällen des § 76 (Mitbestimmung des Personalrats in personellen Angelegenheiten der Beamten, Abs. 1 und in sonstigen Angelegenheiten, Abs. 2) und des § 85 Abs. 1 Nr. 7 (Mitbestimmung bei der Berufsförderung von Polizeivollzugsbeamten in der Bundespolizei) beschließt die Einigungsstelle, wenn sie sich nicht der Auffassung der obersten Dienstbehörde anschließt, eine Empfehlung an diese; die oberste Dienstbehörde entscheidet sodann endgültig (Abs. 4). Dies gilt auch in den Fällen, in denen nach dem Gesetzeswortlaut in personellen Angelegenheiten der Arbeitnehmer der Einigungsstelle ein Letztentscheidungsrecht eingeräumt wird; denn das Bundesverwaltungsgericht (BVerwG v. 13.10.2009, PersV 2010, 142; BVerwG v. 17.2.2010, Leits. ZfPR 2010, 71) hat unter Berufung auf die Ent- scheidung des Bundesverfassungsgerichts (BVerfG v. 24.5.1995, BVerfGE 93, 37 = ZfPR 1995, 185) festgestellt, dass der Gesetzgeber – hätte er bereits bei der Verabschiedung des Gesetzes die zitierte Entscheidung des Bundesverfassungsgerichts gekannt – auch in personellen Angelegenheiten der Arbeitnehmer der Einigungsstelle nur ein Empfehlungsrecht eingeräumt hätte (sog. planwidrige Lücke). Auch schon in früheren Entscheidungen hat das Bundesverwaltungsgericht (BVerwG v. 19.5.2003, ZfPR 2003, 267; BVerwG v. 1.9.2004, ZfPR 2004, 293) den eingeschlagenen Weg weiter beschritten und ausgeführt, dass aus dem demokratischen Prinzip das Gebot herzuleiten ist, dass die Mitbestimmung einschließlich eines Letztentscheidungs- rechts der Einigungsstelle nur innerdienstliche Maßnahmen erfassen und nur soweit gehen darf, wie die spezifischen, im Beschäftigungsverhältnis angelegten Interessen der Beschäftigten dies rechtfertigen.

2. Initiativrecht (§ 70)

a) In einzelnen Fällen muss im Streitfall die Einigungsstelle eingeschaltet werden (§ 70 Abs. 1; vgl. II 7).

b) In den anderen Fällen entscheidet bei Meinungsverschiedenheiten die oberste Dienstbehörde abschließend (§ 70 Abs. 2; vgl. II 7 aE).

3. Mitwirkung (§ 72)

Rechtzeitige und eingehende Erörterung über eine der Mitwirkung der Personalvertretung unterliegende, beabsichtigte Maßnahme (§ 72 Abs. 1); bei Nichtäußerung innerhalb von zehn Arbeitstagen wird Billigung der Maßnahme durch die Personalvertretung unterstellt (Abs. 2); im Widerspruchsfall: Mitteilung der Gründe der Weigerung; evtl. Hinzuziehung des betroffenen Beschäftigten bei negativen Tatsachenbehauptungen durch die Personalvertretung (Abs. 2); Mitteilung der Entscheidung des Leiters der Dienststelle an die Personalvertretung unter Angabe der Gründe (Abs. 3); Weitergabe der Angelegenheit im Nichteinigungsfall durch den Personalrat (und den Leiter der Dienststelle) binnen drei Arbeitstagen an die übergeordneten Dienststellen (Abs. 4); Beteiligung der Stufenvertretungen und endgültige Entscheidung der obersten Dienstbehörde (Abs. 4); Aussetzung der beabsichtigten Maßnahme bis zur Entscheidung der angerufenen Dienststelle im Fall der Anrufung der übergeordneten Dienststellen (Abs. 5), es sei denn, die Maßnahme duldet „der Natur der Sache nach keinen Aufschub“ (Abs. 6).

4. Anhörung (§§ 78, 79)

Im Fall der Anhörung ist ein Dienststellenleiter verpflichtet, der zuständigen Personalvertretung rechtzeitig seine Absicht mitzuteilen, eine bestimmte Maßnahme durchführen zu wollen. Der Personalvertretung ist Gelegenheit zu geben, sich anhand vorgelegter Unterlagen zu dieser Absicht mündlich oder schriftlich zu äußern. Bei Ablehnung der beabsichtigten Maßnahme durch die Personalvertretung ist der Dienststellenleiter nicht gehindert, seine Absicht auszuführen. Zum Zeitpunkt der Anhörung darf die beabsichtigte Maßnahme aber noch nicht eingeleitet sein. Andernfalls nämlich hätte die Personalvertretung keine Möglichkeit, dem Dienststellenleiter noch ihre Wünsche und Einwendungen zur Kenntnis zu bringen (BVerwG v. 27.11.1991 – 6 P 24.90, PersV 1992, 228).

IV. Einigungsstelle (§ 71)

Einrichtung bei der obersten Dienstbehörde; Berufung von je drei Beisitzern durch die oberste Dienstbehörde und die bei ihr zuständige Personalvertretung. Der Vorsitzende wird von beiden Seiten gemeinsam berufen. Auf der Seite der Beschäftigtenvertreter müssen sich je ein Beamter und ein Arbeitnehmer, bei Gruppenangelegenheiten zwei Gruppenvertreter befinden.

Nichtöffentliche Verhandlung. Beiden Seiten ist Gelegenheit zur mündlichen Äußerung zu geben. Entscheidung durch Beschluss. Möglichkeit zur teilweisen Antragsentsprechung. Zustellung des Beschlusses an beide Seiten.

V. Probleme bei der Abwicklung von Beteiligungsverfahren

1. Zeitlich beschränkte beteiligungspflichtige Maßnahmen

Wird zwischen Personalvertretung und Dienststellenleiter vereinbart, eine mitbestimmungspflichtige Maßnahme nur für eine bestimmte Dauer durchzuführen, dann darf der Dienststellenleiter nach Ablauf der Frist auch nicht in eingeschränkter Form ohne Zustimmung der Personalvertretung die Maßnahme fortführen. Dies gilt auch dann, wenn die vollständige Einstellung der Maßnahme mit finanziellen Nachteilen für die Dienststelle verbunden wäre (OVG Münster v. 19.2.1986, PersV 1987, 203).

2. Zusammentreffen unterschiedlicher Beteiligungsrechte

Wenn zwei unterschiedliche Beteiligungstatbestände, die zum einen der Mitbestimmung und zum anderen der Mitwirkung der Personalvertretung unterliegen, zusammentreffen, dann geht die stärkere Beteiligungsform (Mitbestimmung) grundsätzlich der schwächeren Form (Mitwirkung) vor (BVerwG v. 7.2.2012, PersR 2012, 213).

§ 66 (Monatsgespräch, Friedenspflicht)

(1) Der Leiter der Dienststelle und die Personalvertretung sollen mindestens einmal im Monat zu Besprechungen zusammentreten. In ihnen soll auch die Gestaltung des Dienstbetriebs behandelt werden, insbesondere alle Vorgänge, die die Beschäftigten wesentlich berühren. Sie haben über strittige Fragen mit dem ernsten Willen zur Einigung zu verhandeln und Vorschläge für die Beilegung von Meinungsverschiedenheiten zu machen.

(2) Dienststelle und Personalvertretung haben alles zu unterlassen, was geeignet ist, die Arbeit und den Frieden der Dienststelle zu beeinträchtigen. Insbesondere dürfen Dienststelle und Personalvertretung keine Maßnahmen des Arbeitskampfs gegeneinander durchführen. Arbeitskämpfe tariffähiger Parteien werden hierdurch nicht berührt.

(3) Außenstehende Stellen dürfen erst angerufen werden, wenn eine Einigung in der Dienststelle nicht erzielt worden ist.

Entsprechende landesgesetzliche Regelungen:

Baden-Württemberg: § 66; Bayern: Art. 67; Berlin: § 70; Brandenburg: § 57 Abs. 1 bis 3; Bremen: § 52; Hamburg: § 76 Abs. 2 und 3; Hessen: § 60 Abs. 3 und 4; Mecklenburg- Vorpommern: § 58; Niedersachsen: §§ 2 Abs. 2, 62 Abs. 1; Nordrhein-Westfalen: §§ 2 Abs. 2 und 3, 63; Rheinland-Pfalz: § 67 Abs. 1, 2, 3, 6; Saarland: § 69 Abs. 1, 2 und 5; Sachsen: § 71; Sachsen-Anhalt: § 56 Abs. 1 bis 3; Schleswig-Holstein: § 47; Thüringen: § 66.

1. Begriffsbestimmungen

a) **Monatsgespräch:** Ein regelmäßig stattfindendes Gespräch zwischen Dienststellenleiter und Personalvertretung zur Klärung anstehender Probleme und zur „Vorabinformation" der Personalvertretung in Bezug auf Maßnahmen der Verwaltung, die noch nicht in konkrete Vorlagen gefasst worden sind.

b) **Friedenspflicht:** Pflicht von Dienststellenleiter und Personalvertretung, alles zu unterlassen, was ein gedeihliches Miteinander innerhalb der Dienststelle gefährden könnte.

c) **Maßnahmen des Arbeitskampfes:** Alle Handlungen, die einen Streik oder streikähnliche Maßnahmen (Dienst nach Vorschrift) bzw. Aussperrung darstellen.

d) **Außenstehende Stellen:** Alle amtlichen und nichtamtlichen Einrichtungen etc. außerhalb der Dienststelle, die mit dem Ziel der Vermittlung oder Entscheidung eingeschaltet werden.

2. Erläuterungen

a) Unschädlich ist es, wenn das **Monatsgespräch in Einzelfällen** zu einem Zeitpunkt stattfindet, zu dem bereits mehr als ein Monat seit dem letzten Gespräch vergangen ist. Umgekehrt kann, falls dies notwendig ist, auch ausnahmsweise **in kürzeren Abständen** ein sog. Monatsgespräch stattfinden.

b) **Der Dienststellenleiter hat das Monatsgespräch** stets **mit dem gesamten Personalrat** zu führen. Infolgedessen kann die Personalvertretung weder den Vorstand noch den Vorsitzenden ermächtigen, die Besprechung alleine mit dem Dienststellenleiter vorzunehmen.

c) Dem Dienststellenleiter und der Personalvertretung sind alle Handlungen untersagt, die geeignet sind, den **Frieden in der Dienststelle** zu stören. Daher kommt es nicht darauf an, dass solche Handlungen tatsächlich friedensstörende Folgen haben.

d) Die Personalvertretung darf sich als solche nicht an einem **Streik** beteiligen, wohl aber das einzelne Personalratsmitglied, soweit es dem Kreis der Arbeitnehmer angehört.

e) Zu den **außenstehenden Stellen**, die erst nach einem Scheitern interner Einigungsversuche angerufen werden dürfen, gehören alle amtlichen und nichtamtlichen Einrichtungen außerhalb der Dienststelle (z.B. vorgesetzte Stellen derselben Dienstbehörde, Verwaltungsgerichte, denen vom Gesetz die Kompetenz zugewiesen ist, im Nichteinigungsfall Streitigkeiten zwischen Dienststelle und Personalvertretung beizulegen (OVG Münster v. 27.6.1983, PersV 1984, 664)). Der Personalvertretung ist es aber selbstverständlich nicht verwehrt, Sach- und Rechtsauskunft bei Gewerkschaften etc. einzuholen; denn in diesen Fällen erfolgt keine Anrufung außenstehender Stellen zum Zweck der Vermittlung zwischen streitenden Parteien, sondern ausschließlich zum Zweck der Beratung.

3. Fälle aus der Rechtsprechung

a) Der **Teilnehmerkreis** an einem Monatsgespräch ist gesetzlich abschließend geregelt. Allerdings können **Sachbearbeiter** hinzugezogen werden. Ihnen ist Gelegenheit zur Stellungnahme zu geben. Dazu aber bedarf es einer Abstimmung zwischen Dienststellenleiter und Personalvertretung (BVerwG v. 5.8.1983, PersV 1985, 71). Keiner Seite steht das Recht zu, den Teilnehmerkreis einseitig zu erweitern (BAG v. 14.4.1988, PersV 1988, 363). Eine sachkundige Information mit detaillierten Angaben durch Dritte kann aber das Ergebnis eines Monatsgesprächs mit dem Ziel eines einvernehmlichen Ergebnisses fördern (BVerwG v. 23.11.2010, ZfPR *online* 1/2011, S. 7). Die Schwerbehindertenvertretung ist zu Monatsgesprächen hinzuzuziehen. In einem Monatsgespräch können Dienststellenleiter und Personalvertretung einvernehmlich vereinbaren, die **Beschäftigten** über die im Monatsgespräch behandelten Themen und die dabei getroffenen Entscheidungen zu **informieren** (OVG Berlin v. 25.10.1995, PersR 1996, 396 = Leits. ZfPR 1996, 163; 1997, 17).

b) Gegenüber der Personalvertretung steht einem Dienststellenleiter bei **Verstößen gegen die Friedenspflicht** ein Unterlassungsanspruch zu, den er evtl. in einem einstweiligen Verfügungsverfahren durchsetzen kann (OVG Berlin v. 20.2.1981, PersV 1982, 295).

c) Als **friedensstörende Maßnahmen** werden von der Rechtsprechung angesehen:

– wenn eine Personalvertretung mit Hilfe einer **Fragebogenaktion** herausfinden möchte, welche Maßnahmen zur Verbesserung des Gesundheitsschutzes am Arbeitsplatz notwendig sind, obwohl bereits der Dienststellenleiter eine Gefährdungsanalyse gem. § 5 ArbSchG vorbereitet (BVerwG v. 8.8.2012, PersV 2012, 472 = Leits. ZfPR 2013, 4).

– wenn eine Personalvertretung **Fragebögen über Ausbilder** sammelt und zur Einsicht bereithält, in denen Beschäftigte ohne Kenntnis der Betroffenen Beurteilungen, insbesondere über deren Verhalten, Einstellungen und Fähigkeiten abgeben (OVG Hamburg v. 24.6.1980, PersV 1982, 154);

– wenn eine Personalvertretung ein **Flugblatt** herausgibt, mit dem der Dienststellenleiter angegriffen und zumindest versteckt zum Rücktritt aufgefordert wird (BVerwG v. 27.11.1981, PersV 1983, 409);

– wenn eine Personalvertretung Erklärungen in Form von Solidarisierung bzw. **Protest in polemischer und allgemein politischer Weise zu Geschehnissen außerhalb der Dienststelle** abgibt (VG Berlin v. 20.2.1981, PersV 1982, 295);

– wenn eine Personalvertretung ohne Einvernehmen mit dem Dienststellenleiter Beschäftigte an deren Arbeitsplatz aufsucht, um **durch Unterschrift Unterstützung** zu einer von der Personalvertretung eingenommenen Gegenposition zum Dienststellenleiter zu erhalten (VG Baden-Württemberg v. 8.9.1992, PersV 1995, 121);

– wenn Personalvertretungen Flugblätter herausgeben, die gegen ein Strafgesetz oder **gegen sonstige gesetzliche Bestimmungen**, insbesondere die Friedenspflicht, verstoßen. Dies ist z.B. dann der Fall, wenn dazu aufgefordert wird, vom Dienststellenleiter angeordnete Maßnahmen nicht zu befolgen (OVG Rheinland-Pfalz v. 26.1.1982, PersV 1983, 27).

d) Arbeitskampfmaßnahmen, die den Verhandlungspartner z.B. zum Abschluss einer Dienstvereinbarung zwingen sollen, sind rechtswidrig (vgl. für das BetrVG: BAG v. 17.12.1976, BB 1977, 544). Die Personalratvertretung darf selbst einen legalen Streik nicht unterstützen. Auch einem einzelnen Personalratsmitglied ist die **Vorbereitung eines legalen Streiks** untersagt. An einem Streik darf es sich nur insoweit beteiligen, als hierbei die Autorität des Amtes nicht ausgenutzt wird. Ein Personalratsmitglied darf auch nicht einen Streikaufruf als Gewerkschaftsvorsitzender dann verfassen, wenn es zugleich stellvertretender Personalratsvorsitzender ist, der von seinen dienstlichen Tätigkeiten vollständig freigestellt ist. Er darf die Autorität des Personalratsamts nicht ausnutzen. Da nicht ausgeschlossen werden kann, dass die Beschäftigten einen Streikaufruf auch mit dem Amt als Mitglied des Personalrats verbinden, muss sich das Personalratsmitglied des Streikaufrufs enthalten; andernfalls begeht es dann eine disziplinarisch/arbeitsrechtlich zu verfolgende innerdienstliche Verletzung, wenn es unter ausdrücklichem Hinweis auf die Mitgliedschaft in einer Gewerkschaft auftritt (BVerwG v. 23.2.1994, Leits. ZfPR 1995, 20). Dagegen ist die bloße Anwesenheit eines Personalratsmitglieds bei einem kurzen Warnstreik, bei dem dieses Mitglied keinerlei Aktivitäten entwickelt, zulässig und kein Grund zur Einleitung eines Ausschlussverfahrens (vgl. für das BetrVG: LAG Hamm v. 10.4.1996, AiB 1996, 736). Im Falle eines Arbeitskampfes sind Dienststellenleiter und Personalvertretung zu absoluter Zurückhaltung und Neutralität verpflichtet (BVerwG v. 27.10.2009, PersV 2010, 187 = Leits. ZfPR 2010, 40).

e) Verwaltungsgerichte sind **„außenstehende Stellen“**. Sie können einen Antrag nach § 83 wegen fehlenden Rechtsschutzinteresses dann zurückweisen, wenn sie zu der Auffassung gelangen, „dass von der einreichenden Stelle nicht alles für die Einigung unternommen worden ist“ (BVerwG v. 5.2.1971, PersV 1972, 36). Gewerkschaften und Arbeitgebervereinigungen sind keine außenstehenden Stellen (OVG Münster v. 27.6.1983, PersV 1984, 464).

f) Das **Verbot** der Anrufung außenstehender Stellen **gilt für den Dienststellenleiter ebenso wie für die Personalvertretung** (HessVGH v. 23.11.1988, ZfPR 1989, 142).

4. Streitigkeiten

Die Verwaltungsgerichte entscheiden über Streitigkeiten nach § 66 entsprechend § 83 Abs. 1 Nr. 3.

§ 67 (Allgemeine Grundsätze)

(1) Dienststelle und Personalvertretung haben darüber zu wachen, dass alle Angehörigen der Dienststelle nach Recht und Billigkeit behandelt werden, insbesondere, dass jede Benachteiligung von Personen aus Gründen ihrer Rasse oder wegen ihrer ethnischen Herkunft, ihrer Abstammung oder sonstigen Herkunft, ihrer Nationalität, ihrer Religion oder Weltanschauung, ihrer Behinderung, ihres Alters, ihrer politischen oder gewerkschaftlichen Betätigung oder Einstellung oder wegen ihres Geschlechts oder ihrer sexuellen Identität unterbleibt. Dabei müssen sie sich so verhalten, dass das Vertrauen der Verwaltungsangehörigen in die Objektivität und Neutralität ihrer Amtsführung nicht beeinträchtigt wird. Der Leiter der Dienststelle und die Personalvertretung haben jede parteipolitische Betätigung in der Dienststelle zu unterlassen; die Behandlung von Tarif-, Besoldungs- und Sozialangelegenheiten wird hierdurch nicht berührt.

(2) Beschäftigte, die Aufgaben nach diesem Gesetz wahrnehmen, werden dadurch in der Betätigung für ihre Gewerkschaft auch in der Dienststelle nicht beschränkt.

(3) Die Personalvertretung hat sich für die Wahrung der Vereinigungsfreiheit der Beschäftigten einzusetzen.

Entsprechende landesgesetzliche Regelungen:

Baden-Württemberg: § 67 Abs. 1, 2, 3; Bayern: Art. 68 Abs. 1, 2, 3; Berlin: § 71 Abs. 1, 2, 3; Brandenburg: § 57 Abs. 4, 5; Bremen: § 53 Abs. 3, 4; Hamburg: §§ 76, 77; Hessen: §§ 60, 61; Mecklenburg-Vorpommern: §§ 3 Abs. 4, 59 Abs. 1, 2; Niedersachsen: §§ 2 Abs. 3, 4, 59 Nr. 1 Abs. 3, 4; Nordrhein-Westfalen: §§ 3, 62; Rheinland-Pfalz: §§ 67 Abs. 4, 5, 68; Saarland: §§ 69 Abs. 4, 70 Abs. 1, 2, 3; Sachsen: § 72; Sachsen-Anhalt: §§ 56 Abs. 4, 5, 58; Schleswig-Holstein: §§ 2 Abs. 2, 48; Thüringen: § 67 Abs. 1, 2, 3.

1. Begriffsbestimmungen

a) Recht: Alle zugunsten der Beschäftigten bestehenden Rechtsvorschriften (Gesetze, Rechtsverordnungen, Erlasse, Dienstvereinbarungen etc. (vgl. für das BtreVG: BAG v. 12.4.2011 – 1 AZR 412/09 –, AP BetrVG 1972 § 75 Nr. 57).

b) Grundsatz der Billigkeit: Berücksichtigung des Rechtsgefühls breiter Bevölkerungskreise, des Grundsatzes von Treu und Glauben, des sozialen Gedankens etc.

c) Benachteiligung: Jede im Vergleich zu Dritten erfolgende objektive Zurücksetzung oder Schlechterstellung einer Person.

d) Rasse/ethnische Herkunft, Abstammung: Merkmale der Zugehörigkeit zu anderen Völkern mit unterschiedlichen Kulturen und unterschiedlichen Lebensgewohnheiten; weitere Unterscheidungsmerkmale: Hautfarbe, Volkstum.

e) Religion oder Weltanschauung: Weltanschauliches, inneres Bekenntnis, Zugehörigkeit bzw. Nichtzugehörigkeit zu religiösen Gemeinschaften; Vorstellungen über die Ordnung des gesellschaftlichen Zusammenlebens in der Welt.

f) Nationalität: Staatsangehörigkeit, Volkszugehörigkeit.

g) Herkunft: Soziale Verwurzelung, die sich aus persönlichen Lebensverhältnissen ergibt.

h) Politische Einstellung oder Betätigung: Meinungsäußerung oder aktive Unterstützung.

i) Gewerkschaftliche Einstellung oder Betätigung: Meinungsäußerung oder aktive Unterstützung einer Gewerkschaft.

j) Objektivität und Neutralität: Betätigung von Personalratsmitgliedern in einer Art und Weise, die es ausschließt, dass Dritte den Eindruck gewinnen müssen, als spiele z.B. die Zugehörigkeit zu einer bestimmten Gewerkschaft bei der Meinungsbildung der Personalvertretung eine entscheidende Rolle.

k) Verbot der parteipolitischen Betätigung: Jede Art von Kundgebung einer parteipolitischen Meinung in Verbindung mit dem Personalratsamt oder der Leitung einer Dienststelle ist zu unterlassen; Vermeidung des Eindrucks, als seien die Entscheidungen von Personalvertretung und Dienststellenleiter durch parteipolitische Gesichtspunkte beeinflusst.

l) Recht zur gewerkschaftlichen Betätigung: Recht von Personalratsmitgliedern, sich in der Dienststelle auch für ihre Gewerkschaft z.B. durch Werbung zu betätigen; damit verbunden die Pflicht, Personalrats- und Gewerkschaftsamt zu trennen und nicht den Eindruck zu erwecken, als spiele die gewerkschaftliche Zugehörigkeit bei der Entscheidung eine gewisse Rolle.

m) Vereinigungsfreiheit: Anerkennung der Existenz verschiedener und miteinander konkurrierender Gewerkschaften innerhalb der Dienststelle; Respekt vor der Entscheidung eines Einzelnen, sich einer bestimmten Gewerkschaft anzuschließen oder ihr fernzubleiben.

n) Verbot der Benachteiligung wegen des **Geschlechts** oder der sexuellen Identität.

o) Um umfassend informiert und in der Lage zu sein, sachgerecht zur **Aufdeckung von Diskriminierungen** beitragen zu können, kann es notwendig werden, einer Personalvertretung in nicht anonymisierte Vergütungslisten Einblick zu gewähren. Dadurch können ihr evtl. Anhaltspunkte dafür geliefert werden, ob „weibliche, nicht deutsche oder gewerkschaftlich organisierte" Beschäftigte benachteiligt werden (BVerwG v. 16.2.2010, PersV 2010, 228).

p) Eine **unterschiedliche Behandlung von Personen wegen ihrer Behinderung und ihres Alters** hat zu unterbleiben.

2. Erläuterungen

a) Mit dem Allgemeinen Gleichbehandlungsgesetz (AGG) ist der Gesetzgeber seiner Pflicht zur Umsetzung der Richtlinie 2000/78/EG (Richtlinie zur Verwirklichung der Gleichbehandlung in Beschäftigung und Beruf) nachgekommen, nachdem der Europäische Gerichtshof am 23.2.2006 eine Vertragsverletzung der Bundesrepublik Deutschland wegen Nichtumsetzung der Richtlinie festgestellt hatte. **Ziele des AGG** sind: Verhinderung bzw. Beseitigung von Benachteiligungen aus Gründen der Rasse oder wegen der ethnischen Herkunft, des Geschlechts, der Religion oder Weltanschauung, einer Behinderung, des Alters oder der sexuellen Identität. Darüber hinaus sollen benachteiligte Arbeitnehmer Kenntnis von ihren Rechten erhalten, bei der Prüfung ihrer Rechte unterstützt werden und durch Beweislasterleichterungen ihre Rechte künftig besser durchsetzen können.

b) Es besteht nicht nur eine **Verpflichtung zur Gleichbehandlung** der Beschäftigten, sondern auch der Bewerber, nämlich der subjektiv ernsthaften Bewerber – also nicht solcher, die sich bewerben, um bei zu erwartender Ablehnung Schadenersatzansprüche nach § 15 AGG geltend machen zu können.

c) Nicht nur der Personalvertretung insgesamt, sondern auch den einzelnen Mitgliedern ist eine gewerkschaftliche Betätigung unter **Ausnutzung des Personalratsamtes** untersagt.

3. Fälle aus der Rechtsprechung

a) Das **Grundrecht des Art. 4 GG** erstreckt sich auf die innere Freiheit, zu glauben oder nicht zu glauben, auch auf die Freiheit, den Glauben zu bekunden und zu verbreiten. Wie jedes Grundrecht, so unterliegt auch das des Art. 4 GG den Einschränkungen, die sich aus dem Grundrecht Dritter ergeben. Deshalb kann einer Lehrerin muslimischen Glaubens das Tragen eines Kopftuchs im Unterricht untersagt werden (BVerwG v. 24.6.2004, NJW 2004, 3581; vgl. auch: BVerwG v. 16.12.2008, NJW 2009, 1289; vgl. allerdings die neueste Entscheidung des Bundesverfassungsgerichts, das ein pauschales Kopftuchverbot als Verstoß gegen Art. 4 Abs. 1 und 2 GG bewertet, BVerfG v. 27.1.2015 – 1 BvR 471/10, 1 BVR 1181/10 – juris).

b) Eine **Altersdiskriminierung** liegt dann vor, wenn Benachteiligungen erfolgen, die an das jeweils konkrete Lebensalter anknüpfen, jedoch dann nicht, wenn die Voraussetzungen der §§ 5, 8 Abs. 1, 10 Satz 1 und 2 AGG gegeben sind (vgl. u.a. BVerwG v. 24.9.2011, NZA 2011, 970; BVerwG v. 20.3.2012, PersR 2012, 416; BVerwG v. 26.9.2012, ZTR 2012, 624). Wird eine Stelle mit der Beschränkung auf ein bestimmtes Lebensalter ausgeschrieben und ein älterer Bewerber nicht zu einem Vorstellungsgespräch geladen, dann ist in aller Regel eine Benachteiligung wegen des Alters gegeben (vgl. für das BetrVG: BAG v. 23.8.2012, DB 2012, 2811). Wird dagegen in einer Dienstvereinbarung festgelegt, dass Beschäftigte mit zunehmendem Alter bei Umsetzungen schutzbedürftiger als jüngere Beschäftigte sind, dann ist eine solche Ungleichbehandlung gerechtfertigt (vgl. für das BetrVG: BAG v. 13.10.2009, BB 2010, 710).

c) Behauptet ein Beschäftigter eine Benachteiligung wegen seiner **Abstammung oder Nationalität** oder behauptet er eine Diskriminierung wegen seiner **ethnischen Herkunft**, dann muss er in einem gerichtlichen Verfahren Indizien dafür vortragen, die eine überwiegende Wahrscheinlichkeit für eine Diskriminierung möglich erscheinen lassen. Der Dienststellenleiter trägt die Beweislast dafür, dass dies nicht der Fall ist (vgl. für das BetrVG: BAG v. 21.6.2012, DB 2012, 2579).

d) Einen Verstoß gegen den Gleichbehandlungsgrundsatz stellt es dar, wenn ein Dienstherr von vornherein deutlich macht, dass er nur solche Bewerber einstellt, die nicht einer Gewerkschaft angehören (BAG v. 28.3.2000, BAGE 94, 169). Unzulässig ist auch eine **undifferenzierte Weihnachtsgeldkürzung** um einen einheitlichen Betrag sowohl für Voll- als auch für Teilzeitbeschäftigte (BAG v. 24.5.2000, DB 2000, 2431).

e) Verteilt ein Personalratsmitglied **Plakate** mit Wahlaufrufen für eine bestimmte Partei, so ist darin auch dann eine Verletzung seiner Pflichten zu sehen, wenn die Verteilung außerhalb des räumlichen Bereichs der Dienststelle, aber im unmittelbaren Anschluss an die dienstliche Tätigkeit erfolgt (OVG Berlin v. 19.1.1975, PersV 1977, 102).

f) Einem Dienststellenleiter und einer Personalvertretung sind **Kundgebungen einer parteipolitischen Meinung** in Wort, Schrift, Ton, Bild oder in sonstiger Ausdrucksweise untersagt, unabhängig davon, ob eine konkrete Gefährdung des Friedens in der Dienststelle zu besorgen ist. Die schlichte politische Meinungsäußerung ist dagegen nicht verboten (vgl. für das BetrVG: BAG v. 17.3.2010, ZfPR 2011, 5). Selbstverständlich ist auch einem **beamteten Personalratsmitglied eine Streikbeteiligung untersagt**. Dies um so mehr, als bei einer solchen Streikbeteiligung immer auch das Gewicht des Personalratsamts mit ins Spiel kommt (BVerwG v. 23.3.1994, Leits. ZfPR 1995, 20). Die **Durchführung politischer Abstimmungen oder Umfragen** in einer Dienststelle sowie die Abfassung politischer Stellungnahmen zu außerdienstlichen Maßnahmen und Ereignissen ist verboten (vgl. für das BetrVG: BAG v. 12.6.1986, BB 1987, 1810).

g) Wenn allerdings ein Beschäftigter anlässlich der bevorstehenden Personalratswahl für eine noch aufzustellende Liste um Unterschriften wirbt und dazu ein „Programm" veröffentlicht, das für die künftige Personalratsarbeit die Zielsetzung einer bestimmten politischen Partei übernimmt, so ist hierin noch **keine unzulässige parteipolitische Betätigung** zu sehen, soweit sich die Wahlwerbung im Rahmen der Rechtsordnung hält und insbesondere nicht die Rechte Dritter verletzt (vgl. für das BetrVG: BAG v. 13.10.1977, BB 1978, 660).

h) Im Zusammenhang mit der gewerkschaftlichen Betätigung eines Personalratsmitglieds muss gegenüber dem Angesprochenen klar erkennbar eine **Trennung zwischen Personalrats- und Gewerkschaftsamt** vorgenommen werden (BVerwG v. 23.10.1970, BVerwGE 36, 177 = PersV 1971, 162).

i) Die Mitglieder der Peronalvertretung haben „alles zu unterlassen, was bei den Bediensteten **begründete Zweifel an der Objektivität** und Neutralität des Personalrats und seiner Mitglieder hervorrufen kann" (BVerwG v. 23.10.1970, aaO).

j) Die den Personalratsmitgliedern gewährte **Freiheit der gewerkschaftlichen Betätigung** auch in der Dienststelle findet ihre Grenze an dem Gebot der Amtsneutralität, so „dass im Fall eines Konfliktes zwischen beiden Prinzipien die Freiheit zur gewerkschaftlichen Betätigung zurücktreten muss, wenn es die Wahrung einer neutralen Amtsführung erfordert" (OVG Koblenz v. 21.11.1977 – IV A IV/77, n.v.). Vom grundgesetzlichen Schutz der gewerkschaftlichen Betätigung wird auch die **Werbung neuer Mitglieder während der Arbeitszeit** umfasst. Die Verfassung schützt insoweit nicht nur diejenigen Tätigkeiten, die für die Erhaltung und die Sicherung des Bestands einer Gewerkschaft unerlässlich sind. Vielmehr sind alle koalitionsspezifischen Verhaltensweisen geschützt – einschließlich der Mitgliederwerbung durch eine Gewerkschaft und durch einzelne ihrer Mitglieder, unabhängig davon, ob sie gleichzeitig auch (freigestellte) Personalratsmitglieder sind. Die Werbung allerdings muss sich auf die Dauer eines normalen Gesprächs zwischen Beschäftigten beschränken (BVerfG v. 14.11.1995, ZfPR 1996, 77).

k) Ein Personalratsmitglied darf nicht Druck auf ein abtrünnig gewordenes oder abgeworbenes Gewerkschaftsmitglied ausüben. Dabei kommt es entscheidend darauf an, ob die **nachhaltige Werbung** durch offene oder versteckte Hinweise auf die Möglichkeiten der gewerkschaftlich stärksten Fraktion im Personalrat in Bezug auf Beförderungen, Höhergruppierungen etc. wesentlich verstärkt wird. Ein Personalratsmitglied handelt dabei nicht schon alleine deshalb pflichtwidrig, weil es eine Werbung durch einen dem Personalrat nicht angehörenden Gewerkschaftsvertreter im Personalratszimmer duldet. Voraussetzung für eine Pflichtverletzung ist, dass sich das Personalratsmitglied über die bloße Duldung hinaus in irgendeiner Weise an dieser Werbung aktiv beteiligt und sie, wenn auch unausgesprochen, mit dem Gewicht seines Amtes unterstreicht (BVerwG v. 23.2.1979, PersV 1980, 205).

l) Wegen der durch Art. 9 Abs. 3 Satz 1 GG geschützten Betätigungsfreiheit dürfen **Gewerkschaften** ihrerseits Werbung in der Dienststelle betreiben. Sie dürfen sich an die Beschäftigten einer Dienststelle auch über deren dienstliche E-Mail-Adressen mit Werbung und Informationen wenden. Dies soll auch dann gelten, wenn der Arbeitgeber den Gebrauch der E-Mail-Adressen zu privaten Zwecken untersagt hat (BAG v. 20.1.2009, ZfPR 2009, 105). In keinem Fall darf durch eine Werbemaßnahme der Dienstbetrieb erheblich gestört (BVerwG v. 19.12.2012, ZfPR *online* 3/2013, S. 4).

m) Einem Dienststellenleiter ist es untersagt, im Rahmen einer Kontrolle einer missbräuchlichen Nutzung der dienstlichen Telefonanlage ohne besondere Anhaltspunkte und außerhalb einer allgemeinen Stichprobenregelung nur die **Gesprächsdaten des Personalratsvorsitzenden** auszuwerten (vgl. für das BetrVG: LAG Sachsen-Anhalt v. 23.11.1999, RDV 2001, 28).

n) Der Begriff der **Gewerkschaft im Sinne des Personalvertretungsrechts** umfasst nicht nur die arbeitsrechtlichen Gewerkschaften nach § 1 TVG, sondern auch alle auf überbetrieblicher Grundlage errichteten Berufsorganisationen der Beamten, Richter und Soldaten, nicht jedoch Berufsverbände ohne „hinreichende Durchsetzungskraft“ (BVerwG v. 25.7.2006, PersV 2007, 112 = Leits. ZfPR 2007, 19).

4. Streitigkeiten

Die Verwaltungsgerichte entscheiden über Streitigkeiten nach dieser Vorschrift entsprechend § 83 Abs. 1 Nr. 3.

§ 68 (Allgemeine Aufgaben)

(1) Die Personalvertretung hat folgende allgemeine Aufgaben:

1. **Maßnahmen, die der Dienststelle und ihren Angehörigen dienen, zu beantragen,**
2. **darüber zu wachen, dass die zugunsten der Beschäftigten geltenden Gesetze, Verordnungen, Tarifverträge, Dienstvereinbarungen und Verwaltungsanordnungen durchgeführt werden,**
3. **Anregungen und Beschwerden von Beschäftigten entgegenzunehmen und, falls sie berechtigt erscheinen, durch Verhandlung mit dem Leiter der Dienststelle auf ihre Erledigung hinzuwirken,**
4. **die Eingliederung und berufliche Entwicklung Schwerbehinderter und sonstiger schutzbedürftiger, insbesondere älterer Personen zu fördern,**

5. **Maßnahmen zur beruflichen Förderung Schwerbehinderter zu beantragen,**

5a. **die Durchsetzung der tatsächlichen Gleichberechtigung von Frauen und Männern, insbesondere bei der Einstellung, Beschäftigung, Aus-, Fort- und Weiterbildung und dem beruflichen Aufstieg zu fördern,**

6. **die Eingliederung ausländischer Beschäftigter in die Dienststelle und das Verständnis zwischen ihnen und den deutschen Beschäftigten zu fördern,**

7. **mit der Jugend- und Auszubildendenvertretung zur Förderung der Belange der in § 57 genannten Beschäftigten eng zusammenzuarbeiten.**

(2) Die Personalvertretung ist zur Durchführung ihrer Aufgaben rechtzeitig und umfassend zu unterrichten. Ihr sind die hierfür erforderlichen Unterlagen vorzulegen. Personalakten dürfen nur mit Zustimmung des Beschäftigten und nur von den von ihm bestimmten Mitgliedern der Personalvertretung eingesehen werden. Dienstliche Beurteilungen sind auf Verlangen des Beschäftigten der Personalvertretung zur Kenntnis zu bringen.

Entsprechende landesgesetzliche Regelungen:

Baden-Württemberg: § 68; Bayern: Art. 69; Berlin: §§ 72, 73; Brandenburg: §§ 58, 60; Bremen: § 54 Abs. 1, 3; Hamburg: § 78; Hessen: § 62; Mecklenburg-Vorpommern: §§ 60, 61; Niedersachsen: §§ 59, 60; Nordrhein-Westfalen: §§ 64, 65; Rheinland-Pfalz: § 69; Saarland: §§ 69 Abs. 3, 71; Sachsen: § 73; Sachsen-Anhalt: § 57; Schleswig-Holstein: §§ 2, 49; Thüringen: § 68.

1. Begriffsbestimmungen

a) Allgemeine Aufgaben: Alle Angelegenheiten, die nach den §§ 66 bis 68 der Zuständigkeit der Personalvertretung zugewiesen sind, ohne schon selbst solche Angelegenheiten zu sein, die in den Mitbestimmungs- und Mitwirkungskatalogen der §§ 75 ff. aufgeführt sind.

b) Initiativrecht: Recht der Personalvertretung, von sich aus Anregungen gegenüber der Dienststelle zu bestimmten Handlungen zu geben.

c) Förderung der Eingliederung Schwerbehinderter: Es unterliegt der Aufgabenstellung der Personalvertretung, von sich aus alles für eine tatsächliche Eingliederung und Anerkennung Schwerbehinderter zu tun.

d) „Sonstige schutzbedürftige Personen“: Einsatz der Personalvertretung für solche Beschäftigten, die unter arbeitsschutzrechtliche Vorschriften fallen (Mutterschutz, Arbeitsschutz).

e) Eingliederung ausländischer Arbeitskräfte: Es obliegt der Personalvertretung, zur Förderung des gegenseitigen Verständnisses von einheimischen und ausländischen Beschäftigten beizutragen.

f) Rechtzeitig: Die Unterrichtung der Personalvertretung hat zu einem Zeitpunkt zu erfolgen, zu dem die beabsichtigte Maßnahme noch gestaltungsfähig ist und zu dem der Personalvertretung ausreichend Zeit bleibt, zu einer ausgewogenen Meinungsbildung – evtl. aufgrund eigener, noch einzuholender Informationen – zu kommen.

g) Umfassend: Der Personalvertretung ist das Informationsmaterial in der gleichen Vollständigkeit zugänglich zu machen, wie es der Dienststelle zur eigenen Meinungsbildung vorgelegen hat. Je umfassender eine Personalvertretung über den ihrer Beteiligung unterliegenden Bereich unterrichtet wird, um so nützlicher und reibungsloser wird sich die auf das Wohl der Beschäftigten und die Erfüllung der dienstlichen Aufgaben gerichtete vertrauensvolle Zusammenarbeit (§ 2) gestalten lassen.

h) Vorlegen: Überlassen von Unterlagen entweder auf Dauer oder mit der Befugnis, sich Notizen zu machen, oder aber mit der Befugnis zur Anfertigung von Kopien.

i) Personalakten: Alle Urkunden, die sich auf die persönlichen und dienstlichen Verhältnisse eines Beschäftigten beziehen und aktenmäßig festgehalten sind.

2. Erläuterungen

a) Das der Personalvertretung zustehende **allgemeine Initiativrecht** (z.B. Abs. 1 Nr. 1) ist nicht verfahrensmäßig ausgestaltet, d.h. im Fall der Weigerung des Leiters der Dienststelle, die beantragte Maßnahme zu veranlassen, besteht nicht die Möglichkeit zur Anrufung höherer Dienststellen oder gar der Einigungsstelle.

b) Für den Fall, dass die Personalvertretung eine **Beschwerde von Beschäftigten** für berechtigt hält, muss sie in Verhandlungen mit dem Leiter der Dienststelle eintreten. In diesen Verhandlungen hat die Personalvertretung darauf hinzuwirken, dass der Anlass für die Beschwerde beseitigt wird.

c) Zu den Folgen einer unterbliebenen oder **unvollständigen Unterrichtung** der Personalvertretung (vgl. Anm. 3f, 4).

d) Der Leiter einer Dienststelle hat die ihm zur Verfügung stehenden **Unterlagen** der Personalvertretung von sich aus und nicht erst auf ausdrückliches Verlangen vorzulegen.

3. Fälle aus der Rechtsprechung

– Allgemeine Aufgaben der Personalvertretung –

a) Die Personalvertretung kann u.a. solche Maßnahmen beantragen, die sich auf die innerdienstlichen, sozialen, personellen oder organisatorischen Angelegenheiten beziehen. Kommt eine Einigung mit dem Dienststellenleiter nicht zustande, dann kann im Gegensatz zu dem in § 70 gestalteten Verfahren die **nächsthöhere Stufenvertretung nicht eingeschaltet werden** (BVerwG v. 20.1.1993, PersV 1994, 215).

b) Die Überwachungsbefugnis der Personalvertretung nach Abs. 1 Nr. 2 erstreckt sich auf alle **zugunsten der Beschäftigten bestehenden Rechts- und Verwaltungsvorschriften**. Dieser Überwachungsaufgabe kann die Personalvertretung aber nur dann nachkommen, wenn ihr der Dienststellenleiter alle Auskünfte und Informationen zugänglich macht, die sie in die Lage versetzen, die ihr „obliegenden Aufgaben erfüllen und ihre Beteiligungsrechte rechtzeitig und uneingeschränkt wahrnehmen zu können" (BVerwG v. 16.2.2010, PersV 2010, 228). Die Personalvertretung hat darüber hinaus auch darauf zu achten, dass die rechtichen und sozialen Belange der einzelnen Beschäftigten untereinander gewahrt werden. Zu diesem Zweck sind ihr nicht nur Einzelinformationen zu geben. Vielmehr hat sie Anspruch auf einen Überblick über alle einschlägigen Fakten und Vorhaben – unabhängig davon, ob sie einen konkreten Rechtsverstoß vermutet (BVerwG v. 16.2.2010, aaO).

c) Die **Überwachungsaufgabe** besteht **unabhängig von einem konkreten Anlass**. Die Personalvertretung soll vorbeugend tätig werden und in die Lage versetzt werden, etwaigen Rechtsverstößen bereits im Vorfeld begegnen zu können (BVerwG v. 4.9.2012, ZfPR *online* 12/2012, S. 4; BVerwG v. 19.3.2014, PersV 2014, 313).

d) Wenn eine Personalvertretung zur Entgegennahme von **Anregungen und Beschwerden (Abs. 1 Satz 3) nicht zuständig** ist, dann hat sie diese entweder zurückzugeben oder sie an die übergeordnete Stufenvertretung weiterzugeben (BVerwG v. 24.10.1969, PersV 1970, 107).

e) Auch wenn ein Dienststellenleiter beabsichtigt, einen frei werdenden oder neu geschaffenen Arbeitsplatz mit einem Leiharbeitnehmer zu besetzen, obliegt ihm eine Prüf- und Konsultationspflicht, in die die Personalvertretung einzubeziehen ist, die ihrerseits u.a. die **Eingliederung schwerbehinderter Personen** zu fördern hat (Abs. 1 Satz 4; BAG v. 23.6.2010 – 7 ABR 3/09 – AP SGB IX § 81 Nr. 17).

f) Aus Abs. 1 Nr. 5 a ist die allgemeine Aufgabe der Personalvertretung zur **Förderung der Vereinbarkeit von Familie und Erwerbstätigkeit** – vor allem in Zusammenhang mit Arbeitszeitregelungen nach § 75 Abs. 3 Nr. 1 (BAG v. 16.12.2008 – 9 AZR 893/7 – AP TzBfG § 8 Nr. 27).

g) Die Personalvertretung ist keine **Aufsichtsinstanz und kein Kontrollorgan der Dienststelle** (vgl. hierzu: OVG Münster v. 7.12.1978, PersV 1980, 249). Sie ist kein den Fach- und Rechtsaufsichtsinstanzen nebengeordnetes Organ, dem die allgemeine Überwachung der Aufgabenerfüllung und des inneren Betriebs der Dienststelle obliegt. Die Personalvertretung hat daher keinen Anspruch darauf, dass ihr alle sie interessierenden Vorgänge unabhängig davon vorgelegt werden, ob sich hieraus Aufgaben ergeben (BVerwG v. 19.3.2014, ZfPR 2014, 67). Andererseits aber hat eine Personalvertretung eine Reihe von Initiativrechten (Abs. 1 Nr. 1 bis 7), die die Vorlage von Unterlagen eforderlich machen, damit sie prüfen kann, ob sie **aus eigenem Antrieb** zur Erfüllung dieser Aufgaben tätig werden soll, „sofern nur wahrscheinlich ist, dass die geforderten Unterlagen eine solche Prüfung überhaupt ermöglichen" (vgl. für das BetrVG: BAG v. 27.6.1989, DB 1990, 181; vgl. auch BVerwG v. 27.2.1985, ZBR 1985, 173).

h) Zur Ausübung des Überwachungsrechts gehört auch das **Recht zum Aufsuchen der Beschäftigten am Arbeitsplatz**. Grundsätzlich aber hat im Interesse eines ordnungsgemäßen Dienstablaufs eine Unterrichtung des Dienstvorgesetzten über die entsprechende Absicht vorab zu erfolgen (BVerwG v. 9.3.1990, BVerwGE 85, 36 = PersV 1990, 315 = ZfPR 1990, 75; vgl. auch § 1 Anm. 3c). Nicht nur bei Gelegenheit des Aufsuchens von Beschäftigten an ihren Arbeitsplätzen ist die Personalvertretung zur **Unterrichtung der Beschäftigten** im Rahmen ihres allgemeinen Aufgabenkatalogs insoweit verpflichtet, als sie über den Stand laufender und das Ergebnis erledigter Beteiligungsverfahren zu informieren und Hinweise auf neue Gesetze und Tarifverträge oder aktuelle Rechtsprechung zur Auslegung gesetzlicher und tariflicher Bestimmungen zu geben hat (BVerwG v. 27.10.2009, PersR 2010, 74).

i) Der Personalvertretung ist der gesetzliche Auftrag übertragen worden, darauf zu achten, dass alle Beschäftigten nach Recht und Billigkeit behandelt werden. Daher bedarf sie über Einzelinformationen hinaus der „Kenntnisse über alle Fakten und Vorhaben, die diese Belange berühren, um Rechtsverstößen und Unbilligkeiten bereits im Vorfeld entgegenwirken zu können" (BVerwG v. 24.2.2006, ZfPR 2006, 68). Die Personalvertretung muss sich daher in **demselben, identischen Informationsstand** befinden wie der Dienststellenleiter. Nur dann ist die für eine tatsächlich wirksame Personalratsarbeit unerlässliche **„geistige Waffengleichheit"** gewährleistet. Ansonsten wäre die Personalvertretung zu einem sachlichen Gespräch mit dem Dienststellenleiter, wie es gerade bei der Wahrnehmung der allgemeinen Überwachungsaufgaben geboten ist, nicht in der Lage. Vielmehr müsste sie sich auf allgemeine Hinweise und Einwendungen zu beschränken, ohne die notwendige umfassende Kenntnis von dem zu prüfenden Sachverhalt zu besitzen (OVG Rheinland-Pfalz v. 16.9.1986 – 5 A 6/86, n.v., für den Anspruch einer Personalvertretung auf Aushändigung des Textes einer Stellenausschreibung).

– Informationspflichten des Dienststellenleiters –

a) Eine Personalvertretung muss so informiert sein, dass sie die ihr obliegenden Aufgaben erfüllen und ihre Beteiligungsrechte jederzeit und uneingeschränkt wahrnehmen kann (BVerwG v. 9.10.1996, ZfPR 1997, 12; BVerwG v. 23.1.2002, ZfPR 2002, 73; BVerwG v. 20.6.2005, ZfPR 2006). Daher muss auch die Information so umfassend erfolgen, dass die Personalvertretung darüber Aufschluss erlangt, ob die vom Gesetz vorgesehenen Zustimmungsverweigerungsgründe möglicherweise vorliegen könnten (VGH Baden-Württemberg v. 24.6.1997, ZfPR 1997, 184, z.B. beruflicher Werdegang, Datum, Art und Note der Laufbahnprüfungen, Datum und Noten aller bisherigen dienstlichen Beurteilungen, Datum, Note und Gesamturteil der Anlassbeurteilung, Fachkenntnisse, Persönlichkeitsbild und verwaltungsspezifische Aufgabe des Dienstpostens, BayVGH v. 11.9.1991, Leits. PersR 1992, 270; vgl. auch für das BetrVG: BAG v. 27.10.2010, DB 2011, 771; BAG v. 1.6.2011, Leits. DB 2012, 124). Der Personalvertretung sind nicht nur diejenigen Informationen und Unterlagen zuzugestehen, die für die Aufgabenerfüllung (gleichsam als „Mindestausstattung") unbedingt notwendig sind, sondern auch solche, die, sei es auch nur als **Hintergrund- oder Abrundungsinformation**, für die Arbeit hilfreich und förderlich sind, insbesondere diejenigen, die eine breitere Grundlagenkenntnis als Basis für zu treffende konkrete Entscheidungen darstellen. Nur eine umfassende Information der Personalvertretung führt im Übrigen dazu, dass deren Tätigkeit mit mehr Sachkompetenz und besserem Judiz wahrgenommen werden kann. Dies trägt tendenziell zur Vermeidung kurzsichtiger oder sachwidriger Einwendungen bei und dient unmittelbar der qualifizierteren und reibungsloseren Aufgabenerfüllung der Dienststelle insgesamt und damit dem öffentlichen Interesse (VG Freiburg v. 3.6.2004, ZfPR 2005, 39). Selbstverständlich kann eine Personalvertretung daher auch **zusätzliche Auskünfte** verlangen. Sie muss dabei aber darlegen, dass ihr Informationsbedürfnis noch nicht erfüllt ist. Hierfür muss sie Anhaltspunkte benennen; sie kann sich nicht auf **abstrakte Kommentierungen der gesetzlichen Unterrichtungspflicht eines Dienststellenleiters** beschränken. Ohne einzelfallbezogene Ausführungen kann die Personalvertretung daher nicht behaupten, über die beabsichtigte Maßnahme nicht hinreichend unterrichtet zu sein (BVerwG v. 29.1.1996, ZfPR 1996, 122). Da Abs. 2 keinen umfassenden Unterrichtungsanspruch in Bezug auf alle Vorgänge in einer Dienststelle begründet (vgl.vostehend I f), kann ein Dienststellenleiter eine nicht der Beteiligung der Personalvertretung unterliegende Maßnahme ohne deren vorherige Information durchführen. Wenn aber eine „gewisse Wahrscheinlichkeit" für ein Beteiligungsrecht besteht, dann besteht selbst dann eine Informationspflicht, wenn der Dienststellenleiter selbst das Bestehen eines Rechts verneint (BVerwG v. 28.6.2013, ZfPR 2014, 3).

b) Die Personalvertretung muss auf der Grundlage einer umfassenden Information durch den Dienststellenleiter in der Lage sein, im Rahmen eines Beteiligungsverfahrens dessen **Entscheidungsprozess nachvollziehen** zu können (BVerwG v. 11.2.1981, BVerwGE 61, 325 = ZBR 1981, 381). Daher ist eine Personalvertretung grundsätzlich über alle Angelegenheiten und geplanten Veränderungen zu informieren, die sie zur Durchführung ihrer Aufgaben benötigt. Dazu gehört neben **Einzelinformationen** auch ein **Überblick** über alle diese Aufgaben berührenden Fakten und Vorhaben. Insoweit ist ein Dienststellenleiter nicht berechtigt, alleine zu entscheiden, wann ein personalvertretungsrechtlich relevanter Sachverhalt gegeben und wann die Personalvertretung zu informieren ist. Ein Dienststellenleiter ist vielmehr stets dann zur Unterrichtung verpflichtet, wenn ein **personalvertretungsrechtlich relevanter Sachverhalt vorliegen könnte** (BVerwG v. 28.6.2013, aaO). Da der Personalvertretung die gesetzliche Aufgabe übertragen worden ist, darauf zu achten, dass alle Beschäftigten nach Recht und Billigkeit behandelt werden (§ 67 Abs. 1 Satz 1), bedarf sie über Einzelinformationen hinaus „daher **Kenntnisse über alle Fakten und Vorhaben**, die diese Belange berühren, um Rechtsverstößen und Unbilligkeiten bereits im Vorfeld entgegenwirken zu können" (BVerwG v. 24.2.2006, PersV 2006, 217 = Leits. ZfPR 206, 68).

c) Die **Grenzen des Unterrichtungsanspruchs** liegen dort, wo weder Beteiligungsangelegenheiten noch der Personalvertretung zugewiesene allgemeine Aufgaben (Abs. 1) in Betracht kommen. Hiervon losgelöst kann eine Personalvertretung daher keinen Unterrichtungsanspruch geltend machen; denn der Informationsanspruch ist **„streng aufgabenakzessorisch ausgestaltet"** (BVerwG v. 28.6.2013, ZfPR 2014, 3). Das Informationsverlangen muss „anlassbezogen" begründet werden, falls der Dienststellenleiter einen entsprechenden Anspruch verneint (BVerwG v. 4.9.2012, ZfPR *online* 12/2012, S. 4). Deshalb hat die Personalvertretung zunächst einmal zu prüfen, ob im konkreten Fall überhaupt eine gesetzlich zugewiesene Aufgabe vorliegt und darüber hinaus, ob die von ihr begehrte Information zur Wahrnehmung von Aufgaben erforderlich ist (vgl. für das BetrVG: BAG v. 30.9.2008, BAGE 128, 92). Die Personalvertretung ist ihrerseits aber nicht verpflichtet, einen besonderen Anlass darzutun, aus dem sie ihr Informationsverlangen ableitet; denn die Pflicht des Dienststellenleiters zur Information ist eine konkrete Ausgestaltung des Grundsatzes der vertrauensvollen Zusammenarbeit (BVerwG v. 22.4.1998, PersV 1999, 10 m. krit. Anm. von Ilbertz).

d) Dem Informatiosanspruch stehen grundsätzlich **datenschutzrechtliche Bestimmungen** bzw. der Schutz des Grundrechtes auf informationelle Selbstbestimmung **nicht entgegen**; denn Abs. 2 ist eine bereichsspezifische Regelung i.S. des Bundesdatenschutzgesetzes (BVerwG v. 23.6.2010, PersV 2010, 454 = ZfPR *online* 12/2010, S. 2). Die getroffene Regelung lässt „ die Weitergabe von Informationen wegen der durch die Mitbestimmung verfolgten Schutzzwecke in erforderlichem Umfang" zu (BVerwG v. 7.3.2011, ZfPR *online* 5/2011, S. 6).

e) Je umfassender eine Personalvertretung über den ihrer Beteiligung unterliegenden Bereich vom Dienststellenleiter unterrichtet wird, umso nützlicher und reibungsloser wird sich die auf das Wohl der Beschäftigten und die Erfüllung der dienstlichen Aufgaben gerichtete vertrauensvolle Zusammenarbeit gestalten lassen (BVerwG v. 26.2.1960 – VII P 4.59, n.v.). Da die gesetzlichen Vorschriften über die Informationspflicht der Personalvertretung gleichzeitig einen Anspruch auf Erfüllung dieser Verpflichtung gewähren, kann sie beim Verwaltungsgericht **Antrag auf Feststellung der Verpflichtung des Dienststellenleiters zur Vorlage bestimmter Unterlagen** stellen (vgl. für das BetrVG: BAG v. 17.5.1983, BB 1983, 1984).

f) Die Verpflichtung zur Vorlage von Unterlagen beschränkt sich nicht auf die **Ausübung der Beteiligungsrechte** der §§ 75ff (Mitbestimmung, Mitwirkung, Anhörung). Vielmehr bezieht sie sich auch auf die Wahrnehmung der im Gesetz aufgezählten allgemeinen Aufgaben (z.B. Eingliederung und berufliche Entwicklung Schwerbehinderter, Eingliederung ausländischer Beschäftigter etc.; BVerwG v. 16.2.2010, PersV 2010, 228; BVerwG v. 23.6.2010, PersV 2010, 454 = ZfPR *online* 12/2010, S. 2). Eine nicht oder nicht ausreichende Unterrichtung stellt einen Mangel in der Einleitung des Mitbestimmungsverfahrens dar, der zur Unwirksamkeit der betreffenden Maßnahme führt (BAG v. 7.2.1981, DB 1982, 1171).

– Rechtzeitige und umfassende Unterrichtung –

Die Personalvertretung wird nur dann rechtzeitig unterrichtet, wenn **auf** die von der Dienststelle beabsichtigte **Maßnahme noch eingewirkt werden kann** und nicht schon eine Vorentscheidung getroffen worden ist, die bereits vollendete Tatsachen geschaffen hat (BVerwG v. 28.4.1967, PersV 1967, 275). Daher darf die Maßnahme **noch nicht faktisch vollzogen sein** (vgl. für die Schließung einer Schule: BVerwG v. 18.3.2008, PersV 2008, 310). Die **Informationspflicht** des Dienststellenleiters **bezieht sich** aber **nicht auf die individuelle Vertragsgestaltung** zwischen ihm und einem Beschäftigten, so dass dem Dienststellenleiter auch keine Auskunftspflicht gegenüber dem Personalrat dahingehend obliegt, wie er seine vertraglichen Rechte gegenüber einem Beschäftigten ausübt. Die Personalvertretung hat daher keinen Anspruch auf Unterrichtung über eine Abmahnung oder auf Überlassung von Durchschriften der Abmahnungsschreiben (vgl. für das BetrVG: LAG Schleswig-Holstein v. 27.5.1983, DB 1983, 2145; vgl. hierzu auch: BVerwG v. 10.1.1983, ZBR 1983, 308).

– Pflicht des Dienststelleiters zur Vorlage der erforderlichen Unterlagen –

a) Abs. 2 Satz 1 enthält die Verpflichtung zur rechtzeitigen und umfassenden Unterrichtung der Personalvertretung durch den Dienststellenleiter. Darüber hinaus beinhaltet die Vorschrift die Pflicht zur Vorlage der notwendigen Unterlagen. Diese Pflicht ist Bestandteil der Informationspflicht gegenüber der Personalvertretung. Sie „besteht in dem Umfang, in welchem die Personalvertretung zur Durchführung ihrer Aufgaben die Kenntnis der Unterlagen benötigt" (BVerwG v. 16.2.2010, PersV 2010, 228). Die Informationspflicht korrespondiert mit dem Informationsanspruch der Personalvertretung, der zum „Standardprogramm der Personalvertretungsgesetze in Bund und

Ländern“ gehört (BVerwG v. 23.6.2010, PersV 2010, 454). Der Begriff **„Vorlegen“** umfasst „grundsätzlich alle Varianten von der Einsichtnahme bis zur zeitweisen oder dauerhaften Überlassung“ von Unterlagen (BVerwG v. 23.1.2002, ZfPR 2002, 73) und zwar unabhängig von einem entsprechenden Verlangen der Personalvertretung. Die **Erforderlichkeit der Vorlage von Unterlagen** muss sich aus einer bestimmten konkreten Aufgabe der Personalvertretung ergeben, die ohne die Vorlage dieser Unterlagen nicht oder nur unvollkommen wahrgenommen werden könnte. Der Zweck von Abs. 2 Satz 2 besteht darin, der Personalvertretung die notwendigen rechtlichen und tatsächlichen Grundlagen zu vermitteln, die sie zu einer sachgerechten, d.h. ihrem allgemeinen Vertretungsauftrag gerecht werdenden Entscheidung befähigt. Ohne ausreichende Information bliebe der ihr vom Gesetz gestellte Auftrag unerfüllbar. Daher kann die Personalvertretung insgesamt die Vorlage von Unterlagen verlangen, die sie in die Lage versetzt, ihre Aufgaben nach dem Gesetz wahrzunehmen. In beteiligungspflichtigen personellen Angelegenheiten sind der Personalvertretung **dauerhaft** solche Unterlagen zu **überlassen**, die es ihr ermöglichen, die von der Dienststellenleitung vorgeschlagene Maßnahme daraufhin zu überprüfen, ob mit ihr nachteilige Folgen für andere Beschäftigte verbunden sind, ohne dass eine unterschiedliche Behandlung aus dienstlichen oder persönlichen Gründen gerechtfertigt wäre (BVerwG v. 23.1.2002, aaO; für eine Personalbedarfsberechnung und für den Stellenplan: vgl. auch Anm. h).

b) Die Verpflichtung zur Vorlage von Unterlagen beschränkt sich nicht auf die **Ausübung der Beteiligungsrechte** der §§ 75ff (Mitbestimmung, Mitwirkung, Anhörung). Vielmehr bezieht sie sich auch auf die Wahrnehmung der im Gesetz aufgezählten allgemeinen Aufgaben (z.B. Eingliederung und berufliche Entwicklung Schwerbehinderter, Eingliederung ausländischer Beschäftigter etc.; BVerwG v. 16.2.2010, PersV 2010, 228; BVerwG v. 23.6.2010, PersV 2010, 454).

c) Die Pflicht zur Vorlage von Unterlagen scheitert nicht am **informationellen Selbstbestimmungsrecht**. Da die Personalvertretung nur bei umfassender Information die ihr gesetzlich übertragenen Aufgaben wahrnehmen kann, sind ihr z.B. im Zusammenhang mit dem **betrieblichen Eingliederungsmanagement** (Art. 7 Abs. 1 Gesetz zur Förderung und Ausbildung der Beschäftigung schwerbehinderter Menschen v. 23.4.2004, BGBl. I S. 606) die entsprechenden Hinweisschreiben des Arbeitgebers mit Namensnennung vorzulegen (BVerwG v. 23.6.2010, PersV 2010, 454 = ZfPR *online* 12/2010, S. 2). Insoweit ist § 68 Abs. 2 die **bereichsspezifische Regelung** (BVerwG v. 16.2.2010, ZfPR *online* 4/2010, S. 12). Die Offenbarung höchstpersönlicher Daten ist daher dann gerechtfertigt, wenn „überwiegebnde gegenläufige Interessen“ einen Eingriff in das informationelle Selbstbestimmungsrecht zwingend erforderlich machen (BVerwG v. 5.11.2010, ZfPR *online* 2/2011, S. 5).

d) Die Beschäftigten dürfen andererseits aber in keinem Fall einer **Zwangslage** ausgesetzt werden, die unverhältnismäßig und im Hinblick auf die mit einer konkreten Maßnahme beabsichtigten Ziele unvertretbar ist (BVerwG v. 23.6.2010, aaO). Deshalb kann eine Personalvertretung nicht verlangen, dass ihr die in der elektronischen Zeiterfassung gespeicherten Daten der Beschäftigten zur Verfügung gestellt werden; denn die Übergabe der anonymisierten Arbeitszeitlisten ist in aller Regel als ausreichend anzusehen. Anders ist die Rechtslage dann zu beurteilen, wenn sich bei der Überprüfung der Listen Unstimmigkeiten ergeben. In diesem Fall sind der Personalvertretung die Namen derjenigen bekannt zu geben, auf die sich die Unstimmigkeiten beziehen (BVerwG v. 19.3.2014, ZfPR 2014, 67).

e) Die Erforderlichkeit der **Vorlage der Bewerbungsunterlagen** aller Bewerber, also auch der nicht berücksichtigten oder abgelehnten Bewerber, ergibt sich aus folgender Überlegung: Zu den Rechtsnormen, deren Verletzung die Personalvertretung im Zusammenhang mit einer Einstellung in den öffentlichen Dienst im Mitbestimmungsverfahren geltend machen kann, gehört Art. 33 Abs. 2 GG, wonach jeder Deutsche nach seiner Eignung, Befähigung und fachlichen Leistung gleichen Zugang zu jedem öffentlichen Amt hat. Die Personalvertretung nimmt also ein allgemeines Interesse wahr, indem sie im Rahmen der von ihr mitzubetreuenden Aufgabenerfüllung der Dienststelle darüber wacht, dass dieses verfassungsrechtliche Gebot seine gebührende Beachtung findet (BVerwG v. 11.2.1981 – 6 P 44.79, BVerwGE 61, 325 = PersV 1981, 320; vgl. auch für das BetrVG: BAG v. 19.5.1981, DB 1981, 2384). Zudem muss die Personalvertretung entsprechend der ihr obliegenden Prüfungspflicht Gelegenheit dazu haben, Anregungen für die Auswahl der Bewerber zu geben und Gesichtspunkte vorzutragen, die für eine andere als für die vom Dienststellenleiter beabsichtigte Auswahl sprechen (vgl. für das BetrVG: BAG v. 17.6.2008, BAGE 127, 51; BAG v. 21.10.2014 – 1 ABR 10/13, in juris).

f) Die Pflicht zur Vorlage von Unterlagen bei der Einstellung von Bewerbern gilt ohne Rücksicht darauf, ob die zu besetzende Stelle ausgeschrieben worden ist oder nicht (BVerwG v. 12.12.1979, PersV 1981, 287; BVerwG v. 11.2.1981 – 6 P 3.79, Leits. ZBR 1983, 195). Der **Werdegang aller Bewerber** ist der Personalvertretung mit **Daten mitzuteilen** (OVG Saarlouis v. 2.9.2005, PersR 2006, 392). Ebenso ist ein Dienststellenleiter verpflichtet, im Fall von **Kündigungen** neben der Person des zu Kündigenden sowie allen Umständen und Erwägungen, aufgrund derer er die Kündigung für gerechtfertigt hält, alle **Sozialdaten** mitzuteilen, wenn die Personalvertretung darlegt, dass diese Sozialdaten zur Beurteilung erforderlich sind. Die entsprechende Voraussetzung ist gegeben, wenn zwischen dem Kündigungsgrund und der von der Personalvertretung geforderten Mitteilung bestimmter Sozialdaten, wie z.B. die der Unterhaltspflichten des zu Kündigenden, ein konkreter Bezug besteht (BVerwG v. 9.10.1996, ZfPR 1997, 12).

g) Werden durch amtseigene Psychologen **Eignungsgutachten** in Bezug auf Einstellungsbewerber erstellt, so sind diese Gutachten einschließlich der Testunterlagen der Personalvertretung im Rahmen ihres Mitbestimmungsrechts bei der Einstellung vorzulegen (VGH Baden-Württemberg v. 2.3.1982, Leits. DöV 1983, 393). Dem steht nicht entgegen, dass ein Mitglied der Personalvertretung bei der Durchführung der Tests nicht zu beteiligen ist; denn es muss Gelegenheit gegeben werden zu prüfen, ob bei Einstellungen Bewerber evtl. aus unsachlichen Gründen benachteiligt werden (VGH Baden-Württemberg v. 12.3.1982, Leits. ZBR 1983, 137).

h) Im Rahmen einer Auswahlentscheidung muss ein Dienststellenleiter auch Auskunft darüber erteilen und Unterlagen übergeben, die Zusammenstellungen von Daten enthalten, die die Dienststelle zu Übersichtszwecken gefertigt hat (z.B. **Personalbewirtschaftunglisten**). Sind Unterlagen (zB. Stellenübersichten) „Basismaterial“ für zahlreiche beteiligungspflichtige Angelegenheiten, dann muss der Dienststellenleieter diese der Personalvertretung **dauerhaft** überlassen (OVG Münster v. 1.7.2014, PersV 2014, 461; vgl. auch Anm. a).

i) Der Personalvertretung ist **Einblick in die Lohn- und Gehaltslisten** zu gewähren, weil auf die Einhaltung einheitlicher Maßstäbe zu achten ist, um sachlich nicht gerechtfertigte Unterschiede in der Gestaltung des Arbeitsverdienstes zu vermeiden (BVerwG v. 14.9.2011, PersV 2012, 145; BVerwG v. 16.5.2012, PersV 2013, 353). Einer Personalvertretung steht auch ein Informationsrecht hinsichtlich der **Namen von Empfängern von Leistungszulagen** zu. Die Personalvertretung muss gerade in den Fällen, in denen bei der Festsetzung von Lohnbestandteilen Entscheidungsspielräume bestehen, die Informationen erhalten, die es ihr ermöglichen, den kollektiv-rechtlichen Schutz der Beschäftigten wahrzunehmen und dienststelleninterne Unstimmigkeiten erkennen zu können. Es kommt nicht darauf an, dass zuvor die Besorgnis einer Rechtsverletzung geltend gemacht wird. Die Namen der Empfänger von Leistungszulagen können der Personalvertretung Anhaltspunkte dafür geben, ob in der Dienststelle gleichmäßig die Interessen aller Beschäftigten berücksichtigt werden. Aus diesem Grund darf die Personalvertretung Listen über die Gewährung von Leistungszulagen einsehen und sich vereinzelt in der Dienststelle selbst Notizen machen (BVerwG v. 22.12.1993, ZfPR 1994, 41). Ebenso sind einer Personalvertretung Informationen darüber zu geben, an welche Beschäftigten künftig Leistungszulagen/Leistungsprämien gezahlt werden sollen (BayVGH v. 5.5.1995, PersR 1995, 386). Vor der Vergabe von Leistungszulagen/-prämien ist die Personalvertretung im Einzelnen über Anzahl, Arten, Stufen und Empfänger zu unterrichten; ihr ist Einsicht in entsprechende Unterlagen zu gewähren. Verbleibende Unklarheiten sind durch ergänzende Erläuterungen abzuklären. Der Personalvertretung ist Gelegenheit zu einer abschließenden Stellungnahme zu geben (OVG Münster v. 20.9.2002, ZfPR 2003, 167, bestätigt durch: BVerwG v. 10.2.2003 – 6 PB.02, n.v.).

j) Bei personellen Maßnahmen, die auf einer Auswahlentscheidung des Dienstherrn zwischen mehreren Bewerbern oder Beschäftigten beruhen, ist die Personalvertretung daher nicht nur über den ausgewählten Bewerber oder Beschäftigten zu unterrichten. Vielmehr erstreckt sich die Unterrichtungspflicht auch auf die fachlichen und persönlichen Verhältnisse der nicht berücksichtigten Mitbewerber oder der nicht ausgewählten anderen Beschäftigten (BVerwG v. 10.8.1987, BVerwGE 78, 65 = PersV 1988, 357; vgl. Anm. e). Bezogen auf die ausgewählte Person muss der Dienststellenleiter Angaben über den beruflichen Werdegang, über Fachkenntnisse, Persönlichkeitsbild und verwaltungsspezifische Aufgaben des Dienstpostens machen (BayVGH v. 11.9.1991, Leits. PersR 1992, 270). Für die Personalvertretung muss erkennbar sein, von welchen Gesichtspunkten bei der Ausübung des Ermessens aus- gegangen wurde. Daher muss ein Dienststellenleiter die Gründe anführen, die ihn dazu veranlasst haben, bestimmten Gesichtspunkten den Vorrang zu geben (OVG Lüneburg v. 24.2.1993, PersR 1994, 30). Bei **Auswahlentscheidungen** muss eine Personalvertretung alle auswahlerheblichen Aspekte kennen, um den Entscheidungsprozess des Dienststellenleiters nachvollziehen zu können (VGH Baden-Württemberg, v. 24.6.1997, ZfPR 1997, 184). Daher muss die Personalvertretung über alle Unterlagen verfügen, die es ihr ermöglichen, „die Beachtung der Grundsätze eines der Chancengleichheit verpflichteten Auswahlverfahrens entsprechend dem Prinzip der Bestenauslese zu kontrollieren“ (VG Frankfurt a.M. v. 11.3.2011, PersR 2001, 489).

k) In jedem Einzelfall hat eine Personalvertretung zu prüfen, ob **personenbezogene Daten** „mit Blick auf die Geheimhaltungspflicht der Personalratsmitglieder typischer Weise nicht in einem derart hohen Maße schutzwürdig (sind), dass die Mitbestimmung ... von vornherein unterbleiben müsste“ (BVerwG v. 7.3.2011, ZfPR 2001, 83; für den Fall einer mit einer Eingruppierung verbundenen Stufenzuordnung und der Bekanntgabe u.a. von Daten zur Berufserfahrung des Betroffenen). Das gilt u.a. dann, wenn die Personalvertretung über die in der elektronischen Arbeitszeiterfassung gespeicherten Daten unter Namensnennung der Beschäftigten informiert werden möchte. Es ist im Hinblick auf die Wahrnehmung der effektiven Aufgabenwahrnehmung grundsätzlich ausreichend, wenn der Personalvertretung zunächst die anonymisierten Arbeitszeitlisten bekannt gegeben werden (BVerwG v. 19.3.2014, ZfPR 2014, 67 m. Anm. v. Ilbertz).

l) Der Gesetzgeber hat festgelegt, dass **Personalakten nur mit Zustimmung des Betroffenen** von den von ihm bestimmten Mitgliedern einer Personalvertretung (einem einzelnen oder mehreren Mitgliedern) eingesehen werden dürfen. Dabei dürfen Personen anwesend sein, die ohnehin in dem betreffenden Raum arbeiten. Allerdings muss sichergestellt sein, dass sie dabei die Personalvertretung nicht überwachen (vgl. für das BetrVG: BAG v. 21.8.1995, BB 1996, 485). Zu den Personalakten zählen alle Schriftstücke, Drucksachen und Vermerke, die Angaben oder Aufzeichnungen über die Person oder die Art und Weise der Aufgabenerledigung enthalten. Das gilt auch für disziplinarrechtliche **Vorermittlungsakten**. Sie sind bereits vor Abschluss des Verfahrens Personalakten im materiellen Sinne. Zu den geschützten Unterlagen, die Bewerber um eine Einstellung einreichen, zählen nur solche Unterlagen, die in einem früheren öffentlich-rechtlichen Dienstverhältnis als amtliche **Personalakten** angelegt worden sind (BVerwG v. 24.2.1965, PersV 1966, 91). Im Rahmen von Auswahlentscheidungen müssen einer Personalvertretung auch **einzelne Informationen aus den Personalakten**, deren Kenntnis zur Aufgabenerfüllung unerlässlich ist, gegeben werden, auch ohne Vorliegen einer entsprechenden Zustimmung des betroffenen Beschäftigten. Andernfalls könnte die Personalvertretung ihr Mitbestimmungsrecht in personellen Angelegenheiten kaum wirksam ausüben. Zu berücksichtigen ist in diesem Zusammenhang auch, dass externe Bewerber alle für ihre Anstellung erheblichen Gesichtspunkte in Bewerbungsunterlagen, die der Personalvertretung vorzulegen sind, zu offenbaren haben. Im Interesse einer Gleichbehandlung von externen und internen Bewerbern muss der Personalvertretung daher auch Auskunft aus den Personalakten in dem Umfang gegeben werden, die es ihr ermöglicht, zu überprüfen, ob tatsächlich eine Auswahl nach dem Prinzip der Bestenauslese beabsichtigt ist. Ein unvertretbarer Eingriff in die Persönlichkeitssphäre der betroffenen Beschäftigten ist damit nicht verbunden, da der Personalvertretung nur Übersichten zu geben sind, die im Allgemeinen auf die Erwähnung unnötiger Einzelheiten verzichten. Eine Verletzung von Persönlichkeitsrechten ist vor allen Dingen dann nicht gegeben, wenn der Personalvertretung **aus den dienstlichen Beurteilungen die abschließenden Bewertungen** bekanntgegeben werden (BVerwG v. 26.1.1994, ZfPR 1994, 76). Im Übrigen können die Unterlagen der Personalvertretung lediglich zur Einsichtnahme vorgelegt werden (VGH Baden-Württemberg v. 24.6.1997, ZfPR 1997, 184).

m) Solche Auskünfte, die für die Urteilsbildung bei der zu treffenden Entscheidung bei Anlegung strengster Maßstäbe unerlässlich notwendig sind, unterliegen nicht dem gleichen Schutz wie Personalakten. Neben den faktischen Daten des beruflichen Werdegangs ist der **Inhalt der Beurteilung** daher insoweit anzugeben, als sich aus einer Zusammenfassung das Vorliegen der Qualifikation ergibt (BVerwG v. 12.1.1962, BVerwGE 13, 291= PersV 1962, 160). Allerdings kann ein Mitglied der Personalvertretung an **Beurteilungsgesprächen** nicht teilnehmen; denn das Gesetz spricht von der Personalvertretung, der die Beurteilung auf Wunsch eines Beschäftigten zur Kenntnis zu bringen ist, nicht aber von einem Einzelmitglied, das die dienstliche Beurteilung auf mündlichem Weg erfahren soll. Hieran ändert sich auch nichts dadurch, dass der Betroffene die Hinzuziehung eines bestimmten Personalratsmitglieds beantragt (BVerwG v. 11.3.1983, PersV 1984, 317).

n) Der Personalvertretung steht ein Mitbestimmungsrecht bei der Einführung und Anwendung von technischen Einrichtungen zur Verarbeitung von Personendaten zu. Eine Personalvertretung kann daher umfassend Auskunft darüber verlangen, welche **personenbezogenen Daten** der Beschäftigten zu welchen Zwecken bei einer Dienststelle **verarbeitet werden**. Sie kann Einsicht nehmen in eine Übersicht über alle bestehenden Dateien, in denen personenbezogene Daten gespeichert werden. Außerdem kann sie Auskunft darüber verlangen, welche Programme zur Verarbeitung eingesetzt werden (vgl. für das BetrVG: BAG v. 17.3.1987, BAGE 54, 278). Der Personalvertretung können die Belange des Datenschutzes und die Wahrung der Persönlichkeitsrechte der Beschäftigten grundsätzlich nicht mit dem Ziel entgegengehalten werden, den Informationsanspruch und den Anspruch auf Vorlage von Unterlagen abzulehnen (BVerwG v. 16.2.2010, PersV 2010, PersV 2010, 228; BVerwG v. 23.6.2010, PersV 2010, 454 = ZfPR *online* 12/2010, S. 2). Eine Personalvertretung hat **Anspruch auf** eine rechtzeitige und umfassende **Unterrichtung über technische Einrichtungen**, die das Verhalten oder die Leistung von Beschäftigten überwachen sollen. Dies gilt insbesondere dann, wenn sie in Verbindung mit einem Programm geeignet sind, Verhaltens- und Leistungsdaten zu erfassen und aufzuzeichnen, und zwar unabhängig davon, ob diese Daten für eine Überwachung tatsächlich genutzt werden oder nur zur Erledigung der mit dem Anwendungsprogramm zu bearbeitenden Aufgaben erforderlich oder nützlich sind oder für andere Zwecke benötigt werden. Die Personalvertretung kann in diesen Fällen Auskunft über das jeweilige Programm und dessen Arbeitsweise verlangen (vgl. für das BetrVG: BAG v. 6.12.1983, BB 1984, 850).

o) Eine Personalvertretung kann dagegen von der Dienststelle nicht verlangen, über die **Schwangerschaft von Mitarbeiterinnen** unterrichtet zu werden, die hierzu nicht ihre Einwilligung erteilt haben. Der Grundsatz der vertrauensvollen Zusammenarbeit, des gegenseitigen Vertrauens und der gegenseitigen Offenheit verlangt es, dass die Personalvertretung einen Informationsanspruch nur bei Vorliegen eines bestimmten, sachlich gerechtfertigten Anlasses hat und den Dienststellenleiter über diesen Anlass unterrichten muss. Nur aufgrund eines sachlich berechtigten Anlasses (Besorgnis einer Rechtsverletzung) kann die Personalvertretung tätig werden. Aber auch dieses Tätigwerden setzt voraus, dass sich die schwangere Mitarbeiterin unmittelbar an die Personalvertretung wendet. Im Übrigen verlangt der Grundsatz der Verhältnismäßigkeit, an den im Rahmen der Erforderlichkeit der Unterrichtung zu fordernden sachlich berechtigten Anlass für das Informationsbegehren strenge Anforderungen zu stellen, um die Beeinträchtigung von Persönlichkeitsrechten auf eine entsprechend gewichtige Veranlassung beschränken zu können (BVerwG v. 29.8.1990, ZfPR 1990, 175).

p) Das **Speichern von personenbezogenen Daten** der Beschäftigten, die die Personalvertretung im Rahmen ihrer Unterrichtung durch die Dienststelle aus Anlass von konkreten beteiligungspflichtigen Angelegenheiten erfährt, **ist weder der Personalvertretung** noch einem Mitglied erlaubt, jedenfalls nicht **ohne Einwilligung der Betroffenen** (BVerwG v. 4 9.1990, PersV 1991, 83 = ZfPR 1990, 179).

q) Kein Kontrollrecht gegenüber der Personalvertretung steht einem **internen Datenschutzbeauftragten** zu. Ein solches Kontrollrecht wäre mit dem vom Personalvertretungsgesetz vorgegebenen Gedanken der Unabhängigkeit der Personalvertretung unvereinbar. Der interne Datenschutzbeauftragte nämlich nimmt keine neutrale Position zwischen Dienststellenleiter und Personalvertretung ein. Zwar ist er von fachlichen Weisungen unabhängig, er kann seinerseits aber keine eigenen Maßnahmen zum Datenschutz ergreifen (vgl. für das BetrVG: BAG v. 11.11.1997, BB 1998, 897).

r) Eine Personalvertretung hat Anspruch auf Auskunft über die **Auswertung einer in der Dienststelle durchgeführten Umfrage** „wenn eine hinreichende Wahrscheinlichkeit besteht, dass die dabei gewonnenen Erkenntnisse“ Aufgaben der Personalvertretung betreffen. In welchem Umfang die Auskunftspflicht besteht, hängt davon ab, in welchem Kenntnisstand sich die Personalvertretung befindet (vgl. für das BetrVG: BAG v. 8.6.1999, ZBVR 2000, 50).

s) Eine Personalvertretung hat Anspruch auf alle die Informationen, die nach den Umständen des Einzelfalls für eine sachgerechte Beurteilung der beteiligungspflichtigen Maßnahme und des ihr zu Grunde liegenden Sachverhalts objektiv von Bedeutung sind. Wenn einer Personalvertretung die ihr von der Dienststelle zur Verfügung gestellten Unterlagen nicht ausreichend erscheinen, dann kann sie im Wege eines ihr zuzugestehenden **Selbstinformationsrechts** versuchen, die ihr noch fehlenden Informationen zu erhalten. Diese Recht bezieht sich in erster Linie auf sachkundige Personen (BVerwG v. 8.11.1989, ZfPR 1990, 86).

t) Auskünfte über eine amtsärztliche Untersuchung, über disziplinarrechtliche Vorermittlungsverfahren bzw. über eine strafrechtliche Verurteilung sind einer Personalvertretung nur dann zugänglich zu machen, wenn dies für eine sachgerechte Meinungsbildung unerlässlich ist (OVG Bautzen v. 26.11.2003, ZfPR 2004, 332).

u) Die **Offenbarung höchstpersönlicher Daten** (vgl. auch Anm. 3t) ist dann gerechtfertigt, wenn „überwiegende gegenläufige Interessen“ einen Eingriff in das informationelle Selbstbestimmungsrecht zwingend erforderlich machen (BVerwG v. 5.11.2010, ZfPR *online* 2/2011, S. 5; vgl. auch BVerwG v. 7.3.2011, ZfPR 2011, 83).

v) Ein (eigenes) **generelles Online-Zugriffsrecht auf eine Personaldatei** der Dienststelle steht der Personalvertretung nicht zu (OVG Lüneburg v. 21.12.2010, PersR 2011, 218). Das globale Zugreifen auf eine Datei ist keine Vorlage einzelner oder mehrerer Unterlagen, denn „vorlegen“ setzt begrifflich ein Mitwirken derjenigen Stelle voraus, die zur Vorlage verpflichtet ist (VG Frankfurt a.M. v. 31.5.2010, PersV 2010, 394; vgl. aber Anm. 3d, e und i).

4. Streitigkeiten

Die Verwaltungsgerichte entscheiden Streitigkeiten nach § 68 entsprechend § 83Abs. 1 Nr. 3. Der **Erlass einer einstweiligen Verfügung** kann dann beantragt werden, wenn aufgrund des bisherigen Verhaltens sowie der geäußerten Rechtsauffassung seitens des Dienststellenleiters davon auszugehen ist, dass der Personalrat auch künftig nicht voll umfänglich unterrichtet wird (VG Saarland v. 19.5.2008, PersR 2009, 31). Gleiches gilt dann, wenn „die begehrten Informationen für dessen Aufgabenwahrnehmung von derart grundlegender Bedeutung sind, dass ein Abwarten der Hauptsacheentscheidung unzumutbar erscheint" (OVG Münster v. 1.7.2014, PersV 2014, 461).

5. Abweichende Regelungen des Landesrechts

Die landesgesetzlichen Regelungen enthalten einige Abweichungen, von denen nachstehend die wichtigsten aufgeführt sind:

a) § 73 Abs. 1 PersVG Bln enthält nicht die Einschränkung, dass Personalakten nur von den von der Dienstkraft bestimmten Mitgliedern des Personalrats eingesehen werden dürfen.

b) § 54 PersVG Bre bestimmt nicht ausdrücklich, dass die Personalvertretung zur Durchführung ihrer Aufgaben rechtzeitig und eingehend zu unterrichten ist. Nach § 54 Abs. 3 Satz 1 Halbs. 2 sind alle Bewerbungsunterlagen vorzulegen. Bei der Vorstellung von Bewerbern ist ein Vertreter des Personalrats hinzuzuziehen. Die Personalvertretung kann Bewerber anhören. Die Vorlage von Personalakten erfolgt im Fall des Einverständnisses an den Personalrat.

c) § 62 Abs. 2 HPVG legt ausdrücklich fest, dass Bewerbungsunterlagen aller Bewerber der Personalvertretung vorzulegen sind.

d) Nach § 67 Abs. 2 S. 3 NPersVG ist die Personalvertretung berechtigt, Sachverständige zu hören.

e) Nach § 65 Abs. 2 Halbs. 1 LPVG NRW sind bei Einstellungen der Personalvertretung auf Verlangen die Unterlagen aller Bewerber vorzulegen. Ein Mitglied der Personalvertretung kann an Vorstellungs- oder Einstellungsgesprächen im Rahmen von Auswahlverfahren teilnehmen (§ 65 Abs. 2 Halbs. 2). An Besprechungen mit entscheidungsbefugten Personen der Dienststelle kann, soweit dabei beteiligungspflichtige Angelegenheiten berührt werden, auf Wunsch des Betroffenen ein Mitglied der Personalvertretung teilnehmen (§ 65 Abs. 3 Satz 3).

f) Nach § 49 Abs. 3 MBG Schl.-H. dürfen Personalakten der Personalvertretung nur mit Zustimmung des Betroffenen vorgelegt werden. Über das Ergebnis einer dienstlichen Beurteilung ist der Personalrat zu informieren, soweit dies zur Erfüllung seiner Aufgaben notwendig ist.

Zweiter Abschnitt
Formen und Verfahren der Mitbestimmung und Mitwirkung

A. Qualifizierte Mitbestimmung
(§ 69)

DSt. unterrichtet öPR und beantragt dessen Zustimmung (§ 69 Abs. 2).

Der öPR stimmt zu oder äußert sich nicht innerhalb von zehn Arbeitstagen. Die Maßnahme gilt als gebilligt (§ 69 Abs. 2 Satz 3 und 5).

Der öPR stimmt nicht zu. Er teilt die Verweigerung seiner Zustimmung innerhalb von zehn Arbeitstagen der DSt. schriftlich mit (§ 69 Abs. 2 Satz 3).

DSt. und öPR erzielen Einigung. Die Maßnahme gilt als gebilligt.

Die DSt. oder der öPR beantragen innerhalb von sechs Arbeitstagen schriftlich die Entscheidung der Mittelbehörde, evtl. vorläufige Regelung (§ 69 Abs. 3 und 5).

BPR und Mittelbehörde erzielen Einigung. Die Maßnahme ist gebilligt und wird durchgeführt.

Zwischen Mittelbehörde und BPR kommt keine Einigung zustande. Mittelbehörde oder BPR beantragen die Entscheidung der obersten Dienstbehörde (§ 69 Abs. 3).

Oberste Dienstbehörde und HPR erzielen Einigung. Die Maßnahme ist gebilligt und wird durchgeführt.

Zwischen oberster Dienstbehörde und HPR kommt keine Einigung zustande. Oberste Dienstbehörde oder HPR beantragen die Entscheidung der Einigungsstelle (§ 69 Abs. 4 Satz 1).

Die von der Einigungsstelle getroffene Entscheidung ist endgültig (§ 69 Abs. 4 Satz 1 Halbsatz 2); sie bindet sowohl Dienststellenleiter wie Personalvertretung, soweit sie ohne Außenwirkung bleibt (vgl. aber vor § 66 III 1).

B. Modifizierte Mitbestimmung (§ 69 Abs. 4 Satz 3 i. V. mit §§ 76, 85 Abs. 1 Nr. 7) Mitbestimmung in Personalangelegenheiten der Beamten

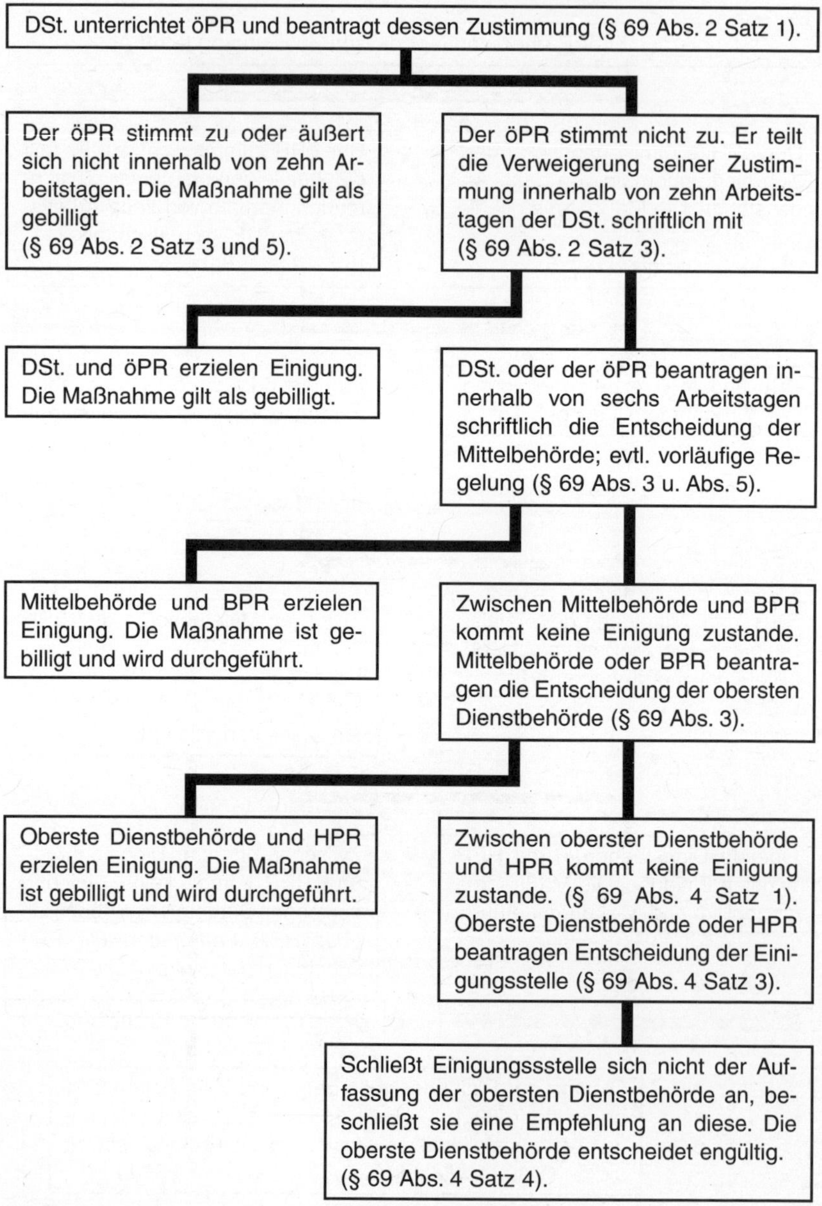

DSt. unterrichtet öPR und beantragt dessen Zustimmung (§ 69 Abs. 2 Satz 1).

Der öPR stimmt zu oder äußert sich nicht innerhalb von zehn Arbeitstagen. Die Maßnahme gilt als gebilligt (§ 69 Abs. 2 Satz 3 und 5).

Der öPR stimmt nicht zu. Er teilt die Verweigerung seiner Zustimmung innerhalb von zehn Arbeitstagen der DSt. schriftlich mit (§ 69 Abs. 2 Satz 3).

DSt. und öPR erzielen Einigung. Die Maßnahme gilt als gebilligt.

DSt. oder der öPR beantragen innerhalb von sechs Arbeitstagen schriftlich die Entscheidung der Mittelbehörde; evtl. vorläufige Regelung (§ 69 Abs. 3 u. Abs. 5).

Mittelbehörde und BPR erzielen Einigung. Die Maßnahme ist gebilligt und wird durchgeführt.

Zwischen Mittelbehörde und BPR kommt keine Einigung zustande. Mittelbehörde oder BPR beantragen die Entscheidung der obersten Dienstbehörde (§ 69 Abs. 3).

Oberste Dienstbehörde und HPR erzielen Einigung. Die Maßnahme ist gebilligt und wird durchgeführt.

Zwischen oberster Dienstbehörde und HPR kommt keine Einigung zustande. (§ 69 Abs. 4 Satz 1). Oberste Dienstbehörde oder HPR beantragen Entscheidung der Einigungsstelle (§ 69 Abs. 4 Satz 3).

Schließt Einigungssstelle sich nicht der Auffassung der obersten Dienstbehörde an, beschließt sie eine Empfehlung an diese. Die oberste Dienstbehörde entscheidet engültig. (§ 69 Abs. 4 Satz 4).

C. Mitwirkung
(§ 72)

DSt. leitet Vorgang an öPR und beantragt dessen Stellungnahme (Frist 10 Arbeitstage; § 72 Abs. 1 und 2)

öPR stimmt zu oder äußert sich nicht innerhalb der Frist. Die Maßnahme gilt als gebilligt (§ 72 Abs. 2 Satz 1).

öPR stimmt nicht zu. Er teilt die Verweigerung der Zustimmung fristgemäß der DSt. unter Angabe der Gründe mit (§ 72 Abs. 2 Satz 2).

DSt. gibt dem öPR schriftlich Mitteilung, wenn den Einwendungen nicht entsprochen wird (§ 72 Abs. 3).

öPR kann innerhalb von drei Arbeitstagen nach Zugang der Mitteilung, dass seiner Meinung nicht gefolgt wird, nach Abs. 3 die Mittelbehörde anrufen (§ 72 Abs. 4).

Mittelbehörde und BPR erzielen Einigung. Die Maßnahme ist gebilligt und wird durchgeführt.

Zwischen Mittelbehörde und BPR kommt keine Einigung zustande. BPR beantragt die Entscheidung der obersten Dienstbehörde; bis zu deren Entscheidung ist beabsichtigte Maßnahme auszusetzen; vorläufige Regelung möglich (§ 72 Abs. 5 und 6).

Oberste Dienstbehörde und HPR erzielen Einigung. Die Maßnahme ist gebilligt und wird durchgeführt.

Zwischen oberster Dienstbehörde und HPR kommt keine Einigung zustande. Die oberste Dienstbehörde entscheidet endgültig (§ 72 Abs. 4).

§ 69 (Mitbestimmungsverfahren)

(1) Soweit eine Maßnahme der Mitbestimmung des Personalrats unterliegt, kann sie nur mit seiner Zustimmung getroffen werden.

(2) Der Leiter der Dienststelle unterrichtet den Personalrat von der beabsichtigten Maßnahme und beantragt seine Zustimmung. Der Personalrat kann verlangen, dass der Leiter der Dienststelle die beabsichtigte Maßnahme begründet; der Personalrat kann außer in Personalangelegenheiten auch eine schriftliche Begründung verlangen. Der Beschluss des Personalrats über die beantragte Zustimmung ist dem Leiter der Dienststelle innerhalb von zehn Arbeitstagen mitzuteilen. In dringenden Fällen kann der Leiter der Dienststelle diese Frist auf drei Arbeitstage abkürzen. Die Maßnahme gilt als gebilligt, wenn nicht der Personalrat innerhalb der genannten Frist die Zustimmung unter Angabe der Gründe schriftlich verweigert. Soweit dabei Beschwerden oder Behauptungen tatsächlicher Art vorgetragen werden, die für einen Beschäftigten ungünstig sind oder ihm nachteilig werden können, ist dem Beschäftigten Gelegenheit zur Äußerung zu geben; die Äußerung ist aktenkundig zu machen.

(3) Kommt eine Einigung nicht zustande, so kann der Leiter der Dienststelle oder der Personalrat die Angelegenheit binnen sechs Arbeitstagen auf dem Dienstweg den übergeordneten Dienststellen, bei denen Stufenvertretungen bestehen, vorlegen. In Körperschaften, Anstalten oder Stiftungen des öffentlichen Rechts ist als oberste Dienstbehörde das in ihrer Verfassung für die Geschäftsführung vorgesehene oberste Organ anzurufen. In Zweifelsfällen bestimmt die zuständige oberste Bundesbehörde die anzurufende Stelle. Absatz 2 gilt entsprechend. Legt der Leiter der Dienststelle die Angelegenheit nach Satz 1 der übergeordneten Dienststelle vor, teilt er dies dem Personalrat unter Angabe der Gründe mit.

(4) Ergibt sich zwischen der obersten Dienstbehörde und der bei ihr bestehenden zuständigen Personalvertretung keine Einigung, so entscheidet die Einigungsstelle (§ 71); in den Fällen des § 77 Abs. 2 stellt sie fest, ob ein Grund zur Verweigerung der Zustimmung vorliegt. Die Einigungsstelle soll binnen zwei Monaten nach der Erklärung eines Beteiligten, die Entscheidung der Einigungsstelle herbeiführen zu wollen, entscheiden. In den Fällen der §§ 76, 85 Abs. 1 Nr. 7 beschließt die Einigungsstelle, wenn sie sich nicht der Auffassung der obersten Dienstbehörde anschließt, eine Empfehlung an diese. Die oberste Dienstbehörde entscheidet sodann endgültig.

(5) Der Leiter der Dienststelle kann bei Maßnahmen, die der Natur der Sache nach keinen Aufschub dulden, bis zur endgültigen Entscheidung vorläufige Regelungen treffen. Er hat dem Personalrat die vorläufige Regelung mitzuteilen und zu begründen und unverzüglich das Verfahren nach den Absätzen 2 bis 4 einzuleiten oder fortzusetzen.

Entsprechende landesgesetzliche Regelungen:

Baden-Württemberg: § 69; Bayern: Art. 70; Berlin: §§ 79, 80, 81; Brandenburg: § 61; Bremen: § 58 Abs. 1 bis 3; Hamburg: §§ 79, 81; Hessen: §§ 69, 70, 73; Mecklenburg-Vorpommern: § 62; Niedersachsen: §§ 64, 68, 70, 74, 107b; Nordrhein-Westfalen: §§ 66, 68; Rheinland-Pfalz: §§ 74, 75 Abs. 5, 6; Saarland: § 73; Sachsen: § 79; Sachsen-Anhalt: §§ 61, 62; Schleswig-Holstein: § 52; Thüringen: § 69.

1. Begriffsbestimmungen

a) **Mitbestimmung:** Dienststelle und Personalvertretung sind gleichberechtigt an der Entscheidung beteiligt. Die Entscheidungsbefugnis des Dienststellenleiters wird mit der Folge eingeschränkt, dass ohne die Zustimmung der Personalvertretung keine Maßnahme getroffen werden kann. In Streitfällen entscheidet verbindlich die Einigungsstelle (vgl. aber vor § 66 III 1). Infolgedessen darf kein Partner den anderen zwingen, sich seiner rechtlichen oder sachlichen Auffassung im Vorfeld der Entscheidung der Einigungsstelle anzuschließen. Dem Dienststellenleiter ist daher grundsätzlich nicht gestattet, ein Verfahren auf der Grundlage seiner rechtlichen Entscheidung abzubrechen und die Maßnahme gegen den Willen der Personalvertretung durchzuführen (BVerwG v. 12.3.1986, BVerwGE 74, 100, PersV 1986, 417). Wenn allerdings Streit darüber besteht, ob es sich im konkreten Fall um eine der Mitbestimmung unterliegende Maßnahme handelt, dann kann der Dienststellenleiter seiner Überzeugung folgen und die Maßnahme als mitbestimmungsfrei behandeln (BayVGH v. 1.7.1987, Leits. PersR 1988, 111). Die Personalvertretung kann die strittige Frage im personalvertretungsrechtlichen Beschlussverfahren klären lassen (BVerwG v. 25.8.1986, PersV 1987, 287).

b) **Zustimmung:** Ausdrücklich (oder stillschweigend aufgrund von Fristablauf) erklärtes Einverständnis der Personalvertretung nach vorangegangenem Plenumsbeschluss.

c) **Beabsichtigte Maßnahme:** Meinungsbildung der Dienststelle ist abgeschlossen; sie hat zu einem Entschluss geführt, der die Veränderung eines bestehenden Zustands anstrebt. Nach Durchführung der Maßnahme müssen die betreffenden Beschäftigungsverhältnisse oder die Arbeitsbedingungen geändert worden sein (BVerwG v. 29.1.2003, PersV 2003, 345 = Leits. ZfPR 2003, 236).

d) **Einigungsstelle:** Neutrale Stelle, die zur Entscheidung im Streitfall unter der Voraussetzung anzurufen ist, dass auch zwischen oberster Dienstbehörde und Hauptpersonalrat keine Einigung herbeigeführt werden kann.

e) **Dringender Fall:** Außergewöhnliche Umstände rechtfertigen keinen weiteren Aufschub der beabsichtigten Maßnahme; eine vorläufige Regelung nach Abs. 5 könnte ihren Zweck nicht erfüllen.

f) **Mitteilung:** Jede Art der Übermittlung der Information über die Abstimmung.

g) **Angabe von Gründen:** Die Personalvertretung muss zumindest die grundsätzlichen Bedenken, die sie zu einer Ablehnung der beantragten Maßnahme veranlasst haben, in schriftlicher Form mitteilen.

h) **Beschwerden oder Behauptungen** tatsächlicher Art: Alle Tatsachenmitteilungen, die einen negativen Inhalt haben.

i) **Gelegenheit zur Äußerung:** Der Leiter der Dienststelle muss den betroffenen Beschäftigten die Möglichkeit zur Stellungnahme vor dem Veranlassen weiterer Maßnahmen geben.

2. Erläuterungen

a) Wenn die Personalvertretung die **Begründung einer von der Dienststelle beabsichtigten Maßnahme** verlangt, so sind ihr alle Erwägungen mitzuteilen, die für die Entscheidung der Dienststelle eine Rolle gespielt haben.

b) Die Personalvertretung muss dem Dienststellenleiter ihren Beschluss über die beantragte Zustimmung innerhalb von zehn Arbeitstagen nach dem Zugang des Antrags mitteilen. Zugegangen ist der Antrag der Personalvertretung dann, wenn ihn der Vorsitzende oder sein Vertreter empfangen bzw. bei mündlicher Übermittlung entgegengenommen hat. Die Berechnung der **Äußerungsfrist** der Personalvertretung richtet sich nach den §§ 187 bis 193 BGB. Infolgedessen wird der Tag der Unterrichtung nicht mitgerechnet; gleiches gilt für Samstage, Sonn- und Feiertage. Wird die Personalvertretung beispielsweise an einem Freitag unterrichtet, so beginnt die Frist erst am folgenden Montag 0.00 Uhr und endet am Freitag der darauffolgenden Woche um 24.00 Uhr.

c) Die Personalvertretung kann der vom Dienststellenleiter beantragten Maßnahme durch **Schweigen** oder durch ausdrückliche Erklärung uneingeschränkt oder mit Einschränkungen zustimmen bzw. die Zustimmung verweigern. Sie kann jedoch keine andere Maßnahme verlangen, sondern nur im Hinblick auf die beantragte Zustimmung zu einer konkreten Maßnahme (z.B. Umsetzung) Gründe vortragen, die gegen eine Umsetzung und ggf. für die Umsetzung eines anderen Beschäftigten sprechen (OVG Münster v. 11.11.1982, RiA 1983, 179).

d) Hat die Personalvertretung innerhalb der **„abgekürzten" Erklärungsfrist** (Abs. 2 Satz 4) die Zustimmung zu einer beantragten Maßnahme verweigert, so kann der Leiter der Dienststelle trotz der von ihm behaupteten Eilbedürftigkeit die Maßnahme nicht durchführen. Tut er es dennoch, so treten die Rechtsfolgen einer fehlerhaften Beteiligung ein (vgl. Anm. 3 za ff).

e) In personellen Angelegenheiten der Arbeitnehmer (§ 75 Abs. 1) und der Beamten (§ 76 Abs. 1) kann die **Einigungsstelle** lediglich feststellen, ob die Personalvertretung die Zustimmung zu der von der Dienststelle beabsichtigten Maßnahme aus einem Grund verweigert hat, der sich aus § 77 Abs. 2 (Versagungskatalog) ergibt.

f) Die **Einigungsstelle** kann in folgenden Fällen lediglich eine **Empfehlung an die oberste Dienstbehörde** geben (eingeschränkte Mitbestimmung, vgl. Schaubild S. 248),

aa) in personellen Angelegenheiten der Beamten (§ 76 Abs. 1), neuerdings auch der Arbeitnehmer (vgl. BVerwG v. 18.6.2002, ZfPR 2002, 323),

bb) in sonstigen Angelegenheiten (z.B. allgemeine Fragen der Fortbildung der Beschäftigten, § 76 Abs. 2),

cc) bei Berufsförderungsmaßnahmen im Bereich der Bundespolizei (§ 85 Abs. 1 Nr. 7),

dd) In allen mitbestimmungspflichtigen Angelegenheiten, die mit einer Außenwirkung verbunden sind (vgl. vor § 66 III 1).

g) In den vorgenannten Fällen (Anm. 2f) ist die **oberste Dienstbehörde nicht an die Empfehlung der Einigungsstelle gebunden**; im Gegensatz hierzu stehen die übrigen Mitbestimmungsangelegenheiten, bei denen die Entscheidung der Einigungsstelle auch für die oberste Dienstbehörde verbindlich ist (vgl. Schaubild S. 247).

h) In dringenden Fällen kann die Verwaltung eine **vorläufige Maßnahme** treffen (Abs. 5 Satz 1). Es muss sich um solche Fälle handeln, die der Natur der Sache nach unaufschiebbar sind. Da es nur in den seltensten Fällen Maßnahmen gibt, die nicht so rechtzeitig geplant werden können, als dass die Personalvertretung nicht eingeschaltet werden könnte, sind diese vorläufigen Maßnahmen auf sehr geringe Ausnahmefälle zu beschränken.

i) Der **Dienststellenleiter entscheidet** alleine **darüber, ob** eine bestimmte **Maßnahme dringend getroffen werden muss**. Der Personalvertretung bleibt nur die Möglichkeit, vor den Verwaltungsgerichten die „Dringlichkeit" der Maßnahme prüfen zu lassen.

j) Bezüglich der **Rechtsfolgen einer unterbliebenen bzw. fehlerhaften Beteiligung** der Personalvertretung (vgl. Anm. 3 z).

3. Fälle aus der Rechtsprechung

a) Die Personalvertretung kann einer beabsichtigten Maßnahme **entweder zustimmen oder sie kann die Zustimmung versagen**. Sie kann aber im Rahmen eines konkreten Mitbestimmungsverfahrens nicht eine andere als die beabsichtigte Maßnahme beantragen (wenn z.B. die Personalvertretung im Fall der beantragten Zustimmung zur beabsichtigten Beförderung des Beamten A zu der Ansicht kommt, der Beamte B müsse befördert werden, so kann sie nicht eine Beförderung des Beamten B verlangen und die Zustimmung zur beabsichtigten Beförderung des Beamten wirksam verweigern (BVerwG v. 13.2.1976, ZBR, 1976, 228). Sie kann aber die Gründe des § 77 Abs. 2 Nr. 2 vortragen. Eine Personalvertretung kann nach Vollzug einer Maßnahme die hierzu erteilte Zustimmung nicht widerrufen (OVG Münster v. 22.10.1984, ZBR 1985, 117).

b) Das Mitbestimmungsrecht der Personalvertretung erstreckt sich auch auf solche Maßnahmen, bei denen der Dienststelle entweder kein oder nur ein relativ schmaler **Ermessensspielraum** zusteht. Infolgedessen kann die Automatik der tariflichen Einstufungsmaßnahmen dem Mitbestimmungsrecht nicht entgegengehalten werden (BVerwG v. 13.2.1976, aaO). Das Mitbestimmungsrecht entfällt nur dann, wenn ein Sachverhalt unmittelbar durch Gesetz oder Tarifvertrag geregelt ist, und es keiner Ausführungsakte mehr bedarf (BVerwG v. 23.1.1986, PersV 1986, 323). Gleiches gilt auch dann, wenn ein Dienststellenleiter lediglich auf eine gesetzliche oder tarifliche Regelung hinweist und um deren Beachtung bittet (BVerwG v. 30.11.1982, PersV 1983, 411).

c) Dem Mitbestimmungsrecht der Personalvertretung steht nicht entgegen, dass **zuvor eine übergeordnete Dienststelle** oder beispielsweise mehrere Ministerien gleichzeitig eine **Regelung festlegen**, die vom Leiter der Dienststelle, bei dem sie gebildet ist, für dessen Zuständigkeitsbereich umgesetzt wird, sofern noch ein eigener Entscheidungsspielraum verbleibt; denn mit dieser „Umsetzung" wird eine konkrete personalvertretungsrechtlich erhebliche Maßnahme ebenso beabsichtigt wie in den Fällen, in denen eine übergeordnete Dienststelle **generelle Weisungen für Personalangelegenheiten** erlässt, die von den nachgeordneten Dienststellen im Wege personeller Einzelmaßnahmen – bei eigenem Entscheidungsspielraum – umzusetzen sind (BVerwG v. 30.3.2009, PersR 2009, 352 = Leits. ZfPR 2009, 76). Bei verwaltungsinternen Richtlinien und Weisungen ist darauf abzustellen, ob ein Dienststellenleiter einer nachgeordneten Verwaltungsebene nur eine Art „Briefträgerfunktion" wahrnimmt (kein Mitbestimmungsrecht) oder ob er sein Handeln, obwohl es überwiegend von einer Richtlinie oder Weisung der übergeordneten Dienststelle bestimmt wird, nach außen hin selbst zu verantworten hat (BVerwG v. 24.9.1985 – 6 P 21.83, n.v.; OVG Münster v. 13.3.1986, PersV 1986, 164; OVG Münster v. 3.7.1986, ZBR 1987, 58). Wenn ein Dienststellenleiter nicht selbst, sondern ein dienststellenfremder Dritter handelt, dann ist dem Dienststellenleiter diese Maßnahme grundsätzlich dann zuzurechnen, wenn ihm rechtlich gesicherte Möglichkeiten verbleiben, bestimmenden Einfluss auf die Maßnahme zu nehmen (OVG Münster v. 23.3.2010, PersR 2010, 358 für den Fall, dass dem Dienststellenleiter die fachliche Letztentscheidungsbefugnis verbleibt). Eine (unzulässige) **Umgehung der Mitbestimmung** durch einen Beschluss der Landesregierung kann nur dann angenommen werden, wenn die Landesregierung eine Angelegenheit alleine in der Absicht an sich zieht, ein sonst erforderliches Mitbestimmungsverfahren zu vermeiden (BVerwG v. 8.10.2008, ZfPR 2009, 8). Falls in einem Gesetz die Regelung eines Einzelfalls dem jeweiligen Dienststellenleiter überlassen wird, dann unterliegt dessen Entscheidung selbst bei normvollziehenden Maßnahmen ohne Ermessensspielraum der Richtigkeitskontrolle der Personalvertretung (BVerwG v. 24.2.2006, ZfPR 2006, 68).

d) Die dem Dienststellenleiter gegenüber der Personalvertretung obliegende Informationspflicht beginnt zu dem Zeitpunkt, zu dem er die Zustimmung zu einer der Mitbestimmung unterliegenden Maßnahme beantragt (VGH Baden-Württemberg v. 23.2.1996 – PL 15 S 1715/94, n.v.). Wenn die Personalvertretung der Auffasung ist, nicht hinreichend informiert worden zu sein, dann kann sie die Zustimmung nicht alleine wegen mangelnder Unterrichtung verweigern (BVerwG v. 7.4.2010, ZfPR *online* 6/2010, S.2), sondern muss konkrete, auf die Maßnahme bezogene Ausführungen machen, aus denen sich ergibt, zu welchen einzelnen Tatbeständen **weitere Auskünfte** benötigt werden. Es wäre nicht ausreichend, wenn sie sich ausschließlich auf eine abstrakte Kommentierung der gesetzlichen Unterrichtungspflicht des Dienststellenleiters beschränken würde (BVerwG v. 29.1.1996, ZfPR 1996, 122). Zur Vervollständigung der einer Personalvertretung von einem Dienststellenleiter gegebenen Informationen kann diese den **Betroffenen anhören** (OVG Münster v. 4.3.1993, ZTR 1993, 390).

e) Die Personalvertretung kann ihr Mitbestimmungsrecht **nicht delegieren** bzw. auf dieses Recht verzichten (BVerwG v. 16.7.1977, ZBR 1978, 207).

f) Wenn Personalvertretung und Dienststelle sich über einen Mitbestimmungsfall nicht einigen, so kann die Dienststelle die **Maßnahme erst dann durchführen**, wenn die Einigungsstelle zugunsten der Verwaltung entschieden hat (VG Berlin v. 13.1.1975, ZBR 1975, 428).

g) Auch wenn das Gesetz eine **rechtzeitige und eingehende Erörterung** mit dem Ziel der Verständigung im Gegensatz zum Mitwirkungsverfahren (§ 72 Abs. 1) im Mitbestimmungsverfahren nicht (ausdrücklich) vorschreibt, so ist eine solche Erörterung gerade bei der stärkeren Beteiligungsform der Mitbestimmung aber unerlässlich (BVerwG v. 29.8.1975, PersV 1976, 388). Zu einer Erörterung mit der Personalvertretung kann der Dienststellenleiter **sachverständige Personen** (z.B. solche, die für Personal- und Organisationsangelegenheiten zuständig sind) hinzuziehen (BVerwG v. 23.11.2010, ZfPR *online* 1/2011, S. 7).

h) Eine **Maßnahme im personalvertretungsrechtlichem Sinne** ist jede Handlung oder Entscheidung, die den Rechtsstand der Beschäftigten unmittelbar berührt. Die Maßnahme muss auf eine Veränderung des bestehenden Zustands abzielen, so dass nach Durchführung der Maßnahme das Beschäftigungsverhältnis oder die Arbeitsbedingungen geändert worden sind (BVerwG v. 19.9.2012, PersV 2013, 148). Infolgedessen ist die Durchführung einer Gefährdungsbeurteilung nach § 5 Abs.1 ArbSchG keine Maßnahme im personalvertretungsrechtlichen Sinne ; denn weder die Arbeitsverhältnisse noch die Arbeitsbedingungen erfahren hierdurch eine Änderung (BVerwG v. 5.3.2012, PersV 2012, 307= ZfPR *online* 6/2012, S. 2).Wenn der Erlass einer obersten Bundesbehörde keine Rechte und Pflichten für die Beschäftigten des Geschäftsbereichs begründet, sondern den nachgeordneten Dienststellen lediglich Instruktionen erteilt und diesen die konkrete Durchführung von Maßnahmen überlässt, dann ist darin keine Maßnahme i.S. von Abs. 1 zu sehen (BVerwG v. 5.3.2012, aaO).

i) Die Personalvertretung ist so lange noch nicht zu beteiligen, wie sich der **Dienststellenleiter mit Erwägungen befasst**, ob eine in Betracht kommende Maßnahme überhaupt getroffen werden soll (HessVGH v. 15.7.1976, ZBR 1976, 374; OVG Münster v. 21.12.1978, PersV 1980, 286). Maßnahmen, die lediglich der **Vorbereitung von Handlungen der Dienststelle** dienen und nicht bereits die beabsichtigten Maßnahmen vorwegnehmen oder unmittelbar festlegen, sind keine Maßnahmen i.S. des Gesetzes (BVerwG v. 2.12.2010, PersR 2011, 83). Dies gilt z.B. für dienststelleninterne Vorprüfungen oder Vorgespräche im Vorfeld von Entscheidungen. Wenn allerdings Vorbereitungshandlungen die gesetzlich vorgesehene Beteiligung ganz oder weitgehend leerlaufen lassen, dann sind sie als Maßnahme zu werten (BVerwG v. 2.12.2010, ZfPR *online* 2/2011, S. 12). Hinweise auf rechtliche oder tarifliche Regelungen wie auch Hinweise, mit denen die Erfüllung bestimmter Arbeitspflichten angemahnt werden, sind keine „Maßnahmen". Ebenso wenig sind Handreichungen und Empfehlungen für die Anwendung einer Rechtsverordnung als Maßnahme zu bezeichnen, jedenfalls so lange nicht, wie sie keinen Anordnungscharakter haben (VGH Hessen v. 2.12.2004, Leits. ZfPR 2006, 13). Gleiches gilt für sogenannte negative Entscheidungen, mit denen eine Maßnahme abgelehnt wird, z.B. die Ablehnung einer Beförderung oder einer Einstellung; denn hierdurch wird der Rechtskreis des Betroffenen nicht verändert (BVerwG v. 30.11.1982, PersV 1983, 411; BVerwG v. 10.1.1983, PersV 1983, 307; BVerwG v. 1.8.1983, ZBR 1984, 76; BVerwG v. 12.8.1983, PersV 1985, 248). Eine Maßnahme darf zum Zeitpunkt der Anhörung bzw. Erörterung noch nicht eingeleitet worden sein, damit die Personalvertretung die Möglichkeit hat, dem Dienststellenleiter noch ihre Wünsche und Einwendungen zur Kenntnis zu bringen und dieser evtl. noch in neue Überlegungen eintreten kann (BVerwG v. 27.11.1991, PersV 1992, 228).

j) Eine mitbestimmungspflichtige **Maßnahme** ist erst dann **beabsichtigt**, wenn die Meinungsbildung des Dienststellenleiters abgeschlossen ist. Eine abschließende Meinungsbildung liegt noch nicht vor, wenn in einem Arbeitspapier lediglich Perspektiven im Sinne einer konzeptionellen Darstellung für mittelfristig anzustrebende Automationsprojekte von den Schulaufsichtsbehörden entwickelt werden. Die Abgrenzung des Zeitpunkts, in dem der Leiter der Dienststelle eine der Mitbestimmung unterliegende Maßnahme (bereits) beabsichtigt, von demjenigen, zu dem eine solche Absicht noch nicht besteht, ist unter Beachtung des Wortlauts und Zwecks des Gesetzes nach dem Stand der Meinungsbildung innerhalb der Dienststelle zu bestimmen. Eine Dienststelle beabsichtigt dann keine Maßnahme, wenn sie lediglich rechtlich oder tatsächlich in Sachzusammenhänge einbezogen ist, selbst aber nicht handelnd in diese eingreift (OVG Münster v. 29.7.1994, ZfPR 1995, 14).

k) Da ein **Unterlassen** nicht geeignet ist, die dienst- oder arbeitsrechtliche Stellung von Beschäftigten zu berühren bzw. zu verändern, so dass es beim bestehenden Zustand verbleibt, kann von einer beabsichtigten Maßnahme nicht die Rede sein (BVerwG v. 18.12.1996, ZfPR 1997, 81). Auch eine zu Arbeitsschutzzwecken durchgeführte **Befragung der Beschäftigten** führt nicht zur Veränderung eines bestehenden Zustands. Daher stellt eine solche Befragung lediglich eine Vorbereitungshandlung dar (BVerwG v. 14.10.2003, ZfPR 2003, 37). Dagegen ist die **Einführung und Durchführung eines Assessment-Centers**, einem speziellen Verfahren zur Auswahl der Teilnehmer an Kursen der Aufstiegsweiterbildung, als eine mitbestimmungspflichtige Maßnahme anzusehen (BVerwG v. 29.1.2002, ZfPR 2003, 135). Wenn Beschäftigten, die jahrelang am gemeinsamen Bereitschaftsdienst und der gemeinsamen Rufbereitschaft teilgenommen haben, die entsprechenden Tätigkeiten im Rahmen dieser Dienste entzogen werden sollen, dann bedeutet dies für die Betroffenen eine erhebliche Veränderung in rechtlicher und tatsächlicher Hinsicht mit Auswirkungen auf den Inhalt ihrer Arbeitsverträge und auch ihrer Arbeitsbedingungen, so dass eine mitbestimmungspflichtige Maßnahme (und nicht ein Unterlassen im Hinblick auf die weitere Hinzuziehung zu den Diensten) gegeben ist (BVerwG v. 16.11.1999, ZfPR 2000, 68).

l) Soll eine bestimmte **Maßnahme** nur **versuchsweise** durchgeführt werden, so unterliegt sie dem Mitbestimmungsrecht der Personalvertretung. Es handelt sich nämlich um eine Maßnahme, die – wenn auch nur für eine begrenzte Zeit – sofort wirksam wird. Die Auswirkungen auf die davon betroffenen Beschäftigten gebieten es, dass die Personalvertretung beteiligt wird. Auch bei einem Versuch können dieselben Belastungen, Überforderungen oder sonstigen Nachteile eintreten. Sie – wenn auch nur für begrenzte Zeit – abzuwehren, zu mildern oder auszugleichen, ist gerade der Sinn des Mitbestimmungsrechts (BVerwG v. 15.12.1978, PersV 1980, 145).

m) Das Gesetz räumt der Personalvertretung **nicht das** im Beschlussverfahren verfolgbare **Recht** ein, den Dienststellen die **Durchführung bestimmter, der Mitbestimmung unterliegender Maßnahmen zu untersagen**. In der öffentlichen Verwaltung wird davon ausgegangen, dass der Staat oder die öffentlich-rechtlichen Körperschaften oder Anstalten selbst im Weg der Dienstaufsicht und notfalls durch disziplinäre Maßnahmen sicherstellen, dass dem Gesetz Genüge getan wird. Insoweit bedarf es keiner Einschaltung der Personalvertretung (BVerwG v. 15.12.1978, PersV 1980, 145).

n) Die Personalvertretung hat einen **Plenumsbeschluss** darüber herbeizuführen, ob sie einer bestimmten Maßnahme zustimmen will oder nicht (BVerwG v. 11.10.1972, PersV 1973, 71; OVG Hamburg v. 24.3.2011, ZfPR *online* 6/2011, S. 7). Wenn die Personalvertretung keine Zustimmung erteilen möchte, dann muss sie (schriftlich) Gründe für die Verweigerung angeben. Die Angabe der Gründe gehört zum notwendigen Inhalt der Meinungsäußerung, so dass eine Zustimmungsverweigerungserklärung ohne Gründe unwirksam ist. Gleiches gilt für den Fall, dass lediglich der Wortlaut des sog. Versagungskatalogs nach § 77 Abs. 2 wiedergegeben wird, ohne dass konkrete Tatsachen genannt werden, aus denen sich nach Auffassung der Personalvertretung das Vorliegen der Voraussetzungen für die Verweigerung der Zustimmung ergibt. Eine nur formelhafte, nicht dem Einzelfall angepasste Begründung ist ebenso zu behandeln, wie eine Zustimmungsverweigerungserklärung ohne Angabe von Gründen (BVerwG v. 27.7.1979, ZBR 1980, 355). Für die Verweigerung der Zustimmung muss stets ein konkreter Anlass und ein konkreter Bezug zum Einzelfall erkennbar sein. Allerdings dürfen an die Begründung der Zustimmungsverweigerung keine strengen Anforderungen gestellt werden; denn es ist zu berücksichtigen, dass eine Personalvertretung nicht immer über spezielle dienstrechtliche Kenntnisse verfügen kann (OVG Koblenz v. 17.10.2012, PersR 2013, 90 = Leits. ZfPR 2012, 34; OVG Saarland v. 14.3.2014, ZfPR *online* 5/ 2014, S. 11). Infolgedessen gilt eine Maßnahme nur dann als gebilligt, wenn die Personalvertretung die Zustimmung nicht unter Angabe von Gründen schriftlich verweigert. Im Falle der Verweigerung kommt es auf die rechtliche Tragfähigkeit der Gründe nicht an. Die **Prüfung der Schlüssigkeit** erfolgt im Einigungsverfahren, nicht einseitig durch den Dienststellenleiter. Die vorgetragenen Gründe müssen nicht einmal in sich widerspruchsfrei sein. Vielmehr genügt es, wenn das Vorbringen der Personalvertretung es zumindest als möglich erscheinen lässt, dass ein gesetzlicher Verweigerungsgrund gegeben sein könnte (OVG Saarland v. 14.3.2014, aaO).

o) Dem Schriftformerfordernis (Abs. 2 Satz 5) wird durch ein **Telefax** Rechnung getragen. Gleiches gilt für eine Verweigerungserklärung, die per **E-Mail** übermittelt wird (vgl. für das BetrVG: BAG v. 10.3.2009, NZA 2009, 622).

p) Die **Erklärungsfrist wird in Gang gesetzt**, wenn der Antrag des Dienststellenleiters eine genaue Bezeichnung der beabsichtigten Maßnahme enthält und wenn die Zustimmung bei der zuständigen Personalvertretung beantragt worden ist. Wird ein Antrag mündlich gestellt, so ist er mit der Erklärung zugegangen. Bei schriftlicher Antragstellung ist der Antrag dann zugegangen, „wenn er so in den Machtbereich des Personalrats gelangt ist, dass dieser unter normalen Verhältnissen die Möglichkeit hat, von dem Inhalt der Erklärung Kenntnis zu nehmen" (OVG Sachsen v. 12.1.1999, PersR 2000, 76). Die Erklärungsfrist beginnt mit dem Zeitpunkt zu laufen, zu dem die Personalvertretung ausreichend unterrichtet worden ist. Die Unterrichtung muss so umfassend erfolgen, dass die Personalvertretung alle entscheidenden Gesichtspunkte kennt, die für die Ausübung des Mitbestimmungsrechts von Bedeutung sein können (BVerwG v. 10.8.1987, BVerwG 78, 65 = ZfPR 1989, 17). Erfolgt nur eine unvollständige Unterrichtung, so beginnt die Erklärungsfrist erst mit dem Zeitpunkt zu laufen, zu dem die Personalvertretung ausreichend unterrichtet worden ist (BVerwG v. 8.11.1989, ZfPR 1990, 86). Der Dienststellenleiter kann sich im Falle einer entsprechenden Rüge nicht auf eine Wiederholung der bisher erteilten Informationen beschränken. Vielmehr kann er der Bitte um weitere Informationen nur mit einer Ergänzung dessen, was er der Personalvertretung bereits mitgeteilt bzw. übergeben hat, nachkommen oder er muss deutlich machen, dass keine weiteren Informationen erteilt werden sollen oder können (OVG Hamburg v. 29.11.2011, Leits. ZfPR *online* 2/2012, S. 22). In jedem Fall muss die Personalvertretung innerhalb der Frist von 10 Arbeitstagen (Abs. 2 Satz 3) den Mangel der unzureichenden Unterrichtung rügen, denn die personalvertretungsrechtliche Zulässigkeit einer der Mitbestimmung unterliegenden Maßnahme soll nicht länger als 10 Arbeitstage in der Schwebe bleiben (BVerwG v. 10.8.1987, aaO; vgl. für das BetrVG: BAG v. 14.3.1989, DB 1989, 1523). Zur Fristwahrung auf Seiten der Personalvertretung reicht es aus, wenn das Schreiben über die beabsichtigte Zustimmungsverweigerung am letzten Tag der Äußerungsfrist dem Leiter der für Personalangelegenheiten zuständigen Abteilung nach Dienstschluss persönlich übergeben wird (OVG Münster v. 10.2.1999, Leits. ZfPR 2000, 79) oder wenn sie ihrerseits die schriftliche Zustimmungsverweigerung innerhalb der Frist in den verwaltungsinternen Postverkehr gibt; denn auf Organisation, Dauer und Ablauf des internen Postverkehrs hat die Personalvertretung keinen Einfluss. Unschädlich ist es, wenn in diesem Fall die Mitteilung der Personalvertretung erst nach Fristablauf der zuständigen Abteilung zugeht (OVG Berlin v. 31.7.1991, Leits. PersV 1992, 270). Die **Erklärungsfrist** der Personalvertretung ist im gegenseitigen Einvernehmen zwischen Dienststellenleiter und Personalvertretung **verlängerbar** (BVerwG v.9.12.1992, ZfPR 1993, 118; vgl. für das BetrVG: BAG v. 17.5.1983, BAGE 42, 386). Eine **Abkürzung der Erklärungs-**

frist von zehn auf drei Arbeitstage ist dann zulässig, wenn **Gründe von erheblichem Gewicht** vorliegen (BVerwG v. 15.11.1995, ZfPR 1996, 88). Im Übrigen kann eine Personalvertretung die Zustimmung auch wirksam durch **elektronische Übertragung einer Textdatei** mit eingescannter Unterschrift auf ein Faxgerät des Dienststellenleiters ebenso verweigern wie durch Telegramm, Fernschreiben oder Telefax (BGH v. 5.4.2000, NZA 2000, 959).

q) Der Leiter einer Dienststelle kann sich gegenüber der Personalvertretung nicht auf eine **stillschweigend erteilte Zustimmung** berufen, wenn er z.B. die Zustimmung zur Kündigung eines Arbeitnehmers nicht beim zuständigen Gesamtpersonalrat, sondern beim örtlichen Personalrat beantragt hat (BAG v. 27.8.1974, PersV 1975, 378). Die Billigungsfiktion kann auch dann eingreifen, wenn gegen eine beabsichtigte Maßnahme zwar fristgerecht Einwendungen erhoben worden sind, innerhalb der Einwendungsfrist hierfür aber keine beachtlichen Gründe mitgeteilt werden (OVG Münster v. 27.1.1995, ZTR 1995, 232).

r) Einen Dienststellenleiter trifft keine Pflicht zur Überprüfung der Erklärungen der Personalvertretung dahingehend, ob sie nach Form und Inhalt den gesetzlichen Anforderungen genügen. Er ist daher auch nicht verpflichtet, der Personalvertretung gegebenenfalls noch vor Ablauf der Erklärungsfrist Gelegenheit zu geben, Mängel zu beseitigen. Andernfalls nämlich würde dem Dienststellenleiter eine Kontrollfunktion zugemessen, die ihm aber schon deshalb nicht zusteht, weil die Tätigkeit der Personalvertretung **weder den Weisungen noch der Rechtsaufsicht** des Dienststellenleiters unterliegt (BVerwG v. 14.7.1986, ZBR 1986, 312; BVerwG 24.11.1986, DVBl. 1987, 420).

s) Eine Personalvertretung hat keinen Anspruch darauf, dass der Dienststellenleiter eine **Maßnahme**, der zugestimmt worden ist, auch **tatsächlich durchführt**. Die Zustimmung der Personalvertretung bedeutet lediglich, dass der Dienststellenleiter eine mitbestimmungspflichtige Maßnahme nunmehr ausführen kann (OVG Hamburg v. 5.4.1982, PersV 1984, 245).

t) Ein Dienststellenleiter ist zum **Abbruch eines Mitbestimmungsverfahrens** nur dann berechtigt, wenn die Personalvertretung keine Verweigerungsgründe anführt oder sich lediglich mit einer abstrakten bzw. formelhaften Begründung begnügt. Sofern aber die angeführten Gründe einen Bezug zu dem konkreten Einzelfall erkennen lassen, ist der Abbruch des Mitbestimmungsverfahrens unzulässig (OVG Saarland v. 14.3.2014, Leits. ZfPR 2014, 78). Allerdings darf ein Dienststellenleiter ein Mitbestimmungsverfahren abbrechen, wenn er damit einer **Weisung der übergeordneten Dienststelle** folgt und sich dabei pflichtgemäß deren Auffassung zu eigen macht, das zunächst von ihm angenommene Mitbestimmungsrecht bestehe in Wahrheit nicht; in einem solchen Fall ist es dem Personalrat unbenommen, das von ihm in Anspruch genommene Mitbestimmungsrecht gerichtlich geltend zu machen (BVerwG v. 28.8.2008, PersR 2008, 458).

u) Hat der Leiter einer Dienststelle im Fall der Verweigerung der Zustimmung der Personalvertretung zu der beabsichtigten Maßnahme die Vorlagefrist (§ 69 Abs. 3 Satz 1) verstreichen lassen und die Angelegenheit nicht der übergeordneten Dienststelle zugeleitet, so steht dies einer **Befassung der Personalvertretung mit einem erneuten Antrag auf Zustimmung** auch ohne Änderung der Sach- oder Rechtslage jedenfalls dann nicht entgegen, wenn dies geschieht, um die Möglichkeiten einer Einigung, etwa durch Vermittlung weiterer Informationen, auszuschöpfen (BVerwG v. 12.9.2011, ZfPR *online* 11/2011, S. 2). Allerdings kann sich die Personalvertretung auch auf Fristablauf berufen (VGH Kassel v. 23.9.1993, Leits. ZfPR 1995, 22; das jedoch lehnt das BVerwG v. 12.9.2011, aaO, ab).

v) Die **Eilbedürftigkeit einer Maßnahme** nach Abs. 2 Satz 4 allein genügt nicht, um **vorläufige Regelungen** zu treffen und damit – wenn auch zeitlich begrenzt – dem Ausgang des Mitbestimmungsverfahrens vorzugreifen. Hinzu kommen muss, dass eine

Maßnahme nach Art und Inhalt des Regelungsgegenstands trotz des noch laufenden Mitbestimmungsverfahrens und der fehlenden Zustimmung der Personalvertretung eine allerdings nur vorläufige Regelung erfordert, um die Erfüllung von Pflichten und Aufgaben der Dienststelle im öffentlichen Interesse sicherzustellen (Beispiel: Nicht mehr aufschiebbare Versetzung eines Beamten, die als vorläufige Regelung durch Abordnung bewirkt werden kann; Einstellung von Arbeitskräften, deren die Dienststelle zur Erfüllung ihrer Aufgaben unbedingt bedarf; Erlass eines Leistungsbescheids, da sonst Verjährung eintritt; BVerwG v. 25.10.1979, ZBR 1980, 161). In jedem Fall muss die vorläufige Regelung sachlich wie zeitlich eng begrenzt und auf das unbedingt notwendige Maß beschränkt sein. Sie darf nicht so weit gehen, dass eine wirkungsvolle Ausübung des Mitbestimmungsrechts nicht mehr möglich ist; denn dieses Recht darf auch nicht faktisch ausgeschlossen werden. Vielmehr muss so viel Spielraum verbleiben, dass auch noch eine modifizierte Regelung im weiteren Verfahren getroffen werden kann (BVerwG v. 22.8.1988, ZfPR 1989, 69). Ausnahmsweise dürfen die aufgezeigten Grenzen einer vorläufigen Regelung dann überschritten werden, wenn nicht nur ein unverzügliches Handeln des Dienststellenleiters unabweisbar geboten ist, sondern wenn außerdem die beabsichtigte Maßnahme der Natur der Sache nach Einschränkungen nicht zulässt. Ein entsprechendes Vorgehen des Dienststellenleiters kann nur dann hingenommen werden, wenn die durch die Beteiligung der Personalvertretung eintretende Verzögerung zu einer **Schädigung überragender Gemeinschaftsgüter oder -interessen** führen würde, hinter denen der in der Mitbestimmung liegende Schutz der Beschäftigten ausnahmsweise gänzlich zurücktreten muss. Das ist dann der Fall, wenn die Fähigkeit der betroffenen Dienststelle oder mehrerer Dienststellen, ihre Aufgaben wahrzunehmen, von der vollständigen Durchführung einer bestimmten Maßnahme des Dienststellenleiters abhängt, deren Unterbleiben nicht nur die Funktionsunfähigkeit der Dienststelle nach sich zöge, sondern überragende Gemeinschaftsgüter oder -interessen in Gefahr brächte (BVerwG v. 29.9.2012, ZfPR *online* 5/2012, S.4). Eine vorläufige Regelung ist grundsätzlich auch dann zulässig, wenn sie nur deshalb erforderlich geworden ist, weil der Leiter der Dienststelle aus Gründen, die er zu vertreten hat, das **Mitbestimmungsverfahren verspätet einleitet**. Der Grund dafür ist darin zu sehen, dass die Vorschrift ausschließlich dem Schutz öffentlicher Belange dient (OVG Münster v. 25.8.2005, ZfPR *online* 5/2006, 8).

w) Grundsätzlich ist es Pflicht eines Dienststellenleiters, ein **Mitbestimmungsverfahren** von sich aus frühzeitig und zügig **einzuleiten** bzw. zu betreiben (OVG Münster v. 27.10.1999, PersV 2000, 414). Das Gesetz sieht aber für den Fall, dass die Erfüllung von Pflichten und Aufgaben einer Dienststelle bei Einleitung eines eine gewisse Zeit in Anspruch nehmenden Mitbestimmungsverfahrens nicht sichergestellt wäre, eine vorläufige Regelung vor (Abs. 5). Beabsichtigt ein Dienststellenleiter eine vorläufige Regelung, so hat er diese der Personalvertretung in vollem Wortlaut mitzuteilen und sie schriftlich oder mündlich zu begründen. Die Personalvertretung muss in der Lage sein zu prüfen, ob die Voraussetzungen für eine vorläufige Regelung tatsächlich gegeben sind. Ohne eine Begründung ist die vorläufige Regelung daher unwirksam (OVG Münster v. 25.8.2005, ZfPR *online* 5/2006, 8).

x) Wenn ein Beschäftigter wegen einer im Zusammenhang mit seiner Amtstätigkeit begangenen **Straftat rechtskräftig verurteilt** worden ist, dann kann ihn der Dienststellenleiter im Wege einer vorläufigen Regelung umsetzen; denn die Umsetzung ist der Natur der Sache nach unaufschiebbar. Ein Mitbestimmungsverfahren würde zu einer Verzögerung führen, die eine Beeinträchtigung öffentlicher Belange nach sich zöge. Die Umsetzungsabsicht ist der zuständigen Personalvertretung im vollen Wortlaut mitzuteilen und schriftlich oder mündlich zu begründen. Wenn ein Dienststellenleiter die Information über die vorläufige Regelung und/oder die Begründung der vorläufigen Regelung unterlässt, so führt dies zur Unwirksamkeit der entsprechenden Maßnahme (OVG Magdeburg v. 5.10.2005, PersR 2006, 169; vgl. vorstehende Anm.).

y) Die **Einigungsstelle** kann in den in Abs. 4 Satz 3 genannten Angelegenheiten deshalb keine zu Lasten der obersten Dienstbehörde gehende Entscheidung treffen, weil es sich hierbei um Angelegenheiten handelt, die wegen ihrer Auswirkungen auf die Allgemeinheit wesentlicher Bestandteil der Regierungsgewalt sind und daher nicht auf neutrale Stellen übertragen werden dürfen, die außerhalb der Regierungsverantwortung stehen (BVerfG v. 27.4.1959, BVerfGE 9.268 = PersV 1958/59, 234; vgl. vor § 66 III a). Bei Personalangelegenheiten der Arbeitnehmer (§ 75 Abs. 1) greift nur das Modell der eingeschränkten Mitbestimmung – und zwar unabhängig von Funktion und Vergütungsgruppe. Die Einigungsstelle kann daher nur eine Empfehlung an die zuständige Dienstbehörde aussprechen, die ihrerseits letztlich entscheidet (BVerwG v. 13.10.2009, PersV 2010, 142). Eine oberste Dienstbehörde oder die zuständige Stufenvertretung können die Einigungsstelle immer nur dann anrufen, wenn Einigkeit darüber besteht, dass es sich um einen Fall der Mitbestimmung handelt. Ist dies nicht der Fall und streiten die Beteiligten darüber, ob der Personalvertretung überhaupt ein Mitbestimmungsrecht zusteht, dann sind die Verwaltungsgerichte anzurufen (BVerwG v. 28.8.2008, Leits. ZfPR 2009, 10).

z) Ein **ordnungsgemäßes Mitbestimmungsverfahren** liegt nur dann vor, wenn die Personalvertretung rechtzeitig und umfassend und unter Vorlage der entsprechenden Unterlagen unterrichtet worden ist. Andernfalls kann sie ihre Aufgabe, die Beschäftigteninteressen sachgerecht wahrzunehmen, nicht ausüben (BVerwG v. 10.2.2009, ZfPR 2009, 42). Wenn diese Voraussetzungen der ordnungsgemäßen Unterrichtung nicht erfüllt sind, dann ist die oberste Dienstbehörde verpflichtet, ihr Letztentscheidungsrecht zunächst zurückzustellen. Die erforderliche Unterrichtung ist nachzuholen.

za) Mitbestimmungsbedürftige Rechtsgeschäfte, an denen die Personalvertretung entweder überhaupt nicht oder nur in mangelhafter Form beteiligt war, sind nichtig (BAG v. 21.7.1977, BB 1977, 2288; BAG v. 1.12.1977, DB 1978, 355). Daher ist beispielsweise auch eine Kündigung unwirksam, wenn das Mitbestimmungs-/Mitwirkungsverfahren nicht ordnungsgemäß durch den Dienststellenleiter, bei seiner Verhinderung durch den ständigen Vertreter oder einen der im Gesetz genannten Beschäftigten eingeleitet worden ist. Dies gilt selbst dann, wenn die Personalvertretung der Kündigung zustimmt oder die von der Dienststelle praktizierte Art der Einleitung später ausdrücklich gebilligt hat (BAG v. 10.3.1983, BB 1983, 2257). Unwirksam ist eine Maßnahme auch dann, wenn der Leiter einer Dienststelle eine nicht zuständige Personalvertretung (z.B. statt des „örtlichen" Personalrats der Stammdienststelle den Gesamtpersonalrat) beteiligt hat (BAG v. 27.8.1974, DB 1975, 62; vgl. für das BetrVG: BAG v. 3.2.1982, DB 1982, 1624). Unwirksam ist auch die **Befristung eines Arbeitsverhältnisses** dann, wenn ein Personalrat seine Zustimmung für ein ein Jahr dauerndes Arbeitsverhältnis erteilt und die Vertragsparteien danach einen Zeitvertrag von kürzerer Vertragsdauer abgeschlossen haben (BAG v. 8.7.1998, PersV 1999, 178). Wenn ein Beteiligungsverfahren nicht durch den zuständigen Dienststellenleiter selbst, sondern durch einen **personalvertretungsrechtlich unzuständigen Vertreter eingeleitet** worden ist, so führt dies ebenfalls zur Unwirksamkeit der Maßnahme, es sei denn, dass die Personalvertretung den Fehler nicht rügt, sondern zu der beabsichtigten Maßnahme abschließend Stellung nimmt (BAG v. 27.2.1997, Leits. BB 1997, 1316 = DB 1997, 1573; BAG v. 25.2.1998, BB 1998, 1848).

zb) Das Personalvertretungsgesetz räumt einer Personalvertretung keine Folgeansprüche für den Fall ein, dass ein Dienststellenleiter Mitbestimmungs- oder Mitwirkungsrechte im Einzelfall missachtet hat. Über die Folgen bei Maßnahmen, die bestimmte Beschäftigte betreffen, entscheiden entweder die Verwaltungs- oder die Arbeitsgerichte (VGH Baden-Württemberg v. 2.12.1986, ZBR 1987, 224). **Beteiligungspflichtige personelle Maßnahmen sind rechtswidrig**, wenn das gesetzlich vorgeschriebene Beteiligungsverfahren nicht ordnungsgemäß durchgeführt worden ist. Die betreffende Maßnahme ist bei fristgerechter Anfechtung durch den Betroffenen aufzuheben (BVerwG v. 28 8.1986, ZBR 1987, 158; BVerwG v. 12.3.1987, ZBR 1987, 286). Durch einen von dem betroffenen Beschäftigten eingelegten Widerspruch wird der Vollzug der Maßnahme (z.B. Versetzung, Umsetzung oder Abordnung) zunächst gehindert (§ 80 VwGO). Eine infolge unterbliebener Mitbestimmung der Personalvertretung fehlerhafte Umsetzung kann nur dadurch in einer dem Rechtsanspruch eines Beamten genügenden Weise rückgängig gemacht werden, dass der ursprüngliche Zustand wieder hergestellt und dem Beamten sein früherer Dienstposten wieder übertragen wird. Andernfalls würde das Beteiligungsrecht der Personalvertretung in personellen Angelegenheiten, dessen Beachtung auch der einzelne Beamte verlangen kann, im Ergebnis unterlaufen. Erst von der Rückübertragung des alten Dienstpostens ausgehend darf der Dienstherr gegebenenfalls ein neues Umsetzungsverfahren – unter Einschaltung der Personalvertretung in der im Gesetz vorgeschriebenen Weise – durchführen (BVerwG v. 13.11.1986, ZBR 1987, 187).

zc) Hat ein Dienststenleiter eine mitbestimmungspflichtige Maßnahme getroffen und vollzogen, ohne zuvor die Personalvertretung zu beteiligen, dann hat er die **Maßnahme rückgängig** zu machen, falls dies rechtlich und tatsächlich noch möglich ist (BVerwG v. 14.6.2011, ZfPR *online* 10/2011, S. 2). Die Personalvertretung hat in diesem Fall einen gerichtlich durchsetzbaren verfahrensrechtlichen Anspruch auf **Nachholung des Mitbestimmungsverfahrens** (BVerwG v. 17.2.2010, ZfPR *online* 5/2010, S. 5). Nur Belange des Allgemeinwohls (Rechtssicherheit, Verpflichtung zur Beachtung des Grundsatzes der sparsamen Haushaltsführung) können dagegen sprechen, eine entsprechende Maßnahme rückgängig zu machen, bevor nicht in einem nachzuholenden Beteiligungsverfahren Klarheit darüber besteht, ob und in welchem Umfang die Maßnahme Bestandskraft haben soll (BVerwG v. 11.5.2011, PersV 2011, 343). Eine unter Verletzung des Mitbestimmungsrechts vollzogene Ernennung ist zwar nicht unwirksam, aber rechtswidrig. Vorläufiger Rechtsschutz kann dadurch gewährt werden, dass die beamtenrechtlichen Folgen der Ernennung für die Dauer der aufschiebenden Wirkung des Rechtsbehelfs suspendiert werden (HessVGH v. 29.11.1994, Leits. ZfPR 1995, 163; vgl. auch: OVG Münster v. 8.5.1995, Leits. ZfPR 1995, 164).

zd) Die Personalvertretung kann vor dem Verwaltungsgericht bzw. Arbeitsgericht aber nur feststellen lassen, dass eine **ordnungsgemäße Beteiligung nicht erfolgt** ist. In diesem Fall ist ein Dienststellenleiter – sofern nicht die fehlende Zustimmung der Personalvertretung im Einigungsverfahren ersetzt wird – zur **Rückgängigmachung der Maßnahme** verpflichtet (BVerwG v. 20.1.1993, PersV 1994, 215). Wenn die Verletzung oder das Fortbestehen eines Mitbestimmungsrechts rechtskräftig festgestellt wird, so muss der zuständige Dienststellenleiter die mitbestimmungspflichtige Maßnahme wieder rückgängig machen oder aber das nachzuholende Mitbestimmungsverfahren unverzüglich einleiten (OVG Münster v. 3.7.2013, ZfPR *online* 3/2014, S. 78). Die Personalvertretung kann die nachträgliche Einleitung eines solchen Mitbestimmungsverfahrens notfalls in einem Beschlussverfahren durchsetzen. Eine vollzogene Versetzung oder eine vollzogene Übertragung eines Dienstpostens sind Maßnahmen, die im Fall einer rechtswidrig unterbliebenen Mitbestimmung rückgängig gemacht werden können. Eine unter Verletzung von Mitbestimmungsrechten vorgenommene Beförderung lässt sich dagegen nach der erfolgten Ernennung nicht mehr rückgängig machen (BVerwG v. 16.9.1994, ZfPR 1995, 9).

ze) Die Verwaltungsgerichte können grundsätzlich keine verpflichtenden, sondern nur feststellende Entscheidungen treffen. Daher kann auch einem Dienststellenleiter nicht über den Weg einer **einstweiligen Verfügung** aufgegeben werden, eine mitbestimmungspflichtige Maßnahme durchzuführen bzw. rückgängig zu machen. Wohl aber kann eine einstweilige Verfügung mit dem Ziel in Betracht kommen, den **Dienststellenleiter zu verpflichten, das Beteiligungsverfahren einzuleiten** und/oder ihm einstweilen Fortgang zu geben (BVerwG v. 27.7.1990, ZfPR 1991, 19; OVG Münster v. 17.2.2003, PersV 2003, 236). Bricht ein Dienststellenleiter einseitig ein bereits eingeleitetes Mitbestimmungsverfahren ab, dann kann die betroffene Personalvertretung den Erlass einer einstweiligen Verfügung dann beantragen, wenn andernfalls eine schwerwiegende Beeinträchtigung ihrer Aufgaben erfolgen würde. Eine solche Beeinträchtigung ist z.B. im Zusammenhang mit einer Arbeitszeitregelung nach § 75 Abs. 3 Nr. 1 BPersVG gegeben (OVG Bremen v. 31.7.1991, PersV 1993, 91; vgl. auch: Einstweilige Verfügung bei § 83 Anm. 3 a).

zf) Wenn eine Personalvertretung die **Zustimmung** zu einer mitbestimmungspflichtigen Maßnahme **abschließend verweigert**, so darf die Maßnahme auch dann nicht durchgeführt werden, wenn bereits eine vorläufige Regelung eingeleitet worden war (HessVGH v. 11.3.1981, Leits. ZBR 1982, 192).

zg) Treffen zwei unterschiedliche Beteiligungstatbestände zusammen, so geht die schwächere Beteiligungsform nicht der stärkeren Beteiligungsform vor (vgl.vor § 66 V 2).

zh) Einer Personalvertretung stehen **keine einklagbaren Rechtsansprüche auf Unterlassung bzw. auf Rückgängigmachung** zur Verfügung (BVerwG v. 3.7.2013, PersV 2014, 421 = ZfPR *online* 2/2014, S. 7 m. abl. Anm. Ilbertz). Einen Anspruch auf Rückgängigmachung gesteht das Bundesverwaltungsgericht in einer Entscheidung vom 11.5.2011 (ZfPR *online* 7/2011, S. 4) lediglich dann zu, wenn dies in einem Landespersonalvertretungsgesetz ausdrücklich geregelt ist.

4. Streitigkeiten

a) Die **Verwaltungsgerichte** entscheiden nach § 83 Abs. 1 Nr. 3 Streitigkeiten darüber, ob eine bestimmte Maßnahme dem Mitbestimmungsrecht der Personalvertretung unterliegt. Wenn dagegen streitig ist, ob die Personalvertretung im Rahmen des Mitbestimmungsverfahrens die beantragte Zustimmung zu Recht verweigert hat, so ist die Einigungsstelle anzurufen.

b) Wenn eine übergeordnete Dienststelle im Rahmen des **Stufenverfahrens** vor Unterrichtung des Bezirks-/Hauptpersonalrats das Mitbestimmungsverfahren abbricht, so bleibt die örtliche Personalvertretung antragsbefugt. Sie kann die Verletzung ihrer Beteiligungsrechte im personalvertretungsrechtlichen Beschlussverfahren geltend machen (BVerwG v. 2.11.1994, ZfPR 1995, 39). Dagegen fehlt es einer erstzuständigen Personalvertretung an der Antragsbefugnis für das Feststellungsbegehren dann, wenn der Leiter der Mittelbehörde nach Beteiligung der Stufenvertretung das Mitbestimmungsverfahren abbricht (BVerwG v. 2.11.1994, ZfPR 1995, 39).

c) Eine einstweilige Verfügung im Zusammenhang mit dem **Abbruch eines Einigungsverfahrens** kommt dann in Betracht, wenn dem Antragsteller durch die Verweisung auf das Hauptsacheverfahren unzumutbare Nachteile drohen. Hierzu ist Voraussetzung, dass ein Obsiegen im Hauptverfahren mit hoher Wahrscheinlichkeit zu erwarten ist (OVG Berlin v. 27.7.1998, PersR 1998, 530).

d) Eine Personalvertretung kann sich in einem Beschlussverfahren gegen die Absicht eines Dienststellenleiters zum **Erlass einer vorläufigen Maßnahme** wenden. In diesem Zusammenhang kann die Personalvertretung ihren Antrag u.a. damit begründen, dass die formalen Voraussetzungen nicht oder nicht hinreichend beachtet worden sind, weil es z.B. an der erforderlichen Begründung mangelt, also nicht nachvollziehbar ist, warum z.B. eine Einstellung im Wege einer vorläufigen Regelung erfolgen soll (OVG Magdeburg v. 2.4.2004, Leits. ZfPR 2004, 339).

e) Hat ein Dienststellenleiter eine Maßnahme getroffen und vollzogen, ohne die Personalvertretung zu beteiligen, dann ist er verpflichtet, die **Maßnahme** jedenfalls dann **rückgängig zu machen**, wenn dies rechtlich und tatsächlich noch möglich ist. Die Personalvertretung hat in diesem Fall einen **gerichtlich durchsetzbaren verfahrensrechtlichen Anspruch auf Nachholung des Mitbestimmungsverfahrens**. (BVerwG v. 23.8.2007, PersR 2007, 476 = Leits. ZfPR 2008, 46).

5. Abweichende Regelungen des Landesrechts

Die landesgesetzlichen Bestimmungen weichen vielfach von der Bundesregelung ab. Dies gilt u.a. für die spezifischen, auf die Gemeinden und Gemeindeverbände, Körperschaften etc. bezogenen Bestimmungen. Nachfolgend werden die darüber hinausgehenden wichtigsten Abweichungen dargestellt:

a) Nach § 79 Abs. 2 Satz 4 Halbs. 2 PersVG Bln kann der Personalrat schriftlich eine Fristverlängerung beantragen. Außerdem ist in § 80 Abs. 1 unter Berücksichtigung der verwaltungsmäßigen Besonderheiten des Landes Berlin das Nichteinigungsverfahren gesondert geregelt. In Beamtenangelegenheiten kann im Nichteinigungsfall die oberste Dienstbehörde etc. die Entscheidung des Senats von Berlin beantragen (§ 81 Abs. 2 Satz 1 PersVG Bln).

b) Nach § 59 Abs. 1 PersVG Bre kann, falls von einem der Beteiligten in einer Mitbestimmungsangelegenheit Nichteinigung festgestellt wird, zur Schlichtung der Meinungsverschiedenheiten eine Schlichtungsstelle angerufen werden, die in Beamtenangelegenheiten und in organisatorischen Angelegenheiten im Fall einer Einigung eine Empfehlung an den Senat gibt. Ist eine Einigung nicht zu erzielen, so kann nach Feststellung dieses Tatbestands die Einberufung einer Einigungsstelle verlangt werden (§ 59 Abs. 6). In personellen Angelegenheiten der Beamten und in organisatorischen Angelegenheiten bleibt das Recht des Vorstands der Bürgerschaft, des Senats etc. unberührt, nach Beschlüssen der Einigungsstelle eine endgültige Entscheidung zu treffen (§ 61 Abs. 4 Satz 3).

c) Nach § 80 Abs. 1 HmbPersVG kann nach Feststellung der Nichteinigung die Schlichtungsstelle angerufen werden. Scheitert der Schlichtungsversuch, so kann die Einigungsstelle angerufen werden. Der Beschluss der Einigungsstelle ersetzt die Einigung (§ 81 Abs. 5 Satz 2). In personellen Angelegenheiten der Beamten und in sonstigen Angelegenheiten nach § 89 Abs. 1 Nr. 2 (Auflösung, Einschränkung, Erweiterung etc. von Dienststellen) gilt der Beschluss der Einigungsstelle als Empfehlung. Der Beschluss der Einigungsstelle ist nach § 81 Abs. 6 Satz 2 dem Senat zur Letztentscheidung vorzulegen.

d) Kommt es zwischen oberster Dienstbehörde und Hauptpersonalrat nicht zu einer Einigung, so kann die Einigungsstelle angerufen werden (§ 70 HPVG). Kommt es zwischen dem Leiter einer Dienststelle, die oberste Dienstbehörde ist, und dem Personalrat zu keiner Einigung, so kann der Hauptpersonalrat mit der Angelegenheit befasst werden. Falls es nicht zu einer Einigung kommt, kann die Einigungsstelle angerufen werden. In Personalangelegenheiten der Beamten und in einigen organisatorischen Angelegenheiten kann die oberste Dienstbehörde den Beschluss der Einigungsstelle aufheben (§ 71 Abs. 4).

e) In Personalangelegenheiten der Beamten und bei der Festlegung der zu speichernden personenbezogenen Daten und der für sie geplanten Nutzungen kann nach einer Entscheidung der Einigungsstelle die Entscheidung des Landesministeriums beantragt werden (§ 63 Abs. 6 NPersVG).

f) Mit Ausnahme der personellen Angelegenheiten der Beamten entscheidet im Fall der Nichteinigung nach § 73 Abs. 5 Satz 2 SPersVG die Vermittlungsstelle. In personellen Angelegenheiten der Beamten entscheidet die oberste Dienstbehörde nach Anhörung der Vermittlungsstelle.

g) Bei allen Maßnahmen steht der Personalvertretung ein Mitbestimmungsrecht zu (§ 51 MBG Schl.-H.). Wegen der sonstigen vielfachen Besonderheiten kann auf Einzelheiten hier nicht eingegangen werden.

§ 70 (Initiativrecht der Personalvertretung)

(1) Beantragt der Personalrat eine Maßnahme, die nach § 75 Abs. 3 Nr. 1 bis 6 und 11 bis 17 seiner Mitbestimmung unterliegt, so hat er sie schriftlich dem Leiter der Dienststelle vorzuschlagen. Entspricht dieser dem Antrag nicht, so bestimmt sich das weitere Verfahren nach § 69 Abs. 3 und 4.

(2) Beantragt der Personalrat eine Maßnahme, die nach anderen als den in Absatz 1 Satz 1 bezeichneten Vorschriften seiner Mitbestimmung unterliegt, so hat

er sie schriftlich dem Leiter der Dienststelle vorzuschlagen. Entspricht dieser dem Antrag nicht, so bestimmt sich das weitere Verfahren nach § 69 Abs. 3; die oberste Dienstbehörde entscheidet endgültig.

Entsprechende landesgesetzliche Regelungen:

Baden-Württemberg: § 70; Bayern: Art. 70a; Berlin: § 79 Abs. 4; Brandenburg: § 69; Bremen: § 58 Abs. 4; Hamburg: § 79 Abs. 4; Hessen: § 69 Abs. 3; Mecklenburg-Vorpommern: § 65; Niedersachsen: § 69; Nordrhein-Westfalen: § 66 Abs. 4, 6; Rheinland-Pfalz: § 74 Abs. 3; Saarland: § 73 Abs. 3; Sachsen: § 83; Sachsen-Anhalt: §§ 61 Abs. 4, 62 Abs. 1 bis 6; Schleswig-Holstein: § 56; Thüringen: § 70.

1. Begriffsbestimmungen

Initiativrecht: Recht der Personalvertretung, von sich aus Maßnahmen, die der Mitbestimmung unterliegen, zu veranlassen.

2. Erläuterungen

a) Die Personalvertretung hat als **Plenum** darüber zu entscheiden, ob sie einen Antrag gemäß § 70 stellen will. Hierbei handelt es sich nicht um ein laufendes Geschäft des Vorstands. Betrifft die beantragte Maßnahme nur die Beschäftigten einer Gruppe, so beschließt nur die betreffende Gruppe.

b) Der Leiter der Dienststelle muss nicht innerhalb einer bestimmten Frist auf den Antrag der Personalvertretung eingehen. Es hängt stets von den konkreten **Umständen eines Einzelfalles** ab, in welcher Zeit die Dienststelle reagieren muss, um nicht einen Verstoß gegen das Gebot der vertrauensvollen Zusammenarbeit zu begehen.

c) In den in Abs. 2 erwähnten Fällen kann im Gegensatz zu den in Abs. 1 aufgeführten Angelegenheiten im Streitfall nicht die Einigungsstelle angerufen werden. Vielmehr entscheidet die **oberste Dienstbehörde endgültig**. Insofern ist das Verfahren nach Abs. 2 dem Mitwirkungsverfahren nach § 72 vergleichbar, bei dem ebenfalls die Einigungsstelle nicht angerufen werden kann.

d) Wenn eine von der Personalvertretung beantragte Maßnahme nach Abs. 2 von der obersten Dienstbehörde endgültig verweigert wird, so kann die Personalvertretung einen entsprechenden **Antrag in einem angemessenen Zeitabstand wiederholen**. Die sofortige neue Antragstellung wäre ein Verstoß gegen den Grundsatz der vertrauensvollen Zusammenarbeit.

3. Fälle aus der Rechtsprechung

a) Das Initiativrecht soll es einer Personalvertretung ermöglichen, Anträge zu stellen, mit denen sie den **jeweiligen Mitbestimmungsrechten Geltung** verschaffen kann. Eine Erweiterung der Mitbestimmungsrechte ist damit aber nicht verbunden (BVerwG v. 13.9.2012, ZfPR 2013, 6).

b) Das der Personalvertretung zustehende Initiativrecht hat den Sinn, bestimmte Angelegenheiten wegen bestehender Regelungsbedürftigkeit nicht länger ungeregelt zu lassen. Die Ausübung eines entsprechenden Initiativrechts setzt das Bestehen eines Mitbestimmungsrechts voraus (BVerwG v. 5.3.2012, ZfPR *online* 6/2012, S. 2).

c) Ein Initiativantrag, der nicht ein Tätigwerden eines untätigen Dienststellenleiters, sondern **eine andere als die von ihm beabsichtigte Maßnahme zum Ziel** hat, ist von Sinn und Zweck der gesetzlichen Regelung nicht gedeckt (BVerwG v. 3.5.1984 – 6 P 34.83, n.v.). Die Personalvertretung kann daher mit Hilfe des Initiativrechts weder einer bereits getroffenen Entscheidung einen anderen Vorschlag entgegensetzen noch einer bevorstehenden Entscheidung mit einem Vorschlag anderen Inhalts zuvorkommen (BVerwG v. 22.2.1991, ZfPR 1991, 140).

d) Das Initiativrecht der Personalvertretung ist nicht auf kollektive Angelegenheiten beschränkt. Vielmehr erstreckt es sich auch auf **individuelle Maßnahmen**. Es ist somit Ausdruck des das gesamte Personalvertretungsrecht beherrschenden Grudsatzes der gleichberechtigten Partnerschaft (BVerwG v. 24.10.2001, ZfPR 2002, 101).

e) Die Personalvertretung kann nur solche Maßnahmen beantragen, für die die **Dienststelle zuständig** ist, bei der sie besteht (BVerwG v. 19.12.1975, PersV 1976, 457).

f) Hat der **Dienststellenleiter** einer Initiative einer Personalvertretung zugestimmt, so **hat** er die beantragte **Maßnahme zu vollziehen**. Von der mit seiner Zustimmung eingegangenen Selbstbindung kann er ausnahmsweise nur dann befreit werden, wenn sich grundsätzlich andere Voraussetzungen für die Durchführung der Maßnahme inzwischen ergeben haben (z.B. veränderte Haushaltssituation; vgl. hierzu: OVG Hamburg v. 5.4.1982, PersV 1984, 245). Wenn eine Personalvertretung einer mitbestimmungspflichtigen Maßnahme zugestimmt hat, der Dienststellenleiter aber die Durchführung der Maßnahme unterlässt, so kann die betreffende Personalvertretung von ihrem Initiativrecht Gebrauch machen (BayVGH v. 30.11.1994, Leits. ZfPR 1995, 127).

g) Die Personalvertretung kann den **Abschluss einer Dienstvereinbarung** über das Initiativrecht bis hin zur Einigungsstelle erzwingen (BVerwG v. 1.11.1983, PersV 1985, 473). Von einem Initiativrecht zur Aufstellung eines weiteren Sozialplans kann eine Personalvertretung solange keinen Gebrauch machen, wie der dem bestehenden Sozialplan zugrundeliegende Sachverhalt sich nicht entscheidend ändert (OVG Nordrhein-Westfalen v. 17.12.1993, Leits. ZfPR 1994, 195).

h) Einer Personalvertretung steht kein Initiativrecht hinsichtlich der **Verteilung angeordneter Mehrarbeit oder Überstunden** zu. Das Mitbestimmungsrecht soll ihr eine Möglichkeit geben, physische und psychische Überbeanspruchungen von Beschäftigten fernzuhalten. Würde der Personalvertretung aber ein entsprechendes Initiativrecht eingeräumt, dann würde sie auf die Herbeiführung derjenigen nachteiligen Folgen hinwirken, „deren Vermeidung und Abmilderung ihr gerade aufgegeben worden ist" (BVerwG v. 6.10.1992, ZfPR 1993, 17).

i) Der Personalvertretung steht im Rahmen ihres Initiativrechts ein **Anspruch auf Vorlage an die zuständige Stufenvertretung** zum Zweck der Fortführung des Mitbestimmungsverfahrens zu, falls der Dienststellenleiter der Initiative nicht folgen möchte. Der Leiter der übergeordneten Dienststelle ist verpflichtet, die Vorlage entgegenzunehmen,und – falls er der Initiative des örtlichen Personalrats nicht folgen möchte – das Stufenverfahren durch Einschaltung der Stufenvertretung einzuleiten (BVerwG v. 20.1.1993, ZfPR 1994, 4).

j) Der Personalvertretung steht nach Auffassung des Bundesverwaltungsgerichts **kein Initiativrecht zur Einführung eines elektronisch gesteuerten Arbeitszeiterfassungssystems** zu, da das entsprechende Mitbestimmungsrecht (§ 75 Abs. 3 Nr. 17) ein Abwehrrecht sei, das dazu diene, die Beschäftigten vor, durch technische Einrichtungen mögliche, Eingriffe in ihr Persönlichkeitsrecht zu schützen. Dem Mitbestimmungsrecht komme daher alleine eine Abwehrfunktion zu (BVerwG v. 29.4.2004, ZfPR 2005, 3).

4. Streitigkeiten

Die Verwaltungsgerichte entscheiden Streitigkeiten nach § 83 Abs. 1 Nr. 3.

5. Abweichende Regelungen des Landesrechts

Die landesgesetzlichen Bestimmungen unterscheiden sich im Wesentlichen dadurch, dass der Kreis der Angelegenheiten, auf die sich die personalvertretungsrechtliche

Initiative richten kann, unterschiedlich weit gefasst ist. Gleiches gilt für das jeweilige Verfahren im Fall der Nichteinigung sowie für die entsprechenden Fristen. § 72 Abs. 4 HPVG gesteht im Übrigen der Personalvertretung das Recht zu, Maßnahmen, die ihrer Mitwirkung unterliegen, dem Dienststellenleiter schriftlich vorzuschlagen. Im Übrigen wird auf die jeweiligen landesgesetzlichen Bestimmungen verwiesen.

§ 71 (Einigungsstelle)

(1) Die Einigungsstelle wird bei der obersten Dienstbehörde gebildet. Sie besteht aus je drei Beisitzern, die von der obersten Dienstbehörde und der bei ihr bestehenden zuständigen Personalvertretung bestellt werden, und einem unparteiischen Vorsitzenden, auf dessen Person sich beide Seiten einigen. Unter den Beisitzern, die von der Personalvertretung bestellt werden, muss sich je ein Beamter und ein Arbeitnehmer befinden, es sei denn, die Angelegenheit betrifft lediglich die Beamten oder die im Arbeitsverhältnis stehenden Beschäftigten. Kommt eine Einigung über die Person des Vorsitzenden nicht zustande, so bestellt ihn der Präsident des Bundesverwaltungsgerichts.

(2) Die Verhandlung ist nicht öffentlich. Der obersten Dienstbehörde und der zuständigen Personalvertretung ist Gelegenheit zur mündlichen Äußerung zu geben. Im Einvernehmen mit den Beteiligten kann die Äußerung schriftlich erfolgen.

(3) Die Einigungsstelle entscheidet durch Beschluss. Sie kann den Anträgen der Beteiligten auch teilweise entsprechen. Der Beschluss wird mit Stimmenmehrheit gefasst. Er muss sich im Rahmen der geltenden Rechtsvorschriften, insbesondere des Haushaltsgesetzes, halten.

(4) Der Beschluss ist den Beteiligten zuzustellen. Er bindet, abgesehen von den Fällen des § 69 Abs. 4 Sätze 3, 5 die Beteiligten, soweit er eine Entscheidung im Sinne des Absatzes 3 enthält.

Entsprechende landesgesetzliche Regelungen:

Baden-Württemberg: § 71; Bayern: Art. 71; Berlin: §§ 82, 83; Brandenburg: §§ 71 ff; Bremen: §§ 60, 61; Hamburg: § 81; Hessen: § 71; Mecklenburg-Vorpommern: §§ 63, 64; Niedersachsen: §§ 71, 72, 107 c, d; Nordrhein-Westfalen: § 67; Rheinland-Pfalz: § 75; Saarland: § 75; Sachsen: § 85; Sachsen-Anhalt: §§ 63, 64; Schleswig-Holstein: §§ 53 ff; Thüringen: § 71.

1. Begriffsbestimmungen

Einigungsstelle: Diejenige Einrichtung, in die oberste Dienstbehörde und (in aller Regel der) Hauptpersonalrat jeweils drei Mitglieder entsenden und bei der sich beide Personalverfassungsorgane auf die Person eines Vorsitzenden einigen; Zuständigkeit: Entscheidung von Streitfällen darüber, ob die Personalvertretung die beantragte Zustimmung zu einer der Mitbestimmung unterliegenden Maßnahme zu Recht verweigert.

2. Erläuterungen

a) Die vom Hauptpersonalrat zu entsendenden **Mitglieder der Einigungsstelle** müssen nicht unbedingt dem Bereich der Dienstbehörde angehören. Oberste Dienstbehörde und zuständige Personalvertretung, nicht aber die von beiden entsandten Beisitzer haben sich auf die Person des unparteiischen Vorsitzenden zu einigen. Die jeweils entsandten Beisitzer können jederzeit zurückgezogen werden.

b) Die Einigungsstelle, die nur bei Anwesenheit sämtlicher Mitglieder beschlussfähig ist, kann **Zeugen** laden; sie kann sie aber nicht zum Erscheinen zwingen. Ebensowenig kann die Einigungsstelle eine eidliche Vernehmung durchführen oder eine eidesstattliche Erklärung fordern.

c) Die **Entscheidung der Einigungsstelle** kann sich nur im Rahmen dessen bewegen, was von den anrufenden „Parteien" beantragt worden ist. Sie kann die Entscheidung differenzieren, neben Ablehnung oder Zuspruch kann sie dem Antrag auch teilweise entsprechen.

d) Die **Entscheidung** der Einigungsstelle ist mit ihrer Verkündung **rechtswirksam**. Rechtsmittel stehen weder der obersten Dienstbehörde noch dem Hauptpersonalrat zu. Allerdings kann vor einem Verwaltungs- oder Arbeitsgericht die Entscheidung der Einigungsstelle dann angefochten werden, wenn eine Rechtsverletzung behauptet wird (OVG Lüneburg v. 25.1.1977, PersV 1980, 110).

e) Wegen des **Letztentscheidungsrechts der Einigungsstelle** wird verwiesen auf: vor § 66 III 1 und IV.

f) Bei **Körperschaften, Anstalten und Stiftungen** wird die Einigungsstelle bei dem nach der Verfassung der Institution für die Geschäftsführung vorgesehenen obersten Organ gebildet.

3. Fälle aus der Rechtsprechung

a) Die **Einigungsstelle kann nur** dann **angerufen werden**, wenn zwischen oberster Dienstbehörde und Hauptpersonalrat strittig ist, ob die Personalvertretung die Zustimmung zu einer beabsichtigten Maßnahme zu Recht verweigert (OVG Lüneburg v. 14.5.1974, ZBR 1975, 64). Die Feststellung der Nichteinigung obliegt regelmäßig dem Initiator der umstrittenen Maßnahme (OVG Hamburg v. 23.6.1981, PersV 1985, 76). Wenn es dagegen um die Entscheidung der Frage geht, ob überhaupt ein Mitbestimmungsfall vorliegt, so ist das Verwaltungsgericht zuständig (BVerwG v. 16.12.1960, ZBR 1962, 27).

b) Die Einigungsstelle kann nur über solche Angelegenheiten befinden, für die der Personalvertretung ein **Mitbestimmungsrecht** zusteht (BVerwG v. 28.11.2012, ZfPR *online* 4/2013, S. 2).

c) Wenn eine Einigungsstelle die Auffassung der obersten Dienstbehörde nicht teilt, dann kann sie nur eine **Empfehlung** an diese aussprechen. Sie kann nicht die Zustimmungsverweigerung der Personalvertretung für berechtigt erklären (VGH Mannheim v. 12.9.2012, PersR 2013, 96).

d) Wenn eine Beschäftigte einer Dienststelle bei der Beratung und Beschlussfassung einer Einigungsstelle als **Protokollführerin** anwesend ist, dann stellt dies einen erheblichen Verfahrensfehler dar, der den von der Einigungsstelle gefassten Beschluss unwirksam sein lässt (OVG Münster v. 20.5.2010, PersV 2011, 110).

e) Die Ausübung des Letztentscheidungsrechts durch die oberste Dienstbehörde setzt die **ordnungsgemäße Durchführung des Mitbestimmungsverfahrens** voraus. (BVerwG v. 10.2.2009, ZfPR 2009, 41). Vor der Entscheidung der Einigungsstelle kann der **Dienststellenleiter** nicht darüber entscheiden, ob die Personalvertretung zu Recht die beantragte Zustimmung verweigert hat. In diesem Verfahrensstadium **ist** es ihm daher **untersagt**, eine **endgültige Entscheidung zu treffen** (VG Berlin v. 3.11.1975, PersV 1977, 151).

f) Die Einigungsstelle kann das Verfahren, nach dem sie vorgeht und beschließt, selbst festlegen. Daher ist es nicht zu beanstanden, wenn **Rechtsanwälte** weder als Vertreter der obersten Dienstbehörde noch des Hauptpersonalrats zugelassen werden; denn es ist nicht Aufgabe der Einigungsstelle, Rechtsfragen zu klären, sondern Regelungsstreitigkeiten beizulegen (VG Berlin v. 10.11.1975, PersV 1977, 152; s. hierzu aber § 77 Anm. 3 h). Bei der entsprechenden Erörterung geht es aber zunehmend auch um die umfangreicher werdende Rechtsprechung zum Zustimmungsverweigerungsrecht gerade bei personellen Entscheidungen. Daher ist nicht auszuschließen, dass es vor der Einigungsstelle auf die besonderen Rechtskenntnisse eines Rechtsanwalts ankommt, der die Position der Personalvertretung gegenüber der juristisch beratenen

Dienststelle besser als diese (nämlich die Personalvertretung) selbst vertreten kann. Sind diese Voraussetzungen erfüllt, dann ist die Inanspruchnahme eines Rechtsanwalts als im Rahmen der Aufgabenerfüllung notwendig (§ 44 Abs. 1) anzusehen. Die Kosten sind von der Dienststelle zu erstatten (so im Ergebnis auch: OVG Hamburg v. 23.11.1978, Leits. RiA 1980, 120). Dienststellenfremden Beisitzern einer Einigungsstelle kann eine Personalvertretung allerdings keinen **Honoraranspruch** vermitteln. Eine Vergütung kann nur zwischen dem Dienststellenleiter und dem Beisitzer abgesprochen werden. Eine Kostentragungspflicht der Dienststelle ergibt sich aus einer entsprechenden Anwendung des § 44 Abs. 1 Satz 1. Dienststellenfremde Beisitzer haben einen Anspruch auf Aufwendungsersatz in Höhe der üblichen Vergütung, soweit der Kostenaufwand angemessen erscheint (BVerwG v. 9.10.1991, ZfPR 1992, 38).

g) Beisitzer der Einigungsstelle können nicht wegen **Befangenheit** abgelehnt werden (BVerwG v. 21.6.1982, BVerwGE 66, 15 = PersV 1983, 239). Wohl aber kann der Vorsitzende einer Einigungsstelle von den Beteiligten (Personalrat/Dienststelle) wegen Besorgnis der Befangenheit abgelehnt werden (vgl. für das BetrVG: BAG v. 29.1.2002 BAGE 100, 239).

h) Der Beschluss der Einigungsstelle bedarf der **Schriftform**. Diesem Formerfordernis wird dadurch Rechnung getragen, dass die Beschlussformel schriftlich niedergelegt und von allen Mitgliedern der Einigungsstelle unterzeichnet wird (BVerwG v. 10.3.1987, BVerwGE 77, 91 = PersV 1988, 128).

i) Die Verwaltung kann nicht **Richtlinien** aufstellen, die die Verwendung der im Haushaltsplan bereitgestellten Mittel einschränken, um auf diese Weise über die Bindung der Einigungsstelle an das Haushaltsrecht das Mitbestimmungsrecht der Personalvertretung auszuschalten „und eine die Versagung der Mitbestimmung bestätigende Entscheidung der Einigungsstelle als nicht bindend anzusehen". Ebensowenig kann die Verwaltung offene Gesetzesbegriffe in der Weise konkretisieren und ausfüllen, dass die Einigungsstelle hieran gebunden wäre; denn die Entscheidungsbefugnis der Einigungsstelle wird nur durch Rechtsvorschriften eingeschränkt (BVerwG v. 9.7.1980, PersV 1981, 369).

j) Mit der **Zustellung des Beschlusses** ist das Verfahren vor der Einigungsstelle abgeschlossen; denn deren Auftrag beschränkt sich darauf, im Rahmen der Anträge eine bindende oder empfehlende Entscheidung in Bezug auf die beabsichtigte mitbestimmungspflichtige Maßnahme zu treffen und diese sodann den Beteiligten förmlich zu übermitteln. Es ist alleine Sache des Dienstherrn, ob er der Empfehlung der Einigungsstelle in den Fällen des § 69 Abs. 4 Satz 3 folgen will. Auf diese Entscheidung hat die Personalvertretung keinen Einfluss (BVerwG v. 17.3.1987, ZBR 1987, 249).

k) Die Beschlüsse der Einigungsstelle unterliegen in vollem Umfang der gerichtlichen Kontrolle durch die Verwaltungsgerichte (BVerwG v. 21.10.1983, BVerwGE 68, 116). Das V**erwaltungsgericht kann** daher eine **Entscheidung der Einigungsstelle** dann **aufheben**, wenn die für die Entscheidung notwendigen gesetzlichen Grundlagen gefehlt haben (BVerwG v. 13.2.1976, BVerwGE 50, 186 = PersV 1977, 183), z.B. wenn die Einigungsstelle zu Unrecht ein Mitbestimmungsrecht angenom- men und über die Zustimmungsverweigerung entschieden hat (vgl. für das BetrVG: BAG v. 20.7.1999, DB 2000, 929). Das Gericht kann aber nicht die fehlende Zustimmung zu einer der Mitbestimmung unterliegenden Maßnahme ersetzen oder die Verpflichtung der Einigungsstelle zur Ersetzung aussprechen (BVerwG v. 27.2.1986, PersV 1986, 329; OVG Münster v. 4.5.1987 – CL 25/85, n.v.). Wenn eine Personalvertretung nach der Entscheidung einer Einigungsstelle vor dem Verwaltungsgericht ein Verfahren auf Aufhebung des Beschlusses der Einigungsstelle einleitet, dann ist der Dienststellenleiter nicht verpflichtet, den Ausgang des Verfahrens abzuwarten. Vielmehr kann er die beabsichtigte Maßnahme bereits durchführen (OVG Hamburg v. 7.5.1996, PersR 1996, 501).

l) Der **betroffene Beschäftigte**, um dessen Personalangelegenheit es bei der Entscheidung der Einigungsstelle geht, **ist an dem Verfahren nicht zu beteiligen**; er muss vielmehr sein persönliches Recht vor dem zuständigen Gericht durchsetzen, für das das Verfahren vor der Einigungsstelle aber keine Prozessvoraussetzung ist (BVerwG v. 16.12.1960, ZBR 1962, 27).

m) Eine Personalvertretung kann nicht mit Hilfe des Initiativrechts **haushaltswirksame Maßnahmen** durchsetzen, wenn entsprechende Haushaltsmittel fehlen. Eine Einigungsstelle kann daher haushaltswirksame Beschlüsse nur dann fassen, wenn sie sich zuvor vergewissert hat, dass entsprechende Mittel für die Durchführung der Beschlüsse bereitstehen (HessVGH v. 18.3.1993, Leits. ZfPR 1993, 131).

n) Eine **Überprüfung von Beschlüssen der Einigungsstelle** ist nur insoweit möglich, als diesen bindende Wirkung zukommt (§ 69 Abs. 4 Satz 1), nicht aber dann, wenn der Beschluss nur eine Empfehlung ausspricht; denn in diesem Fall kann sich die oberste Dienstbehörde jederzeit über die Empfehlung hinwegsetzen (BVerwG v. 31.8.2009, PersR 2009, 510; OVG Sachsen-Anhalt v. 29.7.2005, PersR 2006, 215 = Leits. ZfPR 2006, 75).

4. Streitigkeiten

Die Verwaltungsgerichte entscheiden nach § 83 Abs. 1 Nr. 3 über die Notwendigkeit zur Anrufung der Einigungsstelle sowie über Zusammensetzung und Zuständigkeit.

5. Abweichende Regelungen des Landesrechts

Die Einrichtung der Einigungsstelle ist unterschiedlich geregelt (Einrichtung von Fall zu Fall oder Dauereinrichtung). Auch das jeweilige Verfahren vor der Einigungsstelle unterscheidet sich länderweise. Gleiches gilt für die Besetzung der Einigungsstelle.

§ 72 (Mitwirkungsverfahren)

(1) Soweit der Personalrat an Entscheidungen mitwirkt, ist die beabsichtigte Maßnahme vor der Durchführung mit dem Ziel einer Verständigung rechtzeitig und eingehend mit ihm zu erörtern.

(2) Äußert sich der Personalrat nicht innerhalb von zehn Arbeitstagen oder hält er bei Erörterung seine Einwendungen oder Vorschläge nicht aufrecht, so gilt die beabsichtigte Maßnahme als gebilligt. Erhebt der Personalrat Einwendungen, so hat er dem Leiter der Dienststelle die Gründe mitzuteilen. § 69 Abs. 2 Satz 6 gilt entsprechend.

(3) Entspricht die Dienststelle den Einwendungen des Personalrats nicht oder nicht in vollem Umfang, so teilt sie dem Personalrat ihre Entscheidung unter Angabe der Gründe schriftlich mit.

(4) Der Personalrat einer nachgeordneten Dienststelle kann die Angelegenheit binnen drei Arbeitstagen nach Zugang der Mitteilung auf dem Dienstweg den übergeordneten Dienststellen, bei denen Stufenvertretungen bestehen, mit dem Antrag auf Entscheidung vorlegen. Diese entscheiden nach Verhandlung mit der bei ihnen bestehenden Stufenvertretung. § 69 Abs. 3 Sätze 2, 3 gilt entsprechend. Eine Abschrift seines Antrags leitet der Personalrat seiner Dienststelle zu.

(5) Ist ein Antrag gemäß Absatz 4 gestellt, so ist die beabsichtigte Maßnahme bis zur Entscheidung der angerufenen Dienststelle auszusetzen.

(6) § 69 Abs. 5 gilt entsprechend.

Entsprechende landesgesetzliche Regelungen:

Baden-Württemberg: § 72; Bayern: Art. 72; Berlin: § 84; Brandenburg: § 67; Bremen: –; Hamburg: –; Hessen: § 72; Mecklenburg-Vorpommern: § 62 Abs. 10; Niedersachsen: § 76; Nordrhein-Westfalen: § 69; Rheinland-Pfalz: § 83; Saarland: § 74; Sachsen: § 76; Sachsen-Anhalt: –; Schleswig-Holstein: –; Thüringen: –.

1. Begriffsbestimmungen

a) Mitwirkung: Diejenige Form der Beteiligung, bei der im Streitfall endgültig die oberste Dienstbehörde ohne vorherige Anrufung der Einigungsstelle entscheidet.

b) Rechtzeitig: Erörterung muss zu einem Zeitpunkt stattfinden, zu dem die Personalvertretung noch auf die Meinungsbildung der Dienststelle Einfluss nehmen kann.

c) Eingehend: Diejenige Erörterung, die einen umfassenden Austausch aller in Betracht kommender Argumente ermöglicht.

d) „Mit dem Ziel der Verständigung“: Die Personalverfassungsorgane, Dienststelle und Personalvertretung, müssen mit der festen Absicht, ein positives Ergebnis zu erzielen, Verhandlungen führen.

2. Erläuterungen

a) Die vom Gesetz vorgesehene **Erörterung** muss auf Seiten der Verwaltung vom Dienststellenleiter bzw. dessen ständigem Vertreter und auf Seiten der Personalvertretung vom Plenum geführt werden. Wenn von Seiten der Dienststelle eine bestimmte, der Mitwirkung unterliegende Maßnahme geplant ist, so ist sie bereits im Stadium des Entwurfs mit dem Ziel einer Verständigung rechtzeitig und eingehend schriftlich oder mündlich mit der Personalvertretung zu erörtern, damit noch „auf die Willensbildung der Dienststelle wirkungsvoll Einfluss“ genommen werden kann (BVerwG v. 24.11.1983, BVerwGE 68, 189 = PersV 1986, 24).

b) Die Personalvertretung kann der beabsichtigten Maßnahme entweder **umfassend oder teilweise widersprechen**; sie kann ihr auch im vollen Umfang entweder durch ausdrückliche Erklärung oder durch Schweigen zustimmen. Wenn die Personalvertretung eine Maßnahme ablehnen will, so muss sie die Gründe hierfür angeben.

c) Wenn die Personalvertretung **Behauptungen tatsächlicher Art** im Rahmen des Mitwirkungsverfahrens aufstellt, die für einen Beschäftigten ungünstig sind oder nachteilig werden können, so hat der Leiter der Dienststelle dem Betroffenen Gelegenheit zur Äußerung zu geben.

d) Der **Dienststellenleiter entscheidet** alleine **nach pflichtgemäßem Ermessen**, ob er den von der Personalvertretung erhobenen Einwendungen Rechnung trägt. Wenn er hierauf nicht oder nicht in vollem Umfang eingeht, muss er seine Entscheidung unter Angabe der Gründe der Personalvertretung schriftlich mitteilen.

3. Fälle aus der Rechtsprechung

a) Das **Mitbestimmungsrecht** der Personalvertretung **schränkt** die **alleinige Entscheidungsbefugnis** des Leiters der Dienststelle ein. Das **Mitwirkungsrecht nimmt lediglich auf die Entscheidung der Dienststelle Einfluss** (BVerwG v. 12.1.1962, BVerwGE 13, 291 = PersV 1962, 160).

b) Die mangelhafte bzw. unterbliebene Beteiligung der Personalvertretung an den der Mitwirkung unterliegenden Maßnahmen führt bei Verwaltungsakten zur **Anfechtbarkeit** (BVerwG v. 30.4.1964, Buchholz Nr. 9 zu § 61 BPersVG 1955), bei rechtsgeschäftlichen Akten der Dienststelle zur **Unwirksamkeit** (vgl. für das BetrVG: BAG v. 26.9.1963, PersV 1964, 54).

c) Die **Erörterung** mit der Personalvertretung wird von Seiten der Dienststelle nur dann **rechtzeitig** geführt, wenn die dabei erhobenen Einwendungen seitens der Perso- nalvertretung noch bei der amtlichen Entscheidung berücksichtigt werden können. Daher muss die Erörterung so frühzeitig wie möglich stattfinden. Die Äußerungsfrist nach § 72 Abs. 2 wird daher nur dann in Lauf gesetzt, wenn zuvor eine Erörterung mit der Personalvertretung stattgefunden hat, bei der sie umfassend über die wesentlichen Einzelheiten der beabsichtigten Maßnahme informiert worden ist (VGH Baden-Württemberg v. 21.9.2006, Leits. ZfPR 2007, 18). Unterbleibt eine rechtzeitige und eingehende Erörterung einer beabsichtigten Maßnahme vor ihrer Durchführung, dann führt dies zur Unwirksamkeit der Maßnahme, es sei denn, dass die Personalvertretung die Maßnahme gebilligt hat oder diese wegen Verstreichenlassen der Äußerungsfrist als gebilligt gilt. Eine **ordnungsgemäße Erörterung** setzt regelmäßig ein **Gespräch mit der Personalvertretung** voraus (BAG v. 15.8.2008, ZfPR 2009, 42).

d) Nur dann, wenn alle für und gegen die von der Dienststelle beabsichtigte Maßnahme sprechenden, erkennbaren Erwägungen diskutiert werden, kann von einer **eingehenden Erörterung** gesprochen werden (BVerwG v. 2.11.1957, BVerwGE 5, 345). Der Dienststellenleiter muss daher der Personalvertretung das vollständige Unterlagenmaterial zugänglich machen, das ihm zur Verfügung steht und für ihn maßgebend war (BVerwG v. 27.1.1995, ZfPR 1995, 80). Ggf. ist ein Dienststellenleiter gehalten, Erkundungen einzuholen, um eine effiziente Beteiligung der Personalvertretung sicherzustellen (BVerwG v. 18.3.2008, PersV 2008, 309). Ohne Einfluss auf die Wirksamkeit einer bestimmten, der Mitwirkung unterliegenden Maßnahme ist es, wenn die Erörterung unterbleibt. Dies gilt jedoch nur für den Fall, dass die Personalvertretung eine Erörterung nicht wünscht (BAG v. 3.2.1982, PersV 1984, 32).

e) Infolgedessen gehört die **Kenntnis des vollständigen Unterlagenmaterials**, das der Dienststelle zur Verfügung stand und das für die Entscheidung maßgebend war, zu dem Komplex einer eingehenden Erörterung (OVG Münster v. 22.10.1970, PersV 1971, 272). Daher sind der Personalvertretung die vollständigen Bewerberlisten vorzulegen (BVerwG v. 13.6.1963, BVerwGE 32, 186 = PersV 1970, 15). Hat die Personalvertretung den **Wunsch nach weiteren Informationen** geäußert, dann muss der Dienststellenleiter diesem Wunsch nachkommen. In jedem Fall muss die Personalvertretung innerhalb der Frist von 10 Arbeitstagen die Erörterung ausdrücklich wünschen bzw. die weiteren Informationen, die sie benötigt, konkret umschreiben. Der Dienststellenleiter muss hierauf vor Durchführung der beabsichtigten Maßnahme reagieren (BVerwG v. 27.1.1995, BVerwGE 97, 349 = ZfPR 1995, 80).

f) Die **Erörterung** mit dem Dienststellenleiter ist **vom gesamten Plenum** der Personalvertretung, nicht alleine nur von dem Vorsitzenden **zu führen** (BVerwG v. 5.2.1971, ZBR 1971, 285; BVerwG v. 11.10.1972, ZBR 1972, 381). Die Erörterung kann schriftlich (BVerwG v. 26.7.1984, PersV 1986, 110), sie muss aber auf Wunsch der Personalvertretung mündlich erfolgen (OVG Saarland v. 4.2.1975, Leits. ZBR 1975, 391).

g) Auf Seiten der Dienststelle führt grundsätzlich der **Dienststellenleiter oder sein ständiger Vertreter** die Erörterung. Zur Erörterung kann der Dienststellenleiter **Beschäftigte** aus dem Personal – oder Organisationsbereich **hinzuziehen** (BVerwG v. 23.11.2010, ZfPR 2011, S. 7).

h) Die **Äußerungsfrist** beginnt mit der ordnungsgemäßen, d.h. vollständigen Unterrichtung der Personalvertretung durch die Dienststelle. Die Erörterung ist nicht geeignet, die Frist zu unterbrechen oder zu hemmen (BVerwG v. 27.1.1995, ZfPR 1995, 80).

i) In einer dem Mitwirkungsrecht einer Personalvertretung unterliegenden personellen Angelegenheit können grundsätzlich **Einwendungen jeder Art** erhoben und damit die Entscheidung der übergeordneten Dienststelle veranlasst werden. Ein Dienststellenleiter ist nicht berechtigt, diese Einwendung mit der Begründung als **unbeachtlich zurückzuweisen**, dass sie außerhalb des Kompetenzbereichs der Personalvertretung lägen. Anders als bei der Beteiligungsform der Mitbestimmung bildet den Mittelpunkt des Mitwirkungsverfahrens die Pflicht des Dienststellenleiters, die beabsichtigte Maßnahme **mit dem Ziel der Verständigung** eingehend mit der Personalvertretung zu erörtern, und das Recht der Personalvertretung, ggf. die übergeordneten Dienststellen um Entscheidung anzurufen. Die Mitwirkung ist daher lediglich ein formalisiertes

Instrument, um der Personalvertretung in besonders nachdrücklicher Weise Gehör zu verschaffen, ohne ihr jedoch – im Gegensatz zur Mitbestimmung – eine rechtlich festgelegte Einflussnahme auf Maßnahmen der Dienststelle zu ermöglichen (VGH Baden-Württemberg v. 24.7.2007, Leits. ZfPR 2007, 114).

j) Ein Dienststellenleiter ist verpflichtet, seine Entscheidung über Einwendungen oder Gegenvorschläge der Personalvertretung im Rahmen eines Mitwirkungsverfahrens **unter Angabe der Gründe schriftlich bekanntzugeben**. Ein Begründungsmangel liegt immer dann vor, wenn die Personalvertretung nicht in der Lage ist, sachgerecht zu beurteilen, ob sie von ihrem Recht zur Anrufung der übergeordneten Dienststelle bzw. der obersten Dienstbehörde Gebrauch machen soll. Von einem Begründungsmangel kann aber dann nicht die Rede sein, wenn der Dienststellenleiter in seiner Entscheidung auf Unterlagen verweist, die der Personalvertretung im Rahmen des Mitwirkungsverfahrens zur Unterrichtung bereits zur Verfügung gestellt worden sind (BVerwG v. 10.11.2010, PersR 2011, 28).

4. Streitigkeiten

Die Verwaltungsgerichte entscheiden Streitigkeiten im Zusammenhang mit dem Mitwirkungsverfahren nach § 83 Abs. 1 Nr. 3.

5. Abweichende Regelungen des Landesrechts

In den Ländern Bremen, Hamburg, Sachsen-Anhalt, Schleswig-Holstein und Thüringen gibt es keine Mitwirkung. In einigen Landespersonalvertretungsgesetzen ist die Frist unterschiedlich zu der des Bundes geregelt. In Einzelfällen ist sie auch abkürzbar (§ 72 Abs. 2 Satz 2 LPVG BW). Außerdem können nach § 72 Abs. 8 Satz 1 LPVG BW Befugnisse des Personalrats in Mitwirkungsangelegenheiten auf den Vorstand übertragen werden, wenn die jeweiligen Gruppen mit einfacher Mehrheit zustimmen. Will der Vorstand gegen eine beabsichtigte Maßnahme Einwendungen erheben, so ist die Angelegenheit dem Personalrat zur Beratung und Beschlussfassung vorzulegen (§ 72 Abs. 9 Satz 1 LPVG BW).

Teilweise ist auch das Verfahren insoweit anders geregelt, als z.B. nach § 84 Abs. 3 PersVG Bln die Entscheidung der Dienststelle unverzüglich schriftlich unter Angabe der Gründe mitzuteilen ist, falls sie den Einwendungen nicht folgen möchte.

Dem Landesrecht Bremen ist die Beteiligungsform der Mitwirkung nicht bekannt. Gleiches gilt für Hamburg. Nach § 72 HPVG ist im Nichteinigungsfall eine genaue Regelung von Fristen für das weitere Vorgehen festgelegt. Ähnliches gilt auch für das Niedersächsische Personalvertretungsgesetz.

Auch in Nordrhein-Westfalen sind die Fristen abweichend von der Bundesregelung bestimmt. Das Verfahren bei Nichteinigung ist hinsichtlich der Fristen besonders geregelt (§ 69).

§ 73 (Dienstvereinbarungen)

(1) Dienstvereinbarungen sind zulässig, soweit sie dieses Gesetz ausdrücklich vorsieht. Sie werden durch Dienststelle und Personalrat gemeinsam beschlossen, sind schriftlich niederzulegen, von beiden Seiten zu unterzeichnen und in geeigneter Weise bekanntzumachen.

(2) Dienstvereinbarungen, die für einen größeren Bereich gelten, gehen den Dienstvereinbarungen für einen kleineren Bereich vor.

Entsprechende landesgesetzliche Regelungen:

Baden-Württemberg: §§ 71 Abs. 2, 73; Bayern: Art. 73; Berlin: §§ 74, 93; Brandenburg: § 70; Bremen: § 62; Hamburg: § 83; Hessen: § 113, 114; Mecklenburg-Vorpommern: §§ 60 Abs. 5, 66;

Niedersachsen: § 78; Nordrhein-Westfalen: §§ 70, 111; Rheinland-Pfalz: § 76; Saarland: § 76; Sachsen: § 84 Abs. 1-4; Sachsen-Anhalt: § 70; Schleswig-Holstein: §§ 51 Abs. 3, 57; Thüringen: § 72.

1. Begriffsbestimmungen

Dienstvereinbarung: öffentlich-rechtlicher Vertrag zwischen Dienststellenleiter und Personalvertretung über die Regelung genereller Angelegenheiten in der Dienststelle. Kollektivrechtliche, dienststelleninterne Rechtsetzung für die Dienststelle und ihre Beschäftigten.

2. Erläuterungen

a) Dienstvereinbarungen können nicht zur Regelung eines Einzelfalls getroffen werden. Vielmehr muss die Vereinbarung immer die **generelle Regelung** bestimmter Maßnahmen bezwecken.

b) Dienststelle und Personalvertretung beschließen gemeinsam über den Abschluss einer Dienstvereinbarung. Die Personalvertretung hat diesen Beschluss zuvor durch einen Plenumsbeschluss, evtl. durch einen Gruppenbeschluss dann herbeizuführen, wenn durch die Dienstvereinbarung unmittelbar die Interessen einer bestimmten Gruppe berührt werden.

c) Die Gerichte können das **ordnungsgemäße Zustandekommen** einer Dienstvereinbarung überprüfen. Anfechtbar aber ist eine Dienstvereinbarung nicht. Sie kann lediglich gekündigt bzw. im gegenseitigen Einvernehmen aufgehoben werden.

d) Wenn ein Dienststellenleiter **ein generelles Verbot für private Telefongespräche** von Dienstapparaten vorsehen und die Nutzung mobiler Dienste für private Zwecke und ehrenamtliche Tätigkeiten untersagen möchte, dann kann eine Personalvertretung nicht auf eine entsprechende Regelung in Form einer Dienstvereinbarung drängen. Dem Dienststellenleiter obliegt das Direktionsrecht. Sein Vorhaben trifft das Arbeitsverhalten und konkretisiert die Arbeitspflichten. Eine Dienstvereinbarung wäre von der gesetzlichen Ermächtigung nicht gedeckt (BVerwG v. 30.3.2009, PersR 2009, 352).

3. Fälle aus der Rechtsprechung

a) Gegenstand einer **Dienstvereinbarung** sind bestimmte, der Beteiligung der Personalvertretung unterliegende Angelegenheiten, soweit eine gesetzliche oder tarifliche Regelung nicht entgegensteht. Daher kann eine Dienstvereinbarung nur dann abgeschlossen werden, **wenn das Gesetz es ausdrücklich zulässt** (BVerwG v. 6.10.2010, ZfPR *online* 1/2011, S. 6). Soweit der Abschluss einer Dienstvereinbarung zulässig ist, wirkt sie wie eine vorweggenommene Mitbestimmung (BVerwG v. 30.3.2009, PersR 2009, 352).

b) Soweit der Abschluss einer Dienstvereinbarung zulässig ist, wirkt sie wie eine **vorweggenommene Mitbstimmung** (BVerwG v. 30.3.2009, ZfPR *online* 5/2009, S. 8).

c) Wenn eine Dienstvereinbarung über den zulässigen Rahmen hinaus **weitere Vereinbarungen** enthält, so ist eine solche Dienstvereinbarung selbst dann nichtig, wenn das Vorgehen einer bestehenden Übung entspricht (BVerwG v. 16.12.1960, BVerwGE 11, 307). Dies gilt auch für Dienstvereinbarungen, in denen z.B. Mitbestimmungsrechte über den gesetzlichen Rahmen hinaus festgelegt werden (HessVGH v. 18.4.1983, DöV 1984, 118) sowie für Dienstvereinbarungen, die eine Versetzung eines Arbeitnehmers im Wege einer Disziplinarmaßnahme vorsehen; denn das Gesetz enthält keine entsprechende Ermächtigung (BAG v. 30.10.1986, Akt. Fachber. 1986, 301). Regelungen zu Fragen, die die Art und Weise der Information der Personalvertretung durch den Dienststellenleiter betreffen, können in einer Dienstvereinbarung nicht vorgenommen werden (VG Frankfurt a. M. v. 31.5.2010, PersV 2010, 394). Ebensowenig können in einer Dienstvereinbarung Voraussetzungen und Umfang eines Entgeltfortzahlungsanspruchs geregelt werden (VGH München v. 8.7.2014, ZfPR *online* 9/2014, S. 6).

d) Wenn die **Personalvertretung in förmlicher Sitzung** den Abschluss einer Dienstvereinbarung und deren Inhalt beschlossen hat, so kann sie den Vorsitzenden oder ein anderes Mitglied beauftragen, diese Vereinbarung mit dem Dienststellenleiter abzuschließen (BVerwG v. 16.12.1960, aaO).

e) Die Entscheidung über den Abschluss einer Dienstvereinbarung liegt im Ermessen beider Partner. Ein **Zwang zum Abschluss einer Dienstvereinbarung besteht** daher **nicht** (OVG Münster v. 24.2.1983, PersV 1985, 126). Lehnt dagegen ein Dienststellenleiter den Abschluss einer Dienstvereinbarung grundsätzlich ab, so kann die zuständige Personalvertretung ein entsprechendes verwaltungsgerichtliches Beschlussverfahren zur Klärung darüber einleiten, ob in der konkreten Angelegenheit der Abschluss einer Dienstvereinbarung zulässig ist (VG Frankfurt a.M. v. 10.12.2001, ZfPR 2002, 269).

f) Dienstvereinbarungen sind wie Gesetze **auszulegen**. Danach kommt es maßgeblich auf den in der Dienstvereinbarung selbst zum Ausdruck gekommenen Willen des Dienststellenleiters und der Personalvertretung an. Daneben besteht keine Möglichkeit für die Feststellung eines davon abweichenden Willens der Betroffenen etwa mit Hilfe von Zeugen (HessVGH v. 29.7.1987 – BPV TK 1991/86, n.v.).

g) Wenn Dienststellenleiter und Personalvertretung in einer Dienstvereinbarung auf eine bereits abgeschlossene Vereinbarung Bezug nehmen, dann ist dem **Schriftformerfordernis** Rechnung getragen (BAG v. 18.3.2014, ZfPR *online* 10/2014, S. 24).

h) Erfolgt der Abschluss einer Dienstvereinbarung **zwischen oberster Dienstbehörde und Hauptpersonalrat**, so scheidet eine Mitbestimmung im nachgeordneten Bereich aus (BVerwG v. 8.7.1983, PersV 1985, 65; VGH Baden-Württemberg v. 7.5.1988, ZBR 1989, 95).

i) Dienstvereinbarungen, die von der gesetzlichen Ermächtigung (§ 75 Abs. 3, § 76 Abs. 2) nicht gedeckt sind, sind von Anfang an unwirksam, so dass sie auch **keine Nachwirkung** entfalten können (OVG Lüneburg v. 18.12.1996, ZBR 1998, 106). Dies gilt z.B. für Regelungen über das **Auswahlverfahren von Beamten** für die Zulassung zu einem Aufstiegslehrgang (VG Frankfurt v. 27.2.2008, Leits. ZfPR *online* 6/2008, 17).

j) Beschäftigte können durch eine Dienstvereinbarung nicht verpflichtet werden, die **Kosten für das Kantinenessen** auch dann zu tragen, wenn sie es nicht in Anspruch nehmen (vgl. für das BetrVG: BAG v. 11.7.2000, BAGE 75, 221).

k) Vereinigt sich eine größere Dienststelle mit einer kleineren, dann behält die bei der größeren Dienststelle bestehende Dienstvereinbarung weiterhin Gültigkeit, wenn die größere Dienststelle bei gleichzeitiger Auflösung der kleineren Behörde unverändert weiterbestehen und die Identität der Dienststelle weiterhin gewahrt bleibt. Gleiches gilt auch dann, wenn eine Dienststelle im Wege der **Umorganisation der Verwaltung** einem anderen Rechtsträger zugeordnet wird, soweit die Identität der ursprünglichen Dienststelle weiterhin gewahrt ist. Wesentlich kommt es bei der Frage nach der Wahrung der Identität auf das Weiterbestehen des bisherigen Weisungsrechts des Dienststellenleiters vor allem im Zusammenhang mit den für eine Beteiligung der Personalvertretung maßgebenden Angelegenheiten an (BVerwG v. 25.6.2003, Leits. ZfPR 2004, 83).

l) Falls es über den Abschluss einer Dienstvereinbarung zwischen Personalvertretung und Dienststellenleiter nicht zu einer Einigung kommt, kann die Einigungsstelle angerufen werden. Sie kann die **fehlende Zustimmung des Personalrats** zu einer vom Dienststellenleiter vorgeschlagenen Dienstvereinbarung ersetzen (BVerwG v.

17.12.2003, ZfPR 2004, 99). Falls ein Dienststellenleiter eine von einer Personalvertretung vorgeschlagene Dienstvereinbarung ablehnt, hat die Einigungsstelle lediglich die Möglichkeit, dem Dienststellenleiter die Annahme zu empfehlen.

m) Sind in einem Ministeriumserlass den nachgeordneten Dienststellen für den Abschluss von Dienstvereinbarungen **Entscheidungsspielräume** überlassen worden, innerhalb derer das „ob" und das „wie" nicht vorgegeben sind, dann ist der bei dem Ministerium bestehende Hauptpersonalrat nicht zu beteiligen (OVG Berlin-Brandenburg v. 23.4.2009, PersR 2009, 972 = Leits. ZfPR 2010, 110).

n) Falls in einer Dienstvereinbarung eine **Kündigungsregelung** getroffen worden ist, dann kann die Vereinbarung unter Einhaltung der festgelegten Frist gekündigt werden. Besteht keine Kündigungsregelung, dann kann die Dienstvereinbarung jederzeit sowohl vom Dienststellenleiter als auch von der Personalvertretung, ohne dass ein besonderer Grund vorliegen muss, gekündigt werden (vgl. für das BetrVG: BAG v. 23.5.2007, NZA 2007, 940).

o) Wenn Beschäftigte aus einzelnen Regelungen einer Dienstvereinbarung **Ansprüche geltend machen** wollen, dann sind die Arbeitsgerichte im Urteilsverfahren für Arbeitnehmer, die Verwaltungsgerichte im Klageverfahren für Beamte zuständig (VG Arnsberg v. 3.2.2011, PersV 2011, 263).

p) Im Zusammenhang mit einer Dienstvereinbarung besteht eine Antragsbefugnis beim Verwaltungsgericht nach § 83 Abs. 1 Nr. 3 nur dann, wenn eine Regelung strittig geworden ist, die gerade die Rechtsstellung der Personalvertretung betrifft (OVG Münster v. 23.3.2010, PersV 2010, 389). Die Verwaltungsgerichte können darüber hinaus auch dann angerufen werden, wenn eine der Vertragsparteien **Ansprüche aus einer Dienstvereinbarung** herleitet (OVG Mecklenburg-Vorpommern v. 10.4.2002, Leits. ZfPR 2003, 48).

4. Streitigkeiten

Die Verwaltungsgerichte entscheiden Streitigkeiten über das Bestehen oder Nicht- bestehen einer Dienstvereinbarung nach § 83 Abs. 1 Nr. 4.

§ 74 (Durchführung der Beschlüsse; Verbot einseitiger Eingriffe)

(1) Entscheidungen, an denen der Personalrat beteiligt war, führt die Dienststelle durch, es sei denn, dass im Einzelfall etwas anderes vereinbart ist.

(2) Der Personalrat darf nicht durch einseitige Handlungen in den Dienstbetrieb eingreifen.

Entsprechende landesgesetzliche Regelungen:

Baden-Württemberg: § 74; Bayern: Art. 74; Berlin: § 78; Brandenburg: § 74; Bremen: –; Hamburg: § 85; Hessen: –; Mecklenburg-Vorpommern: § 67; Niedersachsen: –; Nordrhein-Westfalen: § 71; Rheinland-Pfalz: § 77; Saarland: § 77; Sachsen: § 86; Sachsen-Anhalt: –; Schleswig-Holstein: § 58; Thüringen § 73.

1. Begriffsbestimmungen

a) Durchführung von Entscheidungen: Einleitung aller Maßnahmen zum Vollzug eines Beschlusses über beteiligungspflichtige Angelegenheiten, gleichgültig, ob dieser Beschluss auf einer Entscheidung der Einigungsstelle beruht oder durch eine Einigung zwischen Dienststelle und Personalvertretung zustande gekommen ist.

b) Einseitige Handlungen: Eigenmächtiges Vorgehen der Personalvertretung mit dem Ziel, bestimmte Anordnungen des Dienststellenleiters zu widerrufen oder abzuändern.

c) Wenn die Personalvertretung gegen das Verbot des Abs. 2 verstößt, kann der Dienststellenleiter einen **Auflösungsantrag** stellen. Der Dienststellenleiter kann auch den Ausschluss einzelner Personalratsmitglieder beantragen. Gegenüber dem einzelnen Personalratsmitglied können entweder Disziplinarmaßnahmen oder unter bestimmten Voraussetzungen Kündigungsmaßnahmen durchgeführt werden.

2. Erläuterungen

a) Der **Leiter der Dienststelle hat** die Verwaltung bei beteiligungspflichtigen **Angelegenheiten zu vertreten, also auch beim Abschluss der Dienstvereinbarungen**.

b) Der **Personalvertretung ist es ausdrücklich untersagt, Anordnungen des Dienststellenleiters zu widerrufen** oder abzuändern. Unter dieses Verbot fallen z.B. das eigenmächtige Entfernen von Anschlägen am Schwarzen Brett und dic Erteilung von Dienstbefreiung.

3. Fälle aus der Rechtsprechung

a) Der Personalvertretung kommt keine eigene Rechtspersönlichkeit im Rahmen des dienstlichen Handelns zu. Aus diesem Grund **vertritt** der **Leiter der Dienststelle die Verwaltung** (sowohl nach innen als auch nach außen) **allein** (BVerwG v. 6.3.1959, BVerwGE 8, 202 = PersV 1958/59, 160).

b) Ein Verstoß gegen Abs. 2 kann bei Einzelmitgliedern der Personalvertretung **disziplinare Maßnahmen**, in schweren Fällen die Einleitung des förmlichen Disziplinarverfahrens nach sich ziehen (OVG Koblenz v. 22.6.1960, ZBR 1963, 251).

4. Streitigkeiten

Die Verwaltungsgerichte entscheiden Streitigkeiten nach § 83 Abs. 1 Nr. 3.

Dritter Abschnitt
Angelegenheiten, in denen der Personalrat zu beteiligen ist

§ 75 (Mitbestimmung in personellen und sozialen Angelegenheiten)

(1) Der Personalrat hat mitzubestimmen in Personalangelegenheiten der Arbeitnehmer bei

1. Einstellung,

2. Übertragung einer höher oder niedriger zu bewertenden Tätigkeit, Höher- oder Rückgruppierung, Eingruppierung,

3. Versetzung zu einer anderen Dienststelle,
Umsetzung innerhalb der Dienststelle, wenn sie mit einem Wechsel desDienstortes verbunden ist (das Einzugsgebiet im Sinne des Umzugskostenrechts gehört zum Dienstort),

4. Abordnung für eine Dauer von mehr als drei Monaten,

4a. Zuweisung entsprechend § 29 des Bundesbeamtengesetzes für eine Dauer von mehr als drei Monaten,

5. Weiterbeschäftigung über die Altersgrenze hinaus,

6. Anordnungen, welche die Freiheit in der Wahl der Wohnung beschränken,

7. Versagung oder Widerruf der Genehmigung einer Nebentätigkeit.

(2) Der Personalrat hat mitzubestimmen in sozialen Angelegenheiten bei

1. Gewährung von Unterstützungen, Vorschüssen, Darlehen und entsprechenden sozialen Zuwendungen,

2. Zuweisung und Kündigung von Wohnungen, über die die Dienststelle verfügt sowie die allgemeine Festsetzung der Nutzungsbedingungen,
3. Zuweisung von Dienst- und Pachtland und Festsetzung der Nutzungsbedingungen.

Hat ein Beschäftigter eine Leistung nach Nummer 1 beantragt, wird der Personalrat nur auf seinen Antrag beteiligt; auf Verlangen des Antragstellers bestimmt nur der Vorstand des Personalrats mit. Die Dienststelle hat dem Personalrat nach Abschluss jedes Kalendervierteljahres einen Überblick über die Unterstützungen und entsprechenden sozialen Zuwendungen zu geben. Dabei sind die Anträge und die Leistungen gegenüberzustellen. Auskunft über die von den Antragstellern angeführten Gründe wird hierbei nicht erteilt.

(3) Der Personalrat hat, soweit eine gesetzliche oder tarifliche Regelung nicht besteht, gegebenenfalls durch Abschluss von Dienstvereinbarungen mitzubestimmen über

1. Beginn und Ende der täglichen Arbeitszeit und der Pausen sowie die Verteilung der Arbeitszeit auf die einzelnen Wochentage,
2. Zeit, Ort und Art der Auszahlung der Dienstbezüge und Arbeitsentgelte,
3. Aufstellung des Urlaubsplans, Festsetzung der zeitlichen Lage des Erholungsurlaubs für einzelne Beschäftigte, wenn zwischen dem Dienststellenleiter und den beteiligten Beschäftigten kein Einverständnis erzielt wird,
4. Fragen der Lohngestaltung innerhalb der Dienststelle, insbesondere die Aufstellung von Entlohnungsgrundsätzen, die Einführung und Anwendung von neuen Entlohnungsmethoden und deren Änderung sowie die Festsetzung der Akkord- und Prämiensätze und vergleichbarer leistungsbezogener Entgelte, einschließlich der Geldfaktoren,
5. Errichtung, Verwaltung und Auflösung von Sozialeinrichtungen ohne Rücksicht auf ihre Rechtsform,
6. Durchführung der Berufsausbildung bei Arbeitnehmern,
7. Auswahl der Teilnehmer an Fortbildungsveranstaltungen für Arbeitnehmer,
8. Inhalt von Personalfragebogen für Arbeitnehmer,
9. Beurteilungsrichtlinien für Arbeitnehmer,
10. Bestellung von Vertrauens- und Betriebsärzten als Arbeitnehmer,
11. Maßnahmen zur Verhütung von Dienst- und Arbeitsunfällen und sonstigen Gesundheitsschädigungen,
12. Grundsätze über die Bewertung von anerkannten Vorschlägen im Rahmen des betrieblichen Vorschlagwesens,
13. Aufstellung von Sozialplänen einschließlich Plänen für Umschulungen zum Ausgleich oder zur Milderung von wirtschaftlichen Nachteilen, die dem Beschäftigten infolge von Rationalisierungsmaßnahmen entstehen,
14. Absehen von der Ausschreibung von Dienstposten, die besetzt werden sollen,
15. Regelung der Ordnung in der Dienststelle und des Verhaltens der Beschäftigten,
16. Gestaltung der Arbeitsplätze,
17. Einführung und Anwendung technischer Einrichtungen, die dazu bestimmt sind, das Verhalten oder die Leistung der Beschäftigten zu überwachen.

(4) Muss für Gruppen von Beschäftigten die tägliche Arbeitszeit (Absatz 3 Nr. 1) nach Erfordernissen, die die Dienststelle nicht voraussehen kann, unregelmäßig und kurzfristig festgesetzt werden, so beschränkt sich die Mitbestimmung auf die

Grundsätze für die Aufstellung der Dienstpläne, insbesondere für die Anordnung von Dienstbereitschaft, Mehrarbeit und Überstunden.

(5) Arbeitsentgelte und sonstige Arbeitsbedingungen, die durch Tarifvertrag geregelt sind oder üblicherweise geregelt werden, können nicht Gegenstand einer Dienstvereinbarung (Absatz 3) sein. Dies gilt nicht, wenn ein Tarifvertrag den Abschluss ergänzender Dienstvereinbarungen ausdrücklich zulässt.

Entsprechende landesgesetzliche Regelungen:

Baden-Württemberg: §§ 75, 78, 79; Bayern: Art. 75, 75a; Berlin: §§ 85-89; Brandenburg: §§ 63-66; Bremen: §§ 52 Abs. 1, 63 ff.; Hamburg: §§ 86-88; Hessen: §§ 74, 77; Mecklenburg-Vorpommern: §§ 68 Abs. 1, 69, 70; Niedersachsen: §§ 64 Abs. 1, 65 ff; Nordrhein-Westfalen: § 72; Rheinland- Pfalz: §§ 78-81; Saarland: §§ 78-80 Abs. 1, § 84; Sachsen: §§ 80, 81; Sachsen-Anhalt: §§ 65, 66, 67, 69; Schleswig-Holstein: § 51; Thüringen: §§ 74, 75.

1. Begriffsbestimmungen

Zu personellen Angelegenheiten

a) Einstellung: Begründung eines Beschäftigungsverhältnisses und Eingliederung in die Dienststelle, verbunden mit einer Weisungsabhängigkeit. Zum Einstellungsakt gehört auch die **Eingruppierung**, d.h. die erstmalige Festsetzung der maßgeblichen Vergütungsgruppe.

b) Übertragung einer höher oder niedriger zu bewertenden Tätigkeit, Höher- oder Rückgruppierung, Eingruppierung: Längerfristige Zuweisung einer anderen Tätigkeit bzw. Überführung in eine höhere Vergütungsgruppe als tarif- und arbeitsrechtliche Folge der Zuweisung einer höher bewerteten Tätigkeit.

c) Rückgruppierung: Vergütung aus einer niedrigeren Vergütungsgruppe als der bisherigen.

d) Eingruppierung: Einreihung eines Arbeitnehmers in ein kollektives Entgeltschema.

e) Versetzung: Übertragung einer Dauerbeschäftigung in einer anderen Dienststelle desselben oder eines anderen öffentlich-rechtlichen Dienstherrn bei Aufrechterhaltung des Arbeitsverhältnisses.

f) Umsetzung: Zuweisung eines anderen Arbeitsplatzes innerhalb derselben Dienststelle, falls sie mit einem Wechsel des Dienstortes verbunden ist. Unerheblich ist, ob der Betroffene an der neuen Stelle Aufgaben zu erfüllen hat, die nach Eigenart und Verantwortung denen seiner früheren Verwendung gleichen; denn es kommt ausschließlich darauf an, ob jemand in eine andere personelle Umgebung und in ein zumindest örtlich anderes Aufgabenfeld umgesetzt wird (BVerwG v. 3.4.1984 – 6 P 3.83, n.v.). Wohl aber muss eine Abberufung vom bisherigen Arbeitsplatz und eine Zuweisung eines anderen Arbeitsplatzes hinzukommen, weil sonst alleine schon verwaltungsorganisatorische Maßnahmen dem Mitbestimmungsrecht der Personalvertretung unterliegen würden, ohne dass die Direktions- und Organisationsgewalt des Dienstherrn genügend Berücksichtigung fände. Daher muss der entzogene Aufgabenteil für den bisherigen Dienstposten prägend sein; der neue Dienstposten muss eine andersartige Prägung hinsichtlich des Aufgabenbereichs enthalten (BVerwG v. 18.12.1996, ZfPR 1997, 114).

g) Abordnung: Vorübergehende Übertragung einer Tätigkeit in einer anderen Dienststelle desselben oder eines anderen öffentlich-rechtlichen Dienstherrn bei Aufrechterhaltung des Arbeitsverhältnisses und der Zugehörigkeit zur eigenen Dienststelle.

h) Zuweisung: Aufnahme einer vorübergehenden oder teilweisen Tätigkeit bei einer öffentlichen Einrichtung ohne Dienstherrnfähigkeit oder einer anderen privaten Einrichtung mit Zustimmung des Betroffenen.

i) Weiterbeschäftigung über die Altersgrenze hinaus: Abschluss eines neuen Arbeitsvertrages und Vereinbarung einer erneuten Einstellung für solche Arbeitnehmer, für die die Tarifverträge eine Altersgrenze vorsehen, die das Arbeitsverhältnis ohne Kündigung beendet.

j) **Anordnungen, die die Freiheit in der Wahl der Wohnung beschränken:** Solche Anordnungen, die durch Tarifvertrag/Arbeitsvertrag die Verpflichtung zum Bezug von Dienstwohnungen beinhalten.

k) **Versagung oder Widerruf der Genehmigung einer Nebentätigkeit:** Die Maßnahmen, mit denen eine ursprünglich genehmigte Nebentätigkeit rückgängig gemacht oder aber ein Antrag auf Genehmigung einer Nebentätigkeit abgelehnt wird.

Zu sozialen Angelegenheiten

a) **Unterstützung:** Jede Leistung zur Erleichterung einer individuellen Notlage; auf die Unterstützung darf kein Rechtsanspruch bestehen.

b) **Vorschüsse:** Alle geldlichen Leistungen an einen Beschäftigten im Vorgriff auf Gehalt oder Arbeitsentgelt zu einem Zeitpunkt, zu dem noch kein Anspruch auf diese Zahlung besteht.

c) **Darlehen:** Alle geldlichen Zuwendungen zu einem bestimmten Zweck (Finanzierung von Kaufverträgen) mit der Vereinbarung einer Rückzahlung in Raten und eines festen Zinssatzes.

d) **Soziale Zuwendungen:** Alle Zuwendungen, auf die der einzelne Beschäftigte keinen Rechtsanspruch hat.

e) **Zuweisung und Kündigung** von Wohnungen, über die die Dienststelle verfügt sowie allgemeine Festsetzung der Nutzungsbedingungen: Die Dienststelle muss entweder selbst Vermieter sein oder aber mit dem Grundstückseigentümer in einem Vertragsverhältnis stehen, aus dem dieser verpflichtet ist, mit einem von der Dienststelle zugewiesenen Beschäftigten einen Mietvertrag abzuschließen; **Festlegung der Nutzungsbedingungen**: Festlegung der Grundsätze, die den Inhalt des Mietverhältnisses maßgebend mitgestalten und beim Abschluss des einzelnen Mietverhältnisses zum Gegenstand der vertraglichen Vereinbarung gemacht werden.

f) **Zuweisung von Dienst- und Pachtland:** Zuweisung von Gärten, die der Gesundheitspflege und Zuweisung von landwirtschaftlich nutzbaren Flächen, die der Landwirtschaft und Tierhaltung dienen.

Zu sozialen Angelegenheiten, die zum Teil auch personelle bzw. organisatorische Bezüge haben

a) **Dienstbezüge:** Sämtliche Bezüge in Geld (Grundgehalt, Orts- und Kinderzuschlag etc.)

b) **Urlaubsplan:** Ein Plan, der das Verfahren festlegt, nach dem der Urlaub unter Berücksichtigung der Interessen aller Beschäftigten eines überschaubaren Bereichs erteilt wird.

c) **Fragen der Lohngestaltung:** Alle Fragen, die nicht nur die gegenwärtigen, sondern auch die künftig auftretenden Probleme einer Gestaltung des Lohns umfassen; Entlohnungsgrundsätze: Diejenigen Regeln, nach denen die Errechnung des Arbeitsentgelts vorgenommen wird (Stunden-, Wochen- oder Monatslohn etc.); Einführung neuer Entlohnungsmethoden: erstmalige Anwendung bestimmter Verfahren zur Durchführung von Entlohnungsgrundsätzen (Arbeitsbewertungsmethoden).

d) **Sozialeinrichtungen:** Auf Dauer berechnete, organisierte Veranstaltungen, die von der Verwaltung, ihren Beschäftigten oder beiden gemeinsam errichtet werden, um einzelnen oder Gruppen bestimmte Vorteile zukommen zu lassen (z.B. Erholungsheime).

e) **Berufsausbildung:** Vermittlung des Grundstocks an Kenntnissen, die für den Einzelnen zur Ausübung einer bestimmten Tätigkeit erforderlich sind.

f) **Fortbildungsveranstaltungen:** Alle Veranstaltungen, die dem Bestreben der Beschäftigten nach Vertiefung und nach Erweiterung ihres Wissensstandes im Hinblick auf bessere Berufsaussichten entgegenkommen.

g) **Personalfragebogen:** Alle formularmäßig gefassten Zusammenstellungen verschiedener, auf die Person und den Arbeitsbereich bezogener Fragen, die dem Dienststellenleiter Auskunft über die Person und die Eignung sowie die Verwendung an einem anderen Arbeitsplatz geben sollen.

h) **Beurteilungsrichtlinien:** Alle Richtlinien, die eine gleichwertige Beurteilung nach möglichst objektiven Kriterien sicherstellen sollen.

i) **Vertrauens- und Betriebsärzte:** Alle Ärzte, die in freiberuflicher Beziehung zu einer Dienststelle stehen bzw. aufgrund eines Vertrages die gesundheitliche Überwachung der Beschäftigten übernehmen.

j) **Maßnahmen zur Verhütung von Dienst- und Arbeitsunfällen** und sonstigen Gesundheitsschädigungen: Alle Maßnahmen, die die bestehenden Arbeitsschutzeinrichtungen verbessern und damit Gesundheitsschädigungen vermeiden sollen.

k) **Vorschläge im Rahmen des betrieblichen Vorschlagswesens:** Alle Vorschläge, die die gegenwärtige Arbeitssituation verbessern, z.B. zur Vereinfachung bestimmter Arbeitsvorgänge sowie zur Steigerung des sicheren Arbeitsablaufs beitragen.

l) **Sozialplan:** Aufstellung von Grundregeln und Verfahren im Fall einer verwaltungsorganisatorischen Änderung, mit der wirtschaftliche Nachteile vermieden werden können; der Plan muss das Ziel verfolgen, entstehende Nachteile auszugleichen bzw. zu mildern.

m) **Stellenausschreibung:** Hinweis auf freie Stellen mit der gleichzeitigen Aufforderung, sich hierfür zu bewerben.

n) **Regelung der Ordnung in der Dienststelle:** Regelung von Fragen, die die Ordnung in der Dienststelle insgesamt und das Verhalten einzelner Beschäftigter betreffen.

o) **Gestaltung der Arbeitsplätze:** Art und Weise der Ausgestaltung der Arbeitsplätze (z.B. Verbesserung der Lichtzufuhr).

p) **Technische Einrichtungen**, die dazu bestimmt sind, das Verhalten oder die Leistung der Beschäftigten zu überwachen: Alle Einrichtungen, die, wenn auch nur indirekt, einen Beschäftigten überwachen können (z.B. Kameras zur Überprüfung technischer Einrichtungen, die gleichzeitig auch Einblick in die Art und Weise der Arbeitserledigung geben).

q) **Erfordernisse, die die Dienststelle nicht voraussehen kann** und die sie zu kurzfristigen Maßnahmen zwingen: Maßnahmen, die zur Erledigung von meist unregelmäßig anfallenden Aufgaben, die nicht voraussehbar sind, erforderlich werden und daher eine kurzfristige Anordnung notwendig machen.

r) **Arbeitsbedingungen:** Alle materiellen Regelungen, die Eingang in den Arbeitsvertrag finden und die gegenseitigen Ansprüche festlegen.

s) **Arbeitsentgelt:** Löhne und Gehälter der Arbeitnehmer.

2. Erläuterungen

§ 75 führt eine Vielzahl von Mitbestimmungstatbeständen auf, von denen ein Großteil für die Praxis von enormer Bedeutung ist. Gleichzeitig enthält die Vorschrift einige Mitbestimmungstatbestände, die im Laufe der Jahrzehnte nach Einführung des

Personalvertretungsrechts kaum noch praktische Bedeutung haben (z.B. § 75 Abs. 2 Nr. 3: Zuweisung von Dienst- und Pachtland und Festsetzung der Nutzungsbedingungen). Die nachfolgenden Hinweise auf Fälle aus der Rechtsprechung konzentrieren sich daher im Wesentlichen auf die für die Praxis tatsächlich bedeutsamen Mitbestimmungstatbestände.

3. Fälle aus der Rechtsprechung

Zu personellen Angelegenheiten (Abs. 1)

Einstellung (Abs. 1 Nr. 1)

a) **Einstellung** ist die **Eingliederung eines Beschäftigten** in eine Dienststelle. Eingegliedert ist derjenige, der eine weisungsgebundene Tätigkeit verrichtet, die der Dienststenleiter organisiert. Dadurch muss zwischen einem Dienstherrn und dem Arbeitnehmer ein arbeitsrechtliches Band mit der Folge entstehen, dass auf der einen Seite (Dienstherr) ein mit entsprechenden Schutzpflichten verbundenes Weisungsrecht, auf der anderen Seite (Arbeitnehmer) eine mit ebensolchen Schutzrechten verknüpfte Weisungsgebundenheit zustande kommt (BVerwG v. 18.6.2002, ZfPR 2002, 323). Ein wirksamer Arbeitsvertrag wird (für das Entstehen des Mitbestimmungsrechts) nicht notwendig vorausgesetzt (BVerwG v. 22.10.2007, PersV 2008, 103). Gegenstand des Mitbestimmungsrechts ist daher alleine die **Einstellung**, nicht aber das Beschäftigungsverhältnis selbst. Infolgedessen bezieht sich das Mitbestimmungs- recht auch nicht auf Abschluss und Inhalt eines Arbeitsvertrags, sondern alleine auf die Eingliederung in die Dienststelle. Die Personalvertretung kann daher nicht auf die Einzelheiten des Arbeitsvertrags einwirken (BVerwG v. 15.11.1995, ZfPR 1996, 119). Ob eine Person tatsächlich eingestellt, d.h. eingegliedert werden soll, hängt davon ab, ob eine nicht bloß vorübergehende und auch nicht nur geringfügige Arbeit verrichtet werden soll, sondern ob eine dienststellenmäßige und soziale Bindung beabsichtigt ist. Eine solche Absicht ist nicht mit der nur kurzfristigen Beschäftigung zum Zweck der Urlaubs-, Krankheits- oder Mutterschaftsvertretung oder mit einer Gelegenheits- bzw. Ferienbeschäftigung von zweimonatiger Dauer verbunden (BVerwG v. 27.11.1991, ZfPR 1992, 76).

b) Einer Personalvertretung steht bei einer **Auswahlentscheidung**, die alleine Sache des Dienststellenleiters ist, kein Mitbestimmungsrecht zu. Wenn der Leiter einer Dienststelle einen ihm geeignet erscheinenden Bewerber ausgesucht hat, so hat er die Einstellungsabsicht sachlich zu begründen. Die Personalvertretung hat sodann ihrerseits zu prüfen, ob nicht etwa andere Bewerber aus unsachlichen Gründen benachteiligt werden (BVerwG v. 11.2.1981, BVerwGE 61, 325). Die Personalvertretung soll darauf achten, dass die vom Dienststellenleiter zu treffende Auswahlentscheidung auf sachgerechten Erwägungen beruht und die bestqualifizierten Bewerber Berücksichtigung finden (OVG Münster v. 29.11.2000 , ZfPR 2001, 139). Ziel des Mitbestimmungsrechts ist es, die Wahrung der allgemeinen Interessen der von der Personalvertretung betreuten Beschäftigten zu ermöglichen.

c) Bei **Abrufkräften** ist im Allgemeinen auf der Seite des Dienststellenleiters kein Weisungsrecht gegeben, so dass kein Mitbestimmungsrecht besteht (BVerwG v. 3.2.1993, ZfPR 1993, 127).

d) Wegen der nur kurzfristig zu erbringenden Arbeitsleistung bei der **Übertragung von Aushilfstätigkeiten** kann von einer Euglie- derung der Betroffenen in die Dienststelle nicht die Rede sein. Es kommt nicht zu einer sozialen Abhängigkeit des Arbeitnehmers vom jeweiligen Dienstherrn; auch die persönlichen und sozialen Kontakte zu den übrigen Arbeitnehmern sind auf das Notwendigste beschränkt. Aushilfstätigkeiten werden im Allgemeinen nur für einen kurzen, längstens auf zwei Monate beschränkten Zeitraum vereinbart (Vertretung bei Häufung von Krankheitsfällen und/oder Urlaub, Kur etc.; vgl. auch OVG Berlin v. 3.4.2001, PersV 2003, 72).

e) Ob eine Eingliederung tatsächlich vorliegt, hängt nicht von der **Dauer der wöchentlichen Arbeitszeit und von der Höhe des Entgelts** ab. Auch Beschäftigte, die täglich nur für kurze Zeit oder nur an manchen Tagen in der Dienststelle tätig sind, sind als Beschäftigte im personalvertretungsrechtlichen Sinn dann anzusehen, wenn die Arbeitsleistung nicht nur vorübergehend und in ihrer Dauer geringfügig ist, sondern sich über einen längeren Zeitraum von mehr als zwei Monaten erstreckt (BVerwG v. 21.3.2007, ZfPR 2007 online 6/2007, S. 2).

f) Im Rahmen sog. **Gestellungsverträge** kann dann eine Einstellung vorliegen, wenn der (künftige) Beschäftigte einer konkreten Dienstleistung unterstellt wird und den Weisungen des Dienstvorgesetzten unterliegt (BVerwG v. 18.6.2002, ZfPR 2002, 323).

g) Ein Mitbestimmungsrecht besteht auch beim **Einsatz von (ehemaligen) Sozialhilfeempfängern** im Rahmen von gemeinnützigen und zusätzlichen Arbeiten. Dabei unterliegt bereits die vorentscheidende Maßnahme zur Schaffung von Gelegenheit zu gemeinnütziger und zusätzlicher Arbeit der Beteiligung, da die Bereitstellung und Benennung der geeigneten Einsatzbereiche und dort anfallender Arbeiten durch die einsetzende Dienststelle eine sonstige innerdienstliche Maßnahme ist, die sich auf die Beschäftigten auswirkt. Die Einweisung und Beaufsichtigung erfolgt nämlich durch Beschäftigte (BVerwG v. 26.1.2000, ZfPR 2000, 197).

h) Bei Arbeitnehmern, die im Rahmen eines **Werkvertrags** in einer öffentlich-rechtlichen Stelle tätig sind, denen gegenüber dem Unternehmer die Personalhoheit aber verbleibt, kann von einer Eingliederung nicht die Rede sein (BVerwG v. 8.1.2003, ZfPR 2003, 259).

i) Wenn **Leiharbeitnehmer** nach den Vorstellungen des Dienststellenleiters so wie andere Beschäftigte eingesetzt werden und hinsichtlich Art, Zeit und Umfang der Dienstleistung dessen Weisungsrecht unterliegen, dann steht der Personalvertretung bei der Einstellung solcher Leiharbeitnehmer ein Mitbestimmungsrecht zu (BVerwG v. 7.4.2010, ZfPR *online* 6/2010, S. 2; vgl. auch für BetrVG: BAG v. 9.3.2011, NZA 2011, 871). Allerdings kann die Personalvertretung ihre Zustimmung zur Übernahme eines Leiharbeitnehmers nicht mit der Begründung verweigern, die Arbeitsbedingungen des Leiharbeitnehmers verstießen gegen das Gleichstellungsgebot von § 3 Abs. 1 Nr. 3, § 9 Nr. 2 AÜG (vgl. für das BetrVG: BAG v. 21.7.2009, DB 2009, 2157). Ebensowenig kann die Personalvertretung ihre Zustimmung zur Einstellung solcher Leiharbeitnehmer verweigern, die im Rahmen des sog. Equal-Paygebots beschäftigt werden (vgl. für das BetrVG: BAG v. 1.6.2011, NZA 2011, 1435). Allerdings besteht ein Zustimmungsverweigerungsrecht dann, wenn ein Leiharbeitnehmer in der Dienststelle nicht nur vorübergehend eingesetzt werden soll (vgl. für das BertVG: BAG v. 10.7.2013, DB 2013, 2275).

j) Hinsichtlich der Beschäftigten, die in sog. **Ein-Euro-Jobs** in einer Dienststelle nach § 16 Abs. 3 SGB II tätig sind, steht der Personalvertretung ebenfalls ein Mitbestimmungsrecht zu. Mit ihnen wird zwar kein Arbeitsvertrag abgeschlossen, sie sind aber wie alle übrigen Beschäftigten in der Dienststelle weisungsabhängig tätig. Allerdings kann der Personalrat bei der Zuweisung der Betreffenden zur Dienststelle nicht mitzubestimmen, wohl aber bei der Auswahl der Tätigkeiten, die ausgeübt werden sollen. Denn dadurch werden die Interessen der bereits in der Dienststelle tätigen Beschäftigten berührt (BVerwG v. 21.3.2007, ZfPR 2007, 67).

k) Wenn **erwerbsfähige Leistungsberechtigte** („MAE-Kräfte") entsprechend § 16 d Abs. 1 und 7 SGB II in einer Dienststelle eingesetzt werden sollen, dann hat die Personalvertretung ein Mitbestimmungsrecht, obwohl die Dienststelle nicht selbst im sozialrechtlichen Sinne Maßnahmeträger ist (BVerwG v. 2.5.2014, PersV 2014, 337 = ZfPR *online* 7 – 8/2014, S. 6).

l) Dem Mitbestimmungsrecht der Personalvertretung unterliegt nicht die **Beschäftigung von Strafgefangenen** auf der Grundlage von § 37 Abs. 2 i.V. mit § 11 Abs. 1

StVollzG außerhalb der Strafvollzugsanstalt (OVG Münster v. 17.8.2012, PersV 2012, 460).

m) Erfolgt die Beschäftigung eines freien Mitarbeiters auf der Grundlage eines Honorarvertrags und unterliegt der Betreffende im alltäglichen Arbeitsablauf bei der tatsächlichen Aufgabenwahrnehmung nicht dem Direktionsrecht des Dienststellenleiters, dann besteht kein Mitbestimmungsrecht (BVerwG v. 12.4.2006, Leits. ZfPR 2006, 116).

n) Der **Einsatz von Fremdarbeitnehmern** kann nur dann als Einstellung gewertet werden, wenn dem (öffentlichen) Arbeitgeber ein Weisungsrecht zusteht und er den Arbeitseinsatz bestimmen kann. Wenn aber sämtliche Regelungen des Arbeitsvertrags (Dauer der Arbeitszeit, Dienst- und Rufbereitschaften, Urlaubsgewährung, etc.) einem Dritten zustehen, dann werden die Betreffenden nicht in die Arbeitsorganisation des (öffentlichen) Arbeitgebers eingegliedert. Von einer Einstellung kann nicht die Rede sein (BVerwG v. 8.1.2003, ZfPR 2003, 259).

o) Hinsichtlich einer **Befristungsabrede** steht der Personalvertretung kein Mitbestimmungsrecht zu (BVerwG v. 15.11.1989, ZfPR 1990, 20). Die Festlegung des Inhalts eines Arbeitsvertrags obliegt nämlich alleine der Vereinbarung der Vertragsparteien (BVerwG v. 30.9.1983, PersV 1985, 167; BVerwG v. 15.11.1989, ZfPR 1990, 20). Die Personalvertretung kann daher auch nicht im Wege ihres Initiativrechts den Abschluss eines Arbeitsvertrags auf unbestimmte Dauer ver- langen (BVerwG v. 19.9.1983, BVerwGE 68, 30). Aus den gleichen Gründen steht der Personalvertretung auch kein Mitbestimmungsrecht bei der Einstellung einer teilzeitbeschäftigten Schreibkraft hinsichtlich der Verteilung der wöchentlichen Arbeitszeit zu (BVerwG v. 12.9.1983, PersV 1985, 163). Wohl aber kann die Personalvertretung bei der Verlängerung eines befristeten Arbeitsvertrags mitbestimmen, da die Verlängerung Zustimmungsverweigerungsgründe auslösen kann, die zum Zeitpunkt der zunächst geplanten befristeten Einstellung nicht vorgelegen haben (vgl. für das BetrVG: BAG v. 28.10.1986, Leits. AuR 1987, 1156). Ebenso besteht ein Mitbestimmungsrecht dann, wenn eine vollzeitbeschäftigte Arbeitnehmerin, die zunächst Erziehungsurlaub angetreten hatte, während dieses Urlaubs vom öffentlichen Arbeitgeber für die Dauer von sechs Monaten mit 19 Wochenstunden wieder in ihrem Tätigkeitsbereich eingesetzt wird (vgl. für das BetrVG: BAG v. 28.4.1998, BB 1998, 2525).

p) Teilzeitarbeit unterliegt in demselben Umfang dem Mitbestimmungsrecht der Personalvertretung wie Vollzeitarbeit. Die Personalvertretung hat über Beginn und Ende der täglichen Arbeitszeit auch von Teilzeitkräften einschließlich der Pausen und der Verteilung der Arbeitszeit auf die einzelnen Wochentage mitzubestimmen. Daraus folgt, dass auch Regelungen mitbestimmungspflichtig sind, die für Teilzeitarbeitskräfte eine tägliche Mindestarbeitszeit, eine Höchstzahl von Arbeitstagen in der Woche und einen zeitlichen Rahmen vorsehen, innerhalb dessen Teilzeitkräfte an den einzelnen Tagen zu beschäftigen sind. Gleiches gilt auch für Regelungen, die die Lage der Pausen und deren Dauer betreffen und somit die tägliche Schichtzeit der Teilzeitkräfte berühren. In den entsprechenden Regelungen kann auch bestimmt werden, unter welchen Voraussetzungen von ihnen abgewichen werden kann. Regelungen dieses Inhalts kann die Personalvertretung aufgrund ihres Initiativrechts verlangen. Dagegen besteht kein Mitbestimmungsrecht hinsichtlich der Dauer der wöchentlichen Arbeitszeit von Teilzeitkräften (BVerwG v. 14.11.1989, ZfPR 1990, 17). Bei der **Umwandlung eines Teilzeitbeschäftigungsverhältnisses** in ein Vollzeitbeschäftigungsverhältnis steht der Personalvertretung ein Mitbestimmungsrecht zu; denn bei der Einstellung einer Teilzeitkraft kann die Personalvertretung nur prüfen, ob von dieser Maßnahme andere Beschäftigte betroffen sein werden. In diesem Zeitpunkt kann sie also noch keine Bedenken gegen eine Ganzzeitbeschäftigung anführen. Diese Bedenken aber muss sie bei einer Umwandlung eines Teilzeitbeschäftigungsverhältnisses in ein Vollzeitbeschäftigungsverhältnis geltend machen können (BVerwG v. 2.6.1993, ZfPR 1993, 190). Wenn einem Arbeitnehmer im öffentlichen Dienst eines Landes antragsgemäß Teilzeitbeschäftigung bewilligt wird, so unterliegt die hierzu erforderliche Änderung des Arbeitsvertrags bei Bestehen eines Vollzeitarbeitsverhältnisses der Mitbestimmung der Personalvertretung (OVG Münster v. 9.12.1994, Leits. ZfPR 1995, 164). Auch eine nicht nur vorübergehende und geringfügige **Aufstockung eines Teilzeitbeschäftigungsverhältnisses** ist als Einstellung anzusehen und somit mitbestimmungspflichtig (BVerwG v. 23.3.1999, BVerwGE 108, 347 = ZfPR 1999, 112 für den Fall einer Aufstockung um 14,75 Stunden Wochenarbeitszeit für die Dauer von fünf Monaten). Für den Fall einer für höchstens zwei Monate vorgesehenen vorübergehenden Aufstockung hat das BVerwG (v. 21.7.1994, PersV 1995, 38) ein Mitbestimmungsrecht verneint. Im Übrigen steht der Personalvertretung auch ein Mitbestimmungsrecht bei der Verlängerung eines ursprünglich auf einen bestimmten Termin befristeten Arbeitsverhältnisses zu (BVerwG v. 13.2.1979, ZBR 1979, 279).

q) Eine Beschäftigung **im Rahmen des Bundesfreiwilligendienstes** erfolgt auf der Grundlage mehrseitiger Rechtsbeziehungen. Es wird eine Vereinbarung (§ 8 BFDG) getroffen. Durch die Einsatzstellen erfolgt die fachliche Anleitung. Somit sind die für ein Mitbestimmungsrecht erforderlichen Einstellungskriterien gegeben (Leube, ZTR 2012, 207; Klenter, PersR 1/2015, 41; Rothländer, PersR 3/2015, 25).

r) Ein **ohne Zustimmung der Personalvertretung** mit einem Bewerber abgeschlossener Arbeitsvertrag ist voll wirksam. Die Dienststelle darf den Bewerber allerdings nicht beschäftigen, solange die Zustimmung der Personalvertretung nicht vorliegt. Das Mitbestimmungsrecht der Personalvertretung wird nicht ausgehöhlt, wenn ein unter Verletzung des Mitbestimmungsrechts begründetes Arbeitsverhältnis voll wirksam ist. Die Einstellungsbehörde muss das Mitbestimmungsverfahren nachholen (BAG v. 2.7.1980, DB 1981, 272).

Eingruppierung (Abs. 1 Nr. 2)

a) Eingruppierung ist die Einreihung eines Arbeitnehmers in ein kollektives Entgeltschema, das die Zuordnung nach bestimmten, generell beschriebenen Tätigkeitsmermalen, aber auch nach anderen Kriterien wie z.B. Lebensalter oder Dauer der Dienststellenzugehörigkeit vorsieht (BVerwG v. 15.5.2012, ZfPR *online* 9/2012, S. 3). Die Personalvertretung ist aber nicht nur bei der mit einer Einstellung verbundenen erstmaligen Eingruppierung, sondern auch bei der Zuweisung eines neuen Arbeitsplatzes zu beteiligen, wenn beabsichtigt ist, die bisherige Eingruppierung beizubehalten (BVerwG v. 8.11.2011, ZfPR *online* 2/2012, S. 12).Die Personalvertretung soll im Zusammenhang mit einer Eingruppierung mitverantwortlich sicherstellen, dass der betreffende Arbeitnehmer richtig in die für ihn maßgebliche kollektive Ordnung eingestuft wird, die für seine Bezüge maßgebend ist. Das Mitbestimmungsrecht erstreckt sich aber nicht auf die Frage, ob die Eingruppierung und somit die Entlohnung letztlich angemessen ist (BVerwG v. 12.9.1983, PersV 1985, 163). Auch umfasst das Mitbestimmungsrecht der Personalvertretung nicht das Recht, auf die Aufstellung eines neuen oder aber auf die Änderung eines vorhandenen Vergütungssystems hinzuwirken. Gegenstand des Mitbestimmungsrechts nämlich ist nur die **erstmalige Einreihung eines Beschäftigten** bzw. seiner Tätigkeit in ein vorgegebenes Vergütungssystem (BVerwG v. 14.6.1995, ZfPR 1995, 156). Zur Begründung der Zustimmungsverweigerung zu einer beabsichtigten Eingruppierung kann eine Personalvertretung auch nicht die Anwendung eines anderen als des vom Dienststellenleiter vorgesehenen Tarifvertrages verlangen (BVerwG v. 15.11.1995, ZfPR 1996, 119). Wenn sich unmittelbar an ein zunächst befristetes Arbeitsverhältnis ein weiteres Arbeitsverhältnis anschließt, dann wird eine erneute Eingruppierung nicht erforderlich, weil sich sowohl die Tätigkeit des Arbeitnehmers als auch das maßgebliche Entgeltgruppenschema nicht ändern, so dass ein Mitbestimmungsrecht nicht in Betracht kommt (vgl. für das BetrVG: BAG v. 11.11.1997, DB 1998, 1923).

b) Das Mitbestimmungsrecht der Personalvertretung beschränkt sich bei der Eingruppierung auf eine **Richtigkeitskontrolle**. Mitgestaltungsrechte stehen ihr nicht zu.

Dem Dienststellenleiter ist ein Ermessensspielraum eingeräumt (BVerwG v. 7.3.2011, ZfPR *online* 5/2011, S. 5).

c) Das Mitbestimmungsrecht der Personalvertretung bei der Eingruppierung neu einzustellender Arbeitnehmer erstreckt sich auch auf die Stufenzuordnung nach § 16 Abs. 2 TV-L, wenn die Dienststelle Grundsätze zur Anrechnung förderlicher Berufstätigkeit beschlossen hat (BVerwG v. 7.3.2011, aaO). Die Stufenzuordnung ist bei einem einzustellenden Arbeitnehmer zugleich mit seiner Einordnung in die Entgeltgruppe durchzuführen und daher von der Eingruppierung mitumfasst. Festlegung der Entgeltgruppe und **Stufenzuordnung** bestimmen zusammen das Tabellenentgelt. Erst das Zusammenwirken beider Faktoren macht die Einreihung vollständig (BVerwG v. 27.8.2008, PersV 2009, 1, 24 = Leits. ZfPR 2009, 111; vgl. auch BVerwG v. 23.10.2009, ZfPR 2010, 34). Das Mitbestimmungsrecht gilt nicht nur für den Anwendungsbereich des TV-L, sondern auch für die Stufenzuordnung nach § 16 Abs. 2, Abs. 3 Satz 1 bis 3 und Abs. 5 Satz 2 TVöD (BVerwG v. 7.3.2001, ZfPR 2011, 83). Zur Deckung des Personalbedarfs kann der Arbeitgeber unabhängig von den Regelungen in § 16 Abs. 3 Satz 1 bis 3 TVöD bei Neueinstellungen **Zeiten einer vorherigen beruflichen Tätigkeit** ganz oder teilweise für die Stufenzuordnung berücksichtigen, falls diese für die vorgesehene Tätigkeit förderlich ist. Das Mitbestimmungsrecht nach § 16 Abs. 3 Satz 4 TVöD ist nur dann gegeben, wenn die Dienststelle Grundsätze für die Anrechnung von Zeiten einer vorherigen beruflichen Tätigkeit beschlossen hat (BVerwG v. 7.3.2011, aaO). Nicht dem Mitbestimmungsrecht der Personalvertretung unterliegt das Erreichen der nächsten Stufe nach Ende der regulären Stufenlaufzeit nach § 16 Abs. 3 Satz 1, Abs. 4 Satz 3 Halbs. 1 TV-L, § 16 Abs. 4 Satz 1 und Abs. 5 Satz 3 Halbs. 1 TVöD – Bund bei einer Ein- oder Höhergruppierung (BVerwG v. 13.10.2009, ZfPR *online* 2/2010, S. 2).

d) Das Mitbestimmungsrecht der Personalvertretung im Bereich der **Bundesagentur für Arbeit** erstreckt sich bei Eingruppierungen nach dem TV-BA auf alle bedeutsamen Parameter, die für den Kernbestandteil des tariflichen Entgelts maßgeblich sind (BVerwG v. 27.5.2009, ZfPR 2009, 98).

Übertragung einer höher oder niedriger zu bewertenden Tätigkeit (Abs. 1 Nr. 2)

a) Die Übertragung einer **höher zu bewertenden Tätigkeit** bedeutet die Zuweisung eines anderen Arbeitsplatzes oder die Erweiterung des bisherigen Aufgabengebiets, wenn dies zu einer neuen Gesamttätigkeit auf der Basis einer höheren tariflichen Entgeltgruppe führt (BVerwG v. 16.5.2012, PersV 2012, 379 = Leits. ZfPR 2012, 108).Ein Mitbestimmungsrecht kann auch dann bestehen, wenn sich die Entgeltgruppe nicht ändert (OVG Berlin-Brandenburg v. 6.10.2011, PersR 2012, 274). Bei der Übertragung einer **niedriger zu bewertenden Tätigkeit** dient das Mitbestimmungsrecht dem Schutz des betroffenen Beschäftigten (BVerwG v. 16.5.2012, aaO). Dem Mitbestimmungsrecht einer Personalvertretung unterliegt auch die **nur vorübergehende oder vertretungsweise Übertragung einer höher oder niedriger zu bewertenden Tätigkeit**; eine Änderung der Vergütung ist nicht Voraussetzung (BVerwG v. 8.10.1997, BVerwGE 105, 247 = ZfPR 1998, 45; OVG Hamburg v. 5.3.1999, ZfPR 1999, 154; OVG Mecklenburg-Vorpommern v. 8.1.2010, PersV 2010, 110 = Leits. ZfPR 2010, 110).

b) Die Gewährung einer **Funktionsstufe** ist dann mitbestimmungspflichtig, wenn sie den Zweck verfolgt, den beruflichen Aufstieg zu gestalten (BVerwG v. 27.5.2009, ZfPR *online* 8/2009, S. 2).

Höher- oder Rückgruppierung (Abs. 1 Nr. 2)

a) Eine **Höhergruppierung** umfasst zwei unterschiedliche Maßnahmen, nämlich die Übertragung einer höher zu bewertenden Tätigleit und die tarifliche Zuordnung der Tätigkeit (BVerwG v. 28.8.2008, ZfPR *online* 11/2008, S. 7). Die Personalvertretung kann daher der Übertragung der höherwertigen Tätigkeit zustimmen, während sie der tariflichen Eingruppierung gegenüber die Zustimmung verweigert (BVerwG v. 6.10.1992, ZfPR 1992, ZfPR 1993, 17). Auf der Grundlage von Anlage 2 TVÜ-Bund hat die Personalvertretung zu prüfen, ob die Übertragung einer bestimmten Tätigkeit mit einer Höhergruppierung verbunden ist und insoweit zu einem Mitbestimmungsrecht bei der Übertragung einer höher zu bewertenden Tätigkeit führt (BVerwG v. 16.5.2012, PersV 2012, 379 = Leits. ZfPR 2012, 108). Dagegen ist kein Mitbestimmungsrecht bei dem nach dem Ende der regulären Stufenlaufzeit erfolgenden **Stufenaufstieg** innerhalb der Entgeltgruppe, in die ein Arbeitnehmer eingruppiert ist, gegeben (BVerwG v. 13.10.2009, ZfPR *online* 2/2010, S. 2).

b) Wenn in einer der Beförderung nach dem Beamtenrecht ähnlichen Weise mit der Übertragung einer anderen Tätigkeit in rechtlich abgesicherter Weise eine klar verbesserte, sich konkret abzeichnende **Höhergruppierungschance** eröffnet wird, dann steht einer Personalvertretung ein Mitbestimmungsrecht zu (BVerwG v. 28.8.2008, ZfPR *online* 11/2008, S. 7).

c) Die Übertragung einer Tätigkeit, die nach dem TV-BA zur **Gewährung einer Funktionsstufe** führt, stellt die Übertragung einer höherwertigen Tätigkeit dar und unterliegt daher dem Mitbestimmungsrecht der Personalvertretung (BVerwG v. 27.5.2009, ZfPR *online* 7/2009, S. 5).

d) Eine **Rückgruppierung** ist nur bei einer gleichzeitigen, einvernehmlichen Änderung des Arbeitsvertrages oder durch eine Änderungskündigung des Arbeitgebers möglich (vgl. für das BetrVG: BAG v. 29.9.2011, PersR 2012, 90). Das Mitbestimmungsrecht bei einer Rückgruppierung erstreckt sich auch auf die Stufenzuordnung nach § 17 Abs. 4 Satz 4 TVöD (BVerwG v. 13.10.2009, ZfPR *online* 2/2010, S. 2).

e) Eine **korrigierende Rückgruppierung** als Folge des Absinkens der Wertigkeit der bisherigen Tätigkeit oder einer von Anfang an zu hohen Eingruppierung ist mitbestimmungspflichtig (BVerwG v. 17.4.1970, PersV 1970, 277).

f) Da es sich bei der **Korrektur einer fehlerhaften Eingruppierung** auch um den formellen Akt einer Höhergruppierung handelt, bestimmt die Personalvertretung auch hierbei mit (BVerwG v. 5.5.1977, PersV 1978, 272). Das Mitbestimmungsrecht erstreckt sich nicht auf die Überführung in die richtige Vergütungsgruppe, sondern auf die auf den Wechsel der Vergütungsgruppe folgende tarifrechtliche Einstufung (BVerwG v. 17.4.1970, BVerwGE 35, 164). Auch die „korrigierende“, nämlich eine auf die Korrektur einer bisher nach Arbeitsvertrag und Eingruppierung unterwertigen Beschäftigung abzielende Übertragung einer höherwertigen Tätigkeit auf einem dafür neu geschaffenen Dienstposten unterliegt der Mitbestimmung (OVG Hamburg v. 5.3.1999, ZfPR 1999, 154).

g) Die **Überprüfung von Arbeitsplätzen** soll die tarifgerechte Vergütung von Arbeitnehmern sicherstellen. Je nach dem Ergebnis kann sie zu einer nach § 75 Abs. 1 Nr. 2 mitbestimmungspflichtigen Maßnahme führen, sei es, dass die Tätigkeit höher zu bewerten ist als ursprünglich angenommen, oder sei es, dass sie nicht die für die angenommene Vergütungsgruppe erforderlichen Merkmale aufweist. Erst bei Vorliegen dieses Ergebnisses wird sich der Dienststellenleiter darüber schlüssig werden müssen, ob er eine Korrektur der bisherigen Eingruppierung in Form einer Höher- oder Rückgruppierung vornimmt. Infolgedessen unterliegt die Überpfüfung von Arbeitsplätzen noch nicht dem Mitbestimmungsrecht der Personalvertretung (BVerwG v. 6.2.1979, ZBR 1980, 30).

Versetzung (Abs. 1 Nr. 3)

a) Die **Versetzung zu einer anderen Dienststelle** ist die Übertragung einer Dauerbeschäftigung in einer anderen Dienststelle desselben oder eines anderen öffentlich-rechtlichen Dienstherrn bei Aufrechterhaltung des Arbeitsverhältnisses. Ob eine „andere“ Dienststelle vorliegt, ist nicht von der organisationsrechtlichen, sondern von der personalvertretungsrechtlichen Abgrenzung abhängig (BVerwG v. 11.11.2009, ZfPR *online* 1/2010, S. 8). Auf der Grundlage des dienstrechtlichen Behördenbegriffs ist zu beurteilen, ob der für eine Versetzung unentbehrliche **Dienststellenwechsel** gegeben ist (BVerwG v. 19.3.2012, ZfPR *online* 5/2012, S. 8). Das Mitbestimmungsrecht ist auch dann zu bejahen, wenn der übertragene Aufgabenbereich in der neuen Dienststelle der gleiche wie in der bisherigen Dienststelle ist (BVerwG v. 30.3.2009, ZfPR *online* 5/2009, S. 8).

b) Das Mitbestimmungsrecht entfällt nicht, wenn der Betroffene der Versetzung zustimmt (OVG Berlin v. 6.3.1996, Leits. ZfPR 1997, 120). Bei einer **Versetzung** muss ebenso wie bei einer Abordnung die Personalvertretung der „aufnehmenden" **Dienststelle** beteiligt werden; denn mit Hilfe des Mitbestimmungsrechts sollen nicht nur Interessen des zu Versetzenden oder der übrigen Beschäftigten der abgebenden, sondern auch der Beschäftigten der aufnehmenden Dienststelle geschützt werden. Diese nämlich sind in aller Regel von einer Versetzungsmaßnahme eher als die Beschäftigten der abgebenden Dienststelle betroffen (BVerwG v. 16.9.1994, ZfPR 1995, 5; BVerwG v. 2.8.2005, PersR 2005, 421). Erfolgt eine Versetzung **gegen den Willen des betroffenen Beschäftigten**, dann hat die Personalvertretung zu prüfen, ob der Betroffene evtl. ungerechtfertigt benachteiligt wird. Ebenso hat die Personalvertretung zu prüfen, ob mit der beabsichtigten Versetzung eine unzumutbare Mehrbelastung für die Beschäftigten der abgebenden Dienststelle verbunden sein könnte. Außerdem geht es darum, ob schützenswerte Belange anderer Beschäftigter dann ausreichend beachtet werden, wenn mit der Versetzung das berufliche Fortkommen des Beschäftigten gefördert wird (BVerwG v. 28.5.2002, ZfPR 2002, 265). Bei einer **„vertikalen Versetzung"** eines Beschäftigten von einer nachgeordneten Dienststelle in den Geschäftsbereich der Mittelbehörde ist als Personalvertretung der aufnehmenden Dienststelle der örtliche Personalrat bzw. der Gesamtpersonal, nicht aber der Bezirkspersonalrat zu beteiligen (OVG Rheinland-Pfalz v. 17.7.2007, ZfPR 2008, 60). **Schwerbehinderte** sollen gegen ihren Willen nur aus dringenden dienstlichen Gründen versetzt, abgeordnet oder umgesetzt werden, wenn hierbei mindestens gleichwertige Arbeitsbedingungen oder berufliche Entwicklungsmöglichkeiten angeboten werden können. Wenn einer Versetzung die Übertragung eines Arbeitsplatzes vorausgeht, dann ist diese Maßnahme als eine erste Stufe einer sich in Etappen vollziehenden Versetzung anzusehen, an der die Personalvertretung zu beteiligen ist(BVerwG v. 12.1.1962, BVerwGE 13, 291).

Umsetzung (Abs. 1 Nr. 3)

a) Eine **Umsetzung** ist die Zuweisung eines anderen Arbeitsplatzes innerhalb derselben Dienststelle, verbunden mit einem Wechsel des Dienstorts, also dann, wenn mehrere Dienststellen auf verschiedene Dienstorte aufgeteilt sind (BVerwG v. 8.11.2011, ZfPR *online* 2/2012, S. 2).

b) Ist ein Dienststellenleiter aufgrund seines **Direktionsrechts** befugt, einem Beschäftigten bei im Übrigen gleichbleibender Tätigkeit einen Teil seiner Aufgaben zu entziehen, ohne dass dadurch ein von dem bisherigen grundlegend abweichender neuer Arbeitsbereich entsteht, dann stellt eine solche Änderung in der Art der Beschäftigung keine mitbestimmungspflichtige Umsetzung dar. Von dieser kann immer nur dann die Rede sein, wenn ein anderer Aufgabenbereich, der von dem bisherigen grundlegend abweicht, zugewiesen wird (BAG v. 27.3.1980, BB 1980, 1267).

c) Bei der **Verlegung eines Arbeitseinsatzortes** ist kein Mitbestimmungsrecht gegeben; denn hierbei handelt es sich nicht um eine Umsetzung. Unter **Umsetzung** ist vielmehr nur die Übertragung eines anderen Aufgabenbereichs mit der Folge zu verstehen, dass der neue Aufgabenbereich eine andere Prägung als der bisherige hat (BVerwG v. 18.12.1996, ZfPR 1997, 114). Ein Wechsel des Arbeitsplatzes (Umsetzung) liegt nicht vor, wenn eine Dienststelle umgegliedert, das Aufgabengebiet aber nicht ausgewechselt wird. Als Umsetzung kommen demgemäß nur solche Maßnahmen in Betracht, die mit einem erheblichen Eingriff in den rechtlich geschützten Bereich des Beschäftigten verbunden sind (OVG Münster v. 22.11.1976, PersV 1979, 429). Eine mitbestimmungspflichtige **Teilumsetzung** liegt nicht vor, wenn durch besondere organisatorische

Anordnungen die am bisherigen Dienstort zu bewältigende Arbeitsmenge bzw. die dort bestehende zeitliche Beanspruchung reduziert wird und der davon Betroffene im Umfang dieser Entlastung gleichartige Aufgaben an einem anderen Dienstort zu übernehmen hat (OVG Münster v. 24.2.1994, Leits. ZfPR 1996, 18).

d) Wenn eine zeitlich unbefristete Umsetzung mit der Maßgabe verbunden ist, dass während einer Einarbeitungszeit sowohl Dienststellenleiter als auch betroffener Beschäftigter die Rückkehr an den früheren Arbeitsplatz verlangen können, dann stellt ein solcher vom Dienststellenleiter verfügter „Rückruf" auf den früheren Arbeitsplatz mangels hinreichender Bewährung in der Einarbeitungszeit eine dem Mitbestimmungsrecht der Personalvertretung unterliegende **Rückumsetzung** dar (OVG Hamburg v. 15.8.1996, PersR 1996, 399).

Abordnung (Abs. 1 Nr. 4)

Bei einer **Abordnung** hat die Personalvertretung ebenfalls mitzubestimmen. Hierbei handelt es sich um die vorübergehende Übertragung einer Tätigkeit in einer anderen Dienststelle desselben oder eines anderen öffentlich-rechtlichen Dienstherrn bei Aufrechterhaltung des Arbeitsverhältnisses und der Zugehörigkeit zur bisherigen Dienststelle (BVerwG v. 29.1.2003, ZfPR 2003, 325). Auch bei einer Abordnung ist neben der bei der abordnenden Dienststelle gebildeten Personalvertretung die bei der aufnehmenden Dienststelle bestehende Personalvertretung zu beteiligen (BVerwG v. 21.10.1993, ZfPR 1994, 90). Bei der Frage, ob der für das Vorliegen einer Abordnung notwendige Wechsel der Dienststelle vorliegt, ist der dienstrechtliche Behördenbegriff, nicht dagegen der personalvertretungsrechtliche Dienststellenbegriff maßgebend (BVerwG v. 19.3.2012, ZfPR *online* 5/2012, S 8). Für die Frage, ob die für die Mitbestimmungspflichtigkeit einer Abordnung maßgebliche Drei-Monats-Grenze überschritten wird, kommt es darauf an, auf welchen Gesamtzeitraum die Abordnung angelegt ist. **Kurzabordnungen**, die sich in der Weise aneinanderreihen, dass sie zusammen einen ununterbrochenen Zeitraum von mehr als drei Monaten erreichen (d.h. **Kettenabordnungen**), unterliegen dem Mitbestimmungsrecht. Mitbestimmungspflichtig ist aber auch eine Kurzabordnung, durch die eine unmittelbar vorangegangene Abordnung verlängert wird, die ihrerseits (wegen Überschreitung der Drei-Monats-Grenze) bereits der Mitbestimmung unterlegen hat. Auch dieses letzte Glied einer Kettenabordnung ist als unselbstständiger Bestandteil eines einheitlichen rechtlichen Vorgangs – nämlich einer Langzeitabordnung – zu werten (OVG Mecklenburg-Vorpommern v. 21.11.2007, Leits. ZfPR, 2008, 75). Schließt sich an eine dreimonatige Abordnung eines Arbeitnehmers ein Erholungsurlaub an und an diesen eine weitere Abordnung, ohne dass der Arbeitnehmer seine Arbeit zwischen den beiden Abordnungen in der Stammbehörde wieder aufgenommen hat, so steht der Personalvertretung ein Mitbestimmungsrecht zu (HessVGH v. 17.11.2005, PersR 2006, 310). Dem Mitbestimmungsrecht unterliegt auch eine **Teilabordnung**, d.h. die vorübergehende Übertragung eines Teils von Tätigkeiten in einer anderen Dienststelle (BVerwG v. 28.5.2002, ZfPR 2002, 265).

Zuweisung entsprechend § 29 des Bundesbeamtengesetzes für eine Dauer von mehr als drei Monaten (Abs. 1 Nr. 4 a)

Wenn der Geschäftsführer eines Jobcenters der **Zuweisung einer Tätigkeit beim Jobcenter** an einen Arbeitnehmer der Bundesagentur für Arbeit zustimmen möchte, dann steht der beim Jobcenter gebildeten Personalvertretung ein Mitbestimmungsrecht zu (BVerwG v. 24.9.2013, ZfPR *online* 2/2014, S. 10).

Weiterbeschäftigung über die Altersgrenze himaus (Abs. 1 Nr. 5)

Bestimmt ein Tarifvertrag, dass das Arbeitsverhältnis mit Ablauf des Monats endet, in dem der Arbeitnehmer das 65. Lebensjahr vollendet, und soll dieses Arbeitsverhältnis dann doch **über diese Altersgrenze hinaus** fortgesetzt werden, so steht der Personalvertretung ein Mitbestimmungsrecht zu (BAG v. 18.7.1978, BB 1978, 1718).

Versagung oder Widerruf der Genehmigung einer Nebentätigkeit (Abs. 1 Nr. 7)

Die Möglichkeiten von Arbeitnehmern zur Ausübung von Nebentätigkeiten soll nicht durch rechtlich unzulässige Entscheidungen des Arbeitgebers eingeschränkt werden. Deshalb steht Personalvertretungen ein Mitbestimmungsrecht zu, wenn es um die **Versagung einer beantragten und den Widerruf einer erteilten Genehmigung** geht. Umfasst vom Mitbestimmungsrecht ist auch die Untersagung einer entsprechend § 3 Abs. 3 Satz 2 TVöD zugelassenen Nebentätigkeit (VG Köln v. 26.4.2013 – 33 K 2907/12 PVB, nach Altvater u.a. § 75 Anm. 87).

Zu sozialen Angelegenheiten (Abs. 2 Nrn. 1 bis 3)

a) Die **Gewährung von Fahrkostenzuschüssen** an solche Beschäftigten, die einen größeren Aufwand für ihre Fahrten von der Wohnung zur Dienststelle haben, sind keine sozialen Zuwendungen, deren Gewährung der Mitbestimmung der Personalvertretung unterliegen würde (HessVGH v. 15.2.1975, PersV 1977, 138).

b) Wenn ein Arbeitgeber die Gewährung zinsgünstiger Darlehen einem **zweckgebundenen Sondervermögen** überträgt, so errichtet er damit eine „Sozialeinrichtung". Für Sozialleistungen ist typisch, dass sie auf besondere Bedürfnisse abstellen, die nicht bei allen Beschäftigten in gleichem Umfang gegeben sein müssen. Der Personalvertretung steht aber auch in diesem Fall ein Mitbestimmungsrecht zu, weil es darum geht zu überwachen, dass den besonderen Bedürfnissen der Beschäftigten Rechnung getragen wird (BAG v. 9.12.1980, DB 1981, 996).

c) Die **Gewährung eines Familienheimdarlehens** ist weder ein Darlehen noch eine entsprechende soziale Zuwendung i.S. von § 75 Abs. 2 Nr. 1. Insgesamt muss es sich bei den hier aufgezählten Maßnahmen um Unterstützungen mit ausschließlich sozialem Charakter handeln, die zu dem Zweck gewährt werden, eine soziale Notlage zu beheben. Die Gewährung eines Familienheimdarlehens dient aber ausschließlich dem Bestreben des Dienstherrn, Beschäftigten, die noch nicht am Dienstort oder in angemessener Entfernung hierzu eine Wohnung für sich und ihre Familie gefunden haben, die Begründung eines Wohnsitzes in diesem Raum zu ermöglichen. Daher kann die Personalvertretung bei der Gewährung eines Familienheimdarlehens nicht mitbestimmen (BVerwG v. 21.3.1980, PersV 1981, 329).

d) Werden von einer hierzu beauftragten Dienststelle für mehrere Dienstbereiche oder Behörden zentral **Wohnungen** bewirtschaftet, so ist eine Mitbestimmung der Personalvertretung ausgeschlossen, da eine über den Bereich der eigenen Dienststelle hinausgehende Beteiligung der Personalvertretung systemwidrig wäre (BVerwG v. 25.9.1984, ZBR 1985, 60). Die Zuweisung einer von der Dienststelle verwalteten Personalunterkunft an einen Beschäftigten unterliegt auch dann der Mitbestimmung des Personalrats, wenn dabei **keine Auswahlentscheidung zwischen mehreren Beschäftigten** und/oder zwischen mehreren Personalunterkünften zu treffen ist. Dies folgt aus dem Wortlaut der Vorschrift. Das Mitbestimmungsrecht wird allein an die Zuweisung der Wohnung geknüpft (OVG Münster v. 9.6.2006, PersR 2006, 481 = Leits. ZfPR 2007, 44).

e) Bei der **Zuweisung von Dienstwohnungen** ist die Personalvertretung nicht zu beteiligen (BVerwG v. 25. 9. 1984, aaO; BVerwG v. 21.3.1985, ZBR 1985, 281). Etwas anderes aber gilt dann, wenn die Dienststelle unter mehreren Dienst- oder Werkdienstwohnungen oder unter mehreren Dienstwohnungsberechtigten auszuwählen hat (BVerwG v. 16.11.1987, ZfPR 1989, 19). Auch bei **Mieterhöhungen** steht einer Personalvertretung ein Mitbestimmungsrecht zu. Dieses Recht beinhaltet aber nicht eine Beteiligung bei der Festlegung des Mietzinses im Einzelfall. Vielmehr geht es alleine um den Erhöhungssatz und darum, ob die Mieten linear oder nicht linear (mit Zuschlägen oder Abschlägen) angehoben werden sollen (BVerwG v. 15.3.1995, Leits. ZfPR 1995, 203).

f) Der entscheidungsbefugten Stufenvertretung ist vor der Vergabe von Wohnungen ein vollständiges **Verzeichnis der Wohnungsbewerber**, nicht nur ein Verzeichnis der vom Wohnungsausschuss ausgewählten und auf seinen Rat von der Dienststelle vorgesehenen Bewerber vorzulegen. In der Empfehlung des Wohnungsausschusses ist eine Empfehlung zu sehen, die auf die endgültige Entscheidung von großem Einfluss ist (BVerwG v. 13.6.1969, PersV 1970, 15).

Zu sozialen Angelegenheiten mit z.T. personellen, z.T. organisatorischen Bezügen (Abs. 3)

Arbeitszeit (Abs. 3 Nr. 1)

a) Soweit eine gesetzliche oder tarifliche Regelung nicht besteht, steht der Personalvertretung – ggf. durch den Abschluss von Dienstvereinbarungen – ein Mitbestimmungsrecht bei **Beginn und Ende der täglichen Arbeitszeit und der Pausen sowie der Verteilung der Arbeitszeit auf die einzelnen Wochentage** zu. Das Mitbestimmungsrecht soll die Interessen der Beschäftigten an der Lage ihrer Freizeit Rechnung tragen (BVerwG v. 4.9.2012, ZfPR *online* 6/2023, S. 2). Wenn eine gesetzliche oder tarifliche Regelung besteht, dann entfällt das Mitbestimmungsrecht nur dann, wenn der Sachverhalt vollständig, umfassend und erschöpfend unmittelbar geregelt ist, und es zum Vollzug keines Ausführungsaktes durch die betreffende Dienststelle mehr bedarf. Verbleibt dem Dienststellenleiter aber die Entscheidung über eine Einzelmaßnahme, dann unterliegt diese der Richtigkeitskontrolle der Personalvertretung im Wege der Mitbestimmung (BVerwG v. 12.8.2002, ZfPR 2002, 298; BVerwG v. 18.5.2004, ZfPR 2004, 231). Für das Einsetzen des Mitbestimmungsrechts reicht es aus, wenn die konkrete Regelung zur Arbeitszeit, selbst wenn sie nur einen Teil der Arbeitszeit und der Beschäftigten betrifft, die **kollektiven Interessen** von Beschäftigten berührt. Ein kollektiver Tatbestand ist dann anzunehmen, wenn die Interessen der Beschäftigten unabhängig von der einzelnen Person und den individuellen Wünschen des Einzelnen berührt werden, wenn also die beabsichtigte Arbeitszeitregelung unmittelbare Auswirkungen auch noch auf andere Beschäftigte hat. Auf die Zahl der Betroffenen kommt es nicht an (OVG Münster v. 25.1.2012, PersV 2012, 127 = Leits. ZfPR *online* 10/2012, S. 23). Nur wenn sich eine Regelung auf die Gestaltung individueller Wünsche beschränkt und keine Auswirkungen auf die Interessenlage anderer Beschäftigter hat, fehlt es am kollektiven Tatbestand. Daher ist es nicht erforderlich, dass die Arbeitszeitregelung alle oder doch nahezu alle Beschäftigten der Dienststelle betrifft (BVerwG v. 12.8.2002, aaO).

b) Das Mitbestimmungsrecht der Personalvertretung erstreckt sich auch auf die **Dauer der täglichen Arbeitszeit** (BVerwG v. 5.2.1971, BVerwGE 37, 173). Dagegen steht der Personalvertretung kein Mitbestimmungsrecht zu, wenn der Leiter einer Dienststelle entgegen der bisherigen Übung die Mittagspause auf die Arbeitszeit anrechnen will; denn die zwingende Regelung des § 8 Abs. 3 ArbZVO schließt ein Mitbestimmungsrecht aus (BVerwG v. 27.7.1979, PersV 1981, 168). Die **Anordnung von Mehrarbeit oder Überstunden** unterliegt dagegen dem Mitbestimmungsrecht der Personalvertretung. Dabei wird nicht nur die Bestimmung der Lage von Mehrarbeits- oder Überstunden, sondern auch die Frage berührt, ob überhaupt Mehrarbeit oder Überstunden angeordnet werden. Somit entfällt nicht mehr – wie nach der früheren Rechtsprechung – das Mitbestimmungsrecht, wohl aber das Letztentscheidungsrecht der Einigungsstelle, deren Spruch nur empfehlenden Charakter haben kann (BVerwG v. 24.4.2002 – P 3.01, BVerwGE 116, 216 = ZfPR 2002, 235; BVerwG v. 24.4.2002 – 6 P 4.01, ZfPR 2002, 294). Dagegen steht der Personalvertretung beim **Abbau von Überstunden** (OVG Münster v. 5.2.1998, Leits. ZfPR 1998, 162) ebensowenig ein Mitbestimmungsrecht wie bei der Festlegung von Zeitwerten für den **Vorbereitungs- und Abschlussdienst** in Dienstplänen zu, da es sich hierbei nur um interne Berechnungen für die Bemessung und zeitliche Bewertung einer innerhalb der Arbeitszeit zu erbringenden Leistung handelt (BVerwG v. 4.4.1985, PersV 1987, 155).

Die Anordnung von Überstunden oder Mehrarbeit ist aber nur dann durch Erfordernisse des Dienstablaufs „bedingt, wenn unausweichliche wirtschaftliche oder technische Zwänge vorliegen, welche die Maßnahme für den Dienststellenleiter als alternativlos erscheinen lassen" (BVerwG v. 12.9.2005, PersR 2006, 72).

c) Die Personalvertretung bestimmt auch mit bei der **Einführung dienstfreier Tage**, die nicht die Folge einer von der Dienststelle gewährten Vergünstigung, sondern die Anpassung der Arbeitszeit an die Arbeitszeitordnung ist (BVerwG v. 31.8.1962, BVerwGE 15, 32; VG Frankfurt a.M. v. 2.12.1996, PersR 1997, 81). Dagegen besteht kein Mitbestimmungsrecht bei der **Einführung eines unterrichtsfreien Samstags** im Bereich der Schulen. Hier handelt es sich nämlich um eine schulorganisatorische Maßnahme mit pädagogischer Zielsetzung, nicht aber um eine Arbeitszeitregelung (BVerwG v. 22.12.1982, PersV 1983, 413; BVerwG v. 7.3.1983, PersV 1984, 241). Ein Mitbestimmungsrecht steht der Personalvertretung aber bei der **Einführung des Dienstleistungsabends** zu; denn es geht um die „tägliche Arbeitszeit" bzw. um die Arbeitszeit an einem bestimmten Tag, an dem eine andere Arbeitszeit als die regelmäßige festgesetzt werden soll (VG Oldenburg v. 20.10.1989, PersR 1989, 338). Die **Anordnung einer außerplanmäßigen Dienstreise**, die Reisezeiten außerhalb der normalen Arbeitszeit erforderlich macht, unterliegt dann nicht der Mitbestimmung der Personalvertretung, wenn während der Reisezeit keine Arbeitsleistung zu erbringen ist (vgl. für das BetrVG: BAG v. 23.7.1996, BB 1997, 206).

d) Wenn ein Dienstvorgesetzter aus zwingenden dienstlichen Gründen (z.B. **Dienstbesprechung) die Dienstzeit über die regelmäßige Arbeitszeit hinaus** fortsetzt, so findet keine Mitbestimmung statt, weil eine vorherige besondere Festlegung der Arbeitszeit nicht möglich ist (OVG Münster v. 24.7.1972, ZBR 1973, 26).

e) Der Personalvertretung steht dann kein Mitbestimmungsrecht zu, wenn **Dienstpläne** über die Arbeitszeitregelung hinaus den personellen Einsatz einzelner Beschäftigter in einer Weise regeln, für die nicht die Dienststelle, sondern die ihr vorgesetzte Stelle zuständig ist (BVerwG v. 16.12.1960, BVerwGE 11, 307).

f) Wenn in einer Dienststelle in mehreren **Schichten** gearbeitet werden soll, dann steht dem Personalrat das Recht zu, die Namen der den einzelnen Schichten zugeteilten Beschäftigten in Erfahrung zu bringen, um sein Mitbestimmungsrecht in Arbeitszeitfragen ausüben zu können (VG Frankfurt a.M. v. 3.11.2008 – 23 K 1643/08. S. PV. n.v.). Ein Mitbestimmungsrecht steht der Personalvertretung auch für den Fall zu, dass ein **Schichtwechsel** einzelner Beschäftigter die Arbeitsbelange anderer berührt. Dies ist z.B. dann der Fall, wenn ein anderer Beschäftigter der Schicht zugeteilt werden muss (OVG Münster v. 21.7.2004, PersR 2005, 121).

g) Dem Mitbestimmungsrecht der Personalvertretung unterliegt auch die **Aufteilung von Pausenzeiten**, die Festsetzung des Zeitraums, in dem Pausen von Beschäftigten genommen werden müssen und eine Vertretungsregelung für die Pausen, die zur Aufstellung von Pausenplänen zwingt (OVG Hamburg v. 22.5.2000, PersR 2001, 303). Die Regelung der **Kontrolle der Arbeitszeit** unterliegt ebenfalls der Mitbestimmung der Personalvertretung (VG Berlin v. 10.2.1973, PersV 1974, 211). Daher besteht ein Anspruch des Personalrats auf **Einsicht in das Arbeitszeitkonto** eines Beschäftigten dann, wenn die Regelung zur Führung von Arbeitszeitkonten ihrem Inhalt nach nicht ausschließlich der Kontrolle durch die Dienststelle dient (OVG Niedersachsen v. 9.4.2008, Leits. ZfPR, 75). Entscheidungen über **Einführung und Ausgestaltung von Arbeitszeitkonten, Arbeitszeitkorridoren und Rahmenzeiten** nach § 6 Abs. 6 und 7, § 10 Abs. 1 TVöD betreffen Systeme zur **Flexibilisierung der Arbeitszeit** und sind daher mitbestimmungspflichtig (OVG Berlin-Brandenburg v. 23.4.2009, PersR 2009, 372).

h) Die **Festlegung der Öffnungszeiten** der Behörden für den Publikumsverkehr unterliegt nicht der Mitbestimmung der Personalvertretung, wenn sie nicht unmittelbar Beginn und Ende der Arbeitszeit bestimmt (OVG Lüneburg v. 29.8.2001 – 18 L 2927/00, n.v.). Die Entscheidung über **Öffnungszeiten** betrifft die Erfüllung von Aufgaben gegenüber der Allgemeinheit (vgl. b). Auf diese Aufgaben kann aber eine Personalvertretung keinen Einfluss haben. Die Entscheidung wird von einer Stelle getroffen, die den Bürgern in ihrer Gesamtheit verantwortlich ist, so dass es dem Demokratie- und Rechtsstaatsprinzip widersprechen würde, wenn eine Institution (Personalvertretung) auf Art und Erledigung der Aufgaben Einfluss nehmen würde, ihrerseits aber der Volksvertretung nicht verantwortlich ist (VGH Baden-Württemberg v. 19.10.1999, Leits. ZfPR 2000, 239). Bei der **Einführung der gleitenden Arbeitszeit** ist das Mitbestimmungsrecht grundsätzlich gegeben, aber dann ausgeschlossen, wenn hiermit Auswirkungen auf die nach außen zu erfüllenden Aufgaben der Dienststelle oder Auswirkungen auf andere Dienststellen verbunden sind (BVerwG v. 23.12.1982, PersV 1983, 413). Ein Mitbestimmungsrecht bei der **Anordnung von Kurzarbeit** steht dem Personalrat nicht zu. Mit dieser Anordnung nämlich erklärt der öffentliche Arbeitgeber, dass er eine zeitlich weitergehende Arbeitsleistung des Arbeitnehmers ablehnt (vgl. für das BetrVG: BAG v. 10.10.2006, ZfPR 2007, 69).

i) Bei der **Erstellung von Schicht- oder Dienstplänen** kann eine Personalvertretung nur dann mitbestimmen, wenn aufgrund der gesetzlichen oder tarifvertraglichen Bestimmungen noch Spielraum für die Regelung von Beginn und Ende der täglichen Arbeitszeit besteht (BVerwG v. 14.6.1968, PersV 1968, 264). Im Zusammenhang mit der Einführung von Schichtarbeit haben Dienststellenleiter und Personalvertretung grundsätzlich alle Fragen der Schichtarbeit zu regeln. Sie können sich dabei auf die Festlegung von Grundsätzen beschränken, denen die einzelnen Schichtpläne entsprechen müssen (vgl. für das BetrVG: BAG v. 28.10.1986, Leits. BB 1987, 404; vgl. zum Mitbestimmungsrecht bei Dienstplänen auch: BVerwG v. 24.7.1986 – 6 P 18.83, n.v.). Vom Mitbestimmungsrecht wird auch die **Änderung der Schichtdauer** umfasst, da durch eine Verkürzung bzw. Verlängerung Beginn und Ende der täglichen Arbeitszeit neu festgelegt werden (BVerwG v. 12.3.1986, BVerwGE 74, 100, 104). In diesem Zusammenhang steht der Personalvertretung ein Mitbestimmungsrecht auch für den Fall zu, dass ein Schichtwechsel einzelner Beschäftigter die Arbeitszeitbelange anderer Beschäftigter berührt, nämlich u.a. dann, wenn ein anderer Beschäftigter der Schicht zugeteilt werden muss (OVG Münster v. 21. 7. 2004, PersR 2005, 121).

j) Einer Personalvertretung steht kein Mitbestimmungsrecht bei der Regelung der Frage zu, ob und inwieweit **Wegezeiten auf die Arbeitszeiten anzurechnen** sind; denn diese Frage hat nichts mit der Festlegung der zeitlichen Lage oder der Dauer der Arbeitszeit zu tun. Die Wege zur Arbeitsstätte zu Dienstbeginn oder auf dem Heimweg bei Dienstende lassen sich nicht als Arbeitszeiten oder Nebenarbeitszeiten bewerten. Beim Zurücklegen dieser Wege handelt es sich nicht um das Erledigen von Arbeiten. Falls daher der Ort, an dem der Dienst zu beginnen hat, geändert wird, besteht kein Mitbestimmungsrecht der Personalvertretung (BVerwG v. 12.11.1993, ZfPR 1994, 94).

k) Bei der **Anordnung der Rufbereitschaft** steht der Personalvertretung ein Mitbestimmungsrecht zu; denn hierbei handelt es sich um die Festlegung von Beginn und Ende der täglichen Arbeitszeit (BVerwG v. 4.9.2012, , ZfPR *online* 6/2013, S. 2). Auch die **Anordnung von Bereitschaftsdienst** unterliegt dem Mitbestimmungsrecht der Personalvertretung; denn Bereitschaftsdienst ist Arbeitszeit (vgl. §§ 5 Abs. 3, 7 Abs. 1 Nr. 1 a und Nr. 2 a, Arbeitszeitgesetz, ArbZG; vgl. auch zur Abgrenzung von Rufbereitschaft und Bereitschaftsdienst: LAG Rheinland-Pfalz v. 20.9.2012, Leits. ZfPR 2013, 80).

l) Die Personalvertretung hat auch über **Beginn und Ende der täglichen Arbeitszeit von Teilzeitarbeitskräften** mitzubestimmen. Dies gilt auch für die Pausen und für die Verteilung der Arbeitszeit auf die einzelnen Wochentage. Gleiches gilt für die Regelungen über die tägliche Mindestarbeitszeit, die Höchstzahl von Arbeitstagen in der Woche und über den zeitlichen Rahmen, innerhalb dessen Teilzeitarbeitskräfte an den einzelnen Tagen zu beschäftigen sind. Die **Festlegung der Arbeitstage** für Teilzeitbeschäftigte ist selbst dann mitbestimmungspflichtig, wenn sie lediglich dadurch erfolgt, dass für bestimmte Tage oder eine bestimmte Zahl von Tagen festgelegt wird, dass Teilzeitbeschäftigte an diesen Tagen nicht zur regelmäßigen Dienstleistung herangezogen werden dürfen (BVerwG v. 12.8.2002, ZfPR 2002, 298).

Urlaub (Abs. 3 Nr. 3)

Einer Personalvertretung steht kein Mitbestimmungsrecht bei der Anordnung einer Urlaubssperre zu, da diese nicht Bestandteil der **Urlaubsplanung** ist (BVerwG v. 19.1.1993, ZfPR 1993, 51; OVG Münster v. 17.2.2000, Leits. ZfPR 2000, 339). Wohl aber steht einer Personalvertretung ein Mitbestimmungsrecht bei der **Aufstellung allgemeiner Urlaubsgrundsätze** zu (OVG Münster v. 24.4.1996 – 1 A 407/93.PVL, n.v.). Die individuellen **Urlaubszeiten** der Beschäftigten sollen in einer Weise **koordiniert** werden, dass die Interessen aller möglichst gleichgewichtig berücksichtigt werden können. Gleichzeitig soll sichergestellt werden, dass der Dienstablauf trotz urlaubsbedingter Ausfälle weitgehend aufrechterhalten und eine ordnungsgemäße Aufgabenerledigung selbst dort gewährleistet werden kann, wo sich Urlaubszeiten von Beschäftigten in gleichen Sachgebieten überschneiden (BVerwG v. 23.8.2007, ZfPR *online* 12/2007, S. 7).

Lohngestaltung (Abs. 3 Nr. 4)

a) Eine **angemessene und durchsichtige Gestaltung des Lohngefüges** und die Wahrung der Lohn- und Verteilungsgerechtigkeit innerhalb der Dienststelle sind Zweck des Mitbestimmungsrechts der Personalvertretung. Nicht die konkrete, absolute Höhe des Arbeitsentgelts, sondern die Strukturform des Entgelts einschließlich ihrer näheren Vollzugsformen (**abstrakt-generelle Grundsätze der Entgeltfindung**) sind Gegenstand des Mitbestimmungsrechts (BVerwG v. 20.11.2008, ZfPR 2009, 34; BVerwG v. 10. 6. 2011, ZfPR *online* 9/2011, S. 2). Das Mitbestimmungsrecht der Personalvertretung nach § 75 Abs. 3 Nr. 4 erstreckt sich nicht auf die **Festsetzung von Leistungszulagen** in einzelnen Fällen, sondern nur auf abstrakt-generelle Regelungen auf dem gesamten Gebiet der Lohngestaltung. Die Personalvertretung könnte daher allenfalls ein Mitbestimmungsrecht bei der generellen Festlegung der für die Bestimmung der Leistungszulage im Einzelfall maßgebenden Faktoren (Arbeitsausführung, Arbeitsergebnis etc.) sowie bei einer etwaigen Festsetzung der darauf abgestimmten Bewertungskoeffizienten beanspruchen (BVerwG v. 26.7.1979, PersV 1981, 71). Ein Mitbestimmungsrecht besteht aber in dem Fall, dass ein Dienststellenleiter **Fragen zur Abgeltung von Bereitschaftsdiensten** durch Freizeit oder Vergütung regeln will; denn die allgemeinen Vorgaben, mit denen festgelegt werden soll, unter welchen Voraussetzungen im Einzelfall diese oder jene Alternative anzustreben ist, sind Maßnahmen der Lohngestaltung (BayVGH v. 16. 6. 1999, PersV 2000, 82; vgl. für das BetrVG BAG v. 26.8.1997, BB 1998, 845). Insgesamt gehören zu diesem Mitbestimmungstatbestand **alle vermögenswerten Leistungen**, die aus Anlass des Arbeitsverhältnisses gewährt werden (z.B. Mietzuschüsse oder Kosten für Familienheimflüge, soweit es sich nicht um Aufwendungen bei Dienstreisen handelt; vgl. für das BetrVG: BAG v. 10.6.1986, NZA 1987, 30). Wenn ein Arbeitgeber übertarifliche Zulagen, die er in unterschiedlicher Höhe gewährt, voll auf eine neu geschaffene tarifliche Zulage anrechnen will, so hat die Personalvertretung ein Mitbestimmungsrecht, wenn trotz der vollen Anrechnung noch ein Regelungsspielraum verbleibt (vgl. für das BetrVG: BAG v. 14.2.1995, DB 1995, 1917). Soweit ein Dienststellenleiter aber rechtlich oder tatsächlich gebunden ist, kommt ein Mitbestimmungsrecht nicht in Betracht (BVerwG v. 9.12.1998, BVerwG 108, 135 = ZfPR 1999, 80).

b) Falls es zwischen Dienststellenleiter und Personalvertretung nicht zu einer Einigung kommt, dann kann die fehlende Zustimmung nicht durch die **Einigungstselle** ersetzt werden (BVerwG v. 7.3.2011, ZfPR *online* 5/2011, S. 6).

c) Das Mitbestimmungsrecht der Personalvertretung ist bei der **Anrechnung einer Tariflohnerhöhung** auf über-/außertarifliche Zulagen bzw. bei einem **Widerruf solcher Zulagen** davon abhängig, dass eine generelle Regelung vorliegt, eine Änderung durch die beabsichtigten Maßnahmen eintritt und ein Gestaltungsspielraum besteht (BAG v. 25.5.2012, ZTR 2012, 599).

d) Ein Mitbestimmungsrecht der Personalvertretung besteht beim Aufbau von **Vergütungsgruppen und der Festlegung von Vergütungsgruppenmermalen** (vgl. für das BetrVG: BAG v. 18.10.2011, BAGE 139, 332).

Sozialeinrichtungen (Abs. 3 Nr. 5)

a) Wenn den Beschäftigten von einem Dienstherrn **Parkplätze** zur Verfügung gestellt werden sollen, dann hat die zuständige Personalvertretung mitzubestimmen. Dabei ist es unerheblich, ob nur ein Teil der Beschäftigten nutzungsberechtigt sein soll oder ob auch Beschäftigte anderer Behörden parkberechtigt sind (VG Frankfurt a.M. v. 23.11.2012, ZfPR *online* 11/2012, S. 9).

b) **Selbsthilfeeinrichtungen** der Beschäftigten, die nicht von einer Verwaltung, sondern von den Beschäftigten selbst geführt werden, sind keine Sozialeinrichtun- gen. Dies gilt selbst dann, wenn die Verwaltung Fördermittel zur Verfügung stellt (OVG Koblenz v. 15.5.1961, PersV 1961, 274).

c) Wenn eine Sozialeinrichtung über ein autonomes, satzungsgebundenes Organ verfügt, dann kann die Personalvertretung auf die **Gestaltung der Satzung** lediglich mittelbar über die Dienststelle Einfluss nehmen (BVerwG v. 24.11.1983, BVerwGE 68, 203). Dagegen steht der Personalvertretung dann ein Mitbestimmungsrecht bei der Errichtung, Verwaltung und Auflösung von Sozialeinrichtungen zu, wenn eine Dienststelle nicht alleinige Trägerin dieser Einrichtung ist. Die Tatsache, dass noch andere Dienststellen beteiligt sind, führt nur dazu, dass weitere Personalvertretungen bei den miterrichtenden oder mitverwaltenden Dienststellen zu beteiligen sind. Das Mitbestimmungsrecht der Personalvertretung beschränkt sich auf die Maßnahmen, die die Dienststelle im Rahmen der Miterrichtung oder der Mitverwaltung trifft. Insoweit geht das Mitbestimmungsrecht nicht über den Zuständigkeitsbereich der Dienststelle hinaus (BVerwG v. 15.12.1978, ZBR 1979, 342).

d) Der Personalvertretung steht ein Mitbestimmungsrecht auch dann zu, wenn die bisher übliche **Nutzung einer Kantine** insoweit eingeschränkt werden soll, als künftig Jubiläumsfeiern von Beschäftigten in der Kantine nicht mehr durchgeführt werden dürfen (vgl. für das BetrVG: BAG v. 15.9.1987, DB 1988, 404). Auch steht der Personalvertretung ein Mitbestimmungsrecht dann zu, wenn eine Sozialeinrichtung wesentliche Änderungen erfahren soll. Dies gilt z.B. für Umbaumaßnahmen (BVerwG v. 24.4.1992, PersV 1992, 437). Auch ein **Parkhaus** ist dann eine Sozialeinrichtung, wenn die Beschäftigten während der Dienststunden dort ohne Entgelt parken können. Wird daher vom bisher kostenlosen Parken dazu übergegangen, dass die Beschäftigten künftig ein Entgelt zu zahlen haben, dann handelt es sich um eine Maßnahme der Verwaltung einer Sozialeinrichtung, die der Mitbestimmung unterliegt (HessVGH v. 24.6.1993, Leits. ZBR 1993, 383; HessVGH v. 25.9.2003, ZfPR 2004, 134).

e) Insgesamt gehören zur Errichtung einer Sozialeinrichtung, bei der der Personalvertretung ein Mitbestimmungsrecht zusteht, auch die **erstmalige Schaffung einer solchen Einrichtung** sowie wesentliche Änderungen für die Benutzer des Betriebes, bei der Änderung der Rechtsform sowie bei der Zuordnung zu einer anderen Einrichtung (BVerwG v. 9.11.1998, ZfPR 1999, 45).

f) Im Fall einer **Privatisierung von Sozialeinrichtungen** bleibt das Mitbestimmungsrecht der Personalvertretung jedenfalls dann erhalten, wenn die Einrichtung weiterhin den Beschäftigten Vorteile zukommen lässt und wenn der Verwaltung ein rechtlich gesicherter Einfluss auf die Einrichtung erhalten bleibt (BVerwG v. 28.6.2000, BVerwGE 111, 259 = ZfPR 2000, 263).

g) Der Charakter einer sozialen Einrichtung bleibt auch dann erhalten, wenn die Beschäftigten **freiwillige Spenden** leisten bzw. wenn Familienangehörige von Beschäftigten, ehemalige Beschäftigte oder Hinterbliebene Vorteile aus der Einrichtung erzielen (OVG Koblenz v. 15.5.1961, PersV 1961, 274).

h) Wenn die **Vorteile** aus einer bestimmten sozialen Einrichtung mehreren Beschäftigten **bei verschiedenen obersten Dienstbehörden** zugute kommen, so ist die zuständige Stufenvertretung zu beteiligen (BayVGH v. 9.12.1965, PersV 1966, 253). Ansatzpunkt für die Mitbestimmung der Personalvertretung ist nämlich nicht der Wirkungsbereich einer Sozialeinrichtung, sondern alleine der Umstand, dass die Einrichtung von der Dienststelle errichtet, verwaltet oder aufgelöst wird. Wenn daher eine Verwaltung die Arbeit einer rechtlich selbständigen Einrichtung zur Förderung der sozialen Belange der Beschäftigten lediglich durch finanzielle Zuwendungen sowie durch materielle und persönliche Hilfeleistungen unterstützt, im Übrigen aber auf den Bestand und die Aufgabenerfüllung keinen **rechtlich fassbaren Einfluss** hat, scheidet ein Mitbestimmungsrecht aus (BVerwG v. 12.7.1984, ZBR 1985, 28).

i) Zur **Verwaltung einer Sozialeinrichtung** gehören nicht nur generelle Maßnahmen, sondern vielmehr alle Maßnahmen, die ihre Unterhaltung und ihren laufenden Betrieb, insbesondere die Leistungen an die Beschäftigten betreffen, sich also als Maßnahmen der „inneren Organisation" darstellen. Dazu gehören grundsätzlich auch Einzelmaßnahmen (OVG Niedersachsen v. 9.9.1994, Leits. ZfPR 1995, 52). Die Personalvertretung kann die Wahrnehmung von Stimmrechten bei der Ausübung der **„Mitverwaltung" einer Sozialeinrichtung** nicht auf Gewerkschaften übertragen, weil dies einen unzulässigen Verzicht auf gesetzlich zustehende Mitbestimmungsrechte bedeuten würde (BVerwG v. 16 9.1977, PersV 1979, 63).

j) Die Entscheidung über die **Aufnahme** bestimmter Personen **in soziale Einrichtungen** ist keine der Mitbestimmung unterliegende Maßnahme, weil sie sich nicht auf die Verwaltung der Sozialeinrichtung bezieht (OVG Koblenz v. 15.5.1961, aaO). Eine Einrichtung verliert nicht den Charakter einer Sozialeinrichtung, wenn sie neben den Beschäftigten auch noch anderen Personen zugänglich ist. Alleine entscheidend ist, dass ein wesentliches Merkmal der Sozialeinrichtung gerade die Mitbenutzung durch die Beschäftigten ist, so dass bei der Verwaltung und Auflösung auch einer solchen, noch anderen Personen zugänglichen Einrichtung ein Mitbestimmungsrecht gegeben ist (VGH Baden-Württemberg v. 21.10.1986 – 15 S 2122/85, n.v.). Keine sozialen Einrichtungen sind **Mietwohnungen, die eine Verwaltung für ihre Beschäftigten anmietet**; denn Zweck solcher Wohnungen, soweit sie nicht der Vermögensanlage dienen, ist es, jederzeit Wohnraum anbieten zu können, um einen Anreiz für die Bewerbung geeigneter Beschäftigter zu schaffen (OVG Münster v. 23.10.1986, PersV 1987, 382).

Berufsausbildung (Abs. 3 Nr. 6)

Der Personalvertretung steht kein Mitbestimmungsrecht bei der **Gestaltung der Berufsausbildung** selbst zu. Das ergibt sich einmal daraus, dass die Ausbildung weitgehend durch Gesetz und Rechtsverordnungen, gelegentlich auch durch Tarifverträge, festgelegt ist. Darüber hinaus dienen z.B. Beförderungslehrgänge der Behörde als Qualifikationsnachweis für das Aufrücken des Beamten in ein höheres Amt. Es ist aber alleine Sache des Dienstherrn, aufgrund der ihm zustehenden Personalhoheit die Anforderungen zu bestimmen, die an den Beamten zu stellen sind (OVG Lüneburg v. 25.1.1977, PersV 1980, 74). Die von der Dienststelle beabsichtigten Maßnahmen müssen darauf gerichtet sein, unmittelbar in die Gestaltung oder Durchführung der Berufsausbildung einzugreifen (BVerwG v. 28.12.1984 – 6 P 5.84, n.v.). Das ist dann nicht der Fall, wenn eine Personalvertretung die Forderung nach Erhöhung der Zahl qualifizierter und hauptamtlich tätiger Ausbilder erhebt (BVerwG v. 24.3.1998, Leits. ZfPR 1998, 149). Die Einweisung in die **Handhabung von Bildschirmgeräten** unterliegt nicht dem Mitbestimmungsrecht der Personalvertretung. Hierbei handelt es sich nämlich nicht um Fragen der Berufsausbildung, sondern lediglich um die Einweisung in die Bedienung eines bestimmten neuen technischen Gerätes (vgl. für das BetrVG:

AG Hamburg v. 29.5.1983, BB 1984, 1213). Dagegen unterliegt die **Aufteilung von vorgegebenen Ausbildungsquoten** auf einzelne nachgeordnete Dienststellen dem Mitbestimmungsrecht der Personalvertretung (HessVGH v. 22.9.1994, Leits. ZBR 1995, 123). Ein Mitbestimmungsrecht ist aber wiederum dann nicht gegeben, wenn eine **Verteilung von Ausbildungsquoten** auf einzelne Dienststellen zur Diskussion steht; denn hierbei handelt es sich nur um mittelbare Auswirkungen, an die das Mitbestimmungsrecht nicht anknüpft. Unmittelbar und konkret nämlich wird nichts für die Durchführung der Ausbildung festgelegt (BVerwG v. 11.10.1999, ZfPR 2000, 106). Zielen die Maßnahmen allerdings darauf ab, Wissen zu vermitteln, das über die aktuellen Anforderungen am jeweiligen Arbeitsplatz hinausreicht, dann ist ein Mitbestimmungsrecht zu bejahen. Abzustellen ist auf den Schwerpunkt der jeweiligen Maßnahme, der anhand der Gesamtumstände des Einzelfalls zu ermitteln ist (BVerwG v. 17.10.2002, ZfPR 2003, 41).

Fortbildungsveranstaltungen (Abs. 3 Nr. 7)

a) Fortbildungsveranstaltungen nach Abs. 3 Nr. 7 sind solche, in denen Wissen vermittelt wird, das über die aktuellen Anforderungen am Arbeitsplatz hinausgeht. Es geht nicht um die bloße Erhaltung und Vertiefung des bereits vorhandenen Wissens, sondern um den **Erwerb von Kenntnissen und Fertigkeiten**, die eine **zusätzliche Qualifikation** verleihen.

b) Der Personalvertretung steht nicht nur ein Mitbestimmungsrecht bei **allgemeinen Fragen der Auswahl der Teilnehmer**, sondern auch bei der Auswahl der einzelnen Teilnehmer an Fortbildungsveranstaltungen selbst zu. Auf diese Weise soll die Personalvertretung die Chancengleichheit beim beruflichen Fortkommen überwachen können. Bei der Auswahl der Lehrgangsteilnehmer wird bereits eine Vorentscheidung für den künftigen Aufstieg getroffen, weil der erfolgreiche Abschluss tarifvertagliche Anspruchsvoraussetzung dafür ist (OVG Münster v. 25.3.1980, PersV 1981, 373). Das Mitbestimmungsrecht erstreckt sich aber nicht auf die Entscheidung darüber, ob ein Beschäftigter, der an einer Fortbildungsveranstaltung teilnehmen möchte, in der Dienststelle abkömmlich ist (OVG Münster v. 23.10.1986, ZBR 1987, 188). Ebenso wenig besteht ein Mitbestimmungsrecht dann, wenn eine Veranstaltung des Dienststellenleiters schwerpunktmäßig solche Kenntnisse vermitteln soll, die für eine ordnungsgemäße Wahrnehmung der Aufgaben der Beschäftigten erforderlich sind. In einer solchen Veranstaltung nämlich werden nicht fachliche und berufliche Kenntnisse vertieft und aktualisiert und auch keine zusätzlichen Kenntnisse vermittelt (BVerwG v. 17.10.2002, ZfPR 2003, 41). Insgesamt ist das Mitbestimmungsrecht der Personalvertretung davon abhängig, ob überhaupt eine Auswahlentscheidung getroffen wird. Das ist dann nicht der Fall, wenn ein Dienststellenleiter beschließt, zu einer Fortbildungsveranstaltung keinen seiner Beschäftigten zu entsenden (OVG Berlin v. 18.10.1990, Leits. PersR 1991, 395) oder wenn alle Beschäftigten eines bestimmten Funktionsbereichs an einer entsprechenden Veranstaltung teilnehmen sollen (OVG Bremen v. 18.9.1990, Leits. ZBR 1991, 154). In jedem Fall gilt, dass ein Mitbestimmungsrecht auch dann gegeben ist, wenn eine **außerbetriebliche Fortbildungsmaßnahme** zur Diskussion steht (BVerwG v. 7.3.1995, ZfPR 1995, 113).

c) Jede **Vermittlung von Kenntnissen**, die nach Abschluss der bei Eintritt in eine Laufbahn unmittelbar einsetzenden Ausbildung gewährt wird, ist als Fortbildung zu qualifizieren (BVerwG v. 10.2.1967, BVerwGE 26, 185). Diese Voraussetzung ist u.a. im Zusammenhang mit der **Einführung und Ausgestaltung eines Assessment-Centers** zur Auswahl von Beschäftigten an einer Fortbildungsmaßnahme erfüllt, wenn die Absolvierung dieser Maßnahme Voraussetzung für einen beruflichen Aufstieg ist (BVerwG v. 29.1.2003, ZfPR 2003, 135).

Personalfragebogen (Abs. 3 Nr. 8)

a) **Personalfragebogen** enthalten Fragen nach der Person, den persönlichen Verhältnissen, dem beruflichen Werdegang, den fachlichen Kenntissen und sonstigen Fähigkeiten eines Bewerbers oder Beschäftigten (BVerwG v. 19.5.2003, ZfPR 2003, 267). Er ist seiner Natur nach personenbezogen und vorzugsweise ein Mittel, die Eignung eines Bewerbers oder von Beschäftigten für bestimmte Aufgaben festzustellen. Es liegt innerhalb des mit einem Personalfragebogen verfolgten Zwecks, dass er sich an den Beschäftigten selbst richtet, um von ihm (ergänzende) Auskunft über seine Person und seine Verwendung auf einem bestimmten Arbeitsplatz zu erhalten. Die formularmäßige Erhebung von personenbezogenen Daten der Beschäftigten unterliegt daher nur dann dem Mitbestimmungsrecht der Personalvertretung, wenn ein Dienststellenleiter dadurch Erkenntnisse über den Beschäftigten gewinnt, die ihm noch nicht bekannt sind (BVerwG v. 26.3.1985, ZBR 1985, 174; BVerwG v.19. 5. 2003, aaO).

b) Sinn und Zweck der Vorschrift sind auf die **Wahrung der Persönlichkeitsrechte** der Beschäftigten und Bewerber gerichtet. Die Vorschrift dient dem Schutz der personenbezogenen Daten (BVerwG v. 22.12.1993, PersR 1994, 81). Das Mitbestimmungsrecht soll sicherstellen, dass Fragen, die tief in die verfassungsrechtlich geschützte Persönlichkeitssphäre eindringen, auf die Gegenstände und den Umfang beschränkt bleiben, für die ein berechtigtes Auskunftsbedürfnis des Dienstherrn besteht. Diese Voraussetzungen sind auch dann gegeben, wenn besoldungs- und vergütungsrechtliche Vorschriften und Tarifregelungen durchgeführt werden sollen, deren Durchführung von bestimmten Angaben der Beschäftigten abhängig ist (BVerwG v. 22.12.1993, aaO). Daher hat die Personalvertretung auch dann mitzubestimmen, wenn ein Dienststellenleiter vor der Einstellung aus einer formularmäßigen Zusammenfassung Fragen über die persönlichen Verhältnisse, insbesondere über Eignung, Kenntnisse und Fähigkeiten mündlich stellt und die Antworten jeweils selber vermerkt (vgl. für das BetrVG: BAG v. 21.9.1993, Leits. ZfPR 1994, 162). Hat eine Personalvertretung einem Personalfragebogen nicht zugestimmt, so kann ein einzelner Beschäftigter daraus nicht das Recht ableiten, eine zulässigerweise gestellte Frage wahrheitswidrig zu beantworten (vgl. für das BetrVG BAG v. 2.12.1999, BB 2000, 1092).

c) Bei der **Aufstellung eines Erhebungsbogens zur Arbeitsplatzbeschreibung** (Inhalt, Umfang und Bedeutung der zu verrichtenden Tätigkeiten ohne Rücksicht auf den jeweiligen Inhaber) steht der Personalvertretung kein Mitbestimmungsrecht zu. Ein solcher Fragebogen ist rein sach-, nicht aber personenbezogen. Mit einem **Erhebungsbogen** wendet sich ein Dienststellenleiter nicht an die Beschäftigten selbst, um von ihnen Auskunft über ihre Person und ihre Verwendung auf einem bestimmten Arbeitsplatz zu erhalten. Wenn eine Krankenhausleitung sich z.B. an die Patienten eines Krankenhauses mit der Bitte wendet, über ihre Eindrücke während des Krankenhausaufenthalts Auskunft zu geben (**Kundenbefragung**), dann geht es nicht um die Auskunftspflicht von Beschäftigten gegenüber dem Dienststellenleiter, sondern um rein sachbezogene Fragestellungen (BVerwG v. 30.4.2008, Leits. ZfPR 2009, 76). Wenn ein Erhebungsbogen sowohl sach- wie auch personenbezogene Fragen enthält, dann hat die Personalvertretung mitzubestimmen (BVerwG v. 15.2.1980, PersV 1981, 294).

d) Nicht entscheidend für die Qualifizierung eines Fragebogens als Personalfragebogen ist der mit der Fragestellung verfolgte Zweck; denn entscheidend kommt es auf den objektiven Charakter der Fragen und darauf an, ob deren Beantwortung Rückschlüsse auf die Qualifikation bestimmter Beschäftigter zulässt (BVerwG v. 2.8.1989, PersR 1989, 303). Auf einem Personalfragebogen dürfen z.B. folgende Daten automatisch gespeichert werden: Geschlecht, Familienstand, Schule, Ausbildung in Lehr- und anderen Berufen, Fachschulausbildung/Fachrichtung/Abschluss, Sprachkenntnisse. Diese Daten sind zur Erfüllung des konkreten Vertragszwecks erforderlich, weil sie dem Dienstherrn Auskunft über die Eignung des Beschäftigten und über seine weitere Verwendung geben. Die Speicherung solcher Daten liegt also im Rahmen der Zweckbestimmung eines Arbeitsverhältnisses (vgl. für das BetrVG: BAG v. 22.10.1986, BAGE 53, 226). Wenn ein Fragebogen verändert werden soll, so ist die Personalvertretung zu beteiligen.

e) Ein **Erhebungsbogen**, auf dessen Grundlage ein Organisationsmuster entwickelt und Arbeitsabläufe geprüft werden sollen, kann nicht als ein **Personalfragebogen**, bei dessen Erstellung die Personalvertretung mitbestimmen muss, betrachtet werden (OVG Münster v. 10.1.1977, RiA 1977, 114). Ebensowenig steht der Personalvertretung ein Mitbestimmungsrecht bei einer **Befragung der Beschäftigten mittels eines Vordrucks** wegen der Ausübung einer Nebenbeschäftigung gegen Entgelt zu. Die gestellten Fragen betreffen nicht die für die dienstliche Verwendung erheblichen persönlichen Verhältnisse und Fähigkeiten, so dass die entsprechenden Erhebungsbögen nicht als Personalfragebögen zu bewerten sind (BVerwG v. 30.11.1982, PersV 1983, 411; BVerwG v. 10.1.1983, PersV 1983, 507). Gleiches gilt für die **Erstellung von Tätigkeitskatalogen**, in denen u.a. der Name und der Arbeitsaufwand anzugeben und die Tätigkeiten zu beschreiben sind. Die Antworten nämlich geben keine Auskunft über die Person und die Eignung von Beschäftigten für die Verwendung an einem bestimmten Dienstposten/Arbeitsplatz (OVG Münster v. 30.1.1982, RiA 1982, 176; OVG Münster v. 24.6.1982, RiA 1983, 139).

Beurteilungsrichtlinien (Abs. 3 Nr. 9)

Wenn Beurteiler sich über einheitliche Tätigkeitsbeschreibungen und wesentliche Leistungsmerkmale für bestimmte Dienstposten abstimmen, damit es zu einer **einheitlichen Handhabung der Beurteilungen** kommt, so unterliegen die abgesprochenen „Richtlinien“ selbst dann nicht der Mitbestimmung der Personalvertretung, wenn der Dienststellenleiter in Besprechungen mitwirkt, aber insoweit keine verbindliche Regelung trifft (HessVGH v. 17.11.1994, Leits. ZfPR 1995, 128). Ebenso wenig unterliegen Stellenbeschreibungen und Anforderungsprofile dem Mitbestimmungsrecht; denn es ist alleine Sache des Arbeitgebers, einen Arbeitsplatz zu qualifizieren (OVG Berlin-Brandenburg v. 6.10.2011 – 62 PV 3. 11-juris). Wenn dagegen Dienststellenleiter aufgefordert werden, Fachkenntnisse und Führungseigenschaften neu eingestellter Mitarbeiter anhand eines konkreten Einarbeitungsprogramms zu überprüfen, dann ist in einer solchen Weisung die Festlegung von Beurteilungsrichtlinien zu sehen (OVG Münster v. 20.11.1995, Leits. ZBR 1996, 191). Kein Mitbestimmungsrecht besteht dagegen dann, wenn im Rahmen der Bestenauslese zur Durchsetzung des Leistungsprinzips ein Dienstherr dazu übergeht, bei gleichlautendem Gesamturteil stärkeres Gewicht auf die **Bewertung der Einzelleistungs- und Befähigungsmerkmale** zu legen; denn hier wird lediglich die Praxis als solche, nicht aber die bestehende Beurteilungsrichtlinie geändert (OVG Münster v. 20.5.1998, PersR 1999, 171).

Gesundheitsschädigungen (Abs. 3 Nr. 11)

a) **Maßnahmen zur Verhütung von Gesundheitsschädigungen**, bei denen die Personalvertretung mitzubestimmen hat, sind nur solche, die auf den gesundheitlichen Arbeitsschutz abzielen (BVerwG v. 13.9.2012, ZfPR 2013, 6). Die entsprechenden Maßnahmen müssen darauf gerichtet sein, „das Risiko von Gesundheitsschädigungen oder Unfällen innerhalb der Dienststelle zu mindern oder einen effektiven Arbeits- und Gesundheitsschutz zu gewährleisten“, so dass die Personalvertretung nicht bei einer **Anordnung zur Überprüfung des Gesundheitszustands** zu beteiligen ist (BVerwG v. 24.6.2014, ZfPR online 10/2014, S 2).

b) Der Tatbestand „Maßnahmen zur Verhütung von Dienst- und Arbeitsunfällen und sonstigen Gesundheitsschädigungen“ umfasst auch das Mitbestimmungsrecht der Personalvertretung bei der **Auswahl von Schutzkleidung für Beschäftigte** (VGH Baden-Württemberg v. 27.9.1994, Leits. ZfPR 1995, 127) sowie bei der Bestellung von freiberuflichen Betriebsärzten; denn die Bestellung ist von erheblicher Bedeutung für den Gesundheitsschutz der Beschäftigten (BVerwG v. 25.1.1995, ZfPR 1995, 116).

c) Wenn ein Dienststellenleiter nach einer **Gefährdungsbeurteilung** von Maßnahmen des Gesundheitsschutzes überhaupt absehen möchte, dann kann die Personalvertretung Maßnahmen verlangen, die nach Maßgabe einer mängelfreien Gefährdungsanalyse zu treffen sind (BVerwG v. 3.12.2012, ZfPR online 6/2012, S. 2).

d) Ein Mitbestimmungsrecht besteht auch dann, wenn ein Dienststellenleiter **verbindliche Arbeits- und Sicherheitsanweisungen** erlassen will, um ausfüllungsfähige Unfallverhütungsvorschriften zu konkretisieren (vgl. für das BetrVG: BAG v. 16.6.1998, AiB 1999, 3439). Ebenso besteht ein Mitbestimmungsrecht bei der **Bestellung von Sicherheitsbeauftragten**; denn diese Bestellung ist als Arbeitsschutzmaßnahme zu werten, da sie ebenfalls der vorbeugenden Bekämpfung von Unfall- und Gesundheitsgefahren dient (OVG Münster v. 15.12.1999, PersV 2000, 453).

e) Die **Bestellung von Strahlenschutzbeauftragten** und von Strahlenschutzbevollmächtigten auf der Grundlage der Strahlenschutzverordnung unterliegt der Mitbestimmung des Personalrats (OVG Münster v. 13.7.2006, Leits. ZfPR 2008, 46). Dagegen steht einer Personalvertretung dann kein Mitbestimmungsrecht zu, wenn ein Dienststellenleiter zu Zwecken des Arbeitsschutzes eine **Befragung der Beschäftigten** durchführt; denn die Befragung selbst ist nicht auf eine Veränderung der Arbeitsverhältnisse oder der Arbeitsbedingungen gerichtet. Vielmehr ist ihr Ergebnis offen und soll evtl. zur Vorbereitung geeigneter Maßnahmen des Arbeitsschutzes führen (BVerwG v. 14.10.2002, ZfPR 2003, 37).

f) Eine **Unterweisung** der Beschäftigten nach § 12 Abs. 1 ArbSchG unterliegt in Bezug auf Art, Inhalt und Umfang dem Mitbestimmungsrecht der Personalvertretung (BAG v. 11.1.2011, NZA 2011, 651). Gleiches gilt für technische Maßnahmen, die den Gesundheitsschutz fördern sollen (z.B. im Zusammenhang mit der Einrichtung und Ausgestaltung von Großraumbüros, VGH München v. 9.5.2011, PersR 2012, 332).

Vorschlagswesen (Abs. 3Nr. 12)

Das Mitbestimmungsrecht der Personalvertretung bei der Festlegung von Grundsätzen über die **Bewertung anerkannter Vorschläge** im Rahmen des betrieblichen Vorschlagswesens umfasst auch die Grundsätze für die Bemessung der Prämie. Vom Mitbestimmungsrecht ist jedoch nicht mehr eine Regelung gedeckt, nach der die Prämie einen bestimmten Prozentsatz des Nutzens des Verbesserungsvorschlags betragen muss. Das Mitbestimmungsrecht ist nicht davon abhängig, dass die Verwaltung ein betriebliches Vorschlagswesen „errichtet“ oder hierfür Mittel bereitstellt. Vielmehr hat die Personalvertretung ein Initiativrecht, sobald für eine allgemeine Regelung ein Bedürfnis besteht; denn die Verwaltung wird auf diese Weise nicht bereits zur Aufwendung finanzieller Mittel gezwungen, weil sie frei darüber entscheiden kann, ob sie Verbesserungsvorschläge annimmt oder verwertet (BAG v. 28.4.1981, DB 1981, 1882).

Sozialpläne (Abs. 3 Nr. 13)

a) Ein Sozialplan ist die Gesamtheit der Regelungen, die auf den **Ausgleich oder die Milderung** wirtschaftlicher Nachteile der Beschäftigten, ausgelöst durch Rationalisierungsmaßnahmen, gerichtet sind (z.B. Abfindungen in Ermangelung möglicher oder zumutbarer Weiterbeschäftigung, BVerwG v. 28.11.2012, ZfPR online 4/2013, S. 2).

b) Auch wenn ein **Sozialplan** dem Ausgleich oder der Milderung der infolge einer verwaltungsorganisatorischen Maßnahme entstehenden wirtschaftlichen Nachteile für die Beschäftigten dient, so ist unter Einbeziehung der Personalvertretung eine Korrektur und Anpassung an sich ändernde Verhältnisse selbst dann möglich, wenn ursprünglich unbefristete Dauerregelungen mit ständig wiederkehrenden Leistungen vereinbart waren (BAG v. 24.3.1981, DB 1981, 2178).

c) **Rationalisierungsmaßnahmen** sind solche Maßnahmen, die eine veränderte, zweckmäßigere, zeitsparendere Arbeitsweise durch Änderung der Aufbau- und Ablauforganisation bezwecken und auf eine Leistungssteigerung gerichtet sind. Wird der bisherige Personalbedarf an vorhandene Gegebenheiten angepasst, so handelt es sich nicht um eine Rationalisierungsmaßnahme. Gleiches gilt bei Auflösung oder Änderung einzelner Arbeitsplätze, weil sie für Struktur und Arbeitsweise einer Dienststelle nicht von gravierender Bedeutung sind. Wenn allerdings mit einer Personalbemessung zwangsläufig auch eine Veränderung der Aufbau- und Ablauforganisation verbunden ist, die zur Streichung einer Organisationseinheit führt, dann ist ein Mitbestimmungsrecht gegeben (BVerwG v. 17.6.1992, Leits. ZfPR 1992, 178).

Stellenausschreibung (Abs. 3 Nr. 14)

a) Aus den Personalvertretungsgesetzen lässt sich keine Ausschreibungspflicht ableiten. Vielmehr ergibt sich eine solche aus speziellen **Rechts- und Verwaltungsvorschriften sowie aus einer regelmäßigen Ausschreibungspraxis in der Dienststelle**. Will eine Dienststelle ausnahmsweise von einer Ausschreibung absehen, dann hat sie die Personalvertretung im Wege der Mitbestimmung zu beteiligen (BVerwG v. 4.2.2014, ZfPR 2014, 37).

b) Das Mitbestimmungsrecht bezieht sich nicht auf eine „beabsichtigte Maßnahme", sondern darauf, von einer Maßnahme abzusehen. Daher ist die Personalvertretung erst dann zu beteiligen, wenn der zuständige Dienststellenleiter von einer **Ausschreibung** und der damit verbundenen Auswahl unter verschiedenen fachlich und persönlich geeigneten Beschäftigten **Abstand** nehmen möchte (BVerwG v. 29.1.1996, ZfPR 1996, 122). Den **Inhalt von Stellenausschreibungen** können Personalvertretungen nicht mitbestimmen (VGH Baden- Württemberg v. 2.3.1982, Leits. ZBR 1982, 137).

c) Einer Personalvertretung steht kein Mitbestimmungsrecht bei der **Festlegung von Auswahlkriterien für Stellenbeschreibungen** zu. Andernfalls würde sie Einfluss auf den Inhalt der Ausschreibung nehmen und das Anforderungsprofil des ausgeschriebenen Dienstpostens mitgestalten können. Ein Dienstherr kann im Rahmen seines verhältnismäßig weitgehenden Organisationsermessens das Anforderungsprofil des ausgeschriebenen Dienstpostens durch Ausschreibungskriterien weitgehend selbst bestimmen (BayVGH v. 9.6.1993, Leits. ZfPR 1994, 161). In Streitfällen sind die Vorschriften über die eingeschränkte Mitbestimmung (§ 69 Abs. 4 Satz 3 und 4) entsprechend anzuwenden (BVerwG v. 14.1.2010, ZfPR 2010, 66).

Regelung der Ordnung in der Dienststelle (Abs. 3 Nr. 15)

a) Der Personalvertretung steht ein Mitbestimmungsrecht bei allen Fragen zu, die die **Regelung der Ordnung in der Dienststelle** betreffen und das Verhalten der einzelnen Beschäftigten angehen. Dabei muss es sich um allgemeingültige, für die Beschäftigten oder doch für Gruppen von ihnen verbindliche Verhaltensregeln zur Sicherung des ungestörten Arbeitsablaufs und des reibungslosen Zusammenlebens und Zusammenwirkens der Beschäftigten in der Dienststelle handeln (BVerwG v. 23.8.1982, PersV 1983, 375). Daher müssen sich die entsprechenden Maßnahmen auf das **Ordnungsverhalten der Beschäftigten** beziehen, nicht also auf das **Arbeitsverhalten**. Soweit daher Maßnahmen beabsichtigt sind, die sich auf die Erfüllung der von den Beschäftigten geschuldeten Arbeit beziehen, also mit ihrer Arbeitsleistung in unmittelbarem Zusammenhang stehen, kommt ein Mitbestimmungsrecht nicht in Betracht. Sind konkrete Regeln auf die Erfüllung von Dienstpflichten gerichtet, geben sie aber gleichzeitig auch das allgemeine dienstliche Verhalten vor, dann ist für die Beantwortung der Frage der Mitbestimmungspflichtigkeit darauf abzustellen, **welcher der beiden Bereiche** unter Berücksichtigung objektiver Gegebenheiten **im Vordergrund steht** (BVerwG v. 28.7.2006, PersV 2007, 179 = Leits. ZfPR 2007, 114). Auf das Ordnungsverhalten sind u.a. folgende Maßnahmen gerichtet: Anwesenheitskontrolle, verbindliche Vorgaben für das Tragen von Schutzkleidung (OVG Münster v. 12.3.2003, ZfPR 2005, 34), Einführung einer biometrischen Zugangskontrolle (BAG v. 27.1.2004, BAGE 109, 235), Einführung einer Kostenpflicht für das Parken (HessVGH v. 25.9.2003, ZfPR 2004, 134), Erlass eines Rauchverbots (vgl. für das BetrVG: BAG v. 19.1.1999, BAGE 90, 316) sowie bei der Einführung von Stechuhren und beim Abstellen von Fahrzeugen (vgl. für das BetrVG: BAG v. 15.3.1959, BAGE 7, 280).

b) Das Mitbestimmungsrecht der Personalvertretung wird daher nur ausgelöst, wenn bestimmte Maßnahmen das interne Zusammenleben und Zusammenwirken der Beschäftigten in der Dienststelle betreffen und bestimmte Verhaltensregeln aufstellen. Bei einer auf ein einzelnes oder mehrere einzelne Arbeitsverhältnisse bezogenen Maßnahme dagegen setzt das Mitbestimmungsrecht nicht ein, denn die Erfüllung dienstlicher Aufgaben betrifft nicht die Ordnung in der Dienststelle oder das Verhalten der Beschäftigten in ihrer Gesamtheit oder von Teilen von ihnen. Anordnungen zum Beispiel, mit denen ein Alkoholverbot bei der Erledigung einzelner Aufgaben ausgesprochen wird, sind daher nicht mitbestimmungspflichtig (BVerwG v. 10.1.1983, ZBR 1983, 131, 308; BVerwG v. 11.3.1983, BVerwGE 67, 61; BVerwG v. 30.12.1987, PersV 1989, 71). Allerdings steht der Personalvertretung bei der **Verhängung eines absoluten Alkoholverbots**, das sich nicht unmittelbar auf die zu erbringende Arbeitsleistung bezieht, ein Mitbestimmungsrecht zu (BVerwG v. 5.10.1989, ZfPR 1990, 13).

c) Der Personalvertretung steht dagegen kein Mitbestimmungsrecht bei der Anordnung von Pünktlichkeitskontrollen zu; denn hierbei handelt es sich um Maßnahmen, die sich auf die Dienstleistung der Beschäftigten selbst beziehen (OVG Münster v. 16.11.1978, PersV 1980, 248). Gleiches gilt für eine **Arbeitsanordnung**, mit der die Arbeitspflicht konkretisiert wird und die das Arbeitsverhalten der Beschäftigten, nicht aber deren Ordnungsverhalten betrifft (BVerwG v. 20.5.2010 – 6 PB 3.10, juris). Ebensowenig steht der Personalvertretung ein Mitbestimmungsrecht bei der Verhängung einzelner Ordnungsstrafen oder Bußen zu; denn nach § 78 Abs. 1 Nr. 3 ist die Erhebung einer Disziplinarklage gegen einen Beamten der Mitwirkung der Personalvertretung unterworfen. Damit ist deutlich zum Ausdruck gebracht, dass § 75 Abs. 3 Nr. 15 keine Einzelmaßnahmen wegen des Verhaltens eines Beschäftigten, sondern nur generelle, von allen zu beachtende Vorschriften betrifft (BVerwG v. 6.2.1979, ZBR 1980, 30). Ein Mitbestimmungsrecht besteht beim Verbot des **Radiohörens** während der Dienstzeit; denn dabei geht es sowohl um die Regelung der dienstlichen Ordnung als auch um das Verhalten der Beschäftigten zueinander (BVerwG v. 30.12.1987, aaO).

d) Eine Anordnung über die **private Nutzung von Diensttelefonen** ist ebenfalls als eine Regelung der Ordnung und des Verhaltens der Beschäftigten zueinander mitbestimmungspflichtig (OVG Münster v. 26.2.1987, Leits. PersR 1988, 28). Ebenso unterliegt die **Anordnung zum Tragen einer bestimmten Dienstkleidung** dem Mitbestimmungsrecht der Personalvertretung (vgl. für das BetrVG: BAG v. 8.8.1989, DB 1990, 893).

e) Gleiches gilt für die **Festlegung von Nutzungsbedingungen von Parkplätzen**, die den Beschäftigten für das Abstellen ihrer privaten PKW zur Verfügung gestellt werden (vgl. für das BetrVG: BAG v. 7.2.2012 – 1 ABR 63/10 – juris) sowie für die **Einschränkung einer vorhandenen Parkmöglichkeit** auf dem Gelände einer Dienststelle durch Schranken, umlegbare Pfosten und/oder Reservierungsschilder zugunsten bestimmter Beschäftigter (OVG Münster v. 20.11.1997, Leits. ZfPR 1998, 91; OVG Sachsen-Anhalt v. 5.10.2005, PersV 2006, 225). Wenn von einzelnen Beschäftigten Reservierungsschilder auf vorhandenen Parkplätzen über einen längeren Zeitraum angebracht worden sind und dies vom Dienststellenleiter geduldet wird, dann muss er sich diese Vorgehensweise als seine eigene, der Mitbestimmung der Personalvertretung unterliegende Maßnahme zurechnen lassen (HessVGH v. 5.11.1992, PersR 1993, 226; vgl. auch: HessVGH v. 24.6.1993, PersR 1994, 87). Ein Mitbestimmungsrecht besteht dagegen nicht, wenn sich ein Dienststellenleiter für die Schaffung eines **für jedermann nutzbaren gebührenpflichtigen Parkplatzes** innerhalb eines Teilbereichs einer im Übrigen auch von Beschäftigten der Dienststelle genutzten freien Parkfläche entscheidet, da der Dienststellenleiter in diesem Fall keine Anordnungen über die Benutzung der Parkfläche gerade durch die Beschäftigten trifft (OVG Münster v. 28.2.2002, PersR 2002, 350).

f) Ebensowenig unterliegt die Anordnung zur **Führung von Abwesenheitslisten** dem Mitbestimmungsrecht der Personalvertretung. Hier steht die Diensterfüllung der einzelnen Beschäftigten im Vordergrund (BVerwG v. 19.6.1990, ZfPR 1990, 142). Dagegen unterliegt die **Führung formalisierter Krankengespräche** zur Aufklärung eines überdurchschnittlichen Krankenstandes mit einer nach abstrakten Kriterien ermittelten Mehrzahl von Beschäftigten dem Mitbestimmungsrecht der Personalvertretung. Es geht dabei um das Verhalten der Beschäftigten in Bezug auf die dienstliche Ordnung und nicht um das Verhalten bei der Dienstleistung selbst (vgl. für das BetrVG: BAG v. 8.11.1994, DB 1995, 132). Auch bei der **Abfassung eines Vordrucks über einen Arztbesuch** steht der Personalvertretung dann ein Mitbestimmungsrecht zu, wenn erreicht werden soll, dass die Beschäftigten einen Arzt nach Möglichkeit überhaupt nicht oder nur dann während der Arbeitszeit aufsuchen, wenn der Arzt keinen anderweitigen Termin frei hat oder wenn die aktute Erkrankung während der Arbeitszeit den sofortigen Arztbesuch notwendig macht und wenn der Arzt auf dem Formular Angaben über Zeitpunkt und Dauer sowie über die Dringlichkeit des Besuchs während der Arbeitszeit machen soll (vgl. für das BetrVG: BAG v. 21.1.1997, BB 1997, 1690). Ein Mitbestimmungsrecht steht einer Personalvertretung auch für den Fall zu, dass ein Dienststellenleiter generelle Anordnungen über die **Vorlage ärztlicher Bescheinigungen zum Nachweis der Arbeitsunfähigkeit** trifft, z.B. Vorlage einer ärztlichen Bescheinigung schon bei Arbeitsunfähigkeit für nur einen Tag (OVG Münster v. 3.2.2000, ZfPR 2000, 205; vgl. für das BetrVG: BAG v. 25.1.2000, ZBVR 2000, 122). Dagegen geht es bei **dienstlichen Weisungen an die personalverwaltenden Stellen gegenüber langzeiterkrankten und häufig kurzzeiterkrankten Beschäftigten** um Anordnungen, die im Rahmen des beamtenrechtlichen oder arbeitsrechtlichen Direktionsrechts erlassen werden (VGH Baden-Württemberg v. 20.4.1993, Leits. ZfPR 1994, 16). In diesem Fall besteht ebenso wenig ein Mitbestimmungsrecht wie bei der **Anweisung an Sachbearbeiter**, in Geschäftsbriefen auch ihre Vornamen anzugeben (vgl. für das BetrVG: BAG v. 8.6.1999, DB 1999, 2218).

g) Ein Mitbestimmungsrecht besteht dagegen bei der Vereinbarung von **Zielgesprächen/Mitarbeitergesprächen**. Dies gilt u.a. für den Fall, dass ein Arbeitgeber/Dienstherr mit einzelnen Beschäftigten eine Vereinbarung trifft, in der qualitative und quantitative Leistungsziele verbindlich festgelegt werden (OVG Berlin-Brandenburg v. 21.2.2013, ZfPR *online* 5/2014, S. 6). Das Mitbestimmungsrecht der Personalvertretung bezieht sich aber nicht auf den fachbezogenen Inhalt der Gespräche bzw. auf die vorgesehene Zielvereinbarung, sondern ausschließlich darauf festzulegen, welche Gesprächspartner in welchen Zeitabständen miteinander zu reden haben (VGH Baden-Württemberg v. 9.5.2000, ZfPR 2000, 331; vgl. auch VG Frankfurt a.M. v. 22.5.2000, PersR 2001, 1209). Ist die Einführung von Zielvereinbarungen durch eine Verordnung des zuständigen Ministeriums verbindlich vorgegeben, kommt ein Mitbestimmungsrecht nicht in Betracht (VGH Baden-Württemberg v. 27.1.2009, Leits. ZfPR 2009, 111).

h) Einer Personalvertretung steht ein Mitbestimmungsrecht dann nicht zu, wenn ein Dienststellenleiter ein **Merkblatt „Verhalten bei Hausalarm"** herausgibt; denn der Zweck einer entsprechenden Regelung ist unter Berücksichtigung der objektiven Gegebenheiten eindeutig auf die Diensterfüllung gerichtet (OVG Münster v. 5.4.2001, PersV 2002, 230). Gleiches gilt für den Fall, dass eine Sparkasse an einem Sonnabend öffnen möchte. Die entsprechende Entscheidung hat alleine aufgabenbezogenen Charakter und stellt daher keine mitbestimmungspflichtige innerdienstliche Maßnahme dar. Dass die Entscheidung über die **Öffnung am Sonnabend** als notwendige Folge auch Auswirkungen auf die Beschäftigten und ihre Arbeitszeiten hat, macht sie gleichwohl nicht zu einer innerdienstlichen Maßnahme im personalvertretungsrechtlichen Sinne. Mitbestimmungspflichtig ist erst die durch die Folge der Änderung der Öffnungszeiten notwendig werdende Arbeitszeitregelung (OVG Niedersachsen v. 24.1.2008, PersR 2008, 171 = Leits. ZfPR 2008, 75).

Gestaltung von Arbeitsplätzen (Abs. 3 Nr. 16)

a) Das Mitbestimmungsrecht bei der Gestaltung von Arbeitsplätzen bezieht sich auf **Errichtung und Ausgestaltung von Arbeitsplätzen**. Es umfasst alle räumlichen Faktoren, nicht aber die Arbeitsaufgabe selbst (Funktionen, Tätigkeiten, Arbeitsleistung). Vielmehr muss es um die funktionsgerechte Einrichtung (Ausstattung mit Geräten und Einrichtungsgegenständen, z.B. Aufstellen von elektronischen Recheneinrichtungen mit Bildschirmanzeigen, die die Benutzung einer Großrechenanlage erleichtern oder nicht mehr erforderlich machen, BVerwG v. 30.8.1985, PersV 1987, 247; BVerwG v. 19.5.2003, ZfPR 2003, 267) gehen. Außerdem geht es um die **Ausschaltung und Abwendung nachteiliger Einflüsse der Arbeitsumgebung** sowie um Art und Weise der Ausgestaltung der Arbeitsplätze, also um Maßnahmen, die ein erleichtertes Arbeiten (durch gute Beleuchtung und Belüftung, angemessene räumliche Unterbringung) aufgrund einer Umgestaltung vorhandener Arbeitsplätze ermöglichen (BVerwG v. 25.8.1986, PersV 1987, 287). Daher werden vom Mitbestimmungsrecht nicht Lärm- und Geruchsbelästigungen erfasst, die nicht vom Arbeitsplatz selbst ausgehen, also nicht von vorhandenen Maschinen, Geräten etc. Gleiches gilt für Belästigungen, die der Straßenverkehr verursacht. Solche Nachteile haften dem Gebäude an, in dem sich die Arbeitsräume befinden. Sie stellen einen „Zustand" dar, den die Dienststelle weder geschaffen hat noch beeinflussen kann (HessVGH v. 17.7.1985, ZBR 1986, 124). Ein Mitbestimmungsrecht entfällt auch dann, wenn ein Beschäftigter zeitweilig auf einem Arbeitsplatz eines anderen Beschäftigten bestimmte Dienstleistungen zu erbringen hat; denn in diesem Fall fehlt es an einer gestaltenden Veränderung des betreffenden Arbeitsplatzes (VGH Baden-Württemberg v. 3.11.1984, Leits. ZBR 1986, 27). **Unbedeutende Umstellungen** an einem Arbeitsplatz unterliegen nicht dem Mitbestimmungsrecht (BVerwG v. 17.7.1987, DVBl. 1987, 1170). Die Aufstellung von **Raumplänen** als Voraussetzung der Verlegung einer Dienststelle oder eines Teils davon unterliegt dann der Mitbestimmung, wenn damit nicht unbedeutende Veränderungen des Arbeitsplatzes vorgenommen werden sollen. Wenn eine Dienststelle angemietete Räume übernimmt, ohne irgendwelche Veränderungen durchzuführen, so gestaltet sie die neuen Arbeitsplätze nicht. Wenn sie aber in den neuen Räumen auch im Verhältnis zu den bisherigen Arbeitsplätzen nicht unbedeutende Veränderungen vornimmt, dann muss die Personalvertretung mitbestimmen (BVerwG v. 16.12.1992, ZfPR 1993, 113).

b) Zu einem Arbeitsplatz gehören alle **Einrichtungsgegenstände und Arbeitsmittel** sowie alle technischen Anlagen, die von mehreren Beschäftigten genutzt werden sowie beispielsweise die Festlegung von Mindeststandarts bei Einrichtung und Ausgestaltung von Großraumbüros (VGH München v. 9.5.2011, PersR 2012, 332 = Leits. ZfPR 2013, 11).

c) Der Personalvertretung steht nicht das Recht zu, schlechthin und generell die **menschengerechte Gestaltung der Arbeit und der Arbeitsabläufe** zu verlangen bzw. zu fordern, dass geplante Arbeitsplätze, Arbeitsverfahren und Arbeitsabläufe weiteren Anforderungen als denen genügen, die in anderen Rechtsvorschriften festgelegt sind. Allerdings können Dienstherr und Personalvertretung eine entsprechende Vereinbarung in Form einer Dienstvereinbarung abschließen. Insgesamt aber gibt das Gesetz der Personalvertretung die Möglichkeit, dann tätig zu werden, wenn bei der Einrichtung von Arbeitsplätzen ein Widerspruch zu gesicherten arbeitswissenschaftlichen Erkenntnissen offensichtlich ist und Beschäftigte in besonderer Weise belastet werden (vgl. für das BetrVG: BAG v. 6.12.1983, BB 1984, 850).

d) Bei der **Verlegung wesentlicher Teile einer Dienststelle** in neue, mit einer Klimaanlage ausgestattete Räume steht der Personalvertretung kein Mitbestimmungsrecht nach § 75 Abs. 3 Nr. 16 zu; denn Voraussetzung ist, dass konkrete Maßnahmen in Bezug auf die Gestaltung eines Arbeitsplatzes getroffen werden. An einer solchen Maßnahme fehlt es aber, wenn ein Umzug in Räume erfolgt, in denen Klimaanlagen vorhanden sind. Hier wird ein Zustand vorgefunden, den die Dienststelle weder geschaffen noch beeinflusst hat, falls sie Mieter der neuen Räume ist. Sie hat keine unmittelbaren Einwirkungsmöglichkeiten auf die Klimaanlagen, sondern kann allenfalls im Einvernehmen mit dem Vermieter Vorrichtungen anbringen oder Änderungen vornehmen lassen, die die befürchteten Nachteile mildern können (BVerwG v. 27.7.1979, ZBR 1980, 160).

Technikeinführung (Abs. 3 Nr. 17)

a) Technische Einrichtungen sind solche Anlagen und Geräte, die unter Verwendung anderweitig (nicht menschlich) erzeugter Energie mit technischen Mitteln, vor allem der Elektronik, eine eigenständige Leistung erbringen (BVerwG v. 14.6.2011, ZfPR *online* 10/2011, S. 2). Solche Einrichtungen unterliegen nach der objektiv-finalen Betrachtungsweise der Mitbestimmung des Personalrats, wenn ihre Konstruktion oder konkrete Verwendungsweise eine **Überwachung von Verhalten oder Leistung der Beschäftigten ermöglicht**. Dabei spielt es keine Rolle, ob sich eine Dienststelle ein entsprechendes Programm nur unter unverhältnismäßig hohen Kosten beschaffen kann oder ob die durch ein neues Programm ausgelösten Befürchtungen der Beschäftigten tatsächlich begründet sind (BVerwG v. 14.6.2011, aaO).

b) Der Mitbestimmungstatbestand erfasst auch solche technischen Einrichtungen, die z**ur Überwachung lediglich objektiv geeignet sind**, ohne dass der Dienststellenleiter bei ihrer Einführung und Anwendung **subjektiv die Absicht** hat, sie zu diesem Zweck einzusetzen. Ein Mitbestimmungsrecht ist dagegen dann nicht gegeben, wenn die Befürchtung einer Überwachung objektiv und erkennbar unbegründet ist. Das ist der Fall, wenn die technische Einrichtung nach ihrer Konstruktion überhaupt nicht zur Überwachung geeignet ist oder es zur Überwachung einer technischen Änderung der Anlage bedarf. Letzteres gilt bei Anlagen der elektronischen Datenverarbeitung auch dann, wenn sich der Dienstherr ein entsprechendes Programm nur mit außergewöhnlichem und unverhältnismäßigem Aufwand beschaffen muss (BVerwG v. 29.6.2006, ZfPR *online* 9/2007, 5; BVerwG v. 14.6.2011, ZfPR *online* 10/2011, S. 2). Es kommt allerdings nicht entscheidend darauf an, ob die gewonnenen Daten für eine Überwachung auch tatsächlich genutzt werden sollen oder lediglich zur Erledigung der mit dem Anwenderprogramm zu bearbeitenden Aufgaben erforderlich und nützlich sind oder für andere Zwecke benötigt werden (BVerwG v. 14.6.2010, ZfPR *online* 10/2010, S. 2; vgl. für das BetrVG: BAG v. 6.12.1983, BB 1984, 850). Dies kann z.B. der Fall bei der **Einführung eines Personalinformationssystems** sein, das eine computermäßig gesteuerte, schnelle Erfassung von persönlichen Daten und damit auch eine bessere Kontrolle des Verhaltens der Beschäftigten erlaubt (BAG v. 24.11.1981, DB 1982, 1116; AG München v. 19.12.1980, BB 1981, 1522). Eine datenverarbeitende Anlage ist auch dann eine zur Überwachung von Leistung oder Verhalten der Beschäftigten bestimmte technische Einrichtung, wenn die leistungs- und verhaltensbezogenen Daten nicht auf techni- schem Weg durch die Einrichtung selbst gewonnen werden, sondern dem System zum Zweck der Speicherung und Verarbeitung eingegeben werden müssen (vgl. für das BetrVG BAG v. 14.9.1984, BB 1985, 193). Auf die Beurteilungsrelevanz der einzelnen Daten, d.h. darauf, ob diese Daten allein oder in Verbindung mit anderen Daten auch eine vernünftige und sachgerechte Beurteilung von Verhalten und Leistung der Beschäftigten ermöglichen, kommt es nicht an. Gleiches gilt hinsichtlich der von technischen Einrichtungen erarbeiteten Aussagen über Verhalten und Leistung. Auch diese Aussagen ermöglichen eine Beurteilung schon dann, wenn sie erst in Verbindung mit weiteren Daten und Umständen zu einer vernünftigen und sachgerechten Beurteilung führen. Wenn also ein Beschäftigter Tätigkeitsberichte und Prüfbelege in eine technische Anlage zusammen mit einer ihn betreffenden **Personalkennziffer** eingibt, so ist eine Überprüfung des Verhaltens oder der Leistung möglich (vgl. für das BetrVG: BAG v. 23.4.1985, AuR 1986, 62).

c) Eine technische Einrichtung ist ihrer Konstruktion oder konkreten Verwendungsweise nach auch dann in der Lage, Verhalten oder Leistung von Beschäftigten zu überwachen, wenn ein entsprechendes Programm noch nicht vorhanden ist, die Anlage aber unmittelbar die Überwachung von Leistung oder Verhalten der Beschäftigten ermöglicht und „ohne unüberwindliche Hindernisse" mit einem entsprechenden Programm ausgestattet werden kann (BVerwG v. 27.11.1991, ZfPR 1992, 47). Eine Verordnung über die zur Verarbeitung zugelassenen Daten von Lehrerinnen und Lehrern im Zusammenhang mit einem Personalinformationssystem schließt das Mitbestimmungsrecht der Personalvertretung nicht aus (BVerwG v. 1.6.2007, PersR 2007, 356 =

Leits. ZfPR 2007, 114). Dagegen steht der Personalvertretung kein Mitbestimmungsrecht bei einer Arbeitsuntersuchung durch Erhebungsbögen zu, wenn der Name des Inhabers des Arbeitsplatzes und die Zeit, die er zur Erledigung der ihm übertragenen Dienstgeschäfte benötigt, nicht anzugeben sind; denn mit **anonymen Erhebungsbögen** wird keine Kontrolle der Arbeitsleitung ermöglicht (OVG Münster v. 10.1.1977, PersV 1980, 154). Anders zu bewerten ist dagegen eine technische Einrichtung, mit der Daten gesammelt werden, die unmittelbar **Rückschlüsse auf das Verhalten** oder die Leistung bestimmter **anderer Beschäftigter** erlauben (vgl. für das BetrVG: BAG v. 22.2.1983, NJW 1983, 1510). Ein Mitbestimmungsrecht kommt auch bei der **Überwachung der Tätigkeit einer Gruppe** dann in Betracht, wenn es sich um eine überschaubare Gruppe handelt, und wenn die Leistungsdaten einzelnen Beschäftigten zugeordnet werden können (OVG Hamburg v. 21.9.1995, Leits. ZfPR 1996, 163). Ebenso steht der Personalvertretung ein Mitbestimmungsrecht dann zu, wenn der Zugang zu bestimmten Räumen (Rechner-Pool-Räumen) nur mit Hilfe von **Code-Karten** möglich ist und wenn festgestellt und gespeichert wird, wer wann welchen Raum betreten hat (VGH Baden-Württemberg v. 6.10.1981, Leits. ZBR 1983, 137).

d) Der Personalvertretung steht bei kurzzeitigen **Filmaufnahmen an Arbeitsplätzen**, durch die das Verhalten oder die Leistung von Arbeitnehmern überwacht werden kann, ein Mitbestimmungsrecht zu (BAG v. 10.7.1979, BB 1979, 1714). Gleiches gilt beim Einbau gesetzlich nicht vorgeschriebener **Fahrtenschreiber** (BAG v. 10.7.1979, DB 1979, 2428). Dagegen steht der Personalvertretung ein Mitbestimmungsrecht dann nicht zu, wenn Beschäftigte **Tätigkeitskataloge handschriftlich auszufüllen** oder Strichlisten anzulegen haben, in denen u.a. der Name und der Arbeitsaufwand anzugeben und Tätigkeiten zu beschreiben sind. Hierbei nämlich handelt es sich nicht um die Einführung und Anwendung technischer Einrichtungen (OVG Münster v. 20.1.1982, RiA 1982, 176; OVG Münster v. 24.6.1982, RiA 1983, 139; VGH Baden-Württemberg v. 14.12.1982, BB 1983, 634; HessVGH v. 21.3.1984, ZBR 1983, 244).

e) Die **Installation eines Zugangssicherungssystems**, das bei der Präsentation von codierten Ausweiskarten den Ein- oder Ausgang zu Dienststellenräumen freigibt, ohne festzuhalten, wer wann in welcher Richtung den Zugang benutzt, unterliegt nicht der Mitbestimmung der Personalvertretung (vgl. für das BetrVG: BAG v. 10.4.1984, BB 1985, 121). Dagegen unterliegt ein rechnergesteuertes Zugangskontrollsystem, das den mit einer codierten Ausweiskarte unternommenen Zutrittsversuch nach Ort, Zeit und Nummer der benutzten Karte dokumentiert und dasselbe auch bei jedem berechtigten Zutritt leisten kann, dem Mitbestimmungsrecht (OVG Hamburg v. 4.7.1988, ZBR 1989, 94).

f) Grundsätzlich sind öffentlicher Arbeitgeber und Personalrat befugt, eine **Videoüberwachung** in der Dienststelle einzuführen. Die Zulässigkeit des damit verbundenen Eingriffs in die Persönlichkeitsrechte der Beschäftigten richtet sich nach dem Grundsatz der Verhältnismäßigkeit. Die entsprechende Regelung muss geeignet, erforderlich und unter Berücksichtigung der gewährleisteten Freiheitsrechte angemessen sein, um den erstrebten Zweck zu erreichen (BAG v. 28.8.2008, BB 2008, 2743). Wenn ein Dienststellenleiter eine **„heimliche Videoüberwachung"** eines Beschäftigten durchführen will, dann steht der Personalvertretung ein Mitbestimmungsrecht zu; denn Sinn und Zweck von Abs. 3 Nr. 17 besteht darin, die Verwendung anonymer technischer Kontrolleinrichtungen im Hinblick auf den Eingriff in den Persönlichkeitsbereich der Beschäftigten nur bei gleichzeitiger Mitbestimmung der Personalvertretung zuzulassen (vgl. für das BetrVG: BAG v. 27.3.2003, BAGE 105, 356). Ein Verwertungsverbot von Erkenntnissen, die durch eine heimliche Videoüberwachung gewonnen wurden, besteht aber dann nicht, wenn die Personalvertretung der Verwertung des Beweismittels und der darauf gestützten Kündigung zustimmt und die Beweisverwertung nach den allgemeinen Grundsätzen gerechtfertigt ist. Diese Voraussetzung ist erfüllt, wenn ein konkreter Verdacht einer strafbaren Handlung oder einer anderen schweren Verfehlung zu Lasten des Dienststellenleiters besteht und wenn weniger einschneidende Mittel zur Aufklärung des Verdachts zuvor ausgeschöpft worden sind, so dass die heimliche Videoüberwachung das einzig verbleibende Mittel darstellt und nicht unverhältnismäßig erscheint (vgl. für das BetrVG: BAG v. 27.3.2003, aaO).

g) Das Mitbestimmungsrecht soll sicherstellen, dass Fragen, die tief in die verfassungsrechtlich geschützte Persönlichkeitssphäre eindringen, auf die Gegenstände und den Umfang beschränkt bleiben, für die ein **berechtigtes Auskunftsbedürfnis** des Dienstherrn besteht. Diese Voraussetzungen sind auch dann gegeben, wenn besoldungs- und vergütungsrechtliche Vorschriften und Tarifregelungen durchgeführt werden sollen, deren Durchführung von bestimmten Angaben der Beschäftigten abhängig ist (BVerwG v. 22.12.1993, ZfPR 1994, 46). Daher hat die Personalvertretung auch dann mitzubestimmen, wenn ein Dienststellenleiter vor der Einstellung aus einer formularmäßigen Zusammenfassung Fragen über die persönlichen Verhältnisse, insbesondere über Eignung, Kenntnisse und Fähigkeiten mündlich stellt und die Antworten jeweils selber vermerkt (vgl. für das BetrVG: BAG v. 21.9.1993, Leits. ZfPR 1994, 162). Hat eine Personalvertretung einem Personalfragebogen nicht zugestimmt, so kann ein einzelner Beschäftigter daraus nicht das Recht ableiten, eine zulässigerweise gestellte Frage wahrheitswidrig zu beantworten (vgl. für das BetrVG BAG v. 2.12.1999, BB 2000, 1092).

h) **Veränderungen oder Ergänzungen**, die zu einer Veränderung des Betriebssystems oder der Programme führen, unterliegen als neuer Fall der Anwendung technischer Einrichtungen dem Mitbestimmungsrecht der Personalvertretung (OVG Magdeburg v. 12.6.2013, PersR 2014, 118).

i) Dem Mitbestimmungsrecht der Personalvertretung unterliegt die Einführung einer EDV-gestützten **Parkerlaubnisverwaltung**, bei der auch Parkverstöße, Abmahnungen, Verwarnungen und Entscheidungen über den Entzug der Parkerlaubnis gespeichert werden (BVerwG v. 9.12.1992 – 6 P 16.91, BVerwGE 91, 276 = ZfPR 1993, 118).

j) Ein Dienststellenleiter ist nicht daran gehindert, durch geeignete Maßnahmen die Erfüllung der arbeits- und beamtenrechtlichen Pflichten zu sichern. Dem haben sich die Beschäftigten durch Abschluss des Arbeitsvertrages oder durch Eintritt in das Beamtenverhältnis unterworfen. Deshalb sind einem Dienststellenleiter Angaben darüber nicht vorzuenthalten, wann ein Mitarbeiter seinen Dienst jeweils begonnen und beendet hat. Zu diesem Zweck kann sich ein Dienststellenleiter eines automatischen **Arbeitszeiterfassungssystems** bedienen. Einwendungen gegen eine solche Einrichtung kann die Personalvertretung nur insoweit erheben, als es darum geht, die Erfassung eines Übermaßes personenbezogener Daten zu verhindern (HessVGH v. 29.7.1987 – BPV TK 1991/86, n.v.). Dagegen unterliegt die **manuelle Zeiterfassung** mittels einer Stoppuhr nicht dem Mitbestimmungsrecht der Personalvertretung. Dabei nämlich werden keine technischen Kontrolleinrichtungen verwandt (vgl. für das BetrVG: BAG v. 8.11.1994, RDV 1995, 128).

k) Unter **Berücksichtigung der beiderseitigen Interessen** des Dienststellenleiters einerseits und der Beschäftigten andererseits dürfen folgende Daten gespeichert werden: Geschlecht, Familienstand, Schule, Ausbildung in Lehr- und anderen Berufen, Fachschulausbildung/Fachrichtung/Abschluss, Sprachkenntnisse. Die Speicherung dieser Daten verletzt kein Mitbestimmungsrecht der Personalvertretung, weil die Daten nichts über Verhalten und Leistung der Beschäftigten aussagen (vgl. für das BetrVG: BAG v. 22.10.1986, BB 1987, 1461). Gleiches gilt auch dann, wenn **Bewerberdaten** ohne Bezug zu dem bestehenden Beschäftigungsverhältnis allein im Hinblick auf die erfolgte Bewerbung um eine Einstellung verarbeitet werden (OVG Münster v. 27.5.1998, Leits. ZBR 1998, 365).

l) Bei einer **Aufzeichnung von Telefondaten** ist zu berücksichtigen, dass die Benutzung eines Diensttelefons für Privatgespräche eine zusätzliche freiwillige Leistung der Dienststelle ist und dass sich das Mitbestimmungsrecht nicht auf die Frage richten kann, „ob“ überhaupt eine Aufzeichnung von Telefondaten erfolgt. Vielmehr kann es sich nur auf das „wie" der Benutzung erstrecken (vgl. für das BetrVG: LAG Nürnberg v. 29.1.1987, Leits. NZA 1987, 572). Bei **Einführung einer automatischen Ferngespräch- und Gebührenerfassungsanlage** kann die Nummer der belegten Amtsübertragung (mit einer Kennzeichnung der Privatgespräche), die Nummer der Nebenstelle, die Nummer des angerufenen Fernsprechteilnehmers, das Datum, die Uhrzeit und die Zahl der Gebühreneinheiten erfasst werden (BVerwG v. 30.1.1985, PersR 1985, 75; BVerwG v. 16.6.1989, ZTR 1989, 366; BVerwG v. 28.7.1989, PersV 1989, 488 = ZfPR 1989, 166 m. Anm.). Im Rahmen einer Dienstvereinbarung kann festgelegt werden, dass es dem Dienststellenleiter erlaubt ist, **externe Telefongespräche von Beschäftigten** in deren Gegenwart zu Ausbildungszwecken mitzuhören (vgl. für das BetrVG: BAG v. 30.8.1995, BB 1996, 643).

m) Gestattet der Leiter einer Dienststelle einem Beschäftigten auf dessen Wunsch hin die **Benutzung seines privaten Klein-Computers zur Erledigung dienstlicher Aufgaben**, so liegt jedenfalls dann keine mitbestimmungspflichte Maßnahme vor, wenn dadurch lediglich individuellen Wünschen des einzelnen Beschäftigten Rechnung getragen werden soll. Wenn die Initiative zur Vornahme einer Handlung, hier der Benutzung des Klein-Computers für dienstliche Zwecke, allein vom Beschäftigten ausgeht und der Dienststellenleiter lediglich die Erlaubnis für diese Nutzung gibt, so werden eigene Rechte oder geschützte Rechtspositionen des Beschäftigten nur dann berührt, wenn diese verändert werden, etwa dadurch, dass Rechtsansprüche begründet werden. Durch die Erlaubnis zur Nutzung des Klein-Computers können auch nicht schützenswerte Rechte der anderen Beschäftigten der Dienststelle berührt werden. Das ist der Fall, wenn der Beschäftigte mit seinem Computer etwa personenbezogene Daten anderer Beschäftigter elektronisch erfassen und es dadurch ermöglichen würde, diese für eine dienstliche Verhaltens- oder Leistungskontrolle zu verwenden. Ein Mitbestimmungsrecht der Personalvertretung ist daher nicht generell gegeben (BVerwG v. 12.10.1989, PersV 1990, 232 = ZfPR 1990, 10).

n) Ist eine Personalvertretung der Auffassung, dass der von einer bestehenden Anlage ausgehende Überwachungsdruck einen **übermäßigen Eingriff in Persönlichkeitsrechte** der Beschäftigten auslöst, dann ist sie zu einer Initiative mit dem Ziel berechtigt, durch wesentliche Änderungen diesen Überwachungsdruck zu reduzieren (aA BVerwG v. 29.9.2004, ZfPR 2005, 3).

o) Das Mitbestimmungsrecht der Personalvertretung wird nicht dadurch ausgeschaltet, dass zur Inanspruchnahme einer Anlage eine **besondere Einweisung der betroffenen Beschäftigten** und damit deren Mitwirkung an der eigenen Überwachung erforderlich ist (aA BVerwG v. 27.11.1991, ZfPR 1992, 100).

p) Werden im Rahmen einer wissenschaftlichen Untersuchung an Schulen **Befragungen von Schulkindern** nach einzelnen Unterrichtsaspekten im zurückliegenden Schuljahr durchgeführt und werden die Befragungsergebnisse maschinell ausgewertet, dann kann von einer auf das Verhalten oder die Leistung der Lehrkräfte ausgerichteten Überwachung nicht die Rede sein (BVerwG v. 29.8.2001, ZfPR 2002, 293).

q) Die automatische Verarbeitung von nicht unmittelbar auf Leistung und Verhalten von bestimmten Personen bezogenen Daten begründet noch kein Mitbestimmungsrecht. Sobald aber V**erknüpfungsmöglichkeiten mit Verhaltens- und Leistungsdaten** bestehen, greift das Mitbestimmungsrecht. Es besteht auch dann, wenn die **Verarbeitung personenbezogener Daten** durch eine Verordnung zugelassen wird, sofern noch den einzelnen Dienststellenleitern die Möglichkeit der Entscheidung darüber belassen wird, in welchem Umfang sie Daten verarbeiten (BVerwG v. 1.6.2007, PersV 2008, 59 = Leits. ZfPR 2007, 114).

r) Ist ein Dienststellenleiter zur **Erfassung von Daten gesetzlich verpflichtet**, dann entfällt das Mitbestimmungsrecht (vgl. für das BetrVG: BAG v. 11.12.2012, DB 2013, 2034). Dasselbe gilt auch für den Fall, dass dem Dienststellenleiter eine Maßnahme personalvertretungsrechtlich nicht zuzurechnen ist (Anordnung einer Staatsanwaltschaft zur Aufdeckung einer Straftat mit Hilfe einer versteckten Videokamera, VGH Baden-Württemberg v. 7.12.1993, PersR 1994, 229; vgl. auch vorst. Anm. f).

Einschränkungen des Mitbestimmungsrechts (Abs. 4)

a) Unter bestimmten Voraussetzungen schränkt Abs. 4 das Mitbestimmungsrecht der Personalvertretung bei Beginn und Ende der täglichen Arbeitszeit auf die **Festlegung von Grundsätzen für die Aufstellung von Dienstplänen** ein. Dies gilt insbesondere für die Anordnung von Dienstbereitschaft, Mehrarbeit und Überstunden, wenn Umstände vorliegen, die für die Dienststelle nicht voraussehbar waren bzw. eine kurzfristige und unregelmäßige Fortsetzung der Arbeitszeit erforderlich machen. Die Anordnung kann auch für eine kurze Zeit erfolgen, so dass sie den Charakter der Ausnahme trägt (BVerwG v. 30.6.2005, ZfPR 2006, 6).

b) Da die Anordnung von Mehrarbeit und Überstunden die Verteilung der Arbeitszeit auf die einzelnen Wochentage und auch Beginn und Ende der täglichen Arbeitszeit betrifft, erstreckt sich das Mitbestimmungsrecht bei der Anordnung von Mehrarbeit und Überstunden auch auf **Umfang und Zeitraum**. Der Personalvertretung nämlich soll es ermöglicht werden, die Interessen der Beschäftigten im Hinblick auf die zeitliche Lage ihrer Arbeitszeit in Übereinstimmung mit den dienstlichen Erfordernissen zu bringen. Sie sollen gleichzeitig vor übermäßiger zeitlicher Inanspruchnahme geschützt werden (BVerwG v. 12.9.2002, ZfPR 2002, 298).

c) Arbeitsentgelte und sonstige Arbeitsbedingungen, die durch Tarifvertrag geregelt sind oder üblicherweise geregelt werden, können nach § 3 nicht Gegenstand einer Dienstvereinbarung sein. Wenn allerdings einem Dienststellenleiter aufgrund einer gesetzlichen oder tariflichen Regelung die **Ausgestaltung von Einzelmaßnahmen** überlassen bleibt, so unterliegt dessen Entscheidung der Richtigkeitskontrolle der Personalvertretung im Rahmen der Mitbestimmung (BVerwG v. 12.8.2002, ZfPR 2002, 298). Eine Tarifüblichkeit ist immer dann gegeben, wenn regelmäßig für eine bestimmte Dienststelle entweder unmittelbar oder durch Bezugnahme im Einzelarbeitsvertrag auf Tarifverträge Regelungen getroffen werden.

d) Wird von einer Dienstbehörde eine Regelung getroffen, nach der ein bevorstehender **Einsatz als mehrtätiger Diensteinsatz** angelegt ist, der eine permanente Einsatzbereitschaft bedingt, dann besteht für die Anordnung von Bereitschaftsdienst für die Zeiten, die nicht Einsatzzeit sind, kein Mitbestimmungsrecht (OVG Niedersachsen v. 23.7.2008, ZfPR *online* 10/2008, 10).

Vorrang von Tarifverträgen gegenüber Dienstvereinbarungen (Abs. 5)

Wenn trotz der Regelungssperre des Abs. 5 eine Dienstvereinbarung abgeschlossen wird, dann ist diese nicht nichtig, sondern **schwebend unwirksam**, so dass durch einen rückwirkenden Tarifvertrag die Sperrwirkung aufgehoben werden kann (BVerwG v. 9.3.2012, ZfPR 2012, 97).

4. Streitigkeiten

Meinungsverschiedenheiten über das Vorliegen eines Mitbestimmungstatbestands oder über den Umfang des Mitbestimmungsrechts entscheiden die Verwaltungsgerichte nach § 83 Abs. 1 Nr. 3.

5. Abweichende landesgesetzliche Regelungen

Die Personalvertretungsgesetze der Länder stimmen in vielen Tatbestandsmerkmalen der Mitbestimmung mit den bundesrechtlichen Regelungen überein. In Einzelfällen allerdings gibt es Abweichungen, so dass in jedem Fall der Wortlaut der Landes- mit der Bundesbestimmung verglichen werden muss. Die Landespersonalvertretungsgesetze Bremen, Rheinland-Pfalz und das Mitbestimmungsgesetz Schleswig-Holstein sehen eine Allzuständigkeit der Personalvertretungen vor.

§ 76 (Mitbestimmung in personellen Angelegenheiten der Beamten und in sonstigen Angelegenheiten)

(1) Der Personalrat hat mitzubestimmen in Personalangelegenheiten der Beamten bei

1. Einstellung, Anstellung,

2. Beförderung, Übertragung eines anderen Amtes mit höherem Endgrundgehalt ohne Änderung der Amtsbezeichnung, Verleihung eines anderen Amtes mit anderer Amtsbezeichnung beim Wechsel der Laufbahngruppe, Laufbahnwechsel,

3. Übertragung einer höher oder niedriger zu bewertenden Tätigkeit,

4. Versetzung zu einer anderen Dienststelle, Umsetzung innerhalb der Dienststelle, wenn sie mit einem Wechsel des Dienstortes verbunden ist (das Einzugsgebiet im Sinne des Umzugskostenrechts gehört zum Dienstort),

5. Abordnung für eine Dauer von mehr als drei Monaten,

5a. Zuweisung nach § 29 des Bundesbeamtengesetzes für eine Dauer von mehr als drei Monaten,

6. Anordnungen, welche die Freiheit in der Wahl der Wohnung beschränken,

7. Versagung oder Widerruf der Genehmigung einer Nebentätigkeit,

8. Ablehnung eines Antrags nach den §§ 91, 92, 92a oder 95 des Bundesbeamtengesetzes auf Teilzeitbeschäftigung, Ermäßigung der regelmäßigen Arbeitszeit oder Urlaub,

9. Hinausschiebung des Eintritts in den Ruhestand wegen Erreichens der Altersgrenze.

(2) Der Personalrat hat, soweit eine gesetzliche oder tarifliche Regelung nicht besteht, gegebenenfalls durch Abschluss von Dienstvereinbarungen mitzubestimmen über

1. Auswahl der Teilnehmer an Fortbildungsveranstaltungen für Beamte,

2. Inhalt von Personalfragebogen für Beamte,

3. Beurteilungsrichtlinien für Beamte,

4. Bestellung von Vertrauens- oder Betriebsärzten als Beamte,

5. Maßnahmen zur Hebung der Arbeitsleistung und Erleichterung des Arbeitsablaufs,

6. allgemeine Fragen der Fortbildung der Beschäftigten,

7. Einführung grundlegend neuer Arbeitsmethoden,

8. Erlass von Richtlinien über die personelle Auswahl bei Einstellungen, Versetzungen, Umgruppierungen und Kündigungen,

9. Geltendmachung von Ersatzansprüchen gegen einen Beschäftigten,

10. Maßnahmen, die der Durchsetzung der tatsächlichen Gleichberechtigung von Frauen und Männern, insbesondere bei der Einstellung, Beschäftigung, Aus-, Fort- und Weiterbildung und dem beruflichen Aufstieg dienen.

In den Fällen der Nummer 9 bestimmt der Personalrat nur auf Antrag des Beschäftigten mit; dieser ist von der beabsichtigten Maßnahme rechtzeitig vorher in Kenntnis zu setzen.

Entsprechende landesgesetzliche Regelungen:

Baden-Württemberg: §§ 75, 78, 79; Bayern: Art. 75 Abs. 1, 3, 4; Berlin: §§ 86-88; Brandenburg: §§ 63, 65; Bremen: §§ 52 Abs. 1, 63, 65, 66; Hamburg: § 87 Abs. 1; Hessen: §§ 74, 77; Meckleburg-Vorpommern: § 68 Abs. 1; Niedersachsen: § 65; Nordrhein-Westfalen: § 72 Abs. 1; Rheinland-Pfalz: §§ 78 Abs. 1, 2, 79 Abs. 1; Saarland: § 80 Abs. 1; Sachsen: § 80 Abs. 1; Sachsen-Anhalt: §§ 66, 67 Abs. 1; Schleswig-Holstein: § 51 Abs. 1; Thüringen: § 75 Abs. 1, 2.

1. Begriffsbestimmungen

a) Einstellung: Ernennung unter Begründung eines Beamtenverhältnisses nach § 2 Abs. 1, §§ 6ff BLV (vgl. auch § 10 BBG).

b) Beförderung: Ernennung, durch die einem Beamten ein anderes Amt mit höherem Endgrundgehalt und anderer Amtsbezeichnung übertragen wird.

c) Verleihung eines anderen Amtes mit anderer Amtsbezeichnung beim Wechsel der Laufbahngruppe: Aufstieg aus dem Spitzenamt der bisherigen Laufbahn in das Eingangsamt der nächsthöheren Laufbahn.

d) Richtlinien über die personelle Auswahl bei Einstellungen, Versetzungen, Umgruppierungen und Kündigungen: Alle generellen Grundsätze über die personelle Auswahl (z.B. Festlegung fachlicher und persönlicher Anforderungen sowie Berücksichtigung sozialer Gesichtspunkte).

e) Geltendmachung von Ersatzansprüchen gegen einen Beschäftigten: Ansprüche der Dienstbehörde im Wege des Rückgriffs auf den ersatzpflichtigen Beschäftigten.

f) Fortbildung: Jede weitere Vermittlung von Kenntnissen nach Abschluss der bei Eintritt in eine Laufbahn einsetzenden Ausbildung, die nur den Grundstock an Kenntnissen vermittelt.

g) Arbeitsleistung: Diejenige Arbeitsmenge, die von einem Beschäftigten zu erbringen ist.

h) Arbeitsablauf: Zeitliche und räumliche Aufeinanderfolge von Arbeitsvorgängen zur Erzielung eines bestimmten Arbeitsergebnisses.

i) Arbeitsmethoden: Art und Weise des Einsatzes der menschlichen Arbeitskraft zur Erfüllung der dienstlichen Aufgaben. Alle Regeln, die den Arbeitsablauf bei einem bestimmten Arbeitsverfahren betreffen.

Wegen der übrigen Begriffsbestimmungen vgl. § 75.

2. Erläuterungen

a) In den nach dieser Vorschrift der Mitbestimmung der Personalvertretung unterliegenden Angelegenheiten kann bei Meinungsverschiedenheiten die **Einigungsstelle** nicht endgültig entscheiden. Vielmehr kann die Einigungsstelle nur eine Empfehlung an die oberste Dienstbehörde aussprechen, an die diese aber nicht gebunden ist (§ 69 Abs. 4 Satz 3). Infolgedessen kann die Personalvertretung die von der Dienststelle beabsichtigte Maßnahme zwar bis zur Einigungsstelle bringen, sie kann sie über diesen Weg aber nicht endgültig verhindern.

b) Die Personalvertretung bestimmt bei der **Einstellung eines Beamten** ohne Rücksicht darauf mit, ob ein Beamtenverhältnis auf Lebenszeit, auf Zeit, auf Probe oder auf Widerruf begründet werden soll. Auch bei einer erneuten Ernennung eines wegen Dienstunfähigkeit vorläufig in den Ruhestand versetzten Beamten steht der Personalvertretung ein Mitbestimmungsrecht zu (HessVGH v. 29.11.1994, ZBR 1996, 96 = Leits. ZfPR 1995, 163).

c) Das Mitbestimmungsrecht der Personalvertretung umfasst auch den **Laufbahnwechsel** (§ 42 BLV).

d) Der Dienststellenleiter ist im Rahmen der **Geltendmachung von Ersatzansprüchen** gegen einen Beschäftigten verpflichtet, die entsprechende Absicht dem Betreffenden rechtzeitig bekanntzugeben und ihn darauf hinzuweisen, dass er die Personalvertretung nach einem entsprechenden Antrag einschalten kann.

e) Das Mitbestimmungsrecht der Personalvertretung bei der **Einführung grundlegend neuer Arbeitsmethoden** ist auf solche Arbeitsmethoden zugeschnitten, die auf eine von der bisherigen wesentlich abweichende Arbeitsweise abstellen. Die bloße Anpassung an die Entwicklung der Technik löst das Mitbestimmungsrecht der Personalvertretung nicht aus.

3. Fälle aus der Rechtsprechung

I. Mitbestimmung in Personalangelegenheiten der Beamten (Abs. 1)

Einstellung (Abs. 1 Nr. 1)

a) Die Einstellung eines Beamten ist die Begründung eines Beamtenverhältnisses unter Aushändigung der Ernennungsurkunde. Das Mitbestimmungsrecht der Personalvertretung ist auf den Schutz der bereits tätigen Beschäftigten gerichtet. Es bezieht sich auf die **Modalitäten der Einstellung**, nicht auf Art und Inhalt des zu begründenden Beamtenverhältnisses (OVG Magdeburg v. 12.4.2013, ZfPR 2013, 74). Der lückenlose Anschluss eines Beamtenverhältnisses auf Probe an ein solches auf Widerruf stellt eine mitbestimmungspflichtige Umwandlung eines Beamtenverhältnisses dar (VG Arnsberg v. 22.7.2011, ZfPR *online* 10/2011, S. 18).

b) Bei der **Bestellung der Gleichstellungsbeauftragten** steht einer Personalvertretung kein Mitbestimmungsrecht zu. Das Personalvertretungsgesetz regelt abschließend die Mitbestimmungstatbestände, in denen die Personalvertretung zu beteiligen ist; ein entsprechender Tatbestand ist aber im Gesetz nicht vorgesehen. Ein Mitbestimmungsrecht besteht jedoch in der Regel an der mit dem Bestellungsakt verbundenen Personalmaßnahme in Form einer (Teil-) Umsetzung (BVerwG v. 22.7.2003, PersV 2004, 44 = Leits. ZfPR 2004, 114).

Beförderung (Abs. 1 Nr. 2)

Im Falle einer Beförderung ist es alleine Sache des Personalrats, darüber zu entscheiden, welche Informationen er benötigt, um seine Zustimmung zu erklären; auf eine mangelhafte Unterrichtung des Personalrats kann sich der unterlegene Bewerber im Konkurrentenstreit nicht berufen (HessVGH v. 17.1.2008, Leits. ZfPR 2009, 51). Einer **Beförderungsmaßnahme** liegen in der Regel Auswahlentscheidungen unter mehreren Beamten zugrunde. Dabei können das Lebens- und Dienstalter jedenfalls dann berücksichtigt werden, wenn die in Betracht kommenden Beamten nach Eignung, Befähigung und fachlicher Leistung im Wesentlichen gleich beurteilt sind; denn lebens- und dienstältere Beamte bringen in aller Regel umfassendere praktische Berufserfahrungen mit, die im Hinblick auf die im Beförderungsamt zu erfüllenden Aufgaben berücksichtigt werden können (BVerwG v. 25.8.1988, PersV 1989, 271 = Leits. ZfPR 1989, 52). Wenn im Zusammenhang mit Auswahlentscheidungen einem unterlegenen Bewerber schon vor Zustimmung der Personalvertretung das Ergebnis der verwaltungsinternen Meinungsbildung mitgeteilt wird, so liegt hierin zwar keine Verletzung des Bewerbungsverfahrensanspruchs. Der Dienststellenleiter ist jedoch gem. Art. 19 Abs. 4 GG verpflichtet, dem unterlegenen Bewerber nach Durchführung des personalvertretungsrechtlichen Beteiligungsverfahrens und rechtzeitig vor Umsetzung der Personalmaßnahme eine weitere Mitteilung zukommen zu lassen (HessVGH v. 21.3.1995, Leits. ZfPR 1996, 59).

Übertragung einer höher oder niedriger zu bewertenden Tätigkeit (Abs. 1 Nr. 3)

a) Bei der ersten Alternative geht es vor allem um Aufstiegsverfahren und um die Übertragung eines höher bewerteten Dienstpostens. Die neue Planstelle muss in ihrer **besoldungsmäßigen Wertigkeit** höher als die Stelle sein, in der sich der betreffende Beamte befindet. Auf eine Veränderung des Aufgabenbereichs kommt es nicht an. Das Mitbestimmungsrecht greift auch bei anderen Maßnahmen, die einen Rechtsvorteil auslösen, nämlich dann, wenn in rechtlich abgesicherter Weise eine Beförderungschance eröffnet wird, „die derjenigen bei der Übertragung eines bereits höher bewerteten Dienstpostens vergleichbar ist" (BVerwG v.8. 12.1999, ZfPR 2000, 171).

b) Werden einem Beamten Tätigkeiten übertragen, die den Aufgaben einer Beamtenstelle **von der Besoldungsgruppe A 16** an aufwärts entsprechen, dann besteht wegen § 77 Abs. 1 Satz 2 kein Mitbestimmungsrecht (BVerwG v. 7.7.2008, PersV 2008, 422 = ZfPR 2008, 100). Ebenso wenig unterliegt die **Zuweisung von Planstellen bzw. deren Zuordnung zu Dienstposten** unterliegt nicht dem Mitbestimmungsrecht der Personalvertretung. Es geht hierbei nämlich um die bestmögliche Erfüllung der den Dienststellen obliegenden Aufgaben. Dabei handelt es sich um einen Organisationsakt mit entsprechendem Ermessensspielraum (BVerwG v. 15.12.1992, ZfPR 1993, 88).

c) Die **Übertragung einer höher zu bewertenden Tätigkeit** von (voraussichtlich) unbedeutender zeitlicher Dauer zur Krankheits- oder Urlaubsvertretung unterliegt nicht dem Mitbestimmungsrecht der Personalvertretung (BVerwG v. 8.10.1997, ZfPR 1998, 45; BVerwG v. 22.12.2011, ZFPR *online* 4/2012, S. 3; OVG Mecklenburg-Vorpommern v. 8.1.2010, PersV 2011, 110 = Leits. ZfPR *online* 9/2010, S. 16), da eine solche Maßnahme erfahrungsgemäß für Beförderungsentscheidungen unerheblich ist, es sei denn, dass es der Praxis der jeweiligen Dienststelle entspricht, dass in solchen Fällen die Chance einer Beförderung erhöht wird.

d) Die bewertungsmäßige Bündelung von Dienstposten (**Topfwirtschaft**) ist nur noch in besonders begründeten Ausnahmefällen zulässig (BVerwG v. 30.6.2011, ZBR 2012, 42).

Versetzung (Abs. 1 Nr. 4)

a) Bei einer Versetzung handelt es sich um eine auf Dauer angelegte **Übertragung eines anderen Amtes bei einer anderen Dienststelle** bei demselben oder einem anderen Dienstherrn (§ 28 Abs. 1 BBG). Dabei ist der Begriff der anderen Dienststelle nicht im personalvertretungsrechtlichen, sondern im verwaltungsorganisatorischen Sinne zu verstehen (BVerwG v. 19.3.2012, ZfPR 2012, 72).

b) Bei einer Versetzung ist die Personalvertretung der **„aufnehmenden“** Dienststelle ebenso zu beteiligen wie die Personalvertretung der **„abgebenden“ Dienststelle** (BVerwG v. 16.9.1994, ZfPR 1995, 5). Die Personalvertretung der „aufnehmenden“ Dienststelle soll prüfen, ob bei einer Versetzung mit dem Ziel einer Beförderung andere Beschäftigte benachteiligt werden, ohne dass dies aus dienstlichen oder persönlichen Gründen gerechtfertigt ist, und ob die Gefahr einer Störung des Friedens in der Dienststelle gegeben ist. Stimmt eine der beiden beteiligten Personalvertretungen der Versetzung nicht zu und wird diese Entscheidung nicht im Einigungsverfahren ersetzt, so muss die Versetzungsmaßnahme unterbleiben (BVerwG v. 6.11.1987, BVerwGE 78, 257 = PersV 1988, 496). Allerdings entfällt das Mitbestimmungsrecht der Personalvertretung der abgebenden Dienstelle dann, wenn eine Dienststellenschließung erfolgt, weil keine Interessen von verbleibenden Beschäftigten mehr in Betracht kommen (BVerwG v. 25.1.2012, ZfPR *online* 3/2012, S. 2).

Umsetzung (Abs. 1 Nr. 4)

a) Um eine mitbestimmungspflichtige **Umsetzung** handelt es sich nur dann, wenn einem Beamten ein anderes Aufgabengebiet innerhalb derselben Dienststelle zugewiesen wird. Eine auf die Dauer von nur zwei Monaten befristete Umsetzung löst das Mitbestimmungsrecht nicht aus (VGH Baden-Württemberg v. 16.9.2003, PersR 2004, 113).

b) Ist mit einer **Beförderung gleichzeitig** auch eine **Umsetzung** verbunden, so hat die zuständige Personalvertretung bei beiden Maßnahmen mitzubestimmen. Die Umsetzung nämlich ist eine Organisationsmaßnahme, bei der die Möglichkeit besteht, den Betroffenen auf verschiedenen Dienstposten einzusetzen und bei der es auch darum geht, ob der zu befördernde Beamte evtl. auf seinem bisherigen Dienstposten belassen werden kann (OVG Münster v. 16.12.1991 – CL 1/89, n.v.).

Abordnung (Abs. 1 Nr. 5)

Die Abordnung ist die **vorübergehende Zuweisung** einer dem jeweiligen Amt entsprechenden Tätigkeit bei einer anderen Dienststelle . Das Amt bei der abordnenden Dienststelle bleibt aufrechterhalten. Das Mitbestimmungsrecht greift erst bei einer mehr als drei Monate währenden Abordnung, damit kurzfristige personelle Dispositionen ermöglicht werden können. Ob der für eine Abordnung erforderliche Dienststellenwechsel gegeben ist, ergibt sich aus dem dienstrechtlichen Behördenbegriff (BVerwG v. 19.3.2012, ZfPR 2012, 72).

Versagung der Genehmigung einer Nebentätigkeit (Abs. 1 Nr. 7)

Die **Versagung** der Genehmigung einer Nebentätigkeit unterliegt ebenso wie der **Widerruf** der Genehmigung dem Mitbestimmungsrecht der Personalvertretung. Das Mitbestimmungsrecht richtet sich auf die konkrete Entscheidung des Dienststellenleiters, mit der dieser die Genehmigung versagt oder die erteilte Genehmigung widerruft (BVerwG v. 19.9.2012, ZfPR 2013, 98).

II. Sperrwirkung gesetzlicher oder tarifvertraglicher Regelungen (Abs. 2)

Eine das Mitbestimmungsrecht ausschließende tarifliche Regelung besteht dann, wenn diese unmittelbar einen Sachverhalt regelt, ohne dass es dazu noch eines Ausführungsaktes bedarf (**Sachverhalt wird vollständig**, umfassend und erschöpfend geregelt, BVerwG v. 2.2.2009, ZfPR *online* 4/2009, S. 6; BVerwG v. 10.6.2011, ZfPR *online* 9/2011, S. 2).

III. Weitere, auf Beamte bezogene Mitbestimmungsangelegenheiten

Auswahl der Teilnehmer an Fortbildungsveranstaltungen für Beamte (Abs. 2 Nr. 1)

Dem Mitbestimmungsrecht der Personalvertretung unterliegende Fortbildungsmaßnahmen sind solche, die Kenntnisse vermitteln, die über die bloße Erhaltung und Vertiefung des bereits vorhandenen Wissens hinausgehen, indem sie auf eine **zusätzliche Qualifikation** abzielen (BVerwG v. 16.10.2013, ZfPR *online* 7-8/ 2014, S. 8).

Beurteilungsrichtlinien für Beamte (Abs. 2 Nr. 3)

a) Mit der Erstellung von Beurteilungsrichtlinien sollen die **Beurteilungskriterien und -methoden** festgelegt, die Objektivierung der Beurteilung soll gefördert und die Einhaltung des Gleichheitssatzes gewährleistet werden (BVerwG v. 11.12.1991, PersV 1992, 379 = Leits. ZfPR 1992, 177).

b) Das Mitbestimmungsrecht der Personalvertretung kann nur die **Festlegung materieller Beurteilungsmerkmale** zur Konkretisierung erfassen. Daher kann die Personalvertretung bei der Erarbeitung einer sog. Orientierungsbeurteilung, mit der Richtlinien zum Zweck der gleichmäßigen Ermittlung und Verteilung von Bewertungsnoten festgelegt werden, mitbestimmen (BVerwG v. 15.2.1980, ZBR 1981, 71). Dagegen scheidet ein Mitbestimmungsrecht der Personalvertretung bei der Durchführung der dienstlichen Beurteilung eines Beamten im Einzelfall aus. Ebensowenig kommt ein Mitbestimmungsrecht in Betracht, wenn die Personalvertretung nicht eine Anwendung von Beurteilungsrichtlinien auf die Erstellung dienstlicher Beurteilungen, sondern ein Abweichen hiervon erstrebt (BVerwG v. 21.2.1980, ZBR 1981, 70).

Maßnahmen zur Hebung der Arbeitsleistung, Erleichterung des Arbeitsablaufs (Abs. 2 Nr. 5)

a) Bei **Maßnahmen zur Hebung der Arbeitsleistung** und zur Erleichterung des Arbeitsablaufs sollen die Personalvertretungen zum Schutz der Beschäftigten gegen eine

Überbelastung eingeschaltet werden (BVerwG v. 18.5.2004, ZfPR 2004, 231). Das entscheidende Kriterium für die Auslösung des Mitbestimmungsrechts ist eine erhöhte Inanspruchnahme als Folge der entsprechenden Maßnahmen (BVerwG v. 14.6.2011, ZfPR *online* 10/2011, S. 2). Daher unterliegt auch eine Arbeitsumverteilung, die durch Zusammenfassung gleichartiger Arbeitsabläufe bei einer geringeren Zahl von Stellen zu einer Verbesserung des Verhältnisses zwischen Arbeitsaufwand und Arbeitsergebnis führt, dem Mitbestimmungsrecht der Personalvertretung (VGH Baden-Württemberg v. 3.7.1979, PersV 1982, 18).

b) Ein Mitbestimmungsrecht kommt aber in jedem Fall nur dann in Betracht, wenn durch die fragliche Maßnahme der betroffene Beschäftigte zusätzlich belastet wird bzw. dann, wenn die Gefahr einer Überbeanspruchung besteht (BVerwG v. 2.6.2005 – 6 PB 2.05, Leits. ZfPR 2006, 7) und wenn die **Maßnahme auf eine Steigerung der Güte und/oder der Menge der zu leistenden Arbeit abzielt** („zur Hebung"). Dies ist nicht nur dann der Fall, wenn die Maßnahme erklärtermaßen und unmittelbar auf eine Hebung der Arbeitsleistung abzielt, sondern auch dann, wenn dies sinngemäß unter Einbeziehung aller Umstände zum Ausdruck kommt (BVerwG v. 13.9.2012, ZfPR 2013, 6).

c) Das Mitbestimmungsrecht greift auch dann, „wenn die Hebung **zwangsläufig** und für die Betroffenen **unausweichlich**" ist (BVerwG v. 10.3.1992, ZfPR 1992, 107; BVerwG v. 1.9.2004, ZfPR 2004, 293). Es entfällt, wenn gleichzeitig eine Entlastung von anderen Aufgaben verfügt wird (BVerwG v. 13.6.1997, ZfPR 1998, 77).

d) Ob eine Maßnahme dazu bestimmt ist, den **Arbeitsablauf** (funktionelle , zeitliche und räumliche Aufeinanderfolge von Arbeitsschritten) zu **erleichtern**, hängt davon ab, ob die Erleichterung auf **Art und Maß der Beanspruchung** der Beschäftigten gerichtet ist (BVerwG v. 14.6.2011, ZfPR *online* 10/2011, S. 2).

e) Die **Einführung von Datensichtgeräten** unterliegt dem Mitbestimmungsrecht dann, wenn der Arbeitsablauf erleichtert, also flüssiger oder einfacher gestaltet wird und der betreffenden Maßnahme eine mehr als lediglich untergeordnete Bedeutung zukommt. Dies ist dann der Fall, wenn z.B. 20 Beschäftigte hiervon betroffen sind (OVG Münster v. 16.1.1984, RiA 1984, 264).

f) Ein Mitbestimmungsrecht kann auch bei der **Änderung einer elektronischen Datenverarbeitungsanlage** gegeben sein. Dies setzt voraus, dass die neue Anlage in ihrer Konfiguration mit der bisherigen weitgehend übereinstimmt, die Einsatzmöglichkeiten der neuen Anlage aber wesentliche Unterschiede aufweisen und wenn auch die Arbeitsvorgänge anders, nämlich leichter, zu gestalten sind (HessVGH v. 24.8.1988, NJW 1989, 2641).

g) Der Einsatz eines **Chat-Programms für die interne Kommunikation der Beschäftigten** kann zur Leistungsverdichtung führen. Ein Mitbestimmungsrecht kann aber erst dann in Betracht kommen, wenn zusätzliche Aufgaben zugewiesen werden (OVG Münster v. 30.1.2009, PersR 2009, 217 = ZfPR *online* 5/2009, S. 15).

h) Eine **Arbeitsumverteilung** bedeutet nur dann eine Maßnahme zur Hebung der Arbeitsleistung und unterliegt nur dann der Mitbestimmung des Personalrats, wenn sie mit einer Zuweisung weiterer Aufgaben die Erhöhung eines zeitlich und qualitätsmäßig festliegenden Arbeitspensums bewirkt oder wenn sie sonst mit einer Veränderung des Arbeitszuschnitts darauf angelegt ist, dass bestimmte Beschäftigte eine größere Arbeitsleistung erbringen (VGH Baden-Württemberg v. 27.11.1984, ZBR 1985, 175).

i) Insgesamt müssen die Maßnahmen darauf abzielen, „die Effektivität der Arbeit qualitativ oder quantitativ zu fördern, d.h. die Güte und Menge der zu leistenden Arbeit zu steigern" (BVerwG v. 30.8.1985, BVerwGE 72, 94 = PersV 1987, 427). Sie können teils durch stärkere Beanspruchung der Beschäftigten nach Quantum und Zeit, teils auch durch Anwendung neuer Arbeitsmethoden und -mittel zu erhöhtem Arbeitseffekt, aber auch gleichzeitig zu höheren Anforderungen an Qualität und Intensität der Leistungen der Beschäftigten führen. Die entsprechenden Maßnahmen zur Hebung der Arbeitsleistung, die zu einer höheren Inanspruchnahme von Beschäftigten führen, sind nur dann mitbestimmungspflichtig, wenn die Beschäftigten **keine Gestaltungsmöglichkeit** hinsichtlich der Art und Weise der Erledigung anderer Aufgaben haben. Dies bedeutet konkret, dass die Personalvertretung nur dann mitbestimmen kann, wenn ein erhöhter körperlicher Einsatz bzw. ein geistiger Mehraufwand verlangt wird und der betroffene Beschäftigte nicht in der Lage ist, andere Aufgaben weniger intensiv wahrzunehmen (BVerwG v. 26.9.1995, ZfPR 1996, 55). Das gilt u.a. dann, wenn Gruppen- und Abschnittsleitern von Arbeitsämtern (jetzt Arbeitsagenturen) aufgegeben wird, ab einer bestimmten, mehrmals auftretenden Bearbeitungsdauer zum Zwecke des Abbaus von zeitlichen Bearbeitungsrückständen vorübergehend selbst eine bestimmte Zahl von Widersprüchen zu bearbeiten. Verbleibt ihnen dabei stillschweigend ein Spielraum in der Gestaltung ihrer Führungsaufgaben, indem sie z.B. ihre Kontrolltätigkeit während dieser Zeit reduzieren können, so liegt in einer solchen Anordnung keine Maßnahme zur Hebung der Arbeitsleistung (BVerwG v. 20.7.1995, ZfPR 1995, 152). Gleiches gilt auch dann, wenn die vorgegebene Frequenzbandbreite bei Festlegung von Schülerzahlen pro Klasse geringfügig erhöht wird; denn der mit der Maßnahme verbundenen Arbeitsmehrbelastung kann durch die Verringerung anderer Tätigkeiten oder durch die Verminderung der Arbeitsgüte ausgewichen werden (BVerwG v. 17.5.1995, ZfPR 1995, 148; vgl. die kritischen Anmerkungen hierzu in ZfPR 1996, 58).

j) Inzwischen hat sich das Bundesverwaltungsgericht für eine moderatere Auslegung des hier diskutierten Mitbestimmungstatbestands entschieden und ausgeführt, dass das Mitbestimmungsrecht der Personalvertretung auch Maßnahmen umfasst, bei denen eine zielgerichtete Hebung der Arbeitsleistung mangels entsprechender Absichtserklärung nicht ohne weiteres feststellbar ist. Daher bejaht das Gericht nunmehr ein Mitbestimmungsrecht auch dann, wenn unbeschadet sonstiger Absichten die **Hebung der Arbeitsleistung zwangsläufig und für die Betroffenen unausweichlich** ist. Dennoch beharrt das Gericht immer noch auf seiner bisher vertretenen Meinung, nach der kein Mitbestimmungsrecht selbst bei der genannten Unausweichlichkeit dann besteht, wenn eine Kompensation an anderer Stelle in der Weise in Betracht kommt, dass eine Verringerung von Tätigkeiten oder eine Verminderung der Arbeitsgüte – auch stillschweigend – hingenommen wird, insbesondere dann, wenn den betroffenen Beschäftigten eine eigenverantwortliche Arbeitsgestaltung zugestanden ist (BVerwG v. 2.6.2005, PersR 2006, 34 = Leits. ZfPR 2006, 75).

k) Das Mitbestimmungsrecht greift auch bei **probeweiser Einführung einer Maßnahme** ein, da auch die versuchsweise Einführung einer bestimmten Maßnahme zu den gleichen Belastungen wie die Einführung einer endgültigen Maßnahme führen kann (BVerwG v. 15.12.1978, aaO). Dagegen steht der Personalvertretung kein Mitbestimmungsrecht dann zu, wenn ein Sachgebiet einer anderen Abteilung zugeordnet wird, ohne dass hiermit eine erhöhte Inanspruchnahme der betroffenen Beschäftigten verbunden wäre (OVG Hamburg v. 20.5.1986, ZBR 1986, 379).

l) Eine organisatorische Veränderung der **Geschäftsverteilung** zum Zwecke der Rationalisierung, die die Arbeitsintensität erhöhen und die Arbeitsleistung des betroffenen Beamten steigern soll, ist eine mitbestimmungspflichtige Maßnahme nach Abs. 2 Nr. 5 (HessVGH v. 14.7.1976, PersV 1978, 129), es sei denn, dass die Maßnahme nicht darauf angelegt ist, das Arbeitsergebnis durch Erhöhung der Menge der zu verrichtenden Arbeit zu steigern oder die gleiche Arbeitsmenge innerhalb kürzerer Zeiteinheiten zu erledigen (OVG Münster v. 6.2.2002, PersR 2002, 406). Ebenso wenig unterliegen eine **Organisationsplanung** sowie die **Aufstellung eines Geschäftsverteilungsplans** dem Mitbestimmungsrecht der Personalvertretung, es sei denn, dass diese Maßnahmen direkt auf eine Anhebung der Arbeitsleistung zielen (BVerwG v. 27.8.1997, BVerwGE 105, 161 = ZfPR 1998, 49).

m) Die Verkürzung von sog. **Nebenzeiten für Dienstunterricht**, das Lesen von Vorschriften u.ä. im Rahmen eines Dienstplans, ist keine „Maßnahme zur Hebung der Arbeitsleistung“. Sie unterliegt daher nicht der Mitbestimmung; denn welche Anforderungen eine Dienststelle an ihre Beschäftigten stellen will, fällt allein in ihren Entscheidungsbereich. Die Dienststelle ist frei in ihrer Ermessensentscheidung, welche Bedeutung sie den einzelnen Tätigkeiten zumisst. Veränderungen haben daher keine unmittelbaren Folgen für den Umfang oder die Qualität der von dem einzelnen Beschäftigten geforderten konkreten Arbeitsleistung (BVerwG v. 31.7.1992, ZfPR 1993, 7).

o) Die **Anordnung von Mehrarbeit** stellt keine Maßnahme zur Hebung der Arbeitsleistung dar, weil hiermit keine arbeitszeitunabhängige erhöhte Anforderung am Arbeitsplatz verbunden ist (BVerwG v. 23.1.1996, ZfPR 1996, 116).

p) Werden einer Führungskraft **zusätzliche Mitarbeiter** zugewiesen, dann ist mit einer solchen Zuweisung ein Mehr an Aufgaben in der Anleitung, Beratung, allgemeinen Kommunikation sowie in der Aufsicht und Überwachung verbunden, die zu einer stärkeren körperlichen und geistig-psychischen Inanspruchnahme jedenfalls dann führt, wenn eine Kompensation durch gleichzeitige Entlastung von anderen Aufgaben nicht beabsichtigt ist (OVG Hamburg v. 15.9.1995 – OVG Bs PB 6/93, n.v.). Die Streichung von Ermäßigungsstunden für Klassenleiter und die Kürzung der Anrechnungsstunden um eine wöchentliche Unterrichtsstunde für Schulleiter und andere Funktionsträger sind keine Maßnahmen zur Hebung der Arbeitsleistung (BVerwG v. 26.9.1995, ZfPR 1996, 55). Diese Voraussetzung ist aber dann erfüllt, wenn die **Pflichtstundenzahl von Lehrern** von bisher 25 auf 26 Stunden erhöht werden soll, um die Pflichtstundenzahl den in anderen Ländern bestehenden Zahlen anzugleichen. Mit dieser Maßnahme wird zugleich auf eine als Hebung der Arbeitsleistung mitbestimmungspflichtige Mehrarbeit der Lehrkräfte abgezielt. Anders wäre die Rechtslage nur dann zu beurteilen, wenn anderweitige Entlastungen konkret angegeben würden. Ein stillschweigendes Vertrauen jedenfalls darauf, dass sich betroffene Lehrer unter Ausnutzung ihrer pädagogischen Gestaltungsfreiheit möglicherweise weniger gründlich auf den Unterricht vorbereiten werden, ersetzt diese Angabe nicht (BVerwG v. 28.12.1998, ZfPR 1999, 52). Die Streichung einer Altersermäßigung bedeutet für die davon betroffenen Beschäftigten eine arbeitszeitabhängige Leistungsverdichtung; sie ist daher mitbestimmungspflichtig (BVerwG v. 1.9.2004, ZfPR 2004, 293).

q) Ein Mitbestimmungsrecht ist für den Fall zu bejahen, dass in Personalentwicklungskonzepten **Maßnahmen zur Führungskräfteschulung** aufgeführt bzw. Methoden und Verfahren zur Entdeckung, Ausschöpfung und Fortentwicklung von Qualifikationsreserven beschrieben werden (VG Frankfurt a.M. v. 22.5.2000, PersV 2000, 523).

Einführung grundlegend neuer Arbeitsmethoden (Abs. 2 Nr. 7)

a) Ein Mitbestimmungsrecht besteht nur dann, wenn eine neue Arbeitsmethode **für die betroffenen Beschäftigten „ins Gewicht fallende körperliche oder geistige Auswirkungen“** hat. Das ergibt sich aus dem Schutzzweck und dem Wortlaut der Vorschrift (BVerwG v. 14.6.2011, ZfPR *online* 10/2011, S. 2).

b) Der Personalvertretung steht ein Mitbestimmungsrecht dann zu, wenn eine Dienststelle an eine **Struktur- und Planungsdatenbank** einer anderen Dienststelle unter Einsatz der automatisierten Datenverarbeitung angeschlossen werden soll; denn damit werden grundlegend neue Arbeitsmethoden eingeführt (OVG Berlin v. 25.5.1981 – OVG PV Bln. 11.81, n.v.; vgl. auch OVG Münster v. 11.11.1981 – CL 34/80, n.v.; vgl. auch BVerwG v. 15.12.1978, ZBR 1980, 59).).

c) Wenn bisher eine Tätigkeit auf konventionell manuelle Weise selbständig erledigt worden ist, künftig aber dieselbe Arbeit durch Computer ersetzt werden soll, dann besteht ein Mitbestimmungsrecht der Personalvertretung. Hierbei handelt es sich nämlich um **„grundlegend neue Arbeitsmethoden“** (§ 76 Abs. 2 Nr. 7). Dieser Tatbestand ist nicht nur dann erfüllt, wenn in einer Dienststelle generell elektronische Datenverarbeitung eingeführt wird, sondern auch dann, wenn diese Technik bereits eingeführt ist und nun zusätzlich ein Arbeitsvorgang von dem Computersystem erfasst werden soll (VG Frankfurt v. 30.1.1978, PersV 1979, 30).

d) Die bloße **Anpassung an eine fortgeschrittene Technik** stellt aber noch keine grundlegend neue Arbeitsmethode dar, da die Konzeption des Arbeitsablaufs sich nicht verändert und insoweit auch keine wesentlich abweichende Arbeitsmethode angestrebt wird. Deshalb kommt ein Mitbestimmungsrecht auch dann nicht in Betracht, wenn ein bisher eingesetztes Computerprogramm nach seiner Fortentwicklung zwar eine andere Bedienungsoberfläche aufweist und wenn Eingaben nunmehr in veränderter Form vorzunehmen sind; denn die Arbeitsvorgänge verändern sich aufgrund der neuen Programmversion nicht zu Lasten der Beschäftigten in Form einer höheren Beanspruchung (VGH Baden-Württemberg v. 12.3.2003, PersR 2003, 326).

e) Insgesamt müssen solche Methoden beabsichtigt sein, die für die Beschäftigten **ins Gewicht fallende körperliche und geistige Auswirkungen** haben und sich nicht nur gelegentlich und kurzfristig bemerkbar machen. Infolgedessen kann die Personalvertretung nicht bei Maßnahmen mitbestimmen, deren Auswirkungen auf die Arbeit der Beschäftigten „und damit auf sie selbst im Verhältnis zu dem übrigen, unverändert gebliebenen methodischen Ablauf ihrer Arbeit nicht ins Gewicht fallen" (BVerwG v. 30.8.1985, BVerwGE 72, 94).

f) Voraussetzung für das Eingreifen des Mitbestimmungsrechts der Personalvertretung ist nicht, dass die neuen Arbeitsmethoden die Gesamtheit der auf einen bestimmten Arbeitsablauf am Arbeitsplatz gerichteten Regelungen umfassen. Ausreichend ist vielmehr, dass sie sich auf **Abschnitte des Arbeitsablaufs** beziehen und für die von ihr betroffenen Beschäftigten ins Gewicht fallende, zusätzliche körperliche oder geistige Auswirkungen haben (BVerwG v. 27.11.1991, ZfPR 1992, 100). Bei **Modernisierungsmaßnahmen** ist darauf abzustellen, ob mit ihnen eine erhebliche Qualitätsveränderung verbunden ist; denn die Beschäftigten sollen durch die Mitbestimmung der Personalvertretung vor Überforderung und Überlastung bei Einführung neuer Arbeitsmethoden geschützt werden (OVG Münster v. 10.2.1999 – 1 A 411/97, Leits. ZfPR 2000, 339).

Erlass von Auswahlrichtlinien (Abs. 2 Nr. 8)

a) Das Mitbestimmungsrecht der Personalvertretung im Zusammenhang mit dem **Erlass von Richtlinien über die personelle Auswahl** ist nicht auf eine Einzelentscheidung, sondern alleine darauf ausgerichtet, mit dazu beizutragen, dass eine Auswahl alleine nach sachlichen Kriterien erfolgt, die in persönlicher oder fachlicher Hinsicht durch die jeweils konkrete Aufgabe sachlich vorgegeben sind. Ebenso beinhaltet das Mitbestimmungsrecht die Aufgabe, mit dazu beizutragen, dass auch soziale Gesichtspunkte ausreichend berücksichtigt werden, z.B. Kündigungsrichtlinien (HessVGH v. 22.9.1994, Leits. ZfPR 1996, 164). Daher müssen die Auswahlrichtlinien Grundsätze definieren, die in positiver oder negativer Vorwegnahme für eine Vielzahl von personellen Entscheidungen bei Einstellungen, Versetzungen, Umgruppierungen und Kündigungen Kriterien festlegen und die gleichzeitig deutlich machen, wie im Einzelnen fachliche und persönliche Voraussetzungen sowie soziale Gesichtspunkte zu beachten sind (BVerwG v. 21.3.2005, PersV 2005, 425 = Leits. ZfPR *online* 3/06, S. 8). Infolgedessen fällt die Anordnung, **tägliche Arbeitsaufzeichnungen** vorzunehmen, nicht unter den Mitbestimmungstatbestand (OVG Hamburg v. 10.8.1995 – OVG Bs PH 5/94, n.v.), ebenso wenig die Anordnung, in einem Projekt Maßstäbe für die künftige Einruppierung von Arbeitnehmern zu erarbeiten (BVerwG v. 21.3.2005, aaO).

b) Wenn **Auswahlrichtlinien** nur Regelungen des Inhalts enthalten, unter welchen Gesichtspunkten die Auswahl unter dem jeweiligen Kreis der Bewerber vorzunehmen ist, dann beziehen sie sich nicht auf die Auswahl eines Bewerbers aus dem jeweiligen Bewerberkreis, sondern legen lediglich den Umfang und die Zusammensetzung des zu erwartenden Bewerberkreises selbst fest. Sie liegen damit im Vorfeld der Auswahl bei Einstellungen. Insoweit steht der Personalvertretung kein Mitbestimmungsrecht nach Abs. 2 Nr. 8 zu. Evtl. kommt aber ein Mitbestimmungsrecht nach § 75 Abs. 3 Nr. 6 in Betracht (OVG Münster v. 24.8.1977, PersV 1980, 158).

c) Kein Mitbestimmungsrecht besteht bei der **Erstellung von Funktionsbeschreibungen**, mit denen für Gruppen von Stelleninhabern in vergleichbaren Tätigkeiten Funktionen festgelegt und in ihren Tätigkeitsschwerpunkten beschrieben werden, die die Grundlage dafür bilden, den Stelleninhabern eine bestimmte Funktionsbezeichnung zuzuweisen (vgl. für das BetrVG: BAG v. 14.1.1986, BAGE 50, 337). Wenn dagegen Auswahlrichtlinien allgemeine Grundsätze festlegen, die sich sowohl auf fachliche und persönliche Voraussetzungen (beruflicher Werdegang und Ausbildung, Prüfungen, Spezialkenntnisse, Alter und Gesundheitszustand, soziale Gesichtspunkte) als auch auf Methoden beziehen, nach denen ein Bewerber aus dem Bewerberkreis auszuwählen ist, dann ist ein Mitbestimmungsrecht gegeben (OVG Münster v. 8.11.1988, PersR 1989, 330).

d) Wird in einer Dienststelle eine sog. **schwarze Liste** geführt, in der u.a. Namen von für eine Einstellung in den öffentlichen Dienst nicht geeigneten Personen aufgeführt werden, dann wird hierdurch eine Richtlinie über die personelle Auswahl getroffen. Wird die Personalvertretung nicht beteiligt, so ist das Mitbestimmungsverfahren grundsätzlich nachzuholen (VG Wiesbaden v. 17.3.2010, PersV 2011, 142).

e) Mit der **Erstellung von Anforderungsprofilen** werden die fachlichen, persönlichen und sonstigen Anforderungen für einen bestimmten Arbeitsplatz abstrakt festgelegt, damit die diesem Arbeitsplatz durch die Stellenbeschreibung zugewiesenen Aufgaben erfüllt werden können. Es handelt sich daher nicht um Auswahlrichtlinien, die sich auf die Auswahl eines Bewerbers aus einem Bewerberkreis beziehen (vgl. für das BetrVG: BAG v. 31.5.1983, BB 1984, 275).

f) **Stellenbeschreibungen** sind ebenfalls keine Auswahlrichtlinien, da sie lediglich die Funktionen einer bestimmten Stelle innerhalb des dienstlichen Geschehens festlegen. Damit handelt es sich bei der Stellenbeschreibung um einen Teil der Organisation des dienstlichen Arbeitsablaufs. Ein Mitbestimmungsrecht an Maßnahmen der Organisation aber steht der Personalvertretung nicht zu (vgl. für das BetrVG: BAG v. 31.1.1984, BB 1984, 915; vgl. auch VGH Baden-Württemberg v. 2.3.1982, ZBR 1983, 137; VGH Baden-Württemberg v. 15.5.1997, Leits. ZfPR 1998, 15).

g) Wenn einem Dienstherrn durch Gesetz oder Tarifvertrag ein **Ermessensspielraum** eingeräumt wird und er beabsichtigt, diesen durch die Aufstellung von Grundsätzen für Abordnungen und Versetzungen zu konkretisieren, indem er Kriterien für künftige Versetzungen und Abordnungen aufstellt, dann hat er die zuständige Personalvertretung zu beteiligen (OVG Bremen v. 22.11.2000, PersR 2001, 424).

h) Bei einer Festlegung, nach der für eine **Übernahme in das Beamtenverhältnis** nur Tarifbeschäftigte berücksichtigt werden sollen, die eine mehrjährige erfolgreiche Verwendung auf grundsätzlich mindestens zwei verschiedenen Dienstposten im öffentlichen Dienst sowie überdurchschnittliche Beurteilungen aufweisen können, handelt es sich um eine **Richtlinie über die personelle Auswahl bei Einstellungen**, bei der der Personalrat mitzubestimmen hat (VG Braunschweig v. 28.9.2009, PersR 2010, 79).

Geltendmachung von Ersatzansprüchen (Abs. 2 Nr. 9)

a) Im Vordergrund dieses Mitbestimmungstatbestandes stehen **Schadensersatzansprüche wegen einer vorsätzlichen oder grob fahrlässigen Verletzung dienst- bzw. arbeitsrechtlicher Pflichten**. Aus Sinn und Zweck des Mitbestimmungsrechts ergibt sich, dass eine Beteiligung der Personalvertretung zu erfolgen hat, sobald der Dienststellenleiter dem Betroffenen mitzuteilen beabsichtigt, dass auf der Grundlage der vorliegenden Ermittlungen ein Ersatzanspruch besteht (BVerwG v. 2.6.2010, ZfPR *online* 9/2010, S. 3).

b) Aus Gründen des Persönlichkeitsschutzes kommt ein Mitbestimmungsrecht der Personalvertretung nur dann in Betracht, wenn der Betroffene diese **Beteiligung beantragt**. Das Antragsrecht dient dem Schutz der Persönlichkeitsphäre des Beschäftigten, der Interesse daran haben kann, die Angelegenheit unter Ausschluss der

Beteiligung Dritter zu regeln (BVerwG v. 2.6.2010, PersV 2010, 373 = Leits. ZfPR 2010, aaO). Der Betroffene ist aber in jedem Fall so rechtzeitig über die beabsichtigte Maßnahme zu unterrichten, dass ihm noch genügend Zeit verbleibt, um die zuständige Personalvertretung zu beteiligen (BVerwG v. 2.6.2010, aaO).

c) Die **Geltendmachung eines Erstattungsanspruchs** wegen überzahlter Bestandteile von Gehältern, Löhnen oder Bezügen ist kein Ersatzanspruch im Sinne des Personalvertretungsgesetzes. Seine Geltendmachung unterliegt nicht der Mitbestimmung der Personalvertretung. Bei der Geltendmachung von Ersatzansprüchen geht es um einen Ausgleich des beim Dienstherrn entstandenen Vermögensschadens. Demgegenüber stellt die Rückforderung zu viel gezahlter Einkommensteile lediglich die Rückgängigmachung einer rechtsgrundlos erfolgten Vermögensverschiebung dar (BVerwG v. 27.1.2006, PersV 2006, 337).

4. Streitigkeiten

Meinungsverschiedenheiten über die Gewährung der gesetzlichen Mitbestimmung entscheiden die Verwaltungsgerichte nach § 83 Abs. 1 Nr. 3.

5. Abweichende Regelungen des Landesrechts

Das Landesrecht stimmt weitgehend mit der Bundesregelung überein. Die einzelnen Mitbestimmungstatbestände sind allerdings teilweise im Wortlaut, teilweise im Umfang unterschiedlich. Das Bremische Gesetz geht auch an dieser Stelle von der Allzuständigkeit der Personalvertretung aus (§ 52 Abs. 1 Satz 1 PersVG Bre). Gleiches gilt für Schleswig-Holstein (§ 51 MBG Schl.-H.).

§ 77 (Besondere Regelung für bestimmte Gruppen von Beschäftigten, Versagungskatalog)

(1) In Personalangelegenheiten der in § 14 Abs. 3 bezeichneten Beschäftigten, der Beamten auf Zeit, der Beschäftigten mit überwiegend wissenschaftlicher oder künstlerischer Tätigkeit bestimmt der Personalrat nach § 75 Abs. 1, § 76 Abs. 1 nur mit, wenn sie es beantragen. § 75 Abs. 1 und 3 Nr. 14, § 76 Abs. 1 gelten nicht für die in § 54 Abs. 1 des Bundesbeamtengesetzes bezeichneten Beamten und für Beamtenstellen von der Besoldungsgruppe A 16 an aufwärts.

(2) Der Personalrat kann in den Fällen des § 75 Abs. 1 und des § 76 Abs. 1 seine Zustimmung verweigern, wenn

1. **die Maßnahme gegen ein Gesetz, eine Verordnung, eine Bestimmung in einem Tarifvertrag, eine gerichtliche Entscheidung, den Frauenförderplan oder eine Verwaltungsanordnung oder gegen eine Richtlinie im Sinne des § 76 Abs. 2 Nr. 8 verstößt oder**
2. **die durch Tatsachen begründete Besorgnis besteht, dass durch die Maßnahme der betroffene Beschäftigte oder andere Beschäftigte benachteiligt werden, ohne dass dies aus dienstlichen oder persönlichen Gründen gerechtfertigt ist, oder**
3. **die durch Tatsachen begründete Besorgnis besteht, dass der Beschäftigte oder Bewerber den Frieden in der Dienststelle durch unsoziales oder gesetzwidriges Verhalten stören werde.**

Entsprechende landesgesetzliche Regelungen:

Baden-Württemberg: §§ 81, 82; Bayern: Art. 75 Abs. 2, 78 Abs. 1; Berlin: § 89; Brandenburg: §§ 62 Abs. 4, 5, 63 Abs. 2; Bremen: § 65 Abs. 2; Hamburg: § 88; Hessen: §§ 77 Abs. 4, 79; Mecklenburg-Vorpommern: § 68 Abs. 3, 4; Niedersachsen: § 65 Abs. 3; Nordrhein-Westfalen: § 72 Abs. 1 Satz 2; Rheinland-Pfalz: § 81; Saarland: §§ 80 Abs. 2, 81; Sachsen: § 82; Sachsen-Anhalt: § 68; Schleswig-Holstein: §§ 51 Abs. 4, 6, 56 Abs. 3, 4; Thüringen § 76.

1. Begriffsbestimmungen

a) Selbständige Entscheidungen in Personalangelegenheiten: Entscheidungskompetenz in solchen Angelegenheiten, die unmittelbar die persönliche Rechtsstellung des einzelnen Beschäftigten betreffen (vgl. §§ 75, 76) und in seinen Status eingreifen.

b) Beamte auf Zeit: Beamte, die zur befristeten Wahrnehmung von hoheitsrechtlichen Aufgaben oder von Aufgaben, die zur Sicherung des Staates oder des öffentlichen Lebens nicht ausschließlich Personen übertragen werden dürfen, die in einem privatrechtlichen Arbeitsverhältnis stehen (§§ 5, 6 Abs. 2 BBG).

c) Beschäftigte mit überwiegend wissenschaftlicher oder künstlerischer Tätigkeit: Solche Beschäftigten, deren überwiegende Tätigkeit auf eine schöpferische, wissenschaftliche oder künstlerische Arbeit gerichtet ist.

d) In § 54 Abs. 1 BBG bezeichnete Beamte: Staatssekretäre und Ministerialdirektoren, sonstige Beamte des höheren Dienstes im Auswärtigen Dienst von der Besoldungsgruppe A 16 an aufwärts, Beamte des höheren Dienstes des Bundesamtes für Verfassungsschutz und des Bundesnachrichtendienstes von der Besoldungsgruppe A 16 an aufwärts, der Bundespressechef und dessen Vertreter, der Generalbundesanwalt beim Bundesgerichtshof und der Oberbundesanwalt beim Bundesverwaltungsgericht sowie der Bundesbeauftragte für den Zivildienst.

e) Unsoziales Verhalten: Jedes Verhalten, das die Bereitschaft, sich in eine soziale Gemeinschaft einzufügen, vermissen lässt.

f) Gesetzwidriges Verhalten: Jedes Verhalten, das der Rechtsordnung widerspricht.

2. Erläuterungen

a) Die Vorschrift soll **Interessenkonflikte** verhindern, in die Beamte und vergleichbare Arbeitnehmer dadurch geraten können, dass sie einerseits die Interessen der Dienststelle wahrzunehmen haben, andererseits als Mitglieder der Personalvertretung zu bestimmten Maßnahmen der Dienststelle Stellung nehmen sollen.

b) Wenn ein Beschäftigter **von seinem Recht**, die Personalvertretung einzuschalten, **nicht informiert** worden ist, so begründet dies nicht die Anfechtung einer Personalmaßnahme.

c) Im Rahmen des Abs. 2 muss die Personalvertretung **konkrete Tatsachen** vortragen. Die von ihr behaupteten Umstände müssen derart substantiiert vorgetragen werden, dass sie vor allem im Zusammenhang mit der Prüfung einer möglichen Störung des Friedens in der Dienststelle das geäußerte Misstrauen rechtfertigen.

3. Fälle aus der Rechtsprechung

I. Personelle Angelegenheiten / Mitbestimmung auf Antrag (Abs. 1)

a) Die Personalvertretung hat in den personellen Angelegenheiten der in Abs. 1 Satz 1 erwähnten Beschäftigten ein Mitbestimmungsrecht nur dann, wenn die **Betroffenen** dies **beantragen** (BVerwG v. 27.2.2013, ZfPR *online* 5/2013, S. 5). Das gilt für die in § 14 Abs. 3 genannten Beschäftigten, für Beamte auf Zeit sowie für Beschäftigte mit überwiegend wissenschaftlicher oder künstlerischer Tätigkeit. Dadurch sollen Interessenkonflikte verhindert, die Unabhängigkeit der in § 14 Abs. 3 genannten Beschäftigten von der Personalvertretung soll gewährleistet werden (BVerwG v. 20. 3. 2002, ZfPR 2002, 229).

b) Das Mitbestimmungsrecht ist von einem **Antrag des Beschäftigten** schon dann abhängig, wenn ihm eine von Abs. 1 Satz 1 erfasste Aufgabe erst übertragen werden soll (z.B. Beförderung eines Regierungsdirektors (A15) zum Ministerialrat (A16),

BVerwG v. 20.3.2002, ZfPR 2002, 229; BVerwG v. 22.6.2005, PersV 2006, 18; BVerwG v. 12.1.2006, PersV 2006, 223 = Leits. ZfPR 2006, 75).

c) Der Dienstherr hat dem Beschäftigten von dem **Antragsrecht so rechtzeitig Kenntnis zu geben**, dass er die Mitbestimmung der Personalvertretung noch beantragen kann (OVG Koblenz v. 7.9.1964, ZBR 1964, 278). Die Unterrichtung muss in einer Art und Weise erfolgen, dass der betroffene Beschäftigte klar erkennen kann, dass er nunmehr von seinem personalvertretungsrechtlichen Antragsrecht Gebrauch machen kann (BVerwG v. 24.11.1983, BVerwGE 68, 197, 201; BVerwG v. 9.12.1999 – 2 C 4.99, ZfPR 2000, 229). Eine generelle Verpflichtung eines Dienststellenleiters, Beschäftigte über das ihnen zustehende personalvertretungsrechtliche Antragsrecht zu belehren, besteht nicht. Jedoch muss die Unterrichtung über die beabsichtigte Maßnahme in einer so deutlichen Weise erfolgen, dass dem Betroffenen auch ohne eine Belehrung über sein Antragsrecht eine klare Entscheidungsgrundlage gegeben wird.

d) Die in § 14 Abs. 3 bezeichneten Beschäftigten sind nur solche, die **Entscheidungen treffen, die den Mitbestimmungskatalogen** der §§ 75, 76 (personelle Angelegenheiten) **zugeordnet sind** (BVerwG v. 22.6.2005, PersV 2006, 18). Die betreffenden Beschäftigten müssen stellenplanmäßig bzw. geschäftsordnungsmäßig eine selbstständige Entscheidungsbefugnis in personellen Angelegenheiten haben, die im allgemeinen im **Zeichnungsrecht** zum Ausdruck kommt (BVerwG v. 22.6.2005, PersV 2006, 18; BVerwG v. 17.5.2010, PersV 2010, 379).

e) Diejenigen, die die in § 14 Abs. 3 genannten **Personen vertreten**, fallen nicht unter das „eingeschränkte" Mitbestimmungsrecht (BVerwG v. 16.3.2012, PersR 2012, 374).

f) Wenn es keine entsprechenden **Beamtenstellen** für die von einem Arbeitnehmer ausgeübte Tätigkeit gibt, dann kann in der Regel die Vergütung als Anhalt für die Funktionsgleichwertigkeit mit entsprechend besoldeten Beamtenstellen dienen. Der Funktionsvergleich muss anhand **einfach zu überschauender und zu handhabender Kriterien** erfolgen (Zugehörigkeit zur Führungsebene, Stellenplan, Zahl der betroffenen Arbeitnehmer im Verhältnis zur Gesamtzahl der Beschäftigten, evtl. eigenständig wahrzunehmender Aufgabenkreis). Es muss sich generell um herausgehobene Stellen handeln, wobei allerdings zu berücksichtigen ist, dass der **Ausschluss des Mitbestimmungsrechts** „nur für einen verhältnismäßig kleinen Teil der Beschäftigten zum Zuge kommen" darf (BVerwG v. 12.1.2006, PersV 2006, 221 = Leits. ZfPR 2006, 75).

g) Für die **besoldungsrechtliche Einordnung einer Beamtenstelle** ist nicht die interne Bewertung des Dienstpostens maßgebend, sondern die durch Zuordnung einer entsprechenden Planstelle zum Ausdruck kommende besoldungsrechtliche Bewertung (OVG Münster v. 22.8.1983, ZBR 1984, 215).

h) Wenn das **künstlerische Schaffen** einer bestimmten Person das **Hauptmerkmal seiner Tätigkeit** ist und demgegenüber verwaltungsmäßige, organisatorische oder technische Tätigkeiten zurücktreten, so findet ein Mitbestimmungsrecht der Personalvertretung nicht statt (BVerwG v. 23.9.1966, BVerwGE 25, 118). Künstlerische Mitglieder eines Theaters unterfallen dem § 77 dann nicht, wenn es ihre vertragliche Aufgabe ist, eigene schöpferische künstlerische Leistungen in die Gestaltung einer Aufführung einzubringen (BVerwG v. 7.12.1994, Leits. ZfPR 1995, 127). Wenn aber die Mitbestimmung der Personalvertretung beantragt worden ist, dann steht der Personalvertretung eine Prüfung der künstlerischen Befähigung nicht zu; denn die Personalvertretung kann nicht in Bereiche vordringen, für deren Beurteilung sie nicht den erforderlichen Sachverstand besitzt und für die sie nicht die mit den Maßnahmen verbundene Verantwortung tragen kann (BVerwG v. 18.3.1981, DöV 1981, 833).

i) Die **wissenschaftliche Tätigkeit** muss dem Berufsbild ebenso wie bei der künstlerischen Tätigkeit das **Gepräge** geben. Angesichts des besonderen Profils von Personen mit wissenschaftlicher Tätigkeit will der Gesetzgeber es ihnen selbst überlassen, ob sie eine Beteiligung der Personalvertretung, die in der Regel mit dem entsprechenden Berufsbild nicht vertraut ist, wünschen (BVerwG v. 27.2.2013, ZfPR *online* 5/2013, S. 5).

j) Hat ein Dienststellenleiter einen Beschäftigten mit überwiegend wissenschaftlicher Tätigkeit **nicht auf die Möglichkeit der Antragstellung** hingewiesen, so kann die Personalvertretung erst nach einem von dem betroffenen Beschäftigten gestellten Antrag beteiligt werden (BVerwG v. 27.2.2013, ZfPR *online* 5/2013, S. 5).

II. Verweigerung der Zustimmung (Abs. 2)

a) Wenn die Personalvertretung die beantragte **Zustimmung zu einer mitbestimmungspflichtigen Maßnahme verweigern** will, so muss sie angeben, aus welchen Gründen sie dies tut (Abs. 2, BVerwG v. 27.7.1979, ZBR 1980, 355). Der Leiter der Dienststelle muss die **Beweggründe der Personalvertretung** kennen, um sich mit ihnen auseinanderzusetzen und sie zur Grundlage seines weiteren Vorgehens machen zu können. Daher muss eine Ablehnung durch die Personalvertretung konkret auf die beabsichtigte Maßnahme eingehen und die wesentlichen Bedenken darlegen (OVG Münster v. 29.7.1980, PersV 1981, 375). Deshalb kann sich eine Personalvertretung auch nicht mit einer formelhaften Wiederholung des Gesetzestextes (Abs. 2) begnügen (BVerwG v. 27.7.1979, aaO). Der Dienststellenleiter darf deshalb auch die Versagung einer derartigen Zustimmung unberücksichtigt lassen und die beabsichtigte Maßnahme durchführen, wenn nach der Begründung offensichtlich keiner der Versagungsgründe gegeben ist (BVerwG v. 27.7.1979, aaO). Er muss sich aber mit den von der Personalvertretung geltend gemachten Gründen eingehend auseinandersetzen.

b) Dem Dienststellenleiter steht **kein Vorprüfungsrecht** in der Form zu, dass er die Schlüssigkeit der vorgetragenen Ablehnungsgründe prüfen und evtl. das Einigungsverfahren abbrechen kann (BVerwG v. 30.4.2001, ZfPR 2001, 182). Für die Beachtlichkeit der Zustimmungsverweigerung muss es ausreichen, wenn die tatsächliche Annahme der Personalvertretung „nicht völlig aus der Luft gegriffen ist oder neben der Sache liegt"; an die Würdigung einer Zustimmungsverweigerung ist daher ein „großzügiger Maßstab" zu legen (BVerwG v. 9.12.1992, ZfPR 1993, 118; BayVGH v. 29.10.1986, PersV 1990, 442). Zu berücksichtigen ist nämlich, dass eine Personalvertretung nicht immer über spezielle dienstrechtliche Kenntnisse verfügen kann und dass ihr auch oft nicht genügend Zeit für eine ausgewogene Beschlussfassung zur Verfügung steht (BVerwG v. 29.1.1996, ZfPR 1996, 122, OVG Münster v. 27.1.2005, ZfPR 2005, 100; OVG Münster v. 25.8.2011, PersR 2012, 229).

c) An die **Formulierung der Begründung** dürfen aufgrund der im Hinblick auf die vertrauensvolle Zusammenarbeit gebotenen wohlwollenden Betrachtungsweise keine hohen Anforderungen gestellt werden (OVG Lüneburg v. 19.3.1997 – 18 L 7155/95, n.v.), aber auch deshalb nicht, weil eine Personalvertretung in aller Regel nicht aus juristischen Fachleuten besteht (OVG Rheinland-Pfalz v. 6.7.2011, PersR 2011, 478). Die von der Personalvertretung angegebenen Gründe müssen nicht „in sich widerspruchsfrei und in vollem Umfang schlüssig" sein. Vielmehr genügt es, dass die „Einwände der Personalvertretung gegen eine der Mitbestimmung unterliegende Maßnahme jedenfalls von solchem Gewicht sind, dass sie nicht ohne weiteres von der Hand gewiesen werden können, sondern einer näheren Prüfung zu unterziehen sind" (OVG Sachsen v. 29.4.1997, ZBR 1998, 318 = Leits. ZfPR 1998, 91; OVG Sachsen-Anhalt v. 27.7.1998, Leits. ZBR 2000, 178).

d) Eine Zustimmungsverweigerung ist daher immer dann beachtlich, wenn „auch nur die Möglichkeit besteht, dass die Personalvertretung noch **Interessen** verfolgt, die **durch** den **jeweiligen Mitbestimmungstatbestand personalvertretungsrechtlich geschützt** sind und deren Geltendmachung dem Zweck des Mitbestimmungsverfahrens entspricht" (VG Potsdam v. 27.2.1997, ZfPR 1998, 188).

e) Der **Abbruch eines Mitbestimmungsverfahrens** ist ausnahmsweise dann zulässig, wenn ein Verweigerungsgrund von vornherein und eindeutig nicht vorliegen kann oder wenn die Zustimmungsverweigerung aus sonstigen (subjektiven) Gründen rechtsmissbräuchlich ist, weil sich der Personalrat besserer Erkenntnis verschließt oder aber seinen Standpunkt nur zum Schein einnimmt (BVerwG v. 15.11.2006, PersV 2007, 370). Gleiches gilt dann, wenn eine Personalvertretung überhaupt keine Gründe anführt oder dann, wenn sie nur eine abstrakte oder formelhafte Begründung gibt. Falls aber die vorgetragenen Gründe einen Bezug zum konkreten Einzelfall erkennen lassen und nicht außerhalb des Aufgabenbereichs liegen, dann ist der Abbruch des Mitbestimmungsverfahrens unzulässig (OVG Saarland v. 14.3.2014, ZfPR *online* 5/2014, S. 11).

f) Hat ein Dienststellenleiter **irrtümlich ein Mitbestimmungsverfahren eingeleitet**, ohne dass ein konkreter Mitbestimmungstatbestand gegeben ist, dann ist er auf Weisung des Leiters der übergeordneten Dienststelle verpflichtet, das Mitbestimmungsverfahren unter Hinweis auf ein fehlendes Mitbestimmungsrecht abzubrechen. In diesem Fall erleidet der Personalrat keinen Rechtsverlust. Ihm ist es unbenommen, das von ihm in Anspruch genommene Mitbestimmungsrecht gerichtlich geltend zu machen (BVerwG v. 28.8.2008, PersR 2008, 458 = Leits. ZfPR 2009, 10).

g) Eine Personalvertretung kann nicht ihr eigenes Werturteil über die Eignung eines ausgewählten Bewerbers und Mitbewerbers an die Stelle der Beurteilung durch den Dienststellenleiter setzen. Die **Beurteilung** der Beschäftigten und Bewerber nach Eignung, Befähigung und fachlicher Leistung bei der Einstellung und der Vergabe höher zu bewertender Dienstposten **obliegt allein dem Dienststellenleiter** (OVG Rheinland-Pfalz v. 6.7.2011, PersR 2011, 478). Dabei steht den Einstellungsbehörden von Verfassungs wegen (Art. 33 Abs. 2 GG) ein breiter Ermessens- und Beurteilungsspielraum zu, der gerichtlich nur beschränkt nachprüfbar ist und in den Personalvertretungen mit ihren Einwendungen nach § 77 Abs. 2 BPersVG nicht eindringen können. Das gilt nicht nur für die Einstellung von Beamten, sondern für alle Angehörigen des öffentlichen Dienstes, weil Art. 33 Abs. 2 GG insoweit keine Differenzierung vornimmt. Der Personalrat kann somit die Zustimmung zu einer beabsichtigten Personalmaßnahme nur dann verweigern, wenn die Dienststelle bei der Eignungsbeurteilung den anzuwendenden Begriff oder den gesetzlichen Rahmen, in dem sie sich frei bewegen kann, verkannt hat oder von einem unrichtigen Sachverhalt ausgegangen ist oder allgemeingültige Maßstäbe nicht beachtet oder sachfremde Erwägungen angestellt hat. Dies steht durchaus mit dem Grundsatz der gleichberechtigten Partnerschaft von Dienststellenleiter und Personalvertretung in Mitbestimmungsangelegenheiten in Einklang, weil die Personalvertretung in den Personalangelegenheiten die Zustimmung von vornherein nur unter den in § 77 Abs. 2 abschließend aufgeführten Gründen verweigern darf.

h) Im Zusammenhang mit **Auswahlentscheidungen** ist eine Personalvertretung aber nicht gehindert, die Zustimmung mit dem Hinweis, es liege keine ausreichende Auswahlbegründung vor, zu verweigern. Bei einer auf dem Prinzip der Bestenauslese beruhenden Personalmaßnahme ist ein Dienststellenleiter dazu verpflichtet darzulegen, auf welchen Umständen seine Auswahlentscheidung beruht. Die Personalvertretung muss in der Lage sein zu beurteilen, ob sich die getroffene Auswahlentscheidung im Rahmen des dem Dienststellenleiter zustehenden Beurteilungs- und Ermessensspielraums hält. Zu dieser Beurteilung ist eine Personalvertretung aber nur dann in der Lage, wenn der Dienststellenleiter seine Einschätzung zu für wesentlich gehaltenen Fähigkeiten, Fertigkeiten und Charaktereigenschaften der übrigen Bewerber eingehend darlegt. Nur auf einer solchen Informationsgrundlage ist die Personalvertretung in der Lage, sachgerecht darüber zu entscheiden, ob sie die Zustimmung zu einer auf eine Auswahlentscheidung beruhenden personellen Maßnahme erteilen kann oder nicht (OVG Münster v. 24.11.1999, ZfPR 2000, 236).

i) Wenn eine Personalvertretung z.B. ihre Zustimmungsverweigerung mit der Besorgnis begründet, mit der Einstellung eines Bewerbers solle die Möglichkeit geschaffen werden, einen wegen seiner Personalratstätigkeit als lästig empfundenen Beschäftigten zu ersetzen und dessen befristeten Arbeitsvertrag nicht zu verlängern, so ist das Mitbestimmungsverfahren einzuleiten (BVerwG v. 13.5.1987, PersV 1988, 401, 548). Ebenso kann eine Personalvertretung die Zustimmung zur **Einstellung mehrerer externer Bewerber** verweigern, wenn es ihr lediglich um die Übernahme eines bereits Beschäftigten geht (OVG Münster v. 14.2.1990, PersV 1991, 179 = Leits. ZfPR 1990, 184). Generell reicht es für die Beachtlichkeit einer Zustimmungsverweigerung aus, wenn die tatsächliche Annahme der Personalvertretung „nicht völlig aus der Luft gegriffen ist oder neben der Sache liegt". An die Würdigung einer Zustimmungsverweigerung ist ein „großzügiger Maßstab" anzulegen (BVerwG v. 9.12.1992, ZfPR 1993, 118).

j) Die **Bewertung des Lebens- und Dienstalters der Bewerber bei einer Auswahlentscheidung** kann von einer Personalvertretung im Mitbestimmungsverfahren nur beschränkt und nur nach den für die Eignungsbeurteilung selbst geltenden Grundsätzen geprüft werden. Unbeachtlich ist daher eine Zustimmungsverweigerung mit der Begründung, dass der berücksichtigte Bewerber für die vorgesehene Tätigkeit weniger geeignet sei als ein anderer Bewerber. Die Beurteilung der Beschäftigten und Bewerber nach Eignung, Befähigung und fachlicher Leistung obliegt allein dem Dienststellenleiter (vgl. i). Die Personalvertretung kann ihr Werturteil nicht an die Stelle derjenigen des Dienststellenleiters setzen (BVerwG v. 27.3.1990, PersV 1990, 439 = ZfPR 1991, 13).

k) Ebenso wenig kann eine Personalvertretung die **Zustimmungsverweigerung zur Übertragung einer höher zu bewertenden Tätigkeit** allein mit dem höheren Dienst- und Lebensalter des übergangenen Bewerbers begründen, wenn sie im Übrigen ungeachtet der vom Dienststellenleiter angeführten Gesichtspunkte (beruflicher Werdegang, Fachkenntnisse, Persönlichkeitsbild und verwaltungsspezifische Aufgaben des Dienstpostens) widerspricht. Dies gilt auch dann, wenn die letzte allgemeindienstliche Beurteilung beider Bewerber im Gesamturteil gleich ist (BayVGH v. 11.9.1991, Leits. PersR 1992, 270; OVG Münster v. 27.3.1998, Leits. ZfPR 1998, 163). Gleiches gilt, wenn im Fall einer Abordnung mit dem Ziel der Versetzung ein Beschäftigter darauf hinweist, dass er sich im Vollzugsfall nicht mehr um seine pflegebedürftige Mutter ausreichend kümmern könne. Auf die rechtliche Tragfähigkeit der angeführten familiären Nachteile kommt es für die Beurteilung der Zulässigkeit der Einwendung der Personalvertretung nicht an (HessVGH v. 12.10.1993 – I TH 2276/92, n.v.).

l) Ebenso muss die Personalvertretung mit dem Hinweis gehört werden, im Zusammenhang mit einer Übertragung eines höherwertigen Dienstpostens seien die laufbahnrechtlichen Voraussetzungen nicht zutreffend gewertet worden (OVG Münster v. 4.3.1994, Leits. ZfPR 1995, 20). Im Zusammenhang mit einer **Versetzung** kann die Personalvertretung geltend machen, dass die Interessen des Betroffenen an einem angemessenen beruflichen Fortkommen nicht genügend berücksichtigt worden seien. Dieses Interesse nämlich ist auch von der Dienststelle zu beachten. Dabei ist es ausreichend, wenn die Personalvertretung Belange von nicht unerheblichem Gewicht vorträgt; ob sie hierzu in der Lage ist, hängt davon ab, ob ein Dienststellenleiter seiner Verpflichtung zur Unterrichtung insoweit nachkommt, als er über seine Einschätzung zu für von ihm für wesentlich gehaltenen Fähigkeiten, Fertigkeiten und Charaktereigenschaften der übrigen Bewerber eingehend informiert, damit die Personalvertretung in der Lage ist, sachgerecht darüber zu entscheiden, ob sie die Zustimmung zu einer auf einer Auswahlentscheidung beruhenden personellen Maßnahme erteilen kann oder nicht (OVG Münster v. 24.11.1999, ZfPR 2000, 236).

m) Eine Zustimmungsverweigerung ist dann unbeachtlich, wenn **Rechtsmissbrauch** vorliegt, wenn also für alle Beteiligten ganz offensichtlich ist, dass eine Personalvertretung sich auf den von ihr angegebenen Verweigerungsgrund nicht berufen kann oder wenn ihre Annahme offensichtlich unhaltbar, vorgeschoben oder gar „mutwillig" ist (OVG Sachsen-Anhalt v. 4.8.1998, ZfPR 2001, 79). Unbeachtlich ist eine Zustimmungsverweigerung daher immer dann, wenn die entsprechenden Feststellungen der Personalvertretung (z.B. im Zusammenhang mit der Beurteilung des Vorliegens der Voraussetzungen für die Geltendmachung eines Erstattungsanspruchs nach § 76 Abs. 2 Nr. 9) unvertretbar und abwegig sind (OVG Berlin v. 15.1.1999, PersV 2000, 171; vgl. vorst. Anm. e).

n) Eine Personalvertretung kann ihr Zustimmungsverweigerungsrecht nicht nur mit dem Vortrag von Tatsachen, sondern auch mit der **Darlegung einer Rechtsauffassung** begründen. Zu unterscheiden ist zwischen einer Zustimmungsverweigerung, die unbegründet ist und einer solchen, die unbeachtlich ist, weil sie entweder (objektiv) das Vorliegen eines gesetzlichen Zustimmungsverweigerungsgrunds als nicht möglich erscheinen lässt (sog. „Möglichkeitstheorie") oder aber aus sonstigen (subjektiven) Gründen rechtsmissbräuchlich ist (wenn z.B. die Personalvertretung nur zum Schein den vor ihr vorgetragenen Standpunkt vertritt). In diesem Fall muss ein Dienststellen- leiter, der das Mitbestimmungsverfahren abbrechen möchte, einen eindeutigen Nachweis des Rechtsmissbrauchs erbringen. Offensichtlich ist ein Rechtsmissbrauch nur dann, wenn von vornherein eindeutig ein Verweigerungsgrund nicht vorliegt und er auch nach keiner vertretbaren Betrachtungsweise als möglich erscheint (BVerwG v. 7.12.1994, ZfPR 1995, 121).

II. „Versagungskatalog" (Abs. 2)

Verstoß gegen Gesetze etc. (Abs. 2 Nr. 1)

Eine Personalvertretung ist berechtigt und verpflichtet, die Zustimmung zu einer beabsichtigten Versetzung zu verweigern, wenn die **gesetzlichen und tariflichen Voraussetzungen nicht gegeben** sind (BVerwG v. 30.3.2009, ZfPR *online* 5/2009, S. 8).

Besorgnis der Benachteiligung (Abs. 2 Nr. 2)

a) Eine Benachteiligung ist immer dann gegeben, wenn ein **bestehender Zustand zu Lasten eines Beschäftigten verändert** werden soll, nämlich dann beispielsweise, wenn die Versetzung eines Beschäftigten erhebliche Erschwerungen der Arbeit zu Lasten der verbleibenden Beschäftigten zur Folge hat (vgl. für das BetrVG: BAG v. 15.9.1987, BAGE 56, 108).

b) Ein Verstoß gegen **Sinn und Zweck des Benachteiligungsverbots** liegt vor, wenn in zeitlichem und sachlichem Zusammenhang mit der Einstellung eines Bewerbers der befristete Arbeitsvertrag eines Personalratsmitglieds nicht verlängert werden soll. Eine bloße **Vermutung für eine Benachteiligung** reicht aber nicht aus, um die Zustimmung rechtswirksam verweigern zu können. Dies gilt z.B. für einen Hinweis darauf, dass ein ausgewählter Beamter (nur) durch entsprechende Vorverwendungen offensichtlich einen Eignungsvorsprung gegenüber seinen Mitbewerbern erlangt habe (OVG Münster v. 24.7.1996, Leits. PersV 1998, 529). Die Personalvertretung kann aber nicht auf die **Gestaltung des Arbeitsvertrags** (z.B. befristeter Arbeitsvertrag, Anwendung bestimmter Tarifverträge auf einen Arbeitsvertrag) Einfluss nehmen kann. Es ist nämlich alleine Sache des Dienststellenleiters einerseits und des Einzustellenden andererseits, den Arbeitsvertrag zu gestalten (BVerwG v. 15.11.1995, ZfPR 1996, 113).

c) Eine Personalvertretung kann auch **tatsächliche Nachteile**, die nach dem Schutzzweck des Mitbestimmungstatbestands erheblich sein können, geltend machen. Infolgedessen kann sie zulässigerweise behaupten, dass im Zusammenhang mit Umsetzungen, Abordnungen oder Versetzungen tatsächliche Mehrbelastungen entstehen (BVerwG v. 4.6.1993, ZfPR 1993, 197; BVerwG v. 27.9.1993, PersR 1993, 495). Wenn allerdings ein Beamter wegen Wegfalls seiner Stelle in eine andere Dienststelle versetzt werden soll, so kann die Personalvertretung die Versetzung nicht mit der Begründung ablehnen, durch die Maßnahme werde einem in der aufnehmenden Dienststelle vorhandenen Beschäftigten die Beförderungschance genommen. Hierin liegt kein Nachteil, da zu den Maßnahmen der Bestenauslese auch Versetzungen gehören, die etwa mit dem Ziel der Beförderung erfolgen. Auch in diesem Fall ist die Maßnahme von der Eignungsbeurteilung des ausgewählten Bewerbers und eventueller Mitbewerber geprägt. Deshalb ist es der Personalvertretung in diesem Fall verwehrt, die Zustimmung zur Versetzung mit der Begründung zu verweigern, einem anderen, in der Dienststelle bereits tätigen Beschäftigten würde die Beförderungschance genommen (vgl. hierzu Anm. m). Nichts anderes gilt dann, wenn die Ver- setzung nicht der Beförderung des zu versetzenden Beamten dient, sondern dazu, einen Dienstposten mit einem bereits beförderten Beamten zu besetzen (OVG Berlin v. 13.1.1995, Leits. ZfPR 1995, 204). Wenn eine Versetzung dem Wunsch des betreffenden Beschäftigten entspricht, so kann die Personalvertretung die Zustimmung nicht wegen ungerechtfertigter Benachteiligung verweigern (vgl. für das BetrVG: BAG v. 2.4.1996, BB 1997, 97). Eine Personalvertretung kann die Zustimmung zu einer Umsetzung rechtswirksam dann verweigern, wenn durch diese Maßnahme das Durchschnittsalter der Beschäftigten steigt und dadurch für die Verbliebenen eine Mehrbelastung entsteht (VG Mainz v. 18.5.2004, PersV 2005, 26).

Störung des Friedens in der Dienststelle (Abs. 2 Nr. 3)

Eine Personalvertretung kann die **Zustimmung zur Einstellung eines externen Bewerbers** unter Hinweis darauf verweigern, dass der Bewerber von den Beschäftigten abgelehnt werde. Dabei muss die Personalvertretung aber konkrete Tatsachen für die Befürchtung vortragen, dass der Bewerber den Frieden in der Dienststelle stören oder dass seine Einstellung zum Verlust eines Rechts, einer Anwartschaft oder anderer rechtlich erheblicher Positionen der vorhandenen Beschäftigten führen werde. Der Personalvertretung darf es nicht allein darum gehen, eine „Fremdbesetzung" von Stellen zu verhindern (OVG Münster v. 1.7.1994, Leits. ZfPR 1995, 52).

4. Streitigkeiten

Die Verwaltungsgerichte entscheiden über Streitigkeiten nach § 83 Abs. 1 Nr. 3. Wenn ein Dienststellenleiter das Mitbestimmungsverfahren mit der Begründung abbricht, die von der Personalvertretung vorgetragenen Argumente würden das Vorliegen eines gesetzlichen Verweigerungsgrunds noch nicht einmal „möglich erscheinen lassen" (BVerwG v. 27.7.1979, PersV 1981, 162), dann kann eine Personalvertretung den **Erlass einer einstweiligen Verfügung** beantragen, um feststellen zu lassen, ob der Dienststellenleiter tatsächlich berechtigt ist, das Mitbestimmungsverfahren abzubrechen (so wohl im Ergebnis: BVerwG v. 27.7.1990, ZBR 1990, 354 mit Anm. Albers = PersV 1991, 29 = ZfPR 1991, 19; vgl. auch § 69 Anm. 3 x) sowie § 83 Anm. 3 h).

5. Abweichende landesgesetzliche Regelungen

Der wesentliche Unterschied zwischen Landes- und Bundesrecht besteht hinsichtlich des **Versagungskatalogs**. Der Bundesregelung vergleichbare Versagungskataloge gibt es nach § 82 BWPVG, Art. 75 Abs. 2 BayPVG, § 80 Abs. 2 SPVG und § 82 Abs. 2 SächsPersVG. In den übrigen Bundesländern gibt es keinen Versagungskatalog.

§ 78 (Mitwirkung)

(1) Der Personalrat wirkt mit bei

1. **Vorbereitung von Verwaltungsanordnungen einer Dienststelle für die innerdienstlichen, sozialen und persönlichen Angelegenheiten der Beschäftigten ihres Geschäftsbereichs, wenn nicht nach § 118 des Bundesbeamtengesetzes die Spitzenorganisationen der zuständigen Gewerkschaften bei der Vorbereitung zu beteiligen sind,**
2. **Auflösung, Einschränkung, Verlegung oder Zusammenlegung von Dienststellen oder wesentlichen Teilen von ihnen,**

3. Erhebung der Disziplinarklage gegen einen Beamten,

4. Entlassung von Beamten auf Probe oder auf Widerruf, wenn sie die Entlassung nicht selbst beantragt haben,

5. vorzeitiger Versetzung in den Ruhestand.

(2) In den Fällen des Absatzes 1 Nr. 3 bis 5 gilt für die Mitwirkung des Personalrats § 77 Abs. 1 Satz 2 entsprechend. In den Fällen des Absatzes 1 Nr. 3 bis 5 wird der Personalrat nur auf Antrag des Beschäftigten beteiligt; in diesen Fällen ist der Beschäftigte von der beabsichtigten Maßnahme rechtzeitig vorher in Kenntnis zu setzen. Der Personalrat kann bei der Mitwirkung nach Absatz 1 Nr. 3 Einwendungen auf die in § 77 Abs. 2 Nr. 1 und 2 bezeichneten Gründe stützen.

(3) Vor der Weiterleitung von Personalanforderungen zum Haushaltsvoranschlag ist der Personalrat anzuhören. Gibt der Personalrat einer nachgeordneten Dienststelle zu den Personalanforderungen eine Stellungnahme ab, so ist diese mit den Personalanforderungen der übergeordneten Dienststelle vorzulegen. Das gilt entsprechend für die Personalplanung.

(4) Absatz 3 gilt entsprechend für Neu-, Um- und Erweiterungsbauten von Diensträumen.

(5) Vor grundlegenden Änderungen von Arbeitsverfahren und Arbeitsabläufen ist der Personalrat anzuhören.

Entsprechende landesgesetzliche Regelungen:

Baden-Württemberg: § 80; Bayern: Art. 76; Berlin: § 90; Brandenburg: § 68; Bremen: –; Hamburg: §§ 84, 87 Abs. 3; Hessen: §§ 63 Abs. 1, 81 Abs. 1 bis 4; Mecklenburg-Vorpommern: § 68 Abs. 2; Niedersachsen: § 75; Nordrhein-Westfalen: § 73; Rheinland-Pfalz: § 83; Saarland: § 83; Sachsen: §§ 73 Abs. 3-5, 77 Abs. 1; Sachsen-Anhalt: § 60; Schleswig-Holstein: –; Thüringen: §§ 75a, 77.

1. Begriffsbestimmungen

a) **Verwaltungsanordnungen:** Alle aus dem Direktionsrecht des Leiters der Dienststelle entspringenden internen Anweisungen, die von den Beschäftigten allgemein ein Tun oder Unterlassen fordern oder ihnen Befugnisse einräumen. Verwaltungsanordnungen sind nur dann mitwirkungspflichtig, wenn sie die Beschäftigten in ihrer Stellung als Angehörige der Dienststelle und in ihrer Eigenschaft als persönlich und sozial Abhängige innerhalb des Verwaltungsgefüges unmittelbar betreffen.

b) **Spitzenorganisationen** der zuständigen Gewerkschaften: Alle Organisationen, die über einen Mitgliederbestand von gewisser Bedeutung verfügen und mitgliedermäßig den überwiegenden Teil der Verwaltungen des Bundes (bzw. des Landes) abdecken.

c) **Allgemeine Regelungen der beamtenrechtlichen Verhältnisse** sind solche Regelungen, die die Verwaltungen des Bundes oder eines Landes insgesamt oder überwiegend betreffen.

d) **Auflösung von Dienststellen** oder wesentlichen Teilen von ihnen: Ersatzlose Beseitigung einer (ganzen) Dienststelle unter Fortfall ihrer Aufgaben bzw. die Übertragung solcher Teile auf eine andere Dienststelle, die den hauptsächlichen Teil der Tätigkeit einer bestimmten Dienststelle ausmachen.

e) **Einschränkung:** Entweder werden die örtliche oder die sachliche Zuständigkeit der Dienststelle oder ihr Personalbestand auf Dauer verringert, soweit durch die Verringerung ein erheblicher Teil der Beschäftigten betroffen ist.

f) **Verlegung einer Dienststelle:** Wesentliche Ortsveränderungen mit der Folge längerer Anmarschwege.

g) Zusammenlegung: Aufhebung der bisherigen Selbständigkeit und Eingliederung in eine andere, schon bestehende oder neu zu bildende Dienststelle.

h) Wesentliche Teile einer Dienststelle: Solche Teile, durch deren Hinzufügung oder Aufhebung Aufgabengebiet und Größe der Dientstelle in entscheidender Weise auf Dauer verändert werden.

i) Erhebung der Disziplinarklage gegen einen Beamten: Bei der Ermittlung im behördlichen Disziplinarverfahren wird ein so schwerwiegendes Dienstvergehen festgestellt, dass zur Ahndung nicht mehr nur eine Disziplinarverfügung als ausreichend angesehen wird, sondern wenn auf Zurückstufung oder Entfernung aus dem Dienst erkannt werden soll.

j) Entlassung von Beamten auf Probe und auf Widerruf: Entlassung z.B. bei mangelnder Bewährung im Probebeamtenverhältnis bzw. Entscheidung über eine Entlassung eines Beamten auf Widerruf, die nach pflichtgemäßer Ermessensausübung ohne besonderen Grund erfolgen kann.

k) Vorzeitige Versetzung eines Beamten in den Ruhestand: §§ 42, 47 BBG (z.B. Dienstunfähigkeit).

l) Anhörung: In allen der Anhörung unterliegenden Angelegenheiten hat die Dienststelle der Personalvertretung von ihrer Absicht Mitteilung zu machen, eine bestimmte Maßnahme durchzuführen. Gleichzeitig ist der Personalvertretung Gelegenheit zur Äußerung zu geben. Im Fall der Ablehnung ist der Leiter der Dienststelle nicht gehalten, die nächsthöhere Dienststelle anzurufen.

m) Personalanforderungen zum Haushaltsvoranschlag: Anmeldung einer Verwaltung an die oberste Dienstbehörde mit dem Ziel, einen bestimmten zusätzlichen Bestand von Beschäftigten künftig zu erhalten.

n) Personalplanung: Gesamtheit der Maßnahmen, die zur Ermittlung des künftigen Personalbedarfs entsprechend den jeweiligen Bedingungen der Verwaltung aufgestellt werden.

o) Neu-, Um- und Erweiterungsbauten: Alle baulichen Maßnahmen zur Veränderung des bestehenden Zustands, z.B. durch Um- oder Neubauten; daher nicht solche Maßnahmen, die lediglich der Erhaltung der Bausubstanz dienen.

p) Grundlegende Änderungen des Arbeitsverfahrens und der Arbeitsabläufe: Alle Maßnahmen, die die organisatorische, räumliche und zeitliche Gestaltung von Arbeitsprozessen sowie besondere Arbeitsmethoden (alle Fragen der Rationalisierung, soweit sie den Arbeitsablauf betreffen) umfassen.

2. Erläuterungen

a) Die Verwaltung kann einer Anordnung den Charakter einer **Verwaltungsanordnung** nicht dadurch nehmen, dass sie behauptet, keine Regelungen treffen, sondern lediglich interpretierende Hinweise geben zu wollen; denn die interpretierenden Hinweise werden nicht selten mit der Absicht (und meist auch mit der ausdrücklichen Anordnung) gegeben, nachgeordnete Verwaltungen zu einem bestimmten Handeln oder Unterlassen anzuhalten (vgl. 3 b).

b) Wenn eine Personalvertretung im Rahmen der **Anhörung** eine von der Dienststelle beabsichtigte Maßnahme ablehnt, so hat dies keine Folgen für die Durchführung der von der Dienststelle beabsichtigten Maßnahme; denn im Gegensatz zu dem verfahrensmäßig ausgestalteten Mitbestimmungs- und Mitwirkungsrecht ist es dem Dienststellenleiter nicht verwehrt, auch unverzüglich nach der Ablehnung einer Maßnahme die von ihm konkret beabsichtigte Angelegenheit durchzuführen.

3. Fälle aus der Rechtssprechung

Mitwirkungsangelegenheiten (Abs. 1 Nr. 1 bis 5)

Verwaltungsanordnungen (Nr. 1)

a) Alle Regelungen, die ein Dienststelleiter in **Ausübung seines Direktionsrechts** trifft, sind Verwaltungsanordnungen. Diese Anordnungen müssen sich an die Beschäftigten in ihrer Gesamtheit, zumindest aber an einen unbestimmten Teil von ihnen richten (BVerwG v. 11.5.2012, ZfPR *online* 7/2012, S. 4; BVerwG v. 11.12.2012, ZfPR *online* 4/2013, S. 6). Wenn eine Anordnung lediglich Ausführungsbestimmungen bzw. Erläuterungen enthält, wenn also keine Maßnahme im personalvertretungsrechtlichen Sinne beabsichtigt ist, dann trifft ein Dienststellenleiter keine Regelung, mit der er gestaltend in die Rechtsstellung der Beschäftigten eingreift (BVerwG v. 7.2.2012, ZfPR *online* 4/2012, S. 5).

b) Das Mitwirkungsrecht der Personalvertretung bei der Vorbereitung von Verwaltungsanordnungen ist nicht auf Regelungen beschränkt, die im Einzelfall der Mitbestimmung unterliegen. Das Mitwirkungsrecht erstreckt sich aber nicht auf Anordnungen, die die Art und Weise der Erfüllung der Aufgaben der Dienststelle im Verhältnis zu Außenstehenden betreffen, sondern nur auf solche Anordnungen, deren ausdrücklicher und alleiniger Zweck es ist, **Angelegenheiten aus dem innerdienstlichen, sozialen und persönlichen Bereich** der Beschäftigten zu regeln. Die Maßnahme muss sich also auf die Beschäftigten in ihrer Stellung als Angehörige der Dienststelle und in ihrer Eigenschaft als persönlich und sozial Abhängige innerhalb des Verwaltungsgefüges unmittelbar beziehen (BVerwG v. 6.2.1987, BVerwGE 77, 1). Dem Mitwirkungsrecht unterliegen daher nicht solche Maßnahmen, die sich auf die Art und Weise der Arbeitserfüllung beziehen, also in unmittelbarem Zusammenhang mit der Arbeitsleistung stehen, z.B. Anordnungen, die die Verteilung von Dienstgeschäften betreffen; denn die **Konkretisierung bestehender dienstlicher Verpflichtungen** berührt regelmäßig nicht die Rechtsstellung der Beschäftigten (OVG Berlin v. 24.1.1997, ZfPR 1998, 195). Anordnungen unterliegen daher dem Mitwirkungsrecht der Personalvertretung dann nicht, wenn sie keinen regelnden Charakter haben, sondern ausschließlich eine bestehende Dienstvorschrift, bei deren Erlass eine ordnungsgemäße Beteiligung erfolgt ist, konkretisieren und erläutern (BVerwG v. 28.9.2010, PersV 2011, 306). Da von einer Verwaltungsanordnung nur gesprochen werden kann, wenn sie Maßnahmen enthält, die **gestaltend in die innerdienstlichen**, sozialen oder persönlichen **Angelegenheiten** der Beschäftigten **eingreifen**, hat eine Verfügung nicht den Charakter einer Verwaltungsanordnung, wenn sie lediglich bestimmte **Verwaltungsregeln** erläutert, Hinweise auf die Rechtslage gibt, nur allgemeine Weisungen zur Erledigung der Dienstgeschäfte enthält oder bloße Rechtsansichten äußert bzw. bestehende dienstliche Verpflichtungen lediglich konkretisiert (BVerwG v. 7.2.2012, aaO; vgl. auch Anm. a).

c) Mit einer Verwaltungsanordnung zielt ein Dienststellenleiter **unmittelbar auf die Regelung von Angelegenheiten der Beschäftigten** ab. Der Begriff „innerdienstliche Angelegenheiten" ist der Ober- und Auffangbegriff . Er betrifft alle sonstigen, nicht sozialen und persönlichen Angelegenheiten, die im internen Bereich von Regierung und Verwaltung angesiedelt sind und die spezifischen Interessen der Beschäftigten berühren (BVerwG v. 19.5.2003, ZfPR 2003, 267; BVerwG v. 11.12.2012, ZfPR *online* 4/2012, S. 5), wie z.B. Anordnungen zur Benutzung von Dienstkraftfahrzeugen (BVerwG v. 29.2.2012, ZfPR *online* 5/2012, S. 4) oder die Konkretisierung einer höherrangigen Verwaltungsvorschrift (BVerwG v.11.12.2012, aaO).

d) „Soziale Angelegenheiten" sind solche, die den in § 75 Abs. 2 Satz 1 genannten Angelegenheiten entsprechen (BVerwG v. 16.4.2008, ZfPR online 10/2008, S. 4), während „persönliche Angelegenheiten" diejenigen sind, die den Personalangelegenheiten der Arbeitnehmer und Beamten nach § 75 Abs. 1 und § 76 Abs. 1 vergleichbar sind (BVerwG v.16.4.2008, aaO).

e) Wenn in einer Verwaltungsanordnung Angelegenheiten behandelt werden, die zugleich einen der Mitbestimmungstatbestände der §§ 75, 76 betreffen, dann geht das **stärkere Mitbestimmungsrecht** dem schwächeren Mitwirkungsrecht vor (BVerwG v. 7.2.2012, ZfPR *online* 4/20212, S. 5).

Änderung von Dienststellen (Abs. 1 Nr. 2)

a) Die Beschäftigten haben ein Interesse am Erhalt ihrer Arbeitsplätze und ihrer Arbeitsbedingungen. Daher ist die Personalvertretung bereits an der **organisatorischen Vorentscheidung** zu beteiligen, wenn über die Auflösung, Einschränkung, Verlegung oder Zusammenlegung von Dienststellen beraten wird (BVerwG v. 30.9.1987, PersR 1988, 70).

b) Neben dem Mitwirkungsrecht der Personalvertretung bei der Auflösung, Einschränkung, Verlegung oder Zusammenlegung von Dienststellen oder wesentlichen Teilen von ihnen ergibt sich auch ein Beteiligungsrecht an den sozialen (und personellen) **Folgeerscheinungen von Organisationsänderungen** aus den einzelnen Bestimmungen, wie sie in den Beteiligungskatalogen (§§ 75, 76) enthalten sind (BVerwG v. 5.2.1960, BVerwGE 10, 140; HessVGH v. 27.4.1977, PersV 1980, 64). Die Mitwirkung an Organisationsmaßnahmen betrifft nicht den gleichen Gegenstand wie die damit verbundenen personellen Maßnahmen; denn im Zusammenhang mit der Organisationsmaßnahme soll der zuständigen Personalvertretung die Möglichkeit eingeräumt werden, Anregungen zu geben oder Bedenken geltend zu machen. Die Beteiligungsrechte in sozialen/personellen Angelegenheiten dagegen betreffen entsprechende Einzelvorgänge im Rahmen der Durchführung der Organisationsmaßnahme. Sie werden durch die vorausgegangene Mitwirkung nicht gegenstandslos (BVerwG v. 19.2.1987, PersV 1987, 510; vgl. vorst. Anm. e zu Verwaltungsanordnungen).

c) Auflösung ist die ersatzlose Beseitigung einer (ganzen) Dienststelle unter Fortfall ihrer Aufgaben (BVerwG v. 24.2.2006, ZfPR 2006, 68) bzw. die Übertragung ihrer Aufgaben auf eine andere Dienststelle. Wenn eine Dienststelle aus mehreren selbständigen Teilen mit eigener organisatorischer Zuständigkeit zusammengesetzt ist, so steht die Auflösung wesentlicher Teile der **Auflösung einer Dienststelle** gleich (BVerwG v. 13.3.1964, BVerwGE 18, 147). Mit der Auflösung einer Dienststelle endet die Existenz der dort gewählten Personalvertretung. Ein **Übergangsmandat der bisherigen Personalvertretung** bis zur Wahl einer neuen Vertretung bei einer neugebildeten Dienststelle sieht das Gesetz nicht vor (OVG Münster v. 29.9.1999, PersV 2000, 267). Von der Literatur werden solche Übergangspersonalräte für zulässig gehalten (vgl. u.a.: Widmaier, ZfPR 2001, 119 , 123).

d) Von einer **Zusammenlegung** ist nicht nur bei einer Aufhebung der bisherigen Selbstständigkeit und der Eingliederung in eine andere – schon bestehende oder neu zu bildende – Dienststelle auszugehen, sondern auch dann, wenn mehrere Dienststellen zu einer neuen Dienststelle verbunden werden, die mit keiner der früheren Dienststellen identisch ist (OVG Münster v. 25.5.2005, PersV 2006, 32 = Leits. ZfPR 2006, 10).

e) Das Mitwirkungsrecht bei den einschlägigen Angelegenheiten kommt nur dann zum Tragen, wenn eine Dienststelle insgesamt oder in wesentlichen Teilen betroffen ist. Als **wesentlich** und damit als mitwirkungspflichtig ist eine Anordnung zur Auflösung, Einschränkung, Verlegung oder Zusammenlegung von Teilen einer Dienststelle nur dann anzusehen, wenn sie für die Dienststelle eine so erhebliche Veränderung ihres Aufgabenbereiches mit sich bringt, dass durch sie die Beschäftigten in ihrer Gesamtheit berührende personelle Maßnahmen ausgelöst werden. Die Belange der Beschäftigten in ihrer Gesamtheit sind schon dann berührt, wenn die Maßnahme für eine erhebliche Zahl des Personals von Bedeutung ist. Die Anordnung muss sich auf solche Bereiche einer Dienststelle beziehen, die für diese eine prägende Bedeutung haben, die also in einer herausgehobenen sachlichen Beziehung zu den von der Dienststelle innerhalb ihres Aufgabenbereichs wahrzunehmenden Aufgaben stehen. Geringfügige organisatorische Änderungen bei Aufrechterhaltung des Aufgabenbereichs der

Dienststelle führen demnach nicht zu einem Mitwirkungsrecht der Personalvertretung (BVerwG v. 23.1.1985, PersR 1986, 93; BVerwG v. 17.7.1987, PersV 1989, 315). Entscheidend also ist, ob sich die beabsichtigte Organisationsmaßnahme auf den Aufgabenbereich oder die Struktur der Dienststelle in der Weise auswirkt, dass sie zu einer wesensmäßig „anderen" Dienststelle wird (BVerwG v. 30.9.1987, ZfPR 1989, 48). Die betreffenden Bereiche müssen für die Dienststelle eine prägende Wirkung haben (BVerwG v. 17.7.1987, aaO).

f) Eine **Einschränkung einer Dienststelle** ist dann gegeben, wenn eine erhebliche, ungewöhnliche und nicht nur vorübergehende Herabsetzung der Leistungsfähigkeit erfolgt, gleichgültig, ob die Verminderung der Leistungsfähigkeit durch Außerbetriebsetzung des Dienststellenteils oder durch Personalreduzierung geschieht. Erforderlich ist allerdings eine erhebliche Personalreduzierung. Die Personalvertretung soll die schützenswerten Belange der durch eine **Umorganisation** betroffenen Beschäftigten in besonders nachhaltiger Weise zur Geltung bringen können. Eine Umorganisation ist dann beteiligungsbedürftig, wenn die Aufgabenverminderung für einen erheblichen Teil der Beschäftigten Entlassungen, Versetzungen oder sonstige Belastungen perso- neller Art wie die Übertragung niedriger zu bewertender Tätigkeiten oder Rückgrup- pierungen zur Folge hat (BVerwG v. 30.9.1987, PersV 1988, 491). Vergleichbaren Schwierigkeiten sind Beschäftigte dann nicht ausgesetzt, wenn ihre Dienststelle eine **Aufgabenerweiterung** erfährt (BVerwG v. 11.5.2011, PersV 2011, 343 = Leits. ZfPR 2011, 123).

g) Das Mitwirkungsrecht bei der **Verlegung von Dienststellen** erstreckt sich in erster Linie auf Beanstandungen im Zusammenhang mit Lage und Zustand des Gebäudes, in das die bisherige Dienststelle umgelagert werden soll. Dabei geht es darum, bestimmte Mängel (z.B. fehlende Klimaanlage, Lärmbelästigung, fehlende Zwischenwände, ungenügende Tageslichtversorgung) im Rahmen des Mitwirkungsverfahrens zu rügen und auf eine Mängelbeseitigung zu drängen (OVG Münster v. 22.5.1986, RiA 1987, 69).

Erhebung der Disziplinarklage gegen einen Beamten (Abs. 1 Nr. 3)

a) Die Mitwirkung der Personalvertretung bei Erhebung der Disziplinarklage gegen einen Beamten bezieht sich nur auf die **disziplinarbehördliche Abschlussentscheidung**, ob Disziplinarklage erhoben werden soll, nicht auf den im Fall der Klageerhebung vorgesehenen Klageantrag (BVerwG v. 20.10.2005, PersV 2006, 262).

b) Die Mitwirkungsbefugnis bei der Erhebung der **Disziplinarklage** gemäß § 78 Abs. 1 Nr. 3, Abs. 2 Satz 2 BPersVG, § 28 Abs. 1, § 29 Abs. 5 PostPersRG ist von dem Betriebsrat desjenigen Betriebes wahrzunehmen, bei dem der Beamte zur Zeit der Klageerhebung beschäftigt ist. Es kommt darauf an, bei welchem Betrieb der Beamte Dienst zu leisten hat. Die Versetzung oder Zuweisung des Beamten an einen Betrieb begründet die Mitwirkungsbefugnis des dort bestehenden Betriebsrats bereits dann, wenn die Verfügung bis zur endgültigen Klärung ihrer Rechtmäßigkeit von dem Beamten zu befolgen ist (BVerwG v. 26.2.2008, Leits. ZfPR 2009, 10).

c) Der **Gleichstellungsbeauftragten** steht im Rahmen ihrer Aufgaben nach § 19 Abs. 1 Satz 1 BGleiG kein Recht zu, an Disziplinarverfahren beteiligt zu werden (OVG Münster v. 15.3.2011, PersR 2011, 338).

d) Ob die ohne die erforderliche Zustimmung des Beamten durchgeführte Beteiligung der Personalvertretung einen **wesentlichen Mangel des Disziplinarverfahrens** i.S. von § 55 BDG darstellt, ist eine Frage des Einzelfalls (BVerwG v. 24.6.2010, PersV 2011, 31). In diesem Zusammenhang kommt es nicht darauf an, ob der Mangel behebbar war oder ob und ggf. wie intensiv schutzwürdige Belange/Rechtspositionen beeinträchtigt worden sind (BVerwG v. 24.6.2010, aaO).

Entlassung von Beamten auf Probe oder auf Widerruf (Abs. 1 Nr. 4)

a) Im Fall der Entlassung von Beamten auf Probe oder auf Widerruf ist die Personalvertretung über den **zur Entlassung führenden Sachverhalt** umfassend zu unterrichten. Ärztliche Diagnosen, Befunde, Gutachten u.Ä. können der Personalvertretung allerdings nur dann zugeleitet werden, wenn der Betroffene hierzu ausdrücklich sein Einverständnis erklärt (OVG Sachsen v. 26.11.2003, ZfPR 2004, 332; a.A. v. Rotteken, PersR 2005, 97, 100).

b) Wenn ein **schwerbehinderter Beamter auf Probe oder Widerruf** entlassen werden soll, dann ist die Schwerbehindertenvertretung der Beschäftigungsdienststelle anzuhören. Im Falle der Entlassung eines schwerbehinderten Beamten aus dem Beamtenverhältnis auf Widerruf wegen Dienstunfähigkeit ist nicht die Zustimmung des Integrationsamtes nach § 85 SGB IX erforderlich. Wenn die beamtenrechtlichen Vorschriften eine Fortsetzung des Dienstverhältnisses nicht mehr zulassen, dann bedarf es keiner Durchführung eines **betrieblichen Eingliederungsmanagements** nach § 84 Abs. 2 SGB IX mehr (OVG Münster v. 7.1.2013, ZfPR *online* 12/2013, S. 7).

c) Der Personalvertretung obliegt eine **Richtigkeitskontrolle** der beabsichtigten Entlassung (BVerwG v. 27.8.2008, ZfPR *online* 11/2008, S. 2).

Vorzeitige Versetzung in den Ruhestand (Abs. 1 Nr.5)

Über den bloßen Wortlaut der Vorschrift hinaus erfordert der mit Abs. 1 Nr. 5 verbundene Schutzzweck die Einbeziehung aller Maßnahmen, die auf die **Beendigung eines Beamtenverhältnisses auf Lebenszeit wegen Dienstunfähigkeit** gerichtet sind (BVerwG v. 9.12.1999, ZfPR 2000, 229).

Besonderheiten des Mitwirkungsverfahrens (Abs. 2)

a) In den Fällen, in denen das Mitwirkungsrecht der Personalvertretung von einem entsprechenden **Antrag des Betroffenen** abhängig ist (z.B. Unterrichtung über die Absicht, eine Disziplinarklage zu erheben, Abs. 1 Nr.3), kann die Personalvertretung ohne Vorliegen eines solchen Antrags nicht mitwirken (BVerwG v. 14.1.1988, Leits. PersR 1988, 336). Der Dienststellenleiter muss dem Betroffenen von der Möglichkeit, das Mitwirkungsrecht der Personalvertretung zu beantragen, so deutlich Kenntnis geben, dass dieser eine Entscheidung über sein Antragsrecht auf Mitwirkung der Personalvertretung treffen kann (OVG Münster v. 19.1.2005, ZfPR 2005, 98). Insoweit ist dem Beamten eine angemessene Überlegungsfrist einzuräumen (BVerwG v. 9.12.1999, ZBR 2000, 242).

b) Der auf eine Mitwirkung der Personalvertretung gerichtete Antrag eines betroffenen Beamten muss sich auf eine **konkret beabsichtigte Maßnahme** Bezug nehmen; er kann nicht im Voraus oder für alle künftigen Fälle gestellt werden (BVerwG v. 20.3.2002, ZfPR 2002, 229).

Weiterleitung von Personalanforderungen (Abs. 3)

a) Wenn eine Dienststelle im Rahmen des Verfahrens zur Vorbereitung des Haushaltsplans und des Haushaltsgesetzes in ihrem Haushaltsvoranschlag Personal anfordern möchte, dann muss sie entsprechend Abs. 3 Satz 1 vor der Weiterleitung ihrer Personalanforderungen die **Personalvertretung anhören** (BVerwG v. 2.3.1983, PersV 1984, 240).

b) Eine **Personalplanung** umfasst Maßnahmen der Personalbedarfs-, Personalbeschaffungs-, Personaldeckungs-, Personalentwicklungs-, Personaleinsatz- und Kontrollplanung (BVerwG v. 2.3.1983, ZBR 1983, 213). Mit einer Personalplanung wird prognostiziert, mit welchem Personalbedarf unter Berücksichtigung aller maßgeblichen Faktoren für die Zukunft zu rechnen ist. Die Entscheidung über einen **Personalabbau** gehört zur organisatorischen Entscheidungsfreiheit eines Dienstherrn. Daher ist diese Entscheidung beteiligungsfrei. Infolgedessen kann der Dienstherr das Arbeitsvolumen, die Anzahl der Beschäftigten und damit auch das Verhältnis beider Größen zueinander selbst festlegen (BAG v. 22.3.2005, ZTR 2005, 521). Dennoch steht der Personalvertretung ein Anhörungsrecht zu; sie kann Gegenvorschläge einbringen. Im Übrigen bezieht sich die Personalplanung nicht nur auf die Bedarfs-, sondern auch auf die Beschaffungsplanung sowie auf die Entwicklungs- und die Einsatzplanung (BVerwG v. 23.1.2002, ZfPR 2002, 73).

c) Das Anhörungsrecht bei einer Personalplanung (Abs. 3 Satz 3) **verdrängt nicht das Mitbestimmungsrecht** der Personalvertretung bei nachfolgenden personellen Einzelmaßnahmen (BVerwG v. 30.3.2009, ZfPR *online* 5/2009, S. 8).

d) Unter **Personalanforderungen** ist jeder personelle Mehrbedarf zu verstehen, wobei es nicht alleine auf eine zahlenmäßige Verstärkung ankommt. Die Personalvertretung ist vielmehr auch dann anzuhören, wenn nur mehr Planstellen für planmäßige Beamte oder mehr höherwertige Planstellen für Beförderungsämter verlangt werden (HessVGH v. 11.5.1983, ZBR 1983, 365).

e) Der Personalvertretung steht kein Beteiligungsrecht dann zu, wenn im Rahmen einer **Stellenausschreibung** qualifizierte Beschäftigte zur Besetzung einer bisher freien Stelle gesucht werden; denn die Personalanforderung muss in einem unmittelbaren Zusammenhang mit der Vorbereitung des Gesetzes stehen, durch das der Haushalt festgelegt wird (BVerwG v. 2.3.1983, PersV 1984, 240). Gleiches gilt dann, wenn eine Personalvertretung der Auffassung ist, dass die zu besetzende Stelle ein zweites Mal ausgeschrieben werden muss, sofern sie nicht näher darlegt, aus welchen Gründen sie eine erneute Ausschreibung für erforderlich hält (OVG Münster v. 10.3.1999, Leits. ZfPR 2001, 54).

Neu- , Um- und Erweiterungsbauten von Diensträumen (Abs. 4)

Die Personalvertretung hat im Zusammenhang mit konkreten Planungsmaßnahmen keinen Anspruch darauf, an **Verhandlungen mit außenstehenden Dritten** beteiligt zu werden; denn alle Beteiligungs- und Einwirkungsrechte richten sich ausschließlich an die eigene Dienststelle (BVerwG v. 27.11.2012, ZfPR *online* 7-8/2013, S. 2).

Grundlegende Veränderungen von Arbeitsverfahren und Arbeitsabläufen (Abs. 5)

Die Personalvertretung ist anzuhören, soweit sich aus einer **Veränderung des bisherigen Arbeitsverfahrens und der bisherigen Arbeitsabläufe** wesentliche Nachteile , vor allem physische und psychische Mehrbelastungen ergeben können. Im Übrigen ist zu prüfen, ob der Personalvertretung nicht ohnehin ein Mitbetsimmungsrecht nach § 76 Abs. 2 Nr. 7 (Einführung grundlegend neuer Arbeitsmethoden) zusteht (BAG v. 26.10.1982, DB 1983, 1766; vgl. auch: BVerwG v. 14.6.2011, 10/2011, S. 2).

5. Abweichende landesgesetzliche Regelungen

Die Länder Bremen, Hamburg, Rheinland-Pfalz und Schleswig-Holstein, die keine Mitwirkung kennen, haben teilweise die Mitwirkungstatbestände, wie sie nach der Bundesregelung vorgesehen sind, dem Mitbestimmungsrecht der Personalvertretung unterworfen. In den übringen Bundesländern sind die einzelnen Tatbestände weitgehend vergleichbar. Aber auch dort sind Mitwirkungstatbestände der Bundesregelung teilweise der Mitbestimmung unterworfen.

§ 79 (Mitwirkung bei der Kündigung)

(1) Der Personalrat wirkt bei der ordentlichen Kündigung durch den Arbeitgeber mit. § 77 Abs. 1 Satz 2 gilt entsprechend. Der Personalrat kann gegen die Kündigung Einwendungen erheben, wenn nach seiner Ansicht

1. **bei der Auswahl des zu kündigenden Arbeitnehmers soziale Gesichtspunkte nicht oder nicht ausreichend berücksichtigt worden sind,**
2. **die Kündigung gegen eine Richtlinie im Sinne des § 76 Abs. 2 Nr. 8 verstößt,**

3. der zu kündigende Arbeitnehmer an einem anderen Arbeitsplatz in derselben Dienststelle oder in einer anderen Dienststelle desselben Verwaltungszweigs an demselben Dienstort einschließlich seines Einzugsgebietes weiterbeschäftigt werden kann,

4. die Weiterbeschäftigung des Arbeitnehmers nach zumutbaren Umschulungs- oder Fortbildungsmaßnahmen möglich ist oder

5. die Weiterbeschäftigung des Arbeitnehmers unter geänderten Vertragsbedingungen möglich ist und der Arbeitnehmer sein Einverstänis hiermit erklärt.

Wird dem Arbeitnehmer gekündigt, obwohl der Personalrat nach Satz 3 Einwendungen gegen die Kündigung erhoben hat, so ist dem Arbeitnehmer mit der Kündigung eine Abschrift der Stellungnahme des Personalrats zuzuleiten, es sei denn, dass die Stufenvertretung in der Verhandlung nach § 72 Abs. 4 Satz 2 die Einwendungen nicht aufrechterhalten hat.

(2) Hat der Arbeitnehmer im Fall des Absatzes 1 Satz 4 nach dem Kündigungsschutzgesetz Klage auf Feststellung erhoben, dass das Arbeitsverhältnis durch die Kündigung nicht aufgelöst ist, so muss der Arbeitgeber auf Verlangen des Arbeitnehmers diesen nach Ablauf der Kündigungsfrist bis zum rechtskräftigen Abschluss des Rechtsstreits bei unveränderten Arbeitsbedingungen weiterbeschäftigen. Auf Antrag des Arbeitgebers kann das Arbeitsgericht ihn durch einstweilige Verfügung von der Verpflichtung zur Weiterbeschäftigung nach Satz 1 entbinden, wenn

1. die Klage des Arbeitnehmers keine hinreichende Aussicht auf Erfolg bietet oder mutwillig erscheint oder

2. die Weiterbeschäftigung des Arbeitnehmers zu einer unzumutbaren wirtschaftlichen Belastung des Arbeitgebers führen würde oder

3. der Widerspruch des Personalrats offensichtlich unbegründet war.

(3) Vor fristlosen Entlassungen und außerordentlichen Kündigungen ist der Personalrat anzuhören. Der Dienststellenleiter hat die beabsichtigte Maßnahme zu begründen. Hat der Personalrat Bedenken, so hat er sie unter Angabe der Gründe dem Dienststellenleiter unverzüglich, spätestens innerhalb von drei Arbeitstagen, schriftlich mitzuteilen.

(4) Eine Kündigung ist unwirksam, wenn der Personalrat nicht beteiligt worden ist.

Entsprechende landesgesetzliche Regelungen:

Baden-Württemberg: § 77; Bayern: Art. 77; Berlin: § 87 Nr. 8; Brandenburg: §§ 63 Abs. 1 Nr. 17, 68 Abs. 1 Nr. 2; Bremen: –; Hamburg: § 87 Abs. 1 Nr. 14, Abs. 3; Hessen: §§ 77 Abs. 1 Nr. 2i, 78 Abs. 2 Nr. 2; Mecklenburg-Vorpommern: § 68 Abs. 1 Nr. 2, Abs. 5 bis 7; Niedersachsen: § 65 Abs. 2 Nr. 9; Nordrhein-Westfalen: § 74; Rheinland-Pfalz: § 83; Saarland: § 80 Abs. 3; Sachsen: §§ 73 Abs. 6, 7, 78; Sachsen-Anhalt: § 67 Abs. 1 Nr. 8, Abs. 2; Schleswig-Holstein: –; Thüringen: § 78.

1. Begriffsbestimmungen

a) Ordentliche Kündigung: Gebrauch machen von der gesetzlich, tariflich oder einzelvertraglich vorgesehenen, regelmäßig fristgebundenen Möglichkeit der Beendigung eines Arbeitsverhältnisses.

b) Sozial ungerechtfertigte Kündigung: Aufhebung des Arbeitsverhältnisses aus Gründen, die weder in der Person noch im Verhalten des Arbeitnehmers liegen, noch durch dringende betriebliche Erfordernisse bedingt sind, die einer Weiterbeschäftigung des Arbeitnehmers in diesem Teil der Verwaltung entgegenstehen.

c) Offensichtlich unbegründeter Widerspruch: Die von der Personalvertretung gegenüber der Kündigung ausgesprochenen Gründe sind für jeden objektiven Dritten offensichtlich haltlos.

d) Fristlose Entlassung: Sofortige Beendigung des Vertragsverhältnisses bei Vorliegen eines wichtigen Grunds (§ 626 BGB).

e) Außerordentliche Kündigung: Inanspruchnahme der unabdingbaren Befugnis, ein Arbeitsverhältnis (mit oder ohne Einhaltung einer Frist) aus wichtigem Grund zu lösen.

2. Erläuterungen

a) Eine Kündigung ist dann sozial ungerechtfertigt, wenn der (öffentliche) Arbeitgeber bei der Auswahl des Arbeitnehmers die **Dauer der Dienststellenzugehörigkeit, das Lebensalter, die Unterhaltungspflichten und die Schwerbehinderung** des Betroffenen nicht oder nicht ausreichend berücksichtigt hat; dies gilt für die Fälle der betriebs-/dienststellenbedingten Kündigung. Unbillige Härten sind im Einzelfall – zusätzlich zu den genannten Kriterien – zu beachten. In die Sozialauswahl sind solche Beschäftigten nicht einzubeziehen, deren Weiterbeschäftigung wegen ihrer Kenntnisse, Fähigkeiten und Leistungen im berechtigten dienstlichen Interesse liegt.

b) Die Personalvertretung muss Gelegenheit haben, ausführlich über die beabsichtigte Kündigung mit dem Dienststellenleiter zu diskutieren. Infolgedessen hat die Dienststelle die Personalvertretung **rechtzeitig zu informieren**, ihr die Gründe darzulegen und sich mit evtl. Gegengründen sorgfältig auseinanderzusetzen.

c) In den Fällen des Abs. 3 steht der Personalvertretung lediglich ein **Anhörungsrecht** zu. Dies bedeutet, dass der Arbeitgeber die Einwendungen der Personalvertretung übergehen und die in Abs. 3 im Einzelnen aufgeführten Maßnahmen ohne die Anrufung der nächsthöheren Dienststelle sofort ergreifen kann.

3. Fälle aus der Rechtsprechung

Mitwirkung bei der ordentlichen Kündigung (Abs. 1)

Mitteilung der Kündigungsgründe

a) Gerade im Fall von Kündigungen ist es besonders wichtig, dass der zuständige Dienststellenleiter die Personalvertretung umfassend unterrichtet. Daher muss der Dienststellenleiter die Personalvertretung (mündlich oder schriftlich) um eine Stellungnahme zu einer konkreten Kündigungsabsicht ersuchen und muss die **Art der beabsichtigten Kündigung** (ordentliche oder außerordentliche Kündigung, Beendigungs- oder Änderungskündigung, personen-, verhaltens- oder betriebsbedingte Kündigung) genau bezeichnen (vgl. hierzu: BAG v. 19.4.2007, ZTR 2007, 627 = Leits. PersR 2007, 406). Allerdings muss ein Dienststellenleiter einer Personalvertretung nicht alle Kündigungsgründe, auf die sein Entschluss zur Beendigung eines Arbeitsverhältnisses gestützt werden könnte, mitteilen, wohl aber vollständig die Gründe, die für seine subjektive Entscheidung maßgebend waren (sog. Grundsatz der subjektiven Determination, BAG v. 16.9.2004, PersV 2005, 231; BAG v. 23. 6. 2009, NZA 2009, 1136).

b) Die Informationspflicht geht in jedem Fall einem evtl. weiterreichenden **Datenschutz** vor, so dass z.B. Daten, die für die Berechnung der Kündigungsfrist und einer evtl. zu zahlenden Abfindung von Bedeutung sind (z.B. Lebensalter, Dauer der Beschäftigung) immer unaufgefordert der Personalvertretung mitzuteilen sind. Im Rahmen einer verhaltensbedingten Kündigung hat ein Dienststellenleiter der Personalvertretung aber nur dann Auskunft über solche Personaldaten zu geben, aus denen sich Unterhaltsverpflichtungen für Familienangehörige ergeben, wenn die Personalvertretung ein entsprechendes Informationsbedürfnis mit vertretbaren Gründen geltend macht und wenn der Dienststellenleiter davon ausgehen muss, dass derartige Daten für die Beurteilung der Wirksamkeit der Kündigung von Bedeutung sind (BVerwG v. 9.10.1996, ZfPR 1997, 12, DB 1995, 474).

c) Eine Personalvertretung kann gegen eine Kündigung **auch solche Gründe anführen, die nicht ausdrücklich im Gesetz** (BPersVG und LPersVG sowie im KSchG) **ge-**

nannt sind (BAG v. 6.8.2002, PersR 2003, 41; VGH Baden-Württemberg v. 24.7.2007, Leits. ZfPR 2007, 114). In jedem Fall muss der Dienststellenleiter die Gründe für eine Kündigung in möglichst umfassender Form der Personalvertretung mitteilen. Wenn er z.B. behauptet, er habe seine Auswahlentscheidung unter Beachtung sozialer Kriterien vorgenommen, dann ist er auch verpflichtet, die aus seiner Sicht entscheidenden Kriterien der Personalvertretung mitzuteilen, um dieser die Prüfung zu ermöglichen, ob sie von ihrem Widerspruchsrecht Gebrauch machen will. Bleibt die Information unvollkommen, dann führt dieser Mangel im Anhörungsverfahren zur Unwirksamkeit der ausgesprochenen Kündigung (BAG v. 26.10.1995, Leits. ZfPR 1996, 19).

d) Wenn ein öffentlicher Arbeitgeber dem Personalrat zu einer beabsichtigten **Probezeitkündigung** nicht das Lebensalter und die bekannten Unterhaltspflichten des Arbeitnehmers mitteilt, so führt dies nicht zur Unwirksamkeit der Kündigung, wenn die Kündigung wegen unzureichender Arbeitsleistung und mangelnder Bewährung innerhalb der sechsmonatigen Probezeit erfolgt. Unterhaltspflichten und Lebensalter sind in diesem Fall schon deshalb unter keinem rechtlichen Gesichtspunkt für den Kündigungsentschluss des Arbeitgebers maßgeblich, weil nach § 1 Abs. 1 KSchG eine Kündigung innerhalb der sechsmonatigen Probezeit nicht der sozialen Rechtfertigung bedarf (BAG v. 23.4.2009, Leits. ZfPR 2009, 77). Zwar hat ein öffentlicher Arbeitgeber den Personalrat grundsätzlich über alle Gesichtspunkte zu informieren, die ihn zur Kündigung des Arbeitsverhältnisses veranlassen. Der Personalrat ist jedoch ordnungsgemäß angehört worden, wenn ihm der Arbeitgeber die aus seiner Sicht **subjektiv tragenden Kündigungsgründe** mitteilt. Bei einer Kündigung in der Probezeit ist es ausreichend, wenn der Arbeitgeber dem Personalrat nur seine subjektiven Wertungen mitteilt, die ihn zur Kündigung des Arbeitsverhältnisses veranlassen. Dagegen muss er keine auf Tatsachen gestützten und durch Tatsachen konkretisierten Kündigungsgründe benennen (BAG v. 27.10.2005, Leits. ZfPR 2006, 115).

e) Ein Dienststellenleiter muss einer Personalvertretung nur diejenigen Gründe mitteilen, die aus seiner subjektiven Sicht die Kündigung rechtfertigen und die für den Kündigungsentschluss maßgebend sind. Dabei sind grundsätzlich Tatsachen anzugeben, die für den Kündigungsentschluss ursächlich sind. Die Personalvertretung muss **ohne zusätzliche eigene Nachforschungen** die Stichhaltigkeit der angegebenen Kündigungsgründe prüfen können. Wenn objektiv kündigungsrechtlich erhebliche Tatsachen der Personalvertretung nicht mitgeteilt werden, weil die Kündigung darauf nicht gestützt wird, dann ist einer **ordnungsgemäßen Anhörung** Rechnung getragen (vgl. für das BetrVG: BAG v. 6.7.2006, PersV 2007, 186; BAG v. 19.4.2007, ZfPR *online* 3/2008, S. 14).

f) Bei einer **krankheitsbedingten Kündigung** sind der Personalvertretung die Art der Erkrankung, die bisherigen Fehlzeiten sowie eine Darstellung der Auswirkungen auf die dienstlichen Belange bekanntzugeben. Wenn der betreffende Arbeitnehmer seit Beginn seines Arbeitsverhältnisses kontinuierlich überdurchschnittliche Krankheitszeiten aufweist, so reicht es grundsätzlich aus, wenn der öffentliche Arbeitgeber eine lediglich nach Jahren gestaffelte Krankheitshäufigkeit darstellt und zusätzlich die Entgeltfortzahlungskosten in einem Gesamtbetrag der Personalvertretung mitteilt (vgl. für das BetrVG: BAG v. 7.11.2002, PersV 2003, 387).

g) Bei einer **verhaltensbedingten Kündigung** sind alle die Tatsachen bekanntzugeben, die die Kündigung rechtfertigen sollen (u.a. Abmahnungen). Maßgebend ist auch hier das sog. **Prognoseprinzip**. Wenn aus einer konkreten Vertragspflichtsverletzung und daraus resultierender Vertragsstörungen eine negative Prognose in der Weise getroffen werden kann, dass davon auszugehen ist, der Arbeitnehmer werde den Arbeitsvertrag auch künftig nach einer Kündigungsandrohung weiterhin in gleicher oder ähnlicher Weise verletzen, dann ist die Kündigung gerechtfertigt (BAG v. 19.4.2007, aaO).

h) Bei einer **betriebsbedingten Kündigung** müssen die Ursachen für den Wegfall der Weiterbeschäftigungsmöglichkeit bzw. das Nichtbestehen einer anderweitigen

Beschäftigungsmöglichkeit innerhalb des gesamten Verwaltungsbereichs dargelegt werden. Bei der Streichung von Planstellen muss darüber informiert werden, welche konkreten Stellen zu welchem Zeitpunkt entfallen sollen (BAG v. 6.7.2006, PersV 2007, 186). Wenn ein Dienststellenleiter eine betriebsbedingte Kündigung wegen der Auflösung der Dienststelle aussprechen möchte, dann ist er hierzu nur dann berechtigt, wenn keine Möglichkeit der Weiterbeschäftigung mehr besteht (BAG v. 10.5.2007, ZfPR *online* 1/2008, S. 11).

i) Das in Abs. 1 verankerte Mitwirkungsrecht soll der Personalvertretung Gelegenheit geben, auf den Willen des Dienststellenleiters einzuwirken und ihn unter Umständen dadurch von einer Kündigungsabsicht abzubringen, dass sie Gegengründe vorträgt. Deshalb muss sie **ausreichend informiert** sein. Ihr sind daher u.a. folgende Daten mitzuteilen: Lebensalter, Dauer der Dienststellenzugehörigkeit, Unterhaltspflichten, evtl. bestehender Sonderkündigungsschutz, Kündigungsart (ordentliche oder außerordentliche Kündigung bzw. Änderungskündigung), Kündigungsgründe (personen- oder verhaltensbedingte Kündigung, Kündigungsfrist, Kündigungstermin (vgl. für das BetrVG: BAG v. 8.4.2003, BB 2003, 2130; BAG v. 3.4.2008, AiB 2009, 2).

j) Das **Mitwirkungsverfahren** ist dann noch nicht abgeschlossen, wenn der Arbeitgeber den Vorsitzenden der Personalvertretung nach dessen Meinung über die Berechtigung der beabsichtig- ten Kündigung befragt und der Vorsitzende sofort zustimmt (vgl. für das BetrVG: BAG v. 28.2.1974, BB 1974, 836). Infolgedessen ist auch die ordentliche Kündigung eines Arbeitnehmers nichtig, wenn die Zustimmungserklärung der Personalvertretung nicht auch vom Gruppenvertreter der Arbeitnehmer, sondern nur vom Vorsitzenden der Personalvertretung, der dieser Gruppe nicht angehört, unterschrieben worden ist (BAG v. 24.4.1979, BB 1980, 366). Daher kann auch nicht in einem Widerspruchsverfahren „mit heilender Wirkung" die Unterrichtung der Personalvertretung nachgeholt werden (BVerwG v. 1.12.1982, BVerwGE 66, 291). Dagegen bedarf es keiner weiteren Darlegung von Kündigungsgründen, wenn die Personalvertretung bei Einleitung des Anhörungsverfahrens bereits über den erforderlichen Kenntnisstand verfügt, um zu der konkret beabsichtigten Kündigung Stellung nehmen zu können. Allerdings liegt keine ordnungsgemäße Einleitung des Anhörungsverfahrens dann vor, wenn der Dienststellenleiter es in der irrigen oder vermeintlichen Annahme, dass die Personalvertretung bereits über den erforderlichen und aktuellen Kenntnisstand verfügt, unterlässt, über die Gründe der Kündigung zu unterrichten (vgl. für das BetrVG: BAG v. 27.6.1985, BAGE 49, 136).

k) Wenn ein Dienststellenleiter die aus seiner Sicht **tragenden Gründe** für die Kündigung der Personalvertretung nicht in vollem Umfang mitteilt, dann ist eine ordnungsgemäße, vom Gesetz vorgeschriebene Anhörung der Personalvertretung nicht erfolgt (vgl. für das BetrVG: BAG v. 22.9.1994, DB 1995, 477). Im Falle einer **Änderungskündigung** (Kündigung mit dem Angebot der Fortsetzung des Arbeitsverhältnisses unter geänderten, meist schlechteren Bedingungen) hat die Dienststelle die Personalvertretung über das dem Betroffenen zu unterbreitende Änderungsangebot zu informieren, damit diese prüfen kann, ob die angebotenen neuen Arbeitsbedingungen tragbar erscheinen (BAG v. 23.6.2005, BAGE 115, 149). **Unwirksam** ist ein **Anhörungsverfahren** nur bei Fehlern des Dienststellenleiters. Dies gilt selbst dann, wenn der Dienststellenleiter weiß oder erkennen kann, dass der Personalvertretung bei der Behandlung der Angelegenheit (ebenfalls) Fehler unterlaufen sind; denn der Dienststellenleiter selbst hat keine wirksamen rechtlichen Einflussmöglichkeiten auf eine ordnungsgemäße Vorgehensweise der Personalvertretung (vgl. für das BetrVG: BAG v. 12.3.2009, PersR 2010, 67).

l) In einem Rechtsstreit um eine Kündigung dürfen von einem Arbeitgeber nur solche **Tatsachen zur Begründung einer Kündigung nachgeschoben** werden, die der Erläuterung und Konkretisierung von der Personalvertretung bereits bekannten Kündigungsgründen dienen. Werden aber solche Gründe nachgeschoben, die das Gewicht eines eigenen Kündigungsgrundes haben, dann ist die Personalvertretung erneut anzuhören (BAG v. 10.4.2014, ZfPR *online* 11/2014, S. 17).

m) Wird einem Arbeitnehmer ein **Eignungsmangel** unter **Hinweis auf sein außerdienstliches Verhalten** vorgeworfen, dann muss ein unmittelbarer Bezug zum Arbeitsverhältnis bestehen. Dies ist bei einer außerdienstlich begangenen Straftat eines mit hoheitlichen Aufgaben betrauten Arbeitnehmers regelmäßig dann der Fall, wenn dadurch die konkrete Besorgnis besteht, dass der Arbeitnehmer auch mit den gesetzlichen Vorgaben seines Amtes in Konflikt geraten könnte (BAG v. 10.4.2014, aaO).

n) **Adressat der Unterrichtung** ist der Vorsitzende der Personalvertretung bzw. dessen Stellvertreter. Die Information anderer Personalratsmitglieder ist nicht ausreichend. Daher trägt der Dienststellenleiter in diesem Fall das Risiko , dass seine Informationen nicht fristgerecht und nicht zutreffend an den Personalratsvorsitzenden weitergegeben werden (BAG v. 7.7.2011, BAGE 138, 301).

Einwendungen gegen eine ordentliche Kündigung (Abs. 1 Satz 2)

Offensichtlich unbegründet sind Einwendungen der Personalvertretung dann, „wenn die Grundlosigkeit sich bei unbefangener Beurteilung geradezu aufdrängt" (vgl. für das BetrVG: ArbG Berlin v. 5.1.1973, DB 1973, 192) oder wenn der Personalrat, „für seine Beurteilung keinerlei Anhaltspunkte gehabt hat" (vgl. für das BetrVG: ArbG Ludwigsburg v. 6.4.1972, BB 1972, 495). Gleiches gilt für den Fall, dass einer Kündigung mit dem Hinweis begegnet wird, auf dem bisherigen Arbeitsplatz bestehe eine Weiterbeschäftigungsmöglichkeit; denn Abs. 1 Nr. 3 spricht ausdrücklich von der Weiterbeschäftigung auf einem anderen Arbeitsplatz (vgl. für das BetrVG: BAG v. 12.9.1985, DB 1986, 452).

Anhörung vor fristlosen Entlassungen/außerordentlichen Kündigungen (Abs. 3)

a) Ein wichtiger Grund zu einer außerordentlichen Kündigung kann dann gegeben sein, wenn die **Nutzung des Internet zu privaten Zwecken** in einem größeren zeitlichen Umfang erfolgt und der Betreffende damit seine arbeitsvertraglichen/dienstrechtlichen Pflichten erheblich verletzt (BAG v. 27.4.2006, PersR 2007, 115) 2007, 472 = Leits. ZfPR 2008, 76).

b) Die Personalvertretung ist vor außerordentlichen Kündigungen von Arbeitnehmern und vor fristlosen Entlassungen von Beamten anzuhören (Abs. 3 Satz 1). Eine **außerordentliche Kündigung vor Abschluss des Anhörungsverfahrens** (vgl. Abs. 3), also vor einer Stellungnahme der Personalvertretung vor Ablauf der Frist von drei Arbeitstagen, ist unwirksam (BAG v. 14.3.1979, DB 1979, 1514). Dies gilt auch für eine **außerordentliche Änderungskündigung**, wenn der Arbeitgeber nicht einmal versucht hat, die Zustimmung der Personalvertretung zu der Vertragsänderung zu erhalten. Die außerordentliche Änderungskündigung ist dann mangels eines wichtigen Kündigungsgrunds gemäß § 626 Abs. 1 BGB unwirksam (BAG v. 29.6.1988, PersV 1989, 219). Die **Umdeutung einer außerordentlichen in eine ordentliche Kündigung** ist grundsätzlich nur insoweit möglich, als die Beteiligung der Personalvertretung den Voraussetzungen entspricht, die für eine ordentliche Kündigung in den Personalvertretungsgesetzen vorgesehen sind. Hat allerdings die Personalvertretung einer außerordentlichen Kündigung, zu der sie nur anzuhören ist, ausdrücklich zugestimmt, deckt dies regelmäßig auch eine Beteiligung zur ordentlichen Kündigung ab (BAG v. 23.10.2008, Leits. PersR 2009, 222 = Leits. ZfPR 2009, 77).

c) Eine ordnungsgemäße Anhörung liegt dann nicht vor, wenn die Personalvertretung zu einem Kündigungsgrund, der bei Einleitung des Kündigungsverfahrens objektiv noch nicht gegeben war, nicht wirksam angehört werden konnte (vgl. für das BetrVG: BAG v. 19.1.1983, BB 1983, 1920). Ebenso ist eine **Änderungskündigung** unwirksam, wenn eine Personalvertretung fristgerecht Einwendungen erhoben, der Dienststellenleiter aber die Erörterung mit der Personalvertretung unterlassen hat (BAG v. 20.1.2000, ZfPR 2000, 146).

Unwirksamkeit von Kündigungen (Abs. 4)

a) Eine **Kündigung ist nicht erst dann unwirksam**, wenn die Personalvertretung überhaupt nicht, sondern auch schon dann, wenn sie nicht richtig, vor allen Dingen nicht ausführlich genug unterrichtet worden ist. Eigene Nachforschungen muss die Personalvertretung nicht anstellen, sondern aus dem ihr mitgeteilten Sachverhalt muss sie zur Prüfung der Stichhaltigkeit der Kündigungsgründe in der Lage sein (vgl. auch Anm. 3 e). Eine pauschale, schlagwort- oder stichwortartige Umschreibung oder die Mitteilung eines Werturteils ohne Bekanntgabe der damit im Zusammenhang stehenden maßgeblichen Tatsachen reichen deshalb nicht aus (BAG v. 7.11.2002, PersV 2003, 387).

b) Unwirksam ist eine Kündigung dann, wenn die Personalvertretung überhaupt nicht beteiligt worden ist, aber auch dann, wenn der Dienststellenleiter seiner **Unterrichtungspflicht nicht ausführlich** genug nachgekommen ist (BAG v. 16.9.1993 – 2 AZR 267/93 – AP BetrVG § 102 Nr. 62).

c) Wenn ein **kirchlicher Arbeitgeber** einem Mitarbeiter wegen Enttäuschung hinsichtlich der berechtigten Loyalitätserwartungen kündigen will, dann hat er dennoch die stets **erforderliche Interessenabwägung** im Einzelfall durchzuführen. Dabei kann das Ergebnis sein, dass dem Arbeitgeber die Weiterbeschäftigung zumutbar und die Kündigung deshalb unwirksam ist. Das Selbstverständnis der Kirchen einerseits und das Recht des Mitarbeiters andererseits auf Achtung seines Privat- und Familienlebens sind gegeneinander abzuwägen (BAG v. 8.9.2011, DB 2012, 690).

4. Streitigkeiten

Die Verwaltungsgerichte entscheiden Streitigkeiten nach § 79 entsprechend § 83 Abs. 1 Nr. 3.

5. Abweichende landesgesetzliche Regelungen

Die Länder Baden-Württemberg und Bayern weisen vergleichbare Regelungen mit der des Bundes auf. Eine der Bundesregelung entsprechende Bestimmung enthält das Berliner Gesetz nicht. Allerdings unterwirft es die Kündigung dem Mitbestimmungsrecht (§ 97 Nr. 9 BlnPVG). Gleiches gilt nach § 65 Abs. 1 Buchst. c BrePVG. Eine ähnliche Regelung gilt nach § 87 Abs. 1 Nr. 13 HmbPVG und nach § 64 Abs. 1 Nr. 2 Buchst. g HPVG, § 72 Abs. 1 S. 1 Nr. 9 NWPVG sowie § 82 LPVGRhP.

§ 80 (Teilnahme an Prüfungen)

An Prüfungen, die eine Dienststelle von den Beschäftigten ihres Bereichs abnimmt, kann ein Mitglied des für diesen Bereich zuständigen Personalrats, das von diesem benannt ist, beratend teilnehmen.

Entsprechende landesgesetzliche Regelungen:

Baden-Württemberg: § 80 Abs. 4; Bayern: Art. 69 Abs. 4; Berlin: § 72 Abs. 2; Brandenburg: § 60 Abs. 4; Bremen: § 54 Abs. 4; Hamburg: § 90; Hessen: § 62 Abs. 3; Mecklenburg-Vorpommern: § 60 Abs. 4; Niedersachsen: § 60 Abs. 3 Nr. 1; Nordrhein-Westfalen: § 76; Rheinland-Pfalz: § 85; Saarland: § 72 Abs. 2; Sachsen: § 75; Sachsen-Anhalt: § 57 Abs. 4; Schleswig-Holstein: § 49 Abs. 4; Thüringen: § 79.

1. Begriffsbestimmungen

a) Prüfung: „Ein in bestimmter Weise geregeltes Verfahren, das zur Feststellung von persönlichen und fachlichen Fähigkeiten der Beschäftigten dient" (BVerwG v. 6.12.1978, BVerwGE 57, 151 = PersV 1979, 504).

b) Für „diesen Bereich": Maßgebend ist nicht der räumliche, sondern der Kompetenzbereich. Daher kommen nur solche Prüfungen in Betracht, die nicht über den Bereich der obersten Dienstbehörde hinausgehen.

c) **Beratende Teilnahme:** Anwesenheit während der Durchführung der Prüfung mit dem Recht, Fragen zu stellen.

2. Erläuterungen

a) Die Personalvertretung kann von Fall zu Fall oder generell eines ihrer Mitglieder zur **Teilnahme** an Prüfungen **aufgrund eines Plenumsbeschlusses** bestimmen. Eine generelle Benennung wird sich aber schon wegen der vielfältigen Möglichkeiten der sachlich unterschiedlichen Prüfungen nicht empfehlen.

b) Ein direktes Einsichtsrecht in die schriftlichen Prüfungsakten steht dem Mitglied der Personalvertretung nicht zu. Allerdings sind ihm insoweit **Auskünfte** zu geben, als dies für seine Teilnahme an der mündlichen Prüfung notwendig erscheint.

3. Fälle aus der Rechtsprechung

a) Eine Prüfung i.S. dieser Vorschrift ist **„ein in bestimmter Weise geregeltes Verfahren**, das der Feststellung von persönlichen und sachlichen Fähigkeiten der Beschäftigten dient“ (BVerwG v. 25.3.2009, ZfPR 2009, 67).

b) Zum Begriff **„Prüfungen“** sind Prüfungen aller Art zu rechnen. Es müssen nicht nur solche Prüfungen sein, die durch Gesetz oder Prüfungsordnung allgemein vorgeschrieben sind. Vielmehr können auch solche Veranstaltungen Prüfungen sein, die von den einzelnen Verwaltungen durch interne Anweisung für ihren Geschäftsbereich eingerichtet worden sind (BVerwG v. 10.7.1964, BVerwGE 19, 133). Dagegen sind **Unterrichtsbesuche durch Beamte der Schulaufsichtsbehörde** nicht als Prüfungen zu qualifizieren, weil solche Besuche lediglich der Überprüfung von Fähigkeiten, Arbeitsweisen und dienstlichen Leistungen im Interesse einer sachgerechten dienstlichen Verwendung oder einer Beurteilung dienen (OVG Rheinland-Pfalz v. 16.10.1985, ZBR 1986, 22). Ebensowenig haben **Vorstellungsgespräche** Prüfungscharakter(BVerwG v. 6.12.1978, BVerwGE 57, 151).

b) Die zweite staatliche Prüfung für die Lehrämter an Grund- und Hauptschulen, an Realschulen und Sonderschulen ist keine Prüfung, „die eine Dienststelle von den Beschäftigten ihres Bereichs abnimmt“; denn die Festlegung entsprechender Anforderungen fällt alleine in den **Kompetenzbereich** des zuständigen Ministers, nicht aber der jeweiligen Dienststelle (VG Stade v. 24.2.1984, PersV 1984, 337).

c) Für den Begriff „Prüfung“ ist nicht ausschlaggebend, dass nach erfolgreichem Verlauf eine **Statusänderung** des Prüflings erfolgt (BVerwG v. 14.5.1963, BVerwGE 16, 101).

d) Der **„Bereich“** geht über den Rahmen der organisatorischen Einheit der Dienststelle hinaus. Zu ihm gehören daher nicht nur diejenigen Beschäftigten, die bei der Dienststelle selbst tätig sind, sondern alle Beschäftigten dieser Behörde, gleichgültig, bei welcher Dienststelle sie tätig sind. Der Anspruch auf beratende Teilnahme steht infolgedessen auch nur einer Personalvertretung zu, die für den Bereich der Dienststelle zuständig ist, für den die Prüfung abgenommen wird (BVerwG v. 10.7.1964, BVerwGE 19, 133).

e) Die **beratende Teilnahme** eines Mitglieds einer Personalvertretung beschränkt sich auf die Prüfung und umfasst nicht die Teilnahme an der Beratung des Prüfungsergebnisses. Die Beratung der Prüfungskommission gehört zwar zum Prüfungsverfahren, nicht aber zu der Prüfung, an der das Personalratsmitglied teilnehmen kann. Die Prüfung ist beendet, wenn die Feststellung des Ergebnisses beginnt. Die Beratung setzt also die Beendigung der Prüfung voraus (BVerwG v. 25.3.2009, ZfPR 2009, 67). Die Prüfungskommission hat dem Personalratsmitglied ausführlich Gelegenheit dazu zu geben, seine Anregungen und Bedenken im Hinblick auf den Prüfungsverlauf vorzutragen. Hierfür ist ein Zeitpunkt zu wählen, zu dem die Ausführungen des Personalratsmitglieds zum Verlauf der Prüfung noch in die Beratungen einfließen können (BVerwG v. 25.3.2009, aaO).

f) Die **Auswahl** des zur Teilnahme an einer Prüfung zu entsendenden Mitglieds erfolgt durch Plenumsbeschluss (HessVGH v. 25.1.2007, 218 = Leits. ZfPR *online* 4/2007, S. 11). Ein **Ersatzmitglied** kann von der Personalvertretung solange nicht benannt werden, wie ordentliche und sachkundige Mitglieder zur Teilnahme zur Verfügung stehen (BayVGH v. 13.4.1988, PersV 1989, 84).

4. Streitigkeiten

Die Verwaltungsgerichte entscheiden Streitigkeiten nach § 83 Abs. 1 Nr. 3.

§ 81 (Beteiligung an Gefahrenverhütung)

(1) Der Personalrat hat bei der Bekämpfung von Unfall- und Gesundheitsgefahren die für den Arbeitsschutz zuständigen Behörden, die Träger der gesetzlichen Unfallversicherung und die übrigen in Betracht kommenden Stellen durch Anregung, Beratung und Auskunft zu unterstützen und sich für die Durchführung der Vorschriften über den Arbeitsschutz und die Unfallverhütung in der Dienststelle einzusetzen.

(2) Der Dienststellenleiter und die in Absatz 1 genannten Stellen sind verpflichtet, bei allen im Zusammenhang mit dem Arbeitsschutz oder der Unfallverhütung stehenden Besichtigungen und Fragen und bei Unfalluntersuchungen den Personalrat oder die von ihm bestimmten Personalratsmitglieder derjenigen Dienststelle hinzuzuziehen, in der die Besichtigung oder Untersuchung stattfindet. Der Dienststellenleiter hat dem Personalrat unverzüglich die den Arbeitsschutz und die Unfallverhütung betreffenden Auflagen und Anordnungen der in Absatz 1 genannten Stellen mitzuteilen.

(3) An den Besprechungen des Dienststellenleiters mit den Sicherheitsbeauftragten im Rahmen des § 22 Abs. 2 des Siebten Buches Sozialgesetzbuch nehmen vom Personalrat beauftragte Personalratsmitglieder teil.

(4) Der Personalrat erhält die Niederschrift über Untersuchungen, Besichtigungen und Besprechungen, zu denen er nach den Absätzen 2 und 3 hinzuzuziehen ist.

(5) Der Dienststellenleiter hat dem Personalrat eine Durchschrift der nach § 193 Abs. 5 des Siebten Buches Sozialgesetzbuch vom Personalrat zu unterschreibenden Unfallanzeige oder des nach beamtenrechtlichen Vorschriften zu erstattenden Berichts auszuhändigen.

Entsprechende landesgesetzliche Regelungen:

Baden-Württemberg: § 83; Bayern: Art. 79; Berlin: § 77; Brandenburg: § 59; Bremen: § 64; Hamburg: § 91; Hessen: § 76; Mecklenburg-Vorpommern: § 72; Niedersachsen: § 77; Nordrhein-Westfalen: § 77; Rheinland-Pfalz: § 86; Saarland: § 82; Sachsen: § 74; Sachsen-Anhalt: § 59; Schleswig-Holstein: § 50; Thüringen: § 81.

1. Begriffsbestimmungen

a) Unfälle: Alle Unglücksfälle, die sowohl einen Körperschaden als auch einen Sachschaden verursachen.

b) Sicherheitsbeauftragte: Personen, die in Dienststellen mit mehr als 20 Beschäftigten die Sicherheit der Arbeitsplätze zu überwachen haben.

2. Erläuterungen

a) Die Personalvertretung muss nicht in ihrer Gesamtheit bei der Gefahrenabwehr tätig werden. Vielmehr ist es ausreichend, wenn sie eines oder mehrere **Mitglieder, die hierzu besonders sachverständig** sind, beauftragt.

b) Die Personalvertretung hat die Dienststelle durch **Anregungen** zu beraten, ihre Beobachtungen über Missstände vorzutragen und in jeder denkbaren Weise zur Gefahrenverhütung beizutragen. Darüber hinaus hat sie die Beschäftigten zur Beachtung der Unfallverhütungs- und sonstigen Gesundheitsvorschriften anzuhalten.

c) Die Personalvertretung hat im Rahmen des § 81 **keinen Anspruch auf förmliche Beteiligung**, d.h., der Dienststellenleiter muss bei Meinungsverschiedenheiten mit der Personalvertretung nicht die nächsthöhere Dienststelle einschalten. Es handelt sich hier nicht um ein Mitbestimmungs- bzw. Mitwirkungsverfahren.

3. Fälle aus der Rechtsprechung

a) Falls die Personalvertretung eines ihrer Mitglieder mit der Unfallbekämpfung beauftragen will, so muss sie sachgemäße Gesichtspunkte (**besondere Sachkunde, Erfahrung** etc.) bei der personellen Auswahl berücksichtigen (BVerwG v. 18.6.1965, BVerwGE 21, 230).

b) Die Personalvertretung ist zu allen **Unfalluntersuchungen** hinzuzuziehen, d.h. auch zu Untersuchungen solcher Unfälle, die keinen Körperschaden verursacht haben (BVerwG v. 5.2.1971, ZBR 1971, 288). Sie ist auch an solchen Untersuchungen zu beteiligen, bei denen lediglich dienststelleneigene Gegenstände beschädigt worden sind (BayVGH v. 27.10.1980 – AN – 7 P-80-A 0990, n.v.). Dagegen steht einer Personalvertretung dann kein Beteiligungsrecht zu, wenn es um Maßnahmen geht, die lediglich vorbereitender Natur sind. Dies gilt beispielsweise für eine **Befragung von Beschäftigten** über die nach ihrer Auffassung bestehenden **Unfallgefahren**; denn eine derartige Befragung stellt keine Maßnahme i.S. von § 69 Abs. 1 BPersVG dar (BVerwG v. 14.10.2002, ZfPR 2003, 37).

c) Nach dem Willen des Gesetzgebers sollen Dienststsellenleiter und Personalvertretung **gemeinsam und in gegenseitiger Unterstüzung** Unfall – und Gesundheitsgefahren auf der Grundlage einer vertrauensvoller Zusammenarbeit bekämpfen. Daher ist es der Personalvertretung nicht gestattet, eine **Fragebogenaktion** zu starten, wenn der Dienststellenleiter seinerseits eine **Gefährdungsanalyse** gemäß § 5 Abs. 1 ArbSchG vorbereitet (BVerwG v. 8.8.2012, ZfPR 2013, 4).

d) Stets ist die Personalvertretung hinzuzuziehen, die bei der Dienststelle gebildet ist, die einen Unfall zu beklagen hat. Daneben kann auch ein berechtigtes Interesse des Gesamtpersonalrats oder der **Stufenvertretung** im Einzelfall bestehen (OVG Lüneburg v. 3.7.1959, PersV 1958/59, 259).

e) Eine Personalvertretung ist weder berechtigt noch verpflichtet, **Beschäftigtendaten** bei Verstößen gegen arbeitschutzrechtliche Normen dem zuständigen Überwachungsorgan zu melden. Entscheidend kommt es darauf an, ob die Übermittlung solcher Daten zur Wahrung der berechtigten Interessen der Personalvertretung erforderlich ist (vgl. für das BetrVG: BAG v. 3.6.2003, Leits. ZBVR 2003, 232).

4. Streitigkeiten

Die Verwaltungsgerichte entscheiden Streitigkeiten nach § 83 Abs. 1 Nr. 3.

Vierter Abschnitt
Beteiligung der Stufenvertretungen und des Gesamtpersonalrats

§ 82 (Beteiligung der Stufenvertretungen und des Gesamtpersonalrats)

(1) In Angelegenheiten, in denen die Dienststelle nicht zur Entscheidung befugt ist, ist an Stelle des Personalrats die bei der zuständigen Dienststelle gebildete Stufenvertretung zu beteiligen.

(2) Vor einem Beschluss in Angelegenheiten, die einzelne Beschäftigte oder Dienststellen betreffen, gibt die Stufenvertretung dem Personalrat Gelegenheit zur Äußerung. In diesem Fall verdoppeln sich die Fristen der §§ 69 und 72.

(3) Die Absätze 1 und 2 gelten entsprechend für die Verteilung der Zuständigkeit zwischen Personalrat und Gesamtpersonalrat.

(4) Für die Befugnisse und Pflichten der Stufenvertretungen und des Gesamtpersonalrats gelten die §§ 69 bis 81 entsprechend.

(5) Werden im Geschäftsbereich mehrstufiger Verwaltungen personelle oder soziale Maßnahmen von einer Dienststelle getroffen, bei der keine für eine Beteiligung an diesen Maßnahmen zuständige Personalvertretung vorgesehen ist, so ist die Stufenvertretung bei der nächsthöheren Dienststelle, zu deren Geschäftsbereich die entscheidende Dienststelle und die von der Entscheidung Betroffenen gehören, zu beteiligen.

Entsprechende landesgesetzliche Regelungen:

Baden-Württemberg: § 85; Bayern: Art. 80; Berlin: §§ 54, 59; Brandenburg: §§ 75, 76; Bremen: –; Hamburg: § 92; Hessen: §§ 63 Abs. 2, 83; Mecklenburg-Vorpommern: §§ 73, 74; Niedersachsen: §§ 79, 80; Nordrhein-Westfalen: § 78; Rheinland-Pfalz: §§ 53, 56 Abs.2; Saarland: §§ 54, 55 Abs. 3; Sachsen: § 87; Sachsen-Anhalt: § 71; Schleswig-Holstein: §§ 60, 61; Thüringen: § 82.

1. Begriffsbestimmungen zu den jeweiligen Begriffen: Personalrat (vgl. § 1 Anm. 2), Stufenvertretung (vgl. § 55 Anm. 1) und Gesamtpersonalrat (vgl. § 55 Anm. 1).

2. Erläuterungen

a) Die **Stufenvertretungen sind zuständig**, wenn sie im Rahmen des Mitbestimmungs- bzw. Mitwirkungsverfahrens angerufen werden (§ 69 Abs. 3 bzw. § 72 Abs. 4) oder in den Fällen, in denen sie von der entscheidungszuständigen Dienststelle (Mittelbehörde oder oberste Dienstbehörde) im Rahmen ihrer Zuständigkeiten in Angelegenheiten beteiligt werden, die über den Bereich des jeweiligen Hauses hinausgehen.

b) Die von der Stufenvertretung zur Äußerung aufgeforderte Personalvertretung hat ihre **Stellungnahme durch Plenumsbeschluss** festzulegen.

c) Die Stufenvertretung ist **an** die **Äußerung der Personalvertretung nicht gebunden**.

d) Wenn ein Dienststellenteil beschließt, sich „personalvertretungsrechtlich" zu verselbständigen, so hat dies zwangsläufig die **Bildung eines Gesamtpersonalrats** zur Folge. Die meisten Angelegenheiten werden in die Zuständigkeit des Gesamtpersonalrats fallen, da nur in wenigen Fällen für die Leiter der Teildienststellen eine Regelungsbefugnis besteht.

e) Dienststelle und Personalvertretung haben zur Erfüllung der dienstlichen Aufgaben und zum Wohl der Beschäftigten vertrauensvoll zusammenzuarbeiten (§ 2 Abs. 1). In allen der Beteiligung unterliegenden Angelegenheiten einer Dienststelle ist daher die dort gebildete Personalvertretung einzubeziehen. Die Personalvertretung ist für alle ihr zur Beteiligung gesetzlich zugewiesenen Aufgaben zuständig, für die dem Dienststellenleiter eine Entscheidungsbefugnis zusteht (**Partnerschaftsprinzip**).

Gleichzeitig trägt § 82 dem **Repräsentationsprinzip** Rechnung. Danach kann eine Personalvertretung nur für solche Beschäftigten tätig werden, die sie aufgrund der Personalratswahl repräsentiert. Dies bedeutet: Grundsätzlich ist in Personalangelegenheiten diejenige Personalvertretung zu beteiligen, in deren Dienststelle die Personalmaßnahme wirksam wird, soweit dem dortigen Dienststellenleiter eine Entscheidungskompetenz zusteht (BVerwG v. 15.7.2004, ZfPR 2004, 261).

3. Fälle aus der Rechtsprechung

a) Die **Zuständigkeit einer Stufenvertretung** ist dann gegeben, wenn der Leiter einer nachgeordneten Behörde keine Entscheidungsbefugnis besitzt und die vom Leiter der Mittelbehörde oder der obersten Dienstbehörde zu entscheidende Maßnahme über den Bereich der (eigenen) örtlichen Dienststelle hinausreicht (BVerwG v. 15.7.2004, aaO). Ist für bestimmte Anordnungen innerhalb einer Verwaltung jeweils die oberste Dienstbehörde zuständig, dann ist der für diesen Bereich gebildete **Hauptpersonalrat** zu beteiligen (Anordnung eines absoluten Alkoholverbots, BAG v. 23.9.1986, PersR 1987, 61).

b) Die Grundsätze über die Abgrenzung der Zuständigkeiten von örtlichen Personalräten einerseits und Stufenvertretungen andererseits erfassen auch die **allgemeinen Aufgaben der Personalvertretung**. Eine Beschränkung auf die Fälle der Mitwirkung und Mitbestimmung findet also nicht statt. Ist nach den Grundsätzen über die Abgrenzung der Zuständigkeit die Stufenvertretung zu beteiligen, so tritt sie in **alle Aufgaben und Befugnisse** ein, die sonst dem Personalrat zustehen (BVerwG v. 12.8.2009, PersR 2009, 416 = Leits. ZfPR 2009, 111).

c) In solchen Angelegenheiten, die Beschäftigte der Mittel- bzw. obersten Dienstbehörde für den Bereich des jeweiligen Hauses treffen, ist der **(örtliche) Personalrat zuständig** (BVerwG v. 15.7.2004, ZfPR 2004, 261). Dies gilt auch für den Fall, dass bei der Mittel- bzw. obersten Dienstbehörde eine Stelle besetzt werden soll, sich Beschäftigte nachgeordneter Dienststellen für diese Stellen bewerben und ihnen jeweils auch eine solche Stelle übertragen wird (BVerwG v. 19.12.1975, BVerwGE 50, 80).

d) Wenn die **Entscheidungsbefugnis des Leiters der Mittelbehörde** oder der obersten Dienstbehörde **über den unmittelbaren Bereich seines Hauses hinausgeht**, dann ist die jeweilige Stufenvertretung zu beteiligen. Entscheidendes Kriterium für die Abgrenzung ist nicht nur die Frage, **in welcher Eigenschaft der Leiter der Mittelbehörde oder der obersten Dienstbehörde tätig wird**. Vielmehr ist auch auf die Betroffenheit anderer Beschäftigter abzustellen. Wenn der Leiter einer Mittelbehörde bzw. einer obersten Dienstbehörde eine Maßnahme für seinen gesamten Zuständigkeitsbereich trifft, also Angelegenheiten regelt, die die Beschäftigten der Mittelbehörde bzw. der obersten Dienstbehörde einerseits und zugleich die Beschäftigten der nachgeordneten Behörden andererseits betreffen, dann sind die jeweiligen Stufenvertretungen zu beteiligen. Dies gilt auch dann, wenn z.B. Anwärter eingestellt werden sollen, die Entscheidungskompetenz hierfür beim Leiter der Mittelbehörde liegt und wenn die einzelnen Ausbildungsphasen bei den nachgeordneten Dienststellen stattfinden sollen. Insoweit wirkt sich die Maßnahme auf den gesamten Bereich der Mittelbehörde, also auch der nachgeordneten Dienststellen mit der Folge aus, dass der Bezirkspersonalrat zuständig ist (BVerwG v. 13.9.2002, ZfPR 2002, 328; BVerwG v. 2.9.2009, ZfPR 2010, 5).

e) Zur Abgrenzung der Zuständigkeiten bei personellen Maßnahmen zwischen einerseits einer Stufenvertretung und andererseits der bei einer Mittelbehörde bzw. obersten Dienstbehörde gebildeten Personalvertretung („Hauspersonalrat") hat das Bundesverwaltungsgericht den Begriff der **„primären Betroffenheit" der Beschäftigten einer Dienststelle** gewählt. Es sieht diese Betroffenheit bei denjenigen, die künftig mit dem betreffenden Beschäftigten zusammenarbeiten müssen. Dabei ist es nach Auffassung des Gerichts unerheblich, aus welchem Dienststellenbereich (eigene Dienststelle oder andere Dienststellen des Geschäftsbereichs) der Betreffende kommt oder ob es sich um einen externen Kandidaten, der durch keine Personalvertretung repräsentiert wird, handelt. Als weiteres Kriterium (und gleichzeitig als Beleg für eine äußerst schwierige Interpretation von § 82) berücksichtigt das Gericht den Gesamtvorgang der Entscheidungsfindung. Geht einer Beförderung eine Auswahlentscheidung durch die Mittelbehörde voraus, an der sich Beschäftigte aus dem gesamten Geschäftsbereich beteiligen, dann ist das Gericht der Auffassung, dass der Bezirkspersonalrat, nicht aber der örtliche Personalrat („Hauspersonalrat") zuständig ist. Bei der Einstellung von Anwärtern für den gehobenen technischen Verwaltungsdienst im Geschäftsbereich einer Wasser- und Schifffahrtsdirektion hat das Bundesverwaltungsgericht die Zuständigkeit des Bezirkspersonalrats deshalb bejaht, weil die Bewerber sowohl während des Vorbereitungsdienstes als auch nach dessen Abschluss auch bei nachgeordneten Dienststellen tätig werden sollen. Diese Auffassung hat es damit begründet, dass die Interessen der dort Beschäftigten schon bei der Anwärterauswahl zu berücksichtigen sind (BVerwG v. 13.9.2002, ZfPR 2002, 328; BVerwG v. 15.7.2004, ZfPR 2004, 261; vgl. auch Ilbertz, ZfPR 2003, 295 und Wurm ZfPR 2003, 342 sowie Lautenbach, PersV 2004, 164).

f) In Angelegenheiten, die **einzelne Beschäftige** der Dienststelle betreffen, hat die Stufenvertretung dem durch die verwaltungsmäßige Zuständigkeitsverteilung ausgeschlossenen Personalrat Gelegenheit zur Äußerung zu geben (BVerwG v. 15.7.2004, ZfPR 2004, 261, vgl. Abs. 1 „anstelle"). Bei Angelegenheiten, die eine Nebenstelle betreffen oder die von der übergeordneten Behörde in Bezug auf Angehörige von Nebenstellen getroffen werden, ist dem für den nachgeordneten Bereich gebildeten Gesamtpersonalrat Gelegenheit zur Äußerung zu geben (BVerwG v. 2.10.2000, ZfPR 2001, 37).

g) In Angelegenheiten, die einzelne Beschäftigte oder Dienststellen betreffen, ist dem durch die verwaltungsmäßige Zuständigkeitsverteilung **ausgeschlossenen Personalrat Gelegenheit zur Äußerung** zu geben (Abs. 2). Welche Personalvertretung dies im Einzelfall ist, ergibt sich danach, welche Personalvertretung zu beteiligen wäre, wenn dem Leiter der nachgeordneten Dienststelle eine Entscheidungskompetenz zustehen würde. Dies ergibt sich daraus, dass der Stufenvertretung eine Ersatzfunktion zukommt (vgl. Abs. 1 „Anstelle des Personalrats"; BVerwG v. 15.7.2004, ZfPR 2004, 261). Dem Sinn und Zweck des Anhörungsrechts widerspricht es, wenn die Stufenvertretung bzw. der Gesamtpersonalrat einen verbindlichen Beschluss fasst, ohne dass die Äußerung der örtlichen Personalvertretung vorliegt oder in zeitlicher Hinsicht billigerweise erwartet werden kann (HessVGH v. 13.9.1989, ZfPR 1991, 73). Die Personalvertretung einer nachgeordneten Dienststelle hat gegenüber der Stufenvertretung keinen Anspruch darauf, dass diese sich um weitere Informationen bei der Mittelbehörde bemüht. Ihrer Informationspflicht gegenüber einer Personalvertretung einer nachgeordneten Dienststelle genügt eine Stufenvertretung dann, wenn sie den Zustimmungsantrag des Leiters der Mittelbehörde vollständig zur Stellungnahme innerhalb einer angemessenen Frist weiterleitet. Sie ist dagegen nicht verpflichtet, „sämtliche im Laufe des Mitbestimmungsverfahrens beim Dienststellenleiter beschafften Informationen an die örtliche Personalvertretung weiterzuleiten" (BVerwG v. 2.10.2000, ZfPR 2001, 37).

h) Sind **mehrere Behörden an mitbestimmungspflichtigen Regelungen beteiligt**, so sind die jeweils zuständigen Personalvertretungen einzuschalten. Ein solcher Fall ist dann gegeben, wenn der Leiter einer Dienststelle einer von einem anderen Dienststellenleiter ausgehenden Maßnahme zustimmt und dadurch selbst eine für die Wirksamkeit der Maßnahme im Bereich seiner Dienststelle maßgebende Entscheidung trifft. Können bestimmte Maßnahmen nur im gegenseitigen Einvernehmen durchgeführt werden, dann ist sowohl die zuständige Personalvertretung bei derjenigen Behörde zu beteiligen, die für die Maßnahme federführend ist als auch diejenige Personalvertretung, die bei der Fachbehörde gebildet ist. Die federführende Behörde ist für die Konzipierung der Maßnahme verantwortlich, die Fachbehörde erklärt ihr Einverständnis. In der Erklärung des Einvernehmens liegt gleichzeitig auch die materielle Ausübung der Organisationskompetenz im Verhältnis zu den Beschäftigten des eigenen Bereichs. Hierin ist die Ausführung einer eigenen Entscheidung zu sehen, die den gleichen personalvertretungsrechtlichen Regelungen wie sonstige beteiligungspflichtige Entscheidungen unterliegt (OVG Koblenz v. 21.7.1987, NVwZ 1987, 1102). Weist eine obere Behörde eine nachgeordnete Behörde an, eine bestimmte Maßnahme durchzuführen, so ist die bei dem angewiesenen Dienststellenleiter bestehende Personalvertretung dann zu beteiligen, wenn dieser **noch eigene Bestimmungen treffen kann** (BVerwG v. 16.6.1989, BVerwGE 82 = PersV 1990, 486). Auch in diesem Fall wird grundsätzlich die Entscheidungsbefugnis eines Dienststellenleiters auf einer nachgeordneten Ebene nicht aufgehoben. Vielmehr trifft er auch in einem solchen Fall Entscheidungen in eigener Verantwortung. Infolgedessen ist auch die bei ihm gebildete Personalvertretung zuständig. Anders ist die Rechtslage nur dann zu beurteilen, wenn durch unmittelbar gestaltende Anordnung einer vorgesetzten Dienststelle einem nachgeordneten Dienststellenleiter kein eigener Gestaltungsspielraum mehr gelassen und er zur Umsetzung verpflichtet wird (BVerwG v. 10.3.1992, ZfPR 1992, 107).

i) Der **Gesamtpersonalrat** besitzt eine **Auffangzuständigkeit**. Er ist in den Angelegenheiten zuständig, in denen die Personalvertretungen der einzelnen personalvertretungsrechtlich verselbständigten Dienststellenteile deshalb nicht beteiligt werden können, weil dem jeweiligen Dienststellenleiter keine Kompetenzen zustehen (BVerwG v.26.11.1982, PersV 1983, 158; BAG v. 25.11.2010, PersV 2011, 388).

j) Auch bei der **Abgrenzung der Zuständigkeit zwischen Gesamtpersonalrat und örtlichem Personalrat** („Hauspersonalrat") ist auf die Reichweite der Entscheidungsbefugnis des Dienststellenleiters abzustellen und auf die davon abhängige Betroffenheit der Beschäftigten. Auch hier gilt: Der bei der Hauptdienststelle gebildete Gesamtpersonalrat ist zu beteiligen, wenn der Leiter der Hauptdienststelle eine Maßnahme beabsichtigt, die die Beschäftigten der Hauptdienststelle und der personalvertretungsrechtlich verselbstständigten Außenstellen, deren Leiter nicht zuständig sind, gleichermaßen betrifft (VGH Bayern v. 16.7.2007, ZfPR 2008, 38). Der Personalrat bei der Hauptdienststelle ist dann zuständig, wenn deren Dienststellenleiter beteiligungspflichtige Maßnahmen nur für „sein Haus" beabsichtigt. Auch hier ist – wie bei der unter 3 d) dargestellten Zuständigkeitsabgrenzung – auf den Gesamtvorgang einer Entscheidungsfindung abzustellen. Daher ist auch die vorausgehende Auswahlentscheidung mit einzubeziehen. Erfolgt eine solche im Geschäftsbereich der Gesamtdienststelle und haben sich aus diesem Bereich mehrere Beschäftigte beworben, dann ist der Gesamtpersonalrat zu beteiligen (BVerwG v. 20.8.2003, ZfPR 2003, 292). Falls aber bei einer dienststellenüberschreitenden Ausschreibung keine Bewerbung um eine Stelle in der Hauptdienststelle aus Bereichen außerhalb dieser Hauptdienststelle erfolgt, dann ist der dort bestehende örtliche Personalrat („Hauspersonalrat") zu beteiligen (BVerwG v. 15.7.2004, ZfPR 2004, 261).

4. Streitigkeiten

Die Verwaltungsgerichte entscheiden Streitigkeiten nach § 83 Abs. 1 Nr. 3.

Sechstes Kapitel
Gerichtliche Entscheidungen

§ 83 (Gerichtliche Entscheidungen)

(1) Die Verwaltungsgerichte, im dritten Rechtszug das Bundesverwaltungsgericht, entscheiden außer in den Fällen der §§ 9, 25, 28 und 47 Abs. 1 über

1. **Wahlberechtigung und Wählbarkeit,**
2. **Wahl und Amtszeit der Personalvertretungen und der in den §§ 57, 65 genannten Vertreter sowie die Zusammensetzung der Personalvertretungen und der Jugend- und Auszubildendenvertretungen,**

3. **Zuständigkeit, Geschäftsführung und Rechtsstellung der Personalvertretungen und der in den §§ 57, 65 genannten Vertreter,**

4. **Bestehen und Nichtbestehen von Dienstvereinbarungen.**

(2) Die Vorschriften des Arbeitsgerichtsgesetzes über das Beschlussverfahren gelten entsprechend.

Entsprechende landesgesetzliche Regelungen:

Baden-Württemberg: § 86; Bayern: Art. 81; Berlin: § 91; Brandenburg: § 95; Bremen: § 70; Hamburg: § 100; Hessen: § 111; Mecklenburg-Vorpommern: § 87; Niedersachsen: § 83; Nordrhein-Westfalen: § 79; Rheinland-Pfalz: § 121; Saarland: § 113; Sachsen: § 88; Sachsen-Anhalt: § 78; Schleswig-Holstein: § 88; Thüringen: § 83.

1. Begriffsbestimmungen

Beschlussverfahren: Die Verwaltungsgerichte haben in personalvertretungsrechtlichen Streitigkeiten die Bestimmungen des Arbeitsgerichtsgesetzes (ArbGG) über das Beschlussverfahren (§§ 80 bis 86 a ArbGG) entsprechend anzuwenden. Das Verfahren wird durch einen Antrag, der der Schriftform oder der Erklärung zur Niederschrift der Geschäftsstelle des Verwaltungsgerichts bedarf, eingeleitet. Im Verfahren gibt es einen Antragsteller und Beteiligte. Die Entscheidung wird durch Beschluss, nicht durch Urteil getroffen.

2. Erläuterungen

a) Im Rahmen des personalvertretungsrechtlichen Beschlussverfahrens geht es nicht um die Durchsetzung von Ansprüchen oder um die Feststellung des Bestehens oder Nichtbestehens von Rechtsverhältnissen, sondern in erster Linie um die **Klärung und Feststellung von Zuständigkeiten**, personalvertretungsrechtlichen Befugnissen und Pflichten sowie um eine gestaltende Entscheidung bei Wahlanfechtung, Auflösung oder Ausschluss.

b) Dem Beschlussverfahren sind Parteien fremd. Es gibt nur **Antragsteller und weitere Beteiligte**. Die Antragsbefugnis steht jedem zu, dem durch ausdrückliche Vorschrift ein Antragsrecht eingeräumt ist; darüber hinaus jedem, der durch die begehrte oder zur Nachprüfung gestellte Entscheidung unmittelbar in seiner personalvertretungsrechtlichen Stellung betroffen ist.

c) Beteiligter kann jeder sein, der nach den Vorschriften des Personalvertretungsgesetzes Aufgaben und Befugnisse wahrzunehmen hat. Als **Antragsteller** bzw. Beteiligte kommen in Betracht:

aa) Der **Dienststellenleiter** ist immer Beteiligter. Darüber hinaus ist er in den Fällen der Wahlanfechtung (§ 25) und des Ausschlusses von Personalratsmitgliedern bzw. bei der Auflösung (§ 28 Abs. 1) sowie bei der Feststellung der Wählbarkeit (§ 29 Abs. 1 Nr. 7) Antragsteller.

bb) Die **Gewerkschaften** sind dann Antragsteller, wenn sie im Rahmen der ihnen abschließend zugewiesenen Rechte (§§ 2, 20 Abs. 1 Satz 2, 25, 28, 36, 52) tätig werden. Antragsberechtigt sind aber nicht die Spitzenorganisationen der Gewerkschaften, weil sie nur Verbände aus einzelnen Fachverwaltungen zu Mitgliedern haben und daher nicht durch ein Einzelmitglied in der Dienststelle vertreten sind (BVerwG v. 11.2.1981, PersV 1981, 320).

cc) Eine **Gemeinschaft von „mindestens drei Wahlberechtigten“** ist hinsichtlich der Wahlanfechtung der gesamten Personalvertretung (§ 25), einer ihrer Gruppen oder „ein Viertel der Wahlberechtigten“ ist im Rahmen des Ausschlussverfahrens (§ 28 Abs. 1) bzw. im Rahmen der Einberufung einer Personalversammlung (§ 49 Abs. 2) antragsberechtigt.

dd) Die **Personalvertretung** kann bei allen Meinungsverschiedenheiten über Wahl, Amtszeit und Geschäftsführung als Antragstellerin auftreten. Beteiligt ist sie in allen Beschlussverfahren, die sich gegen einzelne ihrer Mitglieder oder gegen sie als Plenum richten.

ee) **Einzelne Mitglieder der Personalvertretung** sind in allen Streitfällen antragsberechtigt, in denen bestimmte Angelegenheiten vertretungsrechtliche Wirkungen gegen sie entfalten (Beispiel: Feststellungsantrag eines einzelnen Mitglieds einer Personalvertretung, mit dem die Rechtmäßigkeit einer Bestimmung der Geschäftsordnung angegriffen wird). Darüber hinaus sind einzelne Personalratsmitglieder in allen Fällen beteiligt, in denen ihre vertretungsrechtliche Stellung berührt wird (Beispiel: Ausschlussantrag nach § 28). Wenn ein **Soldat**, der Mitglied einer Personalvertretung bei einer Dienststelle der Bundeswehr ist, gerichtlichen Rechtschutz gegen die Verpflichtung, während der Personalratstätigkeit Uniform zu tragen, begehrt, dann ist der Rechtsweg nicht zu den Verwaltungsgerichten, sondern zu den **Wehrdienstgerichten** eröffnet (BVerwG v. 28.9.2010, PersV 20011, 306).

ff) Einem nicht der Personalvertretung angehörenden **Beschäftigten** steht ein Antragsrecht in den Fällen zu, in denen er in seiner personalverfassungsrechtlichen Stellung als Beschäftigter unmittelbar betroffen ist (Beispiel: Anfechtung der Wahl oder Auflösung der Personalvertretung bzw. Ausschluss eines einzelnen Mitglieds, §§ 25, 28; vgl. auch cc). Darüber hinaus kann der einzelne Beschäftigte unter bestimmten Voraussetzungen die Feststellung seiner Wahlberechtigung oder Wählbarkeit zur Personalvertretung im Beschlussverfahren betreiben und insofern auch als Antragsteller auftreten.

d) Im Hinblick auf die dem Gericht obliegende **Aufklärungspflicht** ist es unschädlich, wenn in einem Antrag nicht die richtigen Beteiligten angeführt sind. Das Gericht hat für die Stellung sachdienlicher Anträge Sorge zu tragen und daher auch die notwendig Beteiligten zu ermitteln. Wegen der dem Gericht obliegenden Aufklärungspflicht ist die gerichtliche Überprüfung einer Personalratswahl nicht auf die von den Antragstellern gerügten Wahlrechtsverstöße begrenzt (BVerwG v. 28.5.2009, PersV 2009, 383).

e) Dem Antragsteller muss bei Antragstellung ein **Rechtsschutzinteresse** zustehen, d.h. der Antragsteller muss ein berechtigtes Interesse an einer Entscheidung des Gerichts haben.

f) Der Antragsteller kann unter bestimmten Voraussetzungen sein Antragsrecht verwirken. Eine **Verwirkung** ist aber nur dann anzunehmen, wenn der Antragsteller über längere Zeit unzweifelhaft den Eindruck erweckt hat, als nehme er den jetzt von ihm angegriffenen Zustand hin.

g) **Örtlich zuständig** ist immer das Gericht, in dessen Bezirk die Dienststelle (bei Stufenvertretungen die Mittel- oder oberste Dienstbehörde) ihren Sitz hat.

h) Bis zur Verkündung einer Entscheidung im ersten Rechtszug kann der **Antrag** jederzeit, auch ohne Angabe von Gründen, **zurückgenommen** werden.

i) In personalvertretungsrechtlichen Verfahren vor den Verwaltungsgerichten kann auch der **Erlass einer einstweiligen Verfügung** beantragt werden. Ein solcher Antrag setzt voraus, dass zum Zweck der Regelung eines einstweiligen Zustands eine gerichtliche Entscheidung unaufschiebbar notwendig ist (Beispiel: Wenn der Wahlvorstand einem Beschäftigten das passive Wahlrecht bestreitet, so ist es diesem unzumutbar, erst einmal die Durchführung der Wahl abzuwarten und dann einen Antrag auf Feststellung zu stellen, dass die Wahl ungültig ist). Dem Antrag auf Erlass einer einstweiligen Verfügung wird zweckmäßigerweise eine Erklärung an Eides Statt als Beweisangebot für die Richtigkeit des behaupteten Sachverhalts beigefügt (s. Muster Nr. 24).

j) Eine **Kostenentscheidung** erfolgt im personalvertretungsrechtlichen Verfahren nicht. Das Verfahren ist frei von Gerichtskosten, Gebühren und Auslagen. Infolgedessen gibt es auch keine Kostenerstattungspflicht des „unterlegenen" Antragstellers bzw. des Beteiligten. Demgegenüber steht allerdings der Personalvertretung bzw. Einzelmitgliedern dann ein Kostenerstattungsanspruch gegenüber der Dienststelle gemäß § 44 zu, wenn sie mit der Beteiligung am Beschlussverfahren eine Tätigkeit der Personalvertretung ausgeübt haben.

k) Gegen die Entscheidung erster Instanz ist die **Beschwerde** beim Oberverwaltungsgericht bzw. Verwaltungsgerichtshof zulässig. Beschwerdebefugt ist jeder, der durch die Entscheidung beschwert ist. Die Beschwerde muss innerhalb von zwei Wochen nach Zustellung der Entscheidung erster Instanz beim Oberverwaltungsgericht bzw. Verwaltungsgerichtshof eingelegt werden. In der Beschwerdeschrift ist der Grund dafür anzugeben, weshalb die Entscheidung erster Instanz angegriffen wird.

l) Die **Beschwerdeschrift** kann von einem Rechtsanwalt (§ 11 Abs. 2 Nr. 4 ArbGG), sie kann auch von einem Gewerkschaftsbeauftragten (§ 11 Abs. 2 Nr. 5 ArbGG) unterzeichnet sein, wenn der Beschwerdeführer bei dieser Gewerkschaft organisiert ist. Er selbst kann die Beschwerdeschrift auch unterzeichnen. Infolgedessen kann auch in der mündlichen Verhandlung vor dem Beschwerdegericht ein Gewerkschaftsbeauftragter den Beschwerdeführer wirksam vertreten.

m) Die rechtzeitig eingelegte **Beschwerde** kann bis zur Verkündung der Entscheidung jederzeit **zurückgenommen** werden.

n) Gegen die Entscheidung eines Oberverwaltungsgerichts bzw. Verwaltungsgerichtshofs ist die **Rechtsbeschwerde** beim Bundesverwaltungsgericht zulässig, wenn sie vom Beschwerdegericht ausdrücklich zugelassen wird. Sie hat aufschiebende Wirkung. **Rechtsbeschwerdefrist** und Begründungsfrist betragen je einen Monat.

o) Wird die Rechtsbeschwerde nicht zugelassen, so steht den Beteiligten die **Nichtzulassungsbeschwerde** an das Bundesverwaltungsgericht zu. Diese kann darauf gestützt werden, dass die entscheidungserhebliche Rechtsfrage grundsätzliche Bedeutung hat oder der Beschluss von einer Entscheidung des Bundesverwaltungsgerichts abweicht. Die Nichtzulassungsbeschwerde muss innerhalb einer Notfrist von einem Monat nach Zustellung des vollständigen Beschlusses eingelegt werden. Sie ist innerhalb von zwei Monaten nach Zustellung zu begründen.

p) Rechtsbeschwerdeschrift und Rechtsbeschwerdebegründungsschrift müssen entweder von einem Rechtsanwalt oder einem Verbandsvertreter, der die Befähigung zum Richteramt besitzen muss, unterzeichnet sein. In der mündlichen Verhandlung besteht kein **Vertretungszwang**. Eine Vertretung kann aber auch durch einen sonstigen Verbandsvertreter, der die Befähigung zum Richteramt nicht besitzen muss, erfolgen.

3. Fälle aus der Rechtsprechung

Antragsbefugnis

a) Antragsbefugnis im Hinblick auf die vor den Fachkammern bzw. -senaten der Verwaltungsgerichte anhängig zu machenden Verfahren in personalvertretungsrechtlichen Angelegenheiten besitzt, „wem durch ausdrückliche Vorschrift ein Antragsrecht eingeräumt ist oder wer aus sachlichen Gründen an der Entscheidung interessiert ist" (BVerwG v. 13.6.1957, BVerwGE 5, 118) bzw. wer „durch die begehrte oder zur Nachprüfung gestellte Entscheidung unmittelbar in seiner personalvertretungsrechtlichen Stellung betroffen wird" (BVerwG v. 27.7.1979, PersV 1981, 243; vgl. auch: BVerwG v. 29.6.2004, ZfPR 2004, 324 sowie OVG Bautzen v. 18.4.2012, ZfPR online 11/2012, S. 6). Antragsberechtigt ist die **Personalvertretung**, wenn sie in ihrer personalvertretungsrechtlichen Stellung betroffen ist (BVerwG v. 28.8.2008, ZfPR *online* 11/2008, S. 10). Sie kann aber Maßnahmen des Dienststellenleiters nicht in einem gerichtlichen Verfahren überprüfen lassen (BVerwG v. 30.1.2013, ZfPR *online* 4/2013, S. 10).

b) Die in der Dienststelle vertretenen **Gewerkschaften** einschließlich ihrer bezirklichen und örtlichen Untergliederungen sind im Rahmen der §§ 2, 20 Abs. 1 Satz 2, 25, 28, 36 und 52 ebenfalls antragsberechtigt (BVerwG v. 5.11.1957, BVerwGE 5, 324). Die in der Dienststelle vertretenen Gewerkschaften sind aber nach § 94 Abs. 6 Satz 2 SGB IV, § 25 Abs. 1 Satz 1 BPersVG nicht berechtigt, die Wahl der Schwerbehindertenvertretung anzufechten (BAG v. 29.7.2009, PersR 2009, 493). Dagegen sind die Spitzenorganisationen der Gewerkschaften deshalb nicht antragsberechtigt, weil sie nur Verbände aus einzelnen Fachverwaltungen zu Mitgliedern haben und daher nicht durch Einzelmitglieder in der Dienststelle vertreten sind (BVerwG v. 11.2.1981, ZBR 1982, 57). Die sich aus den vorstehend angeführten Bestimmungen ergebenden **Antragsrechte sind erschöpfend im Gesetz aufgeführt**. Darüber hinaus stehen den Gewerkschaften keine weiteren Antragsbefugnisse zu (BVerwG v. 8.7.1977, PersV 1978, 312).

c) **Einzelne Mitglieder** einer Personalvertretung sind hinsichtlich folgender Angelegenheiten antragsberechtigt:
Rechtmäßigkeit einer Bestimmung der Geschäftsordnung (BVerwG v. 5.2.1971, ZBR 1971, 285);
ein abberufenes Vorstandsmitglied greift seine Abberufung an (BVerwG v. 23.10.1970, BVerwGE 36, 174);
ein Ersatzmitglied hält die Geschäftsordnung, die die Voraussetzungen für sein Tätigwerden aufstellt, für fehlerhaft (OVG Berlin v. 16.3.1970, PersV 1971, 271); Abwehr rechtswidriger Beschlüsse des Plenums (BVerwG v. 5.2.1971, ZBR 1971, 285; BVerwG v. 16.9.1977, PersV 1979, 63; Verletzung der Vorschriften zum Nachrücken von Ersatzmitgliedern (BVerwG v. 19.2.2013, ZfPR *online* 4/2013, S. 15).

d) Einem **Dienststellenleiter** stehen nach den Personalvertretungsgesetzen konkrete Antragsbefugnisse zu (vgl. für das BPersVG: § 25, § 28, § 34 Abs. 3, § 47 bzw. § 9 Abs. 4).

e) Ein nicht der Personalvertretung angehörender **Beschäftigter** ist nur im Rahmen der Wahlanfechtung bzw. der Auflösung der Personalvertretung oder des Ausschlusses einzelner Mitglieder (§§ 25, 28) antragsberechtigt. Er kann darüber hinaus unter bestimmten Voraussetzungen die Feststellung seiner Wahlberechtigung oder Wählbarkeit im Beschlussverfahren betreiben. Er kann aber nicht die Feststellung der Unwirksamkeit eines Beschlusses der Personalvertretung erwirken, wenn es um eine ihn selbst betreffende Personalangelegenheit geht (OVG Münster v. 6.3.1998, Leits. ZfPR 1998, 163). Das Mitbestimmungs- oder Mitwirkungsverfahren betrifft lediglich das Verhältnis Dienststelle/Personalvertretung. Durch dieses Verfahren wird der einzelne Beschäftigte in einer vom Personalvertretungsgesetz eingeräumten Stellung nicht unmittelbar betroffen. Er kann nur im Rahmen eines arbeits- bzw. verwaltungsgerichtlichen Verfahrens gegen die mit Zustimmung der Personalvertretung zustandegekommene personelle Maßnahme vorgehen. In einem solchen Verfahren ist dann auch zu prüfen, ob ein wirksamer Beschluss der Personalvertretung vorliegt (BVerwG v. 13.2.1976, BVerwGE 50, 176).

f) Eine **Antragsänderung** oder eine **Rücknahme eines Antrags** ist bis zur Verkündung der Entscheidung im ersten Rechtszug jederzeit möglich (BVerwG v. 9.7.2007, PersR 2007, 434).

Rechtsschutzinteresse

a) Bei Beginn des ersten Rechtszuges muss für den Antrag ein **Rechtsschutzinteresse** bestehen. Es muss ein konkreter Anlass zur Einleitung eines personalvertretungsrechtlichen Beschlussverfahrens gegeben sein (BVerwG v. 29.1.1996, ZfPR 1996, 153). Für die Rechtsbeziehungen der Beteiligten muss die verlangte Feststellung gegenwärtig oder zukünftig Bedeutung haben. Das aber ist dann nicht der Fall, wenn sich das Ereignis erledigt hat, so dass die begehrte Entscheidung zwischen den Beteiligten keine Wirkung mehr erzeugen kann. Wenn eine beteiligungspflichtige Maßnahme, die das Verfahren ausgelöst hat, vollzogen und nicht mehr rückgängig zu machen ist, dann liegt ein Rechtschutzinteresse nur dann noch vor, wenn der Antrag von dem zugrundeliegenden Vorgang gelöst und eine Feststellung der hinter dem konkreten Vorgang stehenden und zwischen den Verfahrensbeteiligten nach wie vor umstrittenen Rechtsfrage beantragt wird. Die strittige und entscheidungserhebliche Rechtsfrage muss sich zwischen den selben Verfahrensbeteiligten in künftigen vergleichbaren Verfahren erneut mit einiger, mehr als nur geringfügigen Wahrscheinlichkeit stellen (BVerwG v. 9.7.2007, PersR 2007, 334). Ein Rechtschutzinteresse für einen konkreten, anlassbezogenen Feststellungsantrag ist für den Fall zu bejahen, dass die fragliche Maßnahme (z.B. Versetzung) zwar bereits vollzogen ist, aber fortwirkt und für die Zukunft rückgängig gemacht oder abgeändert werden kann (BVerwG v. 17.2.2010, PersR 2010, 208 = Leits. ZfPR 2010, 71).

b) Das Rechtsschutzinteresse ist nur dann zu bejahen, wenn tatsächlich ein konkreter **Anlass zur Einleitung eines personalvertretungsrechtlichen Beschlussverfahrens** besteht, wenn nämlich die strittige Maßnahme noch nicht vollzogen oder aber rückgängig zu machen ist (BVerwG v. 9.8.1996, ZfPR 1997, 4). Erledigt sich der Streitgegenstand während eines Beschlussverfahrens (z.B. der umstrittene Dienstplan ist inzwischen in Kraft getreten, vgl. u.a. BVerwG v. 20.11.1998, ZfPR 1999, 50), dann besteht das Rechtschutzinteresse nur noch dann, wenn eine Entscheidung nicht nur über einen bestimmten, konkreten Vorgang, sondern außerdem über die dahinterstehende (abstrakte) personalvertretungsrechtliche Frage begehrt wird. Die Feststellung muss sich auf die zwischen den Verfahrensbeteiligten nach wie vor umstrittene Rechtsfrage beziehen. Diese Rechtsfrage muss zwischen denselben Verfahrensbeteiligten in künftigen vergleichbaren Mitbestimmungsverfahren mit einiger – mehr als nur geringfügigen – Wahrscheinlichkeit erneut strittig werden (BVerwG v. 16.9.2004, Leits. ZfPR 2005, 72). Wenn eine mitbestimmungspflichtige Maßnahme ohne Beteiligung der Personalvertretung bereits vollzogen, aber noch abänderbar oder rückgängig zu machen ist, dann besteht das Rechtsschutzinteresse schon alleine deshalb, weil es nicht angehen kann, dass durch einen gesetzwidrigen Vollzug einer mitbestimmungspflichtigen Maßnahme das Beteiligungsrecht der Personalvertretung außer Kraft bleibt (VGH Baden-Württemberg v. 23.2.1996, Leits. ZBR 1997, 30).

c) Kein Rechtsschutzinteresse besteht für den Fall, dass eine Feststellung begehrt wird, wonach eine bestimmte, **bereits abgeschlossene Maßnahme** unwirksam ist oder dass an ihr ein Beteiligungsrecht bestanden hat, sofern die Maßnahme im Zeitpunkt der Entscheidung keine Rechtswirkung mehr entfaltet (BVerwG v. 11.3.2014, ZfPR *online* 9/2014, S. 4).

Sachverhaltsaufklärung

Im Personalvertretungsrecht gilt der **Untersuchungsgrundsatz** (§ 83 Abs. 1 und 2 ArbGG). Die Verwaltungsgerichte haben, unabhängig von Beweisanträgen der Beteiligten, den **entscheidungserheblichen Sachverhalt** aufzuklären; sie sind verpflichtet, von den Beteiligten angetretene Beweise zu erheben, wenn „die behauptete Tatsache entscheidungserheblich ist und Erhebungshindernisse nicht bestehen" (BVerwG v. 30.10.2013, ZfPR *online* 9/2014, S. 2).

Verwirkung

Das Recht zur Einleitung eines personalvertretungsrechtlichen Beschlussverfahrens kann **verwirkt** werden. Das Antragsrecht ist bei einer eilbedürftigen und zunächst durch eine vorläufige Regelung getroffenen Personalmaßnahme – hier: Wiedereinstellung eines Arbeitnehmers in unmittelbarem Anschluss an das zuvor einvernehm- lich beendete frühere Beschäftigungsverhältnis – verwirkt, wenn die Personalvertretung ohne jede Zwischennachricht ca. 11 Monate nach Abbruch des Mitbestimmungsverfahrens das gerichtliche Beschlussverfahren einleitet und der Dienststellenleiter im Vertrauen auf den (endgültigen) Abschluss des Verfahrens die Personalmaßnahme umgesetzt hat (OVG Münster v. 18.9.1995, Leits. ZfPR 1996, 59; OVG Münster v.

29.11.2000, 2001, 139; OVG Lüneburg v. 26.3.2013, ZfPR *online* 6/2013, S. 8; vgl. auch: BVerwG v. 29.8.2000, ZfPR 2000, 327).

Anerkenntnis

Im personalvertretungsrechtlichen Beschlussverfahren ist ein **Anerkenntnisbeschluss** dann zulässig, „wenn die Prozess- und Rechtsmittelvoraussetzungen erfüllt sind und die Beteiligten über den streitigen Gegenstand verfügen können" (BVerwG v. 19.9.2012, PersV 2013, 148).

Einstweilige Verfügung

a) In Verfahren zur Gewährung vorläufigen Rechtsschutzes können die Gerichte nicht weitergehen als in einem Hauptsacheverfahren. Eine Personalvertretung kann daher nicht im Wege einer **einstweiligen Verfügung** beantragen, dass die der Mitbestimmung unterliegende Maßnahme unterbleibt, bis die Zustimmung erteilt bzw. das personalvertretungsrechtliche Verfahren zugunsten der Dienststelle ausgegangen sein wird (OVG Hamburg v. 2.5.1988, ZBR 1988, 324 = Leits. ZfPR 1989, 52). Daher kann auch nicht die vorläufige Feststellung der Verletzung der Beteiligungsrechte der Personalvertretung begehrt werden (HessVGH v. 2.12.1987, Leits. ZfPR 1989, 52). Eine einstweilige Verfügung kann nur erlassen werden, wenn die Versagung für den Antragsteller zu schlechthin unvertretbaren Folgen, insbesondere zu einem irreparablen Zustand führt (HessVGH v. 12.3.1984, ZBR 1984, 192; OVG Münster v. 15.1.1997, Leits. ZfPR 1997, 122, für den Fall des Anspruchs eines Gruppensprechers auf Freistellung bzw. für den Fall der Durchführung einer Personalratswahl: VGH München v. 27.2.2002, PersR 2003, 121). Eine einstweilige Verfügung kann mit dem Ziel in Betracht kommen, den **Dienststellenleiter zu verpflichten, das Beteiligungsverfahren einzuleiten** und/oder ihm einstweilen Fortgang zu geben (BVerwG v. 27.7.1990, PersV 1991, 29 = ZfPR 1991, 19; vgl. auch § 69 Anm. 3 x und § 77 Anm. 3 m). Ohne den Erlass einer einstweiligen Verfügung muss eine schwerwiegende Beeinträchtigung der Aufgaben einer Personalvertretung befürchtet werden (HessVGH v. 1.6.1994, NZA 1994, 903). Die konkrete Rechtsschutzfunktion des einstweiligen Rechtsschutzes besteht darin, den Streitfall für die Entscheidung in der Hauptsache so offen zu halten, dass das Hauptsacheverfahren noch wirksamen Rechtsschutz gewähren kann. Durch den einst- weiligen Rechtsschutz soll lediglich eine Regelung für die Zwischenzeit getroffen werden, bis die endgültige Entscheidung folgt (OVG Sachsen-Anhalt v. 26.10.1994, Leits. ZfPR 1995, 92). **Verfügungsgrund und Verfügungsanspruch** müssen glaubhaft gemacht werden (OVG Münster v. 14.1.2003, PersV 2003, 198 = Leits. ZfPR 2003, 272). Ein Wahlvorstand kann über eine einstweilige Verfügung die **Sicherstellung der Wahl** erreichen (BayVGH v. 27. 2. 2002, PersR 2003, 121). Rechtswidrige Verselbstständigungsbeschlüsse nach § 6 Abs. 3 BPersVG stellen so eklatante Verstöße gegen Wahlvorschriften dar, dass die **Durchführung einer Personalratswahl im Wege der einstweiligen Verfügung untersagt** werden kann (VG Mainz v. 13.6.2007, Leits. ZfPR 2008, 44).

b) Mit Hilfe einer einstweiligen Verfügung können keine Handlungspflichten eines Dienststellenleiters verfügt, sondern nur **vorläufige Feststellungen** getroffen werden. Dies setzt voraus, dass ohne den Erlass einer einstweiligen Verfügung schwere und unzumutbare Nachteile entstünden, die durch die Entscheidung im Hauptsacheverfahren nicht mehr ausgeglichen werden könnten. Hinzu kommen muss, dass mit hoher Wahrscheinlichkeit im Hauptsacheverfahren der Anspruch, dessen Sicherung verlangt wird, bestätigt wird (HessVGH v. 27.2.1992, Leits. ZTR 1992, 264; Hess VGH v. 10.6.2005 – 22 TH 1496/05, n.v.).

„Folgeansprüche"

Die Rechtsordnung hat der Personalvertretung keinen **Abwehr-, Rückgängigmachungs- oder Unterlassungsanspruch** gegen den Dienststellenleiter verliehen (BVerwG v. 15.12.1978, PersV 1980, 145). Die Gerichte können daher insoweit nur feststellende Entscheidungen treffen. Auch räumt das Personalvertretungsrecht der Personalvertretung keine Folgeansprüche für den Fall ein, dass ein Dienststellenleiter das Mitbestimmungs- oder Mitwirkungsverfahren der Personalvertretung im Einzelnen missachtet (VGH Baden-Württemberg v. 2.12.1986, ZBR 1987, 224). Allerdings kann im Wege der einstweiligen Verfügung einem Dienststellenleiter untersagt werden, eine Maßnahme ohne vorherige Durchführung eines Mitbestimmungsverfahrens zu vollziehen (OVG Rheinland-Pfalz v. 22.6.1995, Leits. ZfPR 1995, 205) bzw. ein Mitbestimmungsverfahren hinsichtlich der Einstellung eines (künftigen) Beschäftigten erneut einzuleiten (VG Potsdam v. 27.2.1997, ZfPR 1998, 188).

Keine Kostenentscheidung

In einem personalvertretungsrechtlichen Beschlussverfahren erfolgt **keine Kostenentscheidung**. Das Verfahren ist gerichtskostenfrei. Eine Erstattung der **Aufwendungen der Beteiligten** ist nicht vorgesehen (BVerwG v. 6.2.2009, PersV 2009, 384 = Leits. ZfPR 2009, 112). Ein Dienststellenleiter ist im Übrigen nicht verpflichtet, **Rechtsanwaltskosten**, die der Personalvertretung im vertretungsrechtlichen Beschlussverfahren entstanden sind, auf der Grundlage einer Vergütungsvereinbarung zu übernehmen (BVerwG v. 29.4.2011, PersV 2011, 397).

4. Streitigkeiten

Die Verwaltungsgerichte können die Rechtmäßigkeit von Beschlüssen der Einigungsstelle überprüfen; denn Streitigkeiten, die die Rechtmäßigkeit der Beschlüsse der Einigungsstelle betreffen, sind Teil der Wahrnehmung der Beteiligungsrechte der Personalvertretung (BVerwG v. 21.10.1983, BVerwGE 68, 116 = ZfPR 1996, 18). Der **Gegenstandswert der anwaltlichen Tätigkeit** im personalvertretungsrechtlichen Beschlussverfahren wird generell auf 5.000 Euro festgesetzt (BVerwG v. 21.3.2007, PersR 2007, 309).

5. Abweichende Regelungen des Landesrechts

Personalvertretungsrechtliche Streitigkeiten sind auch nach den Landespersonalvertretungsgesetzen den Verwaltungsgerichten zugewiesen. § 106 verbietet es, die sich aus dem Personalvertretungsrecht ergebenden Streitigkeiten einer anderen Gerichtsbarkeit zuzuweisen.

§ 84 (Bildung von Fachkammern)

(1) Für die nach diesem Gesetz zu treffenden Entscheidungen sind bei den Verwaltungsgerichten des ersten und zweiten Rechtszuges Fachkammern (Fachsenate) zu bilden. Die Zuständigkeit einer Fachkammer kann auf die Bezirke anderer Gerichte oder Teile von ihnen erstreckt werden.

(2) Die Fachkammer besteht aus einem Vorsitzenden und ehrenamtlichen Richtern. Die ehrenamtlichen Richter müssen Beschäftigte im öffentlichen Dienst des Bundes sein. Sie werden je zur Hälfte durch die Landesregierung oder die von ihr bestimmte Stelle auf Vorschlag

1. **der unter den Beschäftigten vertretenen Gewerkschaften und**
2. **der in § 1 bezeichneten Verwaltungen und Gerichte**

berufen. Für die Berufung und Stellung der ehrenamtlichen Richter und ihre Heranziehung zu den Sitzungen gelten die Vorschriften des Arbeitsgerichtsgesetzes über ehrenamtliche Richter entsprechend.

(3) Die Fachkammer wird tätig in der Besetzung mit einem Vorsitzenden und je zwei nach Absatz 2 Satz 3 Nr. 1 und 2 berufenen Beisitzern. Unter den in Absatz 2 Satz 3 Nr. 1 bezeichneten Beisitzern muss sich je ein Beamter und ein Arbeitnehmer befinden.

Entsprechende landesgesetzliche Regelungen:

Baden-Württemberg: § 87; Bayern: Art. 82; Berlin: § 92; Brandenburg: § 96; Bremen: § 71; Hamburg: § 101; Hessen: § 112; Mecklenburg-Vorpommern: § 88; Niedersachsen: § 84; Nordrhein-Westfalen: § 80; Rheinland-Pfalz: § 122; Saarland: § 114; Sachsen: § 89; Sachsen-Anhalt: § 79; Schleswig-Holstein: § 89; Thüringen: § 84.

1. Begriffsbestimmungen

a) Fachkammern, Fachsenate: Bei den Verwaltungsgerichten bestehen für die Klärung personalvertretungsrechtlicher Streitfragen im ersten Rechtszug sog. Fachkammern, im zweiten Rechtszug bei den Oberverwaltungsgerichten bzw. den Verwaltungsgerichtshöfen (Baden-Württemberg, Bayern, Hessen) Fachsenate.

b) Ehrenamtliche Richter: „Laienrichter", die aus den Vorschlagslisten berufen werden, die von den unter den Beschäftigten vertretenen Gewerkschaften und den in § 1 bezeichneten Verwaltungen und Gerichten vorgelegt werden. Für jede Sitzung der Fachkammer und Fachsenate müssen je zwei ehrenamtliche Richter aus diesen Listen berufen werden.

2. Erklärungen

–

3. Fälle aus der Rechtsprechung

Für Berufsrichter wie für ehrenamtliche Richter gelten die Vorschriften über Ablehnung und Ausschluss von Gerichtspersonen (§ 80 Abs. 2 ArbGG). Allerdings kann die Ablehnung der ehrenamtlichen Richter nicht damit begründet werden, dass sie einer bestimmten Organisation angehören (OVG Saarlouis v. 16.2.1960, DöV 1961, 352).

4. Streitigkeiten

–

Siebentes Kapitel
Vorschriften für besondere Verwaltungszweige und die Behandlung von Verschlusssachen

§ 85 (Sondervorschriften für die Bundespolizei)

(1) Für die Bundespolizei gilt dieses Gesetz mit folgenden Abweichungen:

1. **Die Beschäftigten der Bundespolizeibehörden und der ihnen nachgeordneten Dienststellen wählen Bundespolizeipersonalvertretungen (Bundespolizeipersonalrat, Bundespolizeibezirkspersonalrat, Bundespolizeihauptpersonalrat).**
2. **Polizeivollzugsbeamte sind nur wahlberechtigt (§ 13 Abs. 1), wenn sie am Wahltag die Grundausbildung bereits beendet haben und nicht bei der Berufung in das Beamtenverhältnis schriftlich erklärt haben, nur eine Dienstzeit von zwei Jahren ableisten zu wollen.**
3. **In Angelegenheiten, die lediglich die Polizeivollzugsbeamten betreffen, die nach Nummer 2 nicht wahlberechtigt sind, wirkt die Bundespolizeipersonalvertretung mit, wenn ein Vertrauensmann (Absatz 2) dies im Einzelfall beantragt.**
4. **Die in Nummer 3 bezeichneten Polizeivollzugsbeamten werden bei der Ermittlung der Zahl der vom Dienst freizustellenden Personalratsmitglieder nach § 46 Abs. 4 nicht berücksichtigt.**

5. Die Vorschriften über die Jugend- und Auszubildendenvertretung gelten nicht für die Polizeivollzugsbeamten.
6. Eine Beteiligung der Bundespolizeipersonalvertretung findet nicht statt bei
   a) Anordnungen für Polizeivollzugsbeamte, durch die Einsatz oder Einsatzübungen geregelt werden,
   b) der Einstellung von Polizeivollzugsbeamten für die Grundausbildung.
7. Die Bundespolizeipersonalvertretung bestimmt bei der Berufsförderung von Polizeivollzugsbeamten mit, soweit der Beamte dies beantragt.

(2) Die Polizeivollzugsbeamten, die nach Absatz 1 Nr. 2 nicht das Wahlrecht zu den Bundespolizeipersonalvertretungen besitzen, wählen in jeder Einheit einen Vertrauensmann und zwei Stellvertreter. Einheiten im Sinne des Satzes 1 sind die Hundertschaften oder vergleichbare Einheiten und Dienststellen nach näherer Bestimmung des Bundesministers des Innern. Für die Wahl, die Amtszeit und die Aufgaben des Vertrauensmannes gilt folgendes:

1. Wahlberechtigt und wählbar sind ohne Rücksicht auf ihr Alter die in Satz 1 genannten Polizeivollzugsbeamten; im Übrigen gelten § 13 Abs. 1, § 14 Abs. 1 Satz 2 entsprechend.
2. Der Bundespolizeipersonalrat bestimmt spätestens drei Wochen vor dem unter Nummer 4 Satz 2 genannten Zeitpunkt drei Wahlberechtigte als Wahlvorstand und einen von ihnen als Vorsitzenden. Hat der Bundespolizeipersonalrat den Wahlvorstand nicht fristgemäß bestimmt oder besteht in der Dienststelle kein Bundespolizeipersonalrat, so bestellt der Leiter der Dienststelle den Wahlvorstand.
3. Der Wahlvorstand hat unverzüglich eine Versammlung der Wahlberechtigten einzuberufen. In dieser Versammlung ist die Wahl des Vertrauensmannes und seiner Stellvertreter durchzuführen. Gewählt wird durch Handaufheben. Widerspricht ein Wahlberechtigter diesem Verfahren, so wird eine geheime Wahl mit Stimmzetteln vorgenommen. § 24 gilt entsprechend.
4. Für die Amtszeit des Vertrauensmannes und seiner Stellvertreter gelten § 29 Abs. 1 Nr. 2, 4, 5 und § 30 entsprechend. § 31 Abs. 1, 2 ist mit der Maßgabe anzuwenden, dass eine Neuwahl stattfindet, wenn nach Eintreten beider Stellvertreter kein Vertrauensmann mehr vorhanden ist.
5. Für die Geschäftsführung und Rechtsstellung des Vertrauensmannes gelten die §§ 43 bis 45, 46 Abs. 1, 2, 3 Satz 1 und 6 entsprechend. Für die Aufgaben und Befugnisse des Vertrauensmannes gelten § 2, § 47 Abs. 2, §§ 66 bis 68 entsprechend. In den Fällen des § 75 Abs. 2 Satz 1 Nr. 1, Abs. 3 Nr. 3, 14, 15, § 76 Abs. 1 Nr. 2, 4, 5, Abs. 2 Nr. 1, 5, 6, 9, § 78 Abs. 1 Nr. 4 ist, soweit Polizeivollzugsbeamte, die nach Absatz 1 Nr. 2 nicht das Wahlrecht zu den Bundespolizeipersonalvertretungen besitzen, betroffen sind, der Vertrauensmann rechtzeitig von dem Dienststellenleiter zu hören, in den Fällen des § 76 Abs. 2 Nr. 9, § 78 Abs. 1 Nr. 4 jedoch nur auf Antrag des Betroffenen. Der Vertrauens- mann kann an den Sitzungen des Bundespolizeipersonalrats beratend teilnehmen; in den Fällen des Absatzes 1 Nr. 3 hat er im Bundesgrenzschutzpersonalrat Stimmrecht.

(3) Die Dienstleistenden (§ 49 Abs. 1 des Bundesgrenzschutzgesetzes vom 18. August 1972 (BGBl. I S. 1834), das zuletzt durch Artikel 3 des Gesetzes vom 19. Oktober 1994 (BGBl. I S. 2978) geändert worden ist) stehen bei der Anwendung dieses Gesetzes den Polizeivollzugsbeamten gleich, die nach Absatz 1 Nr. 2 nicht das Wahlrecht zu den Bundesgrenzschutzpersonalvertretungen besitzen; sie wählen gemeinsam mit diesen den Vertrauensmann und dessen Stellvertreter (Absatz 2). Erleidet ein Dienstleistender anläßlich der Wahrnehmung von Rechten oder Erfüllung von Pflichten nach diesem Gesetz durch einen Unfall eine gesundheitliche Schädigung, die eine Grenzschutzdienstbeschädigung wäre, so sind die dafür geltenden Vorschriften entsprechend anzuwenden.

Entsprechende landesgesetzliche Regelungen:

Baden-Württemberg: § 90; Bayern: Art. 53 Abs. 6, 85; Berlin: Nr. 5 der Anlage zu § 5 Abs. 1, § 50 Abs. 1 Nr. 1; Brandenburg: § 53 Abs. 5; Bremen: –; Hamburg: §§ 17 Abs. 2, 87 Abs. 2 Satz 1 Halbs. 2; Hessen: §§ 86 bis 89; Mecklenburg-Vorpommern: § 46 Abs. 5; Niedersachsen: §§ 72a, 85 bis 87; Nordrhein-Westfalen: §§ 81 bis 84; Rheinland-Pfalz: §§ 87, 93, 94; Saarland: § 91; Sachsen: § 68; Sachsen-Anhalt: §§ 80, 81; Schleswig-Holstein: §§ 44 Abs. 4 MBG und 7 POG; Thüringen: § 90.

1. Begriffsbestimmungen

a) Mit Wirkung zum 1. 7. 2005 ist der Bundesgrenzschutz in **„Bundespolizei"** umbenannt worden (Gesetz vom 21. 6. 2005, BGBl I. S. 1818). Die bisherigen Bezeichnungen werden daher redaktionell – ohne inhaltliche Veränderungen – umgestellt. **Aufgaben und Befugnisse der Bundespolizei** ergeben sich aus dem Bundespolizeigesetz (BPolG v. 19.10.1994, BGBl. I S. 2978, zul. geänd. d. Ges. v. 31.7.2009 BAGBl. I S. 2009, 2057). So hat die Bundespolizei u.a. folgende Aufgaben: Grenzpolizeilicher Schutz des Bundesgebietes, bahnpolizeiliche Aufgaben, Prävention von Straftaten im Bereich des Eisenbahnverkehrs, Schutz vor Angriffen auf die Sicherheit des Luftverkehrs.

b) Bundespolizeipersonalvertretungen werden von den Beschäftigten der Bundespolizei auf allen Ebenen des Behördenaufbaus gewählt: Der Bundespolizeihauptpersonalrat beim Bundesminister des Innern, Bundespolizeibezirkspersonalräte bei den Bundespolizeibehörden auf der Mittelstufe und Bundespolizeipersonalräte als örtliche Personalvertretungen bei den Bundespolizeiämtern, der Bundespolizeidirektion und der Bundespolizeiakademie. Bundespolizeidirektion und Bundespolizeiakademie sind keine Behörden der Mittelstufe; ihnen fehlen nachgeordnete Bereiche.

2. Erläuterungen

a) Den Beschäftigten der Bundespolizei, die am Wahltag das 18. Lebensjahr vollendet haben und die die übrigen Voraussetzungen des § 13 erfüllen, steht ein **Wahlrecht** zu. Wahlberechtigt sind **Polizeivollzugsbeamte**, wenn sie am Wahltag (ausreichend bei mehreren Wahltagen: letzter Wahltag) die Grundausbildung beendet haben. Polizeianwärter, die für die Laufbahn des gehobenen und höheren Dienstes eingestellt werden, sind vom Zeitpunkt ihrer Einstellung an unter den Voraussetzungen des § 13 wahlberechtigt. Für sie gilt wie für die Wahlberechtigung der Polizeivollzugsbeamten, dass sie bei der die Ausbildung leitenden Stammdienststelle wahlberechtigt sind (vgl. § 13 Abs. 3). **Wählbar** zu den Bundespolizeipersonalvertretungen sind die Polizeivollzugsbeamten, die nach Abs. 1 Nr. 2 i. V. mit § 13 wahlberechtigt sind. Gleiches gilt für alle anderen Beschäftigten, soweit sie wahlberechtigt sind und die Voraussetzungen der Wählbarkeit nach § 14 erfüllen.

b) Die nicht wahlberechtigten Polizeivollzugsbeamten wählen in jeder Einheit **einen Vertrauensmann und zwei Stellvertreter**.

3. Fälle aus der Rechtsprechung

Alleiniger Zweck der einschränkenden Regelung ist, im Fall von Einsätzen und Einsatzübungen die **Funktionsfähigkeit der Bundespolizei** nicht durch die Einschaltung von Personalvertretungen zu beeinträchtigen. Das Beteiligungsrecht der Personalvertretungen darf aber nur insoweit eingeschränkt sein, als es zur Sicherstellung der Funktionsfähigkeit der Bundespolizei erforderlich ist. Daraus ergibt sich aber gleichzeitig, dass die Regelung des normalen, täglich wiederkehrenden Streifendienstes an den Grenzen des Bundesgebietes nicht als „Einsatz" i.S. von Abs. 1 Nr. 6 Buchst. a zu werten ist. Vielmehr sind in diesen Fällen die Personalvertretungen genauso wie die übrigen Personalvertretungen nach § 75 Abs. 3 Nr. 1 bei der Festlegung von Beginn und Ende der täglichen Arbeitszeit und der Pausen sowie an der Verteilung der Arbeitszeit auf die einzelnen Wochentage zu beteiligen (BVerwG v. 20.12.1988, BVerwGE 81, 122 = Leits. ZfPR 1989, 52).

4. Streitigkeiten

Die Verwaltungsgerichte entscheiden Streitigkeiten nach § 83 Abs. 1 Nr. 1 bis 3.

§ 86 (Sondervorschriften für den Bundesnachrichtendienst)

Für den Bundesnachrichtendienst gilt dieses Gesetz mit folgenden Abweichungen:

1. Teile und Stellen des Bundesnachrichtendienstes, die nicht zur Zentrale des Bundesnachrichtendienstes gehören, gelten als Dienststellen im Sinne des § 6 Abs. 1. In Zweifelsfällen entscheidet der Leiter des Bundesnachrichtendienstes über die Dienststelleneigenschaft.

2. Die Mitgliedschaft im Personalrat ruht bei Personen, die zu einer sicherheitsempfindlichen Tätigkeit nicht zugelassen sind.

3. In Fällen des § 28 Abs. 2 setzt der Leiter des Bundesnachrichtendienstes einen Wahlvorstand ein.

4. Die Personalversammlungen finden nur in den Räumen der Dienststelle statt, sie werden in der Zentrale nur als Teilversammlungen durchgeführt. Über die Abgrenzung entscheidet der Leiter des Bundesnachrichtendienstes.

5. Der Leiter der Dienststelle kann nach Anhörung des Personalrats bestimmen, dass Beschäftigte, bei denen dies wegen ihrer dienstlichen Aufgaben zwingend geboten ist, nicht an Personalversammlungen teilnehmen.

6. Die Tagesordnung der Personalversammlung und die in der Personalversammlung sowie im Tätigkeitsbericht zu behandelnden Punkte legt der Personalrat im Einvernehmen mit dem Leiter der Dienststelle fest. Andere Punkte dürfen nicht behandelt werden. Der Leiter der Dienststelle nimmt an den Personalversammlungen teil.

7. In den Fällen des § 20 Abs. 2, der §§ 21 und 23 bestellt der Leiter der Dienststelle den Wahlvorstand.

8. Die Beschäftigten des Bundesnachrichtendienstes wählen keine Stufenvertretung. Soweit eine Stufenvertretung zuständig ist, ist an ihrer Stelle der Personalrat der Zentrale zu beteiligen. Erhebt der Personalrat Einwendungen gegen eine vom Leiter des Bundesnachrichtendienstes beabsichtigte Maßnahme, so entscheidet im Fall des § 72 Abs. 4 nach Verhandlung mit dem Personalrat der Zentrale der Chef des Bundeskanzleramtes endgültig.

9. An die Stelle der Mitbestimmung und der Zustimmung tritt die Mitwirkung des Personalrats.

10. § 93 ist mit folgender Maßgabe anzuwenden:

a) Personalvertretungen bei Dienststellen im Sinne der Nummer 1 bilden keine Ausschüsse, an ihre Stelle tritt der Ausschuss des Personalrats der Zentrale.

b) Der Leiter des Bundesnachrichtendienstes kann außer in den Fällen des § 93 Abs. 5 auch bei Vorliegen besonderer nachrichtendienstlicher Gründe Anordnungen im Sinne des § 93 Abs. 5 treffen oder von einer Beteiligung absehen.

11. Bei Vorliegen besonderer Sicherheitsvorfälle oder einer besonderen Einsatzsituation, von der der Bundesnachrichtendienst ganz oder teilweise betroffen ist, ruhen die Rechte und Pflichten der zuständigen Personalvertretungen. Beginn und Ende des Ruhens der Befugnisse der Personalvertretung werden jeweils vom Leiter des Bundesnachrichtendienstes im Einvernehmen mit dem Chef des Bundeskanzleramtes festgestellt.

12. Die Vorschriften über Aufgaben und Befugnisse der Gewerkschaften und Arbeitgebervereinigungen, ihrer Beauftragten und Vertreter sowie § 12 Abs. 2, § 44 Abs. 3, §§ 55, 64 Abs. 2, §§ 70, 79 Abs. 2, § 81 Abs. 1, 5 sind nicht anzuwenden.

13. Soweit sich aus den Nummern 1 bis 12 nichts anderes ergibt, gelten die §§ 48 bis 52 des Soldatenbeteiligungsgesetzes entsprechend.

14. Für gerichtliche Entscheidungen nach § 83 Abs. 1 ist im ersten und letzten Rechtszug das Bundesverwaltungsgericht zuständig. Im gerichtlichen Verfahren ist § 99 der Verwaltungsgerichtsordnung entsprechend anzuwenden.

Entsprechende landesgesetzliche Regelungen: –

1. Begriffsbestimmungen

a) **Bundesnachrichtendienst:** Diejenige Behörde, die im Hinblick auf den Bestand der Bundesrepublik Deutschland Sicherheitsaufgaben zu erfüllen hat, die weitgehend im Ausland wahrgenommen werden.

b) **Teile und Stellen des Bundesnachrichtendienstes:** Die nicht zur Zentrale gehörenden, organisatorisch verselbständigten Dienststellen.

2. Erläuterungen

a) Den Personalvertretungen im Bereich des Bundesnachrichtendienstes stehen im Hinblick auf die besonderen Aufgaben und die Organisationsform nur **eingeschränkte Beteiligungsrechte** zu. Dadurch sollen Außenstehende keinen Einblick in die personellen und organisatorischen Strukturen des Bundesnachrichtendienstes erhalten.

b) Für den Bundesnachrichtendienst gelten u.a. **folgende Einschränkungen** des Gesetzes:

aa) Wählbar sind nur Beschäftigte, die das Wahlrecht zum Deutschen Bundestag besitzen, die also deutsche Staatsangehörige sind.

bb) Personalversammlungen können nur in den Räumen der jeweiligen Dienststelle durchgeführt werden. In der Zentrale des Bundesnachrichtendienstes gibt es lediglich Teilversammlungen für die jeweiligen Abteilungen.

cc) Zwischen Personalvertretung und Dienststellenleiter muss Einigung über die Tagesordnung einer Personalversammlung und der Problembereiche erzielt werden, die im Tätigkeitsbericht behandelt werden sollen. Der Dienststellenleiter kann die Behandlung bestimmter Punkte untersagen.

dd) Bei der Einstellung von Beamten und Arbeitnehmern sowie in einer Reihe weiterer, sonst den Beteiligungsrechten der Personalvertretung unterliegenden Angelegenheiten, insbesondere organisatorischen Angelegenheiten, steht der Personalvertretung kein Mitbestimmungs- oder Mitwirkungsrecht zu.

c) Die Vorschriften dieses Gesetzes über die **Aufgaben und Befugnisse der Gewerkschaften und Arbeitgebervereinigungen** sowie ihrer Beauftragten und Vertreter finden **keine Anwendung**.

3. Fälle aus der Rechtsprechung

a) Der Personalrat der Zentrale übernimmt die **Funktionen des örtlichen Personalrats der Zentrale**, die der Stufenvertretung und die des Gesamtpersonalrats (BVerwG v. 26.11.2008, PersV 2009, 138 = ZfPR 2009, 38).

b) Wenn der Chef des Bundeskanzleramtes **beteiligungspflichtige Maßnahmen** gegenüber den Beschäftigten des Bundesnachrichtendienstes treffen möchte, dann ist der Personalrat der Zentrale zu beteiligen (BVerwG v. 19.9.2012, ZfPR 2013, 98).

c) **Gewerkschaften** sind nicht befugt, die Wahl eines Personalrats im Geschäftsbereich des Bundesnachrichtendienstes anzufechten (BVerwG v. 26.11.2008, aaO). Arbeitnehmer mit Dienstort am Sitz der Zentrale des Bundesnachrichtendienstes sind auch dann für den Personalrat der Zentrale **wahlberechtigt**, wenn ihr vorgesetzter Referatsleiter außerhalb der Zentrale beschäftigt ist (BVerwG v. 26.11.2008, aaO).

4. Streitigkeiten

Das Bundesverwaltungsgericht ist sowohl im ersten wie im letzten Rechtszug ausschließlich zuständig.

§ 87 (Sonderbestimmungen für das Bundesamt für Verfassungsschutz)

Für das Bundesamt für Verfassungsschutz gilt dieses Gesetz mit folgenden Abweichungen:

1. **Der Leiter des Bundesamtes für Verfassungsschutz kann nach Anhörung des Personalrats bestimmen, dass Beschäftigte, bei denen dies wegen ihrer dienstlichen Aufgaben dringend geboten ist, nicht an Personalversammlungen teilnehmen.**
2. **Die Vorschriften über eine Beteiligung von Vertretern oder Beauftragten der Gewerkschaften und Arbeitgebervereinigungen (§ 20 Abs. 1, §§ 36, 39 Abs. 1, § 52) sind nicht anzuwenden.**
3. **Bei der Beteiligung der Stufenvertretung und der Einigungsstelle sind Angelegenheiten, die lediglich Beschäftigte des Bundesamtes für Verfassungsschutz betreffen, wie Verschlusssachen des Geheimhaltungsgrades „VS-VERTRAULICH“ zu behandeln (§ 93), soweit nicht die zuständige Stelle etwas anderes bestimmt.**

Entsprechende landesgesetzliche Regelungen:

Baden-Württemberg: § 91; Bayern: Art. 86; Berlin: § 92 a; Brandenburg: –; Bremen: –; Hamburg: § 87 Abs. 2, § 98; Hessen: § 105; Mecklenburg-Vorpommern: –; Niedersachsen: § 88; Nordrhein-Westfalen: –; Rheinland-Pfalz: –; Saarland: § 93; Sachsen: § 91; Sachsen-Anhalt: § 82; Schleswig-Holstein: –; Thüringen: § 85.

1. Begriffsbestimmungen

Bundesamt für Verfassungsschutz: Diejenige Behörde, die die Sicherheit der Bundesrepublik Deutschland im Innern zu garantieren hat.

2. Erläuterungen

a) Auch im Bereich des Bundesamtes für Verfassungsschutz sind die **personalvertretungsrechtlichen Bestimmungen eingeschränkt**. So kann u.a. der Leiter des Bundesamtes für Verfassungsschutz einzelnen Beschäftigten die Teilnahme an Personalversammlungen untersagen.

b) Die **Gewerkschaften** können nicht zum Zweck der Herbeiführung einer Verständigung zwischen einzelnen Gruppen eingeschaltet werden. Ebensowenig können sie an Personalversammlungen teilnehmen.

3. Fälle aus der Rechtsprechung

–

4. Streitigkeiten

Die Verwaltungsgerichte entscheiden Streitigkeiten nach § 83 Abs. 1 Nr. 1 bis 3.

§ 88 (Sondervorschriften für den Bereich der Sozialversicherung und für die Bundesagentur für Arbeit)

Für bundesunmittelbare Körperschaften und Anstalten des öffentlichen Rechts im Bereich der Sozialversicherung und für die Bundesagentur für Arbeit gilt dieses Gesetz mit folgenden Abweichungen:

1. **Behörden der Mittelstufe im Sinne des § 6 Abs. 2 Satz 2 sind die der Hauptverwaltungsstelle unmittelbar nachgeordneten Dienststellen, denen andere Dienststellen nachgeordnet sind.**
2. **Abweichend von § 7 Satz 1 handelt für die Körperschaft oder Anstalt der Vorstand, soweit ihm die Entscheidungsbefugnis vorbehalten ist; für die Agenturen für Arbeit und die Regionaldirektionen der Bundesagentur für Arbeit handelt die Geschäftsführung. Der Vorstand oder die Geschäftsführung kann sich durch eines oder mehrere der jeweiligen Mitglieder vertreten lassen. § 7 Satz 3 und 4 bleibt unberührt.**
3. **Als oberste Dienstbehörde im Sinne des § 69 Abs. 3, 4 und des § 71 gilt der Vorstand. § 69 Abs. 3 ist nicht anzuwenden.**

Entsprechende landesgesetzliche Regelungen:

Bayern: § 83 b; Rheinland-Pfalz: §§ 107 bis 109; Saarland: §§ 107, 108, 109; übrige Länder: –.

1. Begriffsbestimmungen

a) **Bundesunmittelbare Körperschaften** und Anstalten im Bereich der Sozialversicherung: u.a. Deutsche Rentenversicherung Bund, Ersatzkassen, gewerbliche Berufsgenossenschaften, landwirtschaftliche Berufsgenossenschaften.

b) **Bundesagentur für Arbeit:** Diejenige Einrichtung, der Aufgaben der Arbeitsbeschaffung obliegen.

2. Erläuterungen

a) Für die Körperschaft oder Anstalt handelt im Bereich der Versicherungsträger der **Vorstand**, soweit ihm Entscheidungsbefugnisse zustehen. Der Vorstand kann sich seinerseits durch eines oder mehrere seiner Mitglieder vertreten lassen. Die Vertretung kann nicht dem oder den Geschäftsführern übertragen werden (Ausnahme: Rheinland-Pfalz und Saarland).

b) **Oberste Dienstbehörde** im Rahmen des Mitbestimmungsverfahrens ist der jeweilige Vorstand, nicht die Vertreterversammlung, die in aller Regel nur zweimal jährlich zusammentritt.

c) Für die **Bundesagentur für Arbeit** gilt folgendes: Sie gliedert sich in eine **Zentrale** auf der oberen Verwaltungsebene, in **Regionaldirektionen** auf der mittleren Verwaltungsebene und in **Agenturen für Arbeit** auf der örtlichen Verwaltungsebene (§ 367 Abs. 2 Satz 1 SGB III). Die bisherige Hauptstelle der Bundesanstalt für Arbeit entspricht der Zentrale, die bisherigen Landesarbeitsämter entsprechen den Regionaldirektionen und die bisherigen Arbeitsämter den Agenturen für Arbeit. Bei den Agenturen für Arbeit werden als Selbstverwaltungsorgane der Bundesagentur der **Verwaltungsrat** und die **Verwaltungsausschüsse** gebildet; sie sind Selbstverwaltungsorgane der Bundesagentur für Arbeit (§ 371 Abs. 1 SGB III) . Die Leitung der Bundesagentur für Arbeit liegt in den Händen eines hauptamtlichen Vorstands. Eine ebenfalls hauptamtliche Geschäftsführung steht an der Spitze der Regionaldirektionen, während die Agenturen für Arbeit von einem hauptamtlichen Geschäftsführer oder einer hauptamtlichen Geschäftsführung geleitet werden (§ 38-384 SGB III). Der **Vorstand der Bundesagentur** besteht aus drei Personen, die die Bundesagentur leiten und deren Geschäfte führen (§ 381 SGB III). Die Agenturen für Arbeit und die Regionaldirektionen werden von einer **Geschäftsführung** geleitet, die aus einem Vorsitzenden und zwei weiteren Mitgliedern besteht (§ 383 Abs. 1, § 384 Abs. 1 SGB III).

d) Die Aufgaben und Befugnisse des Verwaltungsrats der Bundesagentur entsprechen weitgehend denen des Verwaltungsrats der bisherigen Bundesanstalt für Arbeit. Die Zentrale, die Regionaldirektionen, die Agenturen für Arbeit und die besonderen Dienststellen sind **Dienststellen im Sinne von § 6 BPersVG**. Bei ihnen werden Personalvertretungen gebildet. Bei den Regionaldirektionen (Behörden der Mittelstufe) ist ein Bezirkspersonalrat, bei der Zentrale als oberster Dienstbehörde ist ein Hauptpersonalrat zu wählen.

e) Der Vorstand der **Bundesagentur ist Dienststellenleiter** der Zentrale und **oberste Dienstbehörde**. Für die Agenturen für Arbeit und für die Regionaldirektionen der Bundesagentur handelt die **Geschäftsführung**; sie ist Dienststellenleiter im personalvertretungsrechtlichen Sinne. Auch die Geschäftsführung kann sich durch eines oder mehrere der jeweiligen Mitglieder vertreten lassen.

f) Die **Dienstordnungsangestellten** sind nach § 5 Satz 1 der Gruppe der Arbeitnehmer zugeordnet.

3. Fälle aus der Rechtsprechung

Im Bereich der für die Grundsicherung für Arbeitssuchende zuständigen Leistungsträger (Bundesagentur für Arbeit einerseits und kommunale Träger andererseits; sog. Jobcenter) gilt das BPersVG entsprechend. **Dienststellenleiter des Jobcenters** ist der Geschäftsführer. Er hat, soweit ihm beteiligungspflichtige Entscheidungsbefugnisse zustehen, den beim Jobcenter gebildeten Personalrat zu beteiligen. Wenn der Personalrat des Jobcenters zu einer mitbestimmungspflichtigen Maßnahme des Geschäftsführers die Zustimmung verweigert, dann kann dieser die betreffende Angelegenheit der **Trägerversammlung** vorlegen. Diese kann das Stufen- und das Einigungsstellenverfahren durchführen. Der Personalrat des Jobcenters ist jeweils Partner der Trägerversammlung. In personellen Angelegenheiten steht dieser das **Letztentscheidungsrecht** zu, wenn zuvor die bei ihr gebildete Einigungsstelle eine Entscheidung in Form einer Empfehlung getroffen hat (BVerwG v. 24.9.2013, ZfPR *online* 2/2014, S. 10).

4. Streitigkeiten

Die Verwaltungsgerichte entscheiden über Zuständigkeit, Geschäftsführung und Rechtsstellung der Personalvertretungen im Rahmen des § 83 Abs. 1 Nr. 3.

§ 89 (Sondervorschriften für den Bereich der Deutschen Bundesbank)

Für die Deutsche Bundesbank gilt dieses Gesetz mit folgenden Abweichungen:

1. **Als Behörde der Mittelstufe im Sinne des § 6 Abs. 2 Satz 2 gelten die Landeszentralbanken, denen Zweiganstalten unterstehen.**
2. **Oberste Dienstbehörde ist der Präsident der Deutschen Bundesbank. Der Zentralbankrat gilt als oberste Dienstbehörde, soweit ihm die Entscheidung zusteht. § 69 Abs. 3 Satz 2 ist nicht anzuwenden.**
3. **Der Zentralbankrat, das Direktorium und der Vorstand einer Landeszentralbank können sich durch eines oder mehrere ihrer Mitglieder vertreten lassen.**

§ 7 Satz 2 bleibt unberührt.

Entsprechende landesgesetzliche Regelungen: –

1. Begriffsbestimmungen

a) Behörden der Mittelstufe: Hauptverwaltungen mit den ihnen unterstehenden Filialen; sie haben die Stellung von Bundesbehörden. Die Präsidenten der Hauptverwaltungen sind unmittelbar dem Vorstand der Deutschen Bundesbank unterstellt (§ 8 BBankG).

b) Vorstand: Zentrales Leitungs- und Entscheidungsorgan, bestehend aus dem Präsidenten, dem Vizepräsidenten sowie sechs weiteren Mitgliedern.

c) Oberste Dienstbehörde: Präsident in Bezug auf die Beamten der Deutschen Bundesbank und der Vorstand als Gremium.

d) Leiter der Dienststelle: Das nach dem Organisationsstatut für die allgemeine Verwaltung zuständige Mitglied des Vorstands ist gegenüber den Personalvertretungen im Bereich der Deutschen Bundesbank Leiter der Dienststelle im Sinne von § 7 S. 1. Er ist sowohl Leiter der örtlichen Dienststelle in Frankfurt a.M. (Sitz der Deutschen Bundesbank) als auch Leiter des Geschäftsbereichs der Deutschen Bundesbank.

2. Erläuterungen

a) Die Deutsche Bundesbank hat eine Umstrukturierung erfahren. Die Änderungen und Anpassungen sind durch das Siebte Gesetz zur Änderung des Gesetzes über die Deutsche Bundesbank (BBankG) zum 23.3.2002 (BGBl. I S. 1959) ausgelöst worden. Eine entsprechende Änderung hat das BPersVG allerdings nicht erfahren, so dass die bisherigen Begriffe auf die neue Organisationsstruktur überzuleiten sind.

b) Örtlicher Dienststellenleiter der Bundesbankzentrale in Frankfurt a.M. ist dasjenige Vorstandsmitglied, dem durch Organisationsstatut die verwaltungsmäßige Leitung der Zentrale übertragen worden ist.

c) Dienststellenleiter im Sinne des § 7 Satz 1 sind die **Präsidenten der Hauptverwaltungen**. Sind der jeweiligen Hauptverwaltung weitere Filialen nachgeordnet, so sind sie auch Leiter des Bereichs der Mittelbehörde (§ 6 Abs. 2 S. 1). Partner der jeweiligen örtlichen Personalvertretungen sind die Präsidenten der Hauptverwaltungen (vgl. § 8 BBankG).

3. Fälle aus der Rechtsprechung

a) Nr. 1 hat nach der **Änderung der Organisationsstruktur** keine Bedeutung mehr (BVerwG v. 19.1.2009, ZfPR 2009, 66).

b) Beteiligter eines verwaltungsgerichtlichen Beschlussverfahrens (z.B. bei Meinungsverschiedenheiten über eine Schulungsteilnahme) ist nicht die Deutsche Bundesbank, vertreten durch den Vorstand einer Landeszentralbank, sondern der Präsident der Hauptverwaltung der Deutschen Bundesbank für den Bereich eines Landes – auch dann, wenn der Teilnehmer von örtlichen Personalräten der den Hauptverwaltungen unterstellten Filialen entsandt wird (OVG Saarlouis v. 17.7.2014 – 4 A 492/13 -, juris).

4. Streitigkeiten

Die Verwaltungsgerichte entscheiden Streitigkeiten nach § 83 Abs. 1 Nr. 3.

§ 89a (Sondervorschriften für den Bereich der Deutschen Bundespost)

(weggefallen)

§ 90[1] (Sondervorschrift für die Rundfunkanstalt „Deutsche Welle")

Für die Rundfunkanstalt des Bundesrechts „Deutsche Welle" gilt dieses Gesetz mit folgenden Abweichungen:

1. Die Einrichtungen der Deutschen Welle am Sitz Köln und die Einrichtungen der Deutschen Welle am Sitz Berlin bilden je eine Dienststelle im Sinne dieses Gesetzes. Diese Aufteilung auf zwei Dienststellen bleibt bei Verlegung des Sitzes von Köln nach Bonn bestehen. Andere Einrichtungen der Deutschen Welle werden vom Intendanten der Deutschen Welle einer Dienststelle zugeteilt. § 6 Abs. 3 findet keine Anwendung.

1 § 90 neu gefasst durch Art. 2 § 1 Nr. 2 des Gesetzes über den deutschen Auslandsrundfunk vom 16.12.1997 (BGBl. S. 3094, zul. geänd. d. Ges. v. 15.12.2004, BGBl. I S. 3456 i.d.F. der ab dem 1.1.2005 geltenden Bekanntm. BGBl. I S. 90).

2. Die Beschäftigten in beiden Dienststellen wählen – neben den örtlichen Personalräten – einen Gesamtpersonalrat. Dieser wirkt bei der Entscheidung nach Nummer 1 Satz 3 mit. Er ist zuständig für die Behandlung dienststellenübergreifender Angelegenheiten. Der Gesamtpersonalrat hat seinen Sitzort am Sitz des Intendanten. Die für den Gesamtpersonalrat maßgebenden Bestimmungen finden im Übrigen entsprechende Anwendung.
3. Die Beschäftigten im Sinne des § 57 in beiden Dienststellen wählen – neben den örtlichen Jugend- und Auszubildendenvertretungen – eine Gesamt-Jugend- und Ausbildungsvertretung. Nummer 2 Satz 3 gilt entsprechend. Der Sitzort der Gesamt-Jugend- und Auszubildendenvertretung ist am Sitzort des Gesamtpersonalrats. Die für die Gesamt-Jugend- und Auszubildendenvertretung maßgebenden Bestimmungen finden im Übrigen entsprechende Anwendung.
4. Leiter der Dienststellen ist der Intendant. Er gilt als oberste Dienstbehörde im Sinne dieses Gesetzes; § 69 Abs. 3 Satz 2 findet keine Anwendung. § 7 ist entsprechend anzuwenden.
5. Beschäftigte der Deutschen Welle im Sinne dieses Gesetzes sind die durch Arbeitsvertrag unbefristet oder auf Zeit angestellten Beschäftigten der Deutschen Welle einschließlich der zu ihrer Berufsausbildung Beschäftigten. Beschäftigte im Sinne dieses Gesetzes sind nicht:
   a) der Intendant, die Direktoren und der Justitiar,
   b) Personen in einem arbeitnehmerähnlichen Verhältnis, sonstige freie Mitarbeiter und Personen, die auf Produktionsdauer beschäftigt sind.

   Beschäftigte, die in einer Einrichtung der Deutschen Welle im Ausland eingesetzt sind, sowie Volontäre sind nicht wählbar.
6. § 44 Abs. 1 Satz 2 findet mit der Maßgabe Anwendung, dass an die Stelle des Bundesreisekostengesetzes die Reisekostenordnung der Deutschen Welle tritt.
7. a) Bei Beschäftigten, deren Vergütung sich nach der Vergütungsgruppe I des Vergütungstarifvertrags der Deutschen Welle bemisst oder deren Vergütung über der höchsten Vergütungsgruppe liegt, wird der Personalrat in den Fällen des § 75 Abs. 1 und 3 Nr. 14 nicht beteiligt.
   b) Bei im Programmbereich Beschäftigten der Vergütungsgruppe II des Vergütungstarifvertrags der Deutschen Welle tritt in Fällen des § 75 Abs. 1 an die Stelle der Mitbestimmung des Personalrats die Mitwirkung.
   c) Bei Beschäftigten mit überwiegend wissenschaftlicher oder künstlerischer Tätigkeit sowie bei Beschäftigten, die maßgeblich an der Programmgestaltung beteiligt sind, bestimmt der Personalrat in den Fällen des § 75 Abs. 1 nur mit, wenn sie dies beantragen. § 69 Abs. 4 Satz 3 und 4 gilt entsprechend.

§ 91 (Sondervorschriften für Dienststellen des Bundes im Ausland)

(1) Für Dienststellen des Bundes im Ausland gilt dieses Gesetz mit folgenden Abweichungen:

1. Ortskräfte sind nicht Beschäftigte im Sinne des § 4.
2. Die Beschäftigten sind nicht in eine Stufenvertretung oder in einen Gesamtpersonalrat bei einer Dienststelle im Inland wählbar.
3. Die nach § 13 wahlberechtigten Beschäftigten im Geschäftsbereich des Auswärtigen Amtes im Ausland ohne die Dienststellen des Deutschen Archäologischen Instituts sind außer zur Wahl des Personalrats ihrer Dienststelle auch zur Wahl des Personalrats des Auswärtigen Amtes wahlberechtigt, jedoch nicht wählbar. Zur Wahl des Hauptpersonalrats des Auswärtigen Amts sind sie nicht wahlberechtigt. Soweit eine Stufenvertretung zuständig wäre, ist an ihrer Stelle der

Personalrat des Auswärtigen Amtes zu beteiligen. § 47 Abs. 2 gilt nicht für die nach Satz 1 zur Wahl des Personalrats des Auswärtigen Amtes wahlberechtigten Beschäftigten.

4. **§ 47 Abs. 2 gilt für Mitglieder von Personalräten im Geschäftsbereich des Bundesministeriums der Verteidigung im Ausland nur für die Dauer einer regelmäßigen Amtszeit in dem durch § 26 festgelegten Umfang.**

5. **Für gerichtliche Entscheidungen nach § 83 ist das Verwaltungsgericht zuständig, in dessen Bezirk die oberste Dienstbehörde ihren Sitz hat.**

(2) In Dienststellen des Bundes im Ausland, in denen in der Regel mindestens fünf Ortskräfte (Absatz 1 Nr. 1) beschäftigt sind, wählen diese einen Vertrauensmann und höchstens zwei Stellvertreter. Gewählt wird durch Handaufheben; widerspricht ein Wahlberechtigter diesem Verfahren, so wird eine geheime Wahl mit Stimmzetteln vorgenommen. § 24 Abs. 1 Satz 1 und 2, Abs. 2 gilt entsprechend. Die Amtszeit des Vertrauensmannes und seiner Stellvertreter beträgt zwei Jahre; im Übrigen gilt § 29 Abs. 1 sinngemäß. § 31 ist mit der Maßgabe anzuwenden, dass eine Neuwahl stattfindet, wenn nach Eintreten der Stellvertreter kein Vertrauensmann mehr vorhanden ist. Der Vertrauensmann nimmt Anregungen, Anträge und Beschwerden der Ortskräfte in innerdienstlichen, sozialen und persönlichen Ange- legenheiten entgegen und vertritt sie gegenüber dem Dienststellenleiter und dem Personalrat. Vor der Beschlussfassung in Angelegenheiten, die die besonderen Interessen der Ortskräfte wesentlich berühren, hat der Personalrat dem Vertrauensmann Gelegenheit zur Äußerung zu geben. Für den Vertrauensmann gelten die §§ 43 bis 45, 46 Abs. 1, 2, 3 Satz 1 und § 67 Abs. 1 Satz 3 sinngemäß.

1. Begriffsbestimmungen

a) Dienststellen des Bundes im Ausland: u.a. Dienststellen des Auswärtigen Amtes, der Bundesfinanzverwaltung, die Auslandsvertretungen bei der EU in Brüssel, die zum Geschäftsbereich des BMI gehörenden Dienststellen im Ausland.

b) Ortskräfte: Mitarbeiterinnen/Mitarbeiter, die am Ort eingestellt und nicht von einer Inlandsdienststelle entsandt werden (auf die Nationalität kommt es nicht an).

2. Erläuterungen

a) Die Ortskräfte wählen einen **Vertrauensmann** und höchstens zwei Stellvertreter, wenn in einer Dienststelle in der Regel mindestens fünf Ortskräfte beschäftigt sind. In jedem Fall können ohne Rücksicht auf die Zahl der Ortskräfte nur zwei Stellvertreter neben dem Vertrauensmann gewählt werden.

b) Gegenüber dem Personalrat hat der Vertrauensmann bestimmte Rechte, insbesondere **Anhörungsrechte**.

3. Fälle aus der Rechtsprechung

a) Die **Ortskräfte sind keine Beschäftigten i.S. von § 4 BPersVG**. Vielmehr handelt es sich um diejenigen, die nicht von einer Dienststelle im Inland, sondern vor Ort von einer Auslandsdienststelle eingestellt worden sind; die Staatsangehörigkeit ist nicht von Belang (BVerwG v. 9.3.2012, Leits. ZfPR 2012, 106).

b) Der **Vertrauensmann** kann die Anliegen der Ortskräfte gegenüber dem Dienststellenleiter nicht nur über den Personalrat vertreten. Vielmehr kann er sich auch direkt an den Dienststellenleiter wenden. Ein Beteiligungsrecht bei der außerordentlichen Kündigung von Ortskräften im Ausland steht ihm aber nicht zu, da diese nicht zu den Beschäftigten im Sinne von Abs. 1 Nr. 1 zählen (BAG v. 21.11.1996, Leits. BB 1997, 424).

4. Streitigkeiten

In Streitfällen kann ein Verwaltungsgericht nicht eingeschaltet werden, falls das Verhältnis Dienststelle – Vertrauensmann bzw. Personalrat – Vertrauensmann berührt ist. In diesen Fällen muss intern eine Einigung zwischen den Beteiligten herbeigeführt werden.

§ 92 (Sondervorschriften für den Geschäftsbereich des Bundesministeriums der Verteidigung)

Für den Geschäftsbereich des Bundesministeriums der Verteidigung gilt § 82 Abs. 5 mit folgender Maßgabe:

1. **Werden personelle oder soziale Maßnahmen von einer Dienststelle, bei der keine für eine Beteiligung an diesen Maßnahmen zuständige Personalvertretung vorgesehen ist, mit Wirkung für einzelne Beschäftigte einer ihr nicht nachgeordneten Dienststelle getroffen, so ist der Personalrat dieser Dienststelle von deren Leiter zu beteiligen, nachdem zuvor ein Einvernehmen zwischen den Dienststellen über die beabsichtigte Maßnahme hergestellt worden ist.**
2. **Sind bei einer Dienststelle, bei der keine Stufenvertretung vorgesehen ist, zur Vorbereitung von Entscheidungen nach § 75 Abs. 2 Satz 1 Nr. 2 und Abs. 3 Nr. 5 mit Wirkung für andere Dienststellen Ausschüsse gebildet, so hat die Dienststelle die beabsichtigte Maßnahme mit einem Mitglied der Stufenvertretung bei der nächsthöheren, den genannten Dienststellen übergeordneten Dienststelle zu beraten. Dieses Mitglied ist von der Stufenvertretung zu benennen. Nummer 1 ist nicht anzwenden.**

1. Begriffsbestimmungen

–

2. Erläuterungen

a) Für den Bereich des Bundesministers für Verteidigung muss deshalb eine Sonderregelung getroffen werden, weil die nächsthöhere Behörde aufgrund der **Organisation im Verteidigungsbereich** in aller Regel das Ministerium wäre, das den Hauptpersonalrat zu beteiligen hätte. Aufgrund der Vielzahl der dann anfallenden Beteiligungsfälle wäre dieser Hauptpersonalrat überfordert; eine sinnvolle Beteiligung wäre ausgeschlossen.

b) Infolgedessen ist bei **personellen Maßnahmen** wie auch bei sozialen Maßnahmen wie folgt zu verfahren: Wenn z.B. der Leiter der Standortverwaltung, bei der keine für eine Beteiligung zuständige Personalvertretung vorgesehen ist (diese ist z.B. bei einem Bataillon gebildet), Angelegenheiten mit Wirkung für Beschäftigte einer ihr nicht nachgeordneten Dienststelle (z.B. Bataillon) regeln will, so ist der Personalrat dieser Dienststelle von deren Leiter (z.B. Bataillonskommandeur) zu beteiligen. Zuvor ist ein Einvernehmen zwischen den Dienststellen (Standortverwaltung und Bataillon) über die beabsichtigte Maßnahme herzustellen.

3. Fälle aus der Rechtsprechung

a) Die **Bundeswehrverwaltung** gliedert sich nach fachlichen und hierarchischen Gesichtspunkten. Soldaten in Dienststellen der Bundeswehrverwaltung wählen die dortigen Personalvertretungen mit (BVerwG v. 21.1.2008, PersV 2008, 185).

b) Personalvertretungen für Zivilbeschäftigte sind bei den militärischen Dienststellen zu bilden, die Beschäftigungsdienststellen sind. Bei einem Luftwaffenversorgungsregiment sind die Staffeln, Depots, Kompanien und die Werften personalratsfähige Dienststellen (BVerwG v. 20. 6. 1978, PersV 1979, 289. 333).

c) Bei der **Vergabe von Wohnungen** an Mitglieder der Streitkräfte ist das Mitglied, mit dem die Standortverwaltung die Vergabe gemäß § 92 Nr. 2 zu beraten hat, vom Hauptpersonalrat beim Bundesminister der Verteidigung zu benennen (BVerwG v. 22.8.1979, PersV 1981, 199).

d) Personalangelegenheiten der im militärischen Bereich Zivilbeschäftigten werden nicht von ihren Beschäftigungsdienststellen, die militärische Dienststellen sind, bearbeitet und entschieden, sondern von Dienststellen der Bundeswehrverwaltung. Beide Bereiche (Streitkräfte und Bundeswehrverwaltung) sind aber voneinander getrennte Bereiche (vgl. Art. 87 a, Art. 87 b GG). Die Dienststellen beider Bereiche sind nicht einander über- oder untergeordnet. Daher wird § 82 Abs. 5 dahingehend abgeändert, dass in den Fällen, in denen personelle oder soziale Angelegenheiten der **Zivilbeschäftigten militärischer Dienststellen** von Dienststellen der Bundeswehrverwaltung entschieden werden, die bei der Beschäftigungsdienststelle gebildete Personalvertretung von diesem Dienststellenleiter beteiligt wird. Zuvor muss zwischen dem Dienststellenleiter der Beschäftigungsdienststelle und der zur Entscheidung berufenen Dienststelle der Bundeswehrverwaltung ein Einvernehmen über die beabsichtigte Maßnahme hergestellt worden sein (BVerwG v. 22.8.1979, PersV 1981, 201; BVerwG v. 22.3.1989, DVBl. 1989, 778).

e) Die **Abgrenzung der Bereiche Personalvertretung und Soldatenbeteiligung** ist in § 49 Abs. 1 Satz 1 SBG grundlegend geregelt. Danach wählen in anderen als den in § 2 Abs. 1 SBG genannten Dienststellen und Einrichtungen die Soldaten Personalvertretungen. Nur wenn sie einem in § 2 Abs. 1 SBG aufgeführten Wahlbereich ange- hören, wählen sie Vertrauenspersonen (BVerwG v. 29.10.2002, PersV 2003, 135 = Leits. ZfPR 2003, 236).

f) Wahlberechtigt und wählbar bleiben Beamte und Arbeitnehmer der Bundeswehr zum Personalrat ihrer Beschäftigungsdienststelle, wenn ihnen im Rahmen eines **Kooperationsprojekts** eine Tätigkeit in einem privaten Wirtschaftsunternehmen zugewiesen wird. Die Bestimmung einer anderen Dienststelle zur personalbearbeitenden Dienststelle ändert daran nichts (BVerwG v. 14.12.2009, PersV 2010, 220).

4. Streitigkeiten

Die Verwaltungsgerichte entscheiden Streitigkeiten nach § 83 Abs. 1 Nr. 3.

§ 93 (Verschlusssachen)

(1) Soweit eine Angelegenheit, an der eine Personalvertretung zu beteiligen ist, als Verschlusssache mindestens des Geheimhaltungsgrades „VS-VERTRAULICH" eingestuft ist, tritt an die Stelle der Personalvertretung ein Ausschuss. Dem Ausschuss gehört höchstens je ein in entsprechender Anwendung des § 32 Abs. 1 gewählter Vertreter der im Personalrat vertretenen Gruppen an. Die Mitglieder des Ausschusses müssen nach den dafür geltenden Bestimmungen ermächtigt sein, Kenntnis von Verschlusssachen des in Betracht kommenden Geheimhaltungsgrades zu erhalten. Pesonalvertretungen bei Dienststellen, die Behörden der Mittelstufe nachgeordnet sind, bilden keinen Ausschuss, an ihre Stelle tritt der Ausschuss des Bezirkspersonalrats.

(2) Wird der zuständige Ausschuss nicht rechtzeitig gebildet, ist der Ausschuss der bei der Dienststelle bestehenden Stufenvertretung oder, wenn dieser nicht rechtzeitig gebildet wird, der Ausschuss der bei der obersten Dienstbehörde bestehenden Stufenvertretung zu beteiligen.

(3) Die Einigungsstelle (§ 71) besteht in den in Absatz 1 Satz 1 bezeichneten Fällen aus je einem Beisitzer, der von der obersten Dienstbehörde und der bei ihr bestehenden zuständigen Personalvertretung bestellt wird, und einem unparteiischen Vorsitzenden, die nach den dafür geltenden Bestimmungen ermächtigt sind, von

Verschlusssachen des in Betracht kommenden Geheimhaltungsgrades Kenntnis zu erhalten.

(4) §§ 40, 82 Abs. 2 und die Vorschriften über die Beteiligung der Gewerkschaften und Arbeitgebervereinigungen in den § 36 und 39 Abs. 1 sind nicht anzuwenden. Angelegenheigen, die als Verschlusssachen mindestens des Geheimhaltungsgrades „VS-VERTRAULICH" eingestuft sind, werden in der Personalversammlung nicht behandelt.

(5) Die oberste Dienstbehörde kann anordnen, dass in den Fällen des Absatzes 1 Satz 1 dem Ausschuss und der Einigungsstelle Unterlagen nicht vorgelegt und Auskünfte nicht erteilt werden dürfen, soweit dies zur Vermeidung von Nachteilen für das Wohl der Bundesrepublik Deutschland oder eines ihrer Länder oder aufgrund internationaler Verpflichtungen geboten ist. Im Verfahren nach § 83 sind die gesetzlichen Voraussetzungen für die Anordnung glaubhaft zu machen.

Entsprechende landesgesetzliche Regelungen:

Baden-Württemberg: § 88; Bayern: Art. 88; Berlin: §§ 73 Abs. 2, 92 a; Brandenburg: § 93; Bremen: –; Hamburg: § 99; Hessen: –; Mecklenburg-Vorpommern: § 84; Niedersachsen: –; Nordrhein-Westfalen: § 106; Rheinland-Pfalz: § 123; Saarland: –; Sachsen: § 90; Sachsen- Anhalt: § 101; Schleswig-Holstein: § 85; Thüringen: § 93.

1. Begriffsbestimmungen

Verschlusssachen: Solche Angelegenheiten der Verwaltung, die der Geheimhaltung bedürfen. Diese Angelegenheiten sind verschiedenen Geheimhaltungsgraden zuzuweisen: Streng geheim, geheim, VS-Vertraulich und VS nur für den Dienstgebrauch.

2. Erläuterungen

a) In Verschlusssachen ist lediglich der von der Personalvertretung gebildete **Ausschuss** zu beteiligen. Falls ein solcher Ausschuss nicht besteht, ist die zuständige Stufenvertretung einzuschalten.

b) Auch in diesem Zusammenhang ist wiederum die **Einschaltung von Gewerkschaftsbeauftragten** nicht zulässig.

3. Fälle aus der Rechtsprechung

Bei der in § 93 Abs. 1 Satz 1 BPersVG geforderten Ermächtigung, **Kenntnis von Verschlusssachen** zu erhalten, handelt es sich um eine Tätigkeitsvoraussetzung für die Ausschussmitglieder und nicht um eine Wählbarkeitsvoraussetzung. Mitglied des Ausschusses nach § 93 Abs. 1 BPersVG kann deshalb auch werden, wer diese VS- Ermächtigung zum Zeitpunkt der Wahl bzw. Benennung nicht bereits aufgrund seiner sonstigen dienstlichen Tätigkeiten besitzt (OVG Hamburg v. 10.8.2006 – 7 Bf 442/05. PVB, n.v.).

4. Streitigkeiten

Die Verwaltungsgerichte entscheiden Streitigkeiten nach § 83 Abs. 1 Nr. 3.

Zweiter Teil
Personalvertretungen in den Ländern

Erstes Kapitel
Rahmenvorschriften für die Landesgesetzgebung

§ 94 (Geltung der Rahmenvorschriften)

Für die Gesetzgebung der Länder sind die §§ 95 bis 106 Rahmenvorschriften

1. Begriffsbestimmungen

Rahmenvorschriften: Solche Vorschriften, die Richtlinien für die Gesetzgebung der Länder enthalten. Diese Vorschriften bzw. Richtlinien müssen im Ganzen der Ausfüllung durch die Landesgesetzgebung fähig und bedürftig, jedenfalls auf eine solche Ausfüllung hin angelegt sein.

2. Erläuterungen

–

3. Fälle aus der Rechtsprechung

Auch nach der **Föderalismusreform** haben die Landesgesetzgeber zu gewährleisten, dass eine effektive Wahrnehmung der Beschäftigteninteressen durch die Bildung handlungsfähiger Beschäftigtenvertretungen gesichert wird (VerfGH Sachsen v. 22.2.2001, PersV 2001, 198), wobei die Vertretungsorgane möglichst sach- und ortsnah zu bilden sind (HessStGH v. 8.11.2006, PersV 2007, 100).

4. Streitigkeiten

–

§ 95 (Verpflichtung zur Bildung von Personal- und Jugend- und Auszubildendenvertretungen)

(1) In den Verwaltungen und Betrieben der Länder, Gemeinden, Gemeindeverbände oder der sonstigen nicht bundesunmittelbaren Körperschaften, Anstalten und Stiftungen des öffentlichen Rechts sowie in den Gerichten der Länder werden Personalvertretungen gebildet; für Beamte im Vorbereitungsdienst und Beschäftigte in entsprechender Berufsausbildung, Staatsanwälte, Polizeibeamte und Angehörige von Rundfunk- und Fernsehanstalten sowie von Dienststellen, die bildenden, wissenschaftlichen oder künstlerischen Zwecken dienen, können die Länder eine besondere Regelung unter Beachtung des § 104 vorsehen.

(2) In den einzelnen Dienststellen ist die Bildung von Jugend- und Auszubildendenvertretungen vorzusehen. Einem Vertreter der Jugend- und Auszubildendenvertretung ist die Teilnahme an allen Sitzungen der Personalvertretung mit beratender Stimme zu gestatten. Die Länder haben zu regeln, in welchen Fällen der gesamten Jugend- und Auszubildendenvertretung ein Teilnahmerecht mit beratender Stimme und in welchen Fällen ihr das Stimmrecht in der Personalvertretung einzuräumen ist.

(3) Der Schwerbehindertenvertretung ist die Teilnahme an allen Sitzungen der Personalvertretung zu gestatten.

1. Begriffsbestimmungen

–

2. Erläuterungen

a) **Personalvertretungen sind** in den Ländern, Gemeinden und Gemeindeverbänden (Landkreise, Ämter, Bezirksverbände, Landschaftsverbände etc.) und sonstigen, nicht bundesunmittelbaren Körperschaften, Anstalten und Stiftungen des öffentlichen Rechts **zu bilden**. Dies besagt, dass bei allen der Landesaufsicht unterstehenden und überhaupt sämtlichen, nicht der Bundesaufsicht unterliegenden juristischen Personen des öffentlichen Rechts, soweit sie über eigene Beschäftigte verfügen, Personalvertretungen zu bilden sind.

b) Für **Beamte im Vorbereitungsdienst** und Beschäftigte in entsprechender Berufsausbildung, für Staatsanwälte, für Polizeitbeamte, für Angehörige von Rundfunk- und Fernsehanstalten sowie für Angehörige von Dienststellen, die bildenden, wissenschaftlichen und künstlerischen Zwecken dienen (z.B. Schulen und sonstige Lehranstalten), können abweichende Regelungen getroffen werden, die sich aus der Besonderheit dieser Verwaltungsbereiche ergeben.

3. Fälle aus der Rechtsprechung

a) Das Verbot, Beamte im Vorbereitungsdienst freizustellen, verstößt selbst dann nicht gegen den **Gleichheitssatz** des Art. 3 GG, wenn der Personalrat nur aus Beamten im Vorbereitungsdienst besteht; denn die entsprechende Regelung (Abs. 1 Satz 1 Halbs. 2) ist im Hinblick auf Sinn und Zweck der Rechtsverhältnisse der Beamten im Vorbereitungsdienst getroffen worden, wonach die Ausbildung möglichst schnell und konzentriert zum Abschluss gebracht und Verzögerungen der Ausbildung nach Möglichkeit vermieden werden sollen (BVerwG v. 26.10.1977, PersV 1979, 108).

b) Das Gesetz enthält keine V**erpflichtung der Länder zur Schaffung von Stufenvertretungen** und/oder Gesamtpersonalräten (BVerwG v. 13.1.1961, ZBR 1961, 93).

4. Streitigkeiten

–

§ 96 (Gewerkschaften und Personalvertretung)

Die Aufgaben der Gewerkschaften und der Vereinigungen der Arbeitgeber werden durch das Personalvertretungsrecht nicht berührt.

1. Begriffsbestimmungen

–

2. Erläuterungen

Der Landesgesetzgeber darf die Aufgaben und Befugnisse der genannten Organisationen bei der Regelung des Personalvertretungsrechts durch Landesgesetze nicht beschränken.

3. Fälle aus der Rechtsprechung

–

4. Streitigkeiten

–

§ 97 (Verbot abweichender Regelungen)

Durch Tarifvertrag oder Dienstvereinbarungen darf eine von den gesetzlichen Vorschriften abweichende Regelung des Personalvertretungsrechts nicht zugelassen werden.

Entsprechende landesgesetzliche Regelungen:

Baden-Württemberg: § 3; Bayern: Art. 4; Berlin: § 2 Abs. 4; Brandenburg: § 97; Bremen: –; Hamburg: § 3; Hessen: § 113 ; Mecklenburg-Vorpommern: § 89; Niedersachsen: § 81; Nordrhein-Westfalen: § 4; Rheinland-Pfalz: § 3; Saarland: § 3; Sachsen: § 84 Abs. 5; Sachsen-Anhalt: § 3; Schleswig-Holstein: § 90; Thüringen: § 3.

§ 98 (Wahlvorschriften, Gruppenveto)

(1) Die Personalvertretungen werden in geheimer und unmittelbarer Wahl und bei Vorliegen mehrerer Wahlvorschläge nach den Grundsätzen der Verhältniswahl gewählt.

(2) Sind in einer Dienststelle Angehörige verschiedener Gruppen wahlberechtigt, so wählen die Angehörigen jeder Gruppe ihre Vertreter in getrennten Wahlgängen, sofern nicht die Mehrheit der Wahlberechtigten jeder Gruppe in getrennter geheimer Abstimmung die gemeinsame Wahl beschließt.

(3) Über Angelegenheiten, die nur die Angehörigen einer Gruppe betreffen, kann die Personalvertretung nicht gegen den Willen dieser Gruppe beschließen.

(4) Die Geschlechter sollen in den Personalvertretungen und den Jugend- und Auszubildendenvertretungen entsprechend dem Zahlenverhältnis vertreten sein.

Da der Bundesgesetzgeber seine **Rahmenkompetenz** mit Abs. 2 **ausgeschöpft** hat, bleibt dem Landesgesetzgeber kein Gestaltungsraum mehr. Er kann daher nicht die Durchführung einer Personalratswahl als gemeinsame Wahl davon abhängig machen, dass statt der Mehrheit der Wahlberechtigten jeder Gruppe die Mehrheit der abgegebenen Stimmen jeder Gruppe genügt (HessVGH v. 15.12.1982 – HPBtl 6/82, n.v.).

§ 99 (Schutz der Personalvertretungen)

(1) Wahl und Tätigkeit der Personalvertretungen und der Jugendvertretungen oder der Jugend- und Auszubildendenvertretungen dürfen nicht behindert oder in einer gegen die guten Sitten verstoßenden Weise beeinflusst werden.

(2) Mitglieder der Personalvertretungen und der Jugendvertretungen oder der Jugend- und Auszubildendenvertretungen dürfen gegen ihren Willen nur versetzt oder abgeordnet werden, wenn dies aus wichtigen dienstlichen Gründen auch unter Berücksichtigung der Mitgliedschaft in der Personalvertretung oder der Jugendvertretung sowie der Jugend- und Auszubildendenvertretung unvermeidbar ist und die Personalvertretung zustimmt.

§ 100 (Ehrenamt, Verbot wirtschaftlicher Nachteile, Kosten)

(1) Die Mitglieder der Personalvertretungen führen ihr Amt unentgeltlich als Ehrenamt.

(2) Durch die Wahl und Tätigkeit der Personalvertretungen dürfen den Beschäftigten wirtschaftliche Nachteile nicht entstehen.

(3) Die durch die Wahl und die Tätigkeit der Personalvertretungen entstehenden Kosten trägt die Verwaltung.

§ 101 (Nichtöffentlichkeit, Schweigepflicht, Unterlagen)

(1) Die Sitzungen der Personalvertretungen sind nicht öffentlich.

(2) Personen, die Aufgaben oder Befugnisse nach dem Personalvertretungsrecht wahrnehmen oder wahrgenommen haben, haben über die ihnen dabei bekanntgewordenen Angelegenheiten und Tatsachen Stillschweigen zu bewahren.

(3) Den Personalvertretungen sind auf Verlangen die zur Durchführung ihrer Aufgaben erforderlichen Unterlagen zur Verfügung zu stellen. Personalakten dürfen Mitgliedern der Personalvertretungen nur mit Zustimmung des Beschäftigten vorgelegt werden.

§ 102 (Amtszeit, Auflösung, Ausschluss)

(1) Die Personalvertretungen sind in angemessenen Zeitabständen neu zu wählen.

(2) Die Personalvertretungen können wegen grober Vernachlässigung ihrer gesetzlichen Befugnisse oder wegen grober Verletzung ihrer gesetzlichen Pflichten durch gerichtliche Entscheidung aufgelöst werden. Das Gleiche gilt für den Ausschluss einzelner Mitglieder.

Nach dieser Bestimmung kann ein einzelnes Personalratsmitglied während der laufenden Wahlperiode nur wegen grober Pflichtverletzung oder wegen grober Vernachlässigung seiner gesetzlichen Befugnisse und nur aufgrund einer Entscheidung eines Gerichts aus der Personalvertretung ausgeschlossen werden. Infolgedessen kann eine **Abberufung** durch das Personalratsplenum nicht erfolgen (BVerfG v. 27.3.1979, ZBR 1979, 122).

§ 103 (Aufgaben der Personalvertretungen)

Die Personalvertretungen haben darauf hinzuwirken, dass die zugunsten der Beschäftigten geltenden Vorschriften und Bestimmungen durchgeführt werden.

§ 104 (Zuständigkeit der Personalvertretungen)

Die Personalvertretungen sind in innerdienstlichen, sozialen und personellen Angelegenheiten der Beschäftigten zu beteiligen; dabei soll eine Regelung angestrebt werden, wie sie für Personalvertretungen in Bundesbehörden in diesem Gesetz festgelegt ist. Für den Fall der Nichteinigung zwischen der obersten Dienstbehörde und der zuständigen Personalvertretung in Angelegenheiten, die der Mitbestimmung unterliegen, soll die Entscheidung einer unabhängigen Stelle vorgesehen werden, deren Mitglieder von den Beteiligten bestellt werden. Entscheidungen, die wegen ihrer Auswirkungen auf das Gemeinwesen wesentlicher Bestandteil der Regierungsgewalt sind, insbesondere Entscheidungen

in personellen Angelegenheiten der Beamten,

über die Gestaltung von Lehrveranstaltungen im Rahmen des Vorbereitungsdienstes einschließlich der Auswahl der Lehrpersonen

und in organisatorischen Angelegenheiten,

dürfen jedoch nicht den Stellen entzogen werden, die der Volksvertretung verantwortlich sind.

Die öffentliche Verwaltung ist zur sach- und funktionsgerechten **Aufgabenerfüllung gegenüber der Allgemeinheit** verpflichtet. Infolgedessen können alle organisatorischen (arbeitsorganisatorischen) Maßnahmen, die die Funktionsfähigkeit betreffen und über den innerdienstlichen Bereich hinausgehen, nicht dem Mitbestimmungsrecht der Personalvertretung unterliegen. Eine Personalvertretung kann nicht auf die Erfüllung der einer Dienststelle nach außen obliegenden Aufgaben einwirken, weil sie andernfalls als eine behördeninterne Institution politisches Gewicht erhalten würde, ohne über eine entsprechende, vom Volk bzw. von der Volksvertretung ausgehende Legitimation zu verfügen (vgl. BVerfG v. 24.5.1995, ZfPR 1995, 185; BVerwG v. 30.6.2005, ZfPR 2006, 6; vgl. auch vor § 66 III 1).

§ 105 (Gerechte Behandlung der Beschäftigten)

Die Personalvertretungen haben gemeinsam mit dem Leiter der Dienststelle für eine sachliche und gerechte Behandlung der Angelegenheiten der Beschäftigten zu sorgen. Insbesondere darf kein Beschäftigter wegen seiner Abstammung, Religion, Nationalität, Herkunft, politischen oder gewerkschaftlichen Betätigung oder Einstellung, wegen seines Geschlechts oder wegen persönlicher Beziehungen bevorzugt oder

benachteiligt werden. Der Leiter der Dienststelle und die Personalvertretung haben jede parteipolitische Betätigung in der Dienststelle zu unterlassen; die Behandlung von Tarif-, Besoldungs- und Sozialangelegenheiten wird hierdurch nicht berührt.

§ 106 (Gerichtliche Zuständigkeit)

Zu gerichtlichen Entscheidungen sind die Verwaltungsgerichte berufen.

Der Landesgesetzgeber kann nach seinem gesetzgeberischen Ermessen entscheiden, ob er die in § 84 vorgesehene besondere Zusammensetzung der Verwaltungsgerichte und ein besonderes Verfahren vorschreiben will, oder ob er abweichend hiervon z.B. die Vorschriften der Verwaltungsgerichtsordnung für anwendbar erklärt (BVerwG v. 16.12.1977, ZBR 1978, 214). Allerdings sind die **Arbeitsgerichte** u.a. für die Anfechtung der Wahl zur Schwerbehindertenvertretung ausschließlich zuständig (BAG v. 7.4.2004, PersR 2005, 335).

Zweites Kapitel
Unmittelbar für die Länder geltende Vorschriften

§ 107 (Benachteiligungs-/Begünstigungsverbot)

Personen, die Aufgaben oder Befugnisse nach dem Personalvertretungsrecht wahrnehmen, dürfen darin nicht behindert und wegen ihrer Tätigkeit nicht benachteiligt oder begünstigt werden; dies gilt auch für ihre berufliche Entwicklung. § 9 gilt entsprechend.

Begriffsbestimmungen

Diese und die nachfolgenden Vorschriften gelten unmittelbar für die Länder. Einer besonderen Aufnahme in die einzelnen Landespersonalvertretungsgesetze bedarf es daher nicht.

§ 108 (Außerordentliche Kündigung von Mitgliedern der Personalvertretungen)

(1) Die außerordentliche Kündigung von Mitgliedern der Personalvertretungen, der Jugendvertretungen oder der Jugend- und Auszubildendenvertretungen, der Wahlvorstände sowie von Wahlbewerbern, die in einem Arbeitsverhältnis stehen, bedarf der Zustimmung der zuständigen Personalvertretung. Verweigert die zuständige Personalvertretung ihre Zustimmung oder äußert sie sich nicht innerhalb von drei Arbeitstagen nach Eingang des Antrags, so kann das Verwaltungsgericht sie auf Antrag des Dienststellenleiters ersetzen, wenn die außerordentliche Kündigung unter Berücksichtigung aller Umstände gerechtfertigt ist. In dem Verfahren vor dem Verwaltungsgericht ist der betroffene Arbeitnehmer Beteiligter.

(2) Eine durch den Arbeitgeber ausgesprochene Kündigung des Arbeitsverhältnisses eines Beschäftigten ist unwirksam, wenn die Personalvertretung nicht beteiligt worden ist.

Dem Landesgesetzgeber ist es nicht verwehrt, eine Mitwirkung der Personalvertretung an Kündigungen durch den Arbeitgeber nicht vorzusehen (BVerfG v. 27.3.1979, ZBR 1979, 274).

§ 109 (Unfälle von Beamten)

Erleidet ein Beamter anlässlich der Wahrnehmung von Rechten oder Erfüllung von Pflichten nach dem Personalvertretungsrecht einen Unfall, der im Sinne der beamtenrechtlichen Unfallfürsorgevorschriften ein Dienstunfall wäre, so finden diese Vorschriften entsprechende Anwendung.

Dritter Teil
Strafvorschriften

§§ 110, 111 (Strafvorschriften)

(weggefallen)

Vierter Teil
Schlussvorschriften

§ 112 (Religionsgemeinschaften)

Dieses Gesetz findet keine Anwendung auf Religionsgemeinschaften und ihre karitativen und erzieherischen Einrichtungen ohne Rücksicht auf ihre Rechtsform; ihnen bleibt die selbständige Ordnung eines Personalvertretungsrechts überlassen.

Entsprechende landesgesetzliche Regelungen:

Baden-Württemberg: § 107a; Bayern: Art. 92; Berlin: § 95; Brandenburg: –; Bremen: –; Hamburg: § 103; Hessen: § 116; Mecklenburg-Vorpommern: –; Niedersachsen: § 1 Abs. 2; Nordrhein-Westfalen: § 107; Rheinland-Pfalz: § 126; Saarland: § 117; Sachsen: –; Sachsen-Anhalt: –; Schleswig-Holstein: –; Thüringen: –.

1. Begriffsbestimmungen

a) Religionsgemeinschaften: Organisatorische Zusammenschlüsse von Angehörigen desselben Glaubensbekenntnisses (evtl. auch mehrere näher verwandter Glaubensbekenntnisse) in rechtlich dauerhafter Form zur Verwirklichung des religiösen Gemeinschaftslebens.

b) Karitative Einrichtungen: Einrichtungen von Religionsgemeinschaften mit dem Ziel der Versorgung und Betreuung Dritter.

c) Erzieherische Einrichtungen: Einrichtungen von Religionsgemeinschaften mit dem Ziel der Erziehung von Kindern.

2. Erläuterungen

Die Religionsgemeinschaften können selbständig darüber entscheiden, ob und ggf. wie sie Personalvertretungen für ihren Bereich einrichten. Bei der Bestimmung einer Einrichtung als einer Religionsgemeinschaft zugehörig kommt es im Wesentlichen auf die **Zuordnung der Einrichtung zur Kirche** und auf ihre Zielsetzung an (Pfarreien, Diözesen, Gemeinde- und Synodalverbände, religiöse Ordensgemeinschaften, Kranken- und Waisenhäuser, Kinder- und Altenheime, Innere Mission und Caritas).

3. Fälle aus der Rechtsprechung

a) Die Ausklammerung der Religionsgemeinschaften und ihrer karitativen sowie erzieherischen Einrichtungen aus dem Geltungsbereich des Personalvertretungsgesetzes verstößt nicht gegen den **Verfassungsgrundsatz der Sozialstaatlichkeit** (Art. 20 Abs. 1 GG). Den Religionsgemeinschaften und ihren karitativen sowie erzieherischen Einrichtungen wird vom Grundgesetz ein Freiheitsraum garantiert (Art. 140 GG i.V. mit § 173 Abs. 3 WRV), der sie berechtigt, ihre Angelegenheiten selbst zu ordnen und zu verwalten (BVerfG v. 11.10.1977, BVerfGE 46, 73; BAG v. 6.12.1977, BAGE 29, 405).

b) Bei der Zuordnung der Einrichtung zur Kirche kommt es im Wesentlichen auf die **organisatorische Zuordnung** sowie auf die Zielrichtung an. Wenn die wahrzunehmenden Aufgaben sich als Wesens- und Lebensäußerung der Kirche darstellen, dann sind die entsprechenden Einrichtungen der Kirche zuzuordnen (vgl. für das BetrVG: BAG v. 6.12.1977, aaO).

4. Streitigkeiten

Evtl. Meinungsverschiedenheiten entscheiden die Verwaltungsgerichte nach § 83 Abs. 1 Nr. 2 und 3.

§ 113 (Änderungen des Deutschen Richtergesetzes)

(weggefallen)

§ 114 (Änderungen des Kündigungsschutzgesetzes)

(weggefallen)

§ 115 (Wahlordnung)

Die Bundesregierung wird ermächtigt, zur Durchführung der in den §§ 12 bis 25, 55 bis 57, 64, 65, 85 Abs. 2, §§ 86, 89 a und 91 bezeichneten Wahlen durch Rechtsverordnung, die nicht der Zustimmung des Bundesrats bedarf, Vorschriften zu erlassen über

1. **die Vorbereitung der Wahl, insbesondere die Aufstellung der Wählerlisten und die Errechnung der Vertreterzahl,**
2. **die Frist für die Einsichtnahme in die Wählerlisten und die Erhebung von Einsprüchen,**
3. **die Vorschlagslisten und die Frist für ihre Einreichung,**
4. **das Wahlausschreiben und die Fristen für seine Bekanntmachung,**
5. **die Stimmabgabe,**
6. **die Feststellung des Wahlergebnisses und die Fristen für seine Bekanntmachung,**
7. **die Aufbewahrung der Wahlakten.**

Entsprechende landesgesetzliche Regelungen:

Baden-Württemberg: § 107 Abs. 1, 2; Bayern: Art. 90 Abs. 2; Berlin: § 98; Brandenburg: § 98; Bremen: § 72; Hamburg: § 105; Hessen: § 115; Mecklenburg-Vorpommern: § 90; Niedersachsen: § 118; Nordrhein-Westfalen: § 109; Rheinland-Pfalz: § 125 Abs. 1; Saarland: § 115 Abs. 1, 2; Sachsen: § 92; Sachsen-Anhalt: § 104; Schleswig-Holstein: § 91; Thüringen: § 94.

§ 116 (Neuwahlen)

(weggefallen)

§ 116a (Erstmalige Wahlen der Jugend- und Auszubildendenvertretungen)

(1) Die erstmaligen Wahlen zu den Jugend- und Auszubildendenvertretungen, die an die Stelle der in § 57 in der Fassung des Gesetzes vom 15. März 1974 (BGBl. I S. 693) bezeichneten Jugendvertretungen treten, finden abweichend von § 60 Abs. 2 Satz 3 in der Zeit vom 1. Oktober bis 30. November 1988 statt. Sie finden unabhängig davon statt, seit wann zum Zeitpunkt dieser Wahlen die bestehenden in Satz 1 genannten Jugendvertretungen im Amt sind; § 27 Abs. 5 findet keine entsprechende Anwendung. Die Amtszeit der gemäß Satz 1 erstmalig gewählten Jugend- und Auszubildendenvertretungen endet spätestens am 31. Mai 1991; die nächsten regelmäßigen Wahlen finden demgemäß in der Zeit vom 1. März bis 31. Mai 1991 statt.

(2) Die Rechte und Pflichten der bis zum Beginn der Amtszeit der erstmalig gewählten Jugend- und Auszubildendenvertretungen bestehenden in Absatz 1 genannten

Jugendvertretungen richten sich im Übrigen nach diesem Gesetz in der Fassung des Gesetzes vom 15. März 1974 (BGBl. I S. 693), zuletzt geändert durch Artikel 4 des Gesetzes vom 24. Juli 1986 (BGBl. I S. 1110).

(3) Wahlen zu den in Absatz 1 genannten Jugendvertretungen finden nicht statt, wenn eine der Voraussetzungen für eine solche Wahl in entsprechender Anwendung des § 27 Abs. 2 Nr. 2 bis 5 nach dem Zeitpunkt eintritt, von dem an dieses Gesetz die Bildung von Jugend- und Auszubildendenvertretungen vorsieht. Im Übrigen finden Wahlen zu den in Absatz 1 genannten Jugendvertretungen nach dem 31. Juli 1988 nicht statt.

(4) Artikel 1 Satz 2 des Gesetzes vom 18. Dezember 1987 (BGBl. I S. 2746) findet in den in Absatz 3 genannten Fällen keine Anwendung.

(5) Wird eine in Absatz 1 genannte Jugendvertretung durch Gerichtsbeschluss aufgelöst, so findet § 28 Abs. 2 Satz 2 entsprechende Anwendung nur, wenn eine Verpflichtung des Wahlvorstands zur Einleitung von Neuwahlen von Jugendvertretungen unter Beachtung der Regelung nach Absatz 3 besteht. Die Wahrnehmung der Befugnisse und Pflichten der Jugendvertretung durch den Wahlvorstand in entsprechender Anwendung des § 28 Abs. 2 Satz 3 endet mit dem Beginn der Amtszeit der erstmals gewählten Jugend- und Auszubildendenvertretung.

§ 116b (Übergang auf vierjährige Amtszeit)

§ 26 und § 27 Abs. 1 finden in der auf eine Amtszeit des Personalrats von vier Jahren abstellenden Fassung erstmalig Anwendung auf Personalräte, die nach dem 28. Februar 1991 gewählt werden. Entsprechendes gilt für die auf vierundzwanzig Monate abstellende Vorschrift des § 27 Abs. 2 Nr. 1. Auf vor dem 1. März 1991 gewählte Personalräte finden – unbeschadet des § 27 Abs. 5 – die Vorschriften des § 26, des § 27 Abs. 1 und Abs. 2 Nr. 1 in der Fassung des Gesetzes vom 15. März 1974 (BGBl. I S. 693) Anwendung.

Die Vorschrift ist inzwischen gegenstandslos geworden.

§ 117 (Vorschriften in anderen Gesetzen)

Soweit in anderen Vorschriften auf Vorschriften verwiesen wird oder Bezeichnungen verwendet werden, die durch dieses Gesetz aufgehoben oder geändert werden, treten an ihre Stelle die entsprechenden Vorschriften dieses Gesetzes.

§ 118 (Berlinklausel)

(gegenstandslos)

§ 119 (Inkrafttreten)

Dieses Gesetz tritt am 1. April 1974 in Kraft.

Wahlordnungen zu den Personalvertretungsgesetzen der Länder

a) Baden-Württemberg

Wahlordnung zum Landespersonalvertretungsgesetz (LPVGWO) in der Fassung vom 3. Januar 1977 (Ges. Bl. S. 1), zul. geänd. durch Art. 1VO vom 28. 1. 2014 (Ges. Bl. S. 67).

b) Bayern

Wahlordnung zum Bayerischen Personalvertretungsgesetz (WO – BayPVG) vom 12. Dezember 1995 (GVBl. S. 868), zul. geänd. durch Verordnung vom 13. April 2010 (GVBl. S. 196).

c) Berlin

Wahlordnung zum Personalvertretungsgesetz (WOPersVG) in der Fassung vom 10. Februar 2000 (GVBl. S. 238), zul. geänd. durch Verordnung vom 1. August 2008 (GVBl. S. 227).

d) Brandenburg

Wahlordnung zum Landespersonalvertretungsgesetz (WO-PersVG) vom 26. August 1994 (GVBl. S. 716), zul. geänd. durch Gesetz vom 3. April 2009 (GVBl. I S. 26, 61).

e) Bremen

Wahlordnung zum Bremischen Personalvertretungsgesetz (WO – BremPersVG) vom 11. Februar 1958 (Brem. GBl. S. 7), zul. geänd. durch Verordnung vom 27. Juli 2014 (GBl. S. 356).

f) Hamburg

Wahlordnung zum Hamburgischen Personalvertretungsgesetz (WO – HmbPersVG) vom 27. Februar 1973 (HmbGVBl. S. 29, ber. S. 175), zul. geänd. durch Verordnung vom 11. November 2014 (HambGVBl. I S. 479)

g) Hessen

Wahlordnung (WO) zum Hessischen Personalvertretungsgesetz (HPVG) in der Fassung vom 8. April 1988 (GVBl. I S. 139), zul. geänd. durch Verordnung vom 29. November 2010 (GVBL. I S. 450).

h) Mecklenburg-Vorpommern

Landesverordnung über die Wahl der Personalräte (Wahlordnung zum Personalvertretungsgesetz) vom 19. April 1993 (GVBl. M-V S. 320).

i) Niedersachsen

Wahlordnung für die Personalvertretungen im Land Niedersachsen (WO – PersV) in der Fassung vom 8. Juli 1998 (NdSGVBl. S. 538), zul. geänd. durch Verordnung vom 17. Juli 2007 (NdSGVBl. S. 341).

j) Nordrhein-Westfalen

Wahlordnung zum Landespersonalvertretungsgesetz (WO – LPVG) vom 20. Mai 1986 (GV.NW S. 485), zul. geänd. durch Verordnung vom 18. Oktober 2011 (GV. NW S. 497).

k) Rheinland-Pfalz

Wahlordnung zum Landespersonalvertretungsgesetz (WOLPersVG) in der Fassung vom 24. November 2000 (GVBl. S. 529), zul. geänd. durch Gesetz vom 19. Dezember 2014 (GVBl. S. 322).

l) Saarland

Wahlordnung zum Personalvertretungsgesetz für das Saarland (WO – SPersVG) vom 19. Juni 1973 (Amtsbl. S. 462), zul. geänd. durch Gesetz vom 19. November 2008 (Amtsbl. S. 289).

m) Sachsen

Wahlordnung zum Sächsischen Personalvertretungsgesetz vom 15. Februar 1993 (SächsGVBl. S. 169), zul. geänd. durch Gesetz vom 27. Januar 2011 (SächsGVBl. S. 2).

n) Sachsen-Anhalt

Wahlordnung zum Landespersonalvertretungsgesetz Sachsen-Anhalt (WOPersVG LSA) vom 19. Februar 1993 (GVBl. LSA S. 98), zul. geänd. durch Gesetz vom 23. Juni 2006 (GVBl. LSA S. 525, 528).

o) Schleswig-Holstein

Landesverordnung über die Wahl der Personalräte (Wahlordnung zum Mitbestimmungsgesetz Schleswig-Holstein) vom 9. Dezember 2008 (GVBl. Schl.-H. S. 769), zul. geänd. durch Gesetz vom 16. November 2013 (GVBl. Schl.-H. S. 442).

p) Thüringen

Wahlordnung zum Thüringer Personalvertretungsgesetz (ThürPersVWO) vom 6. Dezember 1993 (GVBl. S. 831), zul. geänd. durch Gesetz vom 21. Dezember 2011 (GVBl. S. 520, 526).

Wahlordnung zum Bundespersonalvertretungsgesetz (BPersVWO)

Vom 23. September 1974 (BGBl. I S. 2337)

zuletzt geändert durch Vierte Verordnung zur Änderung der Wahlordnung zum Bundespersonalvertretungsgesetz vom 28. 9. 2005 (BGBl. I S. 2906)

Erster Teil
Wahl des Personalrats

Erster Abschnitt
Gemeinsame Vorschriften über Vorbereitung und Durchführung der Wahl

§ 1 Wahlvorstand, Wahlhelfer

(1) Der Wahlvorstand führt die Wahl des Personalrats durch. Er kann wahlberechtigte Beschäftigte seiner Dienststelle als Wahlhelfer zu seiner Unterstützung bei der Durchführung der Stimmabgabe und bei der Stimmenzählung bestellen. § 24 Abs. 2 Satz 2 und 3 des Gesetzes gilt auch für die Tätigkeit der Wahlhelfer.

(2) Die Dienststelle hat den Wahlvorstand bei der Erfüllung seiner Aufgaben zu unterstützen, insbesondere die notwendigen Unterlagen zur Verfügung zu stellen und, wenn erforderlich, zu ergänzen sowie die erforderlichen Auskünfte zu erteilen. Für die Vorbereitung und Durchführung der Wahl hat die Dienststelle in erforderlichem Umfang Räume, den Geschäftsbedarf und Schreibkräfte zur Verfügung zu stellen.

(3) Der Wahlvorstand gibt die Namen seiner Mitglieder und gegebenenfalls der Ersatzmitglieder unverzüglich nach seiner Bestellung, Wahl oder Einsetzung in der Dienststelle durch Aushang bis zum Abschluss der Stimmabgabe bekannt.

(4) Der Wahlvorstand fasst seine Beschlüsse mit einfacher Stimmenmehrheit seiner Mitglieder.

(5) Der Wahlvorstand soll dafür sorgen, dass ausländische Beschäftigte rechtzeitig über das Wahlverfahren, die Aufstellung des Wählerverzeichnisses und der Vorschlagslisten, den Wahlvorgang und die Stimmabgabe in geeigneter Weise, wenn nötig, in ihrer Muttersprache, unterrichtet werden.

1. Begriffsbestimmungen

a) Wahlvorstand: Die zur Vorbereitung und Durchführung der Wahl berufene Institution, die eine gesetzmäßige und unparteiische Abwicklung der Wahl gewährleisten soll.

b) Wahlhelfer: Gehilfen bei der technischen Abwicklung der Wahl, z.B. bei der Stimmenzählung. Sie dürfen nur bei der Durchführung der Stimmabgabe und bei der Stimmenzählung zur Unterstützung des Wahlvorstands tätig werden. Ihnen stehen keine Entscheidungsbefugnisse zu.

2. Erläuterungen

a) Der **Wahlvorstand wird berufen** entweder durch die Personalvertretung, deren Amtszeit ausläuft, durch eine Personalversammlung für den Fall, dass die abtretende Personalvertretung keinen Wahlvorstand bestellt hat oder durch den Dienststellenleiter in einer personalratsfähigen Dienststelle, in der bisher keine Personalvertretung besteht.

b) **Aufgaben** des Wahlvorstands sind:

Einleitung der Wahl

a) Bekanntgabe der Namen der Mitglieder des Wahlvorstands(§ 1 Abs. 3 WO);
b) Feststellung der Zahl der Wahlberechtigten; Aufstellung des Wählerverzeichnisses (§ 2 WO);
c) Behandlung von Einsprüchen gegen das Wählerverzeichnis (§ 3 WO);
d) Ermittlung der Zahl der zu wählenden Personalratsmitglieder; Verteilung der Sitze auf die Gruppen (§ 5 WO);
e) Erlass des Wahlausschreibens (§ 6 WO).

Durchführung der Wahl

a) Entgegennahme und Behandlung der Wahlvorschläge (§ 10 WO);
b) Fristsetzung (§ 11 WO);
c) Bezeichnung der Wahlvorschläge (§ 12 WO);
d) Bekanntmachung der Wahlvorschläge (§ 13 WO);
e) Anfertigung der Sitzungsniederschrift (§ 14 WO);
f) Durchführung der Wahlhandlung (§ 16 WO);
g) Vorbereitung der Briefwahl (§ 17 WO);
h) Behandlung der schriftlich abgegebenen Stimmen (§ 18 WO);
i) Durchführung der Stimmabgabe bei Nebenstellen und Dienststellenteilen (§ 19 WO);
j) Feststellung des Wahlergebnisses (§ 20 WO);
k) Anfertigung der Wahlniederschrift (§ 21 WO);
l) Benachrichtigung der gewählten Bewerber (§ 22 WO);
m) Bekanntmachung des Wahlergebnisses (§ 23 WO);
n) Einberufung zur konstituierenden Sitzung (§ 34 Abs. 1 BPersVG).

Die Durchführung der in § 4 Abs. 1 WO genannten **Vorabstimmungen** ist nicht Aufgabe des Wahlvorstands; denn die Abstimmungen erfolgen unter der Leitung eines hierfür zu bildenden Abstimmungsvorstands.

c) Beschlüsse des Wahlvorstands werden grundsätzlich **mit einfacher Stimmenmehrheit** vom gesamten Gremium gefasst. Deshalb ist nur ein Beschluss wirksam, dem entweder alle drei Mitglieder zugestimmt oder bei dem zwei Mitglieder das dritte überstimmt haben.

3. Fälle aus der Rechtsprechung

a) Eine **Kandidatur zur Personalvertretung** schließt eine **Mitgliedschaft im Wahlvorstand** nicht aus (BVerwG v. 12.1.1962, BVerwGE 13, 296 = PersV 1962, 66; VG Mainz v. 19.6.2012, ZfPR *online* 5/2013, S. 13).

b) Sitzungen des Wahlvorstands müssen **nicht unter Ausschluss der Öffentlichkeit** durchgeführt werden (BVerwG v. 8.11.1957, BVerwGE 5, 348).

c) Solange ordentliche Mitglieder zur Sitzung des Wahlvorstands geladen werden können, dürfen keine Ersatzmitglieder geladen werden. Ist der **Wahlvorstand** unter Verstoß gegen die gesetzlichen Bestimmungen **zusammengesetzt**, so muss wegen der Bedeutung der Entscheidungen des Wahlvorstands für Vorbereitung, Ablauf und Ergebnis der Personalratswahl stets davon ausgegangen werden, dass dieser Verstoß geeignet ist, das Wahlergebnis zu beeinflussen (BVerwG v. 11.10.2010, PersR 2011, 33; OVG Sachsen v. 13.7.1995, PersR 1995, 495).

d) Der Dienststellenleiter hat dem Wahlvorstand **alle zur Erfüllung der Aufgaben notwendigen Unterlagen** zur Verfügung zu stellen, insbesondere Übersichten und sonstige Informationen, denen die für das Wahlverfahren maßgebenden Zahlen der „in der Regel" Beschäftigten entnommen werden können (OVG Münster v. 14.4.2004, PersV 2004, 423 = Leits. ZfPR 2005, 47; OVG Brandenburg v. 27.4.2007, PersR 2007, 251).

e) Sofern gewichtige Gründe für die **Nichtigkeit der Personalratswahl** sprechen, kann ein Dienststellenleiter Auskünfte zur Erstellung der Wählerliste ausnahmsweise verweigern (vgl. für das BetrVG: LAG Schleswig-Holstein v. 2.4.2014, ZBVR *online* 9/2014, S. 16).

f) Wenn schwerwiegende Mängel vorliegen, die mit großer Wahrscheinlichkeit zur Anfechtung der Wahl führen werden, können Beschlüsse des Wahlvorstands bereits vor Durchführung der Wahl zum Gegenstand eines **einstweiligen Verfügungsverfahrens** gemacht werden (vgl. für das BetrVG: LAG Nürnberg v. 8,2.2011, Leits. DB 2011, 715).

§ 2 Feststellung der Beschäftigtenzahl, Wählerverzeichnis

(1) Der Wahlvorstand stellt die Zahl der in der Regel Beschäftigten und ihre Verteilung auf die Gruppen fest. Übersteigt diese Zahl 50 nicht, stellt der Wahlvorstand außerdem die Zahl der nach § 13 des Gesetzes Wahlberechtigten fest.

(2) Der Wahlvorstand stellt ein nach Gruppen getrenntes Verzeichnis der wahlberechtigten Beschäftigten (Wählerverzeichnis) auf. Innerhalb der Gruppen sind die Anteile der Geschlechter festzustellen.

(3) Das Wählerverzeichnis oder eine Abschrift ist unverzüglich nach Einleitung der Wahl bis zum Abschluss der Stimmabgabe an geeigneter Stelle zur Einsicht auszulegen.

1. Begriffsbestimmungen

Wählerverzeichnis: Verzeichnis der wahlberechtigten Beschäftigten einer Dienststelle, in dem die Beschäftigten getrennt nach Gruppen aufgeführt werden.

2. Erläuterungen

a) Der Wahlvorstand stellt nicht nur die **Zahl der Beschäftigten** fest, sondern nimmt auch eine **Verteilung der Sitze auf die Gruppen** vor. Darüber hinaus stellt er die **Zahl der Wahlberechtigten** fest.

b) Das Wählerverzeichnis ist an **„geeigneter Stelle"** bekanntzumachen. Geeignet ist die Stelle, an der sämtliche Beschäftigten der Dienststelle ununterbrochen Gelegenheit zur Einsicht nehmen können. Die Bekanntmachung hat unmittelbar nach Einleitung der Wahl zu erfolgen.

3. Fälle aus der Rechtsprechung

a) Maßgebender Stichtag für die Berechnung der Zahl der Beschäftigten ist der **Tag des Erlasses des Wahlausschreibens** (BVerwG v. 15.3.1968, BVerwGE 29, 222 = PersV 1968, 187). Nachträgliche Veränderungen sind im Allgemeinen unerheblich, es sei denn, dass der Personalbestand sich voraussehbar verändert. Daher hat der Wahlvorstand zur Ermittlung der regelmäßigen Personalstärke auch eine Prognose anzustellen. Dabei ist die tatsächliche Personalstärke im Zeitpunkt des Erlasses des Wahlausschreibens maßgebend – verbunden mit einem Rückblick auf die bisherige personelle Stärke, aber auch unter Einbeziehung der künftigen Entwicklung (BVerwG v. 19.12.2006, PersV 2007, 363 = Leits. ZfPR 2007, 70; BVerwG v. 27.5.2010, ZfPR 2011, 2).

b) Das Wählerverzeichnis muss bis zum Schluss der Stimmabgabe **auf dem aktuellen Stand** gehalten werden. Wenn es berichtigt wird, so muss der Wahlvorstand ggf. auch die Auswirkung auf die Sitzverteilung berücksichtigen (OVG Brandburg v. 27.4.2007, PersR 2007, 251).

c) Bei der Verteilung der Sitze auf die Gruppen kommt es nicht auf die Planstellen und nicht auf den zufälligen Personalstand am Tag des Erlasses des Wahlausschreibens an. Vielmehr ist vom Regelbestand auszugehen, wobei voraussehbare Änderungen dann nicht unberücksichtigt bleiben dürfen, wenn zu erkennen ist, dass die Veränderungen nicht nur dienstplanmäßig, sondern tatsächlich durchgeführt werden (OVG Brandenburg v. 27.4.2007, aaO). Eine **fehlerhafte Verteilung der Sitze auf die Gruppen** stellt einen Verstoß gegen wesentliche Vorschriften über das Wahlverfahren dar, der zur Ungültigkeit der Wahl insgesamt führt (OVG Rheinland-Pfalz v. 9.8.1994, Leits. ZfPR 1995, 92).

d) Wenn ein wahlberechtigter Beschäftigter zwecks möglichen Einspruchs gegen das Wählerverzeichnis **während des noch laufenden Wahlvorgangs Einsicht in das Wählerverzeichnis** nehmen möchte, dann ist dies unzulässig, weil der Betreffende in dem mit Stimmabgabevermerken versehenen Wählerverzeichnis feststellen könnte, welche Beschäftigten noch nicht gewählt haben. Der Wahlvorstand würde bei Gewährung der Einsicht gegen den allgemeinen Grundsatz der freien Wahl verstoßen; denn dieser Grundsatz umfasst auch die Freiheit, nicht zu wählen. Diese Freiheit aber wäre beeinträchtigt, wenn Wahlberechtigte gezielt darauf angesprochen werden könnten, dass sie noch nicht gewählt haben. Bei diesen Personen würde eine Drucksituation entstehen, die mit dem Grundsatz der freien Wahl nicht vereinbar ist (vgl. für das BetrVG: BAG v. 6.12.2000, BAGE 96, 326)

§ 3 Einsprüche gegen das Wählerverzeichnis

(1) Jeder Beschäftigte kann beim Wahlvorstand schriftlich binnen sechs Arbeitstagen seit Auslegung des Wählerverzeichnisses (§ 2 Abs. 3) Einspruch gegen seine Richtigkeit einlegen.

(2) Über den Einspruch entscheidet der Wahlvorstand unverzüglich. Die Entscheidung ist dem Beschäftigten, der den Einspruch eingelegt hat, unverzüglich, spätestens jedoch einen Arbeitstag vor Beginn der Stimmabgabe, schriftlich mitzuteilen. Ist der Einspruch begründet, so hat der Wahlvorstand das Wählerverzeichnis zu berichtigen.

(3) Nach Ablauf der Einspruchsfrist soll der Wahlvorstand das Wählerverzeichnis nochmals auf seine Vollständigkeit prüfen. Danach ist das Wählerverzeichnis nur bei Schreibfehlern, offenbaren Unrichtigkeiten, zur Erledigung rechtzeitig eingelegter Einsprüche, bei Eintritt oder Ausscheiden eines Beschäftigten und bei Änderung der Gruppenzugehörigkeit bis zum Abschluss der Stimmabgabe zu berichtigen oder zu ergänzen.

1. Begriffsbestimmungen

Einspruch: Äußerung von Bedenken gegen das Wählerverzeichnis. Die Bedenken müssen schriftlich beim Wahlvorstand erhoben werden.

2. Erläuterungen

a) Der Einspruch muss **„beim Wahlvorstand“** eingelegt werden. Deshalb sind Personalrat oder Dienststellenleiter nicht der richtige Adressat.

b) Der Einspruch ist innerhalb einer **Ausschlussfrist** von sechs Arbeitstagen seit Auslegung des Wählerverzeichnisses beim Wahlvorstand anzubringen. Zu den Arbeitstagen gehören nicht der arbeitsfreie Samstag und die Wochenfeiertage.

c) Der Wahlvorstand hat seine **Entscheidung über den Einspruch** dem Einsprechenden unverzüglich schriftlich mitzuteilen. Hält der Wahlvorstand den Einspruch für begründet, dann korrigiert er das Wählerverzeichnis. Nach Ablauf der Einspruchsfrist und vor Abschluss der Stimmabgabe ist eine **Berichtigung des Wählerverzeichnisses** nur möglich bei Schreibfehlern, offenbaren Unrichtigkeiten, bei Erledigung rechtzeitig eingelegter Einsprüche, bei Eintritt eines Beschäftigten in die Dienststelle oder Ausscheiden aus ihr und bei Änderung der Gruppenzugehörigkeit.

3. Fälle aus der Rechtsprechung

a) Einem Wahlvorstand muss eine **angemessene Zeit** zur rechtlichen Prüfung von Einsprüchen gegen das Wählerverzeichnis gelassen werden (BVerwG v. 14.2.1969, BVerwGE 31, 299 = PersV 1970, 39).

b) Bei **offenbaren Unrichtigkeiten** ist eine Berichtigung des Wählerverzeichnisses durch den Wahlvorstand möglich. Hierbei muss es sich um solche Fehler handeln, die unschwer zu erkennen sind (OVG Münster v. 9.9.1957, ZBR 1957, 375).

§ 4 Vorabstimmungen

(1) Vorabstimmungen über

1. **eine von § 17 des Gesetzes abweichende Verteilung der Mitglieder des Personalrats auf die Gruppen (§ 18 Abs. 1 des Gesetzes) oder**
2. **die Durchführung gemeinsamer Wahl (§ 19 Abs. 2 des Gesetzes) oder**
3. **die Geltung von Nebenstellen oder Teilen einer Dienststelle als selbständige Dienststelle (§ 6 Abs. 3 des Gesetzes)**

werden nur berücksichtigt, wenn ihr Ergebnis dem Wahlvorstand binnen sechs Arbeitstagen seit der Bekanntgabe nach § 1 Abs. 3 vorliegt und dem Wahlvorstand glaubhaft gemacht wird, dass das Ergebnis unter Leitung eines aus mindestens drei wahlberechtigten Beschäftigten bestehenden Abstimmungsvorstands in geheimen und in den Fällen der Nummern 1 und 2 nach Gruppen getrennten Abstimmungen zustande gekommen ist. Dem Abstimmungsvorstand muss ein Mitglied jeder in der Dienststelle, in den Fällen des Satzes 1 Nr. 3 der Nebenstelle oder des Teils der Dienststelle, vertretenen Gruppe angehören.

(2) Der Wahlvorstand hat in der Bekanntgabe nach § 1 Abs. 3 auf die in Absatz 1 bezeichneten Fristen hinzuweisen.

1. Begriffsbestimmungen

a) Vorabstimmungen: In Vorabstimmungen können sich die Beschäftigten für eine personalvertretungsrechtliche Verselbständigung von Nebenstellen und Teilen einer Dienststelle (§ 6 Abs. 3 BPersVG), über eine vom Gesetz abweichende Verteilung von Mitgliedern der Personalvertretung auf die Gruppen (§ 18 Abs. 1 BPersVG) sowie über die Durchführung einer gemeinsamen statt einer Gruppenwahl (§ 19 Abs. 2 BPersVG) entscheiden.

b) Abstimmungsvorstand: Durch einen Abstimmungsvorstand soll die korrekte Durchführung der Vorabstimmung überwacht werden. Der Abstimmungsvorstand muss aus mindestens drei Beschäftigten der Dienststelle bestehen. Diese müssen wahlberechtigt sein.

2. Erläuterungen

–

3. Fälle aus der Rechtsprechung

a) Die Vorabstimmung muss **unter der Leitung eines Abstimmungsvorstands** durchgeführt werden. Andernfalls ist sie nichtig (BVerwG v. 20.6.1958, BVerwGE 7, 140 = PersV 1958/59, 111).

b) Die Wahlordnung schreibt lediglich eine **Mindestzahl von Mitgliedern des Abstimmungsvorstands** vor. Eine Begrenzung durch Festlegung einer Höchstzahl kennt das Gesetz nicht (BVerwG v. 21.7.1980, PersV 1981, 501). Deshalb ist es auch unerheblich, wenn in einem aus fünf Personen bestehenden Abstimmungsvorstand zwei nicht wahlberechtigt sind. Sind in einer nicht militärischen Dienststelle Soldaten tätig, so sind sie bei der Besetzung des Abstimmungsvorstands zu berücksichtigen, so dass ein Mitglied der Gruppe der Soldaten auch Mitglied des Abstimmungsvorstands sein muss (OVG Münster v. 13.10.2009, ZfPR 2012, 4).

c) Auch eine **schriftliche Stimmabgabe** ist im Rahmen von Vorabstimmungen zulässig (VGH Baden-Württemberg v. 10.6.1986, ZBR 1988, 72).

d) Eine Personalratswahl, die aufgrund einer **ungültigen Vorabstimmung** als gemeinsame Wahl durchgeführt würde, ist insgesamt ungültig (OVG Münster v. 9.10.1967 – CB 8/67, n.v.).

e) Für die Vorabstimmungen gelten grundsätzlich die **Vorschriften der Wahlordnung** für die Personalratswahl (BVerwG v. 21.7.1980, PersV 1981, 501).

f) **Abstimmungs-/wahlberechtigt** sind alle Beschäftigten, die, wenn es zu einer Verselbstständigung kommt, den Personalrat der Nebenstelle/Teildienststelle wählen dürfen. In nicht militärischen Dienststellen können sich auch Soldaten an der Abstimmung beteiligen (OVG Münster v. 30.10.2009, ZfPR 2012, 4)

§ 5 Ermittlung der Zahl der zu wählenden Personalratsmitglieder, Verteilung der Sitze auf die Gruppen

(1) Der Wahlvorstand ermittelt die Zahl der zu wählenden Mitglieder des Personalrats (§§ 16 und 17 Abs. 4 des Gesetzes). Ist eine von § 17 des Gesetzes abweichende Verteilung der Mitglieder des Personalrats auf die Gruppen (§ 18 Abs. 1 des Gesetzes) nicht beschlossen worden, so errechnet der Wahlvorstand die Verteilung der Personalratssitze auf die Gruppen (§ 17 Abs. 1 bis 5 des Gesetzes) nach dem Höchstzahlverfahren (Absätze 2 und 3).

(2) Die Zahlen der der Dienststelle angehörenden Beschäftigten der einzelnen Gruppen (§ 2 Abs. 1) werden nebeneinandergestellt und der Reihe nach durch 1, 2, 3 usw. geteilt. Auf die jeweils höchste Teilzahl (Höchstzahl) wird so lange ein Sitz zugeteilt, bis alle Personalratssitze (§§ 16 und 17 Abs. 4 des Gesetzes) verteilt sind. Jede Gruppe erhält soviel Sitze, wie Höchstzahlen auf sie entfallen. Ist bei gleichen Höchstzahlen nur noch ein Sitz oder sind bei drei gleichen Höchstzahlen nur noch zwei Sitze zu verteilen, so entscheidet das Los.

(3) Entfallen bei der Verteilung der Sitze nach Absatz 2 auf eine Gruppe weniger Sitze, als ihr nach § 17 Abs. 3 des Gesetzes mindestens zustehen, so erhält sie die in § 17 Abs. 3 des Gesetzes vorgeschriebene Zahl von Sitzen. Die Zahl der Sitze der übrigen Gruppen vermindert sich entsprechend. Dabei werden die jeweils zuletzt zugeteilten Sitze zuerst gekürzt. Ist bei gleichen Höchstzahlen nur noch ein Sitz zu kürzen, entscheidet das Los, welche Gruppe den Sitz abzugeben hat. Sitze, die einer Gruppe nach den Vorschriften des Gesetzes mindestens zustehen, können ihr nicht entzogen werden.

(4) Haben in einer Dienststelle alle Gruppen die gleiche Anzahl von Angehörigen, so erübrigt sich die Errechnung der Sitze nach dem Höchstzahlverfahren; in diesen Fällen entscheidet das Los, wem die höhere Zahl von Sitzen zufällt.

1. Begriffsbestimmungen

Höchstzahlverfahren: Rechnerisches Verfahren, mit dem die Sitzverteilung errechnet wird. Die Zahlen der in einer Dienststelle vorhandenen Beamten und Arbeitnehmer werden nebeneinander gestellt und durch eins, zwei, drei, vier usw. geteilt. Dies wird solange fortgesetzt, bis einschließlich der Grundzahlen soviele Höchstzahlen gebildet sind, wie Sitze zur Verfügung stehen.

2. Erläuterungen

a) Der Wahlvorstand ermittelt anhand der **Zahl der in der Dienststelle Beschäftigten**, aus wievielen Mitgliedern die Personalvertretung besteht. Diese Zahl ergibt sich aus § 16 BPersVG. Grundlage ist der tatsächliche Personalbestand, aber auch der Stellenplan.

b) Wenn bei (zwei) gleichen Höchstzahlen nur noch ein Sitz zu vergeben ist, so entscheidet das **Los**.

3. Fälle aus der Rechtsprechung

a) Bei einem **Losentscheid** muss sichergestellt werden, dass die Beteiligten gleiche Erfolgschancen haben. Daher ist jede Methode geeignet, die Chancengleichheit bietet und ein Zufallsergebnis ermöglicht (BVerwG v. 1.8.1958, BVerwGE 7, 197 = PersV 1958/59, 114), z.B. Werfen einer Münze, wenn diese genügend hoch geworfen wurde und durch ihr Auftreffen auf einer harten Unterlage in mehrfache Umdrehung versetzt worden ist (BayVGH v. 13.2.1991, Leits. ZfPR 1991, 80; OVG Münster v. 12.7.2010, ZfPR *online* 2/2011, S. 16). Dagegen ist ein Losentscheid in Form des Streichholzziehens unzulässig, weil für Dritte nicht erkennbar ist, ob das Losverfahren ordnungsgemäß durchgeführt wird (BVerwG v. 15.5.1991, ZfPR 1991, 172).

b) Die Vorschrift ist eine wesentliche Vorschrift i.S. von § 25 BPersVG. Daher rechtfertigt ihre Verletzung eine Wahlanfechtung, z.B. im Fall einer **fehlerhaften Verteilung der Sitze auf die Gruppen** (OVG Rheinland-Pfalz v. 9.8.1994, Leits. ZfPR 1995, 92).

§ 6 Wahlausschreiben

(1) Nach Ablauf der in § 4 bestimmten Frist und spätestens sechs Wochen vor dem letzten Tag der Stimmabgabe erlässt der Wahlvorstand ein Wahlausschreiben. Es ist von sämtlichen Mitgliedern des Wahlvorstands zu unterschreiben.

(2) Das Wahlausschreiben muss enthalten

1. Ort und Tag seines Erlasses,

2. die Zahl der zu wählenden Mitglieder des Personalrats, getrennt nach Gruppen,

2a. Angaben über die Anteile der Geschlechter innerhalb der Dienststelle, getrennt nach Gruppen,

3. Angaben darüber, ob die Gruppen ihre Vertreter in getrennten Wahlgängen wählen (Gruppenwahl) oder vor Erlass des Wahlausschreibens gemeinsame Wahl beschlossen worden ist,

4. die Angabe, wo und wann das Wählerverzeichnis und diese Wahlordnung zur Einsicht ausliegen,

5. den Hinweis, dass nur Beschäftigte wählen können, die in das Wählerverzeichnis eingetragen sind,

5a. den Hinweis, dass die Geschlechter im Personalrat entsprechend dem Zahlenverhältnis vertreten sein sollen,

6. den Hinweis, dass Einsprüche gegen das Wählerverzeichnis nur binnen sechs Arbeitstagen seit seiner Auslegung schriftlich beim Wahlvorstand eingelegt werden können, der letzte Tag der Einspruchsfrist ist anzugeben,

7. die Mindestzahl von wahlberechtigten Beschäftigten, von denen ein Wahlvorschlag unterzeichnet sein muss, und den Hinweis, dass jeder Beschäftigte für die Wahl des Personalrats nur auf einem Wahlvorschlag benannt werden kann,

7a. den Hinweis, dass der Wahlvorschlag einer in der Dienststelle vertretenen Gewerkschaft von zwei Beauftragten unterzeichnet sein muss (§ 19 Abs. 9 des Gesetzes),

8. die Aufforderung, Wahlvorschläge binnen achtzehn Kalendertagen nach dem Erlass des Wahlausschreibens beim Wahlvorstand einzureichen, der letzte Tag der Einreichungsfrist ist anzugeben,

9. den Hinweis, dass nur fristgerecht eingereichte Wahlvorschläge berücksichtigt werden und dass nur gewählt werden kann, wer in einen solchen Wahlvorschlag aufgenommen ist,

10. den Ort, an dem die Wahlvorschläge bekanntgegeben werden,

11. den Ort und die Zeit der Stimmabgabe,

12. einen Hinweis auf die Möglichkeit der schriftlichen Stimmabgabe, gegebenenfalls auf die Anordnung der schriftlichen Stimmabgabe nach § 19,

13. den Ort und die Zeit der Stimmenauszählung und der Sitzung des Wahlvorstands, in der das Wahlergebnis abschließend festgestellt wird,

14. den Ort, an dem Einsprüche, Wahlvorschläge und andere Erklärungen gegenüber dem Wahlvorstand abzugeben sind.

(3) Der Wahlvorstand hat eine Abschrift oder einen Abdruck des Wahlausschreibens vom Tag des Erlasses bis zum Abschluss der Stimmabgabe an einer oder an mehreren geeigneten, den Wahlberechtigten zugänglichen Stellen auszuhängen und in gut lesbarem Zustand zu erhalten.

(4) Offenbare Unrichtigkeiten des Wahlausschreibens können vom Wahlvorstand jederzeit berichtigt werden.

(5) Mit Erlass des Wahlausschreibens ist die Wahl eingeleitet.

1. Begriffsbestimmungen

Wahlausschreiben: Dokument, aus dem sich im Einzelnen Hinweise auf das Wahlverfahren ergeben.

2. Erläuterungen

a) Das Wahlausschreiben darf frühestens nach Ablauf von **sechs Arbeitstagen seit der Bekanntgabe der Zusammensetzung des Wahlvorstands** erlassen werden. Innerhalb dieser Frist kann dem Wahlvorstand das Ergebnis von Vorabstimmungen mitgeteilt werden. Das Wahlausschreiben muss spätestens sechs Wochen vor dem letzten Tag der Stimmabgabe erlassen werden.

b) Neben den in Abs. 2 aufgeführten zwingenden Mindestanforderungen an den Inhalt des Wahlausschreibens können **weitere Angaben** gemacht werden.

c) Da nach § 19 Abs. 4 BPersVG auch die in der Dienststelle vertretenen **Gewerkschaften** Wahlvorschläge machen können, muss das Wahlausschreiben auch einen Hinweis auf die Unterzeichnung von entsprechenden Wahlvorschlägen enthalten. Daher ist gemäß § 19 Abs. 9 BPersVG darauf hinzuweisen, dass der Wahlvorschlag einer in der Dienststelle vertretenen Gewerkschaft von zwei Beauftragten unterzeichnet sein muss.

3. Fälle aus der Rechtsprechung

a) Eine **Verkürzung der in der Wahlordnung geregelten Einreichungsfrist** für Wahlvorschläge im Wahlausschreiben ist geeignet, das Wahlergebnis zu beeinflussen, wenn Anzeichen für die Absicht erkennbar sind, nach Ablauf der verkürzten Frist noch einen Wahlvorschlag einzureichen (OVG Sachsen v. 13.7.1995, Leits. ZfPR 1996, 18). Eine Wahlanfechtung ist auch dann möglich, wenn irrtümlich eine längere Frist für die Einreichung von Wahlvorschlägen als 18 Tage angegeben ist (HessVGH v. 4.9.1997 – 22 TL 1/97, n.v.). Das Wahlausschreiben ist von sämtlichen Mitgliedern des Wahlvorstands zu unterschreiben. Wenn die **Unterschrift** auch nur eines Mitglieds unterbleibt, so ist es ungültig (OVG Lüneburg v. 9.1.1962, ZBR 1962, 60 = PersV 1962, 88).

b) Enthält ein Wahlausschreiben nicht die **Mindestanforderungen an den Inhalt des Wahlausschreibens** wie Abs. 2 sie vorschreibt, so wird gegen wesentliche Vorschriften i.S. von § 25 BPersVG verstoßen. Eine Wahlanfechtung ist gerechtfertigt (BVerwG v. 10.8.1978, BVerwGE 56, 208 = PersV 1979, 417). Im Zusammenhang mit der **Bezeichnung des Ortes**, an dem Wahlvorschläge gegenüber dem Wahlvorstand abzugeben sind, muss auch der Raum angegeben werden, wo der Wahlvorstand oder eines seiner Mitglieder angetroffen werden kann (BVerwG v. 11.8.2009, PersR 2009, 418).

c) Das **Datum des Aushangs** an der letzten vorgesehenen Stelle und das im Wahlausschreiben genannte Datum des Erlasses müssen übereinstimmen, um die Frist zur Einreichung von Wahlvorschlägen in Gang zu setzen, (OVG Niedersachsen v. 30.1.2002, Leits. ZfPR 2004, 17).

d) Die richtige Angabe der auf die einzelnen **Gruppen** entfallenden Sitze im Wahlausschreiben ist unverzichtbare Voraussetzung einer ordnungsgemäßen Wahl (vgl. für das BetrVG: LAG Frankfurt v. 3.12.1985, DB 1987, 54). Ist die Zahl falsch angegeben worden, so kommt eine **Berichtigung des Wahlergebnisses** auch nicht in der Weise in Betracht, dass eine der zutreffenden Zahl der in der Regel Beschäftigten entsprechende Zahl von Personalratsmitgliedern als gewählt gilt (OVG Münster v. 10.2.1999, ZfPR 2000, 11).

e) Eine Frist endet immer mit Ablauf des Tages um 24 Uhr. Infolgedessen hat der Wahlvorstand im Wahlausschreiben lediglich den letzten **Tag der Einreichungsfrist** bekanntzugeben (BVerwG v. 17.7.1980, PersV 1981, 498). Der Wahlvorstand kann aber die Einreichungsfrist nicht in der Weise abkürzen, dass er das Ende der Einreichungsfrist am letzten Tag auf eine frühere Uhrzeit vorverlegt (VG Hamburg v. 11.12.1992, PersV 1993, 508). Die Frist von 18 Kalendertagen ist eine gesetzliche Frist, die um 24:00 Uhr, nicht mit Dienstschluß endet (§ 52 WO i.V. mit §§ 186 bis 193 BGB; OVG Erfurt v. 18.9.2013, PersV 2014, 306).

f) Ein Wahlvorstand kann, falls er das Wahlausschreiben nicht an demselben Tag ausgehangen hat, an dem es erlassen worden ist, nicht das **Fristende für die Einreichung von Wahlvorschlägen** ab der verspäteten Bekanntgabe des Wahlausschreibens berechnen (VG Berlin v. 9.1.1997, Leits. ZfPR 1997, 122). Auf räumlich ausgedehnten Dienststellen ist der Aushang des Wahlausschreibens an mehreren, den Beschäftigten zugänglichen Stellen notwendig. In diesem Fall muss in jeder Außenstelle ein Abdruck des Wahlausschreibens ausgehängt werden; andernfalls ist die Wahl anfechtbar (vgl. für das BetrVG: BAG v. 5.5.2004, BAGE 110, 288).

g) Wenn der Wahlvorstand die im Wahlausschreiben angegebene Zahl der Personalratsmitglieder und/oder die Sitzverteilung auf die Gruppen verändert, so muss die **Einreichungsfrist für Wahlvorschläge neu eröffnet werden**. Die bereits eingegangenen Wahlvorschläge sind zurückzugeben (BayVGH v. 6.9.1989, Leits. PersR 1990, 115).

h) Das Wahlausschreiben muss an demselben Tag ausgehängt werden, an dem es erlassen wird. Ein Abweichen stellt einen Verstoß gegen wesentliche Wahlvorschriften dar. Es darf nicht **unterschiedliche Aussagen** machen (z.B. Mindestzahl der für einen Wahlvorschlag erforderlichen Unterschriften). Vielmehr muss klar zum Ausdruck kommen, was der Wähler zu beachten hat (VG Hamburg v. 11.12.1992, PersR 1993, 508).

i) Der Wahlvorstand kann das **Wahlausschreiben** ohne weitere Veränderungen des Inhalts jederzeit berichtigen. Bei sonstigen Fehlern muss das Wahlausschreiben neu erlassen und die Wahl neu eingeleitet werden. Dies gilt vor allen Dingen für die Frist zur Einreichung von Wahlvorschlägen. Wird ein Wahlausschreiben wegen offenbarer Unrichtigkeit berichtigt, so bedarf dies eines entsprechenden ausdrücklichen Hinweises (VG Hamburg v. 11.12.1992, aaO).

j) Wenn ein Wahlvorstand durch Beschluss vor Erlass des Wahlausschreibens die **Stimmabgabe in mehreren Wahllokalen anordnet**, dann muss er im Wahlausschreiben selbst den Ort aller Wahllokale angeben, so dass jeder Beschäftigte das für ihn zuständige Wahllokal leicht finden kann und Verwechslungen ausgeschlossen sind (OVG Lüneburg v. 30.1.2002, Leits. ZfPR 2004, 17).

k) Während der Amtszeit einer Personalvertretung soll durch eine entsprechende Zahl der Mitglieder eine zahlenmäßig angemessene Repräsentation der Beschäftigten sichergestellt werden. Daher ist bei der Festlegung der „in der Regel" Beschäftigten i.S.d. § 16 Abs. 1 Satz 1 BPersVG nicht alleine auf den Stellenplan und den Zeitpunkt des Erlasses des Wahlausschreibens abzustellen. Vielmehr ist eine **prognostische Einschätzung** für die gesamte Wahlperiode vorzunehmen. Andere Umstände, die zu einer Erhöhung oder zu einer Verminderung der Zahl der regelmäßig Beschäftigten führen könnten, sind aber nur dann zu berücksichtigen, wenn sie voraussichtlich in einer Art und Weise für die bevorstehende Wahlperiode den zu erwartenden Personalbestand beeinflussen und dies **durch ein hohes Maß an Gewissheit** gekennzeichnet ist (OVG Münster v. 15.4.2003, ZfPR 2004, 12).

§ 7 Wahlvorschläge, Einreichungsfrist

(1) Zur Wahl des Personalrats können die wahlberechtigten Beschäftigten und die in der Dienststelle vertretenen Gewerkschaften Wahlvorschläge machen.

(2) Die Wahlvorschläge sind binnen achtzehn Kalendertagen nach dem Erlass des Wahlausschreibens beim Wahlvorstand einzureichen. Bei Gruppenwahl sind für die einzelnen Gruppen getrennte Wahlvorschläge einzureichen.

1. Begriffsbestimmungen

Wahlvorschlag: Aufforderung der Unterzeichner an die Wahlberechtigten, die im Wahlvorschlag genannten Bewerber zu wählen.

2. Erläuterungen

Nach Abs. 2 wird für die **Einreichung von Wahlvorschlägen eine Frist von 18 Kalendertagen** nach Erlass des Wahlausschreibens festgelegt. Die Frist beginnt mit dem Tag nach dem Aushang des Wahlausschreibens. Die Wahlvorschläge müssen am letzten Tag der Frist bis mindestens 24.00 Uhr vorliegen.

3. Fälle aus der Rechtsprechung

a) Bewerber- und Unterschriftenliste müssen nicht unbedingt eine **einheitliche, körperlich verbundene Urkunde** bilden. Eine entsprechende Vorschrift ergibt sich nicht aus dem Gesetz, auch nicht aus der Wahlordnung. Die Einheitlichkeit der Vorschlags- und der Unterschriftenliste muss sich nicht unmittelbar aus einer festen Verbindung, sie kann sich auch aus einer fortlaufenden Paginierung/Nummerierung, aus einer einheitlichen grafischen Gestaltung, aus dem inhaltlichen Zusammenhang des Textes sowie aus der Wiedergabe des Kennworts aus den einzelnen Blättern der Listen ergeben (vgl. für das BetrVG: BAG v. 25.5.2005, BAGE 115, 34; BAG v. 20.1.2010, ZfPR *online* 12/2010, S 10; vgl. auch § 8 Anm. 3 d). Ebenfalls muss „sichergestellt sein, dass sich die Unterschriften auf den betreffenden Wahlvorschlag ... beziehen" (BAG v. 20.1.2010, aaO). Ein aus zwei Blättern bestehender Wahlvorschlag, dessen Blätter als „Blatt Ziffer 1" und „Blatt Ziffer 2" bezeichnet sind, lässt z.B. deutlich erkennen, dass beide Blätter zusammengehören (OVG Münster v. 8.6.1977 – CB 20/76, n.v.).

b) Wenn **Wahlvorschläge geändert** worden sind, so kommt es darauf an, ob die Änderung nicht nur die Unterzeichner-, sondern auch die Bewerberliste berührt. Diese darf keine Änderungen enthalten (BVerwG v. 10.8.1978, BVerwGE 56, 208 = PersV 1979, 417).

c) Ein **Wahlvorschlag muss** dem Wahlvorstand **zugehen**. Dies ist der Fall, wenn ihm die Kenntnisnahme unter gewöhnlichen Verhältnissen möglich ist und nach der Lebenserfahrung erwartet werden kann (BVerwG v. 3.2.1969, PersV 1970, 37). Ein **Wahlvorschlag** kann auch zunächst als **Telefax** übermittelt werden. Der Wahlvorstand hat in einem solchen Fall auf die Vorlage der Urschrift hinzuwirken (VG Hamburg 11.12.1992, PersR 1993, 508).

d) Das Vorliegen der erforderlichen Unterstützungsvorschriften muss der Wahlvorstand zuverlässig prüfen können. Deshalb müssen **Wahlvorschläge** innerhalb der Einreichungsfrist **im Original** beim Wahlvorstand eingehen, so dass Kopien etc. nicht ausreichen (vgl. für das BetrVG: BAG v. 20.1.2010, PersR 2010, aaO).

e) Ein Wahlvorstand kann die Einreichungsfrist im Wahlausschreiben zwar auf das Ende der Dienstzeit festlegen. Dies ändert aber nichts an der Tatsache, dass die **Einreichungsfrist erst um 24 Uhr des betreffenden Tages endet**, und dass bis zu diesem Zeitpunkt noch Wahlvorschläge eingereicht werden können. Der Hinweis im Wahlausschreiben kann daher nur deutlich machen, dass nach dem Ende der Dienstzeit die Gefahr des tatsächlichen Zugangs eines Wahlvorschlags ausschließlich beim Einreichenden liegt (vgl. BVerwG v. 17.7.1980, PersV 1981, 498). Der Wahlvorstand jedenfalls ist verpflichtet, bis zum Ende der Dienstzeit zur Entgegennahme von Wahlvorschlägen bereitzustehen. Er hat daher Vorkehrungen dafür zu treffen, dass Wahlvorschläge auch tatsächlich bis zum Ablauf des Tages noch wirksam eingereicht werden können (OVG Erfurt v. 18.9.2013, PersV 2014, 306).

§ 8 Inhalt der Wahlvorschläge

(1) Jeder Wahlvorschlag soll mindestens doppelt soviel Bewerber enthalten wie

1. **bei Gruppenwahl Gruppenvertreter,**
2. **bei gemeinsamer Wahl Personalratsmitglieder zu wählen sind.**

(2) Die Namen der einzelnen Bewerber sind auf dem Wahlvorschlag untereinander aufzuführen und mit fortlaufenden Nummern zu versehen. Außer dem Familiennamen sind der Vorname, das Geburtsdatum, die Amts- oder Funktionsbezeichnung, die Gruppenzugehörigkeit und, soweit Sicherheitsbedürfnisse nicht entgegenstehen, die Beschäftigungsstelle anzugeben. Bei gemeinsamer Wahl sind in dem Wahlvorschlag die Bewerber jeweils nach Gruppen zusammenzufassen. Der Wahlvorschlag darf keine Änderungen enthalten; gegebenenfalls ist ein neuer Wahlvorschlag zu fertigen und zu unterzeichnen.

(3) Jeder Wahlvorschlag der Beschäftigten muss nach § 19 Abs. 4, 5 und 6 des Gesetzes

1. **bei Gruppenwahl von mindestens einem Zwanzigstel der wahlberechtigten Gruppenangehörigen, jedoch mindestens von drei wahlberechtigten Gruppenangehörigen,**
2. **bei gemeinsamer Wahl von mindestens einem Zwanzigstel der wahlberechtigten Beschäftigten, jedoch mindestens von drei wahlberechtigten Beschäftigten,**
3. **bei gemeinsamer Wahl, wenn gruppenfremde Bewerber vorgeschlagen werden, von mindestens einem Zehntel der wahlberechtigten Angehörigen der Gruppe, für die sie vorgeschlagen sind,**

unterzeichnet sein. Bruchteile eines Zehntels oder Zwanzigstels werden auf ein volles Zehntel oder Zwanzigstel aufgerundet. In dem Fall genügen bei Gruppenwahl die Unterschriften von 50 wahlberechtigten Gruppenangehörigen, bei gemeinsamer Wahl die Unterschriften von 50 wahlberechtigten Beschäftigten. Macht eine in der Dienststelle vertretene Gewerkschaft einen Wahlvorschlag, so muss dieser von zwei in der Dienststelle beschäftigten Beauftragten, die einer der in der Dienststelle vertretenen Gewerkschaft angehören, unterzeichnet sein. Hat der Wahlvorstand Zweifel, ob eine Beauftragung durch eine in der Dienststelle vertretene Gewerkschaft

tatsächlich vorliegt, kann er verlangen, dass die Gewerkschaft den Auftrag bestätigt; dies soll schriftlich erfolgen. Entsprechendes gilt bei Zweifeln, ob ein Beauftragter einer in der Dienststelle vertretenen Gewerkschaft als Mitglied angehört.

(4) Aus dem Wahlvorschlag der Beschäftigten soll zu ersehen sein, welcher Beschäftigte zur Vertretung des Vorschlags gegenüber dem Wahlvorstand und zur Entgegennahme von Erklärungen und Entscheidungen des Wahlvorstands berechtigt ist (Listenvertreter). Fehlt eine Angabe hierüber, gilt der Unterzeichner als berechtigt, der an erster Stelle steht. In den Fällen des Absatzes 3 Satz 4 kann die Gewerkschaft einen der von ihr beauftragten Vorschlagsberechtigten oder einen anderen in der Dienststelle Beschäftigten, der Mitglied der Gewerkschaft ist, als Listenvertreter benennen.

(5) Der Wahlvorschlag soll mit einem Kennwort versehen werden.

1. Begriffsbestimmungen

Wahlvorschlag: Aufforderung an die Wähler, die im Wahlvorschlag genannten Bewerber zu wählen. Der Wahlvorschlag besteht aus einer Bewerberliste, die die vorgeschlagenen Kandidaten enthält und aus einer Unterschriftenliste, die diejenigen erkennen lässt, die die Kandidaten vorschlagen und mit ihrer Unterschrift den Wahlvorschlag sich zu eigen machen (vgl. auch § 7 Anm. 3 a).

2. Erläuterungen

a) Das **Unterschriftenquorum für Wahlvorschläge**, die von wahlberechtigten Beschäftigten eingereicht werden, beträgt ein Zwanzigstel der wahlberechtigten Gruppenangehörigen. Jedoch muss ein Wahlvorschlag von mindestens drei wahlberechtigten Gruppenangehörigen unterzeichnet sein.

b) Bei **gemeinsamer Wahl** verändert sich das Unterschriftenquorum nicht. Statt wahlberechtigter Gruppenangehöriger geht es bei der Gemeinschaftswahl um wahlberechtigte Beschäftigte. Das Unterschriftenquorum bei einer Gemeinschaftswahl beträgt dann ein Zehntel, wenn gruppenfremde Bewerber vorgeschlagen werden.

c) Falls der Wahlvorstand Zweifel daran hat, ob eine Beauftragung durch eine in der Dienststelle vertretene Gewerkschaft zur Unterstützung ihres Wahlvorschlags tatsächlich vorliegt, so kann er verlangen, dass eine **Auftragsbestätigung** erfolgt. Diese Bestätigung soll aus Gründen der Beweissicherung im Hinblick auf ein Wahlanfechtungsverfahren schriftlich erfolgen. Eine mündliche Bestätigung ist aber nicht ausgeschlossen.

d) Jeder Wahlvorschlag der Beschäftigten soll einen **Listenvertreter** angeben. Das ist diejenige Person, die zur Vertretung des Wahlvorschlags gegenüber dem Wahlvorstand und zur Entgegennahme von Erklärungen und Entscheidungen des Wahlvorstands berechtigt ist.

3. Fälle aus der Rechtsprechung

a) Ein beim Wahlvorstand **eingereichter Wahlvorschlag** kann **nicht** mehr **zurückgenommen** werden. Dies gilt auch dann, wenn alle Unterzeichner der Rücknahme zustimmen und die Einreichungsfrist noch nicht abgelaufen ist; denn mit der Einreichung beim Wahlvorstand wird ein Wahlvorschlag rechtlich verbindlich (BVerwG v. 5.2.1971, BVerwGE 37, 162 = PersV 1971, 243).

b) Nach Eingang eines Wahlvorschlags beim Wahlvorstand können Unterstützungsunterschriften nicht mehr widerrufen werden. Hat ein Wahlberechtigter jedoch mehrere Wahlvorschläge unterschrieben und gibt er vor Einreichung der Wahlvorschläge sich widersprechende Erklärungen über den **Widerruf** seiner Unterschriften ab, so ist für die Entscheidung über die Zulässigkeit des Wahlvorschlags auf die letzte rechtlich beachtliche Willenserklärung abzustellen (BayVGH v. 29.10.1986, ZBR 1987, 62).

c) Jeder Wahlvorschlag soll mit einem **Kennwort** versehen werden, um Verwechslungsgefahren auszuschließen. Das Kennwort selbst kann aus mehreren Wörtern bestehen (BayVGH v. 14.2.1958 – Nr. 1 F s 57, n.v.). Es kann in der Bezeichnung einer Gewerkschaft oder in einer abgekürzten Bezeichnung mehrerer Gewerkschaften bestehen, wenn der Wahlvorschlag von Beauftragten mehrerer Gewerkschaften unterzeichnet worden ist (BVerwG v. 23.10.1970, PersV 1971, 143). Das Kennwort **„Freie Liste"** ist dann irreführend, wenn sich auf einer von einer Gewerkschaft aufgestellten Liste nur gewerkschaftsangehörige Bewerber befinden; mit einer solchen Bezeichnung wird der Eindruck erweckt, dass sich auch Bewerber auf der Liste finden, die der Gewerkschaft nicht angehören (HessVGH v. 24.2.2005, PersV 2005, 432).

d) Ein Wahlvorschlag besteht aus einer **Bewerber- und einer Unterschriftenliste**. Das aber setzt nicht zwingend voraus, dass Bewerber- und Unterschriftenliste eine einheitliche, körperlich verbundene Urkunde bilden. Weder aus dem Gesetz noch aus der Wahlordnung ergibt sich eine entsprechende Vorschrift. Zwar ist eine körperliche Verbindung beider Teile bzw. einzelner Blätter einer Unterschriftenliste zweckmäßig, aber auch aus anderen Merkmalen kann sich die Einheitlichkeit der Vorschlags- und der Unterschriftenliste ergeben, nämlich u.a. aus einer fortlaufenden Paginierung/ Nummerierung, aus einer einheitlichen grafischen Gestaltung, aus dem inhaltlichen Zusammenhang des Textes sowie aus der Wiedergabe des Kennworts auf den einzelnen Blättern der Liste (vgl. für das BetrVG: BAG v. 25.5.2005, Leits. BB 2005, 2360; VG Potsdam v. 3.5.2006, Leits. ZfPR 2007, 70; vgl. auch für das BetrVG: BAG v. 20.1.2010, ZfPR *online* 12/2010, S. 10).

e) Bei einem zum Zeitpunkt der Wahl freigestellten Personalratsmitglied ist es sachgerecht, als **Funktionsbezeichnung** diejenige aufzuführen, die der zuletzt tatsächlich ausgeübten Tätigkeit entspricht (OVG Münster v. 22.1.1998, Leits. ZfPR 2000, 113). Die Angabe „Personalabteilung" ist ebenso wenig wie die Angabe „Personalrat" geeignet, diesem Ziel des Verordnungsgebers zu entsprechen. Bei einem zum Zeitpunkt der Wahl freigestellten Personalratsmitglied ist es allerdings sachgerecht, als Funktionsbezeichnung diejenige aufzuführen, die seiner zuletzt tatsächlich ausgeübten Tätigkeit entspricht. Ungenaue Angaben sind ein Verstoß gegen wesentliche Wahlvorschriften i.S.v. § 25 BPersVG; sie berechtigen zur Wahlanfechtung (OVG Münster v. 27.6.1983, PersV 1984, 466; VG Aachen, 30.10.2008, Leits. ZfPR 2010, 70).

f) Ein Wahlvorschlag, der nicht **doppelt so viele Bewerber** enthält wie bei Gruppenwahl Gruppenvertreter, bei gemeinsamer Wahl Personalratsmitglieder zu wählen sind, ist gültig. Es geht nämlich in erster Linie darum, dass überhaupt eine Personalvertretung gewählt wird. Diesem gesetzgeberischen Ziel gegenüber tritt die Frage der Größe der Personalvertretung zurück, so dass ein Wahlvorschlag, der weniger Kandidaten enthält, als gewählt werden können, wirksam ist (BVerwG v. 20.6.1990, ZfPR 1992, 12).

g) Ein **listenübergreifendes Nachrücken** ist auch für den Fall nicht möglich, dass eine Wahlvorschlagsliste nicht den Anforderungen des Abs. 1 entsprochen hat (BVerwG v. 19.2.2013, ZfPR *online* 4/2013, S. 15).

h) Aufwendungen (Reisekosten) eines Arbeitnehmers für die Ausübung eines gewerkschaftlichen Ehrenamtes sind als durch seinen Beruf veranlasste **Werbungskosten** anzusehen. Dies gilt entsprechend für das Anstreben eines Mandats für den Personalrat; auch dies hat eine ausreichend enge Beziehung zu der Berufstätigkeit des Kandidaten. Daher sind Werbeaufwendungen, die ein Kandidat für eine Personalratswahl verauslagt, um die Chancen seiner Wahl zu steigern, als Werbungskosten bei seinen Einkünften aus nicht selbstständiger Tätigkeit grundsätzlich anzuerkennen (Finanzgericht Berlin-Brandenburg v. 28.3.2007, ZfPR 2008, 12).

§ 9 Sonstige Erfordernisse

(1) Jeder Bewerber kann für die Wahl des Personalrats nur auf einem Wahlvorschlag vorgeschlagen werden.

(2) Dem Wahlvorschlag ist die schriftliche Zustimmung der in ihm aufgeführten Bewerber zur Aufnahme in den Wahlvorschlag beizufügen; die Zustimmung kann nicht widerrufen werden.

(3) Jeder vorschlagsberechtigte Beschäftigte (§ 8 Abs. 3) kann seine Unterschrift zur Wahl des Personalrats rechtswirksam nur für einen Wahlvorschlag abgeben. Jede vorschlagsberechtigte Gewerkschaft kann durch ihre Beauftragten rechtswirksam nur einen Wahlvorschlag für jede Gruppe unterzeichnen lassen.

(4) Eine Verbindung von Wahlvorschlägen ist unzulässig.

1. Begriffsbestimmungen

Listenverbindung: Mehrere Wahlvorschläge dürfen nicht in der Weise verbunden werden, dass sie gegenüber den anderen Vorschlägen als einheitlicher Vorschlag gelten. Damit soll verhindert werden, dass die auf die verbundenen Wahlvorschläge abgegebenen Stimmen zusammengezählt werden.

2. Erläuterungen

Wird ein **Wahlvorschlag ohne Zustimmungserklärung der Bewerber** eingereicht, so ist dieser Wahlvorschlag schwebend unwirksam. Der Mangel wird geheilt, wenn dem Wahlvorstand die Zustimmungserklärung innerhalb der Einreichungsfrist zugeht. Geschieht dies nicht, so hat der Wahlvorstand unter Fristsetzung den Wahlvorschlag zur Beseitigung des Mangels zurückzugeben (§ 10 Abs. 5 Nr. 2 WO; HessVGH v. 24.10.2002, ZfPR 2004, 7).

3. Fälle aus der Rechtsprechung

a) Die **Zustimmungserklärung muss schriftlich abgegeben** werden, um den Aussteller der Urkunde erkennbar zu machen (Identifikationsfunktion) und sicherzustellen, dass die Erklärung tatsächlich von dem Erklärenden stammt (BVerwG v. 11.3.2014, ZfPR *online* 7-8/2014, S. 2).

b) Ein **Kandidat** kann einen Wahlvorschlag, auf dem er selbst benannt ist, unterzeichnen (BAG v. 6.11.2013, DB 2014, 1267).

c) Im Fall **einer Listenverbindung** kommt es darauf an, ob es sich jeweils um selbständige Wahlvorschläge handelt oder um einen Wahlvorschlag mit einem gemeinsamen Kennwort, auf dem zulässigerweise Mitglieder unterschiedlicher Gewerkschaften gemeinsam kandidieren (VG Ansbach v. 14.11.1960, Leits. ZBR 1962, 30).

§ 10 Behandlung der Wahlvorschläge durch den Wahlvorstand, ungültige Wahlvorschläge

(1) Der Wahlvorstand vermerkt auf den Wahlvorschlägen den Tag und die Uhrzeit des Eingangs. Im Fall des Absatzes 5 ist auch der Zeitpunkt des Eingangs des berichtigten Wahlvorschlags zu vermerken.

(2) Wahlvorschläge, die ungültig sind, insbesondere, weil die Bewerber nicht in erkennbarer Reihenfolge aufgeführt sind, weil sie bei der Einreichung nicht die erforderliche Anzahl von Unterschriften aufweisen, weil sie nicht fristgerecht eingereicht worden sind oder weil sie Änderungen enthalten (§ 8 Abs. 2 Satz 4), gibt der Wahlvorstand unverzüglich nach Eingang unter Angabe der Gründe zurück. Die Zurückziehung von Unterschriften nach Einreichung des Wahlvorschlages beeinträchtigt dessen Gültigkeit nicht; Absatz 4 bleibt unberührt.

(3) Der Wahlvorstand hat einen Bewerber, der mit seiner schriftlichen Zustimmung auf mehreren Wahlvorschlägen benannt ist, aufzufordern, binnen drei Arbeitstagen

zu erklären, auf welchem Wahlvorschlag er benannt bleiben will. Gibt der Bewerber diese Erklärung nicht fristgerecht ab, so wird er von sämtlichen Wahlvorschlägen gestrichen.

(4) Der Wahlvorstand hat einen vorschlagsberechtigten Beschäftigten (§ 8 Abs. 3), der mehrere Wahlvorschläge unterzeichnet hat, schriftlich gegen Empfangsbestätigung, erforderlichenfalls durch eingeschriebenen Brief, aufzufordern, binnen drei Arbeitstagen seit dem Zugang der Aufforderung zu erklären, welche Unterschrift er aufrechterhält. Gibt der Beschäftigte diese Erklärung nicht fristgerecht ab, so zählt seine Unterschrift auf keinem Wahlvorschlag. Entsprechendes gilt für Wahlvorschläge der Gewerkschaften, die mit § 9 Abs. 3 Satz 2 nicht in Einklang stehen.

(5) Wahlvorschläge, die

1. **den Erfordernissen des § 8 Abs. 2 Satz 1 bis 3 nicht entsprechen,**
2. **ohne die schriftliche Zustimmung der Bewerber eingereicht sind,**
3. **infolge von Streichungen gemäß Absatz 4 nicht mehr die erforderliche Anzahl von Unterschriften aufweisen,**

hat der Wahlvorstand gegen schriftliche Empfangsbestätigung, erforderlichenfalls durch eingeschriebenen Brief, mit der Aufforderung zurückzugeben, die Mängel binnen drei Arbeitstagen seit dem Zugang der Aufforderung zu beseitigen. Werden die Mängel nicht fristgerecht beseitigt, sind diese Wahlvorschläge ungültig.

1. Begriffsbestimmungen

a) Ungültige Wahlvorschläge: Dies sind solche Vorschläge, in denen die Bewerber nicht in erkennbarer Reihenfolge aufgeführt worden sind oder die nicht die zum Zeitpunkt der Einreichung notwendige Anzahl von Unterschriften aufweisen oder nicht fristgerecht eingereicht worden sind bzw. Änderungen enthalten.

b) Mehrfachkandidatur: Jeder Kandidat kann nur auf einem Wahlvorschlag als Bewerber erscheinen.

2. Erläuterungen

a) Der Wahlvorstand muss die **Wahlvorschläge entgegennehmen**. Ausreichend ist, wenn ein Wahlvorschlag dem Wahlvorstand zugeht. Eine persönliche Entgegennahme ist nicht erforderlich.

b) Der Wahlvorstand muss jeden Wahlvorschlag zurückgeben, den er aus irgendeinem Grund für **unheilbar ungültig** hält. Die Rückgabe hat an den Listenvertreter zu erfolgen. Dem Wahlvorstand obliegt aber nicht die Pflicht, von sich aus Unklarheiten eines bei ihm eingereichten Wahlvorschlags zu beseitigen.

c) Der Wahlvorstand hat einen ungültigen Wahlvorschlag gegen **schriftliche Empfangsbestätigung** mit der Aufforderung zurückzugeben, die Mängel binnen drei Arbeitstagen seit dem Zugang der Aufforderung zu beseitigen.

d) Bei einer **Mehrfachkandidatur** sind die Wahlvorschläge nicht ohne weiteres ungültig. In diesen Fällen hat der Wahlvorstand vielmehr einen solchen Bewerber aufzufordern, „binnen drei Arbeitstagen zu erklären, auf welchem Wahlvorschlag er benannt bleiben will“ (§ 10 Abs. 3 Satz 1 WO).

3. Fälle aus der Rechtsprechung

a) Ein Wahlvorstand hat sicherzustellen, dass ihm Wahlvorschläge auch **während der Abwesenheit** zugehen können (BVerwG v. 3.2.1969, PersV 1970, 37). Er muss sich insbesondere in der Zeit, in der das Gebot der Unverzüglichkeit besondere Bedeutung hat, nämlich am letzten Wahltag der Einreichungsfrist, bis zu dem Zeitpunkt, an dem seine Anwesenheitspflicht endet (üblicher Dienstschluss), **beschlussfähig** bereithalten. Der Wahlvorstand hat alles in seiner Macht stehende zu tun, um einen unheilbar ungültigen Wahlvorschlag unverzüglich unter Angabe der Gründe zurückzugeben und dadurch dem Einreicher des Wahlvorschlags die Möglichkeit zu geben, innerhalb der Frist einen neuen gültigen Wahlvorschlag einzureichen (BayVGH v. 10.12.1992, Leits. ZfPR 1993, 203).

b) Ein Wahlvorschlag gilt dann als zugegangen, wenn er in den **Verfügungsbereich des Wahlvorstands** gelangt. Dies ist der Fall bei Abgabe des Wahlvorschlags im Büro des Wahlvorstands bzw. bei Übergabe an ein Wahlvorstandsmitglied (VG Karlsruhe v. 10.9.2010, Leits. ZfPR 2012, 8).

c) Der Wahlvorstand hat jeden Wahlvorschlag, den er für ungültig hält, **unverzüglich zurückzugeben**, d.h. ohne schuldhaftes Zögern nach Eingang unter Angabe der Gründe. Dabei muss dem Wahlvorstand allerdings Zeit zur rechtlichen Prüfung gegeben werden (BVerwG v. 8.3.1963, BVerwGE 15, 352 = PersV 1963, 161). Gerade am letzten Tag zur Einreichung von Wahlvorschlägen muss sichergestellt sein, dass der gesamte Wahlvorstand im Hinblick auf das Gebot der Unverzüglichkeit nach Abs. 2 Satz 1 anwesend ist. Andernfalls wäre der Wahlvorstand nicht in der Lage, unverzüglich über die **Gültigkeit von Wahlvorschlägen zu entscheiden** (BayVGH v. 10.12.1992 – 18 P 92.1709, n.v.). Eine im Einzelfall verständliche Verzögerung bei der Beanstandung von Wahlvor- schlägen ändert nichts an den Rechtsfolgen einer Wahlanfechtung (BayVGH v. 19.2.1992, PersR 1993, 192). Wieviel Zeit zur Prüfung der Gültigkeit eines Wahlvorschlags angemessen ist, richtet sich einerseits nach dem Schwierigkeitsgrad der erforderlichen tatsächlichen und rechtlichen Klärung, andererseits danach, inwieweit die Einreichungs- frist bereits fortgeschritten ist und sich ihrem Ende nähert. Dem Listeneinreicher muss nämlich grundsätzlich nach unverzüglicher Prüfung der Gültigkeit eines Wahlvorschlags eine angemessene Zeitspanne für die Behebung des festgestellten Mangels und die Neueinreichung des Wahlvorschlags verbleiben. Je weniger Zeit noch zur Einreichung eines gültigen, vom Wahlvorstand beanstandeten Wahlvorschlags verbleibt, um so kürzer muss die Zeitspanne zwischen Einreichung eines Wahlvorschlags einerseits und der Prüfung dieses Wahlvorschlags andererseits sein (VGH Hessen v. 24.10.2002, ZfPR 2004, 7; vgl. auch LAG Rheinland-Pfalz v. 1.4.2008 – 3 TaBV 1/08, n.v.).

d) Der Wahlvorstand ist nicht berechtigt, von sich aus einen **offensichtlichen Schreibfehler** zu berichtigen. Dies gilt auch dann, wenn der Listenvertreter mit einer Berichtigung (nachträglich) einverstanden ist (BayVGH v. 4.2.1987, Leits. PersR 1988, 84).

e) Die **Widerrufserklärung** muss grundsätzlich schriftlich erfolgen. Sie kann aber auch mündlich unmittelbar gegenüber dem Wahlvorstand abgegeben oder durch eine beliebige dritte Person dem Wahlvorstand zugeleitet werden. Ist der Wahlvorschlag aber bereits eingereicht, so kann die Unterschrift nicht mehr widerrufen werden (BVerwG v. 5.2.1971, BVerwGE 37, 162 =PersV 1971, 243).

f) Wenn ein Bewerber nach Aufforderung durch den Wahlvorstand, zu erklären, auf welchem Wahlvorschlag er bei einer **Mehrfachkandidatur** endgültig und alleine kandidieren will, eine entsprechende Erklärung nicht innerhalb einer Frist von drei Arbeitstagen abgibt, so ist er von sämtlichen Wahlvorschlägen zu streichen. Aus einem anderen Grund darf der Wahlvorstand einen Wahlbewerber allerdings nicht aus der Bewer- berliste streichen (BVerwG v. 27.5.1960, BVerwGE 10, 344 = PersV 1960, 207).

g) Ein Listenvertreter, dem der Wahlvorstand einen beanstandeten Wahlvorschlag zur Nachbesserung zurückgegeben hat, kann innerhalb der Einreichungsfrist statt der Nachbesserung des alten einen **neuen Wahlvorschlag** einreichen (BVerwG v. 8.3.1963, BVerwGE 15, 347 =PersV 1963, 161).

h) Wenn ein Wahlvorstand die **Zahl der wahlberechtigten Beschäftigten**, von denen ein Wahlvorschlag zu Personalratswahlen zu unterzeichnen ist, im Wahlausschreiben zu niedrig angegeben hat, so kann er diesen Wahlrechtsverstoß berichtigen. In diesem Fall muss er den Wahlvorschlag an den Listenführer einer Liste mit einer zu geringen Zahl von Unterstützungsunterschriften zur Nachbesserung zurückgeben. Andernfalls müsste der Wahlvorstand das Wahlverfahren neu beginnen. Mit einer Rückgabe des entsprechenden Wahlvorschlags trägt der Wahlvorstand zur Beseitigung der Folgen eines bereits vorliegenden Wahlrechtsverstoßes bei (OVG Münster v. 20.1.1994, Leits. ZPR 1994, 190).

i) Ein **Wahlvorschlag ist auch dann zurückzugeben**, wenn er gemeinsam von **mehreren Gewerkschaften** eingereicht worden ist, nicht aber die Unterschrift von jeweils zwei Beauftragten jeder Gewerkschaft trägt (OVG Sachsen-Anhalt v. 6.3.2002, ZfPR 2002, 333).

j) Die **Rückgabe** eines ungültigen Wahlvorschlags durch **Aushang am Schwarzen Brett** ist unzulässig (VG Potsdam v. 22.1.2003, ZfPR 2004, 15). Wohl aber kann der Wahlvorstand dem Listenvertreter per Handy die Rückgabe ankündigen und sodann die persönliche Übergabe durchführen (vgl. für das BetrVG: LAG Düsseldorf v. 25.3.2003, PersV 2003, 417).

k) Eine **Wahl ist ungültig**, wenn die Bezeichnung einer Liste zur Personalratswahl keine eindeutige Identifizierung ermöglicht. Wird das **Kennwort** so gewählt, dass keine Gewähr gegen eine Verwechslung z.B. mit einer Organisation besteht, die selbst den Wahlvorschlag nicht unterstützt, so wird dadurch gegen die guten Sitten verstoßen; die Wahl muss insoweit für ungültig erklärt werden (VG Potsdam v. 26.8.1998, PersV 1999, 231).

l) Im Zusammenhang mit **Wahlen zur Schwerbehindertenvertretung** besteht nach Auffassung des Bundesverwaltungsgerichts (BVerwG v. 20.1.2010, PersR 2010, 326) keine Pflicht des Wahlvorstands, bei ihm eingehende Wahlvorschläge unverzüglich auf etwaige Mängel zu prüfen und bei einer Beanstandung dem einreichenden Listenvertreter zurückzugeben.

§ 11 Nachfrist für die Einreichung von Wahlvorschlägen

(1) Ist nach Ablauf der Fristen nach § 7 Abs. 2 und § 10 Abs. 5 Satz 1 Nr. 1 und 2 bei Gruppenwahl nicht für jede Gruppe ein gültiger Wahlvorschlag, bei gemeinsamer Wahl überhaupt kein gültiger Wahlvorschlag eingegangen, so gibt der Wahlvorstand dies sofort durch Aushang an den gleichen Stellen, an denen das Wahlausschreiben ausgehängt ist, bekannt. Gleichzeitig fordert er zur Einreichung von Wahlvorschlägen innerhalb einer Nachfrist von sechs Arbeitstagen auf.

(2) Im Fall der Gruppenwahl weist der Wahlvorstand in der Bekanntmachung darauf hin, dass eine Gruppe keine Vertreter in den Personalrat wählen kann, wenn auch innerhalb der Nachfrist für sie kein gültiger Wahlvorschlag eingeht. Im Fall gemeinsamer Wahl weist der Wahlvorstand darauf hin, dass der Personalrat nicht gewählt werden kann, wenn auch innerhalb der Nachfrist kein gültiger Wahlvorschlag eingeht.

(3) Gehen auch innerhalb der Nachfrist gültige Wahlvorschläge nicht ein, so gibt der Wahlvorstand sofort bekannt

1. **bei Gruppenwahl, für welche Gruppe oder für welche Gruppen keine Vertreter gewählt werden können,**
2. **bei gemeinsamer Wahl, dass diese Wahl nicht stattfinden kann.**

1. Begriffsbestimmungen

Nachfrist: Zeitraum von drei Arbeitstagen, in denen Gelegenheit besteht, heilbare Mängel eines Wahlvorschlags zu beseitigen.

2. Erläuterungen

a) **Sinn der Vorschrift** ist es, selbst dann noch zu einer gültigen Personalratswahl zu kommen, wenn durch Umstände irgendwelcher Art eine Wahl dadurch in Frage gestellt worden ist, dass keine Wahlvorschläge eingereicht wurden.

b) Wenn nach Ablauf der Fristen (18 Kalendertage nach dem Erlass des Wahlausschreibens, § 7 Abs. 2; drei Arbeitstage zur Mängelbeseitigung bei heilbar ungültigen Wahlvorschlägen, § 10 Abs. 5) **kein gültiger Wahlvorschlag** vorliegt, dann muss der Vorstand durch Aushang an derselben Stelle bzw. denselben Stellen, an denen das Wahlausschreiben ausgehängt ist, bekanntmachen, dass gültige Wahlvorschläge nicht vorliegen. In diesem Fall hat er eine Nachfrist von sechs Arbeitstagen für die Einreichung von Wahlvorschlägen zu setzen. Geht bei Gruppenwahl innerhalb der Nachfrist ein Wahlvorschlag ein, so ist dieser auf seine Gültigkeit zu prüfen und im Fall heilbarer Mängel nach § 10 Abs. 5 zur Nachbesserung zurückzugeben. Werden trotz der Nachfrist keine Wahlvorschläge eingereicht, so ist damit das Wahlverfahren abgeschlossen. Das Amt des Wahlvorstands erlischt.

3. Fälle aus der Rechtsprechung

Wenn bei Gruppenwahl trotz Nachfristsetzung kein Wahlvorschlag eingeht, so fallen die **Sitze**, die der säumigen Gruppe bei Beteiligung an der Wahl zugestanden hätten, der **anderen Gruppe** zu (BVerwG v. 23.10.1970, BVerwGE 36, 170 =PersV 1971, 135).

§ 12 Bezeichnung der Wahlvorschläge

(1) Nach Ablauf der Fristen nach § 7 Abs. 2, § 10 Abs. 5 und § 11 Abs. 1 ermittelt der Wahlvorstand durch das Los die Reihenfolge der Wahlvorschläge auf dem Stimmzettel. Finden Wahlen für Personalvertretungen mehrerer Stufen gleichzeitig statt, ist für Wahlvorschläge mit demselben Kennwort für die Wahlen auf allen Stufen die Losentscheidung auf der obersten Stufe maßgebend. Für Wahlvorschläge, die an der Losentscheidung auf der obersten Stufe nicht beteiligt sind, werden die folgenden Plätze auf dem Stimmzettel ausgelost. Die Listenvertreter (§ 8 Abs. 4) sind zu der Losentscheidung rechtzeitig einzuladen.

(2) Der Wahlvorstand bezeichnet die Wahlvorschläge mit den Familien- und Vornamen der in dem Wahlvorschlag an erster und zweiter Stelle benannten Bewerber, bei gemeinsamer Wahl mit den Familien- und Vornamen der für die Gruppen an erster Stelle benannten Bewerber. Bei Wahlvorschlägen, die mit einem Kennwort versehen sind, ist auch das Kennwort anzugeben.

1. Begriffsbestimmungen

Kennwort: Diejenige Bezeichnung eines Wahlvorschlags, die sich auf die Identität des Listeneinreichers bezieht und ihn von anderen, die ebenfalls Listen einreichen, unterscheidet.

2. Erläuterungen

a) Die Wahlvorschläge werden nicht in der Reihenfolge ihres Eingangs numeriert. Vielmehr bestimmt das **Los** die Reihenfolge auf dem Stimmzettel.

b) Zu der Losentscheidung sind die **Listenvertreter einzuladen**. Durch ihre Teilnahme soll eine Kontrolle des Verfahrens, das zur Ermittlung des Losentscheids führt, ermöglicht werden.

3. Fälle aus der Rechtsprechung

a) Wenn ein Kennwort verwendet wird, dann muss eine eindeutige Identifizierung möglich sein. Die **Gefahr der Verwechslung** mit einer anderen Organisation muss ausgeschlossen sein. Andernfalls ist die Wahl im Fall der Anfechtung für ungültig zu erklären (VG Potsdam v. 26.8.1998, ZfPR 2000, 13). Wird ein Kennwort vor Einreichung des Wahlvorschlags geändert, so berührt dies nicht die Identität und Gültigkeit der vorher den Kandidaten erteilten Unterstützungsunterschriften (VG Freiburg v. 16.12.1997, Leits. ZfPR 2000, 18; vgl. auch § 8 Anm. 3 c).

b) Ein im Auftrag einer Gewerkschaft eingereichter Wahlvorschlag mit dem Kennwort **„Freie Liste"** ist ungültig. Dadurch wird der Wähler in einer gegen die guten Sitten verstoßenden Weise irregeführt (VG Hamburg v. 11.12.1992, PersR 1993, 508; vgl. auch § 8 Anm. 3 c).

§ 13 Bekanntmachung der Wahlvorschläge

(1) Unverzüglich nach Ablauf der Fristen nach § 7 Abs. 2, § 10 Abs. 5 und § 11 Abs. 1, spätestens jedoch fünf Arbeitstage vor Beginn der Stimmabgabe, gibt der Wahlvorstand die als gültig anerkannten Wahlvorschläge durch Aushang bis zum Abschluss der Stimmabgabe an den gleichen Stellen wie das Wahlausschreiben bekannt. Die Stimmzettel sollen in diesem Zeitpunkt vorliegen.

(2) Die Namen der Unterzeichner der Wahlvorschläge werden nicht bekanntgemacht.

1. Begriffsbestimmungen

Bekanntgabe der Wahlvorschläge durch Aushang: Durch eine allgemein zugängliche Bekanntgabe der Wahlvorschläge, die als gültig anerkannt worden sind, soll dem Wähler die Möglichkeit gegeben werden, sich bereits vor seiner eigentlichen Wahlentscheidung Gedanken über die Stimmabgabe zu machen.

2. Erläuterungen

a) Ein als gültig anerkannter Wahlvorschlag wird nicht dadurch ungültig, dass er später als fünf Tage vor Beginn der Stimmabgabe bekanntgemacht wird. Die Einhaltung der Frist ist nicht nur aus den bereits erwähnten Gründen notwendig, sondern auch deshalb, um Beschäftigten, die an einer persönlichen Stimmabgabe verhindert sind, die Möglichkeit zu geben, von der schriftlichen Stimmabgabe Gebrauch zu machen und sich **entsprechende Kenntnisse zu verschaffen**.

b) Die Vorschrift gewährt **kein Einblicksrecht in Wahlunterlagen**. Auf diese Weise nämlich würden die Namen von Unterzeichnern von Wahlvorschlägen bekannt werden.

3. Fälle aus der Rechtsprechung

Die **fehlerhafte Bekanntmachung des Wahlausschreibens** macht die Wahl anfechtbar (VG Hannover v. 29.11.2011, ZfPR *online* 2/2013, S. 14).

§ 14 Sitzungsniederschriften

Der Wahlvorstand fertigt über jede Sitzung, in der er einen Beschluss gefasst hat, eine Niederschrift, die mindestens den Wortlaut des Beschlusses enthält. Sie ist von sämtlichen Mitgliedern des Wahlvorstands zu unterzeichnen.

1. Begriffsbestimmungen

Sitzungsniederschrift: Diejenige Urkunde, die Auskunft geben soll über das Zustandekommen von Beschlüssen des Wahlvorstands in förmlichen Sitzungen.

2. Erläuterungen

Die **Abfassung der Niederschrift** ist zwingend vorgeschrieben. Für die Gültigkeit der Beschlüsse des Wahlvorstands ist sie zwar nicht rechtsbegründend, wohl aber ein wichtiges Beweismittel.

3. Fälle aus der Rechtsprechung

a) Wenn ein ordentliches Mitglied des Wahlvorstands an der Teilnahme an einer förmlichen Sitzung verhindert ist, so ist hierfür ein **Ersatzmitglied** zu laden (BayVGH v. 8.7.1963, Leits. ZBR 1965, 159), das auch noch nach Bestellung des Wahlvorstands berufen werden kann.

b) Sitzungen des Wahlvorstands sind **nicht geheim**. Sie können öffentlich durchgeführt werden (BVerwG v. 8.11.1957, BVerwGE 5, 348).

§ 15 Ausübung des Wahlrechts, Stimmzettel, ungültige Stimmabgabe

(1) Wählen kann nur, wer in das Wählerverzeichnis eingetragen ist.

(2) Das Wahlrecht wird durch Abgabe eines Stimmzettels in einem Wahlumschlag ausgeübt. Bei Gruppenwahl müssen die Stimmzettel für jede Gruppe, bei gemeinsamer Wahl alle Stimmzettel dieselbe Größe, Farbe, Beschaffenheit und Beschriftung haben. Dasselbe gilt für die Wahlumschläge. Gehören der Dienststelle ausländische Beschäftigte an, so sind Musterstimmzettel nebst einer Übersetzung in die Muttersprache der Beschäftigten im Wahllokal an gut sichtbarer Stelle auszuhängen.

(3) Ist nach den Grundsätzen der Verhältniswahl zu wählen (§ 25 Abs. 1), so kann die Stimme nur für den gesamten Wahlvorschlag (Vorschlagsliste) abgegeben werden. Ist nach den Grundsätzen der Personenwahl zu wählen (§ 28 Abs. 1, § 30 Abs. 1), so wird die Stimme für die zu wählenden einzelnen Bewerber abgegeben.

(4) Ungültig sind Stimmzettel,

1. die nicht in einem Wahlumschlag abgegeben sind,

2. die nicht den Erfordernissen des Absatzes 2 Satz 2 entsprechen,

3. aus denen sich der Wille des Wählers nicht zweifelsfrei ergibt,

4. die ein besonderes Merkmal, einen Zusatz oder einen Vorbehalt enthalten.

(5) Mehrere in einem Wahlumschlag für eine Wahl enthaltene Stimmzettel, die gleich lauten, werden als eine Stimme gezählt.

(6) Hat der Wähler einen Stimmzettel verschrieben, diesen oder seinen Wahlumschlag versehentlich unbrauchbar gemacht, so ist ihm auf Verlangen gegen Rückgabe der unbrauchbaren Wahlunterlagen ein neuer Stimmzettel und gegebenenfalls ein neuer Wahlumschlag auszuhändigen. Der Wahlvorstand hat die zurückgegebenen Unterlagen unverzüglich in Gegenwart des Wählers zu vernichten.

1. Begriffsbestimmungen

Stimmzettel: Diejenigen Dokumente, auf denen der Wähler seine Stimme abgeben kann und die zur Vermeidung von Verwechslungen mit anderen Dokumenten gleichen Inhalts einheitlich gestaltet sein müssen.

2. Erläuterungen

a) Das Wahlrecht kann nur von demjenigen ausgeübt werden, der im **Wählerverzeichnis** eingetragen ist.

b) Wird nach den **Grundsätzen der Verhältniswahl (Listenwahl)** gewählt, so kann der Wähler seine Stimme nur für den gesamten Wahlvorschlag abgeben. Wird dagegen nach den **Grundsätzen der Mehrheitswahl (Personenwahl)** gewählt, so haben die Wähler diejenigen Bewerber anzukreuzen, denen sie ihre Stimme geben wollen.

3. Fälle aus der Rechtsprechung

a) Wenn bei einer Gruppenwahl ein Stimmzettel in einer für eine andere Beschäftigtengruppe bestimmten Wahlurne aufgefunden wird, so ist dies ohne Einfluss auf die Gültigkeit der Wahl. In einem solchen Fall handelt es sich nämlich in aller Regel um ein **offensichtliches Versehen**. Anhand des Wählerverzeichnisses kann überprüft werden, ob tatsächlich so viele Wahlberechtigte ihre Stimme abgegeben haben, wie Wahlumschläge insgesamt bei Beginn der Stimmenauszählung vorhanden sind (OVG Münster v. 6.5.1982, RiA 1982, 218).

b) Einem Stimmzettel für eine Personalratswahl darf ein **Wahlwerbezettel** einer in der Dienststelle vertretenen Gewerkschaft nicht beigefügt werden. Andernfalls ist der Stimmzettel ohne Rücksicht auf den Inhalt des Wahlwerbezettels ungültig (OVG Münster v. 27.1.1981, PersV 1982, 332).

§ 16 Wahlhandlung

(1) Der Wahlvorstand trifft Vorkehrungen, dass der Wähler den Stimmzettel im Wahlraum unbeobachtet kennzeichnen und in den Wahlumschlag legen kann. Für die Aufnahme der Umschläge sind Wahlurnen zu verwenden. Vor Beginn der Stimmabgabe sind die Wahlurnen vom Wahlvorstand zu verschließen. Sie müssen so eingerichtet sein, dass die eingeworfenen Umschläge nicht vor Öffnung der Urne entnommen werden können. Findet Gruppenwahl statt, so kann die Stimmabgabe nach Gruppen getrennt durchgeführt werden; in jedem Fall sind jedoch getrennte Wahlurnen zu verwenden.

(2) Ein Wähler, der durch körperliches Gebrechen in der Stimmabgabe behindert ist, bestimmt eine Person seines Vertrauens, deren er sich bei der Stimmabgabe bedienen will, und gibt dies dem Wahlvorstand bekannt. Die Hilfeleistung hat sich auf die Erfüllung der Wünsche des Wählers zur Stimmabgabe zu beschränken. Die Vertrauensperson darf gemeinsam mit dem Wähler die Wahlzelle aufsuchen, soweit das zur Hilfeleistung erforderlich ist. Die Vertrauensperson ist zur Geheimhaltung der Kenntnisse verpflichtet, die sie bei der Hilfeleistung von der Wahl eines Anderen erlangt hat. Wahlbewerber, Mitglieder des Wahlvorstands und Wahlhelfer dürfen nicht zur Hilfeleistung herangezogen werden.

(3) Solange der Wahlraum zur Stimmabgabe geöffnet ist, müssen mindestens zwei Mitglieder des Wahlvorstands im Wahlraum anwesend sein; sind Wahlhelfer bestellt (§ 1 Abs. 1), genügt die Anwesenheit eines Mitglieds des Wahlvorstands und eines Wahlhelfers.

(4) Vor Einwurf des Wahlumschlags in die Urne ist festzustellen, ob der Wähler im Wählerverzeichnis eingetragen ist. Ist dies der Fall, übergibt der Wähler den Umschlag dem mit der Entgegennahme der Wahlumschläge betrauten Mitglied des Wahlvorstands, das ihn in Gegenwart des Wählers ungeöffnet in die Wahlurne legt. Der Wähler kann den Wahlumschlag auch selbst in die Urne legen, wenn das mit der Entgegennahme der Wahlumschläge betraute Mitglied des Wahlvorstands es gestattet. Die Stimmabgabe ist im Wählerverzeichnis zu vermerken.

(5) Wird die Wahlhandlung unterbrochen oder wird das Wahlergebnis nicht unmittelbar nach Abschluss der Stimmabgabe festgestellt, so hat der Wahlvorstand für die Zwischenzeit die Wahlurne so zu verschließen und aufzubewahren, dass der Einwurf oder die Entnahme von Stimmzetteln ohne Beschädigung des Verschlusses unmöglich ist. Bei Wiedereröffnung der Wahl oder bei Entnahme der Stimmzet-

tel zur Stimmenzählung hat sich der Wahlvorstand davon zu überzeugen, dass der Verschluss unversehrt ist.

1. Begriffsbestimmungen

a) **Wahlurne:** Diejenige Vorrichtung, in die die Wahlumschläge eingeworfen werden müssen und die sicherstellt, dass Wahlumschläge nicht dem Zugriff Dritter offenstehen.

b) **Wahllokal:** Derjenige Raum, in dem der Wähler seine Stimme unbeobachtet abgeben kann.

2. Erläuterungen

a) Die **Wahlhandlung ist öffentlich**. Dadurch soll sichergestellt werden, dass jederzeit vor den Augen Dritter die Wahlhandlung ablaufen kann und somit der Eindruck eines ordnungsgemäßen Wahlablaufs begründet wird.

b) Durch die **Hinzuziehung einer Vertrauensperson** soll trotz körperlicher Gebrechen ein Wähler in der Lage sein, seinen Stimmzettel auszufüllen. Eine Gehbehinderung beeinträchtigt im Allgemeinen die Stimmabgabe nicht, es sei denn, dass der Wähler nur mit Hilfe eines Dritten die Wahlkabine betreten kann. Dem Wahlvorstand ist von der Behinderung Kenntnis zu geben. Sicherzustellen ist, dass die Vertrauensperson die Stimmabgabe möglichst nicht beobachten kann. Ist dies allerdings nicht auszuschließen, so ist die Vertrauensperson zur Geheimhaltung verpflichtet.

3. Fälle aus der Rechtsprechung

a) Der Wahlvorstand hat sicherzustellen, dass der Wähler den **Stimmzettel unbeobachtet** ausfüllen und in den Wahlumschlag stecken kann. Hierzu ist jede Vorrichtung geeignet, die ihn vor fremden Blicken schützt, z.B. Wahlkabine, Wandschirm (HessVGH v. 14.6.1965, PersV 1967, 18). In jedem Fall muss sichergestellt sein, dass die jeweilige Wählerentscheidung während des Wahlaktes selbst, aber auch danach von Dritten nicht überprüft werden kann. Die Zuordnung der getroffenen Wahl zum jeweiligen Wähler muss ausgeschlossen sein. Nur dann kann ein Wähler tatsächlich der subjektiven Überzeugung sein, „unbeobachtet und nicht auf ihn zurückführbar seine Stimme abgeben zu können“ (OVG Münster v. 27.9.2000, PersR 2001, 257). Das muss auch für die schriftliche Stimmabgabe gelten, so dass gegen den Grundsatz der Wahlfreiheit und gegen die Geheimhaltung der Wahl dann verstoßen wird, wenn ein Wahlbewerber und Listenvertreter aus eigener Initiative bei Wahlberechtigten in der Dienststelle von Tür zu Tür geht und Stimmzettel einsammelt, die in seiner Gegenwart ausgefüllt wurden (OVG Münster v. 31.3.2006, PersV 2007, 34).

b) Nicht ausreichend ist ein **Nebenraum**, der nicht unmittelbar mit dem eigentlichen Wahlraum verbunden ist und vom Wahlvorstand bzw. den Wahlhelfern nicht eingesehen werden kann. In diesem Fall ist nicht sichergestellt, dass der Wähler den Stimmzettel unbeobachtet ausfüllen kann (OVG Münster v. 14.9.1977 – CB 23/77, n.v.; HessVGH v. 29.1.1986 – HPV TL 1436/85, n.v.).

c) Die **Benutzung nur einer Wahlurne** ist zulässig, wenn bei Gruppenwahl durch Vewendung verschiedenfarbiger Stimmzettel für jede Gruppe (und Stufe) eine Verwechslungsgefahr ausgeschlossen ist (BVerwG v. 23.9.1966, BVerwGE 25, 120 = ZBR 1967, 26 = PersV 1966, 276).

d) Gewerkschaftsbeauftragte bzw. Beschäftigte dürfen während der Stimmabgabe im Wahllokal anwesend sein. **Personalratswahlen sind dienststellenöffentlich**. Selbstverständlich dürfen dabei keine Versuche unternommen werden, **auf die Wahlentscheidung Einfluss zu nehmen** (OVG Münster v. 10.11.2005, ZfPR *online* 2/2006, S. 12). Deshalb besteht auch kein Anspruch auf **Einsichtnahme in die Wählerlisten** (vgl. für das BetrVG: BAG v. 6.12.2000, BAGE 96, 326).

e) Eine **Wahlunterbrechung** ist nur aus wichtigem Grund zulässig (BVerwG v. 23.10.1970, BVerwGE 36, 170 = ZBR 1971, 120 = PersV 1971, 135).

f) Ist eine Wahlhandlung unterbrochen oder das Wahlergebnis nicht unmittelbar nach Abschluss der Stimmabgabe festgestellt worden, so hat der Wahlvorstand die Wahlurne so zu verschließen und aufzubewahren, „dass der Einwurf oder die Entnahme von Stimmzetteln **ohne Beschädigung des Verschlusses** unmöglich ist" (Abs. 5). Die Verschließung der Wahlurne und die „sichere Aufbewahrung müssen kumulativ, nicht lediglich alternativ erfolgen" (OVG Münster v. 27.11.1997, Leits. ZfPR 1998, 91).

g) Wenn eine Personalratswahl gleichzeitig in **mehreren Wahllokalen** (Hauptstelle und Nebenstelle) durchgeführt wird, dann muss sichergestellt sein, dass, falls das einzige Mitglied des Wahlvorstands das Wahllokal kurzfristig verlässt, ein Ersatzmitglied anwesend ist (OVG Münster v. 27.11.1997, ZfPR 2000, 4).

h) Als **Verstoß gegen die Grundsätze einer geheimen Wahl** ist die eidesstattliche Versicherung anzusehen, wenn sie zu Beweiszwecken genutzt oder der Betreffende als Zeuge vernommen wird (vgl. für das BetrVG: BAG v. 12. 6. 2013, BB 2013, 2683).

§ 17 Schriftliche Stimmabgabe

(1) Einem wahlberechtigten Beschäftigten, der im Zeitpunkt der Wahl verhindert ist, seine Stimme persönlich abzugeben, hat der Wahlvorstand auf sein Verlangen

1. die Wahlvorschläge,

2. den Stimmzettel und den Wahlumschlag,

3. eine vorgedruckte, vom Wähler abzugebende Erklärung, in der dieser gegenüber dem Wahlvorstand versichert, dass er den Stimmzettel persönlich gekennzeichnet hat oder, soweit unter den Voraussetzungen des § 16 Abs. 2 erforderlich, durch eine Person seines Vertrauens hat kennzeichnen lassen sowie

4. einen größeren Freiumschlag, der die Anschrift des Wahlvorstands und als Absender den Namen und die Anschrift des Wahlberechtigten sowie den Vermerk „Schriftliche Stimmabgabe" trägt,

auszuhändigen oder zu übersenden. Der Wahlvorstand soll dem Wähler ferner ein Merkblatt über die Art und Weise der schriftlichen Stimmabgabe (Absatz 2) aushändigen oder übersenden. Auf Antrag ist auch ein Abdruck des Wahlausschreibens auszuhändigen oder zu übersenden. Der Wahlvorstand hat die Aushändigung oder Übersendung im Wählerverzeichnis zu vermerken.

(2) Der Wähler gibt seine Stimme in der Weise ab, dass er

1. den Stimmzettel unbeobachtet persönlich kennzeichnet und in den Wahlumschlag legt,

2. die vorgedruckte Erklärung unter Angabe des Ortes und des Datums unterschreibt und

3. den Wahlumschlag, in den der Stimmzettel gelegt ist, und die unterschriebene Erklärung (Absatz 1 Satz 1 Nr. 3) in dem Freiumschlag verschließt und diesen so rechtzeitig an den Wahlvorstand absendet oder übergibt, dass er vor Abschluss der Stimmabgabe vorliegt.

Der Wähler kann, soweit unter den Voraussetzungen des § 16 Abs. 2 erforderlich, die in den Nummern 1 bis 3 bezeichneten Tätigkeiten durch eine Person seines Vertrauens verrichten lassen.

1. Begriffsbestimmungen

Briefwahl: Wahlentscheidung in einer Weise, die es dem Wähler ermöglicht, schriftlich seine Stimme abzugeben, statt in einem Wahllokal die Wahlhandlung vorzunehmen.

2. Erläuterungen

a) Eine Briefwahl kommt nur dann in Betracht, wenn der Wähler **an der persönlichen Stimmabgabe verhindert** ist (Abordnung, Dienstreise, Abwesenheit wegen der besonderen Eigenart des Beschäftigungsverhältnisses, Erkrankung, Urlaub).

b) Auch bei der Briefwahl müssen die Voraussetzungen der geheimen Stimmabgabe gegeben sein. Dies setzt voraus, dass der Wähler den **Stimmzettel unbeobachtet persönlich kennzeichnen** und in den Wahlumschlag einstecken kann.

3. Fälle aus der Rechtsprechung

a) Die **Anforderung von Briefwahlunterlagen** muss vom Wähler persönlich ausgehen. Weder der Wahlvorstand noch Dritte dürfen entsprechende Unterlagen für einen Wahlberechtigten anfordern (BVerwG v. 14.8.1959, BVerwGE 9, 107).

b) Der **Antrag auf Übersendung** der Wahlunterlagen kann **formlos**, persönlich, mündlich, fernmündlich, schriftlich oder durch Boten gestellt werden (BVerwG v. 6.2.1959, BVerwGE 8, 114). Die Erklärung der Verhinderung und die Anforderung der Briefwahlunterlagen müssen nicht schriftlich erfolgen. Deshalb kann sowohl die Verhinderungserklärung als auch die Erklärung zur Übersendung von Briefwahlunterlagen mit dem Zusatz „in Vertretung" oder „im Auftrag" unterzeichnet sein (VGH Baden-Württemberg v. 25.10.1994, Leits. ZfPR 1995, 163; BayVGH v. 19.3.1997, ZfPR 1998, 7). Ein Wahlvorstand ist nämlich grundsätzlich zur Aushändigung bzw. zur Übersendung von Briefwahlunterlagen verpflichtet, falls ein Wähler selbst oder durch Dritte auf seine Verhinderung hinweist bzw. hinweisen lässt. Falls aber ein Wahlvorstand Anlass hat zu bezweifeln, ob eine Verhinderung tatsächlich gegeben ist, so hat er das Recht, einen entsprechenden **Nachweis** zu fordern (OVG Münster v. 6.5.1998, Leits. ZBR 1998, 434 = Leits. PersV 1998, 533; vgl. auch: BayVGH v. 19.3.1997, ZfPR 1998, 7).

c) Die **Versendung von Briefwahlunterlagen auf dem Postweg** ist ein Verfahren, das rechtlich nicht zu beanstanden ist. Herausgabe und Einsammlung der Briefwahlunterlagen durch Wahlhelfer bergen demgegenüber das Risiko einer späteren Wahlanfechtung und der Wiederholung der Personalratswahl in sich. Die Überbringung von Briefwahlunterlagen durch Boten und die sich in aller Regel anschließende sofortige Mitnahme der ausgefüllten Wahlunterlagen bringt die Wahlberechtigten vielfach in eine Zwangssituation. Diese Situation trägt dem Grundgedanken einer freien, unbeeinflussten und geheimen Wahl nicht ausreichend Rechnung (VG Ansbach v. 17.4.1996, Leits. ZfPR 1996, 128). Unzulässig ist es, wenn ein Mitbewerber um die Wahl, ohne hierzu vom Wahlvorstand legitimiert zu sein, **Briefwahlunterlagen übergibt** und dabei zur Stimmabgabe auffordert (OVG Münster v. 31.3.2006, PersV 2007, 34; VG Potsdam v. 22.1.2003, ZfPR 2004, 15).

d) Die Gefahr für die **rechtzeitige und vollständige Ankunft der schriftlichen Wahlunterlagen** beim Wahlvorstand trägt der Wahlberechtigte. Daher reicht die Übergabe der Freiumschläge an Wahlhelfer in anderen Dienststellen zur Fristwahrung nicht aus (BVerwG v. 18.4.1978, BVerwGE 55, 341 =PersV 1979, 194).

e) Auch der Briefwähler kann sich des Beistands einer **Vertrauensperson** bei der Ausfüllung der Wahlunterlagen bedienen. Aber auch in diesem Fall muss sichergestellt sein, dass das Wahlgeheimnis gewahrt wird (OVG Lüneburg v. 19.2.1986, Leits. PersR 1988, 28).

f) Bei einer Briefwahl ist die **Unterlassung der Übersendung der Briefwahlunterlagen** an einen Wahlberechtigten ein Verstoß gegen wesentliche Wahlvorschriften (BayVGH v. 17.10.1990, Leits. PersR 1991, 394). Eine Personalratswahl ist unwirksam, wenn sie **für alle Beschäftigten als Briefwahl** durchgeführt wird, ohne dass die Voraussetzungen von Abs. 1 gegeben sind (vgl. für das BetrVG: LAG Schleswig-Holstein v. 18.3.1999, ZTR 1999, 335).

g) Weder einem Wahlberechtigten selbst noch anderen Personen darf die **Beschriftung von Freiumschlägen** überlassen werden (BVerwG v. 21.7.2009, PersV 2009, 413).

h) Falls ein Wahlberechtigter entgegen seiner ursprünglichen Annahme **am Wahltag doch anwesend** und zur persönlichen Stimmabgabe bereit ist, so kann er die ihm überlassenen Wahlunterlagen für die schriftliche Stimmabgabe an den Wahlvorstand zurückgeben und seine Stimme persönlich abgeben. Verhindert der Wahlvorstand die persönliche Stimmabgabe, so ist dies ein Verstoß gegen wesentliche Wahlvorschriften, der zur Wahlanfechtung berechtigt (OVG Münster v. 6.5.1998, ZTR 1998, 526; vgl. auch: BVerwG v. 13.5.1998, ZfPR 1999, 18; BVerwG v. 3.3.2003, ZfPR 2003, 104).

i) **Freiumschläge** dürfen nur dann in Wahlurnen gelegt werden, wenn sie zuvor **vom Wähler selbst verschlossen** worden sind. Ist das nicht der Fall, so darf der Wahlvorstand den Stimmzettel nicht selbst in einen Umschlag stecken und sodann in eine Wahlurne werfen. Vielmehr ist die Stimme vom Wahlvorstand wegen Verstoßes gegen das Wahlgeheimnis als ungültig zu werten (VG Saarland v. 23.10.2000, Leits. ZfPR 2004, 46).

j) Die **Umschläge** müssen ab dem Zeitpunkt des Verschließens durch den Briefwähler bis zur Öffnung durch den Wahlvorstand unmittelbar vor Schluss der Stimmabgabe **verschlossen bleiben**. Dadurch soll das Wahlgeheimnis gewährleistet, eine Fälschung der Stimmabgabe durch Unbefugte ausgeschlossen werden (VG Saarland v. 23.10.2000 aaO).

k) Das **Öffnen der Wahlurnen darf nur in Anwesenheit aller Mitglieder des Wahlvorstands** durch ein Mitglied erfolgen. Allerdings schließt dies nicht aus, dass an die Stelle eines ordentlichen (verhinderten) Mitglieds des Wahlvorstands ein Ersatzmitglied tritt (OVG Münster v. 27.11.1997, Leits. ZfPR 1998, 91).

§ 18 Behandlung der schriftlich abgegebenen Stimmen

(1) Unmittelbar vor Abschluss der Stimmabgabe öffnet der Wahlvorstand in öffentlicher Sitzung die bis zu diesem Zeitpunkt eingegangenen Freiumschläge und entnimmt ihnen die Wahlumschläge und die vorgedruckten Erklärungen (§ 17 Abs. 1 Satz 1 Nr. 3). Ist die schriftliche Stimmabgabe ordnungsgemäß erfolgt (§ 17 Abs. 2), so legt der Wahlvorstand den Wahlumschlag nach Vermerk der Stimmabgabe im Wählerverzeichnis ungeöffnet in die Wahlurne.

(2) Verspätet eingehende Briefumschläge hat der Wahlvorstand mit einem Vermerk über den Zeitpunkt des Eingangs ungeöffnet zu den Wahlunterlagen zu nehmen. Die Briefumschläge sind einen Monat nach Bekanntgabe des Wahlergebnisses ungeöffnet zu vernichten, wenn die Wahl nicht angefochten worden ist.

1. Begriffsbestimmungen

Freiumschläge: Derjenige Umschlag, der die Anschrift des Wahlvorstands und als Absender den Namen und die Anschrift des wahlberechtigten Briefwählers sowie den Vermerk „schriftliche Stimmabgabe" trägt.

2. Erläuterungen

a) Die **Freiumschläge sind ungeöffnet aufzubewahren**. Sie sind gegen jede Veränderung zu sichern und erst unmittelbar vor dem Abschluss der Stimmabgabe zu öffnen.

b) Unmittelbar nach der Entnahme der Wahlumschläge aus den Freiumschlägen ist die Stimmabgabe im **Wählerverzeichnis** zu vermerken. Der Wahlumschlag muss ungeöffnet in die Wahlurne gelegt werden.

c) Wenn **Freiumschläge verspätet eingehen**, so sind sie einen Monat nach Bekanntgabe des Wahlergebnisses zu vernichten.

3. Fälle aus der Rechtsprechung

a) Die Aufbewahrung von Freiumschlägen in der verschlossenen Tischschublade des Vorsitzenden des Wahlvorstands genügt nur dann den Anforderungen an die Geheimhaltung der Wahl, wenn die Briefe mit einem dienstlichen **Eingangsstempel** unter Verschluss mit einem Kontrollstempel des Wahlvorstands versehen sind (VG Düsseldorf v. 29.8.1985 – PVB 14/85, n.v.).

b) Für die Öffnung der Freiumschläge hat der Wahlvorstand einen Zeitpunkt zu wählen, zu dem sichergestellt ist, dass sofort nach Abschluss der Stimmabgabe mit der **Stimmenzählung** begonnen werden kann (BVerwG v. 4.6.1959 – 7 P 13.58, n.v.).

c) Fehler bei der Behandlung der schriftlich abgegebenen Stimmen (z.B. verspätetes Öffnen des Freiumschlags und Einwerfen des Wahlumschlags in die Wahlurne) dürfen nicht in einer Weise korrigiert werden, dass dies zu einem **Bruch des Wahlgeheimnisses** führt (OVG Lüneburg v. 19.2.1986, Leits. PersR 1988, 28).

§ 19 Stimmabgabe bei Nebenstellen und Teilen von Dienststellen

Für die Beschäftigten von

1. **nachgeordneten Stellen einer Dienststelle, die nicht nach § 6 Abs. 2 Satz 1 Halbsatz 2 des Gesetzes selbständig sind, oder**
2. **Nebenstellen oder Teilen einer Dienststelle, die räumlich weit von dieser entfernt liegen und nicht als selbständige Dienststellen nach § 6 Abs. 3 des Gesetzes gelten,**

kann der Wahlvorstand die Stimmabgabe in diesen Stellen durchführen oder die schriftliche Stimmabgabe anordnen. Wird die schriftliche Stimmabgabe angeordnet, so hat der Wahlvorstand den wahlberechtigten Beschäftigten die in § 17 Abs. 1 bezeichneten Unterlagen zu übersenden.

1. Begriffsbestimmungen

a) Nachgeordnete Stellen einer Dienststelle: Unselbständige, einer Behörde der Mittelstufe zugewiesene Stellen, die personalvertretungsrechtlich mit der ihnen vorgesetzten Behörde eine Dienststelle bilden.

b) Nebenstellen oder Teile einer Dienststelle: Räumlich weit von einer (Haupt-) Dienststelle gelegene Dienststellenteile.

2. Erläuterungen

In den unter 1. erwähnten Dienststellen kann eine unmittelbare Stimmabgabe durchgeführt werden. Der Wahlvorstand hat aber auch die Möglichkeit, generell eine **schriftliche Stimmabgabe anzuordnen**. Bei seiner Entscheidung hat der Wahlvorstand u.a. zu berücksichtigen, dass die notwendigen Kosten der Wahl von der Dienststelle zu tragen sind und dass bei einer Einrichtung eines Wahllokals während der Stimmabgabe entweder zwei Mitglieder des Wahlvorstands oder ein Mitglied und ein Wahlhelfer ständig anwesend sein müssen.

3. Fälle aus der Rechtsprechung

a) Die Entscheidung darüber, ob eine unmittelbare Stimmabgabe erfolgen soll oder ob es angesichts der konkreten Verhältnisse zweckmäßig ist, eine schriftliche Stimmabgabe durchzuführen, ist alleine **Sache des Wahlvorstands** (OVG Münster v. 15.11.1965, PersV 1966, 161).

b) Einem Wähler ist es unbenommen, auch bei der **Anordnung der schriftlichen Stimmabgabe** seine Stimme persönlich abzugeben. Eine persönliche Stimmabgabe unter dem Schutz des Wahlvorstands im Wahllokal ist vorzugswürdig gegenüber der Briefwahl. Der Wahlvorstand muss allerdings sicherstellen, dass **Doppelzählungen** vermieden werden. Dies kann dadurch erreicht werden, dass Rücksendungen der Briefwahlunterlagen im Wählerverzeichnis vermerkt werden. Dann nämlich kann der Wahlvorstand bereits bei der persönlichen Stimmabgabe anhand des Wählerverzeichnisses feststellen, ob der betreffende Beschäftigte bereits Briefwahlunterlagen zurückgesandt hat (BVerwG v. 3.3.2003, ZfPR 2003, 104).

c) Im Zusammenhang mit der Einrichtung von Wahllokalen steht dem Wahlvorstand ein **Ermessensspielraum** hinsichtlich der Kosten zu (VG Arnsberg v. 24.2.2012, ZfPR *online* 9/2012, S. 7).

§ 20 Feststellung des Wahlergebnisses

(1) Unverzüglich nach Abschluss der Wahl nimmt der Wahlvorstand öffentlich die Auszählung der Stimmen vor und stellt das Ergebnis fest.

(2) Nach Öffnung der Wahlurne entnimmt der Wahlvorstand die Stimmzettel den Wahlumschlägen und prüft ihre Gültigkeit.

(3) Der Wahlvorstand zählt

1. **im Fall der Verhältniswahl die auf jede Vorschlagsliste,**
2. **im Fall der Personenwahl die auf jeden einzelnen Bewerber entfallenen gültigen Stimmzettel zusammen.**

(4) Stimmzettel, über deren Gültigkeit oder Ungültigkeit der Wahlvorstand beschließt, weil sie zu Zweifeln Anlass geben, sind mit fortlaufender Nummer zu versehen und von den übrigen Stimmzetteln gesondert bei den Wahlunterlagen aufzubewahren.

1. Begriffsbestimmungen

Öffentliche Stimmenauszählung: Nach Abschluss der Stimmabgabe hat der Wahlvorstand in einer förmlichen Sitzung, die den Beschäftigten offensteht, die Stimmen zu zählen.

2. Erläuterungen

a) Da die Stimmenauszählung öffentlich ist, haben auch **Beauftragte von Gewerkschaften** ein Teilnahmerecht. Um möglichst vielen Personen die Anwesenheit zu ermöglichen, sind Ort und Zeit der Stimmenauszählung vom Wahlvorstand bekanntzugeben (§ 6 Abs. 2 Nr. 13 WO).

b) Die Mitglieder des Wahlvorstands haben die Stimmzettel den Wahlumschlägen zu entnehmen und zu prüfen, ob diese gültig sind. In Zweifelsfällen ist hierüber Beschluss zu fassen. Zur **Prüfung der Gültigkeit** gehört auch die Feststellung, ob ihre Zahl mit der Zahl der im Wählerverzeichnis vermerkten Stimmabgaben übereinstimmt.

3. Fälle aus der Rechtsprechung

a) Unterlaufen dem Wahlvorstand bei der Ermittlung des Wahlergebnisses **Fehler**, so muss er sie **berichtigen**. Ein Fehler kann sowohl in der Feststellung der Zahl der abgegebenen Stimmen wie in der Berechnung der Größe der Personalvertretung und in der Verteilung der Sitze auf die Gruppen liegen. Gegebenenfalls kann der Fehler durch ein Verwaltungsgericht noch berichtigt werden (BVerwG v. 31.1.1964 – VII P 13.63 n.v.).

b) Die **Stimmenauszählung** hat dienststellenöffentlich zu erfolgen. Diese Voraussetzung ist auch dann erfüllt, wenn der Wahlvorstand in einem Zählraum eine Tischreihe gebildet hat, hinter der die Öffentlichkeit Platz finden soll (VGH Baden-Württemberg

v. 2.7.1991, Leits. PersR 1992, 223). **Beauftragten von Gewerkschaften** ist ein Zugangsrecht nur für den Fall zuzugestehen, dass sie in der Dienststelle selbst vertreten sind (vgl. für das BetrVG: BAG v. 16.4.2003, DB 2003, 2234). Eine vorzeitige Auszählung und Bekanntgabe des Wahlergebnisses ist nicht zulässig (HessVGH v. 28.11.1990, PersV 1992, 267 = Leits. ZfPR 1991, 175).

c) Von einer **öffentlichen Stimmenauszählung** kann dann nicht gesprochen werden, wenn der Wahlvorstand Beschäftigte, die bei der Öffnung der Freiumschläge einer Briefwahl anwesend sein möchten, wegschickt, dann aber in ihrer Abwesenheit Briefumschläge öffnet (vgl. für das BetrVG: LAG Schleswig-Holstein v. 18.3.1999, ZBVR 2000, 54).

d) Der **Raum**, in dem die Stimmenauszählung stattfindet, muss während des gesamten Zählvorgangs **öffentlich zugänglich** sein (VG Karlsruhe v. 30.7.2010, Leits. ZfPR 2011, 43).

§ 21 Wahlniederschrift

(1) Über das Wahlergebnis fertigt der Wahlvorstand eine Niederschrift, die von sämtlichen Mitgliedern des Wahlvorstands zu unterzeichnen ist.

Die Niederschrift muss enthalten

1. **bei Gruppenwahl die Summe der von jeder Gruppe abgegebenen Stimmen, bei gemeinsamer Wahl die Summe aller abgegebenen Stimmen,**
2. **bei Gruppenwahl die Summe der von jeder Gruppe abgegebenen gültigen Stimmen, bei gemeinsamer Wahl die Summe aller abgegebenen gültigen Stimmen,**
3. **die Zahl der für jede Gruppe abgegebenen ungültigen Stimmen, bei gemeinsamer Wahl die Summe aller abgegebenen ungültigen Stimmen,**
4. **die für die Gültigkeit oder die Ungültigkeit zweifelhafter Stimmen maßgebenden Gründe,**
5. **im Fall der Verhältniswahl die Zahl der auf jede Vorschlagsliste entfallenen gültigen Stimmen sowie die Errechnung der Höchstzahlen und ihre Verteilung auf die Vorschlagslisten, im Fall der Personenwahl die Zahl der auf jeden Bewerber entfallenen gültigen Stimmen,**
6. **die Namen der gewählten Bewerber.**

(2) Besondere Vorkommnisse bei der Wahlhandlung oder die Feststellung des Wahlergebnisses sind in der Niederschrift zu vermerken.

1. Begriffsbestimmungen

Wahlniederschrift: Diejenige Urkunde, die im Einzelnen Auskunft über das Wahlergebnis gibt.

2. Erläuterungen

Sämtliche Wahlvorstandsmitglieder müssen die Wahlniederschrift unterschreiben.

3. Fälle aus der Rechtsprechung

Eine **fehlerhafte Niederschrift** kann das tatsächliche Wahlergebnis nicht ändern, so dass alleine wegen des Fehlers die Wahl grundsätzlich nicht angefochten werden kann (VG Wiesbaden v. 31.8.1970 – PVL 5/70, n.v.).

§ 22 Benachrichtigung der gewählten Bewerber

Der Wahlvorstand benachrichtigt die als Personalratsmitglieder Gewählten un- ver- züglich schriftlich gegen Empfangsbescheinigung, erforderlichenfalls durch einge- schriebenen Brief, von ihrer Wahl. Erklärt ein Gewählter nicht binnen drei Arbeitstagen nach Zugang der Benachrichtigung dem Wahlvorstand, dass er die Wahl ablehne, so gilt die Wahl als angenommen.

1. Begriffsbestimmungen

Benachrichtigung der gewählten Bewerber: Schriftliche Mitteilung an die Kandidaten, die aufgrund der Personalratswahl einen Sitz in dem gewählten Gremium erhalten.

2. Erläuterungen

Eine **mündliche Benachrichtigung** der gewählten Bewerber genügt nicht.

3. Fälle aus der Rechtsprechung

a) Wenn ein gewählter Kandidat die **Wahl ausschlägt**, dann muss das dem Wahlvorstand vor der Konstituierung der neugewählten Personalvertretung mitgeteilt werden. Nach der Konstituierung hat die Mitteilung an den Vorsitzenden des Personalrats zu erfolgen (BVerwG v. 9.10.1959, BVerwGE 9, 217 = PersV 1960, 19).

b) Wenn der **Wahlvorstand** die gewählten Kandidaten **nicht benachrichtigt** und zur konstituierenden Sitzung nicht einlädt, so kann jedes der neugewählten Mitglieder diese Sitzung einberufen (BayVGH v. 19.12.1958, Leits. ZBR 1959, 131).

§ 23 Bekanntmachung des Wahlergebnisses

Der Wahlvorstand gibt das Wahlergebnis und die Namen der als Personalratsmitglieder gewählten Bewerber durch zweiwöchigen Aushang an den Stellen bekannt, an denen das Wahlausschreiben bekanntgemacht worden ist.

1. Begriffsbestimmungen

–

2. Erläuterungen

Die Bekanntgabe des Wahlergebnisses ist deshalb von besonderer Bedeutung, weil sie die **Anfechtungsfrist** nach § 25 BPersVG in Lauf setzt.

3. Fälle aus der Rechtsprechung

a) Neben den **Namen der Gewählten** sind folgende Angaben zu machen: Zahl der Wahlberechtigen, Zahl der Wähler, Zahl der insgesamt abgegebenen gültigen und der ungültigen Stimmen, Verteilung der Stimmen auf die Vorschlagslisten (bei Verhältniswahl) bzw. auf die Bewerber (bei Personenwahl) sowie die Namen der Ersatzmitglieder (BVerwG v. 23.10.2003, ZfPR 2004, 3).

b) Wenn die Bekanntmachung des Wahlergebnisses an mehreren Stellen ausgehängt wird, so ist für den **Beginn der Anfechtungsfrist** der letzte Aushang maßgebend (BayVGH v. 7.12.1967 Nr. 3 IX 66, n.v.).

§ 24 Aufbewahrung der Wahlunterlagen

Die Wahlunterlagen (Niederschriften, Bekanntmachungen, Stimmzettel, Freiumschläge für die schriftliche Stimmabgabe usw.) werden vom Personalrat mindestens bis zur Durchführung der nächsten Personalratswahl aufbewahrt.

1. Begriffsbestimmungen

Wahlunterlagen: Alle Dokumente, die Auskunft über Vorbereitung und Durchführung der Wahl geben.

2. Erläuterungen

a) Die Personalvertretung hat alle Unterlagen aufzubewahren, die bei einer etwaig notwendigen Prüfung der Gesetzmäßigkeit der Wahl von **Beweiswert** sein können.

b) In der Regel brauchen die Wahlunterlagen nur **während der Amtszeit** der neuen Personalvertretung aufbewahrt zu werden. Soweit allerdings nach Ablauf der Amtszeit noch ein Beschlussverfahren anhängig sein sollte, sind die Wahlunterlagen weiter aufzubewahren.

3. Fälle aus der Rechtsprechung

a) Die Entscheidung über die **Vernichtung von Wahlunterlagen** hat alleine das Personalratsplenum, nicht der Vorsitzende zu treffen (VG Ansbach v. 10.8.2011, ZfPR 2012, 46).

b) Anforderungskarten sind deshalb aufzubewahren, weil sie Auskunft über das ordnungsgemäße Zustandekommen einer Briefwahl geben (VGH Baden-Württemberg v. 5.12.1974, PersV 1976, 19).

Zweiter Abschnitt
Besondere Vorschriften für die Wahl mehrerer Personalratsmitglieder oder Gruppenvertreter

Erster Unterabschnitt
Wahlverfahren bei Vorliegen mehrerer Wahlvorschläge (Verhältniswahl)

§ 25 Voraussetzungen für Verhältniswahl, Stimmzettel, Stimmabgabe

(1) Nach den Grundsätzen der Verhältniswahl (Listenwahl) ist zu wählen, wenn

1. bei Gruppenwahl für die betreffende Gruppe mehrere gültige Wahlvorschläge,

2. bei gemeinsamer Wahl mehrere gültige Wahlvorschläge

eingegangen sind. In diesen Fällen kann jeder Wähler seine Stimme nur für den gesamten Wahlvorschlag (Vorschlagsliste) abgeben.

(2) Auf dem Stimmzettel sind die Vorschlagslisten in der nach § 12 Abs. 1 ermittelten Reihenfolge unter Angabe von Familienname, Vorname, Amts- oder Funktionsbezeichnung und Gruppenzugehörigkeit der an erster und zweiter Stelle benannten Bewerber, bei gemeinsamer Wahl der für die Gruppen an erster Stelle benannten Bewerber untereinander aufzuführen; bei Listen, die mit einem Kennwort versehen sind, ist auch das Kennwort anzugeben.

(3) Der Wähler hat auf dem Stimmzettel die Vorschlagsliste anzukreuzen, für die er seine Stimme abgeben will.

1. Begriffsbestimmungen

a) Verhältniswahl: Dasjenige Wahlverfahren, das die auf Minderheiten anfallenden Stimmen angemessen berücksichtigt. Bei der Verhältniswahl – oder auch Listenwahl genannt – kann der Wähler stets nur eine Liste im Ganzen wählen oder auf die Stimmabgabe verzichten.

b) Mehrheitswahl: Dasjenige Verfahren, das bei der Wahl nur einer Person bzw. in den Fällen des § 28 anzuwenden ist. Bei diesem Verfahren – auch Personenwahl genannt – entscheidet allein die Stimmenzahl.

2. **Erläuterungen**

a) Nach den **Grundsätzen der Verhältniswahl** muss zwingend gewählt werden, wenn entweder bei Gruppenwahl für eine Gruppe oder bei Gemeinschaftswahl mehrere gültige Wahlvorschläge eingereicht werden. Die Personenwahl kommt in Betracht, wenn bei Gruppenwahl nur ein Vertreter oder bei gemeinsamer Wahl nur ein Personalratsmitglied zu wählen ist bzw. wenn jeweils nur ein gültiger Wahlvorschlag vorliegt (§§ 28, 30 Abs. 1).

b) Eine **Abweichung** von den Angaben, die im Stimmzettel enthalten sein müssen, ist ein Verstoß gegen wesentliche Vorschriften über das Wahlverfahren, der zur Ungültigkeit der Wahl führt.

3. **Fälle aus der Rechtsprechung**

a) Es verstößt gegen die Vorschriften über das Wahlverfahren, wenn bei **Vorliegen mehrerer gültiger Wahlvorschläge** ein anderes Wahlverfahren als das der Verhältniswahl angewendet wird (VG Gelsenkirchen v. 26.10.1973 – PVB 6/73, n.v.).

b) Wenn die von der Wahlordnung im Einzelnen vorgeschriebenen Angaben fehlen, so liegt darin ein Verstoß gegen wesentliche Wahlvorschriften; denn es kann nicht ausgeschlossen werden, dass eine Änderung oder Beeinflussung des Wahlergebnisses möglich war, es sei denn, dass nach der **Lebenserfahrung** das Wahlverhalten im konkreten Fall unbeeinflusst geblieben ist, weil alle Wähler hinreichend über die jeweils an erster und zweiter Stelle benannten Bewerber informiert waren (OVG Münster v. 29.1.1997, Leits. ZfPR 1997, 122).

§ 26 Ermittlung der gewählten Gruppenvertreter bei Gruppenwahl

(1) Bei Gruppenwahl werden die Summen der auf die einzelnen Vorschlagslisten jeder Gruppe entfallenden Stimmen nebeneinandergestellt und der Reihe nach durch 1, 2, 3 usw. geteilt. Auf die jeweils höchste Teilzahl (Höchstzahl) wird so lange ein Sitz zugeteilt, bis alle der Gruppe zustehenden Sitze (§ 5) verteilt sind. Ist bei gleichen Höchstzahlen nur noch ein Sitz oder sind bei drei gleichen Höchstzahlen nur noch zwei Sitze zu verteilen, so entscheidet das Los.

(2) Enthält eine Vorschlagsliste weniger Bewerber, als ihr nach den Höchstzahlen Sitze zustehen würden, so fallen die überschüssigen Sitze den übrigen Vorschlagslisten in der Reihenfolge der nächsten Höchstzahlen zu.

(3) Innerhalb der Vorschlagslisten sind die Sitze auf die Bewerber in der Reihenfolge ihrer Benennung (§ 8 Abs. 2) zu verteilen.

1. **Begriffsbestimmungen**

Vgl. § 5

2. **Erläuterungen**

Die Wahlordnung regelt ausdrücklich die Fälle, in denen eine Wahlvorschlagsliste **weniger Bewerber** enthält, als ihr nach dem Höchstzahlensystem zustehen. In diesem Fall werden die überschüssigen Sitze den übrigen Vorschlagslisten in der Reihenfolge der nächsten Höchstzahlen zugeschlagen.

3. **Fälle aus der Rechtsprechung**

Wenn ein **Wahlvorschlag weniger Bewerber** angeboten hat, als ihm nach dem Wahlergebnis Sitze zugeteilt werden können, dann sind zunächst die Höchstzahlen aus den weiteren Wahlvorschlägen derselben Gruppe zu berücksichtigen (BVerwG v.

16.7.1963, BVerwGE 16, 230 = PersV 1963, 233). Nur dann, wenn Wahlvorschlagslisten derselben Gruppe ebenfalls keine berücksichtigungsfähigen Bewerber mehr enthalten, dürfen noch verfügbare Sitze auf Höchstzahlen verteilt werden, die auf Vorschlagslisten anderer Gruppen entfallen sind (BVerwG v. 23.10.1970, BVerwGE 36, 170 = PersV 1971, 135).

§ 27 Ermittlung der gewählten Gruppenvertreter bei gemeinsamer Wahl

(1) Bei gemeinsamer Wahl werden die Stimmen der auf die einzelnen Vorschlagslisten entfallenen Stimmen nebeneinandergestellt und der Reihe nach durch 1, 2, 3 usw. geteilt. Die jeder Gruppe zustehenden Sitze werden getrennt, jedoch unter Verwendung derselben Teilzahlen ermittelt. § 26 Abs. 1 Satz 2 und 3 gilt entsprechend.

(2) Enthält eine Vorschlagsliste weniger Bewerber einer Gruppe, als dieser nach den Höchstzahlen Sitze zustehen würden, so fallen die restlichen Sitze dieser Gruppe den Angehörigen derselben Gruppe auf den übrigen Vorschlagslisten in der Reihenfolge der nächsten Höchstzahlen zu.

(3) Innerhalb der Vorschlagslisten werden die den einzelnen Gruppen zustehenden Sitze auf die Angehörigen der entsprechenden Gruppe in der Reihenfolge ihrer Benennung verteilt.

1. Begriffsbestimmungen

–

2. Erläuterungen

a) Auch bei einer gemeinsamen Wahl muss **jede Gruppe entsprechend ihrer Stärke** im Personalrat vertreten sein (§ 17 Abs. 1 Satz 1 BPersVG). Daher muss im Wahlvorschlag die Gruppenzugehörigkeit des Bewerbers angegeben und bei gemeinsamer Wahl müssen die Bewerber nach Gruppen zusammengefasst sein (§ 8 Abs. 2 und 3 WO).

b) Auch bei einer gemeinsamen Wahl fallen die **Sitze**, die einer Gruppe zustehen, aber nicht in Anspruch genommen werden können, weil der Wahlvorschlag zu wenig Bewerber benennt, **anderen Wahlvorschlägen** zu.

3. Fälle aus der Rechtsprechung

–

Zweiter Unterabschnitt Wahlverfahren bei Vorliegen eines Wahlvorschlages (Personenwahl)

§ 28 Voraussetzungen für Personenwahl, Stimmzettel, Stimmabgabe

(1) Nach den Grundsätzen der Personenwahl ist zu wählen, wenn

1. bei Gruppenwahl für die betreffende Gruppe nur ein gültiger Wahlvorschlag,

2. bei gemeinsamer Wahl nur ein gültiger Wahlvorschlag

eingegangen ist. In diesen Fällen kann jeder Wähler nur solche Bewerber wählen, die in dem Wahlvorschlag aufgeführt sind.

(2) In den Stimmzetteln werden die Bewerber aus dem Wahlvorschlag in unveränderter Reihenfolge unter Angabe von Familienname, Vorname, Amts- oder Funktionsbezeichnung und Gruppenzugehörigkeit übernommen. Der Wähler hat auf dem Stimmzettel die Namen der Bewerber anzukreuzen, für die er seine Stimme abgeben will. Der Wähler darf

1. **bei Gruppenwahl nicht mehr Namen ankreuzen, als für die betreffende Gruppe Vertreter zu wählen sind,**
2. **bei gemeinsamer Wahl nicht mehr Namen ankreuzen, als Personalratsmitglieder zu wählen sind.**

1. Begriffsbestimmungen

Personenwahl: Die Wahlform, bei der diejenigen gewählt sind, die die meisten Stimmen auf sich vereinigen.

2. Erläuterungen

a) **Zwingend** ist eine **Personenwahl vorgeschrieben**, wenn bei Gruppenwahl für die betreffende Gruppe nur ein gültiger Wahlvorschlag vorliegt, bei Gemeinschaftswahl überhaupt nur ein einziger gültiger Wahlvorschlag eingereicht worden ist bzw. wenn bei Gruppenwahl nur ein Gruppenvertreter gewählt werden kann sowie dann, wenn bei einer Gemeinschaftswahl für die Dienststelle nur ein Personalratsmitglied zu wählen ist.

b) Der Wähler darf nicht mehr Namen kennzeichnen, als **Bewerber gewählt werden** können. Andernfalls wäre der Wahlwille nicht zweifelsfrei erkennbar. Wenn der Wähler weniger Namen ankreuzt, als gewählt werden können, so nutzt er sein Wahlrecht nicht. Der Stimmzettel aber ist gültig.

3. Fälle aus der Rechtsprechung

a) Wenn statt der notwendigen **Mehrheitswahl** nach den Grundsätzen der Verhältniswahl gewählt wird, dann ist dies ein Verstoß **gegen wesentliche Wahlvorschriften** (OVG Lüneburg v. 9.1.1962, PersV 1962, 88).

b) Die Stimmzettel dürfen bei einer Personenwahl **kein Kennwort** und keinen Hinweis auf die Organisationszugehörigkeit der Bewerber enthalten (VGH Baden-Württemberg v. 19.3.1957, ZBR 1958, 28).

§ 29 Ermittlung der gewählten Bewerber

(1) Bei Gruppenwahl sind die Bewerber in der Reihenfolge der jeweils höchsten auf sie entfallenen Stimmenzahlen gewählt.

(2) Bei gemeinsamer Wahl werden die den einzelnen Gruppen zustehenden Sitze mit den Bewerbern dieser Gruppen in der Reihenfolge der jeweils höchsten auf sie entfallenen Stimmenzahlen besetzt.

(3) Bei gleicher Stimmenzahl entscheidet das Los.

1. Begriffsbestimmungen

Ermittlung der gewählten Bewerber: Nach welchem System die gewählten Bewerber zu ermitteln sind, hängt von der Art der Wahldurchführung ab. Bei einer Personenwahl erfolgt die Ermittlung aufgrund der Zahl der auf die einzelnen Kandidaten entfallenen Stimmen. Das Höchstzahlverfahren kommt hier nicht in Betracht. Es gilt ausschließlich für eine nach den Grundsätzen der Verhältniswahl durchgeführte Personalratswahl.

2. Erläuterungen

a) Die Vorschrift gilt nur für die Fälle des § 28 WO, nämlich dann, wenn bei Gruppenwahl für eine Gruppe **nur ein gültiger Wahlvorschlag** oder bei Gemeinschaftswahl überhaupt nur ein gültiger Wahlvorschlag vorliegt.

b) Bei Stimmengleichheit entscheidet das **Los**.

Dritter Abschnitt
Besondere Vorschriften für die Wahl eines Personalratsmitglieds oder eines Gruppenvertreters (Personenwahl)

§ 30 Voraussetzungen für Personenwahl, Stimmzettel, Stimmabgabe, Wahlergebnis

(1) Nach den Grundsätzen der Personenwahl ist zu wählen, wenn

1. bei Gruppenwahl nur ein Vertreter,

2. bei gemeinsamer Wahl nur ein Personalratsmitglied zu wählen ist.

(2) In den Stimmzettel werden die Bewerber aus den Wahlvorschlägen in alphabetischer Reihenfolge unter Angabe von Familienname, Vorname, Amts- oder Funktionsbezeichnung übernommen.

(3) Der Wähler hat auf dem Stimmzettel den Namen des Bewerbers anzukreuzen, für den er seine Stimme abgeben will.

(4) Gewählt ist der Bewerber, der die meisten Stimmen erhalten hat. Bei gleicher Stimmenzahl entscheidet das Los.

1. Begriffsbestimmungen

–

2. Erläuterungen

Auch bei einer Personenwahl können **mehrere Wahlvorschläge** eingereicht werden. Auf dem Stimmzettel müssen die Namen der Bewerber aus sämtlichen zugelassenen Wahlvorschlägen in alphabetischer Reihenfolge aufgeführt werden. Jeder Wähler kann nur einen Kandidaten im Stimmzettel ankreuzen.

3. Fälle aus der Rechtsprechung

Im Fall des **Losentscheids** muss gewährleistet sein, dass keiner der Kandidaten benachteiligt wird und dass ein ausreichender Schutz vor Manipulationen gewährleistet ist. Daher muss das Losverfahren übersichtlich gestaltet und für die Beteiligten ohne besonderen Aufwand erfassbar und überprüfbar sein. Wird die Durchführung des Losverfahrens in die Hand eines neutralen Dritten gelegt, dann spricht zumindest die Vermutung für ein ordnungsgemäßes Verfahren ohne Manipulationen (BVerwG v. 15.5.1991, ZfPR 1991, 172). Ein objektives Verfahren ist der Münzwurf, der keine Manipulationen zulässt (BayVGH v. 13.2.1991, Leits. ZfPR 1991, 80).

Vierter Abschnitt
Wahl der Vertreter der nichtständig Beschäftigten

§31 Vorbereitung und Durchführung der Wahl

(1) Für die Vorbereitung und Durchführung der Wahl der Vertreter der nichtständig Beschäftigten gelten die §§ 1 bis 30 entsprechend mit der Abweichung, dass sich die Zahl der Vertreter der nichtständig Beschäftigten ausschließlich aus § 65 Abs. 1 des Gesetzes ergibt, die den Gruppen zustehenden Vertreter ausschließlich nach dem Höchstzahlverfahren errechnet werden und dass die Vorschriften über den Minderheitenschutz (§ 17 Abs. 3 und 4 des Gesetzes) keine Anwendung finden. Dem Wahlvorstand muss mindestens ein nach § 14 des Gesetzes wählbarer Beschäftigter angehören.

(2) Findet Gruppenwahl statt und erhält eine Gruppe bei der Verteilung der Sitze auf die Gruppen nach dem Höchstzahlverfahren keine Vertreter, so kann sich jeder

wahlberechtigte Angehörige dieser Gruppe durch Erklärung gegenüber dem Wahlvorstand einer anderen Gruppe anschließen.

1. Begriffsbestimmungen

Nichtständig Beschäftigte: Solche Beschäftigten, die voraussichtlich höchstens für einen Zeitraum von sechs Monaten bei einer bestimmten Dienststelle tätig werden.

2. Erläuterungen

Die Wahlvorschriften werden entsprechend angewendet. Abweichungen ergeben sich unmittelbar aus dem Verordnungstext.

3. Fälle aus der Rechtsprechung

–

Zweiter Teil
Wahl des Bezirkspersonalrats

§ 32 Entsprechende Anwendung der Vorschriften über die Wahl des Personalrats

Für die Wahl des Bezirkspersonalrats gelten die §§ 1 bis 30 entsprechend, soweit sich aus den §§ 33 bis 41 nichts anderes ergibt.

1. Begriffsbestimmungen

Bezirkspersonalrat: Diejenige Personalvertretung, die bei der Behörde der Mittelstufe gewählt wird, d.h. bei jenen Verwaltungsstellen, die einer obersten Dienstbehörde unmittelbar nachgeordnet und denen ihrerseits wiederum andere Dienststellen nachgeordnet sind, über die sie die Dienstaufsicht führen.

2. Erläuterungen

Die Vorschriften über die Wahl des Personalrats sind auf die **Wahl des Bezirkspersonalrats** entsprechend anwendbar, soweit sich nicht Abweichungen daraus ergeben, dass die Wahlen in den einzelnen Dienststellen von den örtlichen Wahlvorständen im Auftrag und unter Leitung des Bezirkswahlvorstands durchgeführt werden.

3. Fälle aus der Rechtsprechung

–

§ 33 Leitung der Wahl

(1) Der Bezirkswahlvorstand leitet die Wahl des Bezirkspersonalrats. Die Durchführung der Wahl in den einzelnen Dienststellen übernehmen die örtlichen Wahlvorstände im Auftrag und nach Richtlinien des Bezirkswahlvorstands.

(2) Der örtliche Wahlvorstand gibt die Namen der Mitglieder des Bezirkswahlvorstands und gegebenenfalls der Ersatzmitglieder und die dienstliche Anschrift seines Vorsitzenden in der Dienststelle durch Aushang bis zum Abschluss der Stimmabgabe bekannt.

1. Begriffsbestimmungen

Bezirkswahlvorstand: Dem Wahlvorstand obliegt die Leitung, nicht aber die technische Durchführung der Wahl. Diese ist Aufgabe der örtlichen Wahlvorstände.

2. Erläuterungen

Die im Bereich der Mittelbehörden vertretenen **Gewerkschaften** können **an den Sitzungen** des Bezirkswahlvorstands **teilnehmen**.

3. Fälle aus der Rechtsprechung

–

§ 34 Feststellung der Beschäftigtenzahl, Wählerverzeichnis

(1) Die örtlichen Wahlvorstände stellen die Zahl der in den Dienststellen in der Regel Beschäftigten und ihre Verteilung auf die Gruppen fest und teilen diese Zahlen unverzüglich schriftlich dem Bezirkswahlvorstand mit.

(2) Die Aufstellung der Wählerverzeichnisse und die Behandlung von Einsprüchen ist Aufgabe der örtlichen Wahlvorstände. Sie teilen dem Bezirkswahlvorstand die Zahl der wahlberechtigten Beschäftigten, getrennt nach Gruppenzugehörigkeit, unverzüglich schriftlich mit. Innerhalb der Gruppen sind die Anteile der Geschlechter festzustellen.

1. Begriffsbestimmungen

–

2. Erläuterungen

Der örtliche Wahlvorstand muss das **Wählerverzeichnis** für die Wahl des Bezirkspersonalrats aufstellen. Er entscheidet über **Einsprüche** gegen das Wählerverzeichnis, soweit es Grundlage für die Wahl des Bezirkspersonalrats ist.

3. Fälle aus der Rechtsprechung

Der Bezirkswahlvorstand ist berechtigt und verpflichtet, bei begründeten Zweifeln an der Richtigkeit der von örtlichen Wahlvorständen oder einem örtlichen Wahlvorstand gemeldeten Zahlen zur Feststellung der regelmäßigen Personalstärke in den einzelnen Gruppen Kontakt zu den betroffenen Wahlvorständen aufzunehmen, um eine zutreffende Ausgangslage für die bevorstehenden Wahlen zu schaffen (BVerwG v. 27.5.2010, ZfPR 2011, 2; OVG Rheinland-Pfalz v. 16.2.2000, PersR 2000, 123).

§ 35 Ermittlung der Zahl der zu wählenden Bezirkspersonalratsmitglieder, Verteilung der Sitze auf die Gruppen

(1) Der Bezirkswahlvorstand ermittelt die Zahl der zu wählenden Mitglieder des Bezirkspersonalrats und die Verteilung der Sitze auf die Gruppen.

(2) Ist eine abweichende Verteilung der Mitglieder des Bezirkspersonalrats auf die Gruppen nicht beschlossen worden und entfallen bei der Verteilung der Sitze nach § 5 Abs. 2 auf eine Gruppe weniger Sitze, als ihr nach § 53 Abs. 5 des Gesetzes mindestens zustehen, so erhält sie die in § 53 Abs. 5 des Gesetzes vorgeschriebene Zahl von Sitzen.

§ 36 Gleichzeitige Wahl

Die Wahl des Bezirkspersonalrats soll möglichst gleichzeitig mit der Wahl der Personalräte in demselben Bezirk stattfinden.

1. Begriffsbestimmungen

–

2. **Erläuterungen**

Die Vorschrift dient der **Vereinfachung des Verwaltungsaufwands** und der Ersparnis von Arbeit und Kosten. Eine gleichzeitige Wahl findet immer nur dann statt, wenn der letzte Wahltag übereinstimmt.

§ 37 Wahlausschreiben

(1) Der Bezirkswahlvorstand erlässt das Wahlausschreiben.

(2) Der örtliche Wahlvorstand gibt das Wahlausschreiben in der Dienststelle an einer oder mehreren geeigneten, den Wahlberechtigten zugänglichen Stellen durch Aushang in gut lesbarem Zustand bis zum Abschluss der Stimmabgabe bekannt.

(3) Das Wahlausschreiben muss enthalten

1. Ort und Tag seines Erlasses,

2. die Zahl der zu wählenden Mitglieder des Bezirkspersonalrats, getrennt nach Gruppen,

2a. Angaben über die Anteile der Geschlechter innerhalb des Geschäftsbereichs, getrennt nach Gruppen,

3. Angaben darüber, ob die Gruppen ihre Vertreter in getrennten Wahlgängen wählen (Gruppenwahl) oder vor Erlass des Wahlausschreibens gemeinsame Wahl beschlossen worden ist.

4. den Hinweis, dass nur Beschäftigte wählen können, die in das Wählerverzeichnis eingetragen sind,

4a. den Hinweis, dass die Geschlechter im Bezirkspersonalrat entsprechend dem Zahlenverhältnis vertreten sein sollen,

5. die Mindestzahl von wahlberechtigten Beschäftigten, von denen ein Wahlvorschlag unterzeichnet sein muss, und den Hinweis, dass jeder Beschäftigte nur auf einem Wahlvorschlag benannt werden kann,

5a. den Hinweis, dass der Wahlvorschlag einer im Geschäftsbereich der Behörde der Mittelstufe vertretenen Gewerkschaft von zwei Beauftragten unterzeichnet sein muss (§ 53 Abs. 3 in Verbindung mit § 19 Abs. 9 des Gesetzes),

6. die Aufforderung, Wahlvorschläge binnen achtzehn Kalendertagen nach dem Erlass des Wahlausschreibens beim Bezirkswahlvorstand einzureichen, der letzte Tag der Einreichungsfrist ist anzugeben,

7. den Hinweis, dass nur fristgerecht eingereichte Wahlvorschläge berücksichtigt werden und dass nur gewählt werden kann, wer in einen solchen Wahlvorschlag aufgenommen ist,

8. den Tag oder die Tage der Stimmabgabe.

(4) Der örtliche Wahlvorstand ergänzt das Wahlausschreiben durch die folgenden Angaben:

1. die Angabe, wo und wann das für die örtliche Dienststelle aufgestellte Wählerverzeichnis und diese Wahlordnung zur Einsicht ausliegen,

2. den Hinweis, dass Einsprüche gegen das Wählerverzeichnis nur binnen sechs Arbeitstagen seit seiner Auslegung schriftlich beim örtlichen Wahlvorstand eingelegt werden können, der letzte Tag der Einspruchsfrist ist anzugeben,

3. den Ort, an dem die Wahlvorschläge bekanntgegeben werden,

4. den Ort und die Zeit der Stimmabgabe,

5. einen Hinweis auf die Möglichkeit der schriftlichen Stimmabgabe, gegebenenfalls auf die Anordnung der schriftlichen Stimmabgabe nach § 19,

6. den Ort und die Zeit der Stimmenauszählung,
7. den Ort, an dem Einsprüche und andere Erklärungen gegenüber dem Wahlvorstand abzugeben sind.

(5) Der örtliche Wahlvorstand vermerkt auf dem Wahlausschreiben den ersten und letzten Tag des Aushangs.

(6) Offenbare Unrichtigkeiten des Wahlausschreibens können vom Bezirkswahlvorstand jederzeit berichtigt werden.

(7) Mit Erlass des Wahlausschreibens ist die Wahl eingeleitet.

§ 38 Bekanntmachungen des Bezirkswahlvorstands

Bekanntmachungen nach den §§ 11 und 13 sind in gleicher Weise wie das Wahlausschreiben in den Dienststellen auszuhängen.

§ 39 Sitzungsniederschriften

(1) Der Bezirkswahlvorstand fertigt über jede Sitzung, in der er einen Beschluss gefasst hat, eine Niederschrift. Die Niederschrift ist von sämtlichen Mitgliedern des Bezirkswahlvorstands zu unterzeichnen.

(2) Die Niederschrift über die Sitzungen, in denen über Einsprüche gegen das Wählerverzeichnis entschieden ist, fertigt der örtliche Wahlvorstand.

1. Begriffsbestimmungen

–

2. Erläuterungen

Bei den **Sitzungsniederschriften** ist zu unterscheiden zwischen denen, die vom Bezirkswahlvorstand über jede seiner Sitzungen gefertigt werden und jenen, die vom örtlichen Wahlvorstand zu fertigen sind über solche Sitzungen, in denen über Einsprüche gegen das Wählerverzeichnis entschieden worden ist.

3. Fälle aus der Rechtsprechung

–

§ 40 Stimmabgabe, Stimmzettel

Findet die Wahl des Bezirkspersonalrats zugleich mit der Wahl der Personalräte statt, so kann für die Stimmabgabe zu beiden Wahlen derselbe Umschlag verwendet werden. Für die Wahl des Bezirkspersonalrats sind Stimmzettel von anderer Farbe als für die Wahl des Personalrats zu verwenden.

1. Begriffsbestimmungen

–

2. Erläuterungen

In einen Wahlumschlag können **mehrere Stimmzettel** eingelegt werden, die dann aber farblich voneinander für die Wahl des Bezirkspersonalrats und die Wahl des örtlichen Personalrats zu unterscheiden sind.

3. Fälle aus der Rechtsprechung

–

§ 41 Feststellung und Bekanntmachung des Wahlergebnisses

(1) Die örtlichen Wahlvorstände zählen die auf die einzelnen Vorschlagslisten oder, wenn Personenwahl stattgefunden hat, die auf die einzelnen Bewerber entfallenen Stimmen. Sie fertigen eine Wahlniederschrift gemäß § 21.

(2) Die Niederschrift ist unverzüglich nach Feststellung des Wahlergebnisses dem Bezirkswahlvorstand eingeschrieben oder fernschriftlich zu übersenden. Die bei der Dienststelle entstandenen Unterlagen für die Wahl des Bezirkspersonalrats (§ 24) werden zusammen mit einer Abschrift der Niederschrift vom Personalrat aufbewahrt.

(3) Der Bezirkswahlvorstand zählt unverzüglich die auf jede Vorschlagsliste oder, wenn Personenwahl stattgefunden hat, die auf jeden einzelnen Bewerber entfallenen Stimmen zusammen und stellt das Ergebnis der Wahl fest.

(4) Sobald die Namen der als Mitglieder des Bezirkspersonalrats gewählten Bewerber feststehen, teilt sie der Bezirkswahlvorstand den örtlichen Wahlvorständen mit. Die örtlichen Wahlvorstände geben sie durch zweiwöchigen Aushang in der gleichen Weise wie das Wahlausschreiben bekannt.

1. Begriffsbestimmungen

–

2. Erläuterungen

Der örtliche Wahlvorstand muss unverzüglich nach Feststellung des Wahlergebnisses dem Bezirkswahlvorstand eine **Ausfertigung der Wahlniederschrift** übersenden. Die Wahlunterlagen bewahrt der örtliche Wahlvorstand auf. Der Bezirkswahlvorstand sammelt die Meldungen der örtlichen Wahlvorstände seines Bezirks und stellt sie in derselben Weise zusammen wie die örtlichen Wahlvorstände.

3. Fälle aus der Rechtsprechung

–

Dritter Teil
Wahl des Hauptpersonalrats

§ 42 Entsprechende Anwendung der Vorschriften über die Wahl des Bezirkspersonalrats

Für die Wahl des Hauptpersonalrats gelten die §§ 32 bis 41 entsprechend, soweit sich aus den §§ 43 und 44 nichts anderes ergibt.

1. Begriffsbestimmungen

–

2. Erläuterungen

Die Regeln über die Wahl des Hauptpersonalrats und des Gesamtpersonalrats sind unmittelbar dem Verordnungstext zu entnehmen. Sie weisen gegenüber den bisherigen Erläuterungen keine Besonderheiten auf. Gleiches gilt für die Wahl der Jugend- und Auszubildendenvertretungen sowie für die Wahl der Jugend- und Auszubildendenstufenvertretungen.

3. Fälle aus der Rechtsprechung

–

§ 43 Leitung der Wahl

Der Hauptwahlvorstand leitet die Wahl des Hauptpersonalrats.

§ 44 Durchführung der Wahl nach Bezirken

(1) Der Hauptwahlvorstand kann die bei den Behörden der Mittelstufe bestehenden oder auf sein Ersuchen bestellten örtlichen Wahlvorstände beauftragen,

1. die von den örtlichen Wahlvorständen im Bereich der Behörde der Mittelstufe festzustellenden Zahlen der in der Regel Beschäftigten und ihre Verteilung auf die Gruppen zusammenzustellen,
2. die Zahl der im Bereich der Behörde der Mittelstufe wahlberechtigten Beschäftigten, getrennt nach ihrer Gruppenzugehörikeit und innerhalb der Gruppen nach den Anteilen der Geschlechter, festzustellen,
3. die bei den Dienststellen im Bereich der Behörde der Mittelstufe festgestellten Wahlergebnisse zusammenzustellen.
4. Bekanntmachungen des Hauptwahlvorstands an die übrigen örtlichen Wahlvorstände im Bereich der Behörde der Mittelstufe weiterzuleiten.

Die Wahlvorstände bei den Behörden der Mittelstufe unterrichten in diesen Fällen die übrigen örtlichen Wahlvorstände im Bereich der Behörde der Mittelstufe darüber, dass die in den Nummern 1 bis 3 genannten Angaben an sie einzusenden sind.

(2) Die Wahlvorstände bei den Behörden der Mittelstufe fertigen über die Zusammenstellung der Wahlergebnisse (Absatz 1 Satz 1 Nr. 3) eine Niederschrift.

(3) Die Wahlvorstände bei den Behörden der Mittelstufe übersenden dem Hauptwahlvorstand unverzüglich eingeschrieben oder fernschriftlich die in Absatz 1 Satz 1 Nr. 1, 2 genannten Zusammenstellungen und die Niederschrift über die Zusammenstellung der Wahlergebnisse (Absatz 2).

Vierter Teil
Wahl des Gesamtpersonalrats

§ 45 Entsprechende Anwendung der Vorschriften über die Wahl des Personalrats

Für die Wahl des Gesamtpersonalrats gelten die §§ 32 bis 41 entsprechend.

Fünfter Teil
Wahl der Jugend- und Auszubildendenvertreter

§ 46 Vorbereitung und Durchführung der Wahl der Jugend- und Auszubildendenvertretung

(1) Für die Vorbereitung und Durchführung der Wahl der Jugend- und Auszubildendenvertreter gelten die §§ 1 bis 3, 6 bis 25, 28, 30 und § 31 Absatz 1 Satz 2 entsprechend mit der Abweichung, dass sich die Zahl der zu wählenden Jugend- und Auszubildendenvertreter ausschließlich aus § 59 Abs. 1 des Gesetzes ergibt und dass die Vorschriften über Gruppenwahl (§ 19 Abs. 2 des Gesetzes), über den Minderheitenschutz (§ 17 Abs. 3 und 4 des Gesetzes) und über die Zusammenfassung der Bewerber in den Wahlvorschlägen nach Gruppen (§ 8 Abs. 2 Satz 3) keine Anwendung finden.

(2) Sind mehrere Jugend- und Auszubildendenvertreter zu wählen und ist die Wahl aufgrund mehrerer Vorschlagslisten durchgeführt worden, so werden die Sum-

men der auf die einzelnen Vorschlagslisten entfallenen Stimmen nebeneinandergestellt und der Reihe nach durch 1, 2, 3 usw. geteilt. Auf die jeweils höchste Teilzahl (Höchstzahl) wird so lange ein Sitz zugeteilt, bis alle Sitze (§ 59 Abs. 1 des Gesetzes) verteilt sind. § 26 Abs. 1 Satz 3, Abs. 2 und 3 findet Anwendung.

(3) Sind mehrere Jugend- und Auszubildendenvertreter zu wählen und ist die Wahl aufgrund eines Wahlvorschlags durchgeführt worden, so sind die Bewerber in der Reihenfolge der jeweils höchsten auf sie entfallenen Stimmenzahlen gewählt; bei Stimmengleichheit entscheidet das Los.

§ 47 Wahl der Jugend- und Auszubildendenstufenvertretungen

(1) Für die Wahl der Jugend- und Auszubildendenstufenvertretungen nach § 64 Abs. 1 des Gesetzes (Bezirks-Jugend- und Auszubildendenvertretung, Haupt-Jugend- und Auszubildendenvertretung) gelten die §§ 33 bis 41, 43, 44 und 46 entsprechend. Für in § 57 des Gesetzes genannte Beschäftigte in nachgeordneten Dienststellen mit in der Regel weniger als fünf solchen Beschäftigten führt der Bezirks- oder Hauptwahlvorstand die Wahl der Jugend- und Auszubildendenstufenvertretungen durch, in den genannten nachgeordneten Dienststellen werden keine Wahlvorstände bestellt; der Bezirks- oder Hauptwahlvorstand kann die schriftliche Stimmabgabe anordnen. In diesem Fall hat der Bezirks- oder Hauptwahlvorstand den wahlberechtigten in § 57 des Gesetzes genannten Beschäftigten die in § 17 Abs. 1 bezeichneten Unterlagen zu übersenden.

(2) Für die Wahl der Gesamt-Jugend- und Auszubildendenvertretung nach § 64 Abs. 2 des Gesetzes gelten Absatz 1 und § 46 entsprechend.

Sechster Teil
Besondere Verwaltungszweige

§ 48 Vertrauensmann in der Bundespolizei*

(1) Ist eine geheime Wahl mit Stimmzetteln vorzunehmen (§ 85 Abs. 2 Nr. 3 Satz 4 des Gesetzes), so ist wie folgt zu verfahren:

Der Wahlvorstand verteilt unbeschriebene Stimmzettel von gleicher Farbe und Größe. Jeder Wähler schreibt den Namen eines Kandidaten auf seinen Stimmzettel, faltet diesen so, dass der Name verdeckt wird, und übergibt ihn dem Wahlvorstand. Dieser legt den Stimmzettel in Gegenwart des Wählers ungeöffnet in einen dafür bestimmten Behälter und hält den Namen des Wählers in einer Liste fest. Der Wahlvorstand trifft Vorkehrungen, dass die Wähler ihren Stimmzettel unbeobachtet beschreiben können. Hat der Wahlvorstand festgestellt, dass die Wahlhandlung beendet ist, zählt er unverzüglich und ohne Unterbrechung öffentlich die Stimmen aus und stellt das Ergebnis fest.

(2) Zum Vertrauensmann gewählt ist der Kandidat, der die meisten Stimmen erhalten hat. Der Kandidat mit der zweithöchsten Stimmenzahl ist zum ersten Stellvertreter, der mit der dritthöchsten Stimmenzahl zum zweiten Stellvertreter gewählt. Bei gleicher Stimmenzahl entscheidet das Los.

§ 49 Personalvertretungen im Bundesnachrichtendienst

Für den Bundesnachrichtendienst gilt diese Wahlordnung mit folgenden Abweichungen:

1. Bei der Erstellung der Wahlunterlagen sind die Sicherheitsbestimmungen des Bundesnachrichtendienstes zu beachten. An die Stelle der Bekanntmachung

* vgl. § 85 BPersVG

durch Aushang tritt die im Bundesnachrichtendienst übliche Bekanntmachung. Die Bekanntmachungen müssen den Beschäftigten für die Dauer der in den einzelnen Vorschriften bestimmten Zeiträume zur Einsichtnahme während der Dienststunden zugänglich sein.

2. § 2 Abs. 3 ist mit der Maßgabe anzuwenden, dass die Beschäftigten nur das Wählerverzeichnis ihrer Gruppe einsehen dürfen.
3. Wird nach § 17 Abs. 1 Satz 3 ein Abdruck des Wahlausschreibens ausgehändigt oder versandt, so darf dieser nicht die Angaben nach § 6 Abs. 2 Nr. 2 und 7 enthalten.
4. Die Beschäftigten von Teilen einer Dienststelle, die räumlich von dieser entfernt liegen, geben ihre Stimme schriftlich ab.

§ 49a Personalvertretungen bei der Deutschen Bundespost

(weggefallen)

§ 50 Wahl einer Personalvertretung im Inland durch Beschäftigte in Dienststellen des Bundes im Ausland

(1) Der Haupt- oder Bezirkswahlvorstand kann für die Wahl der Stufenvertretung durch Beschäftigte in Dienststellen des Bundes im Ausland die schriftliche Stimmabgabe anordnen. Entsprechendes gilt für die Wahl eines Gesamtpersonalrats.

(2) Auf die Wahl des Personalrats des Auswärtigen Amtes durch die in § 91 Abs. 1 Nr. 3 Satz 1 des Gesetzes bezeichneten Beschäftigten sind die §§ 32 bis 41 sinngemäß anzuwenden. Der Wahlvorstand kann für die Wahl durch die in Satz 1 bezeichneten Beschäftigten eine schriftliche Stimmabgabe anordnen.

(3) Wird nach Absatz 1 oder 2 die schriftliche Stimmabgabe angeordnet, hat der Wahlvorstand den wahlberechtigten Beschäftigten die in § 17 Abs. 1 bezeichneten Unterlagen zu übersenden.

§ 51 Vertrauensmann der Ortskräfte (§ 91 Abs. 2 des Gesetzes)

(1) Der Personalrat bestellt spätestens drei Wochen vor dem Ablauf der Amtszeit des Vertrauensmannes der Ortskräfte drei Ortskräfte als Wahlvorstand und bestimmt einen von ihnen als Vorsitzenden. Hat der Personalrat den Wahlvorstand nicht fristgemäß bestellt oder besteht in der Dienststelle kein Personalrat, so bestellt der Leiter der Dienststelle den Wahlvorstand. Sind Ortskräfte nicht oder nicht in ausreichender Zahl zur Übernahme des Wahlvorstandsamtes bereit, kön- nen wahlberechtigte Beschäftigte bestellt werden.

(2) Der Wahlvorstand hat unverzüglich eine Versammlung der Ortskräfte einzuberufen. In dieser Versammlung ist die Wahl des Vertrauensmannes und seiner Stellvertreter durchzuführen.

(3) Ist eine geheime Wahl mit Stimmzetteln vorzunehmen (§ 91 Abs. 2 Satz 2 des Gesetzes), so ist wie folgt zu verfahren:

Der Wahlvorstand verteilt unbeschriebene Stimmzettel von gleicher Farbe und Größe. Jeder Wähler schreibt den Namen eines Kandidaten auf seinen Stimmzettel, faltet diesen so, dass der Name verdeckt wird, und übergibt ihn dem Wahlvorstand. Dieser legt den Stimmzettel in Gegenwart des Wählers ungeöffnet in einen dafür bestimmten Behälter und hält den Namen des Wählers in einer Liste fest. Der Wahlvorstand trifft Vorkehrungen, dass die Wähler ihren Stimmzettel unbeobachtet beschreiben können. Hat der Wahlvorstand festgestellt, dass die Wahlhandlung

beendet ist, zählt er unverzüglich und ohne Unterbrechung öffentlich die Stimmen aus und stellt das Ergebnis fest.

(4) Zum Vertrauensmann gewählt ist der Kandidat, der die meisten Stimmen erhalten hat. Der Kandidat mit der zweithöchsten Simmenzahl ist zum ersten Stellvertreter, der mit der dritthöchsten Stimmenzahl zum zweiten Stellvertreter gewählt. Bei gleicher Stimmenzahl entscheidet das Los.

Siebter Teil
Schlussvorschriften

§ 52 Berechnung von Fristen

Für die Berechnung der in dieser Verordnung festgelegten Fristen finden die §§ 186 bis 193 des Bürgerlichen Gesetzbuchs entsprechende Anwendung. Arbeitstage im Sinne dieser Wahlordnung sind die Wochentage Montag bis Freitag mit Ausnahme der gesetzlichen Feiertage.

§ 53 Übergangsregelung

Für Wahlen, zu deren Durchführung der Wahlvorstand spätestens vor dem 1. Oktober 2005 bestellt worden ist, ist die Wahlordnung zum Bundespersonalvertretungsgesetz in der bis zum 30. September 2005 geltenden Fassung anzuwenden.

§ 54 Inkrafttreten

Diese Verordnung tritt am Tag nach der Verkündung in Kraft.

Muster

(Inhaltsverzeichnis)

1.
Muster für eine Mitteilung einer Gewerkschaft an den Wahlvorstand über die Teilnahme eines ihrer Beauftragten an den Sitzungen des Wahlvorstands

Gewerkschaft X

An den
Wahlvorstand bei der
Verwaltung X

Betrifft: Entsendung eines Beauftragten zu den Sitzungen des Wahlvorstands

Sehr geehrte Kolleginnen und Kollegen,

mit Beschluss vom . . . hat der Personalrat bei der Dienststelle . . . Sie als Wahlvorstand bestellt.

Nach § 20 Abs. 1 Satz 3 BPersVG ist je ein Beauftragter der in der Dienststelle vertretenen Gewerkschaften berechtigt, an den Sitzungen des Wahlvorstands mit beratender Stimme teilzunehmen.

Im Hinblick auf dieses den Gewerkschaften zustehende Recht benennen wir Herrn X als unseren Beauftragten. Wir bitten Sie, Herrn X rechtzeitig vor der ersten Sitzung des Wahlvorstands unter Übersendung der Tagesordnung einzuladen.

Eine Durchschrift dieser Einladung wollen Sie bitte direkt uns zuleiten.

Mit kollegialen Grüßen

. . . .
(Unterschrift)

2.
Einladung des Wahlvorstands zur konstituierenden Sitzung der Personalvertretung nach § 34 Abs. 1 BPersVG

Wahlvorstand der Dienststelle X

Betrifft: Einladung zur konstituierenden Sitzung der Personalvertretung

Liebe Kolleginnen und Kollegen,

am 11. Mai 2015 wurde die neue Personalvertretung gewählt. Die Amtszeit der bisherigen Personalvertretung endet am 18. Mai 2015. Wir laden Sie hiermit zur konstituierenden Sitzung der Personalvertretung am

26. Mai 2015, 9.00 Uhr, in das große Sitzungszimmer

ein.

Als Tagesordnungspunkt ist vorgesehen:

1. Eröffnung durch den Vorsitzenden des Wahlvorstands
2. Wahl eines Wahlleiters
3. Wahl der Gruppensprecher
4. Wahl des Personalratsvorsitzenden
5. Verschiedenes

Es wäre zu begrüßen, wenn an der konstituierenden Sitzung alle neugewählten Personalratsmitglieder teilnehmen. Im Verhinderungsfall bitten wir um rechtzeitige Mitteilung, damit wir das zuständige Ersatzmitglied laden können.

Mit kollegialen Grüßen

....
(Unterschrift)
Vorsitzender des Wahlvorstands

3.
Einladung zu einer Personalratssitzung gem. § 34 BPersVG

Personalrat bei der Verwaltung X

Betrifft: Einladung zur Personalratssitzung

Liebe Kolleginnen und Kollegen,

wie bereits in der letzten Personalratssitzung angekündigt, findet die nächste Sitzung am

11. Juni 2015, 14.00 Uhr, im großen Sitzungssaal

statt.

Folgende Tagesordnung ist vorgesehen:

1. Eröffnung und Begrüßung
2. Eventuelle Einwendungen gegen die Niederschrift über die Sitzung vom . . .
3. Personelle Angelegenheiten
   a) Beschlussfassung über die von der Dienststelle beabsichtigten Einstellungen
   b) Beschlussfassung über die von der Dienststelle beabsichtigte Versetzung des Beamten B
4. Beschlussfassung über die von der Dienststelle angebotene Schulungs- und Bildungsveranstaltung
5. Anregungen und Beschwerden einzelner Beschäftigter
6. Verschiedenes

Im Falle der Verhinderung bitten wir um rechtzeitige Mitteilung, damit wir das zuständige Ersatzmitglied laden können.

Mit kollegialen Grüßen

. . . .
(Unterschrift)
Vorsitzender des Personalrats

4.
Schreiben der Mehrheit der Vertreter einer Gruppe zwecks Anberaumung einer Sitzung der Personalvertretung (§ 34 Abs. 3 BPersVG)

Ferdinand Meyer
Reinhard Schmitz
Klaus Müller
Friedrich Krause

An den
Vorsitzenden des Personalrats bei der Verwaltung X

Betrifft: Einberufung einer Personalratssitzung

Lieber Kollege Huber,

die Personalvertretung hat sich trotz mehrfacher Ansätze bisher nicht endgültig mit der Problematik der Freistellung von Personalratsmitgliedern befasst. Nach der konstituierenden Sitzung sind eine Vielzahl von Beteiligungsangelegenheiten angefallen, die von Seiten des Vorstands offensichtlich deshalb nicht genügend vorbereitet werden konnten, weil eine Freistellung zur Erledigung von Personalratsaufgaben bisher nicht beschlossen und durchgesetzt wurde. Ohne eine Freistellung in dem Umfang, wie sie das Gesetz vorsieht, kann unser Personalrat seinen Aufgaben nicht sachgerecht nachkommen.

Aus diesem Grund bitten wir, alsbald eine Personalratssitzung anzuberaumen und den von uns beantragten Gegenstand auf die Tagesordnung zu setzen.

Die Voraussetzungen des § 34 Abs. 3 sind erfüllt, da die Arbeitnehmergruppe aus insgesamt sieben Mitgliedern besteht.

Mit kollegialen Grüßen i. A.

....
(Unterschrift)

5.
Einladung zur Teilnahme an einer Personalratssitzung an die im Personalrat vertretenen Gewerkschaften

Personalrat bei der Verwaltung X

An die
Gewerkschaften XY

Betrifft: Einladung zur Personalratssitzung gemäß § 36 BPersVG

Liebe Kolleginnen und Kollegen,

unsere nächste Personalratssitzung findet am

11. Juni 2015, 10.00 Uhr, Dienststelle X, Großer Sitzungssaal

statt.

Aufgrund der beiliegenden Tagesordnung werden wir uns unter TOP 4 mit der Aufstellung eines Sozialplans befassen, den die Verwaltung uns im Entwurf zuge- leitet hat. Die entsprechende Unterlage ist beigefügt.

Die Mehrheit des Personalrats hat die Beratung durch Sie gewünscht. Wir laden Sie daher zu der obengenannten Sitzung ein.

Mit kollegialen Grüßen

. . . .
(Unterschrift)
Vorsitzender des Personalrats

6.
Sitzungsniederschrift der Personalvertretung gemäß § 41 BPersVG

Ergebnisniederschrift
über die Sitzung des Personalrats bei der Verwaltung X vom . . .

1. Eröffnung und Begrüßung

Der Vorsitzende eröffnet die Sitzung am 11. Juni 2015 um 9.00 Uhr und begrüßt die erschienenen Mitglieder. Er stellt fest, dass die Mitglieder ordnungsgemäß und rechtzeitig geladen worden sind. Die Mitglieder sind vollzählig erschienen.

2. Genehmigung der Niederschrift aus der Sitzung vom 18. Mai 2015

Die Mitglieder des Personalrats genehmigen die Niederschrift.

3. Personelle Angelegenheiten

a) Beschlussfassung über die von der Dienststelle beantragte Zustimmung zur Beförderung des Beamten B.

   Nach ausführlicher, gemeinsamer Beratung des Personalrats kommt die Gruppe der Beamten zu folgender Beschlussfassung:

   Die vorliegenden Unterlagen über die Eignung des Beamten B für die Wahr- nehmung der auf dem Dienstposten X zu erfüllenden Aufgaben rechtfertigen die Annahme, dass der Beamte B – auch im Vergleich zu anderen Kolleginnen und Kollegen – für die Besetzung des Dienstpostens geeignet ist. Die Gruppe Beamte stimmt daher der beabsichtigten Beförderung zu.

b) Beschlussfassung über die Versetzung des Beamten X

   Nach vorausgegangener Beratung im Plenum kommt die Gruppe der Beamten zu folgendem Ergebnis: Der Beamte X widerspricht aus verständlichen Gründen der von der Dienststelle beabsichtigten Versetzung nach Hamburg. Dienstliche Gründe für die Versetzung sind nach Auffassung der Gruppe Beamte nicht in ausreichendem Maße dargelegt worden. Der Gruppe der Beamten ist bekannt, dass andere, verheiratete Beamte kinderlos und für die vorgesehene Stelle ebenso qualifiziert sind und daher eher für eine Versetzung in Frage kommen als der Beamte X, dessen Kinder umgeschult werden müssten.

4. Aufstellung eines Sozialplans durch die Dienststelle

Der von der Dienststelle vorgelegte Sozialplan wird in seinen Grundzügen gebilligt. Im Hinblick auf einzelne offene Fragen erscheint es der Personalvertretung ratsam, zu der nächsten Sitzung, die alsbald stattfinden soll, den Dienststellenleiter und die im Personalrat vertretenen Gewerkschaften zu laden. Da die Dienststelle ausdrücklich auf eine Stellungnahme innerhalb bestimmter Fristen verzichtet hat (vgl. hierzu § 69 Anm. 3 l), erscheint eine sofortige Beschlussfassung nicht dringend erforderlich.

5. Verschiedenes

Im Hinblick darauf, dass sich immer wieder Schwierigkeiten im Zusammenhang mit der Freistellung von Personalratsmitgliedern ergeben, wird der Vorsitzende beauftragt, Informationen über die Art und Weise der Freistellung in der Verwaltung X einzuholen und dem Personalrat in der nächsten Sitzung hierüber zu berichten.

Ende der Sitzung: 12.00 Uhr.

. . . .
(Unterschrift)
Vorsitzender des Personalrats

. . . .
(Unterschrift)
eines weiteren Mitglieds

7.
Kostenerstattung nach § 44 BPersVG

Personalrat bei der Verwaltung X

An den
Leiter der Dienststelle

Betrifft: Kostenerstattung nach § 44

Sehr geehrter Herr . . .

seit längerer Zeit bestehen zwischen Ihnen und dem Personalrat Meinungsverschiedenheiten darüber, ob die Verhängung einer Ordnungsmaßnahme gegenüber dem Arbeiter A der Mitbestimmung unterliegt. Bisher haben Sie sich stets auf den Standpunkt gestellt, dass nur die Regelung der Ordnung in der Dienststelle insgesamt der Mitbestimmung der Personalvertretung unterfällt. Diese Auffassung können wir nicht teilen.

Wir haben uns bisher vergeblich bemüht, mit Ihnen zu einer Einigung zu kommen. Daher haben wir uns nunmehr veranlasst gesehen, einen Rechtsanwalt mit der Prüfung der Frage zu beauftragen, ob die konkrete Maßnahme der Mitbestimmung der Personalvertretung nach § 75 Abs. 3 Nr. 15 unterfällt. Der von uns beauftragte Rechtsanwalt hat um einen Kostenvorschuss gebeten. Das entsprechende Schreiben liegt in Kopie bei. Wir bitten um entsprechende Erledigung.

Mit vorzüglicher Hochachtung

. . . .
(Unterschrift)
Vorsitzender des Personalrats

8.
Geschäftsordnung

Der Personalrat bei der Verwaltung X hat in seiner Sitzung am . . . folgende Geschäftsordnung beschlossen:

§ 1

Sitzungen sollen in der Regel mindestens einmal in jedem Kalendermonat stattfinden.

Unabhängig davon hat der Vorsitzende des Personalrats eine Sitzung dann anzuberaumen, wenn er dies aufgrund sorgfältiger Prüfung für notwendig erachtet. In jedem Fall hat er dann kurzfristig eine Personalratssitzung einzuberufen, wenn im Rahmen des Beteiligungsverfahrens Fristen zu beachten sind, die eine rechtzeitige Beratung notwendig machen.

Unter dem Tagesordnungspunkt „Verschiedenes“ legt der Personalrat den Termin der nächsten Personalratssitzung fest.

Der Vorsitzende des Personalrats hat die Mitglieder spätestens sieben Arbeitstage vor der nächsten Sitzung schriftlich zu laden. Der Ladung ist die Tagesordnung beizufügen. Soweit die Dienststelle dem Personalrat Unterlagen für die Beratung bestimmter Angelegenheiten zur Verfügung stellt, sind sie der Ladung beizufügen, es sei denn, dass z.B. im Fall von Bewerbungsunterlagen eine derartige Fülle von Material vorliegt, dass aus Kostengründen eine Vervielfältigung nicht gerechtfertigt erscheint. In diesem Ausnahmefall hat der Vorsitzende des Personalrats die wesentlichen Auszüge aus den Unterlagen zusammenzustellen und der Ladung beizufügen. Außerdem muss er in der Ladung darauf hinweisen, dass jedes Personalratsmitglied bereits vor der Sitzung die Unterlagen im Personalratszimmer einsehen kann.

In gleicher Weise hat der Vorsitzende des Personalrats den Vertrauensmann der Schwerbehinderten, die Mitglieder der Jugend- und Auszubildendenvertretung und den Vertreter der nichtständig Beschäftigten zu laden, soweit sie ein Recht auf Teilnahme an der Sitzung haben.

Ist ein Mitglied verhindert, an der Sitzung teilzunehmen (z.B. durch Urlaub, Krankheit), so hat es dies dem Vorsitzenden bzw. der Geschäftsstelle des Personalrats unverzüglich mitzuteilen.

§ 2

Anträge nach § 34 Abs. 3 auf Anberaumung einer Sitzung sind dem Personalrat in schriftlicher Form vorzulegen. Beantragt ein Viertel der Mitglieder des Personalrats die Anberaumung einer Sitzung, so müssen mindestens . . . Mitglieder den Antrag unterzeichnen.

Die Antragsteller haben die wesentlichen Gründe dafür anzugeben, weshalb sie die Anberaumung einer Sitzung beantragen.

§ 3

In der Tagesordnung sind die zu beratenden Angelegenheiten so zu bezeichnen, dass das einzelne Mitglied das Wesentliche erkennen und sich auf die Beratung vorbereiten kann. Dies gilt nicht für Angelegenheiten, die ihrer Natur nach keiner näheren Erläuterung bedürfen (z.B. einfache Personalvorgänge).

Die Behandlung sog. Dringlichkeitsanträge ist nur möglich, wenn in der betreffenden Personalratssitzung alle Mitglieder anwesend sind und geschlossen für die Behandlung dieses Antrages stimmen.

Änderungen der Tagesordnung (Reihenfolge der Beratungspunkte) können nur durch Beschluss mit einfacher Stimmenmehrheit der anwesenden Mitglieder vorgenommen werden.

§ 4

Der Vorsitzende hat die Sitzung des Personalrats zu leiten. Er hat darauf zu achten, dass die Worterteilung in der Reihenfolge der Wortmeldungen erfolgt. Abstimmungen sind wie folgt durchzuführen:

- Unmittelbar vor der Abstimmung hat der Vorsitzende nochmals den Wortlaut des Antrages, über den abgestimmt werden soll, vorzutragen.
- Danach hat der Vorsitzende die Stimmen zu ermitteln, die dem Antrag zustimmen wollen.
- Sodann sind die Stimmenthaltungen, danach die Gegenstimmen zu ermitteln.

Der Vorsitzende hat dieses Abstimmungsverfahren auch dann einzuhalten, wenn nach seiner Auffassung die Mehrheit der Stimmen der anwesenden Personalratsmitglieder für einen Antrag ist.

Dem Vorsitzenden steht das Recht zu, einem Mitglied des Personalrats für den Fall das Wort zu entziehen, dass es nicht zur Sache spricht oder aber seinen Vortrag unangemessen lange ausdehnt.

Der Vorsitzende des Personalrats hat nicht das Recht, ein Mitglied des Personalrats aus der Sitzung zu weisen. Bei einer groben Verletzung der allgemeinen demokratischen Spielregeln im Rahmen einer Diskussion und Abstimmung kann nach vorausgehendem Beschluss des Plenums, an dem sich das betreffende Personalratsmitglied nicht beteiligen kann, festgelegt werden, dass eine Worterteilung an dieses Personalratsmitglied für den Rest der Sitzung unterbleibt.

Eine Worterteilung außerhalb der Reihenfolge der Wortmeldungen ist nur möglich, wenn das Wort zur Geschäftsordnung gewünscht wird.

Ein Mitglied des Personalrats kann den Antrag auf Schluss der Debatte nur dann stellen, wenn es selbst noch nicht zur Sache gesprochen hat. Wird ein solcher Antrag gestellt, so kann je ein Mitglied für und gegen diesen Antrag das Wort nehmen. Danach ist ohne weitere Diskussion über den Antrag auf Schluss der Debatte abzustimmen.

Die Abstimmungen erfolgen grundsätzlich offen, es sei denn, dass ein Mitglied schriftliche Abstimmung beantragt. Diesem Antrag muss ohne Diskussion stattgegeben werden.

§ 5

Der Personalrat ist beschlussfähig, wenn mindestens die Hälfte seiner Mitglieder anwesend ist. Bei der derzeitigen Stärke des Personalrats ist die Hälfte der Mitglieder . . . Personen.

Unmittelbar nach Zugang der Ladung hat das einzelne Personalratsmitglied zu prüfen, ob es an der Sitzung teilnehmen kann. Wenn dies nicht der Fall ist, hat es umgehend den Personalratsvorsitzenden zu unterrichten. Dieser hat das zuständige Ersatzmitglied in der gleichen Weise wie ein ordentliches Mitglied zu laden.

Ersatzmitglieder sind auch für den Fall zu laden, dass sich erst unmittelbar vor oder in der Sitzung die Verhinderung eines ordentlichen Mitglieds herausstellen sollte.

§ 6

Zur Anfertigung der Sitzungsniederschrift kann der Personalrat einen Schriftführer bestellen, der Mitglied des Personalrats sein muss.

Die Sitzungsniederschrift ist nach dem beiligenden Muster zu gestalten (vgl. Muster Nr. 6). Sie ist vom Personalratsvorsitzenden zu den Akten zu nehmen und im Personalratszimmer aufzubewahren.

In die Sitzungsniederschrift können neben den in § 41 genannten Personen auch die Mitglieder des Personalrats Einsicht nehmen. Eine Abschrift der Niederschrift kann nur dem Leiter der Dienststelle oder Beauftragten von Gewerkschaften, die an der Sitzung teilgenommen haben, zur Verfügung gestellt werden. Es darf aber nur der Teil der Sitzungsniederschrift zugänglich gemacht werden, der über den Beratungsgegenstand Auskunft gibt, der in Anwesenheit der betreffenden Personen erörtert worden ist.

Der Vorsitzende des Personalrats hat die Niederschrift zur Abstimmung in der nächsten Sitzung zu stellen. Vorab eingehende Einwendungen hat er den Unterlagen beizufügen.

§ 7

Der Personalrat kann Ausschüsse für bestimmte Angelegenheiten bilden. Insbesondere für die Vorbehandlung personeller Angelegenheiten im Zusammenhang mit Einstellungen und die dabei erforderliche Durchsicht von Bewerbungsunterlagen kann ein Ausschuss eingerichtet werden.

Jedem Ausschuss soll ein Vertreter jeder Gruppe angehören.

Über jede Ausschusssitzung ist eine Ergebnisniederschrift zu fertigen und dem Plenum zu berichten.

§ 8

Der Vorsitzende des Personalrats hat den der Personalversammlung vorzulegenden Tätigkeitsbericht rechtzeitig vorzubereiten und in der vor der Durchführung der Personalversammlung stattfindenden Personalratssitzung zur Beratung und Abstimmung zu stellen. Der Entwurf des Tätigkeitsberichts ist in jedem Fall der Ladung beizufügen.

§ 9

Der Vorstand des Personalrats führt die laufenden Geschäfte. Er hat in diesem Zusammenhang alle Angelegenheiten, die der Vorbereitung von Plenumsentscheidungen dienen, zu behandeln. Dabei hat der Vorstand vor allen Dingen zu prüfen, ob die von der Dienststelle vorgelegten Unterlagen ausreichend sind. Andernfalls hat er sich um zusätzliche Informationen und Unterlagen zu bemühen.

Die Meinung des Plenums des Personalrats kann vom Vorstand gegenüber Dritten nur dann vorgetragen werden, wenn eine Personalratssitzung und Beschlussfassung vorausgegangen ist.

§ 10

Der Personalrat kann anhand eines Geschäftsverteilungsplans einzelne Aufgaben an Mitglieder des Personalrats übertragen. Diese haben aber kein Vertretungsrecht nach außen, sondern die Aufgabe, Personalratsbeschlüsse vorzubereiten.

Der Vorstand kann regelmäßig Vorstandssitzungen durchführen. Zur Vorbereitung einer umfangreichen Tagesordnung für die nächste Personalratssitzung muss er eine Vorstandssitzung abhalten.

§ 11

Die Sprechstunde des Personalrats wird grundsätzlich jeweils am . . . um . . . durchgeführt; bei Bedarf kann der Vorstand weitere Sprechstunden anberaumen. Sie wird vom Vorstand des Personalrats abgehalten. Der Vorstand kann solche Personalrats- mitglieder hinzuziehen, die in bestimmten Fragen besonders sachverständig sind.

§ 12

Diese Geschäftsordnung wurde in der Sitzung des Personalrats am . . . . . beschlossen. Sie wird zu den Akten genommen und jedem Personalratsmitglied ausgehändigt.

9.
Schreiben der Personalvertretung an die Dienststelle wegen Freistellung

Der Personalrat bei der Verwaltung X

An den
Leiter der Dienststelle

Betrifft: Freistellung nach § 46 BPersVG

Sehr geehrter Herr X,

der Personalrat hat in seiner Sitzung am . . . beschlossen, Ihnen vorzuschlagen, die Personalratsmitglieder Müller und Schmitz von ihrer dienstlichen Tätigkeit zur Wahrnehmung der der Personalvertretung obliegenden Aufgaben freizustellen.

Die Personalvertretung hat die Interessen von insgesamt 625 Beschäftigten wahrzunehmen. Nach § 46 Abs. 4 BPersVG sind bei dieser Zahl der Beschäftigten zwei Mitglieder der Personalvertretung freizustellen.

Nur die von uns vorgeschlagene Freistellung garantiert, dass die außerhalb von Sitzungen der Personalvertretung anfallenden Geschäfte ordnungs- und sachgemäß wahrgenommen werden und dadurch eine wirksame Erfüllung der dem Personalrat zustehenden Aufgaben und Befugnisse sichergestellt wird (vgl. BVerwG v. 22.4.1987, PersV 1988, 133).

Wir gehen von Ihrem Einverständnis aus und bitten um möglichst umgehende Mitteilung.

Mit freundlichen Grüßen

. . . .
(Unterschrift)
Vorsitzender des Personalrats

10.
Schreiben des Personalrats wegen Teilnahme an Schulungs- und Bildungsveranstaltungen (§ 46 Abs. 6 BPersVG)

Der Personalrat bei der Verwaltung X

An den
Leiter der Dienststelle

Betrifft: Freistellung nach § 46 Abs. 6

Sehr geehrter Herr X,

die Gewerkschaft Y veranstaltet in der Zeit vom 11. bis 15. Mai 2015 in der Schulungsstätte S ein Seminar für Personalratsmitglieder. Dieses Seminar soll Mitglieder der Personalvertretungen über die grundlegend neue Rechtsprechung des Bundesverwaltungsgerichts zum BPersVG soweit unterrichten, als sich hierdurch neue Gesichtspunkte grundsätzlicher Art ergeben haben (vgl. Schreiben des Bundesministers des Innern betr. Kostenerstattung für die Teilnahme an Schulungs- und Bildungsveranstaltungen nach § 46 Abs. 6 BPersVG v. 28.4.2008). Die einzelnen Entscheidungen sollen in Gruppenarbeiten vertieft werden. Das Seminarprogramm liegt bei.

Der Personalrat hat beschlossen, die Mitglieder Apel, Bertram und Hoffmann zur Teilnahme an dieser Veranstaltung freizustellen. Wir halten die Teilnahme dieser Personalratsmitglieder deshalb für erforderlich, weil die entsprechenden Informationen von einem Fachanwalt für Verwaltungsrecht kompetent dargeboten werden und ausschließlich sachbezogen sind. Sie stehen in einem unmittelbaren Bezug zur Personalratsarbeit und haben für den Geschäftsbereich unserer Verwaltung praktische Bedeutung.

Wir möchten Sie von dem von uns gefassten Beschluss in Kenntnis setzen und Ihnen vorab mitteilen, dass wir die aus Anlass der Teilnahme unserer Mitglieder entstehenden Kosten (Fahr- und Teilnehmerkosten) nach Beendigung des Seminars im Rahmen des § 44 im Einzelnen beziffern und geltend machen werden.

Mit freundlichen Grüßen

....
(Unterschrift)
Vorsitzender des Personalrats

11.
Schreiben des Personalrats X zur Teilnahme an einer Schulungs- und Bildungsveranstaltung nach § 46 Abs. 7 BPersVG

Walter Schmitz
Mitglied des Personalrats bei der Verwaltung X

An den
Leiter der Dienststelle Y

Betrifft: Teilnahme an einer Schulungs- und Bildungsveranstaltung nach § 46 Abs. 7

Sehr geehrter Herr Y,

die Gewerkschaft G veranstaltet in der Zeit vom 13. bis 17. Juni 2015 eine Schulungs- und Bildungsveranstaltung für Personalratsmitglieder nach § 46 Abs. 7. Auf dieser Veranstaltung werden u.a.folgende Themen behandelt:

Rhetorik für Personalratsmitglieder
Dienststelleninterner Umweltschutz
Rechtsprechung zum Umweltschutzrecht

Das Seminarprogramm liegt bei.

Eine Fotokopie des Bescheids, wonach die erwähnte Schulungs- und Bildungsveranstaltung von der Bundeszentrale für politische Bildung als geeignet anerkannt worden ist, ist ebenfalls beigefügt.

Wie sich aus dem Programm ergibt, hat die Veranstaltung einen Bezug zur Personalratsarbeit in unserer Dienststelle.

Ich bitte, mit der Freistellung für die o.g. Zeit einverstanden zu sein. Eine Abschrift meiner Abstimmung mit dem Personalrat über die Dauer meiner Abwesenheit und der dadurch evtl. notwendig werdenden Ladung des zuständigen Ersatzmitglieds ist beigefügt.

Rein vorsorglich möchte ich darauf hinweisen, dass mir ein Anspruch auf Teilnahme an der o. g. Veranstaltung trotz einer früheren Teilnahme an einer gemäß § 46 Abs. 6 durchgeführten Schulungsveranstaltung zusteht (vgl. Abs. 6: „unbeschadet“).

Mit vorzüglicher Hochachtung

....
(Unterschrift)
Mitglied des Personalrats

12.
Einladung zur Personalversammlung gemäß § 48 BPersVG

Der Personalrat bei der Verwaltung X

An die Beschäftigten
der Dienststelle X

Einladung

Liebe Kolleginnen und Kollegen,

unsere nächste Personalversammlung wird am

Dienstag, dem 26. Mai 2015, 15.00 Uhr, im Großen Sitzungssaal

durchgeführt werden.

Folgende Tagesordnung ist vorgesehen:

1. Eröffnung und Begrüßung
2. Tätigkeitsbericht des Personalrats
3. Anregungen der Beschäftigten für eine Verbesserung der Personalratsarbeit
4. Geplante Sozialmaßnahmen der Verwaltung
5. Verschiedenes

Wir hoffen auf ein möglichst großes Interesse und verbleiben mit kollegialen Grüßen

....
(Unterschrift)
Vorsitzender des Personalrats

Durchschrift erhalten: Dienststellenleiter, Gewerkschaften X und Y, Arbeitgebervereinigung A, Bezirkspersonalrat, Mittelbehörde.

13.
Einladung zu einer außerordentlichen Personalversammlung

Personalrat bei der
Dienststelle X

Bonn, den . . .

Der Personalrat hat in seiner Sitzung am 27. April 2015 die Durchführung einer weiteren Personalversammlung beschlossen. Wir laden Sie daher recht herzlich zu der am

29. Mai 2015, 10.00 Uhr, im Großen Sitzungssaal

stattfindenden Personalversammlung ein.

Folgende Tagesordnung ist vorgesehen:

1. Eröffnung und Begrüßung
2. Verlesen der Niederschrift über die letzte Personalversammlung
3. Tätigkeitsbericht des Personalrats
4. Tarif-, Besoldungs- und Sozialangelegenheiten
   – Bericht des Vorstands des Personalrats –
5. Geplante Organisationsmaßnahmen zum 1. Juli 2015 (Stellungnahme des Dienststellenleiters)
6. Verschiedenes

Durchschrift erhalten die Gewerkschaften A, B und C, der Dienststellenleiter, die Arbeitgebervereinigung D, der Bezirkspersonalrat sowie die Mittelbehörde.

Mit freundlichen Grüßen

. . . .
(Unterschrift)
Vorsitzender

14.
Muster eines Tätigkeitsberichts

Personalrat bei der
Verwaltung X

Der nachfolgende Tätigkeitsbericht gibt einen Überblick über das Tätigwerden der Personalvertretung seit der am 16. April 2015 durchgeführten letzten Personalversammlung.

1. Einige Beschäftigte haben sich wegen der zunehmenden Lärmbelästigungen, die von der unmittelbar am Gebäude vorbeiführenden Umgehungsstraße ausgehen, beschwert. Sie haben vorgetragen, dass trotz der inzwischen teilweise erfolgten Sanierung der Holzfenster immer noch eine erhebliche Lärmbelästigung erfolge.

Der Personalrat hat sich an Ort und Stelle ein Bild von den Verhältnissen gemacht. Er hat die Beschwerden für berechtigt gehalten und den Dienststellenleiter daher aufgefordert, weitere Sanierungsarbeiten durchzuführen. Der Dienststellenleiter hat inzwischen einen entsprechenden Auftrag an die zuständige Bauabteilung erteilt.

2. Der Personalrat hat sich um die weitere Eingliederung der Beschäftigten ausländischer Staatsangehörigkeit bemüht. Dabei ging es dem Personalrat insbesondere um die Beseitigung sprachlicher Barrieren. Daher wurde beim Leiter der Dienststelle die behördeninterne Einrichtung eines „Sprachschnellkurses" beantragt. Wegen der Bewilligung der hierfür notwendigen Mittel steht der Leiter der Dienststelle z.Z. in Verhandlungen mit der Mittelbehörde.

3. Der Personalrat hatte sich in insgesamt 10 Sitzungen mit einer Vielzahl personeller Einzelmaßnahmen zu befassen. Hierbei handelte es sich sowohl um Einstellungen wie auch um Höhergruppierungen, Versetzungen, Abordnungen und Beförderungen.

Der Personalrat hat einen Ausschuss gebildet, der mit der Durchsicht der immer umfangreicher werdenden Bewerbungen beauftragt wurde.

In einzelnen Fällen der Versetzung – insgesamt in drei Fällen – hat der Personalrat der entsprechenden Absicht des Dienststellenleiters widersprochen, weil die Versetzungen nach seiner Auffassung aus sozialen Gründen nicht gerechtfertigt waren. Eine Einigung konnte mit dem Dienststellenleiter nicht erzielt werden. Die beantragten Versetzungsmaßnahmen sind daher zur weiteren Behandlung vom Dienststellenleiter der Mittelbehörde überwiesen worden.

Die übrigen personellen Maßnahmen schienen dem Personalrat gerechtfertigt. Er hat sorgfältig geprüft, ob hierdurch evtl. andere Beschäftigte benachteiligt werden. Diese Besorgnis bestand aber nicht.

Der Personalrat hat insgesamt in

vier Fällen der beabsichtigten Einstellung,

zwei Fällen der beabsichtigten Höhergruppierung,

zwei Fällen der beabsichtigten Versetzung,

zwei Fällen der beabsichtigten Abordnung über eine Dauer von drei Monaten hinaus sowie

zwei Fällen der beabsichtigten Beförderung

zugestimmt.

4. Der Personalrat hat beantragt, die Klimaanlage eingehend überprüfen zu lassen, um weitere Gesundheitsschädigungen zu vermeiden. Der Leiter der Dienststelle wird im Verlauf dieser Personalversammlung über das Ergebnis entsprechender Bemühungen berichten. Der Personalrat hat beschlossen, mit allen Mitteln entsprechende Verbesserungen der Anlage durchzusetzen und evtl. die Einigungsstelle für den Fall der Nichteinigung anzurufen.

5. Der Dienststellenleiter hat dem Personalrat ein Konzept zur Auswahl von Teilnehmern an Fortbildungsveranstaltungen vorgelegt. Der Personalrat ist mit der Mehrheit seiner Mitglieder der Auffassung, dass dieses Konzept allzusehr den allseits bekannten Grundsatz der sparsamen Haushaltsführung in den Vordergrund stellt und zu wenig das dringende Bedürfnis nach umfassender Fortbildung gerade der im EDV-Bereich tätigen Beschäftigten berücksichtigt.

Daher hat der Personalrat dem Konzept nicht zugestimmt. Die Angelegenheit wird gegenwärtig nochmals vom Dienststellenleiter überprüft.

Von diesem Konzept unberührt bleibt selbstverständlich das Mitbestimmungsrecht bei der Auswahl einzelner Teilnehmer an weiteren Fortbildungsveranstaltungen.

6. Der Personalrat hat mit dem Bezirkspersonalrat eine ausführliche Aussprache über die bisherige Behandlung von Äußerungen im Rahmen des § 82 Abs. 2 durch den Bezirkspersonalrat geführt. Der Personalrat hatte zuletzt feststellen müssen, dass seine Äußerungen vom Bezirkspersonalrat nur noch ungenügend gewürdigt wurden. Außerdem ist es vereinzelt vorgekommen, dass der Personalrat sehr kurzfristig informiert wurde. Dadurch verblieben oft nur drei Tage bis zum Ablauf der Frist, innerhalb deren der Bezirkspersonalrat gegenüber der Mittelbehörde Stellung nehmen musste.

Der Bezirkspersonalrat hat darauf verwiesen, dass nicht selten von anderen Personalräten gegenteilige Äußerungen erfolgt seien. Dadurch sei es unvermeidlich gewesen, in Einzelfällen die Äußerungen des hiesigen Personalrats im Bezirkspersonalrat zur Abstimmung zu stellen. Das Ergebnis war meist eine Ablehnung dieser darin vertretenen Meinungen. Der Bezirkspersonalrat hat gleichzeitig zugesichert, den Personalrat künftig so rechtzeitig wie möglich zu informieren.

Für den Personalrat

....

(Unterschrift)
Vorsitzender

15. Initiativantrag der Personalvertretung nach § 68 Abs. 1 Nr. 3 BPersVG

Der Personalrat bei der Verwaltung X

An den
Leiter der Dienststelle

Betrifft: Initiativantrag nach § 68 Abs. 1 Nr. 3 BPersVG

Sehr geehrter Herr X,

zahlreiche Beschäftigte der unmittelbar an der Hauptdurchgangsstraße gelegenen Abteilung haben sich über eine zunehmende Lärmbelästigung beschwert. Wir sind dieser Beschwerde nachgegangen und haben feststellen müssen, dass selbst bei geschlosenen Fenstern der Lärm unerträglich und eine ungestörte Arbeitserledigung nicht mehr gewährleistet ist.

Wir möchten Sie daher bitten, möglichst umgehend geeignete Maßnahmen zur Lärmbeseitigung zu veranlassen. Wir bitten Sie, in der nächsten Personalratssitzung, die am 29. Mai 2015 durchgeführt werden wird, über die von Ihnen beabsichtigten Maßnahmen zu informieren.

Mit freundlichen Grüßen

....
(Unterschrift)
Vorsitzender des Personalrats

16.
Ablehnung einer von der Dienststelle beabsichtigten personellen Maßnahme gem. § 69, § 76 Abs. 1 Nr. 2 BPersVG

Der Personalrat bei der Verwaltung X

An den
Leiter der Dienststelle

Betrifft: Verweigerung der Zustimmung zu der von Ihnen beabsichtigten Beförderung des Beamten B

Sehr geehrter Herr X,

mit Schreiben vom 11. Mai 2015 haben Sie dem Personalrat von der von Ihnen beabsichtigten Beförderung des Beamten B Kenntnis gegeben und gleichzeitig um Zustimmung gebeten.

Der Personalrat hat in seiner Sitzung am 15. Mai 2015 beschlossen, der von Ihnen beabsichtigten Maßnahme nicht zuzustimmen. Wie uns bekannt ist, haben sich für den Beförderungsdienstposten insgesamt fünf Beamte beworben. Diese Beamten sind von Ihnen offensichtlich unter Hinweis auf die bessere Qualifikation des Beamten B nicht berücksichtigt worden.

Da uns jegliche Informationen und Unterlagen über die Mitbewerber fehlen, sehen wir uns nicht in der Lage, ohne weitere Informationen der von Ihnen beantragten Maßnahme zuzustimmen. In diesem Zusammenhang möchten wir darauf hinweisen, dass wir nach § 66 Abs. 1 Satz 1 verpflichtet sind, darauf zu achten, dass alle Beschäftigten nach gleichen Grundsätzen behandelt werden. Dieser Verpflichtung können wir aber im Rahmen des vorliegenden Verfahrens nur dann nachkommen, wenn uns – wie bereits erwähnt – weitere Informationen gegeben werden.

Mit freundlichen Grüßen

. . . .
(Unterschrift)
Vorsitzender des Personalrats

17.
Initiative des Personalrats nach § 70 BPersVG

Der Personalrat bei der Verwaltung X

An den
Leiter der Dienststelle

Betrifft: Initiativrecht nach § 70 Abs. 2 BPersVG

Sehr geehrter Herr X,

der Personalrat ist der Auffassung, dass der Beamte B zum . . . aufgrund der von ihm seit vielen Jahren erbrachten konstant guten Leistungen befördert werden sollte. Die Beurteilungen, die dem Personalrat von dem Beamten zugänglich gemacht worden sind, zeigen deutlich dessen Eignung für die Wahrnehmung der Aufgaben des in Betracht kommenden Dienstpostens.

Der Personalrat ist gerne bereit, diesen Antrag in einer mündlichen Erörterung mit Ihnen zusätzlich zu begründen. Wir bitten, uns möglichst umgehend einen Termin bekanntzugeben.

Mit freundlichen Grüßen

....
(Unterschrift)
Vorsitzender des Personalrats

18.
Muster von Dienstvereinbarungen

a)
Arbeitszeitflexibilisierung

Dienstvereinbarung zur Arbeitszeitflexibilisierung

zwischen dem Leiter des Bundesamtes

und

dem Gesamtpersonalrat des Bundesamtes

Inhaltsverzeichnis

Präambel

Im Bundesamt erfolgt dauerhaft eine umfassende Flexibilisierung der Arbeitszeit.

Als Bestandteil einer modernen Personalentwicklung hat die Arbeitszeitflexibilisierung folgende Ziele:

- Verbesserung des Services gegenüber allen internen und externen Kunden;
- Sicherstellung eines bedarfsgerechten wirtschaftlichen Personaleinsatzes;
- mehr Souveränität und individuelle Gestaltungsmöglichkeit bei der Abwicklung der Arbeitszeit durch den jeweiligen Beschäftigten.

Die Regelungen haben den Anspruch, zu ergebnis- und qualitätsorientiertem Arbeiten sowie zur Zufriedenheit der Beschäftigten am Arbeitsplatz beizutragen. Weiteres Ziel ist, durch eine flexiblere Gestaltung der Arbeitsbedingungen in zeitlicher Hinsicht für die Mitarbeiter/innen eine verbesserte Vereinbarkeit von Beruf und Familie zu erreichen.

Eine größtmögliche Flexibilisierung der Arbeitszeit soll dadurch erreicht werden, dass die Beschäftigten ihre Arbeitszeiten im vorgegebenen Rahmen selbst bestimmen. Die sachgerechte Erfüllung der dienstlichen Aufgaben hat dabei Priorität.

§ 1 Geltungsbereich

(1) Diese Dienstvereinbarung gilt grundsätzlich für alle Mitarbeiter/innen des Bundesamtes.

(2) Die nachstehend genannten Personengruppen nehmen nicht an der Arbeitszeitflexibilisierung teil:

- Kraftfahrerdienst des Referats Z A
  Es gilt der Tarifvertrag für die Kraftfahrerinnen und Kraftfahrer des Bundes.
- Dozentinnen und Dozenten
  Diese nehmen wegen ihrer besonderen Aufgabenstellung nicht an der Arbeitszeitflexibilisierung teil. Sie werden im Rahmen ihres Kontingents zu Unterricht und psychosozialer Betreuung in die Sicherstellung der Servicezeiten eingebunden (§ 5 Abs. 2).
- Regionalbetreuer/innen
  Für diesen Personenkreis erfolgt eine den speziellen Bedingungen angepasste Arbeitszeitregelung in einer gesonderten Dienstvereinbarung mit dem örtlichen Personalrat.

(3) Die nachstehend genannten Personengruppen nehmen eingeschränkt an der Arbeitzeitflexibilisierung teil:

- Servicetelefon für das Bundesamt
  Die Beschäftigten stellen in der Zeit von 07.00 Uhr bis 19.00 Uhr (montags bis donnerstags) den Service für das Telefon des Amts sicher. Die genaue Festlegung der Arbeitszeit erfolgt unter Berücksichtigung einer angemessenen Mindestbesetzungsstärke selbstverantwortlich und einvernehmlich durch Teamabsprache. Sollte in Ausnahmefällen keine Einigung erzielt werden können, entscheidet die Leitung der Organisationseinheit.
- Für die Beschäftigten der Telefonzentrale im Referat Z A und für die Beschäftigten in den Bereichen Rechenzentrum, Benutzerbetreuung und Systemgruppe im Referat ZB werden zu gegebener Zeit mit Zustimmung des Gesamtpersonalrats besondere Arbeitszeitregelungen getroffen.

(4) Für die Teilnehmer/innen an der alternierenden Telearbeit gilt diese Dienstvereinbarung entsprechend mit Ausnahme der Regelungen über die Verteilung der Arbeits-

zeit. Insofern wird auf die Regelungen in den Dienstvereinbarungen zur alternierenden Telearbeit, insbesondere auf Nr. 7 der Rahmendienstvereinbarung zur Alternierenden Telearbeit, hingewiesen.

(5) Alle zum Bundesamt gehörenden Schulen sollen in die Arbeitszeitflexibilisierung eingebunden werden. Im Sommer 2012 werden die Vertragsparteien über die flächendeckende Einbindung entscheiden. Bis dahin bleibt das Prinzip der Freiwilligkeit bestehen. Abstimmungsberechtigt sind ausschließlich diejenigen, die an der Arbeitszeitflexibilisierung teilnehmen werden; die Abstimmung erfolgt mehrheitlich.

§ 2 Auszubildende

(1) Für Auszubildende gilt diese Dienstvereinbarung mit den unter § 2 Abs. 2 bis Abs. 4 genannten Einschränkungen. Bei der Anwendung dieser Dienstvereinbarung für Auszubildende unter 18 Jahren sind die zwingenden Vorschriften des Jugendarbeitsschutzgesetzes zu beachten. Das Referat Z C ist verpflichtet, darauf zu achten, dass die Jugendarbeitsschutzvorschriften in jedem Einzelfall eingehalten werden. Jede/r Jugendliche wird darüber belehrt, dass

- sie/er täglich die Arbeitszeit auf 8 Stunden begrenzen muss,
- sie/er eine Pause von mindestens 1 Stunde einhalten muss,
- die Pause außerhalb des Büros (außerhalb des Dienstgebäudes oder in einem Gruppenraum) zu verbringen ist.
- sie/er an einem Samstag oder Sonntag nicht beschäftigt werden darf.

Aufgrund des eindeutigen Schutzzwecks der entsprechenden Rechtsvorschriften dürfen Jugendlichen keine anderweitigen Anweisungen erteilt werden. Dabei gehört es insbesondere zu den Aufgaben der Ausbilder/innen vor Ort, eine Beeinträchtigung, Erschwernis oder Verletzungen dieser Schutzvorschriften auszuschließen.

(2) Das Arbeitszeitkonto darf bei Auszubildenden den Grenzwert im Minusbereich („Zeitschulden", vgl. § 6 Abs. 9) von –5 Stunden, in Absprache mit der Ausbildungsleitung von –10 Stunden, nicht überschreiten.

(3) Die Inanspruchnahme eines Gleittages ist nur bei einem vorhandenen Stundenguthaben zulässig.

(4) Das Arbeitszeitkonto ist grundsätzlich bis zum Ende eines Praktikumsabschnitts (höchstens drei Monate) auszugleichen.

§ 3 Rahmenarbeitszeit

(1) Die Rahmenarbeitszeit wird wie folgt festgesetzt:

montags bis freitags	von 6:00 Uhr bis 20:00 Uhr
samstags	von 6:00 Uhr bis 13:00 Uhr.

(2) Innerhalb der Rahmenarbeitszeit bestimmen die Beschäftigten eigenständig Arbeitsbeginn und Arbeitsende. Dabei darf die Arbeitszeit an den Arbeitstagen höchstens 10 Stunden betragen (vgl. aber § 2).

(3) Die regelmäßige tägliche Arbeitszeit (Rechengröße Tagessollzeit) beträgt bei Vollzeitbeschäftigten und bei Teilzeitbeschäftigten, die an allen Arbeitstagen pro Woche Dienst leisten, 1/5 der regelmäßigen wöchentlichen Arbeitszeit. Teilzeitkräfte vereinbaren mit dem Personalreferat die jeweilige wöchentliche Arbeitszeit und die Wochenarbeitstage. Die regelmäßige tägliche Arbeitszeit (Rechengröße Tagessollzeit) der Teilzeitkräfte ergibt sich aus der Division von wöchentlicher Arbeitszeit durch die Anzahl der Wochenarbeitstage.

(4) Der Tausch der Arbeitstage bzw. die Dienstleistung an zusätzlichen Arbeitstagen ist nach vorheriger Absprache im Arbeitsbereich und im Einvernehmen mit der Leitung der Organisationseinheit möglich.

§ 4 Dienst/Arbeit an Samstagen

(1) Auf eigenen Wunsch kann die/der Beschäftigte an Samstagen Dienst leisten. Diese Dienstleistung ist ausschließlich freiwillig. Sofern ein/e Mitarbeiter/in beabsichtigt, an einem Samstag Dienst zu leisten, muss die Leitung der Organisationseinheit vorab zustimmen. Die Zustimmung gilt als gegeben, wenn sichergestellt ist, dass an diesem Tag auch tatsächlich eine Arbeitsleistung erbracht wird. Nur wenn eindeutige Hinderungsgründe vorliegen, kann die Möglichkeit der Dienstleistung an Samstagen versagt werden.

(2) Für einen oder mehrere Samstage kann von einer Dienstleistung generell oder für einen Teil der Mitarbeiter/innen des Amtes Abstand genommen werden. Dies ist z.B. der Fall, wenn

- aufgrund technischer Arbeiten oder Installationsarbeiten die DV-Systeme abgeschaltet werden müssen;
- Bauarbeiten an einem Samstag den Dienstbetrieb nicht ermöglichen (z.B. bei Abschalten des Stroms);
- Grundreinigungsarbeiten an Samstagen durchgeführt werden.

(3) Sollen Leistungen des Bundesamtes an einem Samstag offiziell angeboten werden, bedürfen diese der Zustimmung des Gesamtpersonalrats. Die Freiwilligkeit für die Beschäftigten, an Samstagen Dienst zu leisten, bleibt hiervon unberührt.

(4) Durch die Möglichkeit, Dienst an Samstagen zu leisten, wird keine Sechs-Tage-Woche eingeführt.

§ 5 Servicezeit

(1) Das Bundesamt stellt die qualifizierte Erreichbarkeit der Organisationseinheiten zu folgenden Servicezeiten sicher:

montags bis freitags durchgehend von 7:30 Uhr bis 16:00 Uhr.

(2) Die Sicherstellung der Servicezeiten erfordert, dass in den jeweiligen Organisationseinheiten Ansprechpartner/innen erreichbar sind. In den teilnehmenden Schulen werden die Dozentinnen und Dozenten im Rahmen ihres Kontingents zu Unterricht und psychosozialer Betreuung in die Sicherstellung der Servicezeiten eingebunden.

(3) Die Sicherstellung der Servicezeiten erfolgt grundsätzlich innerhalb der Organisationseinheiten durch Teamabsprache. Die Leitung der jeweiligen Organisationseinheit ist verpflichtet, dem Begleitgremium jede wesentliche Änderung für die Organisationseinheit in schriftlicher Form unter Darstellung der Auswirkungen auf die Arbeitszeitsouveränität der Beschäftigten vorzulegen.

(4) Die Leitungen der Organisationseinheiten können im Rahmen der vorgegebenen Servicezeiten dem Begleitgremium besondere Regelungen vorschlagen. Dies betrifft insbesondere die Bildung von organisationsübergreifenden Teams in Bereichen, in denen ab bestimmten Zeiten eine Servicezeit wegen eines geringen Telefon- und Besucheraufkommens nicht geboten erscheint. Die Entscheidung über die Umsetzung der Vorschläge trifft das Begleitgremium unter Berücksichtigung der telefonischen Erreichbarkeitsanalysen und der bisherigen Erfahrungen.

§ 6 Arbeitszeitkonto/Abrechnungszeitraum

(1) Die Beschäftigten können sich ein Arbeitszeitkonto aufbauen. Das Bundesamt kann mit der/dem Tarifbeschäftigten nach den Regelungen des Tarifvertrags für den Öffentlichen Dienst die Einrichtung eines Langzeitkontos vereinbaren.

(2) Der Abrechnungszeitraum dauert ein Jahr; er ist für alle Teilnehmerinnen und Teilnehmer einheitlich. Der Abrechnungszeitraum beginnt jeweils am 01.01. und endet zum 31.12.

(3) Das Arbeitszeitkonto darf zum Monatswechsel nachstehendes Zeitguthaben nicht überschreiten:

- Beschäftigung bis 100 % der regelmäßigen Arbeitszeit – Höchstgrenze 80 Stunden
- Beschäftigung bis 75 % der regelmäßigen Arbeitszeit – Höchstgrenze 60 Stunden
- Beschäftigung bis 50 % der regelmäßigen Arbeitszeit – Höchstgrenze 40 Stunden
- Beschäftigung bis 25 % der regelmäßigen Arbeitszeit – Höchstgrenze 20 Stunden.

Ein über die Höchstgrenze hinausgehendes Zeitguthaben verfällt zum Monatswechsel. In begründeten Ausnahmefällen kann durch Entscheidung des Begleitgremiums im Einzelfall eine abweichende Regelung getroffen werden.

(4) Es dürfen höchstens 50 % der in Absatz 3 festgelegten Höchstgrenzen in den nächsten Abrechnungszeitraum übertragen werden. Darüber hinaus angesammelte Stunden verfallen ersatzlos. In begründeten Ausnahmefällen kann durch Entscheidung des Begleitgremiums im Einzelfall eine abweichende Regelung getroffen werden.

(5) Angesammeltes Zeitguthaben kann nach Abstimmung im Team grundsätzlich jederzeit – sowohl zusammenhängend als auch vor und nach einem Urlaub – als sog. Gleittage in Anspruch genommen werden. Ein stundenweiser Abbau ist ebenfalls möglich.

(6) Die Höchstgrenze der Gleittage innerhalb des Abrechnungszeitraums beträgt 24 Tage. Für Beschäftigte, die später in die Arbeitszeitflexibilisierung aufgenommen werden, werden zur Ermittlung der Höchstgrenze der Gleittage jeweils zwei Tage pro Kalendermonat des restlichen Abrechnungszeitraums zugrunde gelegt.

(7) Die Inanspruchnahme von Gleittagen bedarf der Zustimmung der Leitung der Organisationseinheit. Die Vertretung ist zu klären. Eine Zustimmung kann nur aus besonderen dienstlichen Gründen verweigert werden. Eine Gutschrift eines Gleittages wegen Krankheit wird vorgenommen, sofern für diesen Tag eine Krankmeldung gegenüber dem Personalreferat erfolgt.

(8) Gleittage zeigen die Beschäftigten der Zeiterfassungsstelle durch entsprechende Korrekturbelege vorab an. Die Korrekturbelege müssen rechtzeitig und höchstens drei Monate vor dem angezeigten Gleittag zugeleitet werden. Nur in begründeten Ausnahmefällen können Korrekturbelege im Nachhinein eingereicht werden.

(9) Den Beschäftigten wird die Möglichkeit eingeräumt, ein Arbeitszeitkonto im Minusbereich zu führen. Dies kann dazu genutzt werden, private Angelegenheiten zu regeln oder vorhersehbare Arbeitszeitschwankungen auszugleichen. Das Arbeitszeitkonto darf folgende Grenzwerte im Minusbereich („Zeitschulden") nicht überschreiten:

- Beschäftigung bis 100 % der regelmäßigen Arbeitszeit – Höchstgrenze -40 Stunden
- Beschäftigung bis 75 % der regelmäßigen Arbeitszeit – Höchstgrenze -30 Stunden
- Beschäftigung bis 50 % der regelmäßigen Arbeitszeit – Höchstgrenze -20 Stunden
- Beschäftigung bis 25 % der regelmäßigen Arbeitszeit – Höchstgrenze -10 Stunden.

(10) Bei Beobachtung besonderer Entwicklungen des Arbeitszeitkontos setzt das unter § 13 beschriebene Verfahren ein.

(11) Hinsichtlich des Verfahrens bei Ausscheiden aus dem Arbeits-/Dienstverhältnis während des Abrechnungszeitraums wird auf die entsprechende Dienstverfügung hingewiesen.

§ 7 Arbeitszeiterfassung/Buchungspflicht

(1) Die Zeiterfassung erfolgt durch ein automatisiertes Zeiterfassungssystem. Das Zeiterfassungssystem soll in seiner bisherigen technischen Struktur beibehalten werden. Die Zeiterfassung erfolgt durch ein berührungsloses System. Änderungen der Hard- und Software gemäß der Rahmendienstvereinbarung über den Einsatz von Informations- und Kommunikationstechnik beim Bundesamt (IT-Rahmendienstvereinbarung) bedürfen der Zustimmung des Gesamtpersonalrats.

Buchungsterminals sind wie folgt installiert:

- im Dienstgebäude ... Terminals im Eingangsbereich Erdgeschoss;
- im Dienstgebäude ... Terminals im Eingangsbereich Erdgeschoss;
- in den Räumlichkeiten der ... und der teilnehmenden Schulen je ein Buchungsterminal im Eingangsbereich.

Zusätzlich sind in den ... Dienstgebäuden Informationsterminals im ... angebracht. An diesen Buchungsterminals ist die Taste „Info" daher nicht erforderlich. Zum weiteren Ausbau des Zeiterfassungssystems wird auf die Ausführungen in § 1 Abs. 5 verwiesen.

(2) Alle Beschäftigten sind verpflichtet, bei jedem

- Betreten des Dienstgebäudes
- Verlassen des Dienstgebäudes

das Buchungsterminal ordnungsgemäß zu bedienen; dies gilt auch für einen evtl. Dienst an Samstagen. Beschäftigte, die sich in einem Arbeitsversuch befinden, müssen ebenfalls das Buchungsterminal bedienen; Einzelheiten werden vom Referat Z C mitgeteilt. Buchungen werden daher auch erforderlich bei

- Gängen zwischen den verschiedenen Dienstgebäuden aus dienstlichen Gründen (Taste „Gebäudewechsel"). Sofern die Buchungsvornahmen („Gebäudewechsel Geht" – „Gebäudewechsel Kommt") bei Gängen zwischen den Dienstgebäuden innerhalb eines Zeitraums von nicht mehr als 10 Minuten erfolgen, erscheinen die entsprechenden Buchungspaare nicht im Monatsjournal. Die Berücksichtigung dieser Zeiträume als Arbeitszeit bleibt gewährleistet.
- Verlassen des Dienstgebäudes aus privaten Gründen (Taste „Geht" bzw. „Kommt").

(3) Beschäftigte, die keine Buchungen durchführen können, müssen sich beim Betreten bzw. Verlassen des Dienstgebäudes in einen an den Pforten liegenden geschützten Vordruck eintragen. Dieser Vordruck wird am darauffolgenden Tag der Zeiterfassungsstelle zur Korrekturbuchung zugeleitet.

§ 8 Arbeits-/Dienstbefreiung

(1) Von der Leitung der Organisationseinheit wird keine Arbeits-/Dienstbefreiung erteilt. Die Beschäftigten sollen bei entsprechenden Anträgen darauf hingewiesen werden, dass hierfür das Arbeitszeitkonto in Anspruch zu nehmen ist.

(2) Die Dienstvereinbarung zur Arbeitszeitflexibilisierung im Amt berührt nicht die gesetzlichen/tarifvertraglichen Ansprüche der Beschäftigten auf Arbeitsbefreiung/Sonderurlaub.

§ 9 Mehrarbeit/Überstunden

(1) Die Leitungen der Organisationseinheiten sind aufgefordert, gemeinsam mit den Beschäftigten vorrangig die bestehenden Flexibilisierungsmöglichkeiten zu nutzen.

(2) Soweit die nach § 9 Abs. 1 erforderliche vorrangige Prüfung nicht zu einem befriedigenden Ergebnis führt, sind Mehrarbeits- und Überstundenanträge an das zuständige

Referat Z C zu richten. In dem Antrag ist darzulegen, dass § 9 Abs. 1 beachtet wurde. Vom Referat Z C erfolgt die Prüfung der dienst- und arbeitsrechtlichen Rahmenbedingungen. Zu diesem Zweck ist es berechtigt, die Monatsjournale der von der Mehrarbeits- bzw. Überstundenanordnung betroffenen Beschäftigten einzusehen.

§ 10 Pausenregelung

(1) Die gesetzlichen Pausenregelungen sind zu beachten. Danach werden nach einer Arbeitszeit

- von mehr als sechs Stunden bis zu neun Stunden systemseitig 30 Minuten
- von mehr als neun Stunden systemseitig 45 Minuten

in Abzug gebracht. Werden die gesetzlichen Pausenzeiten nicht vollständig erreicht, erfolgt ein anteiliger Abzug, z.B. bei einer Anwesenheitszeit von 6 Stunden und 20 Minuten werden systemseitig lediglich 20 Minuten in Abzug gebracht.

(2) Es erfolgt eine komplette Erfassung aller Pausenzeiten, die außerhalb des Dienstgebäudes verbracht werden. Die Beschäftigten buchen sich beim Verlassen des Gebäudes aus privaten Gründen (z.B. Pause, Einkaufen, sonstige private Erledigungen) aus bzw. wieder ein. Die Beschäftigten können ihre Pausenzeiten frei wählen. Die durchgehende Aufrechterhaltung der Servicezeiten (§ 5) darf nicht beeinträchtigt werden.

(3) Bei einer Überschreitung der gesetzlichen Pausen werden die tatsächlichen Pausenzeiten in Abzug gebracht.

§ 11 Buchungskorrekturen

(1) Die Beschäftigten tragen eigenverantwortlich dafür Sorge, dass ihr Monatsjournal hinsichtlich der Zeitbuchungen den Tatsachen entspricht. Korrekturen zu den Arbeitszeitdaten können der Zeiterfassungsstelle persönlich, telefonisch, über E-Mail oder mittels Korrekturbeleg mitgeteilt werden. In den in dieser Dienstvereinbarung ausdrücklich genannten Fällen (z.B. Dienstreise, Inanspruchnahme von Gleittagen) erfolgt eine Korrektur der Arbeitszeitdaten ausschließlich aufgrund eines schriftlichen Korrekturbelegs. Die Teilnehmerinnen/Teilnehmer an der alternierenden Telearbeit teilen ihre Arbeitszeiten zu Hause in einem Sammel-Korrekturbeleg (Vordruck) rechtzeitig mit. Manuell von der Zeiterfassungsstelle vorgenommene Buchungskorrekturen sind im Monatsjournal durch einen Stern (*) gekennzeichnet.

(2) Bei Dienstreisen ist die tatsächliche Dauer des Dienstgeschäftes zuzüglich der anrechenbaren Reisezeiten zugrunde zu legen. Am gleichen Arbeitstag außerhalb der Dienstreise geleistete Arbeitszeit wird dem Dienstgeschäft zugerechnet. Die Zeiten sind, wenn möglich, vom Zeiterfassungssystem vollständig zu erfassen, insbesondere bei Beginn und Ende der Dienstreise im Bundesamt (Buchungstaste „Dienstreise"). Ein Korrekturbeleg ist dann erforderlich, wenn der tatsächliche Dienstbeginn bzw. das tatsächliche Dienstende nicht vom Zeiterfassungssystem vollständig erfasst werden können (z.B. mehrtägige Dienstreise, Dienstreise beginnt von der Wohnung und/oder endet dort). Auf dem Korrekturbeleg sind die Arbeits- und Pausenzeiten anzugeben; auch ist anzugeben, ob vor bzw. nach den Reisezeiten Dienstgeschäfte erledigt wurden. Diese Korrekturbelege sind über die Leitung der Organisationseinheiten an die Zeiterfassungsstelle zu leiten.

(3) Bei Urlaub, Ausfall infolge Erkrankung, Kuren, ganztägigem Sonderurlaub, ganztägiger Dienst- oder Arbeitsbefreiung, Teilnahme an mehrtägigen Aus- und Fortbildungsveranstaltungen sowie an sonstigen dienstfreien Tagen ist die regelmäßige tägliche Arbeitszeit (§ 3 Abs. 3) anzurechnen.

§ 12 Monatsjournale

(1) Die Beschäftigten erhalten von der Zeiterfassungsstelle monatlich eine Übersicht, aus der alle Buchungen einschließlich der Arbeitszeitguthaben oder Arbeitszeitschulden ersichtlich sind (Monatsjournal). Die Zeiterfassungsstelle druckt die Monatsjournale aus und leitet sie über die Poststraße an den Botendienst weiter, der die Monatsjournale verschlossen an die Beschäftigten verteilt.

(2) Die Beschäftigten haben die Monatsjournale zu prüfen und ggf. notwendige Korrekturen durch die Zeiterfassungsstelle zu veranlassen. Bei ganztägigen Abwesenheiten, bei denen die Tagessollzeit automatisch gesetzt wurde (z.B. Urlaub, Erkrankung, Fortbildung, Dienstreise), haben die Beschäftigten den entsprechenden Fehlgrund handschriftlich nachzutragen. Danach bestätigen die Beschäftigten die Richtigkeit der Monatsjournale durch ihre Unterschrift und leiten sie unverzüglich und ausschließlich an die Leitung der Organisationseinheit. Auszubildende leiten das Monatsjournal der Ausbildungsleitung zu.

(3) Die Leitung der Organisationseinheit hat die Monatsjournale unverzüglich zu prüfen und an die Beschäftigten zurückzuleiten. Eine Übertragung der Prüfung auf andere Beschäftigte ist aus grundsätzlichen Erwägungen nicht möglich. Die Beschäftigten sind verpflichtet, die von der Leitung der Organisationseinheit gegengezeichneten Monatsjournale sechs Monate aufzubewahren.

§ 13 Erweiterte Dienstaufsicht

(1) Stellt die Leitung der Organisationseinheit fest, dass ein Arbeitszeitkonto über einen Zeitraum von mindestens drei Monaten beständig mehr als 50 % der tolerierten Zeitschulden (§ 6 Abs. 9) aufweist, hat sie ein Gespräch mit dem/der Beschäftigten zu führen. Inhalt des Gesprächs sollen das Arbeitsverhalten des/der Beschäftigten allgemein sowie Sinn und Zweck der Arbeitszeitflexibilisierung sein.

(2) Nehmen die Zeitschulden weiter deutlich zu, hat die Leitung der Organisationseinheit ein weiteres Gespräch mit dem/der Beschäftigten zu führen. In diesem Gespräch sollen die Gründe für die Zeitschulden geklärt werden. Es ist eine schriftliche Zielvereinbarung zu treffen, wie und bis zu welchem Zeitpunkt die Zeitschulden (zumindest bis zu 50 % des tolerierten Werts, vgl. Absatz 1) ausgeglichen werden.

(3) Wird ein unzulässiges Arbeitszeitkonto (Überschreiten der tolerierten Zeitschulden, § 6 Abs. 9) festgestellt, führt das Personalreferat ein Personalgespräch mit dem/der Beschäftigten unter Hinzuziehung der Leitung der entsprechenden Organisationseinheit durch. In diesem Gespräch wird letztmalig ein konkreter zeitlicher Rahmen zum Abbau der Zeitschulden festgelegt. Bleiben diese Vereinbarungen erfolglos, ergreift das Personalreferat die geeigneten arbeits- bzw. dienstrechtlichen Maßnahmen (z.B. Abmahnung, Kündigung, Disziplinarmaßnahmen, Einbehaltung von Bezügen, Herausnahme aus der Arbeitszeitflexibilisierung und Bestimmung fester Arbeitszeiten).

(4) Bei auffälliger Entwicklung des Arbeitszeitkontos im Guthabenbereich (¾ der Höchstgrenze, § 6 Abs. 3) ist die Leitung der Organisationseinheit verpflichtet, umgehend ein Gespräch mit dem/der Beschäftigten über die Gründe der Arbeitsbelastung zu führen, um ggf. erforderliche Maßnahmen organisatorischer und/oder personeller Art zu initiieren (verpflichtende Entlastungsgespräche).

(5) Das Recht der Beschäftigten, zu allen Gesprächen bzgl. der Entwicklung der Arbeitszeitkonten eine Person ihres Vertrauens hinzuzuziehen, bleibt unberührt.

§ 14 Begleitgremium

(1) Die Arbeitszeitflexibilisierung im Bundesamt wird durch ein entscheidungsberechtigtes Gremium begleitet. Es setzt sich aus folgenden stimmberechtigten Mitgliedern zusammen:

- Leiter/in der Abteilung Z (Vorsitz);
- ein Mitarbeiter/in des Personalreferats (Z C);
- ein Mitarbeiter/in des Organisationsreferats (Z D);
- insgesamt 3 Vertreter/innen der Personalräte (GPR und öPR);
- Gleichstellungsbeauftragte des Amtes;
- ein Mitglied Schwerbehindertenvertretung des Amtes.

Der Arbeitskreis „Betriebliche Gesundheitsförderung“ und die Zeiterfassungsstelle stehen dem Gremium beratend zur Seite und stellen jeweils ein nicht stimmberechtigtes Mitglied.

(2) Die personelle Besetzung des Begleitgremiums wird durch schriftliche Bestellung der Mitglieder und deren Vertreter/innen durch die Behördenleitung vorgenommen. Die Aufgaben des Begleitgremiums werden von den bestellten Personen neben dem bisherigen Aufgabengebiet wahrgenommen. Die namentliche Besetzung sowie die Erreichbarkeit des Begleitgremiums werden in geeigneter Weise allen Beschäftigten des Amtes bekannt gegeben. Die Vertreter/innen der Personalräte werden jeweils auf Vorschlag des GPR bestellt.

(3) Das Begleitgremium hat insbesondere folgende Aufgaben:

- allgemeine Beratung und Unterstützung der einzelnen Organisationseinheiten zur Umsetzung des Servicegedankens im Bundesamt;
- Klärung offener Fragen im Zusammenhang mit den Arbeitszeitregelungen des Amtes;
- Bearbeitung von Wünschen der Beschäftigten und Vorgesetzten bei Problemen im Zusammenhang mit der Sicherstellung der Servicezeit (z.B. durch Personalmangel/hohen Anteil an Teilzeitbeschäftigung/hohen Krankenstand);
- Beratung und Entscheidung in Zweifelsfällen bzw. bei Streitigkeiten;
- Entscheidung über Anträge von Beschäftigten auf Zeitkorrektur aus sozialen bzw. gesundheitlichen Gründen (z.B. unabweisbare häufige Arztbesuche während der Dienstzeit aufgrund einer chronischen Erkrankung); die Verschwiegenheitspflicht ist durch die Mitglieder des Gremiums zu beachten;
- Bearbeitung von Anträgen und Beschwerden der Beschäftigten und der Vorgesetzten, z.B. Behandlung von Problemfällen, die sich bei der Koordination der Absprachen zwischen den Beschäftigten untereinander oder zwischen den Beschäftigten und den Vorgesetzten ergeben haben;
- Festlegung des Umfangs durchzuführender Auswertungen und regelmäßiger Evaluierungen (Zweck und Anlass) unter Beachtung der Mitbestimmung;
- Entscheidung über Anträge zur Heraufsetzung der Höchstgrenze von Arbeitszeitguthaben im Einzelfall;
- Herausnahme einzelner Personen oder Personengruppen aus der Arbeitszeitflexibilisierung.

(4) Die in § 14 Abs. 3 genannten Aufgaben sind nicht abschließend. Sie können mit Zustimmung des GPR erweitert werden. In diesem Fall sind die zusätzlichen Aufgaben in die Dienstvereinbarung aufzunehmen.

(5) Das Begleitgremium trifft regelmäßig, mindestens jedoch einmal monatlich, zusammen. Es muss bei seiner Beschlussfassung die in der Präambel dieser Dienstvereinbarung niedergelegte Zielsetzung der Arbeitszeitflexibilisierung beachten. Das Begleitgremium ist beschlussfähig, wenn mindestens 2/3 der stimmberechtigten Mitglieder vertreten sind. Es fasst seine Beschlüsse in offener Abstimmung mit einfacher Mehrheit. Bei Stimmengleichheit entscheidet die Stimme des/der Vorsitzenden des Gremiums. Die Beschlüsse des Begleitgremiums sind in einem Protokoll festzuhalten und der Behördenleitung, der Gleichstellungsbeauftragten, der Schwerbehindertenver-

tretung, dem Gesamtpersonalrat sowie dem jeweils örtlich zuständigen Personalrat zuzuleiten bzw. zu übermitteln.

(6) Die Rechte der Personalvertretungen, der Gleichstellungsbeauftragten und der Schwerbehindertenvertretung werden durch die Einrichtung des Begleitgremiums nicht berührt. Wesentliche Hinweise zur Arbeitszeitflexibilisierung (z.B. „Ergänzende Hinweise zur AZ-Flex" und „Allgemeingültige Entscheidungen des Begleitgremiums" im Intranet) werden vor der Veröffentlichung dem Gesamtpersonalrat zur Zustimmung vorgelegt.

§ 15 Zeiterfassungsstelle

(1) Die Zeiterfassungsstelle ist Serviceeinheit für die Erfassung der Arbeitszeit der Beschäftigten. Sie ist für die Betreuung des elektronischen Zeiterfassungssystems zuständig und gibt allen Vorgesetzten und Beschäftigten Hinweise und Hilfestellungen zu Arbeitszeitregelungen und zur Arbeitszeiterfassung bzw. -bewertung.

(2) Die Beschäftigten der Zeiterfassungsstelle und ihre Vertreter/innen sind namentlich zu benennen und verpflichtet, die bei der Arbeitszeiterfassung gesammelten Daten vertraulich zu behandeln.

(3) Wird ein unzulässiges Arbeitszeitkonto (Überschreiten der tolerierten Zeitschulden, § 6 Abs. 9) einer/eines Beschäftigten festgestellt, gibt die Zeiterfassungsstelle dies ausschließlich dem Referat Z C weiter, das die notwendigen weiteren Schritte einleitet (§ 13 Abs. 3).

(4) Den Beschäftigten der Zeiterfassungsstelle können weitere Aufgaben außerhalb der Erfassung und Anrechnung der Arbeitszeit übertragen werden.

§ 16 Datenschutz

Zum Schutz der Beschäftigten werden hinsichtlich der erfassten Daten nachstehende Grundsätze beachtet:

- Die erfassten Daten dürfen nur den mit der Abrechnung und der Kontrolle dieser Aufzeichnung beauftragten Mitarbeiter/innen zugänglich sein. Diese dürfen die Daten zu keinem anderen Zweck als zum Zweck der Arbeitszeitberechnung, -kontrolle und der Festsetzung von Über- und Mehrarbeitsstunden verarbeiten.
- Im Rahmen der Zeiterfassung gespeicherte bzw. vorgehaltene Bewegungsdaten werden sechs Monate nach Beendigung des Abrechnungszeitraumes gelöscht. Die Stammdaten der Beschäftigten (Name, Vorname, Organisationseinheit, Transpondernummer) werden für die Dauer der Beschäftigung im Bundesamt gespeichert. Nach endgültiger Beendigung eines Beschäftigungsverhältnisses werden sämtliche Daten unverzüglich (bei Zeitarbeitskräften einen Monat nach Beendigung) gelöscht. Im Übrigen gelten die Vorschriften des Gesetzes zum Schutz vor Missbrauch personenbezogener Daten bei der Datenverarbeitung (Bundesdatenschutzgesetz – BDSG) in der jeweils gültigen Fassung.

§ 17 Geltungsdauer, Kündigung, Änderungen

(1) Diese Dienstvereinbarung tritt am 18. Mai 2015 in Kraft; sie ersetzt die Dienstvereinbarung vom 20. Dezember 2005.

(2) Die Dienstvereinbarung kann in beiderseitigen Einverständnis verändert oder ergänzt werden.

(3) Die Dienstvereinbarung wird allen Beschäftigten durch Veröffentlichung in den „Dienstlichen Mitteilungen des Bundesamtes" bzw. im Intranet bekannt gegeben.

(4) Treten gesetzliche Bestimmungen bzw. Rechtsverordnungen (AZV) in Kraft, die von den Regelungen dieser Dienstvereinbarung abweichen, gelten diese ab dem Zeitpunkt ihres Inkrafttretens anstelle der inhaltlich betroffenen Regelungen dieser Dienstvereinbarung. Die Dienstvereinbarung ist dementsprechend anzupassen.

(5) Die Vereinbarung kann von jeder Vertragspartei ganz oder teilweise mit einer Frist von drei Monaten zum Ende des Abrechnungszeitraumes gekündigt werden. Nach Eingang der Kündigung müssen unverzüglich Verhandlungen über den Abschluss einer neuen Dienstvereinbarung bzw. über ggf. gekündigte Teile aufgenommen werden. Bis zum Abschluss einer neuen Dienstvereinbarung gilt diese Dienstvereinbarung fort.

(6) Änderungen dieser Dienstvereinbarung bedürfen der Schriftform.

Köln, den 29. April 2015

gez. Herbert Müller
Der Leiter
des Amtes

Köln, den 29. April 2015

gez. Hubert Schmitz
Vorsitzender des Gesamtpersonalrats
des Amtes

(Im Internet lassen sich zahlreiche Muster für Dienstvereinbarungen finden)

b)
Modernisierungsvereinbarung

Zwischen dem Kreis . . . – vertreten durch den Oberkreisdirektor –

und dem Gesamtpersonalrat – vertreten durch den Vorsitzenden –

wird zum Schutz der Beschäftigte folgende Dienstvereinbarung über die Regelungen zur Vorgehensweise bei der Umgestaltung der Kreisverwaltung zum Dienstleistungsunternehmen Kreis . . . abgeschlossen:

Präambel

Die Kreisverwaltung und der Gesamtpersonalrat stimmen darin überein, dass zur Erreichung der Ziele des Leitbilds der Kreisverwaltung . . . Organisationsstrukturen und Abläufe verändert werden müssen. Bei diesem Prozess handelt es sich um eine ständige Aufgabe, an der der Kreistag und seine Gremien, die Verwaltungsleitung und Organisationseinheiten, Personalräte, Gesamtpersonalrat, Mitarbeiterinnen und Mitarbeiter zu beteiligen sind.

1. Allgemeine Grundsätze

1.1 Die Dienstvereinbarung dient dem Schutz der Interessen der Beschäftigten vor Kündigungen, Änderungskündigungen und Zuweisung eines niedriger bewerteten Arbeitsplatzes. Sie dient ferner der sozialen Absicherung der Gehälter, Vergütungen und Löhne (Grundsatz der Besitzstandswahrung) sowie der zugunsten der Beschäftigten abgeschlossenen Dienstvereinbarungen und Regelabsprachen.

1.2 Die Beteiligten verfolgen gemeinsam das Ziel

- durch weitreichende Einbeziehung der Mitarbeiterinnen und Mitarbeiter und der Nutzung ihrer Kompetenz den Veränderungsprozess im Sinne des Leitbildes für die Kreisverwaltung . . . gestalten,
- durch Planungssicherheit für alle Beteiligten Vorbehalte und Ängste abbauen und deren Entstehung weitestgehend vermeiden,
- durch Umsetzung des Personalförderkonzepts den Beschäftigten berufliche Perspektiven anbieten und damit die Motivation fördern und sicherstellen.

2. Beteiligte und Formen der Beteiligung

2.1 **Verwaltungsleitung – Gesamtpersonalrat**

Die Verwaltungsleitung ist verpflichtet, dem Gesamtpersonalrat Pläne und Entwürfe im Zusammenhang mit dem Veränderungsprozess im Allgemeinen und im Besonderen dann rechtzeitig vorzustellen, wenn Belange der Mitarbeiterinnen und Mitarbeiter berührt werden.

2.2 **Verwaltungsleitung – Mitarbeiterinnen/Mitarbeiter**

Die Verwaltungsleitung ist verpflichtet, die Mitarbeiterinnen und Mitarbeiter in geeigneter Form über Pläne zum Veränderungsprozess rechtzeitig zu informieren und zu beteiligen und ihnen dabei auch Gelegenheit zu geben, in Veranstaltungen (Workshops u.ä.) ihre Bedenken und Anregungen einzubringen.

2.3 **Gesamtpersonalrat – Mitarbeiterinnen/Mitarbeiter**

Der Gesamtpersonalrat ist verpflichtet, die Mitarbeiterinnen und Mitarbeiter rechtzeitig über die ihm bekanntgewordenen Pläne der Verwaltungsleitung zu informieren und ihnen Gelegenheit zu geben, ihre Bedenken und Anregungen zu äußern.

2.4 **Gesamtpersonalrat – Verwaltungsleitung**

Der Gesamtpersonalrat ist verpflichtet, dem Veränderungsprozess dienende Anregungen und Bedenken der Mitarbeiterinnen und Mitarbeiter unverzüglich an die Verwaltungsleitung weiterzugeben. Auf Wunsch der Betroffenen wird der Name nicht bekanntgegeben.

2.5 Der Veränderungsprozess wird von der Verwaltungsleitung gesteuert. Die bereits gebildete Lenkungsgruppe in der jeweils aktuellen personellen Besetzung unterstützt und berät die Verwaltungsleitung hierbei und ist im Übrigen für die Vorbereitung und Koordinierung des Veränderungsprozesses verantwortlich.

Mitglieder der Lenkungsgruppe werden von der Verwaltungsleitung bestimmt. In der Lenkungsgruppe müssen immer ein vom Gesamtpersonalrat bestimmtes Mitglied (nicht stimmberechtigt) und der Koordinator der Steuerungsunterstützung vertreten sein. Die Moderation in der Lenkungsgruppe führt der Koordinator der Steuerungsunterstützung.

Die Lenkungsgruppe ist grundsätzlich für die Aufstellung und Fortschreibung des Maßnahmenkatalogs zuständig und schlägt der Verwaltungsleitung Projekte vor.

Zu einzelnen Maßnahmen im Rahmen des Veränderungsprozesses können Projektgruppen eingerichtet werden. Diese Projektgruppen werden im Wesentlichen aus Mitarbeiterinnen und Mitarbeitern des betroffenen Bereiches besetzt. Der Personalrat hat das Recht, in diese Projektgruppen Mitglieder zu entsenden.

Die Lenkungsgruppe ist das Bindeglied zwischen den einzelnen Entscheidungsebenen. Sie befasst sich regelmäßig mit den Arbeitsergebnissen der Projektgruppen, stimmt sie mit den Gesamtzielen des Veränderungsprozesses ab und unterbreitet ggf. abweichende Stellungnahmen an die Verwaltungsleitung.

2.6 Die Beteiligungsrechte des Gesamtpersonalrats sowie die Beschlussrechte des Kreistags und seiner Gremien bleiben im Übrigen unberührt.

3. Inhalte der Beteiligung

Inhalte der Beteiligung sind insbesondere:

- Veränderung von Organisationseinheiten einschl. Änderung der Arbeitsorganisation, die Einfluss auf die Gesamtverwaltung oder größere Organisationseinheiten haben,
- Veränderung der Rechtsform einzelner Verwaltungsteile,
- Fragen zur Umsetzung des Personalförderkonzepts, insbesondere hinsichtlich der Aus-, Fort- und Weiterbildung, Beurteilungssysteme, Leistungs- und Anreizsysteme und Auswahlverfahren,
- Einführung von Personalinformations- und Betriebsdateninformationssystemen,
- Festlegung und Regelung zu Stellenbesetzungssperren,
- Festlegung der grundsätzlichen Regelung zum Berichtswesen,
- Grundsätzliche Festlegung des Verfahrens zur Budgetierung.

4. Schutz der Beschäftigten

4.1 **Kündigungsschutz**

Aufgrund der unmittelbaren Auswirkungen des Veränderungsprozesses werden keine Kündigungen zum Zwecke der Beendigung von Arbeitsverhältnissen sowie Änderungskündigungen ausgesprochen.

4.2 **Umsetzungen**

Bei erforderlichen Umsetzungen sind in der Regel einvernehmliche Lösungen mit den betroffenen Beschäftigten anzustreben. Dazu sind mit den Beschäftigten, auf deren Wunsch unter Beteiligung des Gesamtpersonalrats, schrittweise – soweit im Einzelfall erforderlich – folgende Gespräche zu führen:

1. Informationsgespräch
2. Sondierungsgespräch
3. Entscheidungsgespräch.

Nach Durchführung des vorgenannten Verfahrens sowie Ablehnung der angebotenen, objektiv zumutbaren Arbeitsplätze durch die/den Beschäftigten sind Umsetzungsmaßnahmen einzuleiten.

Eine Umsetzung im Sinne dieser Dienstvereinbarung (also nicht des Personalvertretungsgesetzes) liegt vor, wenn Beschäftigte anderen Organisationseinheiten bei gleichzeitiger Änderung von Tätigkeiten, die ihrer Gesamttätigkeit bewertungsrelevant das Gepräge geben, zugeordnet werden sollen. Sofern nicht ohnehin eine Verbesserung der Position erreicht wird, erfolgen Umsetzungen unter Wahrung des finanziellen Besitzstands.

Sollte ausnahmsweise einem Beschäftigten im Rahmen einer erforderlichen Umsetzung unter Wahrung des finanziellen Besitzstands lediglich ein niedriger bewerteter Arbeitsplatz zugewiesen werden können, kann die Umsetzung nur im Einvernehmen mit dem Beschäftigten erfolgen.

Bei beabsichtigten Umsetzungen ist der Gesamtpersonalrat rechtzeitig einzuschalten.

4.3 **Finanzielle Besitzstandswahrung**

Der Besitzstand hinsichtlich der Besoldung, Gehälter, Löhne, Ausbildungsvergütungen, Praktikantenvergütungen und sonstiger regelmäßig vom Kreis . . . gezahlter Entgelte (wie Zulagen, berufsspezifische Pauschalen) bleibt für vom Veränderungsprozess betroffene Beschäftigte erhalten. Es wird dabei grundsätzlich der zuletzt regelmäßig gezahlte mtl. Gesamtbruttobetrag zugrunde gelegt. Im Berechnungszeitpunkt erfolgte Einkommensminderungen durch Krankheit, Kur oder durch sonstige nicht von den Betroffenen zu vertretende Gründe sind hierbei nicht zu berücksichtigen.

Bei der Berechnung sind auch die auf dem bisher wahrgenommenen Arbeitsplatz zu erwartenden finanziellen Verbesserungen (insbesondere Bewährungsaufstieg) einzubeziehen.

Bei Beschäftigten, die sich im Erziehungsurlaub bzw. in der Beurlaubung nach den entsprechenden Gesetzen befinden, ist der Besitzstand hinsichtlich der Höhe so festzulegen, als ob sie nicht im Erziehungsurlaub bzw. beurlaubt gewesen wären.

Bei von Umsetzungen betroffenen Beschäftigten gehören Zusagen hinsichtlich fachübergreifender Fort- und Ausbildungsmaßnahmen sowie die mit den einzelnen Betroffenen vereinbarten Urlaubsregelungen auch zum Besitzstand.

4.4 **Ausbildung**

Die Übernahme der Auszubildenden und Anwärter wird auch künftig angestrebt. Ausbildungsplätze werden auch künftig angeboten.

4.5 **Vorruhestand**

Sollten sich im Rahmen des Veränderungsprozesses Vorruhestandsregelungen als notwendig erweisen, bedürfen diese einer besonderen Vereinbarung.

4.6 **Wettbewerb**

Sollte es aufgrund der Einführung der Kosten- und Leistungsrechnung sowie Budgetierung oder anderer Maßnahmen erforderlich werden, Leistungen der Verwaltung mit privaten Anbietern zu vergleichen, ist sicherzustellen, dass diese Vergleiche nur auf der Basis der für die Kreisverwaltung geltenden tarif- und sozialversicherungsrechtlichen sowie beamtenrechtlichen Regelungen unter Berücksichtigung der Besonderheiten der öffentlichen Verwaltung (insbesondere nur z.T. vergleichbare Overheadkosten) und der Qualitätsstandards erfolgen dürfen.

Kommt es zur Vergabe von Leistungen an private Anbieter mit der Folge, dass sich Tätigkeiten und Aufgaben von Beschäftigten bei der Kreisverwaltung . . . nachhaltig verändern, gelten sinngemäß die Bestimmungen 4.1 bis 4.3.

5. Inkrafttreten und Laufzeit

5.1 Die Dienstvereinbarung tritt mit ihrer Unterzeichnung in Kraft.

5.2 Die Dienstvereinbarung kann mit einer Frist von sechs Monaten zum Quartalsende gekündigt werden.

5.3 Die Dienstvereinbarung wirkt nach bis zum Abschluss einer neuen.

....
(Unterschrift)
Oberkreisdirektor

....
(Unterschrift)
Vorsitzender des
Gesamtpersonalrats

19.
Schreiben des Personalrats an die Dienststelle wegen Mitwirkung nach § 78 Abs. 1 Nr. 1 BPersVG

Der Personalrat bei der Verwaltung X

An den
Leiter der Dienststelle

Betrifft: Mitwirkung nach § 78 Abs. 1 Nr. 1 BPersVG

Sehr geehrter Herr X,

mit Schreiben vom 18. Mai 2015 an die Abteilungen Ihres Hauses sowie an die nachgeordneten Dienststellen geben Sie die wesentlichsten Entscheidungsgründe des Beschlusses des Bundesverwaltungsgerichts vom . . . zu den Beteiligungsrechten der Personalvertretung bei dem Erlass von Verwaltungsanordnungen bekannt.

Mit dieser Entscheidung hat das Bundesverwaltungsgericht seine bisherige Rechtsprechung aufgegeben. Damit ist ein neuer Tatbestand geschaffen worden. Infolgedessen weisen Sie die eingangs erwähnten Stellen an, ab sofort entsprechend der Entscheidung des Bundesverwaltungsgerichts zu verfahren.

Dieses Schreiben stellt eine Verwaltungsanordnung dar, die der Mitwirkung des Personalrats nach § 78 Abs. 1 Nr. 1 unterliegt. Es enthält neue Anweisungen über die künftige Behandlung von innerdienstlichen, sozialen und persönlichen Angelegenheiten der Beschäftigten und schränkt bisherige Befugnisse ein.

Rein vorsorglich möchten wir darauf hinweisen, dass das Schreiben vom . . . keine bloße Interpretation der Entscheidung des Bundesverwaltungsgerichts darstellt, sondern – wie sich bereits aus der Formulierung ergibt – konkrete Anweisungen an bestimmte, im Einzelnen aufgeführte Dienststellen erteilt.

Mit freundlichen Grüßen

....
(Unterschrift)
Vorsitzender des Personalrats

20.
Antrag an ein Verwaltungsgericht wegen Teilnahme an einer Schulungs- und Bildungsveranstaltung nach § 46 Abs. 6 BPersVG

An das
Verwaltungsgericht Köln
Fachkammer für
Bundespersonalvertretungssachen
Appellhofplatz
50667 Köln

In der Personalvertretungssache

des Herrn Herbert Schmitz, Köln, Rheinstraße, Vorsitzender des Personalrats bei der . . .

Antragsteller

Verfahrensbevollmächtigter:
Rechtsanwalt Roland Müller, Köln, Rheinstraße,

Beteiligter:
1. Josef Jansen, Leiter der Dienststelle . . .
2. Personalrat bei der . . .

wegen
Teilnahme an einer Schulungs- und Bildungsveranstaltung

wird beauftragt,

festzustellen, dass der Beteiligte zu 1. verpflichtet ist, dem Antragsteller die aus Anlass seiner Teilnahme an der von der Gewerkschaft X in der Zeit vom 2. bis 10. Januar 2015 in X durchgeführten Schulungs- und Bildungsveranstaltung entstandenen Kosten gemäß § 46 Abs. 6 BPersVG zu erstatten.

Gründe

Die Gewerkschaft X hat in der Zeit vom 2. bis 10. Mai 2015 in X eine Schulungs- und Bildungsveranstaltung für Personalratsmitglieder durchgeführt. Entsprechend der an den zuständigen Personalrat im Bereich der Dienststelle Y ergangenen Einladung hat der Beteiligte zu 2. beschlossen, dem Beteiligen zu 1. vorzuschlagen, den Antragsteller zur Teilnahme an dieser Veranstaltung freizustellen.

Das Programm der Veranstaltung liegt bei.

Der Beteiligte zu 1. ist der Auffassung, dass die Voraussetzungen der §§ 44 Abs. 1, 46 Abs. 6 BPersVG im vorliegenden Fall nicht gegeben sind. Die durchgeführte Schulung sei keine für die Personalratsarbeit erforderliche Veranstaltung gewesen, weil sie nicht über Vorschriften informiert habe, für die sich aufgrund der Rechtsprechung neue Gesichtspunkte grundsätzlicher Art ergeben hätten. Eine Verpflichtung der Verwaltung, Kosten nach den §§ 44 Abs. 1, 46 Abs. 6 BPersVG zu tragen, bestehe nur dann, wenn eine Unterrichtung über die personalvertretungsrechtliche Rechtsprechung insoweit erfolge, als diese zu einer grundlegenden Änderung der bisherigen Rechtsanwendung führe, die im Ergebnis einer Gesetzesänderung nahekomme.

Die Rechtsauffassung des Beteiligten zu 1. ist aus folgenden Gründen unzutreffend:

a) Die Teilnahme an der Veranstaltung war für die Tätigkeit im Personalrat erforderlich, weil Angelegenheiten behandelt wurden, für die der Personalrat im Bereich der

Dienststelle Y zuständig ist. Die behandelten Fälle hatten praktische Bedeutung für die Arbeit des Personalrats. Es wurden Vorschriften behandelt, für deren Anwendung sich aufgrund der Rechtsprechung neue Gesichtspunkte grundsätzlicher Art ergeben haben.

b) Mit der Durchführung der Schulungs- und Bildungsveranstaltung wurde in erster Linie der Zweck verfolgt, die in den letzten beiden Jahren ergangene, sehr umfangreiche neue Rechtsprechung den Personalratsmitgliedern zugänglich zu machen, um mit ihnen in Arbeitsgruppen die Auswirkungen auf die praktische Personalratsarbeit zu diskutieren.

c) Nach der Rechtsprechung des Bundesarbeitsgerichts zu der insoweit vergleichbaren Vorschrift des § 37 Abs. 6 BetrVG wird die Unterrichtung über die neueste Rechtsprechung – soweit sie von grundsätzlicher Bedeutung ist – bereits seit langem als für die Betriebsrats-(Personalrats-)tätigkeit erforderlich angesehen (vgl. u.a.BAG v. 31.10.1972, BAGE 24, 459).

Keineswegs kann es – wie die Beteiligte zu 1. meint – darauf ankommen, ob die Rechtsprechung „zu einer grundlegenden Änderung der bisherigen Rechtsauffassung führt, die im Ergebnis einer Gesetzesänderung nahekommt". Diese Voraussetzung nämlich wäre nur dann gegeben, wenn ein schon seit vielen Jahren in Kraft befindliches Gesetz, dessen Auslegung bereits wiederholt Gegenstand der Rechtsprechung war, durch eine plötzlich veränderte Rechtsprechung völlig neu in der Weise ausgelegt wird, dass der Gesetzgeber im Ergebnis zu einer Gesetzesänderung verpflichtet ist. Unter diesen Voraussetzungen wäre § 46 Abs. 6 BPersVG überflüssig, weil entweder nur noch im unmittelbaren Anschluss an das Inkrafttreten eines neuen Gesetzes oder aber nach einer „revolutionären" Rechtsprechung Schulungsveranstaltungen durchgeführt werden könnten.

d) Der Gesetzgeber hat mit den Bestimmungen über die Teilnahme an Schulungs- und Bildungsveranstaltungen die qualitative Personalratsarbeit erheblich steigern wollen. Damit soll gleichzeitig das Ziel erreicht werden, dass beide an der Ausübung des Personalvertretungsrechts beteiligten Personalverfassungsorgane über möglichst gleiche Kenntnisse verfügen. Nur auf diese Weise kann ein sachverständiges Zusammenarbeiten zwischen Dienststelle und Personalrat zugunsten der Beschäftigten und zum Wohle der der Dienststelle obliegenden Aufgaben gewährleistet werden.

Es ist daher festzustellen, dass wegen der Unterrichtung über die praktischen Auswirkungen der neuesten Rechtsprechung auf die tägliche Personalratsarbeit die Voraussetzungen für eine Schulungsteilnahme nach § 46 Abs. 6 BPersVG gegeben sind.

....

(Unterschrift)

21. Antrag an ein Verwaltungsgericht wegen Wahlanfechtung

An das

Verwaltungsgericht Düsseldorf
Fachkammer für
Personalvertretungssachen
Postfach
Düsseldorf

In der Personalvertretungssache

der Gewerkschaft X, Königsallee 100, 40215 Düsseldorf,

Antragstellerin

Verfahrensbevollmächtigter:
Referent Y bei der Gewerkschaft X, Königsallee 100, 40215 Düsseldorf

Beteiligt:
1. Der Personalrat bei der Verwaltung Y, Graf-Adolf-Str. 100, 40210 Düsseldorf, vertreten durch seinen Vorsitzenden, Rudolf Peters, Graf-Adolf-Str. 100, 40210 Düsseldorf
2. Der Leiter der Dienststelle Y, Graf-Adolf-Str. 100, 40210 Düsseldorf

wegen

Wahlanfechtung

wird beantragt,

festzustellen, dass die in der Zeit vom 11. bis 13. Mai 2015 durchgeführten Personalratswahlen bei der Verwaltung Y in der Gruppe der Beamten ungültig sind.

Gründe:

Die Antragstellerin ist durch mehrere Mitglieder in der Verwaltung Y vertreten und damit antragsberechtigt.

In der Zeit vom 11. bis 13. Mai 2015 fanden die Wahlen zum Personalrat bei der Verwaltung Y statt. Das Wahlergebnis ist am 18. Mai 2015 bekanntgegeben worden. Die Wahlniederschrift ist beigefügt.

Dem Wahlvorstand sind in größerem Umfange Anträge auf Briefwahl vorgelegt worden. Nach § 17 Abs. 1 WO BPersVG kann von dem Institut der Briefwahl aber nur dann Gebrauch gemacht werden, wenn wahlberechtigte Beschäftigte im Zeitpunkt der Wahl verhindert sind, ihre Stimme persönlich abzugeben. Der betreffende Beschäftigte muss dies dem Wahlvorstand bekanntgeben. Dieser hat auf das Verlangen des Beschäftigten Briefwahlunterlagen auszuhändigen.

In einer Vielzahl von Fällen sind entsprechende Anträge beim Wahlvorstand nicht eingegangen. Vielmehr haben sog. Vertrauensleute der Gewerkschaft Z beim Wahlvorstand Briefwahlunterlagen abgeholt und sie in einzelnen Dienststellenteilen wahllos verteilt.

Es wird beantragt, die Wahlunterlagen beizuziehen, die der Beteiligte zu 1. gemäß § 24 WO BPersVG bis zur Durchführung der nächsten Personalratswahlen aufzubewahren hat. Daraus wird sich ergeben, dass bei Weitem nicht alle Briefwähler zuvor die Aushändigung von Briefwahlunterlagen beantragt haben.

Darüber hinaus wird Beweis durch die Zeugen

Heinrich Schmitz
Evelyn Bauer

angeboten. Die Zeugen sind bei dem Beteiligten zu 2. zu laden. Beide Zeugen haben beobachtet, dass Mitglieder des Wahlvorstands gewerkschaftlichen Vertrauensleuten eine unbestimmte Vielzahl von Briefwahlunterlagen ausgehändigt haben.

Infolge dieses Vorgehens ist eine Reihe der Freiumschläge entgegen § 17 Abs. 2 WO BPersVG nicht mit dem Absender versehen worden. Auch insoweit wird Vorlage der Wahlunterlagen sowie Vernehmung der angegebenen Zeugen beantragt.

Durch den Verstoß gegen die Wahlvorschriften ist das Wahlergebnis beeinflusst worden. Hätte sich der Wahlvorstand streng an die Vorschriften der Wahlordnung gehalten, so hätte er in einer Vielzahl der Fälle keine Wahlunterlagen zur schriftlichen Stimmabgabe Dritten aushändigen dürfen. Ob die von den gewerkschaftlichen Vertrauensleuten angesprochenen Wahlberechtigten, die die Stimmzettel bei Anwesenheit dieser Vertrauensleute ausgefüllt haben, sich insgesamt überhaupt an der Wahl beteiligt hätten, muss zweifelhaft sein.

....
(Unterschrift)

22.
Antrag einer Gewerkschaft (bzw. eines Viertels der Wahlberechtigten) auf Ausschluss aus dem Personalrat nach § 28 BPersVG

An das
Verwaltungsgericht Düsseldorf
Fachkammer für Personalvertretungssachen
Postfach
Düsseldorf

In der Personalvertretungssache

der Gewerkschaft X, Königsallee 100, 40215 Düsseldorf,

Antragstellerin

Verfahrensbevollmächtigter:
Referent Y bei der Gewerkschaft bei der Verwaltung,
Königsallee 100, 40215 Düsseldorf

Beteiligt:
1. Der Vorsitzende des Personalrats bei der Verwaltung Y, Graf-Adolf-Str. 100, 40210 Düsseldorf,
2. Der Leiter der Dienststelle Y, Graf-Adolf-Str. 100, 40210 Düsseldorf

wegen

grober Pflichtverletzung

wird beantragt,

den Beteiligten zu 1. aus der Personalvertretung bei der Verwaltung Y auszuschließen.

Gründe:

Die Antragstellerin ist durch mehrere Mitglieder in der Verwaltung Y vertreten und damit antragsberechtigt.*

1. Im Rahmen des § 82 Abs. 2 BPersVG ist die bei der Verwaltung Y bestehende Personalvertretung mit Schreiben vom 18. Mai 2012 von der zuständigen Stufenvertretung gebeten worden, zu der von der Bezirksverwaltung beabsichtigten Beförderung des Beamten B, der bei der Verwaltung Y tätig ist, Stellung zu nehmen.

Mit Schreiben vom 26. Mai 2015 hat der Beteiligte zu 1. der Stufenvertretung mitgeteilt, dass die Personalvertretung bei der Verwaltung Y nach sorgfältiger Beratung der beabsichtigten Maßnahme nicht zustimme.

Diese Mitteilung erfolgte, obwohl eine Personalratssitzung zwischen dem 23. und dem 26. Mai 2015 nicht stattgefunden hatte. Die Personalvertretung bei der Verwaltung Y ist mit der Sache also gar nicht befasst worden.

2. Der Beteiligte zu 1. war nicht befugt, für die Personalvertretung eine Erklärung gegenüber der Stufenvertretung abzugeben; denn die Stellungnahme des von der Stufenvertretung zur Äußerung aufgeforderten Personalrats ist vom Plenum zu beschließen. Die Äußerung gegenüber der Stufenvertretung ist kein laufendes Geschäft des Vorstands oder gar eine Befugnis des Vorsitzenden. Vielmehr gehört sie zu den Angelegenheiten, die vom Gesetzgeber zum Gegenstand der Beschlussfassung des Personalrats gemacht worden sind (BVerwG v. 20.3.1959, BVerwGE 8, 214).

---

* Falls ein Viertel der Wahlberechtigten den Ausschlussantrag stellt, ist die Zahl der Wahlberechtigten ingesamt anzugeben.

3. Das Vorgehen des Beteiligten zu 1. ist als grober Pflichtverstoß i.S. von § 28 BPersVG zu werten; denn der Vorsitzende vertritt den Personalrat im Rahmen der von diesem gefassten Beschlüsse. Schon ein eigenmächtiges Abweichen ist als grobe Pflichtverletzung nach § 28 gewertet worden (OVG Hamburg v. 6.10.1961 – Bs PH 1/61, n.v.). Um so mehr muss ein Vorgehen als grober Pflichtverstoß dann angesehen werden, wenn in einer Stellungnahme gegenüber der Stufenvertretung im Rahmen des § 82 Abs. 2 BPersVG eine Beschlussfassung der Personalvertretung vorgetäuscht wird.

. . . .
(Unterschrift)

23. Antrag eines Personalratsmitglieds wegen Anfechtung einer Bestimmung der Geschäftsordnung

An das
Verwaltungsgericht Düsseldorf
Fachkammer für Personalvertretungssachen
Postfach
Düsseldorf

In der Personalvertretungssache

des Mitglieds der Personalvertretung bei der Verwaltung Y, Heinz Schwabe, Königsallee 100, 40215 Düsseldorf,

Antragsteller

Verfahrensbevollmächtigter:
Referent Y bei der Gewerkschaft X, Königsallee 100, 40215 Düsseldorf

Beteiligt:
1. Der Personalrat bei der Verwaltung Y, Graf-Adolf-Str. 100, 40210 Düsseldorf
2. Der Leiter der Dienststelle Y, Graf-Adolf-Str. 100, 40210 Düsseldorf

wegen

Anfechtung einer Bestimmung der Geschäftsordnung

wird beantragt

festzustellen, dass § 4 der vom Beteiligten zu 1. in seiner Sitzung am 26. Mai 2015 beschlossenen Geschäftsordnung rechtswidrig ist.

Gründe:

1. Der Antragsteller ist Mitglied der Personalvertretung bei der Verwaltung Y. Durch die von der Personalvertretung in ihrer Sitzung am 26. Mai 2015 beschlossenen Geschäftsordnung ist er in seiner personalvertretungsrechtlichen Stellung betroffen (vgl. BVerwG v. 5.2.1971, ZBR 1971, 285) und daher antragsberechtigt.

2. Der Beteiligte zu 1. hat in seiner Sitzung am 26. Mai 2015 die in der Anlage beiliegende Geschäftsordnung beschlossen. In § 4 dieser Geschäftsordnung heißt es, dass der Vorsitzende den Personalrat im Rahmen der laufenden Geschäftsführung vertritt. Das gilt insbesondere im Hinblick auf die Durchführung der vom Personalrat gefassten Beschlüsse. Darüber hinaus ist aber auch geregelt, dass der Personalratsvorsitzende auch dann eine Stellungnahme im Rahmen des § 82 Abs. 2 BPersVG gegenüber der zuständigen Stufenvertretung abgeben kann, wenn eine Sitzung der Personalvertretung nicht durchgeführt werden konnte und eine entsprechende Beschlussfassung nicht möglich war.

3. Diese Bestimmung der Geschäftsordnung ist rechtswidrig. Die Stellungnahme des von einer Stufenvertretung zur Äußerung aufgeforderten Personalrats der Beschäftigungsdienststelle ist vom Plenum zu beschließen. Hier handelt es sich nicht um ein laufendes Geschäft des Vorstands oder gar um eine Befugnis des Vorsitzenden. Vielmehr gehört die Äußerung im Rahmen des § 82 Abs. 2 BPersVG zu den Angelegenheiten, die vom Gesetzgeber zum Gegenstand der Beschlussfassung des Personalrats gemacht worden sind (BVerwG v. 20.3.1959, BVerwGE 8, 214).

....
(Unterschrift)

24.
Antrag auf Erlass einer einstweiligen Verfügung

An das
Verwaltungsgericht Düsseldorf
Fachkammer für Personalvertretungssachen
Postfach
Düsseldorf

In der Personalvertretungssache

1. des Rudolf Schmitz,
2. des Hubert Huber,
3. des Roland Peters, alle Königsallee 100, 40215 Düsseldorf,

Antragsteller

Verfahrensbevollmächtigter:
Referent Y bei der Gewerkschaft X, Königsallee 100, 40215 Düsseldorf

Beteiligt:
1. Der Personalrat bei der Verwaltung Y, Graf-Adolf-Str. 100, 40210 Düsseldorf, vertreten durch seinen Vorsitzenden,
Rudolf Peters, Graf-Adolf-Str. 100, 40210 Düsseldorf
2. Der Leiter der Dienststelle Y, Graf-Adolf-Str. 100, 40210 Düsseldorf

wegen

Erlass einer einstweiligen Verfügung

wird beantragt

festzustellen, dass der Wahlvorstand nicht berechtigt war, die seit sieben Monaten dem Geschäftsbereich der obersten Dienstbehörde angehörenden Antragsteller auf der von der Gewerkschaft X eingereichten Wahlvorschlagliste als Kandidaten zu streichen.

Gründe:

1. Der Antrag auf Erlass einer einstweiligen Verfügung ist zulässig; denn bereits vor der Wahl kann Feststellung der Wählbarkeit beim Verwaltungsgericht beantragt werden (VG Stuttgart v. 23.3.1977, ZBR 1977, 413 = PersV 1978, 167).

2. Den Antragstellern steht ein Antragsrecht zu, dass sie unmittelbar in ihrer personalverfassungsrechtlichen Stellung betroffen sind (vgl. BVerwG v. 18.10.1977, ZBR 1978, 202).

3. Die Antragsteller sind bereits seit mehr als sieben Monaten im Bereich der obersten Dienstbehörde tätig. Zuvor waren sie mehr als sechs Monate im Eisenbahnbundesamt tätig. Damit erfüllen sie die Wählbarkeitsvoraussetzungen nach § 14 Abs. 1 BPersVG. Gründe, die die Wählbarkeit ausschließen würden, liegen nicht vor.

Beweis: Beiliegende Urkunden.

4. Den Antragstellern ist nicht zuzumuten, zunächst die Durchführung der Perso- nalratswahlen abzuwarten, um sodann die Wahl anzufechten. Bis zu einer rechtskräf- tigen Entscheidung in einem Wahlanfechtungsverfahren wird schon ein nicht gerin- ger Teil der Amtszeit der neugewählten Personalvertretung abgelaufen sein.

. . . .
(Unterschrift)

Stichwortverzeichnis

(Die Zahlen beziehen sich jeweils auf die Seiten)